Código do Trabalho

Código do Trabalho

2017 · 35ª Edição

Fernando Gonçalves
Mestre em Direito pela Faculdade de Direito da Universidade de Coimbra
Titular do Curso de Estudos Superiores Avançados em Direito pela Universidade de Salamanca
Ex-Dirigente no Ministério do Trabalho e da Segurança Social
Inspector Superior Principal da Autoridade para as Condições do Trabalho (ACT)

Manuel João Alves
Licenciado em Direito pela Faculdade de Direito da Universidade Clássica de Lisboa
Ex-Director de Recursos Humanos dos Hospitais Egas Moniz, S. Francisco Xavier e Stª Cruz
Ex-Dirigente no Ministério do Trabalho e da Segurança Social
Director do Departamento Nacional de Recursos Humanos da PSP

NOTAS REMISSIVAS
NOVO REGIME JURÍDICO DE RENOVAÇÃO EXTRAORDINÁRIA DOS CONTRATOS A TERMO E MODO DE CÁLCULO DA COMPENSAÇÃO
FUNDO DE COMPENSAÇÃO DO TRABALHO
REGIME DE RENOVAÇÃO EXTRAORDINÁRIA DOS CONTRATOS DE TRABALHO A TERMO CERTO
NOVO REGIME DA COMPENSAÇÃO DEVIDA PELA CESSAÇÃO DO CONTRATO DE TRABALHO
LEI DA PARENTALIDADE (MATERNIDADE E PATERNIDADE)
REGULAMENTO DO CÓDIGO DO TRABALHO
NOVO REGIME JURÍDICO DA PROMOÇÃO DA SEGURANÇA E SAÚDE NO TRABALHO
PRESCRIÇÕES DE SEGURANÇA E SAÚDE RELATIVAS À UTILIZAÇÃO DE EQUIPAMENTOS DE TRABALHO
CONDUÇÃO DE VEÍCULOS DE EMPRESA POR TRABALHADORES E OUTROS
REGIME JURÍDICO DO TRABALHO NO DOMICÍLIO
NOVO REGIME JURÍDICO DA ARBITRAGEM OBRIGATÓRIA, NECESSÁRIA E SERVIÇOS MÍNIMOS
LEI DO SALÁRIO MÍNIMO NACIONAL
FUNDO DE COMPENSAÇÃO SALARIAL E GARANTIA DE COMPENSAÇÃO DO TRABALHO
FUNDO DE GARANTIA SALARIAL
NOVO REGULAMENTO DAS PROFISSÕES, CATEGORIAS PROFISSIONAIS E REMUNERAÇÕES
FORMAÇÃO DOS TRABALHADORES
REGIME DE REPARAÇÃO DE ACIDENTES DE TRABALHO E DE DOENÇAS PROFISSIONAIS
REGIME JURÍDICO DAS CONTRA-ORDENAÇÕES LABORAIS E DA SEGURANÇA SOCIAL
REGIME DAS AGÊNCIAS PRIVADAS DE COLOCAÇÃO DE CANDIDATOS A EMPREGO (EMPRESAS DE TRABALHO TEMPORÁRIO)

CÓDIGO DO TRABALHO

AUTORES
Fernando Gonçalves
Manuel João Alves

1.ª edição: Setembro, 2003

EDITOR
EDIÇÕES ALMEDINA, S.A.
Rua Fernandes Tomás, nºs 76, 78 e 80
3000-167 Coimbra
Tel.: 239 851 904 · Fax: 239 851 901
www.almedina.net · editora@almedina.net

DESIGN DE CAPA
FBA.

PRÉ-IMPRESSÃO
EDIÇÕES ALMEDINA, S.A.

IMPRESSÃO E ACABAMENTO
PAPELMUNDE

Janeiro, 2017
DEPÓSITO LEGAL
420299/17

Apesar do cuidado e rigor colocados na elaboração da presente obra, devem os diplomas legais dela constantes ser sempre objecto de confirmação com as publicações oficiais.

Toda a reprodução desta obra, por fotocópia ou outro qualquer processo, sem prévia autorização escrita do Editor, é ilícita e passível de procedimento judicial contra o infrator.

BIBLIOTECA NACIONAL DE PORTUGAL – CATALOGAÇÃO NA PUBLICAÇÃO

PORTUGAL. Leis, decretos, etc. Código do Trabalho

Código do Trabalho / [org.] Fernando, Gonçalves, Manuel João Alves. – 35ª ed. – (Textos da lei)
ISBN 978-972-40-6905-0

I – GONÇALVES, Fernando, 1962-
II – ALVES, Manuel João, 1957-

CDU 349

Lei nº 120/2015, de 1 de setembro

Procede à nona alteração ao Código do Trabalho, aprovado pela Lei nº 7/2009, de 12 de fevereiro, reforçando os direitos de maternidade e paternidade, à terceira alteração ao Decreto-Lei nº 91/2009, de 9 de abril, e à segunda alteração ao Decreto-Lei nº 89/2009, de 9 de abril.

A Assembleia da República decreta, nos termos da alínea *c*) do artigo 161º da Constituição, o seguinte:

ARTIGO 1º
Objeto

A presente lei altera o Código do Trabalho, aprovado pela Lei nº 7/2009, de 12 de fevereiro, e reforça os direitos de maternidade e paternidade.

ARTIGO 2º
Alteração ao Código do Trabalho

Os artigos 40º, 43º, 55º, 56º, 127º, 144º, 166º, 206º e 208º-B do Código do Trabalho, aprovado em anexo à Lei nº 7/2009, de 12 de fevereiro, alterada pelas Leis nºs 105/2009, de 14 de setembro, 53/2011, de 14 de outubro, 23/2012, de 25 de junho, 47/2012, de 29 de agosto, 69/2013, de 30 de agosto, 27/2014, de 8 de maio, 55/2014, de 25 de agosto, e 28/2015, de 14 de abril, passam a ter a seguinte redação:

Redação inserida nos artigos respectivos.

ARTIGO 3º
Alteração ao Decreto-Lei nº 91/2009, de 9 de abril

[...]

ARTIGO 4º
Alteração ao Decreto-Lei nº 89/2009, de 9 de abril

[...]

ARTIGO 5º
Entrada em vigor

A alteração ao artigo 43º do Código do Trabalho, constante do artigo 2º, bem como as alterações ao artigo 15º do Decreto-Lei nº 91/2009, de 9 de abril, e ao artigo 14º do Decreto-Lei nº 89/2009, de 9 de abril, constantes dos artigos 3º e 4º entram em vigor com o Orçamento do Estado posterior à sua publicação.

Aprovada em 22 de julho de 2015.

A Presidente da Assembleia da República, *Maria da Assunção A. Esteves.*

Promulgada em 21 de agosto de 2015.

Publique-se.

O Presidente da República, ANÍBAL CAVACO SILVA.

Referendada em 24 de agosto de 2015.

Pelo Primeiro-Ministro, *Paulo Sacadura Cabral Portas*, Vice-Primeiro-Ministro.

Lei nº 55/2014, de 25 de agosto

Procede à sétima alteração ao Código do Trabalho, aprovado pela Lei nº 7/2009, de 12 de fevereiro.

A Assembleia da República decreta, nos termos da alínea *c)* do artigo 161º da Constituição, o seguinte:

ARTIGO 1º
Objeto

A presente lei procede à sétima alteração ao Código do Trabalho, aprovado pela Lei nº 7/2009, de 12 de fevereiro, e alterado pelas Leis nºs 105/2009, de 14 de setembro, 53/2011, de 14 de outubro, 23/2012, de 25 de junho, 47/2012, de 29 de agosto, 69/2013, de 30 de agosto, e 27/2014, de 8 de maio.

ARTIGO 2º
Alteração ao Código do Trabalho

Os artigos 501º e 502º do Código do Trabalho, aprovado pela Lei nº 7/2009, de 12 de fevereiro, e alterado pelas Leis nºs 105/2009, de 14 de setembro, 53/2011, de 14 de outubro, 23/2012, de 25 de junho, 47/2012, de 29 de agosto, 69/2013, de 30 de agosto, e 27/2014, de 8 de maio, passam a ter a seguinte redação:

«ARTIGO 501º
[...]

1 – A cláusula de convenção que faça depender a cessação da vigência desta da substituição por outro instrumento de regulamentação coletiva de trabalho caduca decorridos três anos sobre a verificação de um dos seguintes factos:

CÓDIGO DO TRABALHO

a) ...;
b) ...;
c) ...

2 – ...

3 – Havendo denúncia, a convenção mantém-se em regime de sobrevigência durante o período em que decorra a negociação, incluindo conciliação, mediação ou arbitragem voluntária, ou no mínimo durante 12 meses.

4 – Sempre que se verifique uma interrupção da negociação, incluindo conciliação, mediação ou arbitragem voluntária, por um período superior a 30 dias, o prazo de sobrevigência suspende-se.

5 – Para efeitos dos n^{o}s 3 e 4 o período de negociação, com suspensão, não pode exceder o prazo de 18 meses.

6 – Decorrido o período referido nos n^{o}s 3 e 5, consoante o caso, a convenção mantém-se em vigor durante 45 dias após qualquer das partes comunicar ao ministério responsável pela área laboral e à outra parte que o processo de negociação terminou sem acordo, após o que caduca.

7 – (Anterior n° 5).

8 – (Anterior n° 6).

9 – (Anterior n° 7).

10 – (Anterior n° 8).

11 – (Anterior n° 9).

ARTIGO 502°
Cessação e suspensão da vigência de convenção coletiva

1 – ...

2 – A convenção coletiva ou parte dela pode ser suspensa temporariamente na sua aplicação, em situação de crise empresarial, por motivos de mercado, estruturais ou tecnológicos, catástrofes ou outras ocorrências que tenham afetado gravemente a atividade normal da empresa, desde que tal medida seja indispensável para assegurar a viabilidade da empresa e a manutenção dos postos de trabalho, por acordo escrito entre as associações de empregadores e as associações sindicais outorgantes sem prejuízo da possibilidade de delegação.

3 – O acordo previsto no número anterior deve ter menção expressa à fundamentação e determinar o prazo de aplicação da suspensão e os efeitos decorrentes da mesma.

4 – Aplicam-se à suspensão e à revogação as regras referentes ao depósito e à publicação de convenção coletiva.

5 – A suspensão e a revogação prejudicam os direitos decorrentes da convenção, salvo se na mesma forem expressamente ressalvados pelas partes.

6 – O serviço competente do ministério responsável pela área laboral procede à publicação no Boletim do Trabalho e Emprego de aviso sobre a data da suspensão e da cessação da vigência de convenção coletiva, nos termos do artigo anterior.»

ARTIGO 3º
Disposição complementar

1 – No prazo de um ano a contar da entrada em vigor da presente lei, deve ser promovida a alteração do Código do Trabalho no sentido da redução dos prazos referidos nos nºs 1 e 3 do artigo 501º para, respetivamente, dois anos e seis meses, após avaliação positiva pelos parceiros sociais em sede de Comissão Permanente de Concertação Social.

2 – Para efeitos do disposto no número anterior, entende-se por avaliação positiva a que resulte do parecer favorável de pelo menos metade das associações sindicais e de pelo menos metade das confederações patronais, com assento permanente na Comissão Permanente de Concertação Social.

ARTIGO 4º
Aplicação no tempo

O artigo 501º do Código do Trabalho, com a redação da presente lei, não se aplica às convenções coletivas denunciadas até 31 de maio de 2014.

ARTIGO 5º
Entrada em vigor

A presente lei entra em vigor no primeiro dia do mês seguinte ao da sua publicação.

Aprovada em 10 de julho de 2014.

A Presidente da Assembleia da República, *Maria da Assunção A. Esteves.*

Promulgada em 11 de agosto de 2014.

Publique-se.

O Presidente da República, ANÍBAL CAVACO SILVA.

Referendada em 18 de agosto de 2014.

O Primeiro-Ministro, *Pedro Passos Coelho.*

Lei nº 76/2013, de 7 de novembro

Estabelece um regime de renovação extraordinária dos contratos de trabalho a termo certo, bem como o regime e o modo de cálculo da compensação aplicável aos contratos objeto dessa renovação.

A Assembleia da República decreta, nos termos da alínea *c*) do artigo 161º da Constituição, o seguinte:

ARTIGO 1º
Objeto

1 – A presente lei estabelece um regime de renovação extraordinária dos contratos de trabalho a termo certo, celebrados ao abrigo do disposto no Código do Trabalho, aprovado pela Lei nº 7/2009, de 12 de fevereiro, que atinjam o limite máximo da sua duração até dois anos após a entrada em vigor da mesma.

2 – A presente lei estabelece ainda o regime e o modo de cálculo da compensação aplicável aos contratos de trabalho objeto de renovação extraordinária nela previstos.

Dado que a presente Lei entrou em vigor em 8 de Novembro de 2013, o prazo limite a que se refere o nº 1 é o dia 8 de novembro de 2015.

ARTIGO 2º
Regime de renovação extraordinária

1 – Podem ser objeto de duas renovações extraordinárias os contratos de trabalho a termo certo que, até dois anos após a entrada em vigor da presente lei, atinjam os limites máximos de duração estabelecidos no nº 1 do artigo 148º do Código do Trabalho ou na Lei nº 3/2012, de 10 de janeiro.

2 – A duração total das renovações referidas no número anterior não pode exceder 12 meses.

CÓDIGO DO TRABALHO

3 – A duração de cada renovação extraordinária não pode ser inferior a um sexto da duração máxima do contrato de trabalho a termo certo ou da sua duração efetiva, consoante a que for inferior.

4 – Sem prejuízo do disposto no número anterior, o limite de vigência do contrato de trabalho a termo certo objeto de renovação extraordinária é 31 de dezembro de 2016.

ARTIGO 3º
Conversão em contrato de trabalho sem termo

Converte-se em contrato de trabalho sem termo o contrato de trabalho a termo certo em que sejam excedidos os limites resultantes do disposto no artigo anterior.

ARTIGO 4º
Compensação

1 – O regime e o modo de cálculo da compensação aplicável aos contratos de trabalho que sejam objeto de renovação extraordinária nos termos da presente lei é, consoante o caso, o constante do regime de direito transitório previsto no artigo 6º da Lei nº 69/2013, de 30 de agosto, que procede à quinta alteração ao Código do Trabalho, ou dos nºs 4 e 5 do artigo 345º do mesmo Código, com as devidas adaptações.

2 – Constitui contraordenação grave a violação do disposto no número anterior.

ARTIGO 5º
Direito subsidiário

Em tudo o que não se encontre previsto na presente lei é subsidiariamente aplicável o disposto no Código do Trabalho.

ARTIGO 6º
Relatório intercalar

Decorrido um ano sobre a data de entrada em vigor da presente lei, os parceiros sociais elaboram, em sede de Comissão Permanente de Concertação Social, um relatório intercalar sobre o resultado da aplicação do regime previsto na mesma.

ARTIGO 7º
Entrada em vigor

A presente lei entra em vigor no dia seguinte ao da sua publicação.

Aprovada em 4 de outubro de 2013.
A Presidente da Assembleia da República, *Maria da Assunção A. Esteves.*
Promulgada em 30 de outubro de 2013.
Publique-se.
O Presidente da República, Aníbal Cavaco Silva.
Referendada em 1 de novembro de 2013.
O Primeiro-Ministro, *Pedro Passos Coelho.*

Quinta alteração ao Código do Trabalho, aprovado pela Lei nº 7/2009, de 12 de fevereiro, ajustando o valor da compensação devida pela cessação do contrato de trabalho

Lei nº 69/2013, de 30 de agosto

A Assembleia da República decreta, nos termos da alínea *c*) do artigo 161º da Constituição, o seguinte:

ARTIGO 1º
Objeto

A presente lei procede à quinta alteração ao Código do Trabalho, aprovado pela Lei nº 7/2009, de 12 de fevereiro, e alterada pelas Leis nºs 105/2009, de 14 de setembro, 53/2011, de 14 de outubro, 23/2012, de 25 de junho, e 47/2012, de 29 de agosto.

ARTIGO 2º
Alteração ao Código do Trabalho

Os artigos 106º, 127º, 190º, 191º, 192º, 344º, 345º e 366º do Código do Trabalho, aprovado pela Lei nº 7/2009, de 12 de fevereiro, passam a ter a seguinte redação.

Alterações inseridas no local próprio.

ARTIGO 3º
Trabalho temporário

Para efeitos do disposto nos artigos 190º e 191º do Código do Trabalho consideram-se novos contratos de trabalho os contratos celebrados após a entrada em vigor da presente lei.

ARTIGO 4º
Alteração à Lei nº 23/2012, de 25 de junho

O artigo 10º da Lei nº 23/2012, de 25 de junho, passa a ter a seguinte redação:

Alteração inserida no local próprio.

ARTIGO 5º
Regime transitório em caso de cessação de contrato de trabalho sem termo

1 – Em caso de cessação de contrato de trabalho celebrado antes de 1 de novembro de 2011, a compensação prevista no nº 1 do artigo 366º do Código do Trabalho, na redação conferida pela presente lei, é calculada do seguinte modo:

a) Em relação ao período de duração do contrato até 31 de outubro de 2012, o montante da compensação corresponde a um mês de retribuição base e diuturnidades por cada ano completo de antiguidade ou é calculado proporcionalmente em caso de fração de ano;

b) Em relação ao período de duração do contrato a partir de 1 de novembro de 2012 inclusive e até 30 de setembro de 2013, o montante da compensação corresponde a 20 dias de retribuição base e diuturnidades calculado proporcionalmente ao período efetivo de trabalho prestado;

c) Em relação ao período de duração do contrato a partir de 1 de outubro de 2013 inclusive, o montante da compensação corresponde à soma dos seguintes montantes:

i) A 18 dias de retribuição base e diuturnidades por cada ano completo de antiguidade, no que respeita aos três primeiros anos de duração do contrato;

ii) A 12 dias de retribuição base e diuturnidades por cada ano completo de antiguidade, nos anos subsequentes;

iii) O disposto na subalínea *i)* aplica-se apenas nos casos em que o contrato de trabalho, a 1 de outubro de 2013, ainda não tenha atingido a duração de três anos.

2 – O montante total da compensação calculado nos termos do número anterior não pode ser inferior a três meses de retribuição base e diuturnidades.

3 – Em caso de cessação de contrato de trabalho celebrado depois de 1 de novembro de 2011 e até 30 de setembro de 2013 inclusive, a compensação prevista no nº 1 do artigo 366º do Código do Trabalho, na redação conferida pela presente lei, é calculada do seguinte modo:

a) Em relação ao período de duração do contrato até 30 de setembro de 2013, o montante da compensação corresponde a 20 dias de retribuição base e diuturnidades por cada ano completo de antiguidade ou é calculado proporcionalmente em caso de fração de ano;

b) Em relação ao período de duração do contrato a partir de 1 de outubro de 2013 inclusive, o montante da compensação corresponde à soma dos seguintes montantes:

i) A 18 dias de retribuição base e diuturnidades por cada ano completo de antiguidade, no que respeita aos três primeiros anos de duração do contrato;

ii) A 12 dias de retribuição base e diuturnidades por cada ano completo de antiguidade, nos anos subsequentes;

iii) O disposto na subalínea *i*) aplica-se apenas nos casos em que o contrato de trabalho, a 1 de outubro de 2013, ainda não tenha atingido a duração de três anos.

4 – Para efeitos de cálculo da parte da compensação a que se referem as alíneas *b*) e *c*) do nº 1 e as alíneas *a*) e *b*) do nº 3:

a) O valor da retribuição base e diuturnidades do trabalhador a considerar não pode ser superior a 20 vezes a retribuição mínima mensal garantida;

b) O valor diário de retribuição base e diuturnidades é o resultante da divisão por 30 da retribuição base mensal e diuturnidades;

c) Em caso de fração de ano, o montante da compensação é calculado proporcionalmente.

5 – Quando da aplicação do disposto na alínea *a*) dos nºs 1 e 3 resulte um montante de compensação que seja:

a) Igual ou superior a 12 vezes a retribuição base mensal e diuturnidades do trabalhador ou a 240 vezes a retribuição mínima mensal garantida, não é aplicável o disposto nas alíneas *b*) e *c*) do nº 1 e *b*) do nº 3;

b) Inferior a 12 vezes a retribuição base mensal e diuturnidades do trabalhador ou a 240 vezes a retribuição mínima mensal garantida, o montante global da compensação não pode ser superior a estes valores.

6 – Quando da soma dos valores previstos nas alíneas *a*) e *b*) do nº 1 resulte um montante de compensação que seja:

a) Igual ou superior a 12 vezes a retribuição base mensal e diuturnidades do trabalhador ou a 240 vezes a retribuição mínima mensal garantida, não é aplicável o disposto na alínea *c*) do nº 1;

b) Inferior a 12 vezes a retribuição base mensal e diuturnidades do trabalhador ou a 240 vezes a retribuição mínima mensal garantida, o montante global da compensação não pode ser superior a estes valores.

CÓDIGO DO TRABALHO

ARTIGO 6º
Regime transitório em caso de cessação de contrato
de trabalho a termo e de contrato de trabalho temporário

1 – Em caso de cessação de contrato de trabalho a termo, incluindo o que seja objeto de renovação extraordinária, nos termos da Lei nº 3/2012, de 10 de janeiro, alterada pela Lei nº 23/2012, de 25 de junho, ou de contrato de trabalho temporário, celebrados antes de 1 de novembro de 2011, a compensação prevista no nº 2 do artigo 344º, no nº 4 do artigo 345º e no nº 6 do artigo 366º do Código do Trabalho, na redação conferida pela presente lei, é calculada do seguinte modo:

a) Em relação ao período de duração do contrato até 31 de outubro de 2012 ou até à data da renovação extraordinária, caso seja anterior a 31 de outubro de 2012, o montante da compensação corresponde a três ou dois dias de retribuição base e diuturnidades por cada mês de duração, ou é calculado proporcionalmente em caso de fração de mês, consoante a duração total do contrato não exceda ou seja superior a seis meses, respetivamente;

b) Em relação ao período de duração do contrato a partir de 1 de novembro de 2012 inclusive e até 30 de setembro de 2013, o montante da compensação corresponde a 20 dias de retribuição base e diuturnidades por cada ano completo de antiguidade, calculada proporcionalmente ao período efetivo de trabalho prestado;

c) Em relação ao período de duração do contrato a partir de 1 de outubro de 2013 inclusive, o montante da compensação corresponde à soma dos seguintes montantes:

i) A 18 dias de retribuição base e diuturnidades por cada ano completo de antiguidade, no que respeita aos três primeiros anos de duração do contrato;

ii) A 12 dias de retribuição base e diuturnidades por cada ano completo de antiguidade, nos anos subsequentes;

iii) O disposto na subalínea *i*) aplica-se apenas nos casos em que o contrato de trabalho, a 1 de outubro de 2013, ainda não tenha atingido a duração de três anos.

2 – Em caso de cessação de contrato de trabalho a termo, incluindo o que seja objeto de renovação extraordinária, nos termos da Lei nº 3/2012, de 10 de janeiro, alterada pela Lei nº 23/2012, de 25 de junho, ou de contrato de trabalho temporário, celebrados depois de 1 de novembro de 2011 e até 30 de setembro de 2013, inclusive, a compensação prevista no nº 2 do artigo 344º, no nº 4 do artigo 345º e no nº 6 do artigo 366º do Código do Trabalho, na redação conferida pela presente lei, é calculada do seguinte modo:

a) Em relação ao período de duração do contrato até 30 de setembro de 2013, o montante da compensação corresponde a 20 dias de retribuição base e diuturnidades por cada ano completo de antiguidade ou é calculado proporcionalmente em caso de fração de ano;

b) Em relação ao período de duração do contrato a partir de 1 de outubro de 2013 inclusive, o montante da compensação corresponde à soma dos seguintes montantes:

i) A 18 dias de retribuição base e diuturnidades por cada ano completo de antiguidade, no que respeita aos três primeiros anos de duração do contrato;

ii) A 12 dias de retribuição base e diuturnidades por cada ano completo de antiguidade, nos anos subsequentes;

iii) O disposto na subalínea *i*) aplica-se apenas nos casos em que o contrato de trabalho, a 1 de outubro de 2013, ainda não tenha atingido a duração de três anos.

3 – Para efeitos de cálculo da parte da compensação a que se referem as alíneas *b*) e *c*) do nº 1 e as alíneas *a*) e *b*) do nº 2:

a) O valor da retribuição base e diuturnidades do trabalhador a considerar não pode ser superior a 20 vezes a retribuição mínima mensal garantida;

b) O valor diário de retribuição base e diuturnidades é o resultante da divisão por 30 da retribuição base mensal e diuturnidades;

c) Em caso de fração de ano, o montante da compensação é calculado proporcionalmente.

4 – Quando da aplicação do disposto na alínea *a*) dos nºs 1 e 2 resulte um montante de compensação que seja:

a) Igual ou superior a 12 vezes a retribuição base mensal e diuturnidades do trabalhador ou a 240 vezes a retribuição mínima mensal garantida, não é aplicável o disposto nas alíneas *b*) e *c*) do nº 1 e *b*) do nº 2;

b) Inferior a 12 vezes a retribuição base mensal e diuturnidades do trabalhador ou a 240 vezes a retribuição mínima mensal garantida, o montante global da compensação não pode ser superior a estes valores.

5 – Quando da soma dos valores previstos nas alíneas *a*) e *b*) do nº 1 resulte um montante de compensação que seja:

a) Igual ou superior a 12 vezes a retribuição base mensal e diuturnidades do trabalhador ou a 240 vezes a retribuição mínima mensal garantida, não é aplicável o disposto na alínea *c*) do nº 1;

b) Inferior a 12 vezes a retribuição base mensal e diuturnidades do trabalhador ou a 240 vezes a retribuição mínima mensal garantida, o montante global da compensação não pode ser superior a estes valores.

ARTIGO 7º
Contraordenações

Constitui contraordenação grave a violação do disposto nos artigos 5º e 6º da presente lei.

ARTIGO 8º
Relação entre as fontes de regulação

São nulas as disposições de instrumentos de regulamentação coletiva de trabalho celebrados antes da entrada em vigor da presente lei que prevejam montantes superiores aos resultantes do Código do Trabalho, relativas:

a) Ao disposto no nº 2 do artigo 344º, no nº 4 do artigo 345º e no artigo 366º, ou sempre que esta disposição resulte aplicável, do Código do Trabalho, na redação conferida pela presente lei;

b) A valores e critérios de definição de compensação por cessação de contrato de trabalho estabelecidos no artigo anterior.

ARTIGO 9º
Norma revogatória

1 – É revogado o nº 4 do artigo 177º do Código do Trabalho, aprovado pela Lei nº 7/2009, de 12 de fevereiro.

2 – São revogados o artigo 6º e o nº 1 do artigo 7º da Lei nº 23/2012, de 25 de junho.

ARTIGO 10º
Entrada em vigor

A presente lei entra em vigor no dia 1 de outubro de 2013.

Aprovada em 29 de julho de 2013.

A Presidente da Assembleia da República, *Maria da Assunção A. Esteves.*

Promulgada em 22 de agosto de 2013.

Publique-se.

O Presidente da República, Aníbal Cavaco Silva.

Referendada em 26 de agosto de 2013.

O Primeiro-Ministro, *Pedro Passos Coelho.*

Procede à terceira alteração ao Código do Trabalho, aprovado pela Lei nº 7/2009, de 12 de fevereiro

Lei nº 23/2012, de 25 de junho

A Assembleia da República decreta, nos termos da alínea *c*) do artigo 161º da Constituição, o seguinte:

ARTIGO 1º
Objeto

A presente lei procede à alteração ao Código do Trabalho, aprovado pela Lei nº 7/2009, de 12 de fevereiro, e alterado pelas Leis nºs 105/2009, de 14 de setembro, e 53/2011, de 14 de outubro.

ARTIGO 2º
Alteração ao Código do Trabalho

Os artigos 63º, 90º, 91º, 94º, 99º, 106º, 127º, 142º, 161º, 164º, 177º, 192º, 194º, 208º, 213º, 216º, 218º, 226º, 229º, 230º, 234º, 238º, 242º, 256º, 264º, 268º, 269º, 298º, 299º, 300º, 301º, 303º, 305º, 307º, 344º, 345º, 346º, 347º, 356º, 357º, 358º, 360º, 366º, 368º, 369º, 370º, 371º, 372º, 374º, 375º, 376º, 377º, 378º, 379º, 383º, 384º, 385º, 389º, 479º, 482º, 486º, 491º, 492º e 560º do Código do Trabalho passam a ter a seguinte redação: ...

Redação inserida nos artigos respectivos.

ARTIGO 3º
Aditamento ao Código do Trabalho

São aditados ao Código do Trabalho os artigos 96º-A, 208º-A, 208º-B e 298º-A, com a seguinte redação:

Redação inserida nos artigos respectivos.

ARTIGO 4º
Novas funções de chefia em comissão de serviço

O disposto na parte final do artigo 161º do Código do Trabalho, na redação conferida pela presente lei, aplica-se ao exercício de novas funções de chefia, com início após a entrada em vigor da presente lei.

ARTIGO 5º
Inadaptação sem modificações no posto de trabalho por não cumprimento de objetivos previamente acordados

O disposto na alínea *b)* do nº 3 do artigo 375º do Código do Trabalho, na redação conferida pela presente lei, é aplicável em caso de objetivos acordados entre empregador e trabalhador a partir da entrada em vigor da presente lei.

ARTIGO 6º
(Revogado)

Revogado pelo art. 9º, nº 2 da Lei nº 69/2013, de 30 de agosto.

ARTIGO 7º
Relações entre fontes de regulação

1 – *(Revogado).*
2 – *(Revogado).*
3 – *(Revogado).*
4 – Ficam suspensas até 31 de dezembro de 2014, as disposições de instrumentos de regulamentação coletiva de trabalho e as cláusulas de contratos de trabalho, que tenham entrado em vigor antes de 1 de agosto de 2012, e que disponham sobre:

a) Acréscimos de pagamento de trabalho suplementar superiores aos estabelecidos pelo Código do Trabalho;

b) Retribuição do trabalho normal prestado em dia feriado, ou descanso compensatório por essa mesma prestação, em empresa não obrigada a suspender o funcionamento nesse dia.

5 – *(Revogado).*

Através do Acórdão nº 602/2013, o Tribunal Constitucional declarou a inconstitucionalidade, com força obrigatória geral, da norma do artigo 7º, nºs 2, 3 e 5, na parte em que se reporta às disposições de

LEI Nº 23/2012, DE 25 DE JUNHO

instrumentos de regulamentação colectiva de trabalho, por violação das disposições conjugadas dos artigos 56, nºs 3 e 4, e 18º, nº 2, da Constituição.

ARTIGO 8º
Regiões autónomas

1 – Na aplicação, às regiões autónomas, das alterações introduzidas pela presente lei ao Código do Trabalho são tidas em conta as competências legais atribuídas aos respetivos órgãos e serviços regionais.

2 – Nas regiões autónomas, as publicações são feitas nas respetivas séries nos jornais oficiais.

3 – Nas regiões autónomas, a regulamentação das condições de admissibilidade de emissão de portarias de extensão e de portarias de condições de trabalho compete às respetivas Assembleias Legislativas.

4 – As regiões autónomas podem estabelecer, de acordo com as suas tradições, outros feriados, para além dos fixados no Código do Trabalho, desde que correspondam a usos e práticas já consagrados.

5 – As regiões autónomas podem ainda regular outras matérias laborais enunciadas nos respetivos estatutos político-administrativos.

ARTIGO 9º
Norma revogatória

1 – É revogada a alínea *b*) do nº 3 do artigo 12º da Lei nº 7/2009, de 12 de fevereiro.

2 – São revogados o nº 4 do artigo 127º, o nº 3 do artigo 216º, os nºs 3 e 4 do artigo 218º, os nºs 1, 2 e 6 do artigo 229º, os nºs 2 e 3 do artigo 230º, o nº 4 do artigo 238º, os nºs 3 e 4 do artigo 344º, o nº 6 do artigo 346º, o nº 2 do artigo 356º, o nº 3 do artigo 357º, a alínea *c*) do nº 3 do artigo 358º, o artigo 366º-A e as alíneas *d*) e *e*) do nº 1 do artigo 375º do Código do Trabalho, aprovado pela Lei nº 7/2009, de 12 de fevereiro, e alterado pelas Leis nºs 105/2009, de 14 de setembro, e 53/2011, de 14 de outubro.

3 – É revogado o artigo 4º da Lei nº 3/2012, de 10 de janeiro.

Através do Acórdão nº 602/2013, o Tribunal Constitucional declarou a inconstitucionalidade, com força obrigatória geral, da norma do artigo 9º, nº 2, na parte em que procedeu à revogação da alínea d) do nº 1 do artigo 375º do Código do Trabalho, aprovado pela Lei nº 7/2009, de 12 de fevereiro, por violação da proibição de despedimentos sem justa causa consagrada no artigo 53º da Constituição.

ARTIGO 10º
Produção de efeitos

1 – A eliminação dos feriados de Corpo de Deus, de 5 de outubro, de 1 de novembro e de 1 de dezembro, resultante da alteração efetuada pela presente lei ao nº 1 do artigo 234º do Código do Trabalho, produz efeitos a partir de 1 de janeiro de 2013 e será obrigatoriamente objeto de reavaliação num período não superior a cinco anos.

2 – O disposto na alínea *b*) do nº 2 do artigo 242º do Código do Trabalho, na redação conferida pela presente lei, produz efeitos a partir do dia 1 de janeiro de

CÓDIGO DO TRABALHO

2013, devendo o empregador informar, até ao dia 15 de dezembro de 2012, os trabalhadores abrangidos sobre o encerramento a efetuar no ano de 2013.

O nº 1 tem a redação dada pelo art. 4º da Lei nº 69/2013, de 30 de agosto.

ARTIGO 11º
Entrada em vigor

A presente lei entra em vigor no primeiro dia do segundo mês seguinte ao da sua publicação.

Aprovada em 11 de maio de 2012.

A Presidente da Assembleia da República, *Maria da Assunção A. Esteves.*

Promulgada em 18 de junho de 2012.

Publique-se.

O Presidente da República, Aníbal Cavaco Silva.

Referendada em 21 de junho de 2012.

Pelo Primeiro-Ministro, *Vítor Louçã Rabaça Gaspar,* Ministro de Estado e das Finanças.

Regime de renovação extraordinária dos contratos de trabalho a termo certo

Lei nº 3/2012, de 10 de janeiro

Estabelece um regime de renovação extraordinária dos contratos de trabalho a termo certo, bem como o regime e o modo de cálculo da compensação aplicável aos contratos objecto dessa renovação.

A Assembleia da República decreta, nos termos da alínea *c*) do artigo 161º da Constituição, o seguinte:

ARTIGO 1º
Objecto

1 – A presente lei estabelece um regime de renovação extraordinária dos contratos de trabalho a termo certo, celebrados ao abrigo do disposto no Código do Trabalho, aprovado pela Lei nº 7/2009, de 12 de Fevereiro, que atinjam o limite máximo da sua duração até 30 de Junho de 2013.

2 – A presente lei estabelece ainda o regime e o modo de cálculo da compensação aplicável aos contratos de trabalho objecto de renovação extraordinária nos termos da presente lei.

ARTIGO 2º
Regime de renovação extraordinária

1 – Podem ser objecto de duas renovações extraordinárias os contratos de trabalho a termo certo que, até 30 de Junho de 2013, atinjam os limites máximos de duração estabelecidos no nº 1 do artigo 148º do Código do Trabalho.

2 – A duração total das renovações referidas no número anterior não pode exceder 18 meses.

CÓDIGO DO TRABALHO

3 – A duração de cada renovação extraordinária não pode ser inferior a um sexto da duração máxima do contrato de trabalho a termo certo ou da sua duração efectiva consoante a que for inferior.

4 – Sem prejuízo do disposto no número anterior, o limite de vigência do contrato de trabalho a termo certo objecto de renovação extraordinária é 31 de Dezembro de 2014.

ARTIGO 3º
Conversão em contrato de trabalho sem termo

Converte-se em contrato de trabalho sem termo o contrato de trabalho a termo certo em que sejam excedidos os limites resultantes do disposto no artigo anterior.

ARTIGO 4º
(Revogado.)

Revogado pela Lei nº 23/2012, de 25-06.

ARTIGO 5º
Direito subsidiário

Em tudo o que não se encontre previsto na presente lei, é aplicável subsidiariamente o disposto no Código do Trabalho.

ARTIGO 6º
Entrada em vigor

A presente lei entra em vigor no dia seguinte ao da respectiva publicação.

Aprovada em 9 de Dezembro de 2011.

A Presidente da Assembleia da República, *Maria da Assunção A. Esteves.*

Promulgada em 30 de Dezembro de 2011.

Publique-se.

O Presidente da República, ANÍBAL CAVACO SILVA.

Referendada em 30 de Dezembro de 2011.

O Primeiro-Ministro, *Pedro Passos Coelho.*

Exposição de motivos

1. Código do Trabalho, aprovado pela Lei 99/2003, de 27 de agosto, procedeu à revisão e à unificação da legislação laboral, até então dispersa por inúmeros diplomas. Parte significativa das suas disposições entraram em vigor mais tarde do que se previa inicialmente, por terem tido que aguardar a entrada em vigor da Lei 35/2004, de 29 de julho, a qual, seguindo a preocupação sistematizadora do Código, se encontra organizada por capítulos que correspondem, em regra, à sequência das dis-posições do Código que cuidam de regulamentar. Tais leis previam a sua revisão no prazo de quatro anos, contados a partir da sua entrada em vigor.

2. Dando cumprimento a tais comandos e, por outro lado, o que deixou vertido no seu Programa, o XVII Governo Constitucional definiu uma estratégia de revisão da legislação laboral. Após o trabalho de avaliação do impacto da legislação na realidade social e económica e de diagnóstico das necessidades de intervenção legislativa, foi fomentado o debate no seio do diálogo social e impulsionada a discussão, em sede de concertação social.

3. Numa primeira iniciativa, alinhada com os compromissos assumidos no Programa do Governo e impulsionada pelo acordo tripartido alcançado em sede de concertação social, em 18 de julho de 2005, a Lei 9/2006, de 20 de março, corporizou uma iniciativa legislativa urgente, que introduziu alterações ao Código do Trabalho no sentido de facilitar a produção de instrumentos ao nível da contratação coletiva e de criar um modelo de arbitragem obrigatória que permitisse ultrapassar os bloqueios que dificultavam o diálogo social.

4. Posteriormente, o Livro Verde sobre as Relações Laborais, apresentado e submetido a discussão pública em 20 de abril de 2006, apontava para a necessidade de modernizar o ordenamento jurídico laboral, enquanto instrumento orientado ao alcance dos desejáveis níveis de competitividade das empresas e de desenvolvimento da economia e à solução dos problemas com que se deparavam, em parti-

CÓDIGO DO TRABALHO

cular, alguns setores e, tendo em conta, por outro lado, as necessidades de ajustamento ou reação às recentes tendências de evolução do emprego, das condições de trabalho, das relações laborais e dos indicadores do desemprego. O Livro Verde lançava um debate público generalizado, particularmente fértil no seio da Comissão Permanente de Concertação Social (CPCS).

5. É neste contexto que a Resolução do Conselho de Ministros nº 160/2006, de 30 de novembro, criou a Comissão do Livro Branco das Relações Laborais (CLBRL), composta por um grupo de peritos com a missão de produzir um diagnóstico as necessidades de intervenção legislativa, tendo em conta o conjunto de conclusões vertidas no Livro Verde, designadamente em matéria de emprego, proteção social e relações de trabalho.

6. Da apresentação do relatório de progresso dos trabalhos da CLBRL à Comissão Permanente de Concertação Social, em 31 de maio de 2007, resultaram iniciativas de emissão de pareceres por parte de diversas entidades, incluindo os parceiros com assento naquela Comissão Permanente, documentos que foram apreciados e tidos em conta durante os ulteriores trabalhos da Comissão do Livro Branco.

7. O Livro Branco das Relações Laborais (LBRL), relatório final da Comissão que foi publicado em novembro de 2007 e que constituiu, também ele, alvo de debate em sede de Comissão Permanente de Concertação Social, identifica os principais problemas da realidade económica e social do país e enuncia as propostas de intervenção legislativa que considera adequadas.

As soluções propostas prendem-se com a necessidade de intervir no sentido: i) da sistematização do acervo legislativo; ii) da promoção da flexibilidade interna das empresas, da melhoria das possibilidades de conciliação da vida profissional com a vida pessoal e familiar, da igualdade de género; iii) da melhoria da articulação entre a lei, as convenções coletivas de trabalho e os contratos de trabalho; iv) da desburocratização e simplificação do relacionamento entre as empresas e os trabalhadores, e de uns e de outros com a Administração Pública.

Da apreciação pública do LBRL, entre 20 de dezembro de 2007 e 31 de janeiro de 2008, resultou uma alargada discussão pública e um vasto conjunto de contributos da sociedade civil e dos parceiros sociais.

É na sequência destes acontecimentos que o Governo, em 22 de abril de 2008, apresenta ao Conselho Permanente de Concertação Social um documento que deverá servir de base à formalização de um novo acordo em matéria de regulação das relações de trabalho, de proteção social e emprego, e no qual reflete o acolhimento da generalidade das propostas apresentadas pela CLBRL no tocante à sistematização e simplificação dos instrumentos legislativos em vigor, em particular, do Código do Trabalho e do seu Regulamento. Refletidas nesse documento vão, igualmente, as preocupações com a necessidade de assumir um compromisso social capaz de compatibilizar as exigências de competitividade das empresas com a valorização

EXPOSIÇÃO DE MOTIVOS

do diálogo social e de promover a reforma necessária à combinação entre a inevitável intervenção no domínio da legislação do trabalho e as alterações necessárias nos sistemas de proteção social e de emprego. Nesse sentido, a revisão da legislação laboral enquadra-se numa estratégia de reforma mais ampla, que prevê a criação de outros instrumentos indispensáveis ao efetivo crescimento económico, à melhoria da competitividade empresarial, ao aumento da produtividade, à melhoria da empregabilidade dos cidadãos e da qualidade do emprego, uma estratégia norteada, também no sentido do combate às desigualdades e da promoção da partilha mais equitativa dos resultados do progresso económico.

8. É neste quadro programático e com este cenário de intensivo e alargado debate, que o Governo e a maioria dos parceiros com assento na CPCS alcançaram, em 25 de junho de 2008, o acordo tripartido que esteve na origem da iniciativa legislativa que ora se concretiza, a qual será complementada por intervenções específicas na área da proteção social e do emprego, e que é, por isso mesmo, o resultado de uma reflexão esclarecida, participativa e sedimentada ao longo de um período de dois anos.

O significado das implicações económicas e sociais de uma reforma como esta não poderia, pois, prescindir do diálogo que a precedeu e que é capaz de legitimar o conjunto de soluções propostas, e que, necessariamente, deveria ocorrer ainda antes de se iniciar o debate parlamentar. Assim, em cumprimento do disposto no artigo 20º da Lei 99/2003, de 27 de agosto, no artigo 9º da Lei 35/2004, de 29 de julho, e de acordo com o que foi vertido no Programa do XVII Governo Constitucional, a presente proposta de Lei procede à revisão do Código do Trabalho e da respetiva regulamentação. Propõe-se, deste modo, no seguimento da proposta plasmada no Livro Branco das Relações de Trabalho, um quadro normativo mais eficaz, que unifica os dois principais instrumentos legislativos que disciplinam as relações de trabalho – o Código do Trabalho e o seu Regulamento –, tornando-os mais inteligíveis, mais acessíveis, sendo previsíveis os ganhos ao nível da divulgação efetiva do seu conteúdo normativo pelos destinatários e, assim, também no que respeita ao seu cumprimento. Está também subjacente a intenção de simplificar e desburocratizar aspetos das relações entre trabalhadores, empregadores e Administração e, bem assim, o propósito de, também por essa outra via, reforçar o cumprimento efetivo da legislação, *inclusive*, no que respeita ao cumprimento do regime sancionatório que lhe está associado. Aproveita-se, finalmente, para proceder a ajustamentos de caráter sistemático e melhorar aspetos de racionalização. Com as alterações propostas, fomenta-se a adaptabilidade das empresas e facilita-se a conciliação entre a vida profissional e a vida pessoal e familiar dos trabalhadores. Nessa medida, mantêm-se os limites da duração do tempo de trabalho – quer normal, quer suplementar – e aumentam-se os mecanismos de flexibilização por via negocial individual e coletiva. Entre os regimes inovadores contam-se a possibilidade de criação de "bancos de horas", de definição de horários que concentram a duração do trabalho durante alguns dias da semana, de adoção de medidas especificamente vocacionadas para alguns setores de atividade com acentuada incidência de sazonalidade, como o con-

CÓDIGO DO TRABALHO

trato de muito curta duração na agricultura, o regime especial de férias no turismo ou o contrato de trabalho intermitente sem termo.

O regime de proteção da maternidade e da paternidade previsto no Código do Trabalho é objeto de significativas alterações, concretizando-se importantes mecanismos de facilitação da conciliação da vida familiar com a vida profissional, de promoção da igualdade de género, numa lógica de igualdade de oportunidades entre homens e mulheres, não apenas no que respeita ao emprego e às condições de trabalho, mas também e, neste ponto com caráter particularmente inovador, no quadro do exercício dos direitos da parentalidade. Com o regime ora proposto, a proteção na adoção passa a beneficiar do mesmo regime que a maternidade e paternidade, salvaguardando as especificidades que lhe são inerentes, corrigindo-se, assim, uma solução, de profunda injustiça e desigualdade social, que não vinha valorizando e reconhecendo a importância do instituto da adoção, quer pelo papel que desempenha na sociedade portuguesa, quer pela grandeza dos valores que lhe estão associados e que justificam também a sua merecida tutela.

Por outro lado, tendo em vista a promoção das dinâmicas da negociação coletiva, simplificam-se os requisitos administrativos dos processos negociais, altera-se o regime de sobrevigência e caducidade das convenções coletivas de trabalho, explicita-se e melhora-se a articulação entre a estas e lei e alarga-se o elenco das matérias reguláveis por contratação coletiva. Assim, aumenta-se a eficácia do quadro normativo, ao mesmo tempo que se cria um cenário favorável ao reforço do protagonismo dos parceiros sociais na definição das orientações de mudança da realidade social e económica.

Em matéria de cessação do contrato de trabalho, respeitando integralmente o princípio constitucional da proibição de despedimento sem justa causa, a proposta simplifica e encurta o procedimento disciplinar e aumenta a segurança jurídica das partes nos processos de despedimento, garantido o reforço da tutela da trabalhadora grávida, puérpera ou lactante e agravando as contraordenações previstas para a violação de regras de procedimento no caso de trabalhador representante sindical.

Finalmente, com o desiderato de combater a precariedade e a segmentação dos mercados de trabalho, alteram-se os pressupostos que operam para a presunção da caracterização do contrato de trabalho e cria-se de uma nova contraordenação, considerada muito grave, para cominar as situações de dissimulação de contrato de trabalho, com o desiderato de combater o recurso aos "falsos recibos verdes" e melhorar a eficácia da fiscalização neste domínio.

9. Tal como foi proposto no Livro Branco das Relações Laborais, da revisão do Código do Trabalho e da Lei que o regulamenta resultará a incorporação de parte substancial do conteúdo normativo desta última no articulado do novo Código do Trabalho e, bem assim, a aprovação de outros diplomas que o complementarão, tendo por objeto: (i) o regime jurídico do trabalho no domicílio; (ii) o do Fundo de Garantia Salarial; (iii) a matéria da segurança, higiene e saúde no trabalho, bem como a dos acidentes de trabalho e doenças profissionais; (iv) o regime dos conse-

EXPOSIÇÃO DE MOTIVOS

lhos de empresa europeus; (v) a disciplina da arbitragem obrigatória ou necessária de conflitos coletivos emergentes de contratação coletiva e da arbitragem de fixação de serviços mínimos em situações de greve, para além de (vi) aspetos de regulamentação do Código.

No Código do Trabalho, as principais alterações no que se prende com a sua organização sistemática são as seguintes:

1 – Incorporação de regimes que ora constam da Lei nº 35/2004, de 29 de julho, referentes a: (i) destacamento de trabalhadores; (ii) direitos de personalidade; (iii) igualdade e não discriminação; (iv) licenças, dispensas e faltas, regimes de trabalho especiais e proteção no despedimento, no âmbito da proteção da maternidade e da paternidade; (v) regulamentação de trabalhos leves prestados por menor; (vi) trabalhador-estudante; (vii) trabalhadores estrangeiros e apátridas; (viii) formação profissional; (ix) períodos de funcionamento, horários de trabalho, prestação de trabalho noturno, trabalho suplementar; (x) faltas para assistência a membros do agregado familiar; (xi) retribuição mínima mensal garantida; (xii) redução da atividade e suspensão do contrato de trabalho; (xiii) efeitos do não pagamento pontual da retribuição; (xiv) comissões de trabalhadores e comissões coordenadoras; (xv) reuniões de trabalhadores no quadro da atividade sindical na empresa, créditos de horas e faltas de membros de direção de associações sindicais; (xvi) participação na elaboração da legislação do trabalho; (xvii) responsabilidade penal e contraordenacional e regime da pluralidade de infrações contraordenacionais.

2 – No título relativo ao contrato de trabalho, a subsecção sobre o empregador e a empresa integra disposições sobre o poder de direção, o poder disciplinar, o regulamento interno de empresa, os tipos de empresas e a pluralidade de empregadores.

3 – No título relativo ao contrato de trabalho, a secção referente à atividade do trabalhador integra as regras sobre mudança para categoria inferior, polivalência e mobilidade funcional.

4 – No título relativo ao contrato de trabalho, prevê-se uma secção sobre modalidades de contrato de trabalho, que agrega o regime do contrato de trabalho a termo, do trabalho a tempo parcial, do trabalho intermitente, da comissão de serviço, do teletrabalho e do trabalho temporário.

5 – No título relativo ao contrato de trabalho, a secção referente ao local de trabalho integra as regras sobre transferência de local de trabalho.

6 – A subsecção sobre limites à duração do trabalho integra as novas disposições sobre adaptabilidade grupal, banco de horas e horário concentrado.

7 – O capítulo sobre incumprimento do contrato integra a suspensão de contrato de trabalho por não pagamento pontual da retribuição.

8 – No capítulo da cessação do contrato de trabalho, as modalidades de despedimento por iniciativa do empregador são reguladas agrupando, por um lado, o regime dos fundamentos, procedimento e direitos do trabalhador em cada modalidade e, por outro, as causas de ilicitude do despedimento e os seus efeitos.

CÓDIGO DO TRABALHO

9 – A secção referente a comissões de trabalhadores integra toda a legislação referente a constituição, estatutos, eleição e direitos de comissões de trabalhadores, comissões coordenadoras e subcomissões de trabalhadores.

10 – As associações sindicais e das associações de empregadores são reguladas de modo unitário, aplicando a umas e outras as mesmas normas quando os respetivos regimes são iguais, e mantendo as especificidades próprias nomeadamente, no caso de associações sindicais, o direito de tendência, a cobrança de quotização sindical e a atividade sindical na empresa.

11 – A tipificação das contraordenações, a respetiva classificação quanto ao grau de gravidade e a tipificação de ilícitos criminais são inseridas imediatamente a seguir aos preceitos a que se referem.

10. Salientam-se, em seguida, as principais medidas inovadoras e as regras fundamentais que se mantêm inalteráveis:

Fontes do direito do trabalho:

1 – Explicita-se a articulação entre lei, instrumento de regulamentação coletiva de trabalho e contrato de trabalho, e define-se o elenco das matérias cujas normas legais reguladoras só podem ser afastadas por instrumento de regulamentação coletiva de trabalho que, sem oposição daquelas normas, disponha em sentido mais favorável aos trabalhadores.

2 – Prevê-se que o instrumento de regulamentação coletiva de trabalho permite sempre que o contrato de trabalho estabeleça tratamento mais favorável ao trabalhador.

Aplicação do direito do trabalho

3 – Destacamento de trabalhadores: institui-se o dever de o empregador comunicar, com cinco dias de antecedência, ao serviço com competência inspetiva do ministério responsável pela área laboral, a identidade dos trabalhadores a destacar para o estrangeiro, o respetivo utilizador, o local de trabalho, o início e o termo previsíveis da deslocação.

4 – Situações equiparadas: as normas legais respeitantes a direitos de personalidade, igualdade e não discriminação e segurança e saúde no trabalho são aplicáveis a situações em que ocorra prestação de trabalho por uma pessoa a outra, sem subordinação jurídica, sempre que o prestador de trabalho deva considerar-se na dependência económica do beneficiário da atividade.

Contrato de trabalho

5 – Altera-se a noção de contrato de trabalho, especificando que o trabalhador é uma pessoa singular e que este presta a sua atividade no âmbito de organização do empregador ou empregadores.

EXPOSIÇÃO DE MOTIVOS

6 – Aperfeiçoa-se a presunção da existência de subordinação jurídica e, assim, a caracterização do contrato como contrato de trabalho, baseado aquela na verificação de alguns elementos caracterizadores de contrato de trabalho que possam atuar como indícios de subordinação.

7 – Sanciona-se a dissimulação de contrato de trabalho, passando a constituir contraordenação muito grave a prestação de atividade, por forma aparentemente autónoma, em condições características de contrato de trabalho, que possa causar prejuízo ao trabalhador ou ao Estado. A reincidência importa a aplicação da sanção acessória de privação do direito a subsídio ou benefício outorgado por entidade ou serviço público, por período até dois anos. Prevê-se, quanto ao pagamento da coima, a responsabilidade solidária entre os responsáveis o empregador, as sociedades que com este se encontrem em relações de participações recíprocas, de domínio ou de grupo, bem como o gerente, administrador ou diretor em determinadas condições.

Igualdade e não discriminação

8 – Alarga-se o âmbito de substituição *ope legis* de regras contidas em instrumento de regulamentação coletiva de trabalho que se afigurem contrárias ao princípio da igualdade, seja qual for o fator de discriminação em causa.

9 – Altera-se a definição de assédio, passando a abarcar situações não relacionadas com qualquer fator de discriminação.

Proteção da parentalidade

10 – A matéria de proteção social é definida em diploma específico onde se estabelece o elenco das prestações substitutivas dos rendimentos não auferidos durante os períodos de ausência ao trabalho em virtude do exercício dos direitos de parentalidade.

11 – Consideram-se equivalentes a períodos de licença parental os períodos de concessão das prestações sociais correspondentes, atribuídas a um dos progenitores no âmbito do subsistema previdencial da Segurança Social ou outro regime de proteção social de enquadramento obrigatório.

12 – Promove-se a igualdade de direitos no que se refere ao exercício da parentalidade.

13 – A licença de maternidade e paternidade passa a denominar-se licença parental a qual pode ser inicial, de gozo exclusivo pelo pai ou pela mãe.

14 – Fomenta-se a partilha da licença parental: sem prejuízo dos direitos exclusivos da mãe, nomeadamente o gozo das seis semanas seguintes ao parto e a possibilidade de antecipar o início da licença, o direito ao gozo da licença parental passa a ser de ambos os progenitores que conjuntamente decidem o modo como vão partilhar a licença parental. Na falta de decisão conjunta, a lei determina que o gozo da licença é da trabalhadora progenitora.

CÓDIGO DO TRABALHO

15 – Alarga-se a duração da licença parental inicial, a qual é acrescida em 30 dias, no caso de cada um dos progenitores gozar em exclusivo um período de 30 dias seguidos ou interpolados de licença parental.

16 – Reforçam-se os direitos do pai trabalhador, quer pelo aumento do período de gozo obrigatório de licença inicial após o nascimento do filho, de cinco para 10 dias úteis, sendo que cinco devem ser gozados imediatamente a seguir ao nascimento do filho, quer pela concessão de licença de gozo facultativo de 10 dias úteis, seguidos ou interpolados, em simultâneo com o gozo de licença pela mãe.

17 – A licença por adoção passa a beneficiar do mesmo período de duração da licença parental.

18 – Concede-se ao pai o direito a três dispensas ao trabalho para acompanhar a mãe a consultas pré-natais.

19 – Concede-se aos avós o direito a faltar ao trabalho para assistência a neto menor, em substituição dos pais quando estes não faltem pelo mesmo motivo ou estejam impossibilitados de prestar a assistência devida.

Trabalhador-estudante

20 – Prevê-se a possibilidade de controlo de assiduidade do trabalhador-estudante diretamente pelo empregador, mediante acordo com o trabalhador, através dos serviços administrativos do estabelecimento de ensino.

O empregador e a empresa

21 – Adapta-se a definição de micro, pequena, média e grande empresa tendo em conta o disposto na Recomendação da Comissão Europeia, de 6 de maio de 2003, quanto ao critério do número de trabalhadores.

Período experimental

22 – Aplica-se à generalidade dos trabalhadores o período experimental de 180 dias, mantendo o regime em vigor para pessoal de direção e quadros superiores, e reduz-se ou elimina-se o período experimental em função da duração de contratação anterior com a mesma entidade, qualquer que seja a modalidade.

Mobilidade funcional e geográfica

23 – Estabelece-se o prazo limite de dois anos para a vigência de cláusulas contratuais sobre hipotéticas modificações do objeto e do local de trabalho não ativadas pelo empregador.

EXPOSIÇÃO DE MOTIVOS

Formação profissional

24 – Uniformizam-se as exigências em matéria de formação nos domínios dos contratos a termo e dos contratos sem termo, tendo o trabalhador direito, em cada ano, a um número mínimo de 35 horas de formação certificada ou, sendo contratado a termo por período igual ou superior a três meses, um número mínimo de horas proporcional à duração do contrato nesse ano.

25 – Prevê-se que o empregador pode antecipar a realização da formação anual até dois anos, ou diferi-la por igual período, desde que o plano de formação o preveja, sendo que o período de antecipação é de cinco anos, no caso de frequência de processo de reconhecimento, validação e certificação de competências ou de formação que confira dupla certificação.

26 – Favorece-se o acesso a formação profissional, através de uma melhor regulamentação do crédito de horas para formação contínua: assim, as horas de formação anual que não sejam asseguradas pelo empregador até ao termo dos dois anos posteriores ao seu vencimento, transformam-se em crédito de horas em igual número para formação por iniciativa do trabalhador; o crédito de horas para formação é referido ao período normal de trabalho, confere direito a retribuição e conta como tempo de serviço efetivo; o trabalhador pode utilizar o crédito de horas para a frequência de ações de formação certificada, mediante comunicação ao empregador com a antecedência mínima de 10 dias; por instrumento de regulamentação coletiva de trabalho ou acordo individual, pode ser estabelecido um subsídio para pagamento do custo da formação, até ao valor da retribuição do período de crédito de horas utilizado; em caso de cumulação de créditos, a formação realizada é imputada ao crédito vencido há mais tempo; o crédito de horas que não seja utilizado cessa passados três anos sobre a sua constituição;

Modalidades de contrato de trabalho

27 – O contrato de trabalho a termo certo pode ser renovado até três vezes e a sua duração não pode exceder i) 18 meses, quando se tratar de pessoa à procura de primeiro emprego; ii) dois anos, quando se tratar de lançamento de nova atividade de duração incerta, bem como início de laboração de empresa ou de estabelecimento pertencente a empresa com menos de 750 trabalhadores; iii) três anos, nos restantes casos.

28 – O limite de 3 anos de duração dos contratos a termo certo aplica-se ao conjunto dos contratos a termo ou temporários para o mesmo posto de trabalho, ou de prestação de serviços para o mesmo objeto, celebrados entre um trabalhador e o mesmo empregador ou empregadores entre os quais exista uma relação societária de domínio ou de grupo.

29 – A duração do contrato de trabalho a termo incerto não pode ser superior a seis anos.

30 – O contrato de trabalho em atividade sazonal agrícola ou para realização de evento turístico de duração não superior a uma semana não está sujeito a forma

CÓDIGO DO TRABALHO

escrita, devendo o empregador comunicar a sua celebração ao serviço competente da Segurança Social, mediante formulário eletrónico.

31 – A cessação de contrato de trabalho a termo por motivo não imputável ao trabalhador, impede nova admissão ou afetação de trabalhador através de contrato de trabalho a termo ou de trabalho temporário cuja execução se concretize no mesmo posto de trabalho ou, ainda, de contrato de prestação de serviços para o mesmo objeto, celebrado com o mesmo empregador ou sociedade que com este se encontre em relação de participações recíprocas, de domínio ou de grupo, antes de decorrido um período de tempo equivalente a 1/3 da duração do contrato, incluindo renovações.

32 – Considera-se trabalho a tempo parcial o que corresponda a um período normal de trabalho semanal inferior ao praticado a tempo completo em situação comparável; prevê-se que, por instrumento de regulamentação coletiva de trabalho, possa estabelecer-se o limite máximo de percentagem do tempo completo a partir do qual o regime de duração do tempo de trabalho é qualificado como sendo de trabalho a tempo parcial.

33 – Prevê-se a possibilidade de, em empresa que exerça atividade com descontinuidade ou intensidade variável, as partes acordarem que a prestação de trabalho seja intercalada por um ou mais períodos de inatividade. ("trabalho intermitente").

34 – O regime de comissão de serviço também pode ser aplicado a chefia diretamente dependente de diretor-geral ou equivalente.

Duração e organização do tempo de trabalho:

1 – Mantêm-se as regras atinentes à definição de tempo de trabalho, interrupções e intervalos considerados como tempo de trabalho e de período de descanso.

2 – Mantêm-se os limites dos períodos normais de trabalho diário e semanal.

3 – Mantém-se o regime da adaptabilidade do tempo de trabalho, quer por estipulação no contrato individual quer por regulamentação coletiva do tempo de trabalho.

4 – Prevê-se a possibilidade de, por instrumento de regulamentação coletiva de trabalho, ser instituído um regime de adaptabilidade grupal que preveja que o empregador possa aplicar esse regime ao conjunto dos trabalhadores de uma equipa, secção ou unidade económica caso, pelo menos, 60% dos trabalhadores dessa estrutura sejam por ele abrangidos, mediante filiação em associação sindical celebrante da convenção e por escolha dessa convenção como aplicável, enquanto os trabalhadores da equipa, secção ou unidade económica em causa abrangidos pelo regime de acordo forem em número igual ou superior ao correspondente à percentagem nele indicada. Esta modalidade de adaptabilidade não se aplica a trabalhador abrangido por convenção coletiva que afaste esse regime ou a trabalhador representado por associação sindical que tenha deduzido oposição a portaria de extensão que incida sobre a convenção coletiva em causa.

EXPOSIÇÃO DE MOTIVOS

5 – Prevê-se a possibilidade de, por instrumento de regulamentação coletiva de trabalho, ser instituído um regime de adaptabilidade grupal que preveja que, caso o acordo que defina o período normal de trabalho em termos médios, celebrado entre o trabalhador e o empregador seja aceite por, pelo menos, 75% dos trabalhadores da equipa, secção ou unidade económica a quem for dirigida, o empregador pode aplicar o mesmo regime ao conjunto dos trabalhadores dessa estrutura, enquanto os trabalhadores da equipa, secção ou unidade económica em causa que aceitam o regime forem em número igual ou superior ao correspondente à percentagem nele indicada. Esta modalidade de adaptabilidade não se aplica a trabalhador abrangido por convenção coletiva que disponha de modo contrário a esse regime.

6 – Prevê-se a possibilidade de, por instrumento de regulamentação coletiva de trabalho, ser instituído um regime de banco de horas, em que a organização do tempo de trabalho pode ser aumentado até quatro horas diárias e pode atingir 60 horas semanais, tendo o acréscimo por limite 200 horas por ano, devendo a compensação do trabalho prestado em acréscimo, ser feita mediante redução equivalente do tempo de trabalho, pagamento em dinheiro ou ambas as modalidades.

7 – Prevê-se a possibilidade de, por instrumento de regulamentação coletiva de trabalho ou acordo entre empregador e trabalhador, ser criado um regime de horário concentrado, em que período normal de trabalho diário pode ser aumentado até 12 horas, para concentrar o trabalho semanal em três ou quatro dias consecutivos, devendo a duração do período normal de trabalho semanal ser respeitada em média de um período de referência até 45 dias.

8 – Mantêm-se as regras atinentes ao regime da isenção de horário de trabalho.

9 – Mantêm-se os limites de duração máxima do trabalho dos trabalhadores noturnos.

10 – Mantêm-se os limites máximos do trabalho suplementar.

11 – Prevê-se a possibilidade de as regras sobre descanso compensatório remunerado relativo a trabalho suplementar prestado em dia útil, em dia de descanso complementar ou em feriado poderem ser afastadas por instrumento de regulamentação coletiva de trabalho que estabeleça a compensação pela prestação de trabalho suplementar mediante redução equivalente do tempo de trabalho, pagamento em dinheiro ou ambas as modalidades.

12 – Prevê-se que o trabalhador, por sua iniciativa e com o acordo do empregador, possa ter ausências ao trabalho remuneradas, compensando-as com trabalho que, em tais casos, não se considera trabalho suplementar.

13 – Mantém-se a duração mínima dos períodos de repouso intercalar, diário, semanal e anual.

Férias

1 – Mantém-se a regra de aumento da duração do período de férias no caso de o trabalhador não ter faltado ou ter registado apenas faltas justificadas no ano a que as

CÓDIGO DO TRABALHO

férias se reportam, esclarecendo-se que é considerado como período de trabalho efetivo o período de gozo da licença parental.

2 – Eliminação das restrições à duração e à época do encerramento da empresa ou do estabelecimento para férias.

3 – Prevê-se, para os casos de cessação de contrato no ano civil subsequente ao da admissão ou quando a duração não seja superior a 12 meses, uma nova regra de cálculo do cômputo total das férias ou da correspondente retribuição a que o trabalhador tenha direito, esclarecendo-se que este não pode exceder o proporcional ao período anual de férias, tendo em conta a duração do contrato.

Faltas

1 – Qualifica-se como falta justificada a motivada por deslocação a estabelecimento de ensino de responsável pela educação de menor por motivo da situação educativa deste, pelo tempo estritamente necessário, até quatro horas por trimestre, por cada filho.

2 – Qualificam-se como justificadas as faltas de candidato a cargo político, nos termos da correspondente lei eleitoral.

3 – Prevê-se a possibilidade de afastar as disposições relativas aos motivos de justificação de faltas e à sua duração, em relação a trabalhador eleito para estrutura de representação coletiva dos trabalhadores, através de instrumento de regulamentação coletiva de trabalho ou por contrato de trabalho, desde que em sentido mais favorável ao trabalhador.

4 – Consagra-se o direito de o trabalhador faltar ao trabalho até 15 dias por ano para prestar assistência inadiável e imprescindível, em caso de doença ou acidente, para além do cônjuge ou pessoa que viva em união de facto ou economia comum com o trabalhador, também a parente ou afim na linha reta ascendente, não se exigindo a pertença ao mesmo agregado familiar, ou no 2º grau da linha colateral.

Redução temporária do período normal de trabalho ou suspensão do contrato de trabalho por facto respeitante ao empregador

1 – Prevê-se que a formação profissional, a frequentar pelos trabalhadores durante o período de redução ou suspensão, deve orientar-se para a viabilização da empresa e a manutenção dos postos de trabalho, ou o desenvolvimento da qualificação profissional dos trabalhadores que aumente a sua empregabilidade.

EXPOSIÇÃO DE MOTIVOS

Cessação de contrato de trabalho

a) *Despedimento por facto imputável ao trabalhador*

2 – Mantém-se a proibição o despedimento sem justa causa ou por motivos políticos ou ideológicos.

3 – Mantém-se a imperatividade do regime de cessação do contrato de trabalho, no sentido de não poder ser afastado por instrumento de regulamentação coletiva de trabalho ou por contrato de trabalho, salvo quanto aos critérios de definição de indemnizações, os prazos de procedimento e de aviso prévio e quanto aos valores de indemnizações, que poderão, dentro dos limites estabelecidos pelo Código do Trabalho, ser regulados por instrumento de regulamentação coletiva de trabalho.

4 – Redefine-se o elenco das modalidades de cessação do contrato de trabalho, passando a prever-se: a) caducidade; b) revogação; c) despedimento por facto imputável ao trabalhador; d) despedimento coletivo; e) despedimento por extinção de posto de trabalho; f) despedimento por inadaptação; g) resolução pelo trabalhador; h) denúncia pelo trabalhador.

5 – Mantém-se a noção de justa causa de despedimento.

6 – Mantém-se a exigência de nota de culpa, acompanhada de comunicação à comissão de trabalhadores e, no caso de o trabalhador ser representante sindical, à associação sindical respetiva. Mantém-se a consagração do princípio do contraditório, explicitado através das garantias do direito de consulta do processo e do direito de resposta à nota de culpa, oportunidade para o trabalhador deduzir por escrito o que entender que releva para a sua defesa e promover as diligências instrutórias que tiver por adequadas ao apuramento da verdade. Permite-se, ainda, que o trabalhador decida que o parecer sobre o processo seja emitido por determinada associação sindical, em substituição da comissão de trabalhadores.

7 – Elimina-se o caráter obrigatório da instrução, passando a caber ao empregador decidir sobre a realização das diligências probatórias requeridas na resposta à nota de culpa, exceto no caso de o despedimento respeitar a trabalhadora grávida, puérpera ou lactante.

8 – Exige-se que, no caso do empregador optar por não realizar as diligências probatórias requeridas pelo trabalhador, a decisão só poder ser tomada depois de decorridos cinco dias úteis após a receção dos pareceres dos representantes dos trabalhadores ou o decurso do prazo para o efeito ou, caso não exista comissão de trabalhadores e o trabalhador não seja representante sindical, após a receção da resposta à nota de culpa ou o decurso do prazo para este efeito.

9 – Mantém-se a exigência de a decisão de despedimento ser fundamentada e constar de documento escrito, que é comunicada, por cópia ou transcrição, ao trabalhador, à comissão de trabalhadores, ou à associação sindical respetiva, caso aquele seja representante sindical.

10 – Agravam-se as contraordenações previstas para a violação de regras de procedimento do despedimento por facto imputável ao trabalhador, passando de grave para muito grave, no caso deste ser representante sindical.

CÓDIGO DO TRABALHO

b) *Despedimento coletivo*

1 – Reduz-se para cinco dias posteriores à data da comunicação inicial o prazo para o empregador promover uma fase de informações e negociação com a estrutura representativa dos trabalhadores, com vista a um acordo sobre a dimensão e efeitos das medidas a aplicar e, bem assim, de outras medidas que reduzam o número de trabalhadores a despedir.

2 – Estabelecem-se novos prazos de aviso prévio em caso de despedimento coletivo:

a) Quinze dias, no caso de trabalhador com antiguidade inferior a um ano;

b) 30 dias, no caso de trabalhador com antiguidade igual ou superior a um ano e inferior a cinco anos;

c) 60 dias, no caso de trabalhador com antiguidade igual ou superior a cinco anos e inferior a 10 anos;

d) 75 dias, no caso de trabalhador com antiguidade igual ou superior a 10 anos.

2 – Esclarece-se que, não sendo observado o prazo mínimo de aviso prévio de despedimento coletivo, o contrato cessa decorridos sessenta dias a contar da comunicação de despedimento, devendo o empregador pagar a retribuição correspondente a este período.

Despedimento por extinção do posto de trabalho

3 – Estabelecem-se prazos de aviso prévio iguais aos que se encontram fixados para o despedimento coletivo.

Despedimento por inadaptação

4 – Estabelecem-se prazos de aviso prévio iguais aos que se encontram fixados para o despedimento coletivo.

Ilicitude de despedimento

5 – Consagra-se como fundamento geral de ilicitude de despedimento a não solicitação de parecer prévio pelo empregador à entidade competente na área da igualdade de oportunidades entre homens e mulheres em caso de trabalhadora grávida, puérpera ou lactante ou de trabalhador durante o gozo de licença parental inicial, em qualquer das suas modalidades.

6 – Consagra-se como fundamento de ilicitude de despedimento coletivo a aplicação pelo empregado de critério discriminatório na seleção dos trabalhadores a despedir.

EXPOSIÇÃO DE MOTIVOS

7 – Reduz-se para 60 dias o prazo para ser intentada ação de apreciação judicial de ilicitude de despedimento, contado a partir da receção da comunicação de despedimento.

8 – Consagra-se o prazo de 60 dias para intentar a ação judicial de apreciação da licitude de despedimento.

9 – Consagra-se o princípio que o tribunal deve sempre pronunciar-se sobre a verificação e procedência dos fundamentos invocados para o despedimento, sem prejuízo da apreciação de vícios formais.

10 – Consagra-se que, em caso de ilicitude de despedimento, a reintegração do trabalhador se fará no mesmo estabelecimento da empresa, sem prejuízo da sua categoria e antiguidade.

11 – Consagra-se que, em caso de ilicitude de despedimento, a opção do trabalhador por indemnização em substituição da reintegração deve ser feita até ao termo da discussão em audiência final de julgamento.

12 – Esclarece-se o critério do grau de ilicitude relevante para graduar a indemnização substitutiva da reintegração.

13 – Consagra-se que, nos casos em que ocorra mera irregularidade consubstanciada em deficiência de procedimento que não determine a ilicitude do despedimento, se forem procedentes os motivos justificativos do despedimento, o trabalhador tem apenas direito a indemnização correspondente a metade do valor por que poderia optar em caso de ilicitude de despedimento.

14 – Elimina-se a possibilidade de reabertura do processo disciplinar, nos casos em que não é determinada a ilicitude do despedimento, em virtude da verificação de mera irregularidade fundada em deficiência de procedimento.

Sujeitos coletivos:

1 – Entre as estruturas de representação coletiva dos trabalhadores, passam a ser expressamente referidos os representantes dos trabalhadores para a segurança e saúde no trabalho e alude-se a outras estruturas previstas em lei específica, como o conselho de trabalhadores na sociedade europeia ou na sociedade cooperativa europeia.

2 – Permite-se que a convocatória de assembleia geral de associação sindical ou associação de empregadores seja comunicada por escrito a todos os associados, em substituição da sua publicação em jornal,

3 – Prevê-se que os estatutos de comissões de trabalhadores, comissões coordenadoras, associações sindicais e associações de empregadores sejam entregues, para registo, em documento eletrónico, de modo a facilitar a edição eletrónica do *Boletim do Trabalho e Emprego.*

4 – No âmbito da apreciação da legalidade dos estatutos de estruturas de representação coletiva dos trabalhadores e de associações de empregadores, prevê-se que o serviço competente do ministério responsável pela área laboral, caso os estatutos contenham disposições contrárias à lei, notifica a organização em causa para que esta

CÓDIGO DO TRABALHO

tenha a possibilidade de alterar as mesmas disposições, no prazo de 180 dias, antes do envio da apreciação fundamentada sobre a legalidade dos estatutos ao magistrado do Ministério Público junto do tribunal competente.

5 – No mesmo âmbito, prevê-se ainda que, caso os estatutos contenham disposição contrária à lei, haverá lugar a ação tendente à declaração judicial, não de extinção da associação, mas de nulidade dessa disposição se a matéria em causa for regulada por lei imperativa ou se a regulamentação da mesma não for essencial ao funcionamento da organização.

6 – Determina-se que os estatutos de associações sindicais, associações de empregadores, comissões de trabalhadores e comissões coordenadoras vigentes na data da entrada em vigor da presente lei que não estejam em conformidade com o regime constante do Código do Trabalho devem ser revistos no prazo de três anos; à apreciação da legalidade desses estatutos será aplicável o regime estabelecido no Código do Trabalho.

7 – Prevê-se para a extinção voluntária de associação sindical ou associação de empregadores um procedimento, análogo ao da constituição, conducente à apreciação judicial da deliberação de extinção a qual, no caso de desconformidade com a lei ou os estatutos, pode conduzir à declaração judicial de nulidade da deliberação.

8 – No âmbito do direito de informação e consulta de delegados sindicais, afasta-se a exceção referente a estabelecimento com menos de 20 trabalhadores pertencente a média ou grande empresa, para adequar o regime ao disposto na Diretiva nº 2002/14/CE, do Parlamento Europeu e do Conselho, de 11 de março.

Instrumentos de regulamentação coletiva de trabalho

1 – Prevê-se que o contrato de trabalho, quando estabeleça condições mais favoráveis para o trabalhador, possa sempre afastar disposições de instrumento de regulamentação coletiva de trabalho, eliminando-se a possibilidade de este impedir a prevalência de contrato de trabalho mais favorável.

2 – Institui-se um procedimento de apreciação fundamentada sobre a legalidade, em matéria de igualdade e não discriminação, das disposições de convenções coletivas e decisões arbitrais, posterior à respetiva publicação, que pode conduzir à declaração judicial da nulidade dessas disposições, em ação proposta pelo Ministério Público; as disposições discriminatórias nulas consideram-se substituídas pelas disposições mais favoráveis aplicáveis à generalidade dos trabalhadores.

3 – Mantém-se que não exista prazo inicial para a apresentação de proposta de revisão de uma convenção coletiva, passando a prever-se que a entidade destinatária pode recusar-se a negociar antes de decorrerem seis meses de vigência da convenção, devendo informar o proponente no prazo de 10 dias úteis.

4 – Em matéria de celebração de convenção coletiva, mantém-se que esta pode ser assinada por pessoa titular de mandato escrito com poderes para contratar, o qual deve ser conferido pela associação sindical ou associação de empregadores, nos termos dos respetivos estatutos.

EXPOSIÇÃO DE MOTIVOS

5 – Permite-se que as associações sindicais confiram a outra estrutura de representação coletiva dos trabalhadores poderes para contratar com empresa com, pelo menos, 500 trabalhadores.

6 – Prevê-se que a convenção coletiva deve regular os efeitos dela decorrentes, em caso de caducidade, relativamente aos trabalhadores abrangidos pela mesma, até à entrada em vigor de outro instrumento de regulamentação coletiva de trabalho.

7 – Prevê-se que o texto consolidado que deve acompanhar a terceira revisão parcial consecutiva de uma convenção, para efeito de depósito, seja assinado nos mesmos termos da convenção, e que o mesmo, em caso de divergência, prevalece sobre os textos a que se refere.

8 – A convenção coletiva e o texto consolidado devem ser entregues em documento eletrónico, de modo a facilitar a edição eletrónica do *Boletim do Trabalho e Emprego*.

9 – Permite-se que o trabalhador não filiado em qualquer associação sindical escolha como aplicável uma convenção coletiva ou decisão arbitral aplicável no âmbito da empresa, e que essa aplicação cessa caso o trabalhador seja abrangido por outra convenção celebrada por associação sindical em que posteriormente se filie.

10 – Permite-se que a convenção coletiva determine que o trabalhador não sindicalizado que a escolha como aplicável pague determinado montante à associação sindical celebrante, a título de comparticipação nos encargos da negociação.

11 – Em matéria de período de vigência de convenção coletiva, prevê-se que esta vigora pelo prazo que dela constar ou, na sua falta, pelo prazo de um ano, e que a mesma se renova nos termos nela previstos ou por prazos sucessivos de um ano.

12 – Prevê-se que qualquer das partes pode denunciar a convenção coletiva, mediante comunicação escrita dirigida à outra parte, desde que seja acompanhada de proposta de revisão global; porém, não se considera denúncia a mera proposta de revisão de convenção.

13 – Em matéria de sobrevigência e caducidade de convenção coletiva, estabelece-se que a cláusula de convenção que faça depender a cessação da vigência desta da substituição por outro instrumento caduca decorridos cinco anos sobre a última publicação integral da convenção, a denúncia da convenção ou a proposta de revisão da convenção que inclua a revisão da referida cláusula.

14 – Prevê-se um regime transitório aplicável a convenção coletiva anterior que contenha cláusula que faça depender a cessação da sua vigência da substituição por outro instrumento, de acordo com o qual a convenção, caso a sua caducidade não tenha ocorrido em data anterior, cessa os seus efeitos na data da entrada em vigor da presente lei, verificados os seguintes factos:

i) A última publicação integral da convenção que contenha a referida cláusula tenha entrado em vigor há, pelo menos, cinco anos;

ii) A convenção tenha sido denunciada validamente na vigência do Código do Trabalho;

iii) Tenham decorrido pelo menos 18 meses a contar da denúncia;

iv) Não tenha havido revisão da convenção após a denúncia.

A convenção em causa caduca, verificando-se todos os outros factos, logo que decorram 18 meses a contar da denúncia.

1 – Prevê-se, em articulação com a caducidade de convenções coletivas, a instituição de arbitragem necessária, a determinar no caso de, após a caducidade de uma ou mais convenções coletivas aplicáveis a uma empresa, grupo de empresas ou setor de atividade, não ser celebrada nova convenção nos 12 meses subsequentes e não haver outra convenção aplicável a pelo menos 50% dos trabalhadores da mesma empresa, grupo de empresas ou setor de atividade; a arbitragem necessária pode ser requerida por qualquer das partes nos 12 meses seguintes ao decurso do prazo de 12 meses após a caducidade da convenção.

2 – Em matéria de arbitragem obrigatória, a mesma pode ser determinada a requerimento de qualquer das partes apenas quando se trate de conflito resultante da celebração de primeira convenção.

3 – A extensão de convenção coletiva ou decisão arbitral passa a poder ter lugar, no âmbito do mesmo setor de atividade e profissional, em área diversa da do referido instrumento, ainda que nesta exista associação sindical ou associação de empregadores; mantêm-se, porém, a regra decorrente do regime de concorrência de instrumentos segundo a qual a extensão não se aplica no âmbito de outras convenções existentes, bem como o procedimento de não abranger trabalhadores ou empregadores quando as respetivas associações representativas o solicitem.

4 – Reduz-se de 15 para 10 dias após o pedido, o prazo para início do procedimento de conciliação de conflitos coletivos de trabalho.

5 – Estabelece-se que a apreciação do pedido de mediação de conflitos coletivos de trabalho e a nomeação de mediador devem ter lugar no prazo de 10 dias.

Em consonância com a previsão de que a convenção coletiva regule os serviços necessários à segurança e manutenção de equipamentos e instalações e os serviços mínimos indispensáveis para ocorrer à satisfação de necessidades sociais impreteríveis, permite-se que a convenção dispense o aviso prévio de greve de conter proposta sobre os mesmos serviços, devendo neste caso identificar devidamente a convenção em causa.

1 – No quadro da exceção à proibição de substituição de grevistas em caso de incumprimento dos serviços mínimos, prevê-se que a empresa contratada para realizar tarefas de trabalhadores em greve deve restringir a sua atividade à estrita medida necessária à prestação desses serviços.

2 – Prevê-se que, em matéria de negociação de serviços mínimos a prestar durante a greve, no caso de haver para duas greves anteriores substancialmente idênticas, definição de serviços mínimos por arbitragem com igual conteúdo, o ser-

EXPOSIÇÃO DE MOTIVOS

viço competente do ministério responsável pela área laboral deve propor às partes que aceitem essa definição, devendo a eventual rejeição constar da ata da negociação.

3 – Prevê-se que, uma vez determinados os serviços mínimos a prestar durante a greve, os representantes dos trabalhadores que designem os trabalhadores adstritos à prestação desses serviços devem, dentro do mesmo prazo, informar do facto o empregador.

4 – Prevê-se que as disposições de instrumento de regulamentação coletiva de trabalho contrárias a normas imperativas do Código do Trabalho devem ser alteradas na primeira revisão que ocorra no prazo de 12 meses após a entrada em vigor da lei, sob pena de nulidade.

Contraordenações laborais

1 – Em matéria de sujeitos responsáveis por contraordenações laborais, prevê-se que o empregador é responsável por contraordenação praticada pelos seus trabalhadores no exercício das respetivas funções.

2 – No quadro do reforço das sanções acessórias, prevê-se que, no caso de contraordenação muito grave ou de reincidência em contraordenação grave, praticada com dolo ou negligência grosseira, seja aplicada ao agente a sanção acessória de publicidade, e que, tendo em conta os efeitos gravosos para o trabalhador ou o benefício económico retirado pelo empregador com o incumprimento, possam ainda ser aplicadas as sanções acessórias de interdição do exercício de atividade no estabelecimento, unidade fabril ou estaleiro onde se verificar a infração, por um período até dois anos ou de privação do direito de participar em arrematações ou concursos públicos, por um período até dois anos.

3 – Prevê-se que a sanção acessória de publicidade pode ser dispensada, tendo em conta as circunstâncias da infração, se o agente tiver pago imediatamente a coima a que for condenado e se não tiver praticado qualquer contraordenação grave ou muito grave nos cinco anos anteriores.

4 – Prevê-se que a sanção acessória de publicidade consiste na inclusão em registo público, disponibilizado na página eletrónica do serviço com competência inspetiva do ministério responsável pela área laboral, de um extrato com a caracterização da contraordenação, a norma violada, a identificação do infrator, o setor de atividade, o lugar da prática da infração e a sanção aplicada.

Esta proposta, a submeter à Assembleia da República, visa criar em Portugal um novo compromisso entre direitos e deveres laborais, assente num quadro normativo mais eficaz e no desenvolvimento do papel dos parceiros sociais na regulação socioeconómica, e reflete as medidas constantes do acordo alcançado com os parceiros sociais em sede de Concertação Social.

Devem ser ouvidos os órgãos de governo próprios das Regiões Autónomas, bem como a Comissão Nacional de Proteção de Dados, e devem assegurar-se todos os

CÓDIGO DO TRABALHO

procedimentos necessários à garantia da participação das estruturas representativas dos trabalhadores e empregadores, em cumprimento do previsto nos artigos 524º e seguintes do Código do Trabalho e da alínea *a)* do nº 2 do artigo 56º da Constituição.

Assim:

Nos termos da alínea *d)* do nº 1 do artigo 197º da Constituição, o Governo apresenta à Assembleia da República a seguinte proposta de lei:

[...]

Lei nº 7/2009, de 12 de fevereiro

Aprova o Código do Trabalho[1]

Aprovado pela Lei nº 7/2009, de 12 de fevereiro, com as alterações introduzidas pelas Leis nºs 105/2009, de 14 de setembro, 53/2011, de 14 de outubro, 23/2012, de 25 de junho, 47/2012, de 29 de agosto, 69/2013, de 30 de agosto, 27/2014, de 8 de maio, 28/2015, de 14 de abril e 120/2015, de 1 de setembro.

A Assembleia da República decreta, nos termos da alínea *c*) do artigo 161º da Constituição, o seguinte:

ARTIGO 1º
Aprovação do Código do Trabalho

É aprovado o Código do Trabalho, que se publica em anexo à presente lei e dela faz parte integrante.

ARTIGO 2º
Transposição de diretivas comunitárias

O Código do Trabalho transpõe para a ordem jurídica interna, total ou parcialmente, as seguintes diretivas comunitárias:

a) Diretiva do Conselho nº 91/533/CEE, de 14 de outubro, relativa à obrigação de a entidade patronal informar o trabalhador sobre as condições aplicáveis ao contrato ou à relação de trabalho;

---

[1] O Código do Trabalho aplica-se por regra às relações de trabalho *privadas*; no entanto, também se aplica aos trabalhadores do *Sector Empresarial do Estado* por força do disposto nos arts. 17º, 14º/1 e 1º a 8º do Decreto Lei 133/2013.

CÓDIGO DO TRABALHO

b) Diretiva nº 92/85/CEE, do Conselho, de 19 de outubro, relativa à implementação de medidas destinadas a promover a melhoria da segurança e da saúde das trabalhadoras grávidas, puérperas ou lactantes no trabalho;

c) Diretiva nº 94/33/CE, do Conselho, de 22 de junho, relativa à proteção dos jovens no trabalho;

d) Diretiva nº 96/34/CE, do Conselho, de 3 de junho, relativa ao acordo quadro sobre a licença parental celebrado pela União das Confederações da Indústria e dos Empregadores da Europa (UNICE), pelo Centro Europeu das Empresas Públicas (CEEP) e pela Confederação Europeia dos Sindicatos (CES);

e) Diretiva nº 96/71/CE, do Parlamento Europeu e do Conselho, de 16 de dezembro, relativa ao destacamento de trabalhadores no âmbito de uma prestação de serviços;

f) Diretiva nº 97/81/CE, do Conselho, de 15 de dezembro, respeitante ao acordo quadro relativo ao trabalho a tempo parcial celebrado pela UNICE, pelo CEEP e pela CES;

g) Diretiva nº 98/59/CE, do Conselho, de 20 de julho, relativa à aproximação das legislações dos Estados membros respeitantes aos despedimentos coletivos;

h) Diretiva nº 1999/70/CE, do Conselho, de 28 de junho, respeitante ao acordo quadro CES, UNICE e CEEP relativo a contratos de trabalho a termo;

i) Diretiva nº 2000/43/CE, do Conselho, de 29 de junho, que aplica o princípio da igualdade de tratamento entre as pessoas, sem distinção de origem racial ou étnica;

j) Diretiva nº 2000/78/CE, do Conselho, de 27 de novembro, que estabelece um quadro geral de igualdade de tratamento no emprego e na atividade profissional;

l) Diretiva nº 2001/23/CE, do Conselho, de 12 de março, relativa à aproximação das legislações dos Estados membros respeitantes à manutenção dos direitos dos trabalhadores em caso de transferência de empresas ou de estabelecimentos, ou de partes de empresas ou de estabelecimentos;

m) Diretiva nº 2002/14/CE, do Parlamento Europeu e do Conselho, de 11 de março, que estabelece um quadro geral relativo à informação e à consulta dos trabalhadores na Comunidade Europeia;

n) Diretiva nº 2003/88/CE, do Parlamento Europeu e do Conselho, de 4 de novembro, relativa a determinados aspetos da organização do tempo de trabalho;

o) Diretiva nº 2006/54/CE, do Parlamento Europeu e do Conselho, de 5 de julho, relativa à aplicação do princípio da igualdade de oportunidades e igualdade de tratamento entre homens e mulheres em domínios ligados ao emprego e à atividade profissional (reformulação).

ARTIGO 3º
Trabalho autónomo de menor

1 – O menor com idade inferior a 16 anos não pode ser contratado para realizar uma atividade remunerada prestada com autonomia, exceto caso tenha concluído a

escolaridade obrigatória ou esteja matriculado e a frequentar o nível secundário de educação e se trate de trabalhos leves.

2 – À celebração do contrato previsto no número anterior aplicam-se as regras gerais previstas no Código Civil.

3 – Consideram-se trabalhos leves para efeitos do nº 1 os que assim forem definidos para o contrato de trabalho celebrado com menor.

4 – Ao menor que realiza atividades com autonomia aplicam-se as limitações estabelecidas para o contrato de trabalho celebrado com menor.

O presente artigo tem a redação que lhe foi dada pelo art. 2º da Lei 47/2012, de 29 de agosto.

ARTIGO 4º
Acidentes de trabalho e doenças profissionais

1 – O regime relativo a acidentes de trabalho e doenças profissionais, previsto nos artigos 283º e 284º do Código do Trabalho, com as necessárias adaptações, aplica-se igualmente:

a) A praticante, aprendiz, estagiário e demais situações que devam considerar-se de formação profissional;

b) A administrador, diretor, gerente ou equiparado, sem contrato de trabalho, que seja remunerado por essa atividade;

c) A prestador de trabalho, sem subordinação jurídica, que desenvolve a sua atividade na dependência económica, nos termos do artigo 10º do Código do Trabalho.

2 – O trabalhador que exerça atividade por conta própria deve efetuar um seguro que garanta o pagamento das prestações previstas nos artigos indicados no número anterior e respetiva legislação regulamentar.

ARTIGO 5º
Regime do tempo de trabalho

O disposto na alínea *a)* do nº 2 do artigo 197º do Código do Trabalho não é aplicável até à entrada em vigor de convenção coletiva que disponha sobre a matéria, mantendo-se em vigor, durante esse período, o previsto no artigo 1º da Lei nº 21/96, de 23 de julho, e na alínea *a)* do nº 1 do artigo 2º da Lei nº 73/98, de 10 de novembro.

ARTIGO 6º
Deveres do Estado em matéria de formação profissional

1 – Compete ao Estado garantir o acesso dos cidadãos à formação profissional, permitindo a todos a aquisição e a permanente atualização dos conhecimentos e competências, desde a entrada na vida ativa, e proporcionar os apoios públicos ao funcionamento do sistema de formação profissional.

2 – Compete ao Estado, em particular, garantir a qualificação inicial de jovens que pretendem ingressar no mercado de trabalho, a qualificação ou a reconversão profis-

CÓDIGO DO TRABALHO

sional de desempregados, com vista ao seu rápido ingresso no mercado de trabalho, e promover a integração sócio-profissional de grupos com particulares dificuldades de inserção, através do desenvolvimento de ações de formação profissional especial.

ARTIGO 7º
Aplicação no tempo

1 – Sem prejuízo do disposto no presente artigo e nos seguintes, ficam sujeitos ao regime do Código do Trabalho aprovado pela presente lei os contratos de trabalho e os instrumentos de regulamentação coletiva de trabalho celebrados ou adotados antes da entrada em vigor da referida lei, salvo quanto a condições de validade e a efeitos de factos ou situações totalmente passados anteriormente àquele momento.

2 – As disposições de instrumento de regulamentação coletiva de trabalho contrárias a normas imperativas do Código do Trabalho devem ser alteradas na primeira revisão que ocorra no prazo de 12 meses após a entrada em vigor desta lei, sob pena de nulidade.

3 – O disposto no número anterior não convalida as disposições de instrumento de regulamentação coletiva de trabalho nulas ao abrigo da legislação revogada.

4 – As estruturas de representação coletiva de trabalhadores e de empregadores constituídas antes da entrada em vigor do Código do Trabalho ficam sujeitas ao regime nele instituído, salvo quanto às condições de validade e aos efeitos relacionados com a respetiva constituição ou modificação.

5 – O regime estabelecido no Código do Trabalho, anexo à presente lei, não se aplica a situações constituídas ou iniciadas antes da sua entrada em vigor e relativas a:

a) Duração de período experimental;
b) Prazos de prescrição e de caducidade;
c) Procedimentos para aplicação de sanções, bem como para a cessação de contrato de trabalho;
d) Duração de contrato de trabalho a termo certo.

6 – O regime estabelecido no nº 4 do artigo 148º do Código do Trabalho, anexo à presente lei, relativo à duração de contrato de trabalho a termo incerto aplica-se a situações constituídas ou iniciadas antes da sua entrada em vigor, contando-se o período de seis anos aí previsto a partir da data de entrada em vigor da presente lei.

ARTIGO 8º
Revisão de estatutos existentes

1 – Os estatutos de associações sindicais, associações de empregadores, comissões de trabalhadores e comissões coordenadoras vigentes na data da entrada em vigor da presente lei que não estejam em conformidade com o regime constante do Código do Trabalho devem ser revistos no prazo de três anos.

2 – Decorrido o prazo referido no número anterior, o serviço competente do ministério responsável pela área laboral procede à apreciação fundamentada sobre a legalidade dos estatutos que não tenham sido revistos e, caso haja disposições con-

LEI Nº 7/2009, DE 12 DE FEVEREIRO

trárias à lei, notifica a estrutura em causa para que esta altere os estatutos, no prazo de 180 dias.

3 – Se houver alteração de estatutos no prazo referido no número anterior, ou fora desse prazo, mas antes da remessa destes ao Ministério Público no tribunal competente, aplica-se o disposto nos nºs 3 a 6, 8 e 9 do artigo 447º do Código do Trabalho, com as necessárias adaptações.

4 – Caso não haja alteração de estatutos nos prazos referidos nos nºs 2 e 3, o serviço competente do ministério responsável pela área laboral remete ao magistrado do Ministério Público no tribunal competente a apreciação fundamentada sobre a legalidade dos mesmos, para os efeitos previstos nos nºs 8 e 9 do artigo 447º do Código do Trabalho.

5 – Caso a apreciação fundamentada sobre a legalidade da alteração de estatutos conclua que não existem disposições contrárias à lei, o processo é remetido ao magistrado do Ministério Público, para os efeitos previstos na alínea b) do nº 4 do artigo 447º do Código do Trabalho.

6 – As entidades referidas no nº 1 podem requerer a suspensão da instância pelo prazo de seis meses em caso de processo judicial em curso tendente à extinção judicial da mesma, ou declaração de nulidade de normas dos estatutos com fundamento em desconformidade com a lei, e apresentar no processo a alteração dos estatutos no mesmo prazo.

ARTIGO 9º
Extinção de associações

1 – As associações sindicais e as associações de empregadores que, nos últimos seis anos, não tenham requerido, nos termos legalmente previstos, a publicação da identidade dos respetivos membros da direção dispõem de 12 meses, contados a partir da entrada em vigor desta lei, para requerer aquela publicação.

2 – Decorrido o prazo referido no número anterior, sem que tal requerimento se tenha verificado, o ministério responsável pela área laboral dá desse facto conhecimento ao magistrado do Ministério Público no tribunal competente, para efeitos de promoção da declaração judicial de extinção da associação.

3 – À extinção judicial nos termos do artigo anterior aplica-se o disposto nos nºs 1 a 3 e 7 do artigo 456º, com as devidas adaptações.

ARTIGO 10º
Regime transitório de sobrevigência
e caducidade de convenção coletiva

1 – É instituído um regime específico de caducidade de convenção coletiva da qual conste cláusula que faça depender a cessação da sua vigência de substituição por outro instrumento de regulamentação coletiva de trabalho, de acordo com os números seguintes.

2 – A convenção coletiva caduca na data da entrada em vigor da presente lei, verificados os seguintes factos:

CÓDIGO DO TRABALHO

a) A última publicação integral da convenção que contenha a cláusula referida no nº 1 tenha entrado em vigor há, pelo menos, seis anos e meio, aí já compreendido o período decorrido após a denúncia;

b) A convenção tenha sido denunciada validamente na vigência do Código do Trabalho;

c) Tenham decorrido pelo menos 18 meses a contar da denúncia;

d) Não tenha havido revisão da convenção após a denúncia.

3 – A convenção referida no nº 1 também caduca, verificando-se todos os outros factos, logo que decorram 18 meses a contar da denúncia.

4 – O disposto nos nºs 2 e 3 não prejudica as situações de reconhecimento da caducidade dessa convenção reportada a momento anterior.

5 – O aviso sobre a data da cessação da vigência da convenção é publicado:

a) Oficiosamente, caso tenha havido requerimento anterior cujo indeferimento tenha sido fundamentado apenas na existência da cláusula referida no nº 1;

b) Dependente de requerimento, nos restantes casos.

ARTIGO 11º
Regiões Autónomas

1 – Na aplicação do Código do Trabalho às Regiões Autónomas são tidas em conta as competências legais atribuídas aos respetivos órgãos e serviços regionais.

2 – Nas Regiões Autónomas, as publicações são feitas nas respetivas séries dos jornais oficiais.

3 – Nas Regiões Autónomas, a regulamentação das condições de admissibilidade de emissão de portarias de extensão e de portarias de condições de trabalho compete às respetivas Assembleias Legislativas.

4 – As Regiões Autónomas podem estabelecer, de acordo com as suas tradições, outros feriados, para além dos previstos no Código do Trabalho, desde que correspondam a usos e práticas já consagrados.

5 – As Regiões Autónomas podem ainda regular outras matérias laborais enunciadas nos respetivos estatutos político-administrativos.

ARTIGO 12º
Norma revogatória

1 – São revogados:

a) A Lei nº 99/2003, de 27 de agosto, na redação dada pela Lei nº 9/2006, de 20 de março, pela Lei nº 59/2007, de 4 de setembro, e pela Lei nº 12-A/2008, de 27 de fevereiro;

b) A Lei nº 35/2004, de 29 de julho, na redação dada pela Lei nº 9/2006, de 20 de março, e pelo Decreto-Lei nº 164/2007, de 3 de maio;

c) As alíneas *d)* a *f)* do artigo 2º, os nºs 2 e 9 do artigo 6º, os nºs 2 e 3 do artigo 13º, os artigos 7º, 14º a 40º, 42º, 44º na parte relativa a contraordenações por violação de normas revogadas e o nº 1 e as alíneas *d*) e *e*) do nº 2 do artigo 45º, todos da Lei nº 19/2007, de 22 de maio.

2 – O artigo 6º do Código do Trabalho, aprovado pela Lei nº 99/ 2003, de 27 de agosto, sobre lei aplicável ao contrato de trabalho é revogado na medida em que seja aplicável o Regulamento CE/593/2008, do Parlamento Europeu e do Conselho, de 17 de junho, sobre a lei aplicável às obrigações contratuais (Roma I).

3 – A revogação dos preceitos a seguir referidos do Código do Trabalho, aprovado pela Lei nº 99/2003, de 27 de agosto, produz efeitos a partir da entrada em vigor do diploma que regular a mesma matéria:

a) Artigos 272º a 280º e 671º, sobre segurança, higiene e saúde no trabalho, na parte não referida na atual redação do Código;

b) *(Revogado pelo art. 9º, nº 1, da Lei 23/2012, de 25 de junho);*

c) Artigos 471º a 473º, sobre conselhos de empresa europeus;

d) Artigos 569º, 570º e nº 1 do artigo 688º, sobre designação de árbitros para arbitragem obrigatória e listas de árbitros;

e) Artigos 630º a 640º, sobre procedimento de contraordenações laborais.

4 – A revogação dos artigos 34º a 43º, 50º e 643º do Código do Trabalho, aprovado pela Lei nº 99/2003, de 27 de agosto, e dos arti-gos 68º a 77 e 99º a 106º e 475º da Lei nº 35/2004, de 29 de julho, sobre proteção da maternidade e da paternidade produz efeitos a partir da entrada em vigor da legislação que regule o regime de proteção social na parentalidade.

5 – A revogação dos artigos 414º, 418º, 430º e 435º, do nº 2 do artigo 436º, do nº 1 do artigo 438º e do artigo 681º, este na parte referente aos dois primeiros artigos, do Código do Trabalho, aprovado pela Lei nº 99/2003, de 27 de agosto, produz efeitos a partir da entrada em vigor da revisão do Código de Processo do Trabalho.

6 – A revogação dos preceitos a seguir referidos da Lei nº 35/2004, de 29 de julho, na redação dada pela Lei nº 9/2006, de 20 de março, e pelo Decreto-Lei nº 164/2007, de 3 de maio, produz efeitos a partir da entrada em vigor do diploma que regular a mesma matéria:

a) Artigos 14º a 26º, 469º e 470º, sobre trabalho no domicílio;

b) Artigos 41º a 65º e 474º, sobre proteção do património genético;

c) Artigos 84º a 95º, sobre proteção de trabalhadora grávida, puérpera ou lactante;

d) Artigos 103º a 106º, sobre regime de segurança social em diversas licenças, faltas e dispensas;

e) Artigos 107º a 113º, sobre regimes aplicáveis à Administração Pública;

f) Artigos 115º a 126º e 476º, sobre proteção de menor no trabalho;

g) Artigos 139º a 146º e 477º, sobre participação de menor em espetáculo ou outra atividade de natureza cultural, artística ou publicitária;

h) Artigos 155º e 156º, sobre especificidades da frequência de estabelecimento de ensino por parte de trabalhador-estudante, incluindo quando aplicáveis a traba-

CÓDIGO DO TRABALHO

lhador por conta própria e a estudante que, estando abrangido pelo estatuto de trabalhador-estudante, se encontre em situação de desemprego involuntário, inscrito em centro de emprego;

i) Artigos 165º a 167º, 170º e 480º, sobre formação profissional;
j) Artigos 176º e 481º, sobre período de funcionamento;
l) Artigos 191º a 201º e 206º, sobre verificação de situação de doença;
m) Artigos 212º a 280º, 484º e 485º, este na parte referente àqueles artigos, sobre segurança, higiene e saúde no trabalho;
n) Artigos 306º, sobre direito a prestações de desemprego, e 310º a 315º, sobre suspensão de execuções;
o) Artigos 317º a 326º, sobre Fundo de Garantia Salarial;
p) Artigos 365º a 395º e 489º, sobre conselhos de empresa europeus;
q) Artigos 407º a 449º, sobre arbitragem obrigatória e arbitragem de serviços mínimos;
r) Artigos 452º a 464º, nº 2 do artigo 469º e artigos 490º e 491º, sobre mapa do quadro de pessoal e balanço social.
s) Artigos 494º a 499º, sobre a Comissão para a Igualdade no Trabalho e no Emprego, na parte não revogada pelo Decreto-Lei nº 164/2007, de 3 de maio.

7 – O regime sancionatório constante do Código do Trabalho não revoga qualquer disposição do Código Penal.

O presente preceito legal tem a redação que lhe foi conferida pela Declaração de Retificação nº 21/ /2009, de 18 de março.
Cfr. art. 9º da Lei nº 23/2012, de 25-06.

ARTIGO 13º
Aplicação das licenças parental inicial e por adoção a situações em curso

1 – As licenças previstas nas alíneas *a*), *b*) e *c*) do artigo 39º e no artigo 44º são aplicáveis aos trabalhadores que estejam a gozar licença por maternidade, paternidade e adoção nos termos do artigo 35º, da alínea *c*) do nº 2 do artigo 36º e do artigo 38º do Código do Trabalho, aprovado pela Lei nº 99/2003, de 27 de agosto, e nos termos do artigo 68º, do nº 3 do artigo 69º e do artigo 71º da Lei nº 35/2004, de 29 de julho, contando-se, para efeito daquelas licenças, os períodos de gozo de licença já decorridos.

2 – Para efeito do disposto no número anterior, os trabalhadores devem informar os respetivos empregadores de acordo com os procedimentos previstos naqueles artigos, no prazo de 15 dias a contar da entrada em vigor da legislação que regule o regime de proteção social na parentalidade.

ARTIGO 14º
Entrada em vigor

1 – Os nºs 1, 3 e 4 do artigo 356º, os artigos 358º, 382º, 387º e 388º, o nº 2 do artigo 389º e o nº 1 do artigo 391º entram em vigor na data de início de vigência da legislação que proceda à revisão do Código de Processo do Trabalho.

2 – Os artigos 34º a 62º entram em vigor na data de início de vigência da legislação que regule o regime de proteção social da parentalidade.

Aprovada em 21 de janeiro de 2009.

O Presidente da Assembleia da República, *Jaime Gama*.

Promulgada em 4 de fevereiro de 2009.

Publique-se.

O Presidente da República, Aníbal Cavaco Silva.

Referendada em 9 de fevereiro de 2009.

O Primeiro-Ministro, *José Sócrates Carvalho Pinto de Sousa*.

Código do Trabalho

LIVRO I
PARTE GERAL

TÍTULO I
Fontes e aplicação do direito do trabalho

CAPÍTULO I
Fontes do direito do trabalho

ARTIGO 1º
Fontes específicas

O contrato de trabalho está sujeito, em especial, aos instrumentos de regulamentação coletiva de trabalho, assim como aos usos laborais que não contrariem o princípio da boa fé.

Cfr. art. 14º da Lei Preambular ao presente Código, art. 99º do presente Código, art. 3º do Código Civil, DUDH, CEDH e Carta Social Europeia.

ARTIGO 2º
Instrumentos de regulamentação coletiva de trabalho

1 – Os instrumentos de regulamentação coletiva de trabalho podem ser negociais ou não negociais.

2 – Os instrumentos de regulamentação coletiva de trabalho negociais são a convenção coletiva, o acordo de adesão e a decisão arbitral em processo de arbitragem voluntária.

3 – As convenções coletivas podem ser:

a) Contrato coletivo, a convenção celebrada entre associação sindical e associação de empregadores;

ART. 3º   LIVRO I - TÍTULO I

b) Acordo coletivo, a convenção celebrada entre associação sindical e uma pluralidade de empregadores para diferentes empresas;

c) Acordo de empresa, a convenção celebrada entre associação sindical e um empregador para uma empresa ou estabelecimento.

4 – Os instrumentos de regulamentação coletiva de trabalho não negociais são a portaria de extensão, a portaria de condições de trabalho e a decisão arbitral em processo de arbitragem obrigatória ou necessária.

ARTIGO 3º
Relações entre fontes de regulação

1 – As normas legais reguladoras de contrato de trabalho podem ser afastadas por instrumento de regulamentação coletiva de trabalho, salvo quando delas resultar o contrário.

2 – As normas legais reguladoras de contrato de trabalho não podem ser afastadas por portaria de condições de trabalho.

3 – As normas legais reguladoras de contrato de trabalho só podem ser afastadas por instrumento de regulamentação coletiva de trabalho que, sem oposição daquelas normas, disponha em sentido mais favorável aos trabalhadores quando respeitem às seguintes matérias:

a) Direitos de personalidade, igualdade e não discriminação;

b) Proteção na parentalidade;

c) Trabalho de menores;

d) Trabalhador com capacidade de trabalho reduzida, com deficiência ou doença crónica;

e) Trabalhador-estudante;

f) Dever de informação do empregador;

g) Limites à duração dos períodos normais de trabalho diário e semanal;

h) Duração mínima dos períodos de repouso, incluindo a duração mínima do período anual de férias;

i) Duração máxima do trabalho dos trabalhadores noturnos;

j) Forma de cumprimento e garantias da retribuição;

l) Capítulo sobre prevenção e reparação de acidentes de trabalho e doenças profissionais e legislação que o regulamenta;

m) Transmissão de empresa ou estabelecimento;

n) Direitos dos representantes eleitos dos trabalhadores.

4 – As normas legais reguladoras de contrato de trabalho só podem ser afastadas por contrato individual que estabeleça condições mais favoráveis para o trabalhador, se delas não resultar o contrário.

5 – Sempre que uma norma legal reguladora de contrato de trabalho determine que a mesma pode ser afastada por instrumento de regulamentação coletiva de trabalho entende-se que o não pode ser por contrato de trabalho.

Cfr. art. 14º da Lei Preambular ao presente Código.

Acerca relações entre fontes de regulação cfr. Acórdão do STJ nº 2/2012 de 12/04/2012 e Acórdão do Tribunal Constitucional nº 338/2010.

FONTES E APLICAÇÃO DO DIREITO DO TRABALHO   ART. 5º

CAPÍTULO II
Aplicação do direito do trabalho

ARTIGO 4º
Igualdade de tratamento de trabalhador estrangeiro ou apátrida

Sem prejuízo do estabelecido quanto à lei aplicável ao destacamento de trabalhadores e do disposto no artigo seguinte, o trabalhador estrangeiro ou apátrida que esteja autorizado a exercer uma atividade profissional subordinada em território português goza dos mesmos direitos e está sujeito aos mesmos deveres do trabalhador com nacionalidade portuguesa.

Cfr. art. 14º da Lei Preambular ao presente Código.

Acerca da utilização da atividade de cidadão estrangeiro em situação ilegal cfr. artigos 185º-A e 198º-A da Lei nº 23/2007, de 4 de julho, republicada pela Lei 29/2012, de 9 de agosto, bem como Decreto Regulamentar nº 84/2007, de 5 de novembro, alterado e republicado pelo Decreto Regulamentar nº 2/2013 de 18 de março.

ARTIGO 5º
Forma e conteúdo de contrato
com trabalhador estrangeiro ou apátrida

1 – O contrato de trabalho celebrado com trabalhador estrangeiro ou apátrida está sujeito a forma escrita e deve conter, sem prejuízo de outras exigíveis no caso de ser a termo, as seguintes indicações:

a) Identificação, assinaturas e domicílio ou sede das partes;
b) Referência ao visto de trabalho ou ao título de autorização de residência ou permanência do trabalhador em território português;
c) Atividade do empregador;
d) Atividade contratada e retribuição do trabalhador;
e) Local e período normal de trabalho;
f) Valor, periodicidade e forma de pagamento da retribuição;
g) Datas da celebração do contrato e do início da prestação de atividade.

2 – O trabalhador deve ainda anexar ao contrato a identificação e domicílio da pessoa ou pessoas beneficiárias de pensão em caso de morte resultante de acidente de trabalho ou doença profissional.

3 – O contrato de trabalho deve ser elaborado em duplicado, entregando o empregador um exemplar ao trabalhador.

4 – O exemplar do contrato que ficar com o empregador deve ter apensos documentos comprovativos do cumprimento das obrigações legais relativas à entrada e à permanência ou residência do cidadão estrangeiro ou apátrida em Portugal, sendo apensas cópias dos mesmos documentos aos restantes exemplares.

5 – O empregador deve comunicar ao serviço com competência inspetiva do ministério responsável pela área laboral, mediante formulário eletrónico:

ART. 6º   LIVRO I – TÍTULO I

a) A celebração de contrato de trabalho com trabalhador estrangeiro ou apátrida, antes do início da sua execução;

b) A cessação de contrato, nos 15 dias posteriores.

6 – O disposto neste artigo não é aplicável a contrato de trabalho de cidadão nacional de país membro do Espaço Económico Europeu ou de outro Estado que consagre a igualdade de tratamento com cidadão nacional em matéria de livre exercício de atividade profissional.

7 – Constitui contraordenação grave a violação do disposto nos nºs 1, 3, 4 ou 5.

ARTIGO 6º
Destacamento em território português

1 – Consideram-se submetidas ao regime de destacamento as seguintes situações, nas quais o trabalhador, contratado por empregador estabelecido noutro Estado, presta a sua atividade em território português:

a) Em execução de contrato entre o empregador e o beneficiário que exerce a atividade, desde que o trabalhador permaneça sob a autoridade e direção daquele;

b) Em estabelecimento do mesmo empregador, ou empresa de outro empregador com o qual exista uma relação societária de participações recíprocas, de domínio ou de grupo;

c) Ao serviço de um utilizador, à disposição do qual foi colocado por empresa de trabalho temporário ou outra empresa.

2 – O regime é também aplicável ao destacamento efetuado nas situações referidas nas alíneas *a)* e *b)* do número anterior por um utilizador estabelecido noutro Estado, ao abrigo da respetiva legislação nacional, desde que o contrato de trabalho subsista durante o destacamento.

3 – O regime de destacamento em território português não é aplicável ao pessoal navegante da marinha mercante.

ARTIGO 7º
Condições de trabalho de trabalhador destacado

1 – Sem prejuízo de regime mais favorável constante de lei ou contrato de trabalho, o trabalhador destacado tem direito às condições de trabalho previstas na lei e em regulamentação coletiva de trabalho de eficácia geral aplicável que respeitem a:

a) Segurança no emprego;
b) Duração máxima do tempo de trabalho;
c) Períodos mínimos de descanso;
d) Férias;
e) Retribuição mínima e pagamento de trabalho suplementar;
f) Cedência de trabalhadores por parte de empresa de trabalho temporário;
g) Cedência ocasional de trabalhadores;

FONTES E APLICAÇÃO DO DIREITO DO TRABALHO   ART. 9º

h) Segurança e saúde no trabalho;
i) Proteção na parentalidade;
j) Proteção do trabalho de menores;
l) Igualdade de tratamento e não discriminação.

2 – Para efeito do disposto no número anterior:

a) A retribuição mínima integra os subsídios ou abonos atribuídos ao trabalhador por causa do destacamento que não constituam reembolso de despesas efetuadas, nomeadamente com viagens, alojamento e alimentação;

b) As férias, a retribuição mínima e o pagamento de trabalho suplementar não são aplicáveis ao destacamento de trabalhador qualificado por parte de empresa fornecedora de um bem, para efetuar a montagem ou a instalação inicial indispensável ao seu funcionamento, desde que a mesma esteja integrada no contrato de fornecimento e a sua duração não seja superior a oito dias no período de um ano.

3 – O disposto na alínea *b*) do número anterior não abrange o destacamento em atividades de construção que visem a realização, reparação, manutenção, alteração ou eliminação de construções, nomeadamente escavações, aterros, construção, montagem e desmontagem de elementos prefabricados, arranjo ou instalação de equipamentos, transformação, renovação, reparação, conservação ou manutenção, designadamente pintura e limpeza, desmantelamento, demolição e saneamento.

ARTIGO 8º
Destacamento para outro Estado

1 – O trabalhador contratado por uma empresa estabelecida em Portugal, que preste atividade no território de outro Estado em situação a que se refere o artigo 6º, tem direito às condições de trabalho previstas no artigo anterior, sem prejuízo de regime mais favorável constante da lei aplicável ou do contrato.

2 – O empregador deve comunicar, com cinco dias de antecedência, ao serviço com competência inspetiva do ministério responsável pela área laboral a identidade dos trabalhadores a destacar para o estrangeiro, o utilizador, o local de trabalho, o início e o termo previsíveis da deslocação.

3 – Constitui contraordenação grave a violação do disposto no número anterior.

Cfr. arts. 172º a 192º

ARTIGO 9º
Contrato de trabalho com regime especial

Ao contrato de trabalho com regime especial aplicam-se as regras gerais deste Código que sejam compatíveis com a sua especificidade.

Acerca do trabalho no domicílio cfr. Lei nº 101/2009, de 8 de setembro.

Sobre regime dos contratos de trabalho dos profissionais de espetáculos vide Lei nº 4/2008, de 7 de Fevereiro, republicada pela Lei nº 28/2011, de 16 de Junho.

Acerca do regime jurídico do contrato de trabalho do praticante desportivo e do contrato de formação desportiva vide Lei nº 28/98, de 26 de junho.

ARTIGO 10º
Situações equiparadas

As normas legais respeitantes a direitos de personalidade, igualdade e não discriminação e segurança e saúde no trabalho são aplicáveis a situações em que ocorra prestação de trabalho por uma pessoa a outra, sem subordinação jurídica, sempre que o prestador de trabalho deva considerar-se na dependência económica do beneficiário da atividade.

Cfr. arts. 14º a 22º

TÍTULO II
Contrato de trabalho

CAPÍTULO I
Disposições gerais

SECÇÃO I
Contrato de trabalho

ARTIGO 11º
Noção de contrato de trabalho

Contrato de trabalho é aquele pelo qual uma pessoa singular se obriga, mediante retribuição, a prestar a sua atividade a outra ou outras pessoas, no âmbito de organização e sob a autoridade destas.

Sobre o regime dos contratos de trabalho dos profissionais de espetáculos, vide Lei nº 4/2008, de 7 de fevereiro.

Cfr. art. 1152º do Código Civil e arts. 97º, 101º, 115º, 116º, 128º/1-b/2 e 258º ss do presente Código.

ARTIGO 12º
Presunção de contrato de trabalho

1 – Presume-se a existência de contrato de trabalho quando, na relação entre a pessoa que presta uma atividade e outra ou outras que dela beneficiam, se verifiquem algumas das seguintes características:

a) A atividade seja realizada em local pertencente ao seu beneficiário ou por ele determinado;

b) Os equipamentos e instrumentos de trabalho utilizados pertençam ao beneficiário da atividade;

c) O prestador de atividade observe horas de início e de termo da prestação, determinadas pelo beneficiário da mesma;

d) Seja paga, com determinada periodicidade, uma quantia certa ao prestador de atividade, como contrapartida da mesma;

e) O prestador de atividade desempenhe funções de direção ou chefia na estrutura orgânica da empresa.

2 – Constitui contraordenação muito grave imputável ao empregador a prestação de atividade, por forma aparentemente autónoma, em condições características de contrato de trabalho, que possa causar prejuízo ao trabalhador ou ao Estado.

3 – Em caso de reincidência, é aplicada a sanção acessória de privação do direito a subsídio ou benefício outorgado por entidade ou serviço público, por período até dois anos.

4 – Pelo pagamento da coima, são solidariamente responsáveis o empregador, as sociedades que com este se encontrem em relações de participações recíprocas, de domínio ou de grupo, bem como o gerente, administrador ou diretor, nas condições a que se referem o artigo 334º e o nº 2 do artigo 335º.

Cfr. art. 350º do Código Civil.

Acerca da presunção de contrato de trabalho no âmbito de estágios profissionais vide artigo 13º do DL nº 56/2011, de 1 de junho.

Acerca da distinção entre contrato de trabalho e contrato de prestação de serviços cfr. Acórdãos do STJ de 21/01/2009 (Processo: 08S2470), e de 12/09/2012 (Processo: 247/10.4TTVIS.C1.S1).

SECÇÃO II
Sujeitos

SUBSECÇÃO I
Capacidade

ARTIGO 13º
Princípio geral sobre capacidade

A capacidade para celebrar contrato de trabalho regula-se nos termos gerais do direito e pelo disposto neste Código.

Cfr. art. 66º e 122º do Código Civil arts. 68º a 70º do presente Código.

SUBSECÇÃO II
Direitos de personalidade

ARTIGO 14º
Liberdade de expressão e de opinião

É reconhecida, no âmbito da empresa, a liberdade de expressão e de divulgação do pensamento e opinião, com respeito dos direitos de personalidade do trabalhador e do empregador, incluindo as pessoas singulares que o representam, e do normal funcionamento da empresa.

ART. 15º   LIVRO I - TÍTULO II

ARTIGO 15º
Integridade física e moral

O empregador, incluindo as pessoas singulares que o representam, e o trabalhador gozam do direito à respetiva integridade física e moral.

Cfr. art. 25º, nº 1 da CRP e art. 70º, nº 1 do Código Civil e arts. 143º a 148º do CP (crime de ofensa à integridade física).

ARTIGO 16º
Reserva da intimidade da vida privada

1 – O empregador e o trabalhador devem respeitar os direitos de personalidade da contraparte, cabendo-lhes, designadamente, guardar reserva quanto à intimidade da vida privada.

2 – O direito à reserva da intimidade da vida privada abrange quer o acesso, quer a divulgação de aspetos atinentes à esfera íntima e pessoal das partes, nomeadamente relacionados com a vida familiar, afetiva e sexual, com o estado de saúde e com as convicções políticas e religiosas.

Cfr. art. 26º, nº 1 da CRP e art. 80º do Código Civil.

ARTIGO 17º
Proteção de dados pessoais

1 – O empregador não pode exigir a candidato a emprego ou a trabalhador que preste informações relativas:

a) À sua vida privada, salvo quando estas sejam estritamente necessárias e relevantes para avaliar da respetiva aptidão no que respeita à execução do contrato de trabalho e seja fornecida por escrito a respetiva fundamentação;

b) À sua saúde ou estado de gravidez, salvo quando particulares exigências inerentes à natureza da atividade profissional o justifiquem e seja fornecida por escrito a respetiva fundamentação.

2 – As informações previstas na alínea *b)* do número anterior são prestadas a médico, que só pode comunicar ao empregador se o trabalhador está ou não apto a desempenhar a atividade.

3 – O candidato a emprego ou o trabalhador que haja fornecido informações de índole pessoal goza do direito ao controlo dos respetivos dados pessoais, podendo tomar conhecimento do seu teor e dos fins a que se destinam, bem como exigir a sua retificação e atualização.

4 – Os ficheiros e acessos informáticos utilizados pelo empregador para tratamento de dados pessoais do candidato a emprego ou trabalhador ficam sujeitos à legislação em vigor relativa à proteção de dados pessoais.

5 – Constitui contraordenação muito grave a violação do disposto nos nºs 1 ou 2.

Cfr art. 26º da CRP e Lei 67/98 de 26 de outubro, retificada pela Declaração de Retificação nº 22/98, de 13 de novembro.

CONTRATO DE TRABALHO   ART. 20º

ARTIGO 18º
Dados biométricos

1 – O empregador só pode tratar dados biométricos do trabalhador após notificação à Comissão Nacional de Proteção de Dados.

2 – O tratamento de dados biométricos só é permitido se os dados a utilizar forem necessários, adequados e proporcionais aos objetivos a atingir.

3 – Os dados biométricos são conservados durante o período necessário para a prossecução das finalidades do tratamento a que se destinam, devendo ser destruídos no momento da transferência do trabalhador para outro local de trabalho ou da cessação do contrato de trabalho.

4 – A notificação a que se refere o nº 1 deve ser acompanhada de parecer da comissão de trabalhadores ou, não estando este disponível 10 dias após a consulta, de comprovativo do pedido de parecer.

5 – Constitui contraordenação grave a violação do disposto no nº 3.

Cfr. Lei nº 67/98, de 26 de outubro, retificada pela DECL-RECT.22/98 de 13/11/ 1998.

ARTIGO 19º
Testes e exames médicos

1 – Para além das situações previstas em legislação relativa a segurança e saúde no trabalho, o empregador não pode, para efeitos de admissão ou permanência no emprego, exigir a candidato a emprego ou a trabalhador a realização ou apresentação de testes ou exames médicos, de qualquer natureza, para comprovação das condições físicas ou psíquicas, salvo quando estes tenham por finalidade a proteção e segurança do trabalhador ou de terceiros, ou quando particulares exigências inerentes à atividade o justifiquem, devendo em qualquer caso ser fornecida por escrito ao candidato a emprego ou trabalhador a respetiva fundamentação.

2 – O empregador não pode, em circunstância alguma, exigir a candidata a emprego ou a trabalhadora a realização ou apresentação de testes ou exames de gravidez.

3 – O médico responsável pelos testes e exames médicos só pode comunicar ao empregador se o trabalhador está ou não apto para desempenhar a atividade.

4 – Constitui contraordenação muito grave a violação do disposto nos nºs 1 ou 2.

Cfr. art. 25º da CRP e art. 81º, nº 1 do Código Civil.

ARTIGO 20º
Meios de vigilância a distância

1 – O empregador não pode utilizar meios de vigilância a distância no local de trabalho, mediante o emprego de equipamento tecnológico, com a finalidade de controlar o desempenho profissional do trabalhador.

2 – A utilização de equipamento referido no número anterior é lícita sempre que tenha por finalidade a proteção e segurança de pessoas e bens ou quando particulares exigências inerentes à natureza da atividade o justifiquem.

ART. 21º   LIVRO I - TÍTULO II

3 – Nos casos previstos no número anterior, o empregador informa o trabalhador sobre a existência e finalidade dos meios de vigilância utilizados, devendo nomeadamente afixar nos locais sujeitos os seguintes dizeres, consoante os casos: «Este local encontra-se sob vigilância de um circuito fechado de televisão» ou «Este local encontra-se sob vigilância de um circuito fechado de televisão, procedendo-se à gravação de imagem e som», seguido de símbolo identificativo.

4 – Constitui contraordenação muito grave a violação do disposto no nº 1 e constitui contraordenação leve a violação do disposto no nº 3.

Relativamente à questão da videovigilância nos locais de trabalho vide Acórdão do STJ de 8/03/2006.

ARTIGO 21º
Utilização de meios de vigilância a distância

1 – A utilização de meios de vigilância a distância no local de trabalho está sujeita a autorização da Comissão Nacional de Proteção de Dados.

2 – A autorização só pode ser concedida se a utilização dos meios for necessária, adequada e proporcional aos objetivos a atingir.

3 – Os dados pessoais recolhidos através dos meios de vigilância a distância são conservados durante o período necessário para a prossecução das finalidades da utilização a que se destinam, devendo ser destruídos no momento da transferência do trabalhador para outro local de trabalho ou da cessação do contrato de trabalho.

4 – O pedido de autorização a que se refere o nº 1 deve ser acompanhado de parecer da comissão de trabalhadores ou, não estando este disponível 10 dias após a consulta, de comprovativo do pedido de parecer.

5 – Constitui contraordenação grave a violação do disposto no nº 3.

Cfr. art. 27º da Lei 67/98 de 26 de outubro, retificada pela DECL-RECT. 22/98 de 13/11/1998.

ARTIGO 22º
Confidencialidade de mensagens e de acesso a informação

1 – O trabalhador goza do direito de reserva e confidencialidade relativamente ao conteúdo das mensagens de natureza pessoal e acesso a informação de caráter não profissional que envie, receba ou consulte, nomeadamente através do correio eletrónico.

2 – O disposto no número anterior não prejudica o poder de o empregador estabelecer regras de utilização dos meios de comunicação na empresa, nomeadamente do correio eletrónico.

Cfr. art. 194º do Código Penal e Lei nº 46/2012, de 29 de julho que estipula a proteção da privacidade nas comunicações eletrónicas.

CONTRATO DE TRABALHO   ART. 24º

SUBSECÇÃO III
Igualdade e não discriminação

DIVISÃO I
Disposições gerais sobre igualdade e não discriminação

ARTIGO 23º
Conceitos em matéria de igualdade e não discriminação

1 – Para efeitos do presente Código, considera-se:

a) Discriminação direta, sempre que, em razão de um fator de discriminação, uma pessoa seja sujeita a tratamento menos favorável do que aquele que é, tenha sido ou venha a ser dado a outra pessoa em situação comparável;

b) Discriminação indireta, sempre que uma disposição, critério ou prática aparentemente neutro seja suscetível de colocar uma pessoa, por motivo de um fator de discriminação, numa posição de desvantagem comparativamente com outras, a não ser que essa disposição, critério ou prática seja objetivamente justificado por um fim legítimo e que os meios para o alcançar sejam adequados e necessários;

c) Trabalho igual, aquele em que as funções desempenhadas ao serviço do mesmo empregador são iguais ou objetivamente semelhantes em natureza, qualidade e quantidade;

d) Trabalho de valor igual, aquele em que as funções desempenhadas ao serviço do mesmo empregador são equivalentes, atendendo nomeadamente à qualificação ou experiência exigida, às responsabilidades atribuídas, ao esforço físico e psíquico e às condições em que o trabalho é efetuado.

2 – Constitui discriminação a mera ordem ou instrução que tenha por finalidade prejudicar alguém em razão de um fator de discriminação.

Cfr. art. 13º, 58º 59º.

ARTIGO 24º
Direito à igualdade no acesso a emprego e no trabalho

1 – O trabalhador ou candidato a emprego tem direito a igualdade de oportunidades e de tratamento no que se refere ao acesso ao emprego, à formação e promoção ou carreira profissionais e às condições de trabalho, não podendo ser privilegiado, beneficiado, prejudicado, privado de qualquer direito ou isento de qualquer dever em razão, nomeadamente, de ascendência, idade, sexo, orientação sexual, identidade de género, estado civil, situação familiar, situação económica, instrução, origem ou condição social, património genético, capacidade de trabalho reduzida, deficiência, doença crónica, nacionalidade, origem étnica ou raça, território de origem, língua, religião, convicções políticas ou ideológicas e filiação sindical, devendo o Estado promover a igualdade de acesso a tais direitos.

2 – O direito referido no número anterior respeita, designadamente:

ART. 25º LIVRO I – TÍTULO II

a) A critérios de seleção e a condições de contratação, em qualquer setor de atividade e a todos os níveis hierárquicos;

b) A acesso a todos os tipos de orientação, formação e reconversão profissionais de qualquer nível, incluindo a aquisição de experiência prática;

c) A retribuição e outras prestações patrimoniais, promoção a todos os níveis hierárquicos e critérios para seleção de trabalhadores a despedir;

d) A filiação ou participação em estruturas de representação coletiva, ou em qualquer outra organização cujos membros exercem uma determinada profissão, incluindo os benefícios por elas atribuídos.

3 – O disposto nos números anteriores não prejudica a aplicação:

a) De disposições legais relativas ao exercício de uma atividade profissional por estrangeiro ou apátrida;

b) De disposições relativas à especial proteção de património genético, gravidez, parentalidade, adoção e outras situações respeitantes à conciliação da atividade profissional com a vida familiar.

4 – O empregador deve afixar na empresa, em local apropriado, a informação relativa aos direitos e deveres do trabalhador em matéria de igualdade e não discriminação.

5 – Constitui contraordenação muito grave a violação do disposto no nº 1 e constitui contraordenação leve a violação do disposto no nº 4.

O direito à igualdade no acesso a emprego e no trabalho resulta das imposições constitucionais do art. 13º e 59º da CRP e de regras que foram sendo criadas a nível europeu nomeadamente através das Diretivas 75/117/CEE, de 10 de fevereiro de 1975, nº 76/207/CEE, de 9 de fevereiro de 1976 (alterada pela Diretiva nº 2002/73/CE, de 23 de setembro de 2002), nº 2000/43/CE, de 29 de junho de 2000 e 2000/78/CE, de 27 de novembro de 2000.

O nº 1 do presente artigo tem a redação que lhe foi conferida pela Lei nº 28/2015 de 14 de abril que consagra a identidade de género no âmbito do direito à igualdade no acesso a emprego e no trabalho e procedeu à oitava alteração ao Código do Trabalho.

ARTIGO 25º
Proibição de discriminação

1 – O empregador não pode praticar qualquer discriminação, direta ou indireta, em razão nomeadamente dos fatores referidos no nº 1 do artigo anterior.

2 – Não constitui discriminação o comportamento baseado em fator de discriminação que constitua um requisito justificável e determinante para o exercício da atividade profissional, em virtude da natureza da atividade em causa ou do contexto da sua execução, devendo o objetivo ser legítimo e o requisito proporcional.

3 – São nomeadamente permitidas diferenças de tratamento baseadas na idade que sejam necessárias e apropriadas à realização de um objetivo legítimo, designadamente de política de emprego, mercado de trabalho ou formação profissional.

4 – As disposições legais ou de instrumentos de regulamentação coletiva de trabalho que justifiquem os comportamentos referidos no número anterior devem ser avaliadas periodicamente e revistas se deixarem de se justificar.

CONTRATO DE TRABALHO   ART. 27º

5 – Cabe a quem alega discriminação indicar o trabalhador ou trabalhadores em relação a quem se considera discriminado, incumbindo ao empregador provar que a diferença de tratamento não assenta em qualquer fator de discriminação.

6 – O disposto no número anterior é designadamente aplicável em caso de invocação de qualquer prática discriminatória no acesso ao trabalho ou à formação profissional ou nas condições de trabalho, nomeadamente por motivo de dispensa para consulta pré-natal, proteção da segurança e saúde de trabalhadora grávida, puérpera ou lactante, licenças por parentalidade ou faltas para assistência a menores.

7 – É inválido o ato de retaliação que prejudique o trabalhador em consequência de rejeição ou submissão a ato discriminatório.

8 – Constitui contraordenação muito grave a violação do disposto nos nºs 1 ou 7.

ARTIGO 26º
Regras contrárias ao princípio da igualdade e não discriminação

1 – A disposição de instrumento de regulamentação coletiva de trabalho ou de regulamento interno de empresa que estabeleça profissão ou categoria profissional que respeite especificamente a trabalhadores de um dos sexos considera-se aplicável a trabalhadores de ambos os sexos.

2 – A disposição de instrumento de regulamentação coletiva de trabalho ou de regulamento interno de empresa que estabeleça condições de trabalho, designadamente retribuição, aplicáveis exclusivamente a trabalhadores de um dos sexos para categoria profissional correspondente a trabalho igual ou a trabalho de valor igual considera-se substituída pela disposição mais favorável aplicável a trabalhadores de ambos os sexos.

3 – O disposto nos números anteriores é aplicável a disposição contrária ao princípio da igualdade em função de outro fator de discriminação.

4 – A disposição de estatuto de organização representativa de empregadores ou de trabalhadores que restrinja o acesso a emprego, atividade profissional, formação profissional, condições de trabalho ou carreira profissional exclusivamente a trabalhadores de um dos sexos, fora dos casos previstos no nº 2 do artigo 25º e dos previstos em lei específica decorrentes da proteção do património genético do trabalhador ou dos seus descendentes, considera-se aplicável a trabalhadores de ambos os sexos.

ARTIGO 27º
Medida de ação positiva

Para os efeitos deste Código, não se considera discriminação a medida legislativa de duração limitada que beneficia certo grupo, desfavorecido em função de fator de discriminação, com o objetivo de garantir o exercício, em condições de igualdade, dos direitos previstos na lei ou corrigir situação de desigualdade que persista na vida social.

ART. 28º   LIVRO I – TÍTULO II

ARTIGO 28º
Indemnização por ato discriminatório

A prática de ato discriminatório lesivo de trabalhador ou candidato a emprego confere-lhe o direito a indemnização por danos patrimoniais e não patrimoniais, nos termos gerais de direito.

DIVISÃO II
Proibição de assédio

ARTIGO 29º
Assédio

1 – Entende-se por assédio o comportamento indesejado, nomeadamente o baseado em fator de discriminação, praticado aquando do acesso ao emprego ou no próprio emprego, trabalho ou formação profissional, com o objetivo ou o efeito de perturbar ou constranger a pessoa, afetar a sua dignidade, ou de lhe criar um ambiente intimidativo, hostil, degradante, humilhante ou desestabilizador.

2 – Constitui assédio sexual o comportamento indesejado de caráter sexual, sob forma verbal, não verbal ou física, com o objetivo ou o efeito referido no número anterior.

3 – À prática de assédio aplica-se o disposto no artigo anterior.

4 – Constitui contraordenação muito grave a violação do disposto neste artigo.

Acerca do assédio moral vide Acórdão do STJ de 29/03/2012 (Processo: 429/09.9TTLSB.L1.S1).

DIVISÃO III
Igualdade e não discriminação em função do sexo

ARTIGO 30º
Acesso ao emprego, atividade profissional ou formação

1 – A exclusão ou restrição de acesso de candidato a emprego ou trabalhador em razão do sexo a determinada atividade ou à formação profissional exigida para ter acesso a essa atividade constitui discriminação em função do sexo.

2 – O anúncio de oferta de emprego e outra forma de publicidade ligada à pré- -seleção ou ao recrutamento não pode conter, direta ou indiretamente, qualquer restrição, especificação ou preferência baseada no sexo.

3 – Em ação de formação profissional dirigida a profissão exercida predominante- mente por trabalhadores de um dos sexos deve ser dada, sempre que se justifique, preferência a trabalhadores do sexo com menor representação, bem como, sendo apropriado, a trabalhador com escolaridade reduzida, sem qualificação ou responsá- vel por família monoparental ou no caso de licença parental ou adoção.

4 – Constitui contraordenação muito grave a violação do disposto nos nºs 1 ou 2.

ARTIGO 31º
Igualdade de condições de trabalho

1 – Os trabalhadores têm direito à igualdade de condições de trabalho, em particular quanto à retribuição, devendo os elementos que a determinam não conter qualquer discriminação fundada no sexo.

2 – A igualdade de retribuição implica que, para trabalho igual ou de valor igual:

a) Qualquer modalidade de retribuição variável, nomeadamente a paga à tarefa, seja estabelecida na base da mesma unidade de medida;

b) A retribuição calculada em função do tempo de trabalho seja a mesma.

3 – As diferenças de retribuição não constituem discriminação quando assentes em critérios objetivos, comuns a homens e mulheres, nomeadamente, baseados em mérito, produtividade, assiduidade ou antiguidade.

4 – Sem prejuízo do disposto no número anterior, as licenças, faltas ou dispensas relativas à proteção na parentalidade não podem fundamentar diferenças na retribuição dos trabalhadores.

5 – Os sistemas de descrição de tarefas e de avaliação de funções devem assentar em critérios objetivos comuns a homens e mulheres, de forma a excluir qualquer discriminação baseada no sexo.

6 – Constitui contraordenação muito grave a violação do disposto no nº 1 e constitui contraordenação grave a violação do disposto no nº 5.

ARTIGO 32º
Registo de processos de recrutamento

1 – Todas as entidades devem manter durante cinco anos o registo dos processos de recrutamento efetuados, devendo constar do mesmo, com desagregação por sexo, os seguintes elementos:

a) Convites para o preenchimento de lugares;

b) Anúncios de oferta de emprego;

c) Número de candidaturas para apreciação curricular;

d) Número de candidatos presentes em entrevistas de pré-seleção;

e) Número de candidatos aguardando ingresso;

f) Resultados de testes ou provas de admissão ou seleção;

g) Balanços sociais relativos a dados, que permitam analisar a existência de eventual discriminação de pessoas de um dos sexos no acesso ao emprego, formação e promoção profissionais e condições de trabalho.

2 – Constitui contraordenação leve a violação do disposto neste artigo.

ART. 33º   LIVRO I – TÍTULO II

SUBSECÇÃO IV
Parentalidade

ARTIGO 33º
Parentalidade

1 – A maternidade e a paternidade constituem valores sociais eminentes.

2 – Os trabalhadores têm direito à proteção da sociedade e do Estado na realização da sua insubstituível ação em relação ao exercício da parentalidade.

Cfr. Decreto-Lei nº 91/2009, de 9 de abril (Lei da Parentalidade) constante da presente edição.

ARTIGO 34º
Articulação com regime de proteção social

1 – A proteção social nas situações previstas na presente subsecção, designadamente os regimes de concessão de prestações sociais para os diferentes períodos de licença por parentalidade, consta de legislação específica.

2 – Para efeitos do disposto na presente subsecção, consideram-se equivalentes a períodos de licença parental os períodos de concessão das prestações sociais correspondentes, atribuídas a um dos progenitores no âmbito do subsistema de solidariedade e do sistema previdencial da segurança social ou outro regime de proteção social de enquadramento obrigatório.

Cfr. art. 14º da Lei Preambular ao presente Código e Decreto-Lei nº 91/2009, de 9 de abril (Lei da Parentalidade) constante da presente edição.

ARTIGO 35º
Proteção na parentalidade

1 – A proteção na parentalidade concretiza-se através da atribuição dos seguintes direitos:

a) Licença em situação de risco clínico durante a gravidez;
b) Licença por interrupção de gravidez;
c) Licença parental, em qualquer das modalidades;
d) Licença por adoção;
e) Licença parental complementar em qualquer das modalidades;
f) Dispensa da prestação de trabalho por parte de trabalhadora grávida, puérpera ou lactante, por motivo de proteção da sua segurança e saúde;
g) Dispensa para consulta pré-natal;
h) Dispensa para avaliação para adoção;
i) Dispensa para amamentação ou aleitação;
j) Faltas para assistência a filho;
l) Faltas para assistência a neto;
m) Licença para assistência a filho;
n) Licença para assistência a filho com deficiência ou doença crónica;

o) Trabalho a tempo parcial de trabalhador com responsabilidades familiares;
p) Horário flexível de trabalhador com responsabilidades familiares;
q) Dispensa de prestação de trabalho em regime de adaptabilidade;
r) Dispensa de prestação de trabalho suplementar;
s) Dispensa de prestação de trabalho no período noturno.

2 – Os direitos previstos no número anterior apenas se aplicam, após o nascimento do filho, a trabalhadores progenitores que não estejam impedidos ou inibidos totalmente do exercício do poder paternal, com exceção do direito de a mãe gozar 14 semanas de licença parental inicial e dos referentes a proteção durante a amamentação.

Cfr. art. 14º da Lei Preambular ao presente Código e Decreto-Lei nº 91/2009, de 9 de abril (Lei da Parentalidade) constante da presente edição.

ARTIGO 36º
Conceitos em matéria de proteção da parentalidade

1 – No âmbito do regime de proteção da parentalidade, entende-se por:

a) Trabalhadora grávida, a trabalhadora em estado de gestação que informe o empregador do seu estado, por escrito, com apresentação de atestado médico;
b) Trabalhadora puérpera, a trabalhadora parturiente e durante um período de 120 dias subsequentes ao parto que informe o empregador do seu estado, por escrito, com apresentação de atestado médico ou certidão de nascimento do filho;
c) Trabalhadora lactante, a trabalhadora que amamenta o filho e informe o empregador do seu estado, por escrito, com apresentação de atestado médico.

2 – O regime de proteção da parentalidade é ainda aplicável desde que o empregador tenha conhecimento da situação ou do facto relevante.

Cfr. Decreto-Lei nº 91/2009, de 9 de abril (Lei da Parentalidade) constante da presente edição.
Cfr. também o art. 381º-d do presente Código.

ARTIGO 37º
Licença em situação de risco clínico durante a gravidez

1 – Em situação de risco clínico para a trabalhadora grávida ou para o nascituro, impeditivo do exercício de funções, independentemente do motivo que determine esse impedimento e esteja este ou não relacionado com as condições de prestação do trabalho, caso o empregador não lhe proporcione o exercício de atividade compatível com o seu estado e categoria profissional, a trabalhadora tem direito a licença, pelo período de tempo que por prescrição médica for considerado necessário para prevenir o risco, sem prejuízo da licença parental inicial.

2 – Para o efeito previsto no número anterior, a trabalhadora informa o empregador e apresenta atestado médico que indique a duração previsível da licença, prestando essa informação com a antecedência de 10 dias ou, em caso de urgência comprovada pelo médico, logo que possível.

ART. 38º   LIVRO I - TÍTULO II

3 – Constitui contraordenação muito grave a violação do disposto no nº 1.

Cfr. art. 14º da Lei Preambular ao presente Código e Decreto-Lei nº 91/2009, de 9 de abril (Lei da Parentalidade) constante da presente edição.

ARTIGO 38º
Licença por interrupção da gravidez

1 – Em caso de interrupção da gravidez, a trabalhadora tem direito a licença com duração entre 14 e 30 dias.

2 – Para o efeito previsto no número anterior, a trabalhadora informa o empregador e apresenta, logo que possível, atestado médico com indicação do período da licença.

3 – Constitui contraordenação muito grave a violação do disposto no nº 1.

Cfr. art. 14º da Lei Preambular ao presente Código e Decreto-Lei nº 91/2009, de 9 de abril (Lei da Parentalidade) constante da presente edição.

ARTIGO 39º
Modalidades de licença parental

A licença parental compreende as seguintes modalidades:

a) Licença parental inicial;
b) Licença parental inicial exclusiva da mãe;
c) Licença parental inicial a gozar pelo pai por impossibilidade da mãe;
d) Licença parental exclusiva do pai.

Cfr. art. 14º da Lei Preambular ao presente Código e Decreto-Lei nº 91/2009, de 9 de abril (Lei da Parentalidade) constante da presente edição.

ARTIGO 40º
Licença parental inicial

1 – A mãe e o pai trabalhadores têm direito, por nascimento de filho, a licença parental inicial de 120 ou 150 dias consecutivos, cujo gozo podem partilhar após o parto, sem prejuízo dos direitos da mãe a que se refere o artigo seguinte.

2 – O gozo da licença referida no número anterior pode ser usufruído em simultâneo pelos progenitores entre os 120 e os 150 dias.

3 – A licença referida no nº 1 é acrescida em 30 dias, no caso de cada um dos progenitores gozar, em exclusivo, um período de 30 dias consecutivos, ou dois períodos de 15 dias consecutivos, após o período de gozo obrigatório pela mãe a que se refere o nº 2 do artigo seguinte.

4 – No caso de nascimentos múltiplos, o período de licença previsto nos números anteriores é acrescido de 30 dias por cada gémeo além do primeiro.

5 – Em caso de partilha do gozo da licença, a mãe e o pai informam os respetivos empregadores, até sete dias após o parto, do início e termo dos períodos a gozar por cada um, entregando para o efeito, declaração conjunta.

CONTRATO DE TRABALHO   ART. 42º

6 – O gozo da licença parental inicial em simultâneo, de mãe e pai que trabalhem na mesma empresa, sendo esta uma microempresa, depende de acordo com o empregador.

7 – Caso a licença parental não seja partilhada pela mãe e pelo pai, e sem prejuízo dos direitos da mãe a que se refere o artigo seguinte, o progenitor que gozar a licença informa o respetivo empregador, até sete dias após o parto, da duração da licença e do início do respetivo período, juntando declaração do outro progenitor da qual conste que o mesmo exerce atividade profissional e que não goza a licença parental inicial.

8 – Na falta da declaração referida nos nºs 4 e 5 a licença é gozada pela mãe.

9 – Em caso de internamento hospitalar da criança ou do progenitor que estiver a gozar a licença prevista nos nºs 1, 2 ou 3 durante o período após o parto, o período de licença suspende-se, a pedido do progenitor, pelo tempo de duração do internamento.

10 – A suspensão da licença no caso previsto no número anterior é feita mediante comunicação ao empregador, acompanhada de declaração emitida pelo estabelecimento hospitalar.

11 – Constitui contraordenação muito grave a violação do disposto nos nºs 1, 2, 3, 7 ou 8.

Cfr. art. 14º da Lei Preambular ao presente Código e Decreto-Lei nº 91/2009, de 9 de abril (Lei da Parentalidade) constante da presente edição.

O presente artigo tem a redação que lhe foi dada pelo art. 2º da Lei nº 120/2015, de 1 de setembro.

ARTIGO 41º
Períodos de licença parental exclusiva da mãe

1 – A mãe pode gozar até 30 dias da licença parental inicial antes do parto.

2 – É obrigatório o gozo, por parte da mãe, de seis semanas de licença a seguir ao parto.

3 – A trabalhadora que pretenda gozar parte da licença antes do parto deve informar desse propósito o empregador e apresentar atestado médico que indique a data previsível do parto, prestando essa informação com a antecedência de 10 dias ou, em caso de urgência comprovada pelo médico, logo que possível.

4 – Constitui contraordenação muito grave a violação do disposto nos nºs 1 ou 2.

Cfr. art. 14º da Lei Preambular ao presente Código e Decreto-Lei nº 91/2009, de 9 de abril (Lei da Parentalidade) constante da presente edição.

ARTIGO 42º
Licença parental inicial a gozar por um progenitor
em caso de impossibilidade do outro

1 – O pai ou a mãe tem direito a licença, com a duração referida nos nºs 1, 2 ou 3 do artigo 40º, ou do período remanescente da licença, nos casos seguintes:

a) Incapacidade física ou psíquica do progenitor que estiver a gozar a licença, enquanto esta se mantiver;

ART. 43º   LIVRO I – TÍTULO II

b) Morte do progenitor que estiver a gozar a licença.

2 – Apenas há lugar à duração total da licença referida no nº 2 do artigo 40º caso se verifiquem as condições aí previstas, à data dos factos referidos no número anterior.

3 – Em caso de morte ou incapacidade física ou psíquica da mãe, a licença parental inicial a gozar pelo pai tem a duração mínima de 30 dias.

4 – Em caso de morte ou incapacidade física ou psíquica de mãe não trabalhadora nos 120 dias a seguir ao parto, o pai tem direito a licença nos termos do nº 1, com a necessária adaptação, ou do número anterior.

5 – Para efeito do disposto nos números anteriores, o pai informa o empregador, logo que possível e, consoante a situação, apresenta atestado médico comprovativo ou certidão de óbito e, sendo caso disso, declara o período de licença já gozado pela mãe.

6 – Constitui contraordenação muito grave a violação do disposto nos nºs 1 a 4.

Cfr. art. 14º da Lei Preambular ao presente Código e Decreto-Lei nº 91/2009, de 9 de abril (Lei da Parentalidade) constante da presente edição.

ARTIGO 43º
Licença parental exclusiva do pai

1 – É obrigatório o gozo pelo pai de uma licença parental de 15 dias úteis, seguidos ou interpolados, nos 30 dias seguintes ao nascimento do filho, cinco dos quais gozados de modo consecutivo imediatamente a seguir a este.

2 – Após o gozo da licença prevista no número anterior, o pai tem ainda direito a 10 dias úteis de licença, seguidos ou interpolados, desde que gozados em simultâneo com o gozo da licença parental inicial por parte da mãe.

3 – No caso de nascimentos múltiplos, à licença prevista nos números anteriores acrescem dois dias por cada gémeo além do primeiro.

4 – Para efeitos do disposto nos números anteriores, o trabalhador deve avisar o empregador com a antecedência possível que, no caso previsto no nº 2, não deve ser inferior a cinco dias.

5 – Constitui contraordenação muito grave a violação do disposto nos nºs 1, 2 ou 3.

Cfr. art. 14º da Lei Preambular ao presente Código e Decreto-Lei nº 91/2009, de 9 de abril (Lei da Parentalidade) constante da presente edição.
O presente artigo tem a redação que lhe foi dada pelo art. 2º da Lei nº 120/2015, de 1 de setembro.

ARTIGO 44º
Licença por adoção

1 – Em caso de adoção de menor de 15 anos, o candidato a adotante tem direito à licença referida nos nºs 1 ou 2 do artigo 40º

2 – No caso de adoções múltiplas, o período de licença referido no número anterior é acrescido de 30 dias por cada adoção além da primeira.

CONTRATO DE TRABALHO   ART. 46º

3 – Havendo dois candidatos a adotantes, a licença deve ser gozada nos termos dos nºs 1 e 2 do artigo 40º

4 – O candidato a adotante não tem direito a licença em caso de adoção de filho do cônjuge ou de pessoa com quem viva em união de facto.

5 – Em caso de incapacidade ou falecimento do candidato a adotante durante a licença, o cônjuge sobrevivo, que não seja candidato a adotante e com quem o adotando viva em comunhão de mesa e habitação, tem direito a licença correspondente ao período não gozado ou a um mínimo de 14 dias.

6 – A licença tem início a partir da confiança judicial ou administrativa, nos termos do regime jurídico da adoção.

7 – Quando a confiança administrativa consistir na confirmação da permanência do menor a cargo do adotante, este tem direito a licença, pelo período remanescente, desde que a data em que o menor ficou de facto a seu cargo tenha ocorrido antes do termo da licença parental inicial.

8 – Em caso de internamento hospitalar do candidato a adotante ou do adotando, o período de licença é suspenso pelo tempo de duração do internamento, devendo aquele comunicar esse facto ao empregador, apresentando declaração comprovativa passada pelo estabelecimento hospitalar.

9 – Em caso de partilha do gozo da licença, os candidatos a adotantes informam os respetivos empregadores, com a antecedência de 10 dias ou, em caso de urgência comprovada, logo que possível, fazendo prova da confiança judicial ou administrativa do adotando e da idade deste, do início e termo dos períodos a gozar por cada um, entregando para o efeito declaração conjunta.

10 – Caso a licença por adoção não seja partilhada, o candidato a adotante que gozar a licença informa o respetivo empregador, nos prazos referidos no número anterior, da duração da licença e do início do respetivo período.

11 – Constitui contraordenação muito grave a violação do disposto nos nºs 1 a 3, 5, 7 ou 8.

Cfr. art. 14º da Lei Preambular ao presente Código e arts. 17º, 34º, 60º e 73º do Decreto-Lei nº 91/2009, de 9 de abril (Lei da Parentalidade) constante da presente edição.

ARTIGO 45º
Dispensa para avaliação para a adoção

Para efeitos de realização de avaliação para a adoção, os trabalhadores têm direito a três dispensas de trabalho para deslocação aos serviços da segurança social ou receção dos técnicos em seu domicílio, devendo apresentar a devida justificação ao empregador.

Cfr. art. 14º da Lei Preambular ao presente Código e Decreto-Lei nº 91/2009, de 9 de abril (Lei da Parentalidade) constante da presente edição.

ARTIGO 46º
Dispensa para consulta pré-natal

1 – A trabalhadora grávida tem direito a dispensa do trabalho para consultas pré-natais, pelo tempo e número de vezes necessários.

ART. 47º   LIVRO I – TÍTULO II

2 – A trabalhadora deve, sempre que possível, comparecer a consulta pré-natal fora do horário de trabalho.

3 – Sempre que a consulta pré-natal só seja possível durante o horário de trabalho, o empregador pode exigir à trabalhadora a apresentação de prova desta circunstância e da realização da consulta ou declaração dos mesmos factos.

4 – Para efeito dos números anteriores, a preparação para o parto é equiparada a consulta pré-natal.

5 – O pai tem direito a três dispensas do trabalho para acompanhar a trabalhadora às consultas pré-natais.

6 – Constitui contraordenação grave a violação do disposto neste artigo.

Cfr. art. 14º da Lei Preambular ao presente Códigoe Decreto-Lei nº 91/2009, de 9 de abril (Lei da Parentalidade) constante da presente edição.

ARTIGO 47º
Dispensa para amamentação ou aleitação

1 – A mãe que amamenta o filho tem direito a dispensa de trabalho para o efeito, durante o tempo que durar a amamentação.

2 – No caso de não haver amamentação, desde que ambos os progenitores exerçam atividade profissional, qualquer deles ou ambos, consoante decisão conjunta, têm direito a dispensa para aleitação, até o filho perfazer um ano.

3 – A dispensa diária para amamentação ou aleitação é gozada em dois períodos distintos, com a duração máxima de uma hora cada, salvo se outro regime for acordado com o empregador.

4 – No caso de nascimentos múltiplos, a dispensa referida no número anterior é acrescida de mais 30 minutos por cada gémeo além do primeiro.

5 – Se qualquer dos progenitores trabalhar a tempo parcial, a dispensa diária para amamentação ou aleitação é reduzida na proporção do respetivo período normal de trabalho, não podendo ser inferior a 30 minutos.

6 – Na situação referida no número anterior, a dispensa diária é gozada em período não superior a uma hora e, sendo caso disso, num segundo período com a duração remanescente, salvo se outro regime for acordado com o empregador.

7 – Constitui contraordenação grave a violação do disposto neste artigo.

Cfr. art. 14º da Lei Preambular ao presente Código e Decreto-Lei nº 91/2009, de 9 de abril (Lei da Parentalidade) constante da presente edição.

ARTIGO 48º
Procedimento de dispensa para amamentação ou aleitação

1 – Para efeito de dispensa para amamentação, a trabalhadora comunica ao empregador, com a antecedência de 10 dias relativamente ao início da dispensa, que amamenta o filho, devendo apresentar atestado médico se a dispensa se prolongar para além do primeiro ano de vida do filho.

2 – Para efeito de dispensa para aleitação, o progenitor:

a) Comunica ao empregador que aleita o filho, com a antecedência de 10 dias relativamente ao início da dispensa;

b) Apresenta documento de que conste a decisão conjunta;

c) Declara qual o período de dispensa gozado pelo outro progenitor, sendo caso disso;

d) Prova que o outro progenitor exerce atividade profissional e, caso seja trabalhador por conta de outrem, que informou o respetivo empregador da decisão conjunta.

Cfr. art. 14º da Lei Preambular ao presente Código e Decreto-Lei nº 91/2009, de 9 de abril (Lei da Parentalidade) constante da presente edição.

ARTIGO 49º
Falta para assistência a filho

1 – O trabalhador pode faltar ao trabalho para prestar assistência inadiável e imprescindível, em caso de doença ou acidente, a filho menor de 12 anos ou, independentemente da idade, a filho com deficiência ou doença crónica, até 30 dias por ano ou durante todo o período de eventual hospitalização.

2 – O trabalhador pode faltar ao trabalho até 15 dias por ano para prestar assistência inadiável e imprescindível em caso de doença ou acidente a filho com 12 ou mais anos de idade que, no caso de ser maior, faça parte do seu agregado familiar.

3 – Aos períodos de ausência previstos nos números anteriores acresce um dia por cada filho além do primeiro.

4 – A possibilidade de faltar prevista nos números anteriores não pode ser exercida simultaneamente pelo pai e pela mãe.

5 – Para efeitos de justificação da falta, o empregador pode exigir ao trabalhador:

a) Prova do caráter inadiável e imprescindível da assistência;

b) Declaração de que o outro progenitor tem atividade profissional e não falta pelo mesmo motivo ou está impossibilitado de prestar a assistência;

c) Em caso de hospitalização, declaração comprovativa passada pelo estabelecimento hospitalar.

6 – No caso referido no nº 3 do artigo seguinte, o pai ou a mãe informa o respetivo empregador da prestação de assistência em causa, sendo o seu direito referido nos nºs 1 ou 2 reduzido em conformidade.

7 – Constitui contraordenação grave a violação do disposto nos nºs 1, 2 ou 3.

Cfr. art. 14º da Lei Preambular ao presente Código e Decreto-Lei nº 91/2009, de 9 de abril (Lei da Parentalidade) constante da presente edição.

ARTIGO 50º
Falta para assistência a neto

1 – O trabalhador pode faltar até 30 dias consecutivos, a seguir ao nascimento de neto que consigo viva em comunhão de mesa e habitação e que seja filho de adolescente com idade inferior a 16 anos.

ART. 51º   LIVRO I – TÍTULO II

2 – Se houver dois titulares do direito, há apenas lugar a um período de faltas, a gozar por um deles, ou por ambos em tempo parcial ou em períodos sucessivos, conforme decisão conjunta.

3 – O trabalhador pode também faltar, em substituição dos progenitores, para prestar assistência inadiável e imprescindível, em caso de doença ou acidente, a neto menor ou, independentemente da idade, com deficiência ou doença crónica.

4 – Para efeitos dos nºs 1 e 2, o trabalhador informa o empregador com a antecedência de cinco dias, declarando que:

a) O neto vive consigo em comunhão de mesa e habitação;
b) O neto é filho de adolescente com idade inferior a 16 anos;
c) O cônjuge do trabalhador exerce atividade profissional ou se encontra física ou psiquicamente impossibilitado de cuidar do neto ou não vive em comunhão de mesa e habitação com este.

5 – O disposto neste artigo é aplicável a tutor do adolescente, a trabalhador a quem tenha sido deferida a confiança judicial ou administrativa do mesmo, bem como ao seu cônjuge ou pessoa em união de facto.

6 – No caso referido no nº 3, o trabalhador informa o empregador, no prazo previsto nos nºs 1 ou 2 do artigo 253º, declarando:

a) O caráter inadiável e imprescindível da assistência;
b) Que os progenitores são trabalhadores e não faltam pelo mesmo motivo ou estão impossibilitados de prestar a assistência, bem como que nenhum outro familiar do mesmo grau falta pelo mesmo motivo.

7 – Constitui contraordenação grave a violação do disposto nos nºs 1, 2 ou 3.

Cfr. art. 14º da Lei Preambular ao presente Código e Decreto-Lei nº 91/2009, de 9 de abril (Lei da Parentalidade) constante da presente edição.

ARTIGO 51º
Licença parental complementar

1 – O pai e a mãe têm direito, para assistência a filho ou adotado com idade não superior a seis anos, a licença parental complementar, em qualquer das seguintes modalidades:

a) Licença parental alargada, por três meses;
b) Trabalho a tempo parcial durante 12 meses, com um período normal de trabalho igual a metade do tempo completo;
c) Períodos intercalados de licença parental alargada e de trabalho a tempo parcial em que a duração total da ausência e da redução do tempo de trabalho seja igual aos períodos normais de trabalho de três meses;
d) Ausências interpoladas ao trabalho com duração igual aos períodos normais de trabalho de três meses, desde que previstas em instrumento de regulamentação coletiva de trabalho.

2 – O pai e a mãe podem gozar qualquer das modalidades referidas no número anterior de modo consecutivo ou até três períodos interpolados, não sendo permitida a cumulação por um dos progenitores do direito do outro.

3 – Se ambos os progenitores pretenderem gozar simultaneamente a licença e estiverem ao serviço do mesmo empregador, este pode adiar a licença de um deles com fundamento em exigências imperiosas ligadas ao funcionamento da empresa ou serviço, desde que seja fornecida por escrito a respetiva fundamentação.

4 – Durante o período de licença parental complementar em qualquer das modalidades, o trabalhador não pode exercer outra atividade incompatível com a respetiva finalidade, nomeadamente trabalho subordinado ou prestação continuada de serviços fora da sua residência habitual.

5 – O exercício dos direitos referidos nos números anteriores depende de informação sobre a modalidade pretendida e o início e o termo de cada período, dirigida por escrito ao empregador com antecedência de 30 dias relativamente ao seu início.

6 – Constitui contraordenação grave a violação do disposto nos nºs 1, 2 ou 3.

Cfr. art. 14º da Lei Preambular ao presente Código e Decreto-Lei nº 91/2009, de 9 de abril (Lei da Parentalidade) constante da presente edição.

ARTIGO 52º
Licença para assistência a filho

1 – Depois de esgotado o direito referido no artigo anterior, os progenitores têm direito a licença para assistência a filho, de modo consecutivo ou interpolado, até ao limite de dois anos.

2 – No caso de terceiro filho ou mais, a licença prevista no número anterior tem o limite de três anos.

3 – O trabalhador tem direito a licença se o outro progenitor exercer atividade profissional ou estiver impedido ou inibido totalmente de exercer o poder paternal.

4 – Se houver dois titulares, a licença pode ser gozada por qualquer deles ou por ambos em períodos sucessivos.

5 – Durante o período de licença para assistência a filho, o trabalhador não pode exercer outra atividade incompatível com a respetiva finalidade, nomeadamente trabalho subordinado ou prestação continuada de serviços fora da sua residência habitual.

6 – Para exercício do direito, o trabalhador informa o empregador, por escrito e com a antecedência de 30 dias:

a) Do início e do termo do período em que pretende gozar a licença;

b) Que o outro progenitor tem atividade profissional e não se encontra ao mesmo tempo em situação de licença, ou que está impedido ou inibido totalmente de exercer o poder paternal;

c) Que o menor vive com ele em comunhão de mesa e habitação;

d) Que não está esgotado o período máximo de duração da licença.

ART. 53º   LIVRO I – TÍTULO II

7 – Na falta de indicação em contrário por parte do trabalhador, a licença tem a duração de seis meses.

8 – À prorrogação do período de licença pelo trabalhador, dentro dos limites previstos nos nºs 1 e 2, é aplicável o disposto no nº 6.

9 – Constitui contraordenação grave a violação do disposto nos nºs 1 ou 2.

Cfr. art. 14º da Lei Preambular ao presente Código e Decreto-Lei nº 91/2009, de 9 de abril (Lei da Parentalidade) constante da presente edição.

ARTIGO 53º
Licença para assistência a filho com deficiência ou doença crónica

1 – Os progenitores têm direito a licença por período até seis meses, prorrogável até quatro anos, para assistência de filho com deficiência ou doença crónica.

2 – Caso o filho com deficiência ou doença crónica tenha 12 ou mais anos de idade a necessidade de assistência é confirmada por atestado médico.

3 – É aplicável à licença prevista no nº 1 o regime constante dos nºs 3 a 8 do artigo anterior.

4 – Constitui contraordenação grave a violação do disposto no nº 1.

Cfr. art. 14º da Lei Preambular ao presente Código e Decreto-Lei nº 91/2009, de 9 de abril (Lei da Parentalidade) constante da presente edição.

ARTIGO 54º
Redução do tempo de trabalho para assistência a filho menor com deficiência ou doença crónica

1 – Os progenitores de menor com deficiência ou doença crónica, com idade não superior a um ano, têm direito a redução de cinco horas do período normal de trabalho semanal, ou outras condições de trabalho especiais, para assistência ao filho.

2 – Não há lugar ao exercício do direito referido no número anterior quando um dos progenitores não exerça atividade profissional e não esteja impedido ou inibido totalmente de exercer o poder paternal.

3 – Se ambos os progenitores forem titulares do direito, a redução do período normal de trabalho pode ser utilizada por qualquer deles ou por ambos em períodos sucessivos.

4 – O empregador deve adequar o horário de trabalho resultante da redução do período normal de trabalho tendo em conta a preferência do trabalhador, sem prejuízo de exigências imperiosas do funcionamento da empresa.

5 – A redução do período normal de trabalho semanal não implica diminuição de direitos consagrados na lei, salvo quanto à retribuição, que só é devida na medida em que a redução, em cada ano, exceda o número de faltas substituíveis por perda de gozo de dias de férias.

6 – Para redução do período normal de trabalho semanal, o trabalhador deve comunicar ao empregador a sua intenção com a antecedência de 10 dias, bem como:

a) Apresentar atestado médico comprovativo da deficiência ou da doença crónica;

b) Declarar que o outro progenitor tem atividade profissional ou que está impedido ou inibido totalmente de exercer o poder paternal e, sendo caso disso, que não exerce ao mesmo tempo este direito.

7 – Constitui contraordenação grave a violação do disposto nos nºs 1, 3, 4 ou 5.

Cfr. art. 14º da Lei Preambular ao presente Códigoe Decreto-Lei nº 91/2009, de 9 de abril (Lei da Parentalidade) constante da presente edição.

ARTIGO 55º
Trabalho a tempo parcial de trabalhador com responsabilidades familiares

1 – O trabalhador com filho menor de 12 anos ou, independentemente da idade, filho com deficiência ou doença crónica que com ele viva em comunhão de mesa e habitação tem direito a trabalhar a tempo parcial.

2 – O direito pode ser exercido por qualquer dos progenitores ou por ambos em períodos sucessivos, depois da licença parental complementar, em qualquer das suas modalidades.

3 – Salvo acordo em contrário, o período normal de trabalho a tempo parcial corresponde a metade do praticado a tempo completo numa situação comparável e, conforme o pedido do trabalhador, é prestado diariamente, de manhã ou de tarde, ou em três dias por semana.

4 – A prestação de trabalho a tempo parcial pode ser prorrogada até dois anos ou, no caso de terceiro filho ou mais, três anos, ou ainda, no caso de filho com deficiência ou doença crónica, quatro anos.

5 – Durante o período de trabalho em regime de tempo parcial, o trabalhador não pode exercer outra atividade incompatível com a respetiva finalidade, nomeadamente trabalho subordinado ou prestação continuada de serviços fora da sua residência habitual.

6 – A prestação de trabalho a tempo parcial cessa no termo do período para que foi concedida ou no da sua prorrogação, retomando o trabalhador a prestação de trabalho a tempo completo.

7 – O trabalhador que opte pelo trabalho em regime de tempo parcial nos termos do presente artigo não pode ser penalizado em matéria de avaliação e de progressão na carreira.

8 – Constitui contraordenação grave a violação do disposto neste artigo.

Cfr. art. 14º da Lei Preambular ao presente Código e Decreto-Lei nº 91/2009, de 9 de abril (Lei da Parentalidade) constante da presente edição.
O presente artigo tem a redação que lhe foi dada pelo art. 2º da Lei nº 120/2015, de 1 de setembro.

ARTIGO 56º
Horário flexível de trabalhador com responsabilidades familiares

1 – O trabalhador com filho menor de 12 anos ou, independentemente da idade, filho com deficiência ou doença crónica que com ele viva em comunhão de mesa e habitação tem direito a trabalhar em regime de horário de trabalho flexível, podendo o direito ser exercido por qualquer dos progenitores ou por ambos.

2 – Entende-se por horário flexível aquele em que o trabalhador pode escolher, dentro de certos limites, as horas de início e termo do período normal de trabalho diário.

3 – O horário flexível, a elaborar pelo empregador, deve:

a) Conter um ou dois períodos de presença obrigatória, com duração igual a metade do período normal de trabalho diário;

b) Indicar os períodos para início e termo do trabalho normal diário, cada um com duração não inferior a um terço do período normal de trabalho diário, podendo esta duração ser reduzida na medida do necessário para que o horário se contenha dentro do período de funcionamento do estabelecimento;

c) Estabelecer um período para intervalo de descanso não superior a duas horas.

4 – O trabalhador que trabalhe em regime de horário flexível pode efetuar até seis horas consecutivas de trabalho e até dez horas de trabalho em cada dia e deve cumprir o correspondente período normal de trabalho semanal, em média de cada período de quatro semanas.

5 – O trabalhador que opte pelo trabalho em regime de horário flexível, nos termos do presente artigo, não pode ser penalizado em matéria de avaliação e de progressão na carreira.

6 – Constitui contraordenação grave a violação do disposto no nº 1.

Cfr. art. 14º da Lei Preambular ao presente Código e Decreto-Lei nº 91/2009, de 9 de abril (Lei da Parentalidade) constante da presente edição.

O presente artigo tem a redação que lhe foi dada pelo art. 2º da Lei nº 120/2015, de 1 de setembro.

ARTIGO 57º
Autorização de trabalho a tempo parcial ou em regime de horário flexível

1 – O trabalhador que pretenda trabalhar a tempo parcial ou em regime de horário de trabalho flexível deve solicitá-lo ao empregador, por escrito, com a antecedência de 30 dias, com os seguintes elementos:

a) Indicação do prazo previsto, dentro do limite aplicável;

b) Declaração da qual conste:

i) Que o menor vive com ele em comunhão de mesa e habitação;

CONTRATO DE TRABALHO   ART. 57º

ii) No regime de trabalho a tempo parcial, que não está esgotado o período máximo de duração;

iii) No regime de trabalho a tempo parcial, que o outro progenitor tem atividade profissional e não se encontra ao mesmo tempo em situação de trabalho a tempo parcial ou que está impedido ou inibido totalmente de exercer o poder paternal;

c) A modalidade pretendida de organização do trabalho a tempo parcial.

2 – O empregador apenas pode recusar o pedido com fundamento em exigências imperiosas do funcionamento da empresa, ou na impossibilidade de substituir o trabalhador se este for indispensável.

3 – No prazo de 20 dias contados a partir da receção do pedido, o empregador comunica ao trabalhador, por escrito, a sua decisão.

4 – No caso de pretender recusar o pedido, na comunicação o empregador indica o fundamento da intenção de recusa, podendo o trabalhador apresentar, por escrito, uma apreciação no prazo de cinco dias a partir da receção.

5 – Nos cinco dias subsequentes ao fim do prazo para apreciação pelo trabalhador, o empregador envia o processo para apreciação pela entidade competente na área da igualdade de oportunidades entre homens e mulheres, com cópia do pedido, do fundamento da intenção de o recusar e da apreciação do trabalhador.

6 – A entidade referida no número anterior, no prazo de 30 dias, notifica o empregador e o trabalhador do seu parecer, o qual se considera favorável à intenção do empregador se não for emitido naquele prazo.

7 – Se o parecer referido no número anterior for desfavorável, o empregador só pode recusar o pedido após decisão judicial que reconheça a existência de motivo justificativo.

8 – Considera-se que o empregador aceita o pedido do trabalhador nos seus precisos termos:

a) Se não comunicar a intenção de recusa no prazo de 20 dias após a receção do pedido;

b) Se, tendo comunicado a intenção de recusar o pedido, não informar o trabalhador da decisão sobre o mesmo nos cinco dias subsequentes à notificação referida no nº 6 ou, consoante o caso, ao fim do prazo estabelecido nesse número;

c) Se não submeter o processo à apreciação da entidade competente na área da igualdade de oportunidades entre homens e mulheres dentro do prazo previsto no nº 5.

9 – Ao pedido de prorrogação é aplicável o disposto para o pedido inicial.

10 – Constitui contraordenação grave a violação do disposto nos nºs 2, 3, 5 ou 7.

Cfr. art. 14º da Lei Preambular ao presente Código e Decreto-Lei nº 91/2009, de 9 de abril (Lei da Parentalidade) constante da presente edição.

ART. 58º   LIVRO I – TÍTULO II

ARTIGO 58º
Dispensa de algumas formas de organização do tempo de trabalho

1 – A trabalhadora grávida, puérpera ou lactante tem direito a ser dispensada de prestar trabalho em horário de trabalho organizado de acordo com regime de adaptabilidade, de banco de horas ou de horário concentrado.

2 – O direito referido no número anterior aplica-se a qualquer dos progenitores em caso de aleitação, quando a prestação de trabalho nos regimes nele referidos afete a sua regularidade.

3 – Constitui contraordenação grave a violação do disposto neste artigo.

Cfr. art. 14º da Lei Preambular ao presente Códigoe Decreto-Lei nº 91/2009, de 9 de abril (Lei da Parentalidade) constante da presente edição.

ARTIGO 59º
Dispensa de prestação de trabalho suplementar

1 – A trabalhadora grávida, bem como o trabalhador ou trabalhadora com filho de idade inferior a 12 meses, não está obrigada a prestar trabalho suplementar.

2 – A trabalhadora não está obrigada a prestar trabalho suplementar durante todo o tempo que durar a amamentação se for necessário para a sua saúde ou para a da criança.

3 – Constitui contraordenação grave a violação do disposto neste artigo.

Cfr. art. 14º da Lei Preambular ao presente Código e Decreto-Lei nº 91/2009, de 9 de abril (Lei da Parentalidade) constante da presente edição.

ARTIGO 60º
Dispensa de prestação de trabalho no período noturno

1 – A trabalhadora tem direito a ser dispensada de prestar trabalho entre as 20 horas de um dia e as 7 horas do dia seguinte:

a) Durante um período de 112 dias antes e depois do parto, dos quais pelo menos metade antes da data previsível do mesmo;

b) Durante o restante período de gravidez, se for necessário para a sua saúde ou para a do nascituro;

c) Durante todo o tempo que durar a amamentação, se for necessário para a sua saúde ou para a da criança.

2 – À trabalhadora dispensada da prestação de trabalho noturno deve ser atribuído, sempre que possível, um horário de trabalho diurno compatível.

3 – A trabalhadora é dispensada do trabalho sempre que não seja possível aplicar o disposto no número anterior.

4 – A trabalhadora que pretenda ser dispensada de prestar trabalho noturno deve informar o empregador e apresentar atestado médico, no caso da alínea *b)* ou *c)* do nº 1, com a antecedência de 10 dias.

CONTRATO DE TRABALHO   ART. 62º

5 – Em situação de urgência comprovada pelo médico, a informação referida no número anterior pode ser feita independentemente do prazo.

6 – Sem prejuízo do disposto nos números anteriores, a dispensa da prestação de trabalho noturno deve ser determinada por médico do trabalho sempre que este, no âmbito da vigilância da saúde dos trabalhadores, identificar qualquer risco para a trabalhadora grávida, puérpera ou lactante.

7 – Constitui contraordenação grave a violação do disposto nos nºs 1, 2 ou 3.

Cfr. art. 14º da Lei Preambular ao presente Código e Decreto-Lei nº 91/2009, de 9 de abril (Lei da Parentalidade) constante da presente edição.

ARTIGO 61º
Formação para reinserção profissional

O empregador deve facultar ao trabalhador, após a licença para assistência a filho ou para assistência a pessoa com deficiência ou doença crónica, a participação em ações de formação e atualização profissional, de modo a promover a sua plena reinserção profissional.

Cfr. art. 14º da Lei Preambular ao presente Código e Decreto-Lei nº 91/2009, de 9 de abril (Lei da Parentalidade) constante da presente edição.

ARTIGO 62º
Proteção da segurança e saúde de trabalhadora grávida, puérpera ou lactante

1 – A trabalhadora grávida, puérpera ou lactante tem direito a especiais condições de segurança e saúde nos locais de trabalho, de modo a evitar a exposição a riscos para a sua segurança e saúde, nos termos dos números seguintes.

2 – Sem prejuízo de outras obrigações previstas em legislação especial, em atividade suscetível de apresentar um risco específico de exposição a agentes, processos ou condições de trabalho, o empregador deve proceder à avaliação da natureza, grau e duração da exposição de trabalhadora grávida, puérpera ou lactante, de modo a determinar qualquer risco para a sua segurança e saúde e as repercussões sobre a gravidez ou a amamentação, bem como as medidas a tomar.

3 – Nos casos referidos no número anterior, o empregador deve tomar a medida necessária para evitar a exposição da trabalhadora a esses riscos, nomeadamente:

a) Proceder à adaptação das condições de trabalho;

b) Se a adaptação referida na alínea anterior for impossível, excessivamente demorada ou demasiado onerosa, atribuir à trabalhadora outras tarefas compatíveis com o seu estado e categoria profissional;

c) Se as medidas referidas nas alíneas anteriores não forem viáveis, dispensar a trabalhadora de prestar trabalho durante o período necessário.

4 – Sem prejuízo dos direitos de informação e consulta previstos em legislação especial, a trabalhadora grávida, puérpera ou lactante tem direito a ser informada,

ART. 63º   LIVRO I – TÍTULO II

por escrito, dos resultados da avaliação referida no nº 2 e das medidas de proteção adotadas.

5 – É vedado o exercício por trabalhadora grávida, puérpera ou lactante de atividades cuja avaliação tenha revelado riscos de exposição a agentes ou condições de trabalho que ponham em perigo a sua segurança ou saúde ou o desenvolvimento do nascituro.

6 – As atividades suscetíveis de apresentarem um risco específico de exposição a agentes, processos ou condições de trabalho referidos no nº 2, bem como os agentes e condições de trabalho referidos no número anterior, são determinados em legislação específica.

7 – A trabalhadora grávida, puérpera ou lactante, ou os seus representantes, têm direito de requerer ao serviço com competência inspetiva do ministério responsável pela área laboral uma ação de fiscalização, a realizar com prioridade e urgência, se o empregador não cumprir as obrigações decorrentes deste artigo.

8 – Constitui contraordenação muito grave a violação do disposto nos nºs 1, 2, 3 ou 5 e constitui contraordenação grave a violação do disposto no nº 4.

Cfr. art. 14º da Lei Preambular ao presente Código e Decreto-Lei nº 91/2009, de 9 de abril (Lei da Parentalidade) constante da presente edição.

ARTIGO 63º
Proteção em caso de despedimento

1 – O despedimento de trabalhadora grávida, puérpera ou lactante ou de trabalhador no gozo de licença parental carece de parecer prévio da entidade competente na área da igualdade de oportunidades entre homens e mulheres.

2 – O despedimento por facto imputável a trabalhador que se encontre em qualquer das situações referidas no número anterior presume-se feito sem justa causa.

3 – Para efeitos do número anterior, o empregador deve remeter cópia do processo à entidade competente na área da igualdade de oportunidade entre homens e mulheres:

a) Depois das diligências probatórias referidas no nº 1 do artigo 356º, no despedimento por facto imputável ao trabalhador;

b) Depois da fase de informações e negociação prevista no artigo 361º, no despedimento coletivo;

c) Depois das consultas referidas no nº 1 do artigo 370º, no despedimento por extinção de posto de trabalho;

d) Depois das consultas referidas no artigo 377º, no despedimento por inadaptação.

4 – A entidade competente deve comunicar o parecer referido no nº 1 ao empregador e ao trabalhador, nos 30 dias subsequentes à receção do processo, considerando-se em sentido favorável ao despedimento quando não for emitido dentro do referido prazo.

5 – Cabe ao empregador provar que solicitou o parecer a que se refere o nº 1.

6 – Se o parecer for desfavorável ao despedimento, o empregador só o pode efetuar após decisão judicial que reconheça a existência de motivo justificativo, devendo a ação ser intentada nos 30 dias subsequentes à notificação do parecer.

7 – A suspensão judicial do despedimento só não é decretada se o parecer for favorável ao despedimento e o tribunal considerar que existe probabilidade séria de verificação da justa causa.

8 – Se o despedimento for declarado ilícito, o empregador não se pode opor à reintegração do trabalhador nos termos do nº 1 do artigo 392º e o trabalhador tem direito, em alternativa à reintegração, a indemnização calculada nos termos do nº 3 do referido artigo.

9 – Constitui contraordenação grave a violação do disposto nos nºs 1 ou 6.

Redação conferida pela Lei nº 23/2012, de 25 de junho.

ARTIGO 64º
Extensão de direitos atribuídos a progenitores

1 – O adotante, o tutor, a pessoa a quem for deferida a confiança judicial ou administrativa do menor, bem como o cônjuge ou a pessoa em união de facto com qualquer daqueles ou com o progenitor, desde que viva em comunhão de mesa e habitação com o menor, beneficia dos seguintes direitos:

a) Dispensa para aleitação;

b) Licença parental complementar em qualquer das modalidades, licença para assistência a filho e licença para assistência a filho com deficiência ou doença crónica;

c) Falta para assistência a filho ou a neto;

d) Redução do tempo de trabalho para assistência a filho menor com deficiência ou doença crónica;

e) Trabalho a tempo parcial de trabalhador com responsabilidades familiares;

f) Horário flexível de trabalhador com responsabilidades familiares.

2 – Sempre que o exercício dos direitos referidos nos números anteriores dependa de uma relação de tutela ou confiança judicial ou administrativa do menor, o respetivo titular deve, para que o possa exercer, mencionar essa qualidade ao empregador.

Cfr. Decreto-Lei nº 91/2009, de 9 de abril (Lei da Parentalidade) constante da presente edição.

ARTIGO 65º
Regime de licenças, faltas e dispensas

1 – Não determinam perda de quaisquer direitos, salvo quanto à retribuição, e são consideradas como prestação efetiva de trabalho as ausências ao trabalho resultantes de:

a) Licença em situação de risco clínico durante a gravidez;

ART. 65º   LIVRO I – TÍTULO II

b) Licença por interrupção de gravidez;
c) Licença parental, em qualquer das modalidades;
d) Licença por adoção;
e) Licença parental complementar em qualquer das modalidades;
f) Falta para assistência a filho;
g) Falta para assistência a neto;
h) Dispensa de prestação de trabalho no período noturno;
i) Dispensa da prestação de trabalho por parte de trabalhadora grávida, puérpera ou lactante, por motivo de proteção da sua segurança e saúde;
j) Dispensa para avaliação para adoção.

2 – A dispensa para consulta pré-natal, amamentação ou aleitação não determina perda de quaisquer direitos e é considerada como prestação efetiva de trabalho.

3 – As licenças por situação de risco clínico durante a gravidez, por interrupção de gravidez, por adoção e licença parental em qualquer modalidade:

a) Suspendem o gozo das férias, devendo os dias remanescentes ser gozados após o seu termo, mesmo que tal se verifique no ano seguinte;
b) Não prejudicam o tempo já decorrido de estágio ou ação ou curso de formação, devendo o trabalhador cumprir apenas o período em falta para o completar;
c) Adiam a prestação de prova para progressão na carreira profissional, a qual deve ter lugar após o termo da licença.

4 – A licença parental e a licença parental complementar, em quaisquer das suas modalidades, por adoção, para assistência a filho e para assistência a filho com deficiência ou doença crónica:

a) Suspendem-se por doença do trabalhador, se este informar o empregador e apresentar atestado médico comprovativo, e prosseguem logo após a cessação desse impedimento;
b) Não podem ser suspensas por conveniência do empregador;
c) Não prejudicam o direito do trabalhador a aceder à informação periódica emitida pelo empregador para o conjunto dos trabalhadores;
d) Terminam com a cessação da situação que originou a respetiva licença que deve ser comunicada ao empregador no prazo de cinco dias.

5 – No termo de qualquer situação de licença, faltas, dispensa ou regime de trabalho especial, o trabalhador tem direito a retomar a atividade contratada, devendo, no caso previsto na alínea *d)* do número anterior, retomá-la na primeira vaga que ocorrer na empresa ou, se esta entretanto se não verificar, no termo do período previsto para a licença.

6 – A licença para assistência a filho ou para assistência a filho com deficiência ou doença crónica suspende os direitos, deveres e garantias das partes na medida em que pressuponham a efetiva prestação de trabalho, designadamente a retribuição, mas não prejudica os benefícios complementares de assistência médica e medicamentosa a que o trabalhador tenha direito.

CONTRATO DE TRABALHO   ART. 67º

7 – Constitui contraordenação grave a violação do disposto nos nºs 1, 2, 3 ou 4.

Cfr. Decreto-Lei nº 91/2009, de 9 de abril (Lei da Parentalidade) constante da presente edição.

SUBSECÇÃO V
Trabalho de menores

ARTIGO 66º
Princípios gerais relativos ao trabalho de menor

1 – O empregador deve proporcionar ao menor condições de trabalho adequadas à idade e ao desenvolvimento do mesmo e que protejam a segurança, a saúde, o desenvolvimento físico, psíquico e moral, a educação e a formação, prevenindo em especial qualquer risco resultante da sua falta de experiência ou da inconsciência dos riscos existentes ou potenciais.

2 – O empregador deve, em especial, avaliar os riscos relacionados com o trabalho, antes de o menor o iniciar ou antes de qualquer alteração importante das condições de trabalho, incidindo nomeadamente sobre:

a) Equipamento e organização do local e do posto de trabalho;
b) Natureza, grau e duração da exposição a agentes físicos, biológicos e químicos;
c) Escolha, adaptação e utilização de equipamento de trabalho, incluindo agentes, máquinas e aparelhos e a respetiva utilização;
d) Adaptação da organização do trabalho, dos processos de trabalho ou da sua execução;
e) Grau de conhecimento do menor no que se refere à execução do trabalho, aos riscos para a segurança e a saúde e às medidas de prevenção.

3 – O empregador deve informar o menor e os seus representantes legais dos riscos identificados e das medidas tomadas para a sua prevenção.

4 – A emancipação não prejudica a aplicação das normas relativas à proteção da saúde, educação e formação do trabalhador menor.

5 – Constitui contraordenação muito grave a violação do disposto nos nºs 1, 2 ou 3.

Cfr. art. 3º da lei Preambular e art. 59º, nº 2, al. c), da CRP.

ARTIGO 67º
Formação profissional de menor

1 – O Estado deve proporcionar a menor que tenha concluído a escolaridade obrigatória a formação profissional adequada à sua preparação para a vida ativa.

ART. 68º   LIVRO I – TÍTULO II

2 – O empregador deve assegurar a formação profissional de menor ao seu serviço, solicitando a colaboração dos organismos competentes sempre que não disponha de meios para o efeito.

3 – É, em especial, assegurado ao menor o direito a licença sem retribuição para a frequência de curso profissional que confira habilitação escolar ou curso de educação e formação para jovens, salvo quando a mesma for suscetível de causar prejuízo grave à empresa, e sem prejuízo dos direitos do trabalhador-estudante.

4 – O menor que se encontre na situação do nº 1 do artigo 69º tem direito a passar ao regime de trabalho a tempo parcial, fixando-se, na falta de acordo, a duração semanal do trabalho num número de horas que, somado à duração escolar ou de formação, perfaça quarenta horas semanais.

ARTIGO 68º
Admissão de menor ao trabalho

1 – Só pode ser admitido a prestar trabalho o menor que tenha completado a idade mínima de admissão, tenha concluído a escolaridade obrigatória ou esteja matriculado e a frequentar o nível secundário de educação e disponha de capacidades físicas e psíquicas adequadas ao posto de trabalho.

2 – A idade mínima de admissão para prestar trabalho é de 16 anos.

3 – O menor com idade inferior a 16 anos que tenha concluído a escolaridade obrigatória ou esteja matriculado e a frequentar o nível secundário de educação pode prestar trabalhos leves que consistam em tarefas simples e definidas que, pela sua natureza, pelos esforços físicos ou mentais exigidos ou pelas condições específicas em que são realizadas, não sejam suscetíveis de o prejudicar no que respeita à integridade física, segurança e saúde, assiduidade escolar, participação em programas de orientação ou de formação, capacidade para beneficiar da instrução ministrada, ou ainda ao seu desenvolvimento físico, psíquico, moral, intelectual e cultural.

4 – Em empresa familiar, o menor com idade inferior a 16 anos deve trabalhar sob a vigilância e direção de um membro do seu agregado familiar, maior de idade.

5 – O empregador comunica ao serviço com competência inspetiva do ministério responsável pela área laboral a admissão de menor efetuada ao abrigo do nº 3, nos oito dias subsequentes.

6 – Constitui contraordenação grave a violação do disposto nos nºs 3 ou 4 e constitui contraordenação leve a violação do disposto no número anterior.

O presente artigo tem a redação que lhe foi dada pelo art. 3º da Lei 47/2012, de 29 de agosto.

ARTIGO 69º
Admissão de menor sem escolaridade obrigatória, frequência do nível secundário de educação ou sem qualificação profissional

1 – O menor com idade inferior a 16 anos que tenha concluído a escolaridade obrigatória ou esteja matriculado e a frequentar o nível secundário de educação mas não possua qualificação profissional, ou o menor com pelo menos 16 anos de idade

CONTRATO DE TRABALHO   ART. 70º

mas que não tenha concluí do a escolaridade obrigatória, não esteja matriculado e a frequentar o nível secundário de educação ou não possua qualificação profissional só pode ser admitido a prestar trabalho desde que frequente modalidade de educação ou formação que confira, consoante o caso, a escolaridade obrigatória, qualificação profissional, ou ambas.

2 – O disposto no número anterior não é aplicável a menor que apenas preste trabalho durante as férias escolares.

3 – Na situação a que se refere o nº 1, o menor beneficia do estatuto de trabalhador-estudante, tendo a dispensa de trabalho para frequência de aulas com duração em dobro da prevista no nº 3 do artigo 90º

4 – O empregador comunica ao serviço com competência inspetiva do ministério responsável pela área laboral a admissão de menor efetuada nos termos dos nºs 1 e 2, nos oito dias subsequentes.

5 – Constitui contraordenação muito grave a violação do disposto no nº 1, contraordenação grave a violação do disposto no nº 3 e contraordenação leve a falta de comunicação prevista no número anterior.

6 – Em caso de admissão de menor com idade inferior a 16 anos e sem que tenha concluído a escolaridade obrigatória ou esteja matriculado e a frequentar o nível secundário de educação, é aplicada a sanção acessória de privação do direito a subsídio ou benefício outorgado por entidade ou serviço público, por período até dois anos.

O presente artigo tem a redação que lhe foi dada pelo art. 3º da Lei 47/2012, de 29 de agosto.

ARTIGO 70º
Capacidade do menor para celebrar contrato de trabalho e receber a retribuição

1 – É válido o contrato de trabalho celebrado por menor que tenha completado 16 anos de idade e tenha concluído a escolaridade obrigatória ou esteja matriculado e a frequentar o nível secundário de educação, salvo oposição escrita dos seus representantes legais.

2 – O contrato celebrado por menor que não tenha completado 16 anos de idade, não tenha concluído a escolaridade obrigatória ou não esteja matriculado e a frequentar o nível secundário de educação só é válido mediante autorização escrita dos seus representantes legais.

3 – O menor tem capacidade para receber a retribuição, salvo oposição escrita dos seus representantes legais.

4 – Os representantes legais podem a todo o tempo declarar a oposição ou revogar a autorização referida no nº 2, sendo o ato eficaz decorridos 30 dias sobre a sua comunicação ao empregador.

5 – No caso previsto nos nºs 1 ou 2, os representantes legais podem reduzir até metade o prazo previsto no número anterior, com fundamento em que tal é necessário para a frequência de estabelecimento de ensino ou de ação de formação profissional.

ART. 71º   LIVRO I – TÍTULO II

6 – Constitui contraordenação grave o pagamento de retribuição ao menor caso haja oposição escrita dos seus representantes legais.

Cfr. arts. 122º e 127º do Código Civil.
O presente artigo tem a redação que lhe foi dada pelo art. 3º da Lei 47/2012, de 29 de agosto.

ARTIGO 71º
Denúncia de contrato por menor

1 – O menor na situação referida no artigo 69º que denuncie o contrato de trabalho sem termo durante a formação, ou num período imediatamente subsequente de duração igual àquela, deve compensar o empregador do custo direto com a formação que este tenha suportado.

2 – O disposto no número anterior é igualmente aplicável caso o menor denuncie o contrato de trabalho a termo depois de o empregador lhe haver proposto por escrito a conversão do mesmo em contrato sem termo.

ARTIGO 72º
Proteção da segurança e saúde de menor

1 – Sem prejuízo das obrigações estabelecidas em disposições especiais, o empregador deve submeter o menor a exames de saúde, nomeadamente:

a) Exame de saúde que certifique a adequação da sua capacidade física e psíquica ao exercício das funções, a realizar antes do início da prestação do trabalho, ou nos 15 dias subsequentes à admissão se esta for urgente e com o consentimento dos representantes legais do menor;

b) Exame de saúde anual, para que do exercício da atividade profissional não resulte prejuízo para a sua saúde e para o seu desenvolvimento físico e psíquico.

2 – Os trabalhos que, pela sua natureza ou pelas condições em que são prestados, sejam prejudiciais ao desenvolvimento físico, psíquico e moral dos menores são proibidos ou condicionados por legislação específica.

3 – Constitui contraordenação grave a violação do disposto no nº 1.

ARTIGO 73º
Limites máximos do período normal de trabalho de menor

1 – O período normal de trabalho de menor não pode ser superior a oito horas em cada dia e a quarenta horas em cada semana.

2 – Os instrumentos de regulamentação coletiva de trabalho devem reduzir, sempre que possível, os limites máximos do período normal de trabalho de menor.

3 – No caso de trabalhos leves efetuados por menor com idade inferior a 16 anos, o período normal de trabalho não pode ser superior a sete horas em cada dia e trinta e cinco horas em cada semana.

4 – Constitui contraordenação grave a violação do disposto nos nºs 1 ou 3.

ARTIGO 74º
Dispensa de algumas formas de organização do tempo de trabalho de menor

1 – O menor é dispensado de prestar trabalho em horário organizado de acordo com o regime de adaptabilidade, banco de horas ou horário concentrado quando o mesmo puder prejudicar a sua saúde ou segurança no trabalho.

2 – Para efeito do número anterior, o menor deve ser submetido a exame de saúde previamente ao início da aplicação do horário em causa.

3 – Constitui contraordenação grave a violação do disposto neste artigo.

ARTIGO 75º
Trabalho suplementar de menor

1 – O trabalhador menor não pode prestar trabalho suplementar.

2 – O disposto no número anterior não é aplicável se a prestação de trabalho suplementar por parte de menor com idade igual ou superior a 16 anos for indispensável para prevenir ou reparar prejuízo grave para a empresa, devido a facto anormal e imprevisível ou a circunstância excecional ainda que previsível, cujas consequências não podiam ser evitadas, desde que não haja outro trabalhador disponível e por um período não superior a cinco dias úteis.

3 – Na situação referida no número anterior, o menor tem direito a período equivalente de descanso compensatório, a gozar nas três semanas seguintes.

4 – Constitui contraordenação grave a violação do disposto neste artigo.

ARTIGO 76º
Trabalho de menor no período noturno

1 – É proibido o trabalho de menor com idade inferior a 16 anos entre as 20 horas de um dia e as 7 horas do dia seguinte.

2 – O menor com idade igual ou superior a 16 anos não pode prestar trabalho entre as 22 horas de um dia e as 7 horas do dia seguinte, sem prejuízo do disposto nos números seguintes.

3 – O menor com idade igual ou superior a 16 anos pode prestar trabalho noturno:

a) Em atividade prevista em instrumento de regulamentação coletiva de trabalho, exceto no período compreendido entre as 0 e as 5 horas;

b) Que se justifique por motivos objetivos, em atividade de natureza cultural, artística, desportiva ou publicitária, desde que tenha um período equivalente de descanso compensatório no dia seguinte ou no mais próximo possível.

4 – No caso do número anterior, a prestação de trabalho noturno por menor deve ser vigiada por um adulto, se for necessário para proteção da sua segurança ou saúde.

5 – O disposto nos nºs 2 e 3 não é aplicável se a prestação de trabalho noturno ocorrer em circunstância referida no nº 2 do artigo anterior, sendo devido o descanso previsto no nº 3 do mesmo artigo.

ART. 77º   LIVRO I – TÍTULO II

6 – Constitui contraordenação grave a violação do disposto nos nºs 1, 2 ou 4.

Cfr. art. 223º "noção jurídica de trabalho noturno".

ARTIGO 77º
Intervalo de descanso de menor

1 – O período de trabalho diário de menor deve ser interrompido por intervalo de duração entre uma e duas horas, por forma a não prestar mais de quatro horas de trabalho consecutivo se tiver idade inferior a 16 anos, ou quatro horas e trinta minutos se tiver idade igual ou superior a 16 anos.

2 – O instrumento de regulamentação coletiva de trabalho pode estabelecer duração do intervalo de descanso superior a duas horas, bem como a frequência e a duração de outros intervalos de descanso no período de trabalho diário ou, no caso de menor com idade igual ou superior a 16 anos, redução do intervalo até trinta minutos.

3 – Constitui contraordenação grave a violação do disposto no nº 1.

Cfr. art. 213º.

ARTIGO 78º
Descanso diário de menor

1 – O menor tem direito a descanso diário, entre os períodos de trabalho de dois dias sucessivos, com a duração mínima de catorze horas consecutivas se tiver idade inferior a 16 anos, ou doze horas consecutivas se tiver idade igual ou superior a 16 anos.

2 – Em relação a menor com idade igual ou superior a 16 anos, o descanso diário previsto no número anterior pode ser reduzido por instrumento de regulamentação coletiva de trabalho se for justificado por motivo objetivo, desde que não afete a sua segurança ou saúde e a redução seja compensada nos três dias seguintes, no setor da agricultura, turismo, hotelaria ou restauração, em embarcação da marinha do comércio, hospital ou outro estabelecimento de saúde ou em atividade caracterizada por períodos de trabalho fracionados ao longo do dia.

3 – O disposto no nº 1 não se aplica a menor com idade igual ou superior a 16 anos que preste trabalho cuja duração normal não seja superior a vinte horas por semana, ou trabalho ocasional por período não superior a um mês:

a) Em serviço doméstico realizado em agregado familiar;

b) Em empresa familiar, desde que não seja nocivo, prejudicial ou perigoso para o menor.

4 – Constitui contraordenação grave a violação do disposto nos nºs 1 ou 2 deste artigo.

Cfr. art. 214º.

ARTIGO 79º
Descanso semanal de menor

1 – O descanso semanal de menor tem a duração de dois dias, se possível, consecutivos, em cada período de sete dias, salvo havendo razões técnicas ou de organização do trabalho, a definir por instrumento de regulamentação coletiva de trabalho, que justifiquem que o descanso semanal de menor com idade igual ou superior a 16 anos tenha a duração de trinta e seis horas consecutivas.

2 – O descanso semanal de menor com idade igual ou superior a 16 anos pode ser de um dia em situação a que se referem os nºs 2 ou 3 do artigo anterior, desde que a redução se justifique por motivo objetivo e, no primeiro caso, seja estabelecida em instrumento de regulamentação coletiva de trabalho, devendo em qualquer caso ser assegurado descanso adequado.

3 – Constitui contraordenação grave a violação do disposto neste artigo.

Cfr. art. 232º.

ARTIGO 80º
Descanso semanal e períodos de trabalho de menor em caso de pluriemprego

1 – Se o menor trabalhar para vários empregadores, os descansos semanais devem ser coincidentes e a soma dos períodos de trabalho não deve exceder os limites máximos do período normal de trabalho.

2 – Para efeitos do disposto no número anterior, o menor ou, se este tiver idade inferior a 16 anos, os seus representantes legais devem informar por escrito:

a) Antes da admissão, o novo empregador, sobre a existência de outro emprego e a duração do trabalho e os descansos semanais correspondentes;

b) Aquando de uma admissão ou sempre que haja alteração das condições de trabalho em causa, os outros empregadores, sobre a duração do trabalho e os descansos semanais correspondentes.

3 – O empregador que, sendo informado nos termos do número anterior, celebre contrato de trabalho com o menor ou altere a duração do trabalho ou dos descansos semanais é responsável pelo cumprimento do disposto no nº 1.

4 – Constitui contraordenação grave a violação do disposto no nº 1, pela qual é responsável o empregador que se encontre na situação referida no número anterior.

ARTIGO 81º
Participação de menor em espetáculo ou outra atividade

A participação de menor em espetáculo ou outra atividade de natureza cultural, artística ou publicitária é regulada em legislação específica.

Cfr. Convenção nº 138 da OIT, ractificada por Decreto Presidencial nº 11/98, de 19 de março.

ART. 82º   LIVRO I - TÍTULO II

ARTIGO 82º
Crime por utilização indevida de trabalho de menor

1 – A utilização de trabalho de menor em violação do disposto no nº 1 do artigo 68º ou no nº 2 do artigo 72º é punida com pena de prisão até 2 anos ou com pena de multa até 240 dias, se pena mais grave não couber por força de outra disposição legal.

2 – No caso de o menor não ter completado a idade mínima de admissão, não ter concluído a escolaridade obrigatória ou não estar matriculado e a frequentar o nível secundário de educação, os limites das penas são elevados para o dobro.

3 – Em caso de reincidência, os limites mínimos das penas previstas nos números anteriores são elevados para o triplo.

O presente artigo tem a redação que lhe foi dada pelo art. 3º da Lei 47/2012, de 29 de agosto.

ARTIGO 83º
Crime de desobediência por não cessação da atividade de menor

Quando o serviço com competência inspetiva do ministério responsável pela área laboral verificar a violação do disposto no nº 1 do artigo 68º ou das normas relativas a trabalhos proibidos a que se refere o nº 2 do artigo 72º, notifica por escrito o infrator para que faça cessar de imediato a atividade do menor, com a cominação de que, se o não fizer, incorre em crime de desobediência qualificada.

Cfr. art. 121º a 126º.

SUBSECÇÃO VI
Trabalhador com capacidade de trabalho reduzida

ARTIGO 84º
Princípios gerais quanto ao emprego de trabalhador
com capacidade de trabalho reduzida

1 – O empregador deve facilitar o emprego a trabalhador com capacidade de trabalho reduzida, proporcionando-lhe adequadas condições de trabalho, nomeadamente a adaptação do posto de trabalho, retribuição e promovendo ou auxiliando ações de formação e aperfeiçoamento profissional apropriadas.

2 – O Estado deve estimular e apoiar, pelos meios convenientes, a ação das empresas na realização dos objetivos definidos no número anterior.

3 – Independentemente do disposto nos números anteriores, podem ser estabelecidas, por lei ou instrumento de regulamentação coletiva de trabalho, especiais medidas de proteção de trabalhador com capacidade de trabalho reduzida, particularmente no que respeita à sua admissão e condições de prestação da atividade, tendo sempre em conta os interesses do trabalhador e do empregador.

4 – O regime do presente artigo consta de legislação específica.

5 – Constitui contraordenação muito grave a violação do disposto no nº 1.

SUBSECÇÃO VII
Trabalhador com deficiência ou doença crónica

ARTIGO 85º
Princípios gerais quanto ao emprego de trabalhador com deficiência ou doença crónica

1 – O trabalhador com deficiência ou doença crónica é titular dos mesmos direitos e está adstrito aos mesmos deveres dos demais trabalhadores no acesso ao emprego, à formação, promoção ou carreira profissionais e às condições de trabalho, sem prejuízo das especificidades inerentes à sua situação.

2 – O Estado deve estimular e apoiar a ação do empregador na contratação de trabalhador com deficiência ou doença crónica e na sua readaptação profissional.

3 – Constitui contraordenação muito grave a violação do disposto no nº 1.

ARTIGO 86º
Medidas de ação positiva em favor de trabalhador com deficiência ou doença crónica

1 – O empregador deve adotar medidas adequadas para que a pessoa com deficiência ou doença crónica tenha acesso a um emprego, o possa exercer e nele progredir, ou para que tenha formação profissional, exceto se tais medidas implicarem encargos desproporcionados.

2 – O Estado deve estimular e apoiar, pelos meios convenientes, a ação do empregador na realização dos objetivos referidos no número anterior.

3 – Os encargos referidos no nº 1 não são considerados desproporcionados quando forem compensados por apoios do Estado, nos termos previstos em legislação específica.

4 – Podem ser estabelecidas por lei ou instrumento de regulamentação coletiva de trabalho medidas de proteção específicas de trabalhador com deficiência ou doença crónica e incentivos a este ou ao empregador, particularmente no que respeita à admissão, condições de prestação da atividade e adaptação de posto de trabalho, tendo em conta os respetivos interesses.

ARTIGO 87º
Dispensa de algumas formas de organização do tempo de trabalho de trabalhador com deficiência ou doença crónica

1 – O trabalhador com deficiência ou doença crónica é dispensado da prestação de trabalho, se esta puder prejudicar a sua saúde ou segurança no trabalho:

a) Em horário organizado de acordo com o regime de adaptabilidade, de banco de horas ou horário concentrado;

b) Entre as 20 horas de um dia e as 7 horas do dia seguinte.

ART. 88º   LIVRO I – TÍTULO II

2 – Para efeito do disposto no número anterior, o trabalhador deve ser submetido a exame de saúde previamente ao início da aplicação do horário em causa.

3 – Constitui contraordenação grave a violação do disposto neste artigo.

ARTIGO 88º
Trabalho suplementar de trabalhador com deficiência ou doença crónica

1 – O trabalhador com deficiência ou doença crónica não é obrigado a prestar trabalho suplementar.

2 – Constitui contraordenação grave a violação do disposto neste artigo.

Cfr. arts. 226º a 230º.

SUBSECÇÃO VIII
Trabalhador-estudante

ARTIGO 89º
Noção de trabalhador-estudante

1 – Considera-se trabalhador-estudante o trabalhador que frequenta qualquer nível de educação escolar, bem como curso de pós-graduação, mestrado ou doutoramento em instituição de ensino, ou ainda curso de formação profissional ou programa de ocupação temporária de jovens com duração igual ou superior a seis meses.

2 – A manutenção do estatuto de trabalhador-estudante depende de aproveitamento escolar no ano letivo anterior.

ARTIGO 90º
Organização do tempo de trabalho de trabalhador-estudante

1 – O horário de trabalho de trabalhador-estudante deve, sempre que possível, ser ajustado de modo a permitir a frequência das aulas e a deslocação para o estabelecimento de ensino.

2 – Quando não seja possível a aplicação do disposto no número anterior, o trabalhador-estudante tem direito a dispensa de trabalho para frequência de aulas, se assim o exigir o horário escolar, sem perda de direitos e que conta como prestação efetiva de trabalho.

3 – A dispensa de trabalho para frequência de aulas pode ser utilizada de uma só vez ou fraccionadamente, à escolha do trabalhador-estudante, e tem a seguinte duração máxima, dependendo do período normal de trabalho semanal:

a) Três horas semanais para período igual ou superior a vinte horas e inferior a trinta horas;

b) Quatro horas semanais para período igual ou superior a trinta horas e inferior a trinta e quatro horas;

CONTRATO DE TRABALHO   ART. 91º

c) Cinco horas semanais para período igual ou superior a trinta e quatro horas e inferior a trinta e oito horas;

d) Seis horas semanais para período igual ou superior a trinta e oito horas.

4 – O trabalhador-estudante cujo período de trabalho seja impossível ajustar, de acordo com os números anteriores, ao regime de turnos a que está afeto tem preferência na ocupação de posto de trabalho compatível com a sua qualificação profissional e com a frequência de aulas.

5 – Caso o horário de trabalho ajustado ou a dispensa de trabalho para frequência de aulas comprometa manifestamente o funcionamento da empresa, nomeadamente por causa do número de trabalhadores-estudantes existente, o empregador promove um acordo com o trabalhador interessado e a comissão de trabalhadores ou, na sua falta, a comissão intersindical, comissões sindicais ou delegados sindicais, sobre a medida em que o interesse daquele pode ser satisfeito ou, na falta de acordo, decide fundamentadamente, informando o trabalhador por escrito.

6 – O trabalhador-estudante não é obrigado a prestar trabalho suplementar, exceto por motivo de força maior, nem trabalho em regime de adaptabilidade, banco de horas ou horário concentrado quando o mesmo coincida com o horário escolar ou com prova de avaliação.

7 – Ao trabalhador-estudante que preste trabalho em regime de adaptabilidade, banco de horas ou horário concentrado é assegurado um dia por mês de dispensa, sem perda de direitos, contando como prestação efetiva de trabalho.

8 – O trabalhador estudante que preste trabalho suplementar tem direito a descanso compensatório com duração de metade do número de horas prestadas.

9 – Constitui contraordenação grave a violação do disposto nos nºs 1 a 4 e 6 a 8.

Redação dada pela Lei nº 23/2012, de 25-06.

ARTIGO 91º
Faltas para prestação de provas de avaliação

1 – O trabalhador-estudante pode faltar justificadamente por motivo de prestação de prova de avaliação, nos seguintes termos:

a) No dia da prova e no imediatamente anterior;

b) No caso de provas em dias consecutivos ou de mais de uma prova no mesmo dia, os dias imediatamente anteriores são tantos quantas as provas a prestar;

c) Os dias imediatamente anteriores referidos nas alíneas anteriores incluem dias de descanso semanal e feriados;

d) As faltas dadas ao abrigo das alíneas anteriores não podem exceder quatro dias por disciplina em cada ano letivo.

2 – O direito previsto no número anterior só pode ser exercido em dois anos letivos relativamente a cada disciplina.

3 – Nos casos em que o curso esteja organizado no regime de sistema europeu de transferência e acumulação de créditos (ECTS), o trabalhador-estudante pode, em alternativa ao disposto no nº 1, optar por cumular os dias anteriores ao da prestação

ART. 92º   LIVRO I – TÍTULO II

das provas de avaliação, num máximo de três dias, seguidos ou interpolados ou do correspondente em termos de meios-dias, interpolados.

4 – A opção pelo regime cumulativo a que refere o número anterior obriga, com as necessárias adaptações, ao cumprimento do prazo de antecedência previsto no disposto nas alíneas *a*) e *b*) do nº 4 do artigo 96º

5 – Só é permitida a cumulação nos casos em que os dias anteriores às provas de avaliação que o trabalhador-estudante tenha deixado de usufruir não tenham sido dias de descanso semanal ou feriados.

6 – Consideram-se ainda justificadas as faltas dadas por trabalhador-estudante na estrita medida das deslocações necessárias para prestar provas de avaliação, sendo retribuídas até 10 faltas em cada ano letivo, independentemente do número de disciplinas.

7 – Considera-se prova de avaliação o exame ou outra prova, escrita ou oral, ou a apresentação de trabalho, quando este o substitua ou complemente e desde que determine direta ou indiretamente o aproveitamento escolar.

8 – Constitui contraordenação grave a violação do disposto nos nºs 1, 3 e 6.

Redação dada pela Lei nº 23/2012, de 25-06.

ARTIGO 92º
Férias e licenças de trabalhador-estudante

1 – O trabalhador-estudante tem direito a marcar o período de férias de acordo com as suas necessidades escolares, podendo gozar até 15 dias de férias interpoladas, na medida em que tal seja compatível com as exigências imperiosas do funcionamento da empresa.

2 – O trabalhador-estudante tem direito, em cada ano civil, a licença sem retribuição, com a duração de 10 dias úteis seguidos ou interpolados.

3 – Constitui contraordenação grave a violação do disposto no nº 1 e constitui contraordenação leve a violação do disposto no número anterior.

ARTIGO 93º
Promoção profissional de trabalhador-estudante

O empregador deve possibilitar a trabalhador-estudante promoção profissional adequada à qualificação obtida, não sendo todavia obrigatória a reclassificação profissional por mero efeito da qualificação.

ARTIGO 94º
Concessão do estatuto de trabalhador-estudante

1 – O trabalhador-estudante deve comprovar perante o empregador a sua condição de estudante, apresentando igualmente o horário das atividades educativas a frequentar.

2 – Para concessão do estatuto junto do estabelecimento de ensino, o trabalhador-estudante deve fazer prova, por qualquer meio legalmente admissível, da sua condição de trabalhador.

CONTRATO DE TRABALHO ART. 96º

3 – O trabalhador-estudante deve escolher, entre as possibilidades existentes, o horário mais compatível com o horário de trabalho, sob pena de não beneficiar dos inerentes direitos.

4 – Considera-se aproveitamento escolar a transição de ano ou a aprovação ou progressão em, pelo menos, metade das disciplinas em que o trabalhador-estudante esteja matriculado, a aprovação ou validação de metade dos módulos ou unidades equivalentes de cada disciplina, definidos pela instituição de ensino ou entidade formadora para o ano letivo ou para o período anual de frequência, no caso de percursos educativos organizados em regime modular ou equivalente que não definam condições de transição de ano ou progressão em disciplinas.

5 – Considera-se ainda que tem aproveitamento escolar o trabalhador que não satisfaça o disposto no número anterior devido a acidente de trabalho ou doença profissional, doença prolongada, licença em situação de risco clínico durante a gravidez, ou por ter gozado licença parental inicial, licença por adoção ou licença parental complementar por período não inferior a um mês.

6 – O trabalhador-estudante não pode cumular os direitos previstos neste Código com quaisquer regimes que visem os mesmos fins, nomeadamente no que respeita a dispensa de trabalho para frequência de aulas, licenças por motivos escolares ou faltas para prestação de provas de avaliação.

Redação dada pela Lei nº 23/2012, de 25-06.

ARTIGO 95º
Cessação e renovação de direitos

1 – O direito a horário de trabalho ajustado ou a dispensa de trabalho para frequência de aulas, a marcação do período de férias de acordo com as necessidades escolares ou a licença sem retribuição cessa quando o trabalhador-estudante não tenha aproveitamento no ano em que beneficie desse direito.

2 – Os restantes direitos cessam quando o trabalhador-estudante não tenha aproveitamento em dois anos consecutivos ou três interpolados.

3 – Os direitos do trabalhador-estudante cessam imediatamente em caso de falsas declarações relativamente aos factos de que depende a concessão do estatuto ou a factos constitutivos de direitos, bem como quando estes sejam utilizados para outros fins.

4 – O trabalhador-estudante pode exercer de novo os direitos no ano letivo subsequente àquele em que os mesmos cessaram, não podendo esta situação ocorrer mais de duas vezes.

ARTIGO 96º
Procedimento para exercício de direitos de trabalhador-estudante

1 – O trabalhador-estudante deve comprovar perante o empregador o respetivo aproveitamento, no final de cada ano letivo.

2 – O controlo de assiduidade do trabalhador-estudante pode ser feito, por acordo com o trabalhador, diretamente pelo empregador, através dos serviços admi-

ART. 96º-A   LIVRO I – TÍTULO II

nistrativos do estabelecimento de ensino, por correio eletrónico ou fax, no qual é aposta uma data e hora a partir da qual o trabalhador-estudante termina a sua responsabilidade escolar.

3 – Na falta de acordo o empregador pode, nos 15 dias seguintes à utilização da dispensa de trabalho para esse fim, exigir a prova da frequência de aulas, sempre que o estabelecimento de ensino proceder ao controlo da frequência.

4 – O trabalhador-estudante deve solicitar a licença sem retribuição com a seguinte antecedência:

a) Quarenta e oito horas ou, sendo inviável, logo que possível, no caso de um dia de licença;

b) Oito dias, no caso de dois a cinco dias de licença;

c) 15 dias, no caso de mais de cinco dias de licença.

ARTIGO 96º-A
Legislação complementar

O disposto na presente subsecção é objeto de regulamentação em lei especial.

Aditado pela Lei nº 23/2012, de 25-06.

SUBSECÇÃO IX
O empregador e a empresa

ARTIGO 97º
Poder de direção

Compete ao empregador estabelecer os termos em que o trabalho deve ser prestado, dentro dos limites decorrentes do contrato e das normas que o regem.

ARTIGO 98º
Poder disciplinar

O empregador tem poder disciplinar sobre o trabalhador ao seu serviço, enquanto vigorar o contrato de trabalho.

ARTIGO 99º
Regulamento interno de empresa

1 – O empregador pode elaborar regulamento interno de empresa sobre organização e disciplina do trabalho.

2 – Na elaboração do regulamento interno de empresa é ouvida a comissão de trabalhadores ou, na sua falta, as comissões intersindicais, as comissões sindicais ou os delegados sindicais.

3 – O regulamento interno produz efeitos após a publicitação do respetivo conteúdo, designadamente através de afixação na sede da empresa e nos locais de traba-

lho, de modo a possibilitar o seu pleno conhecimento, a todo o tempo, pelos trabalhadores.

4 – A elaboração de regulamento interno de empresa sobre determinadas matérias pode ser tornada obrigatória por instrumento de regulamentação coletiva de trabalho negocial.

5 – Constitui contraordenação grave a violação do disposto nos nºs 2 e 3.

Redação dada pela Lei nº 23/2012, de 25-06.

ARTIGO 100º
Tipos de empresas

1 – Considera-se:

a) Microempresa a que emprega menos de 10 trabalhadores;
b) Pequena empresa a que emprega de 10 a menos de 50 trabalhadores;
c) Média empresa a que emprega de 50 a menos de 250 trabalhadores;
d) Grande empresa a que emprega 250 ou mais trabalhadores.

2 – Para efeitos do número anterior, o número de trabalhadores corresponde à média do ano civil antecedente.

3 – No ano de início da atividade, o número de trabalhadores a ter em conta para aplicação do regime é o existente no dia da ocorrência do facto.

Este artigo tem por base a recomendação da Comissão Europeia de 6 de maio de 2003 relativamente ao número de trabalhadores por categoria de empresa.

ARTIGO 101º
Pluralidade de empregadores

1 – O trabalhador pode obrigar-se a prestar trabalho a vários empregadores entre os quais exista uma relação societária de participações recíprocas, de domínio ou de grupo, ou que tenham estruturas organizativas comuns.

2 – O contrato de trabalho com pluralidade de empregadores está sujeito a forma escrita e deve conter:

a) Identificação, assinaturas e domicílio ou sede das partes;
b) Indicação da atividade do trabalhador, do local e do período normal de trabalho;
c) Indicação do empregador que representa os demais no cumprimento dos deveres e no exercício dos direitos emergentes do contrato de trabalho.

3 – Os empregadores são solidariamente responsáveis pelo cumprimento das obrigações decorrentes do contrato de trabalho, cujo credor seja o trabalhador ou terceiro.

4 – Cessando a situação referida no nº 1, considera-se que o trabalhador fica apenas vinculado ao empregador a que se refere a alínea *c)* do nº 2, salvo acordo em contrário.

5 – A violação de requisitos indicados nos nºs 1 ou 2 confere ao trabalhador o direito de optar pelo empregador ao qual fica vinculado.

ART. 102º   LIVRO I – TÍTULO II

6 – Constitui contraordenação grave a violação do disposto nos nºs 1 ou 2, sendo responsáveis pela mesma todos os empregadores, os quais são representados para este efeito por aquele a que se refere a alínea *c*) do nº 2.

SECÇÃO III
Formação do contrato

SUBSECÇÃO I
Negociação

ARTIGO 102º
Culpa na formação do contrato

Quem negoceia com outrem para a conclusão de um contrato de trabalho deve, tanto nos preliminares como na formação dele, proceder segundo as regras da boa fé, sob pena de responder pelos danos culposamente causados.

Cfr. art. 481º e ss do Código das Sociedades Comerciais.

SUBSECÇÃO II
Promessa de contrato de trabalho

ARTIGO 103º
Regime da promessa de contrato de trabalho

1 – A promessa de contrato de trabalho está sujeita a forma escrita e deve conter:

a) Identificação, assinaturas e domicílio ou sede das partes;

b) Declaração, em termos inequívocos, da vontade de o promitente ou promitentes se obrigarem a celebrar o referido contrato;

c) Atividade a prestar e correspondente retribuição.

2 – O não cumprimento da promessa de contrato de trabalho dá lugar a responsabilidade nos termos gerais.

3 – À promessa de contrato de trabalho não é aplicável o disposto no artigo 830º do Código Civil.

SUBSECÇÃO III
Contrato de adesão

ARTIGO 104º
Contrato de trabalho de adesão

1 – A vontade contratual do empregador pode manifestar-se através de regulamento interno de empresa e a do trabalhador pela adesão expressa ou tácita ao mesmo regulamento.

CONTRATO DE TRABALHO   ART. 106º

2 – Presume-se a adesão do trabalhador quando este não se opuser por escrito no prazo de 21 dias, a contar do início da execução do contrato ou da divulgação do regulamento, se esta for posterior.

ARTIGO 105º
Cláusulas contratuais gerais

O regime das cláusulas contratuais gerais aplica-se aos aspetos essenciais do contrato de trabalho que não resultem de prévia negociação específica, mesmo na parte em que o seu conteúdo se determine por remissão para instrumento de regulamentação coletiva de trabalho.

Cfr. Decreto-Lei nº 220/95, de 31 de agosto com as alterações introduzidas pelo Decreto-Lei nº 249/99, de 7 de julho.

SUBSECÇÃO IV
Informação sobre aspetos relevantes
na prestação de trabalho

ARTIGO 106º
Dever de informação

1 – O empregador deve informar o trabalhador sobre aspetos relevantes do contrato de trabalho.

2 – O trabalhador deve informar o empregador sobre aspetos relevantes para a prestação da atividade laboral.

3 – O empregador deve prestar ao trabalhador, pelo menos, as seguintes informações:

a) A respetiva identificação, nomeadamente, sendo sociedade, a existência de uma relação de coligação societária, de participações recíprocas, de domínio ou de grupo, bem como a sede ou domicílio;

b) O local de trabalho ou, não havendo um fixo ou predominante, a indicação de que o trabalho é prestado em várias localizações;

c) A categoria do trabalhador ou a descrição sumária das funções correspondentes;

d) A data de celebração do contrato e a do início dos seus efeitos;

e) A duração previsível do contrato, se este for celebrado a termo;

f) A duração das férias ou o critério para a sua determinação;

g) Os prazos de aviso prévio a observar pelo empregador e pelo trabalhador para a cessação do contrato, ou o critério para a sua determinação;

h) O valor e a periodicidade da retribuição;

i) O período normal de trabalho diário e semanal, especificando os casos em que é definido em termos médios;

ART. 107º   LIVRO I – TÍTULO II

j) O número da apólice de seguro de acidentes de trabalho e a identificação da entidade seguradora;

l) O instrumento de regulamentação coletiva de trabalho aplicável, se houver.

m) A identificação do fundo de compensação do trabalho ou de mecanismo equivalente, bem como do fundo de garantia de compensação do trabalho, previstos em legislação específica.

4 – A informação sobre os elementos referidos nas alíneas *f)* a *i)* do número anterior pode ser substituída pela referência às disposições pertinentes da lei, do instrumento de regulamentação coletiva de trabalho aplicável ou do regulamento interno de empresa.

5 – Constitui contraordenação grave a violação do disposto em qualquer alínea do nº 3.

O presente artigo tem a redação que foi introduzida pela Lei nº 53/2011, de 14 de outubro. O disposto na alínea m) do nº 3 do presente artigo, aplica-se apenas aos novos contratos de trabalho, considerando-se novos contratos de trabalho os contratos celebrados após a entrada em vigor da Lei nº 53/2011, de 14 de outubro. A presente alínea entra em vigor na data do início da vigência da legislação que regule o fundo de compensação do trabalho, arts. 3º e 5º da mesma Lei nº 53/2011.

Alterado pela Lei nº 23/2012, de 25-06.

A alínea m) do nº 3 tem a redação dada pela Lei nº 69/2013, de 30 de agosto.

ARTIGO 107º
Meios de informação

1 – A informação prevista no artigo anterior deve ser prestada por escrito, podendo constar de um ou de vários documentos, assinados pelo empregador.

2 – Quando a informação seja prestada através de mais de um documento, um deles deve conter os elementos referidos nas alíneas *a)* a *d)*, *h)* e *i)* do nº 3 do artigo anterior.

3 – O dever previsto no nº 1 do artigo anterior considera-se cumprido quando a informação em causa conste de contrato de trabalho reduzido a escrito ou de contrato-promessa de contrato de trabalho.

4 – Os documentos referidos nos nºs 1 e 2 devem ser entregues ao trabalhador nos 60 dias subsequentes ao início da execução do contrato ou, se este cessar antes deste prazo, até ao respetivo termo.

5 – Constitui contraordenação grave a violação do disposto nos nºs 1, 2 ou 4.

ARTIGO 108º
Informação relativa a prestação de trabalho no estrangeiro

1 – Se o trabalhador cujo contrato de trabalho seja regulado pela lei portuguesa exercer a sua atividade no território de outro Estado por período superior a um mês, o empregador deve prestar-lhe, por escrito e até à sua partida, as seguintes informações complementares:

CONTRATO DE TRABALHO ART. 111º

a) Duração previsível do período de trabalho a prestar no estrangeiro;
b) Moeda e lugar do pagamento das prestações pecuniárias;
c) Condições de repatriamento;
d) Acesso a cuidados de saúde.

2 – A informação referida na alínea *b*) ou *c*) do número anterior pode ser substituída por referência a disposições de lei, instrumento de regulamentação coletiva de trabalho ou regulamento interno de empresa que regulem a matéria nela referida.

3 – Constitui contraordenação grave a violação do disposto neste artigo.

ARTIGO 109º
Atualização da informação

1 – O empregador deve informar o trabalhador sobre alteração relativa a qualquer elemento referido no nº 3 do artigo 106º ou no nº 1 do artigo anterior, por escrito e nos 30 dias subsequentes.

2 – O disposto no número anterior não é aplicável quando a alteração resulte de lei, de instrumento de regulamentação coletiva de trabalho ou de regulamento interno de empresa.

3 – O trabalhador deve prestar ao empregador informação sobre todas as alterações relevantes para a prestação da atividade laboral, no prazo previsto no nº 1.

4 – Constitui contraordenação grave a violação do disposto no nº 1.

SUBSECÇÃO V
Forma de contrato de trabalho

ARTIGO 110º
Regra geral sobre a forma de contrato de trabalho

O contrato de trabalho não depende da observância de forma especial, salvo quando a lei determina o contrário.

SECÇÃO IV
Período experimental

ARTIGO 111º
Noção de período experimental

1 – O período experimental corresponde ao tempo inicial de execução do contrato de trabalho, durante o qual as partes apreciam o interesse na sua manutenção.

2 – No decurso do período experimental, as partes devem agir de modo que possam apreciar o interesse na manutenção do contrato de trabalho.

3 – O período experimental pode ser excluído por acordo escrito entre as partes.

ART. 112º   LIVRO I – TÍTULO II

ARTIGO 112º
Duração do período experimental

1 – No contrato de trabalho por tempo indeterminado, o período experimental tem a seguinte duração:

a) 90 dias para a generalidade dos trabalhadores;

b) 180 dias para os trabalhadores que exerçam cargos de complexidade técnica, elevado grau de responsabilidade ou que pressuponham uma especial qualificação, bem como os que desempenhem funções de confiança;

c) 240 dias para trabalhador que exerça cargo de direção ou quadro superior.

2 – No contrato de trabalho a termo, o período experimental tem a seguinte duração:

a) 30 dias em caso de contrato com duração igual ou superior a seis meses;

b) 15 dias em caso de contrato a termo certo com duração inferior a seis meses ou de contrato a termo incerto cuja duração previsível não ultrapasse aquele limite.

3 – No contrato em comissão de serviço, a existência de período experimental depende de estipulação expressa no acordo, não podendo exceder 180 dias.

4 – O período experimental, de acordo com qualquer dos números anteriores, é reduzido ou excluído, consoante a duração de anterior contrato a termo para a mesma atividade, ou de trabalho temporário executado no mesmo posto de trabalho, ou ainda de contrato de prestação de serviços para o mesmo objeto, com o mesmo empregador, tenha sido inferior ou igual ou superior à duração daquele.

5 – A duração do período experimental pode ser reduzida por instrumento de regulamentação coletiva de trabalho ou por acordo escrito entre partes.

6 – A antiguidade do trabalhador conta-se desde o início do período experimental.

Cfr. Ac. TC nº 632/2008.

ARTIGO 113º
Contagem do período experimental

1 – O período experimental conta a partir do início da execução da prestação do trabalhador, compreendendo ação de formação determinada pelo empregador, na parte em que não exceda metade da duração daquele período.

2 – Não são considerados na contagem os dias de falta, ainda que justificada, de licença, de dispensa ou de suspensão do contrato.

ARTIGO 114º
Denúncia do contrato durante o período experimental

1 – Durante o período experimental, salvo acordo escrito em contrário, qualquer das partes pode denunciar o contrato sem aviso prévio e invocação de justa causa, nem direito a indemnização.

CONTRATO DE TRABALHO   ART. 117º

2 – Tendo o período experimental durado mais de 60 dias, a denúncia do contrato por parte do empregador depende de aviso prévio de sete dias.

3 – Tendo o período experimental durado mais de 120 dias, a denúncia do contrato por parte do empregador depende de aviso prévio de 15 dias.

4 – O não cumprimento, total ou parcial, do período de aviso prévio previsto nos nºs 2 e 3 determina o pagamento da retribuição correspondente ao aviso prévio em falta.

SECÇÃO V
Atividade do trabalhador

ARTIGO 115º
Determinação da atividade do trabalhador

1 – Cabe às partes determinar por acordo a atividade para que o trabalhador é contratado.

2 – A determinação a que se refere o número anterior pode ser feita por remissão para categoria de instrumento de regulamentação coletiva de trabalho ou de regulamento interno de empresa.

3 – Quando a natureza da atividade envolver a prática de negócios jurídicos, considera-se que o contrato de trabalho concede ao trabalhador os necessários poderes, salvo se a lei exigir instrumento especial.

Cfr. arts. 124º, 268º, 269º e 400º do Código Civil.

ARTIGO 116º
Autonomia técnica

A sujeição à autoridade e direção do empregador não prejudica a autonomia técnica do trabalhador inerente à atividade prestada, nos termos das regras legais ou deontológicas aplicáveis.

ARTIGO 117º
Efeitos de falta de título profissional

1 – Sempre que o exercício de determinada atividade se encontre legalmente condicionado à posse de título profissional, designadamente carteira profissional, a sua falta determina a nulidade do contrato.

2 – Quando o título profissional é retirado ao trabalhador, por decisão que já não admite recurso, o contrato caduca logo que as partes sejam notificadas da decisão.

Cfr. DL nº 92/2011 de 27 de Julho que estabelece o Regime Jurídico do Sistema de Regulação de Acesso a Profissões (SRAP), que veio revogar o regime jurídico das carteiras profissionais e estabelecer o regime jurídico do Sistema de Regulação de Acesso a Profissões.

O DL nº 37/2015, por seu turno, veio estabelecer o Regime de Acesso e Exercício de Profissões e de Atividades Profissionais.

ART. 118º   LIVRO I – TÍTULO II

ARTIGO 118º
Funções desempenhadas pelo trabalhador

1 – O trabalhador deve, em princípio, exercer funções correspondentes à atividade para que se encontra contratado, devendo o empregador atribuir-lhe, no âmbito da referida atividade, as funções mais adequadas às suas aptidões e qualificação profissional.

2 – A atividade contratada, ainda que determinada por remissão para categoria profissional de instrumento de regulamentação coletiva de trabalho ou regulamento interno de empresa, compreende as funções que lhe sejam afins ou funcionalmente ligadas, para as quais o trabalhador tenha qualificação adequada e que não impliquem desvalorização profissional.

3 – Para efeitos do número anterior e sem prejuízo do disposto em instrumento de regulamentação coletiva de trabalho, consideram-se afins ou funcionalmente ligadas, designadamente, as funções compreendidas no mesmo grupo ou carreira profissional.

4 – Sempre que o exercício de funções acessórias exigir especial qualificação, o trabalhador tem direito a formação profissional não inferior a dez horas anuais.

5 – Constitui contraordenação grave a violação do disposto no número anterior.

Acerca da categoria profissional cfr. Acórdãos do STJ de 17/03/2010 (Processo: 435/09.3YFLSB) e de 15/12/2012 (Processo: 435/09.3YFLSB).

ARTIGO 119º
Mudança para categoria inferior

A mudança do trabalhador para categoria inferior àquela para que se encontra contratado pode ter lugar mediante acordo, com fundamento em necessidade premente da empresa ou do trabalhador, devendo ser autorizada pelo serviço com competência inspetiva do ministério responsável pela área laboral no caso de determinar diminuição da retribuição.

ARTIGO 120º
Mobilidade funcional

1 – O empregador pode, quando o interesse da empresa o exija, encarregar o trabalhador de exercer temporariamente funções não compreendidas na atividade contratada, desde que tal não implique modificação substancial da posição do trabalhador.

2 – As partes podem alargar ou restringir a faculdade conferida no número anterior, mediante acordo que caduca ao fim de dois anos se não tiver sido aplicado.

3 – A ordem de alteração deve ser justificada, mencionando se for caso disso o acordo a que se refere o número anterior, e indicar a duração previsível da mesma, que não deve ultrapassar dois anos.

4 – O disposto no n.º 1 não pode implicar diminuição da retribuição, tendo o trabalhador direito às condições de trabalho mais favoráveis que sejam inerentes às funções exercidas.

5 – Salvo disposição em contrário, o trabalhador não adquire a categoria correspondente às funções temporariamente exercidas.

6 – O disposto nos números anteriores pode ser afastado por instrumento de regulamentação coletiva de trabalho.

7 – Constitui contraordenação grave a violação do disposto nos n.ºs 1, 3 ou 4.

Este artigo versa sobre o chamado Ius Variandi.
Acerca da mobilidade funcional cfr. Acórdão do STJ de 22/10/2008 (Processo: 07S3666).

SECÇÃO VI
Invalidade do contrato de trabalho

ARTIGO 121º
Invalidade parcial de contrato de trabalho

1 – A nulidade ou a anulação parcial não determina a invalidade de todo o contrato de trabalho, salvo quando se mostre que este não teria sido celebrado sem a parte viciada.

2 – A cláusula de contrato de trabalho que viole norma imperativa considera-se substituída por esta.

ARTIGO 122º
Efeitos da invalidade de contrato de trabalho

1 – O contrato de trabalho declarado nulo ou anulado produz efeitos como válido em relação ao tempo em que seja executado.

2 – A ato modificativo de contrato de trabalho que seja inválido aplica-se o disposto no número anterior, desde que não afete as garantias do trabalhador.

Cfr. arts. 287º e ss do Código Civil.

ARTIGO 123º
Invalidade e cessação de contrato de trabalho

1 – A facto extintivo ocorrido antes da declaração de nulidade ou anulação de contrato de trabalho aplicam-se as normas sobre cessação do contrato.

2 – Se for declarado nulo ou anulado o contrato a termo que já tenha cessado, a indemnização tem por limite o valor estabelecido no artigo 393º ou 401º, respetivamente para despedimento ilícito ou denúncia sem aviso prévio.

3 – À invocação de invalidade pela parte de má fé, estando a outra de boa fé, seguida de imediata cessação da prestação de trabalho, aplica-se o regime da indemnização prevista no n.º 3 do artigo 392º ou no artigo 401º para o despedimento ilícito ou para a denúncia sem aviso prévio, conforme o caso.

ART. 124º   LIVRO I – TÍTULO II

4 – A má fé consiste na celebração do contrato ou na manutenção deste com o conhecimento da causa de invalidade.

Cfr. arts. 391º, nº 1, 393º e 401º.
Cfr. arts. 285º e ss do Código Civil.

ARTIGO 124º
Contrato com objeto ou fim contrário
à lei ou à ordem pública

1 – Se o contrato de trabalho tiver por objeto ou fim uma atividade contrária à lei ou à ordem pública, a parte que conhecia a ilicitude perde a favor do serviço responsável pela gestão financeira do orçamento da segurança social as vantagens auferidas decorrentes do contrato.

2 – A parte que conhecia a ilicitude não pode eximir-se ao cumprimento de qualquer obrigação contratual ou legal, nem reaver aquilo que prestou ou o seu valor, quando a outra parte ignorar essa ilicitude.

3 – Constitui contraordenação grave a violação do disposto no nº 1.

Cfr. arts. 280º e 281º do Código Civil.

ARTIGO 125º
Convalidação de contrato de trabalho

1 – Cessando a causa da invalidade durante a execução de contrato de trabalho, este considera-se convalidado desde o início da execução.

2 – No caso de contrato a que se refere o artigo anterior, a convalidação só produz efeitos a partir do momento em que cessa a causa da invalidade.

Cfr. arts. 287º e 288º do Código Civil.

SECÇÃO VII
Direitos, deveres e garantias das partes

SUBSECÇÃO I
Disposições gerais

ARTIGO 126º
Deveres gerais das partes

1 – O empregador e o trabalhador devem proceder de boa fé no exercício dos seus direitos e no cumprimento das respetivas obrigações.

2 – Na execução do contrato de trabalho, as partes devem colaborar na obtenção da maior produtividade, bem como na promoção humana, profissional e social do trabalhador.

Cfr. art. 59º, nº 1 da CRP, art. 227º, nº 1, art. 762º, nº 2 do Código Civil e art. 127º, nº 1 do presente Código.

CONTRATO DE TRABALHO   ART. 127º

ARTIGO 127º
Deveres do empregador

1 – O empregador deve, nomeadamente:

a) Respeitar e tratar o trabalhador com urbanidade e probidade;

b) Pagar pontualmente a retribuição, que deve ser justa e adequada ao trabalho;

c) Proporcionar boas condições de trabalho, do ponto de vista físico e moral;

d) Contribuir para a elevação da produtividade e empregabilidade do trabalhador, nomeadamente proporcionando-lhe formação profissional adequada a desenvolver a sua qualificação;

e) Respeitar a autonomia técnica do trabalhador que exerça atividade cuja regulamentação ou deontologia profissional a exija;

f) Possibilitar o exercício de cargos em estruturas representativas dos trabalhadores;

g) Prevenir riscos e doenças profissionais, tendo em conta a proteção da segurança e saúde do trabalhador, devendo indemnizá-lo dos prejuízos resultantes de acidentes de trabalho;

h) Adotar, no que se refere a segurança e saúde no trabalho, as medidas que decorram de lei ou instrumento de regulamentação coletiva de trabalho;

i) Fornecer ao trabalhador a informação e a formação adequadas à prevenção de riscos de acidente ou doença;

j) Manter atualizado, em cada estabelecimento, o registo dos trabalhadores com indicação de nome, datas de nascimento e admissão, modalidade de contrato, categoria, promoções, retribuições, datas de início e termo das férias e faltas que impliquem perda da retribuição ou diminuição de dias de férias.

2 – Na organização da atividade, o empregador deve observar o princípio geral da adaptação do trabalho à pessoa, com vista nomeadamente a atenuar o trabalho monótono ou cadenciado em função do tipo de atividade, e as exigências em matéria de segurança e saúde, designadamente no que se refere a pausas durante o tempo de trabalho.

3 – O empregador deve proporcionar ao trabalhador condições de trabalho que favoreçam a conciliação da atividade profissional com a vida familiar e pessoal.

4 – O empregador deve afixar nas instalações da empresa toda a informação sobre a legislação referente ao direito de parentalidade ou, se for elaborado regulamento interno a que alude o artigo 99º, consagrar no mesmo toda essa legislação.

5 – *(Revogado.)*

6 – O empregador deve comunicar ao serviço com competência inspetiva do ministério responsável pela área laboral a adesão ao fundo de compensação do trabalho ou a mecanismo equivalente, previstos em legislação específica.

7 – A alteração do elemento referido no número anterior deve ser comunicada no prazo de 30 dias.

8 – Constitui contraordenação leve a violação do disposto na alínea *j)* do nº 1 e nos nºs 5 e 6.

O nº 3 é autenticamente decalcado do art. 59º nº 1, al. b), da CRP.

ART. 128º   LIVRO I – TÍTULO II

O presente artigo tem a redação que foi introduzida pela Lei nº 53/2011, de 14 de outubro. O disposto no nº 5 do presente artigo, aplica-se apenas aos novos contratos de trabalho, considerando-se novos contratos de trabalho os contratos celebrados após a entrada em vigor da Lei nº 53/2011, de 14 de outubro. O presente número entra em vigor na data do início da vigência da legislação que regule o fundo de compensação do trabalho, arts. 3º e 5º da mesma Lei nº 53/2011.
Alterado pela Lei nº 23/2012, de 25-06.
Acerca da violação do dever de ocupação efetiva cfr. Acórdão do STJ de 27/02/2008 (Processo: 07S2901).
O nº 5 tem a redação dada pela Lei nº 69/2013, de 30 de agosto.
O n.º 4 do presente artigo tem a redação que lhe foi dada pelo art. 2º da Lei nº 120/2015, de 1 de setembro.

ARTIGO 128º
Deveres do trabalhador

1 – Sem prejuízo de outras obrigações, o trabalhador deve:

a) Respeitar e tratar o empregador, os superiores hierárquicos, os companheiros de trabalho e as pessoas que se relacionem com a empresa, com urbanidade e probidade;

b) Comparecer ao serviço com assiduidade e pontualidade;

c) Realizar o trabalho com zelo e diligência;

d) Participar de modo diligente em ações de formação profissional que lhe sejam proporcionadas pelo empregador;

e) Cumprir as ordens e instruções do empregador respeitantes a execução ou disciplina do trabalho, bem como a segurança e saúde no trabalho, que não sejam contrárias aos seus direitos ou garantias;

f) Guardar lealdade ao empregador, nomeadamente não negociando por conta própria ou alheia em concorrência com ele, nem divulgando informações referentes à sua organização, métodos de produção ou negócios;

g) Velar pela conservação e boa utilização de bens relacionados com o trabalho que lhe forem confiados pelo empregador;

h) Promover ou executar os atos tendentes à melhoria da produtividade da empresa;

i) Cooperar para a melhoria da segurança e saúde no trabalho, nomeadamente por intermédio dos representantes dos trabalhadores eleitos para esse fim;

j) Cumprir as prescrições sobre segurança e saúde no trabalho que decorram de lei ou instrumento de regulamentação coletiva de trabalho.

2 – O dever de obediência respeita tanto a ordens ou instruções do empregador como de superior hierárquico do trabalhador, dentro dos poderes que por aquele lhe forem atribuídos.

ARTIGO 129º
Garantias do trabalhador

1 – É proibido ao empregador:

CONTRATO DE TRABALHO   ART. 130º

a) Opor-se, por qualquer forma, a que o trabalhador exerça os seus direitos, bem como despedi-lo, aplicar-lhe outra sanção, ou tratá-lo desfavoravelmente por causa desse exercício;

b) Obstar injustificadamente à prestação efetiva de trabalho;

c) Exercer pressão sobre o trabalhador para que atue no sentido de influir desfavoravelmente nas condições de trabalho dele ou dos companheiros;

d) Diminuir a retribuição, salvo nos casos previstos neste Código ou em instrumento de regulamentação coletiva de trabalho;

e) Mudar o trabalhador para categoria inferior, salvo nos casos previstos neste Código;

f) Transferir o trabalhador para outro local de trabalho, salvo nos casos previstos neste Código ou em instrumento de regulamentação coletiva de trabalho, ou ainda quando haja acordo;

g) Ceder trabalhador para utilização de terceiro, salvo nos casos previstos neste Código ou em instrumento de regulamentação coletiva de trabalho;

h) Obrigar o trabalhador a adquirir bens ou serviços a ele próprio ou a pessoa por ele indicada;

i) Explorar, com fim lucrativo, cantina, refeitório, economato ou outro estabelecimento diretamente relacionado com o trabalho, para fornecimento de bens ou prestação de serviços aos seus trabalhadores;

j) Fazer cessar o contrato e readmitir o trabalhador, mesmo com o seu acordo, com o propósito de o prejudicar em direito ou garantia decorrente da antiguidade.

2 – Constitui contraordenação muito grave a violação do disposto neste artigo.

Cfr. art. 394º, nº 2, al. b).
O nº 1 alínea d) *consagra o Princípio da Irredutibilidade da Retribuição.*
Acerca da irredutibilidade da retribuição e isenção de horário de trabalho ver Acórdão do STJ de 9 de Janeiro de 2008.
Sobre inadmissibilidade de diminuição da retribuição base vide Acórdão do STJ de 24 de setembro de 2008.
Acerca da irredutibilidade da retribuição vide Acórdão do STJ de 1 de abril de 2009.

SUBSECÇÃO II
Formação profissional

ARTIGO 130º
Objetivos da formação profissional

São objetivos da formação profissional:

a) Proporcionar qualificação inicial a jovem que ingresse no mercado de trabalho sem essa qualificação;

b) Assegurar a formação contínua dos trabalhadores da empresa;

c) Promover a qualificação ou reconversão profissional de trabalhador em risco de desemprego;

ART. 131º   LIVRO I – TÍTULO II

d) Promover a reabilitação profissional de trabalhador com deficiência, em particular daquele cuja incapacidade resulta de acidente de trabalho;

e) Promover a integração sócio-profissional de trabalhador pertencente a grupo com particulares dificuldades de inserção.

ARTIGO 131º
Formação contínua

1 – No âmbito da formação contínua, o empregador deve:

a) Promover o desenvolvimento e a adequação da qualificação do trabalhador, tendo em vista melhorar a sua empregabilidade e aumentar a produtividade e a competitividade da empresa;

b) Assegurar a cada trabalhador o direito individual à formação, através de um número mínimo anual de horas de formação, mediante ações desenvolvidas na empresa ou a concessão de tempo para frequência de formação por iniciativa do trabalhador;

c) Organizar a formação na empresa, estruturando planos de formação anuais ou plurianuais e, relativamente a estes, assegurar o direito a informação e consulta dos trabalhadores e dos seus representantes;

d) Reconhecer e valorizar a qualificação adquirida pelo trabalhador.

2 – O trabalhador tem direito, em cada ano, a um número mínimo de trinta e cinco horas de formação contínua ou, sendo contratado a termo por período igual ou superior a três meses, um número mínimo de horas proporcional à duração do contrato nesse ano.

3 – A formação referida no número anterior pode ser desenvolvida pelo empregador, por entidade formadora certificada para o efeito ou por estabelecimento de ensino reconhecido pelo ministério competente e dá lugar à emissão de certificado e a registo na Caderneta Individual de Competências nos termos do regime jurídico do Sistema Nacional de Qualificações.

4 – Para efeito de cumprimento do disposto no nº 2, são consideradas as horas de dispensa de trabalho para frequência de aulas e de faltas para prestação de provas de avaliação, ao abrigo do regime de trabalhador-estudante, bem como as ausências a que haja lugar no âmbito de processo de reconhecimento, validação e certificação de competências.

5 – O empregador deve assegurar, em cada ano, formação contínua a pelo menos 10% dos trabalhadores da empresa.

6 – O empregador pode antecipar até dois anos ou, desde que o plano de formação o preveja, diferir por igual período, a efetivação da formação anual a que se refere o nº 2, imputando-se a formação realizada ao cumprimento da obrigação mais antiga.

7 – O período de antecipação a que se refere o número anterior é de cinco anos no caso de frequência de processo de reconhecimento, validação e certificação de competências, ou de formação que confira dupla certificação.

8 – A formação contínua que seja assegurada pelo utilizador ou pelo cessionário, no caso de, respetivamente, trabalho temporário ou cedência ocasional de trabalha-

dor, exonera o empregador, podendo haver lugar a compensação por parte deste em termos a acordar.

9 – O disposto na lei em matéria de formação contínua pode ser adaptado por convenção coletiva que tenha em conta as características do setor de atividade, a qualificação dos trabalhadores e a dimensão da empresa.

10 – Constitui contraordenação grave a violação do disposto nos nºs 1, 2 ou 5.

Cfr. Lei 105/2009, de 14 de setembro (diploma constante nesta obra).

ARTIGO 132º
Crédito de horas e subsídio para formação contínua

1 – As horas de formação previstas no nº 2 do artigo anterior, que não sejam asseguradas pelo empregador até ao termo dos dois anos posteriores ao seu vencimento, transformam-se em crédito de horas em igual número para formação por iniciativa do trabalhador.

2 – O crédito de horas para formação é referido ao período normal de trabalho, confere direito a retribuição e conta como tempo de serviço efetivo.

3 – O trabalhador pode utilizar o crédito de horas para a frequência de ações de formação, mediante comunicação ao empregador com a antecedência mínima de 10 dias.

4 – Por instrumento de regulamentação coletiva de trabalho ou acordo individual, pode ser estabelecido um subsídio para pagamento do custo da formação, até ao valor da retribuição do período de crédito de horas utilizado.

5 – Em caso de cumulação de créditos de horas, a formação realizada é imputada ao crédito vencido há mais tempo.

6 – O crédito de horas para formação que não seja utilizado cessa passados três anos sobre a sua constituição.

ARTIGO 133º
Conteúdo da formação contínua

1 – A área da formação contínua é determinada por acordo ou, na falta deste, pelo empregador, caso em que deve coincidir ou ser afim com a atividade prestada pelo trabalhador.

2 – A área da formação a que se refere o artigo anterior é escolhida pelo trabalhador, devendo ter correspondência com a atividade prestada ou respeitar a tecnologias de informação e comunicação, segurança e saúde no trabalho ou língua estrangeira.

3 – Constitui contraordenação grave a violação do disposto no nº 1.

ARTIGO 134º
Efeito da cessação do contrato
de trabalho no direito a formação

Cessando o contrato de trabalho, o trabalhador tem direito a receber a retribuição correspondente ao número mínimo anual de horas de formação que não lhe

ART. 135º   LIVRO I – TÍTULO II

tenha sido proporcionado, ou ao crédito de horas para formação de que seja titular à data da cessação.

SECÇÃO VIII
Cláusulas acessórias

SUBSECÇÃO I
Condição e termo

ARTIGO 135º
Condição ou termo suspensivo

Ao contrato de trabalho pode ser aposta, por escrito, condição ou termo suspensivo, nos termos gerais.

Cfr. art. 270º do Código Civil.

SUBSECÇÃO II
Cláusulas de limitação da liberdade de trabalho

ARTIGO 136º
Pacto de não concorrência

1 – É nula a cláusula de contrato de trabalho ou de instrumento de regulamentação coletiva de trabalho que, por qualquer forma, possa prejudicar o exercício da liberdade de trabalho após a cessação do contrato.

2 – É lícita a limitação da atividade do trabalhador durante o período máximo de dois anos subsequente à cessação do contrato de trabalho, nas seguintes condições:

a) Constar de acordo escrito, nomeadamente de contrato de trabalho ou de revogação deste;

b) Tratar-se de atividade cujo exercício possa causar prejuízo ao empregador;

c) Atribuir ao trabalhador, durante o período de limitação da atividade, uma compensação que pode ser reduzida equitativamente quando o empregador tiver realizado despesas avultadas com a sua formação profissional.

3 – Em caso de despedimento declarado ilícito ou de resolução com justa causa pelo trabalhador com fundamento em ato ilícito do empregador, a compensação a que se refere a alínea *c)* do número anterior é elevada até ao valor da retribuição base à data da cessação do contrato, sob pena de não poder ser invocada a limitação da atividade prevista na cláusula de não concorrência.

4 – São deduzidas do montante da compensação referida no número anterior as importâncias auferidas pelo trabalhador no exercício de outra atividade profissional, iniciada após a cessação do contrato de trabalho, até ao valor decorrente da aplicação da alínea *c)* do nº 2.

5 – Tratando-se de trabalhador afeto ao exercício de atividade cuja natureza suponha especial relação de confiança ou que tenha acesso a informação particularmente sensível no plano da concorrência, a limitação a que se refere o nº 2 pode durar até três anos.

ARTIGO 137º
Pacto de permanência

1 – As partes podem convencionar que o trabalhador se obriga a não denunciar o contrato de trabalho, por um período não superior a três anos, como compensação ao empregador por despesas avultadas feitas com a sua formação profissional.

2 – O trabalhador pode desobrigar-se do cumprimento do acordo previsto no número anterior mediante pagamento do montante correspondente às despesas nele referidas.

ARTIGO 138º
Limitação da liberdade de trabalho

É nulo o acordo entre empregadores, nomeadamente em cláusula de contrato de utilização de trabalho temporário, que proíba a admissão de trabalhador que a eles preste ou tenha prestado trabalho, bem como obrigue, em caso de admissão, ao pagamento de uma indemnização.

SECÇÃO IX
Modalidades de contrato de trabalho

SUBSECÇÃO I
Contrato a termo resolutivo

ARTIGO 139º
Regime do termo resolutivo

O regime do contrato de trabalho a termo resolutivo, constante da presente subsecção, pode ser afastado por instrumento de regulamentação coletiva de trabalho, com exceção da alínea *b*) do nº 4 do artigo seguinte e dos nºs 1, 4 e 5 do artigo 148º.

ARTIGO 140º
Admissibilidade de contrato de trabalho a termo resolutivo

1 – O contrato de trabalho a termo resolutivo só pode ser celebrado para satisfação de necessidade temporária da empresa e pelo período estritamente necessário à satisfação dessa necessidade.

2 – Considera-se, nomeadamente, necessidade temporária da empresa:

a) Substituição direta ou indireta de trabalhador ausente ou que, por qualquer motivo, se encontre temporariamente impedido de trabalhar;

ART. 141º   LIVRO I – TÍTULO II

b) Substituição direta ou indireta de trabalhador em relação ao qual esteja pendente em juízo ação de apreciação da licitude de despedimento;

c) Substituição direta ou indireta de trabalhador em situação de licença sem retribuição;

d) Substituição de trabalhador a tempo completo que passe a prestar trabalho a tempo parcial por período determinado;

e) Atividade sazonal ou outra cujo ciclo anual de produção apresente irregularidades decorrentes da natureza estrutural do respetivo mercado, incluindo o abastecimento de matéria-prima;

f) Acréscimo excecional de atividade da empresa;

g) Execução de tarefa ocasional ou serviço determinado precisamente definido e não duradouro;

h) Execução de obra, projeto ou outra atividade definida e temporária, incluindo a execução, direção ou fiscalização de trabalhos de construção civil, obras públicas, montagens e reparações industriais, em regime de empreitada ou em administração direta, bem como os respetivos projetos ou outra atividade complementar de controlo e acompanhamento.

3 – Sem prejuízo do disposto no nº 1, só pode ser celebrado contrato de trabalho a termo incerto em situação referida em qualquer das alíneas *a)* a *c)* ou *e)* a *h)* do número anterior.

4 – Além das situações previstas no nº 1, pode ser celebrado contrato de trabalho a termo certo para:

a) Lançamento de nova atividade de duração incerta, bem como início de laboração de empresa ou de estabelecimento pertencente a empresa com menos de 750 trabalhadores;

b) Contratação de trabalhador à procura de primeiro emprego, em situação de desemprego de longa duração ou noutra prevista em legislação especial de política de emprego.

5 – Cabe ao empregador a prova dos factos que justificam a celebração de contrato de trabalho a termo.

6 – Constitui contraordenação muito grave a violação do disposto em qualquer dos nºs 1 a 4.

ARTIGO 141º
Forma e conteúdo de contrato de trabalho a termo

1 – O contrato de trabalho a termo está sujeito a forma escrita e deve conter:

a) Identificação, assinaturas e domicílio ou sede das partes;

b) Atividade do trabalhador e correspondente retribuição;

c) Local e período normal de trabalho;

d) Data de início do trabalho;

e) Indicação do termo estipulado e do respetivo motivo justificativo;

f) Datas de celebração do contrato e, sendo a termo certo, da respetiva cessação.

CONTRATO DE TRABALHO   ART. 143º

2 – Na falta da referência exigida pela alínea *d*) do número anterior, considera-se que o contrato tem início na data da sua celebração.

3 – Para efeitos da alínea *e*) do nº 1, a indicação do motivo justificativo do termo deve ser feita com menção expressa dos factos que o integram, devendo estabelecer-se a relação entre a justificação invocada e o termo estipulado.

4 – Constitui contraordenação grave a violação do disposto na alínea *e*) do nº 1 ou no nº 3.

Acerca da indicação do motivo justificativo vide Acórdãos do STJ de 9 de setembro de 2009 e de 18 de junho de 2008.

ARTIGO 142º
Casos especiais de contrato de trabalho de muito curta duração

1 – O contrato de trabalho em atividade sazonal agrícola ou para realização de evento turístico de duração não superior a 15 dias não está sujeito a forma escrita, devendo o empregador comunicar a sua celebração ao serviço competente da segurança social, mediante formulário eletrónico que contém os elementos referidos nas alíneas *a*), *b*) e *d*) do nº 1 do artigo anterior, bem como o local de trabalho.

2 – Nos casos previstos no número anterior, a duração total de contratos de trabalho a termo com o mesmo empregador não pode exceder 70 dias de trabalho no ano civil.

3 – Em caso de violação do disposto em qualquer dos números anteriores, o contrato considera-se celebrado pelo prazo de seis meses, contando-se neste prazo a duração de contratos anteriores celebrados ao abrigo dos mesmos preceitos.

Redação dada pela Lei nº 23/2012, de 25-06.

ARTIGO 143º
Sucessão de contrato de trabalho a termo

1 – A cessação de contrato de trabalho a termo, por motivo não imputável ao trabalhador, impede nova admissão ou afetação de trabalhador através de contrato de trabalho a termo ou de trabalho temporário cuja execução se concretize no mesmo posto de trabalho, ou ainda de contrato de prestação de serviços para o mesmo objeto, celebrado com o mesmo empregador ou sociedade que com este se encontre em relação de domínio ou de grupo, ou mantenha estruturas organizativas comuns, antes de decorrido um período de tempo equivalente a um terço da duração do contrato, incluindo renovações.

2 – O disposto no número anterior não é aplicável nos seguintes casos:

a) Nova ausência do trabalhador substituído, quando o contrato de trabalho a termo tenha sido celebrado para a sua substituição;

b) Acréscimo excecional da atividade da empresa, após a cessação do contrato;

c) Atividade sazonal;

ART. 144º LIVRO I – TÍTULO II

d) Trabalhador anteriormente contratado ao abrigo do regime aplicável à contratação de trabalhador à procura de primeiro emprego.

3 – Constitui contraordenação grave a violação do disposto no nº 1.

ARTIGO 144º
Informações relativas a contrato de trabalho a termo

1 – O empregador deve comunicar a celebração de contrato de trabalho a termo, com indicação do respetivo motivo justificativo, bem como a cessação do mesmo à comissão de trabalhadores e à associação sindical em que o trabalhador esteja filiado, no prazo de cinco dias úteis.

2 – O empregador deve comunicar, nos termos previstos em portaria do ministro responsável pela área laboral, ao serviço com competência inspetiva do ministério responsável pela área laboral os elementos a que se refere o número anterior.

3 – O empregador deve comunicar, no prazo de cinco dias úteis, à entidade com competência na área da igualdade de oportunidades entre homens e mulheres o motivo da não renovação de contrato de trabalho a termo sempre que estiver em causa uma trabalhadora grávida, puérpera ou lactante.

4 – O empregador deve afixar informação relativa à existência de postos de trabalho permanentes que estejam disponíveis na empresa ou estabelecimento.

5 – Constitui contraordenação leve a violação do disposto nos nºs 1, 2 e 4 e contraordenação grave a violação do disposto no nº 3.

O presente artigo tem a redação que lhe foi dada pelo art. 2º da Lei nº 120/2015, de 1 de setembro.

Vide portaria nº 55/2010, de 21 de janeiro, alterada pela portaria nº 108-A/2011, de 14 de março, que define o conteúdo do relatório anual no que respeita à informação sobre a atividade social da empresa e regulamenta o artigo nº 2 do presente artigo.

ARTIGO 145º
Preferência na admissão

1 – Até 30 dias após a cessação do contrato, o trabalhador tem, em igualdade de condições, preferência na celebração de contrato sem termo, sempre que o empregador proceda a recrutamento externo para o exercício de funções idênticas àquelas para que foi contratado.

2 – A violação do disposto no número anterior obriga o empregador a indemnizar o trabalhador no valor correspondente a três meses de retribuição base.

3 – Cabe ao trabalhador alegar a violação da preferência prevista no nº 1 e ao empregador a prova do cumprimento do disposto nesse preceito.

4 – Constitui contraordenação grave a violação do disposto no nº 1.

ARTIGO 146º
Igualdade de tratamento no âmbito de contrato a termo

1 – O trabalhador contratado a termo tem os mesmos direitos e está adstrito aos mesmos deveres de trabalhador permanente em situação comparável, salvo se razões objetivas justificarem tratamento diferenciado.

CONTRATO DE TRABALHO   ART. 148º

2 – Os trabalhadores contratados a termo são considerados, para efeitos da determinação das obrigações sociais relacionadas com o número de trabalhadores, com base na média dos existentes na empresa no final de cada mês do ano civil anterior.

ARTIGO 147º
Contrato de trabalho sem termo

1 – Considera-se sem termo o contrato de trabalho:

a) Em que a estipulação de termo tenha por fim iludir as disposições que regulam o contrato sem termo;

b) Celebrado fora dos casos previstos nos nºs 1, 3 ou 4 do artigo 140º;

c) Em que falte a redução a escrito, a identificação ou a assinatura das partes, ou, simultaneamente, as datas de celebração do contrato e de início do trabalho, bem como aquele em que se omitam ou sejam insuficientes as referências ao termo e ao motivo justificativo;

d) Celebrado em violação do disposto no nº 1 do artigo 143º.

2 – Converte-se em contrato de trabalho sem termo:

a) Aquele cuja renovação tenha sido feita em violação do disposto no artigo 149º;

b) Aquele em que seja excedido o prazo de duração ou o número de renovações a que se refere o artigo seguinte;

c) O celebrado a termo incerto, quando o trabalhador permaneça em atividade após a data de caducidade indicada na comunicação do empregador ou, na falta desta, decorridos 15 dias após a verificação do termo.

3 – Em situação referida no nº 1 ou 2, a antiguidade do trabalhador conta-se desde o início da prestação de trabalho, exceto em situação a que se refere a alínea *d)* do nº 1, em que compreende o tempo de trabalho prestado em cumprimento dos contratos sucessivos.

ARTIGO 148º
Duração de contrato de trabalho a termo

1 – O contrato de trabalho a termo certo pode ser renovado até três vezes e a sua duração não pode exceder:

a) 18 meses, quando se tratar de pessoa à procura de primeiro emprego;

b) Dois anos, nos demais casos previstos no nº 4 do artigo 140º;

c) Três anos, nos restantes casos.

2 – O contrato de trabalho a termo certo só pode ser celebrado por prazo inferior a seis meses em situação prevista em qualquer das alíneas *a)* a *g)* do nº 2 do artigo 140º, não podendo a duração ser inferior à prevista para a tarefa ou serviço a realizar.

ART. 149º   LIVRO I - TÍTULO II

3 – Em caso de violação do disposto na primeira parte do número anterior, o contrato considera-se celebrado pelo prazo de seis meses desde que corresponda à satisfação de necessidades temporárias da empresa.

4 – A duração do contrato de trabalho a termo incerto não pode ser superior a seis anos.

5 – É incluída no cômputo do limite referido na alínea *c*) do nº 1 a duração de contratos de trabalho a termo ou de trabalho temporário cuja execução se concretiza no mesmo posto de trabalho, bem como de contrato de prestação de serviço para o mesmo objeto, entre o trabalhador e o mesmo empregador ou sociedades que com este se encontrem em relação de domínio ou de grupo ou mantenham estruturas organizativas comuns.

Vide Lei nº 3/2012, de 10 de janeiro, que cria o regime de renovação extraordinária dos contratos de trabalho a termo certo e também o regime e o modo de cálculo da compensação aplicável aos contratos objeto dessa mesma renovação.

Ver ainda a Lei nº 76/2013, de 7 de novembro, que estipula um regime de renovação extraordinária dos contratos de trabalho a termo certo, e também o regime e o modo de cálculo da compensação aplicável aos contratos objeto dessa renovação.

ARTIGO 149º
Renovação de contrato de trabalho a termo certo

1 – As partes podem acordar que o contrato de trabalho a termo certo não fica sujeito a renovação.

2 – Na ausência de estipulação a que se refere o número anterior e de declaração de qualquer das partes que o faça cessar, o contrato renova-se no final do termo, por igual período se outro não for acordado pelas partes.

3 – A renovação do contrato está sujeita à verificação da sua admissibilidade, nos termos previstos para a sua celebração, bem como a iguais requisitos de forma no caso de se estipular período diferente.

4 – Considera-se como único contrato aquele que seja objeto de renovação.

Cfr. art. 344º.

SUBSECÇÃO II
Trabalho a tempo parcial

ARTIGO 150º
Noção de trabalho a tempo parcial

1 – Considera-se trabalho a tempo parcial o que corresponda a um período normal de trabalho semanal inferior ao praticado a tempo completo em situação comparável.

2 – Para efeitos do número anterior, se o período normal de trabalho não for igual em cada semana, é considerada a respetiva média no período de referência aplicável.

CONTRATO DE TRABALHO ART. 153º

3 – O trabalho a tempo parcial pode ser prestado apenas em alguns dias por semana, por mês ou por ano, devendo o número de dias de trabalho ser estabelecido por acordo.

4 – As situações de trabalhador a tempo parcial e de trabalhador a tempo completo são comparáveis quando estes prestem idêntico trabalho no mesmo estabelecimento ou, não havendo neste trabalhador em situação comparável, noutro estabelecimento da mesma empresa com idêntica atividade, devendo ser levadas em conta a antiguidade e a qualificação.

5 – Se não existir trabalhador em situação comparável nos termos do número anterior, atende-se ao disposto em instrumento de regulamentação coletiva de trabalho ou na lei para trabalhador a tempo completo e com as mesmas antiguidade e qualificação.

6 – O instrumento de regulamentação coletiva de trabalho pode estabelecer o limite máximo de percentagem do tempo completo que determina a qualificação do tempo parcial, ou critérios de comparação além dos previstos na parte final do nº 4.

Cfr. Convenção nº 175 da OIT sobre trabalho a tempo parcial (Aviso nº 603/2006, de 21 de julho).

ARTIGO 151º
Liberdade de celebração de contrato de trabalho a tempo parcial

A liberdade de celebração de contrato de trabalho a tempo parcial não pode ser excluída por instrumento de regulamentação coletiva de trabalho.

ARTIGO 152º
Preferência na admissão para trabalho a tempo parcial

1 – Os instrumentos de regulamentação coletiva de trabalho devem estabelecer, para a admissão em regime de tempo parcial, preferências em favor de pessoa com responsabilidades familiares, com capacidade de trabalho reduzida, com deficiência ou doença crónica ou que frequente estabelecimento de ensino.

2 – Constitui contraordenação grave o desrespeito de preferência estabelecida nos termos do nº 1.

ARTIGO 153º
Forma e conteúdo de contrato de trabalho a tempo parcial

1 – O contrato de trabalho a tempo parcial está sujeito a forma escrita e deve conter:

a) Identificação, assinaturas e domicílio ou sede das partes;

b) Indicação do período normal de trabalho diário e semanal, com referência comparativa a trabalho a tempo completo.

2 – Na falta da indicação referida na alínea *b)* do número anterior, presume-se que o contrato é celebrado a tempo completo.

3 – Quando não tenha sido observada a forma escrita, considera-se o contrato celebrado a tempo completo.

ART. 154º   LIVRO I - TÍTULO II

ARTIGO 154º
Condições de trabalho a tempo parcial

1 – A trabalhador a tempo parcial é aplicável o regime previsto na lei e em instrumento de regulamentação coletiva de trabalho que, pela sua natureza, não implique a prestação de trabalho a tempo completo.

2 – O trabalhador a tempo parcial não pode ter tratamento menos favorável do que o trabalhador a tempo completo em situação comparável, a menos que um tratamento diferente seja justificado por razões objetivas, que podem ser definidas por instrumento de regulamentação coletiva de trabalho.

3 – O trabalhador a tempo parcial tem direito:

a) À retribuição base e outras prestações, com ou sem caráter retributivo, previstas na lei ou em instrumento de regulamentação coletiva de trabalho ou, caso sejam mais favoráveis, às auferidas por trabalhador a tempo completo em situação comparável, na proporção do respetivo período normal de trabalho semanal;

b) Ao subsídio de refeição, no montante previsto em instrumento de regulamentação coletiva de trabalho ou, caso seja mais favorável, ao praticado na empresa, exceto quando o período normal de trabalho diário seja inferior a cinco horas, caso em que é calculado em proporção do respetivo período normal de trabalho semanal.

4 – Constitui contraordenação grave a violação do disposto neste artigo.

ARTIGO 155º
Alteração da duração do trabalho a tempo parcial

1 – O trabalhador a tempo parcial pode passar a trabalhar a tempo completo, ou o inverso, a título definitivo ou por período determinado, mediante acordo escrito com o empregador.

2 – O trabalhador pode fazer cessar o acordo referido no número anterior por meio de comunicação escrita enviada ao empregador até ao sétimo dia seguinte à celebração.

3 – Excetua-se do disposto no número anterior o acordo de modificação do período de trabalho devidamente datado e cujas assinaturas sejam objeto de reconhecimento notarial presencial.

4 – Quando a passagem de trabalho a tempo completo para trabalho a tempo parcial, nos termos do nº 1, se verifique por período determinado, decorrido este, o trabalhador tem direito a retomar a prestação de trabalho a tempo completo.

5 – Constitui contraordenação grave a violação do disposto no nº 4.

ARTIGO 156º
Deveres do empregador em caso de trabalho a tempo parcial

1 – Sempre que possível, o empregador deve:

a) Tomar em consideração o pedido de mudança do trabalhador a tempo completo para trabalho a tempo parcial disponível no estabelecimento;

CONTRATO DE TRABALHO   ART. 158º

b) Tomar em consideração o pedido de mudança do trabalhador a tempo parcial para trabalho disponível a tempo completo, ou de aumento do seu tempo de trabalho;

c) Facilitar o acesso a trabalho a tempo parcial a todos os níveis da empresa, incluindo os cargos de direção.

2 – O empregador deve, ainda:

a) Fornecer aos trabalhadores, em tempo oportuno, informação sobre os postos de trabalho a tempo parcial e a tempo completo disponíveis no estabelecimento, de modo a facilitar as mudanças a que se referem as alíneas *a)* e *b)* do número anterior;

b) Fornecer às estruturas de representação coletiva dos trabalhadores da empresa informações adequadas sobre o trabalho a tempo parcial praticado na empresa.

3 – Constitui contraordenação leve a violação do disposto no número anterior.

SUBSECÇÃO III
Trabalho intermitente

ARTIGO 157º
Admissibilidade de trabalho intermitente

1 – Em empresa que exerça atividade com descontinuidade ou intensidade variável, as partes podem acordar que a prestação de trabalho seja intercalada por um ou mais períodos de inatividade.

2 – O contrato de trabalho intermitente não pode ser celebrado a termo resolutivo ou em regime de trabalho temporário.

ARTIGO 158º
Forma e conteúdo de contrato de trabalho intermitente

1 – O contrato de trabalho intermitente está sujeito a forma escrita e deve conter:

a) Identificação, assinaturas e domicílio ou sede das partes;

b) Indicação do número anual de horas de trabalho, ou do número anual de dias de trabalho a tempo completo.

2 – Quando não tenha sido observada a forma escrita, ou na falta da indicação referida na alínea *b)* do número anterior, considera-se o contrato celebrado sem período de inatividade.

3 – O contrato considera-se celebrado pelo número anual de horas resultante do disposto no nº 2 do artigo seguinte, caso o número anual de horas de trabalho ou o número anual de dias de trabalho a tempo completo seja inferior a esse limite.

ART. 159º   LIVRO I – TÍTULO II

ARTIGO 159º
Período de prestação de trabalho

1 – As partes estabelecem a duração da prestação de trabalho, de modo consecutivo ou interpolado, bem como o início e termo de cada período de trabalho, ou a antecedência com que o empregador deve informar o trabalhador do início daquele.

2 – A prestação de trabalho referida no número anterior não pode ser inferior a seis meses a tempo completo, por ano, dos quais pelo menos quatro meses devem ser consecutivos.

3 – A antecedência a que se refere o nº 1 não deve ser inferior a 20 dias.

4 – Constitui contraordenação grave a violação do disposto no número anterior.

ARTIGO 160º
Direitos do trabalhador

1 – Durante o período de inatividade, o trabalhador tem direito a compensação retributiva em valor estabelecido em instrumento de regulamentação coletiva de trabalho ou, na sua falta, de 20% da retribuição base, a pagar pelo empregador com periodicidade igual à da retribuição.

2 – Os subsídios de férias e de Natal são calculados com base na média dos valores de retribuições e compensações retributivas auferidas nos últimos 12 meses, ou no período de duração do contrato se esta for inferior.

3 – Durante o período de inatividade, o trabalhador pode exercer outra atividade.

4 – Durante o período de inatividade, mantêm-se os direitos, deveres e garantias das partes que não pressuponham a efetiva prestação de trabalho.

5 – Constitui contraordenação grave a violação do disposto nos nºs 1 ou 2.

SUBSECÇÃO IV
Comissão de serviço

ARTIGO 161º
Objeto da comissão de serviço

Pode ser exercido, em comissão de serviço, cargo de administração ou equivalente, de direção ou chefia diretamente dependente da administração ou de diretor-geral ou equivalente, funções de secretariado pessoal de titular de qualquer desses cargos, ou ainda, desde que instrumento de regulamentação coletiva de trabalho o preveja, funções cuja natureza também suponha especial relação de confiança em relação a titular daqueles cargos e funções de chefia.

Cfr. art. 4º da Lei nº 23/2012, de 25-06.
Redação dada pela Lei nº 23/2012, de 25-06.

ARTIGO 162º
Regime de contrato de trabalho em comissão de serviço

1 – Pode exercer cargo ou funções em comissão de serviço um trabalhador da empresa ou outro admitido para o efeito.

2 – No caso de admissão de trabalhador para exercer cargo ou funções em comissão de serviço, pode ser acordada a sua permanência após o termo da comissão.

3 – O contrato para exercício de cargo ou funções em comissão de serviço está sujeito a forma escrita e deve conter:

a) Identificação, assinaturas e domicílio ou sede das partes;

b) Indicação do cargo ou funções a desempenhar, com menção expressa do regime de comissão de serviço;

c) No caso de trabalhador da empresa, a atividade que exerce, bem como, sendo diversa, a que vai exercer após cessar a comissão;

d) No caso de trabalhador admitido em regime de comissão de serviço que se preveja permanecer na empresa, a atividade que vai exercer após cessar a comissão.

4 – Não se considera em regime de comissão de serviço o contrato que não tenha a forma escrita ou a que falte a menção referida na alínea *b)* do número anterior.

5 – O tempo de serviço prestado em regime de comissão de serviço conta para efeitos de antiguidade do trabalhador como se tivesse sido prestado na categoria de que este é titular.

6 – Constitui contraordenação grave a falta da menção referida na alínea *b)* do nº 3, salvo se o empregador reconhecer expressamente e por escrito que o cargo ou funções são exercidos com caráter permanente, e constitui contraordenação leve a falta de redução a escrito do contrato ou a violação da alínea *c)* do referido número.

ARTIGO 163º
Cessação de comissão de serviço

1 – Qualquer das partes pode pôr termo à comissão de serviço, mediante aviso prévio por escrito, com a antecedência mínima de 30 ou 60 dias, consoante aquela tenha durado, respetivamente, até dois anos ou período superior.

2 – A falta de aviso prévio não obsta à cessação da comissão de serviço, constituindo a parte faltosa na obrigação de indemnizar a contraparte nos termos do artigo 401º.

ARTIGO 164º
Efeitos da cessação da comissão de serviço

1 – Cessando a comissão de serviço, o trabalhador tem direito:

a) Caso se mantenha ao serviço da empresa, a exercer a atividade desempenhada antes da comissão de serviço, ou a correspondente à categoria a que tenha sido promovido ou, ainda, a atividade prevista no acordo a que se refere a alínea *c)* ou *d)* do nº 3 do artigo 162º;

ART. 165º   LIVRO I - TÍTULO II

b) A resolver o contrato de trabalho nos 30 dias seguintes à decisão do empregador que ponha termo à comissão de serviço, com direito a indemnização calculada nos termos do artigo 366º;

c) Tendo sido admitido para trabalhar em comissão de serviço e esta cesse por iniciativa do empregador que não corresponda a despedimento por facto imputável ao trabalhador, a indemnização calculada nos termos do artigo 366º

2 – Os prazos previstos no artigo anterior e o valor da indemnização a que se referem as alíneas *b)* e *c)* do nº 1 podem ser aumentados por instrumento de regulamentação coletiva de trabalho ou contrato de trabalho.

3 – Constitui contraordenação grave a violação do disposto no nº 1.

O presente artigo tem a redação que lhe foi introduzida pela Lei nº 53/2011, de 14 de Outubro e pela Lei nº 23/2012, de 25 de junho.

SUBSECÇÃO V
Teletrabalho

ARTIGO 165º
Noção de teletrabalho

Considera-se teletrabalho a prestação laboral realizada com subordinação jurídica, habitualmente fora da empresa e através do recurso a tecnologias de informação e de comunicação.

ARTIGO 166º
Regime de contrato para prestação subordinada de teletrabalho

1 – Pode exercer a atividade em regime de teletrabalho um trabalhador da empresa ou outro admitido para o efeito, mediante a celebração de contrato para prestação subordinada de teletrabalho.

2 – Verificadas as condições previstas no nº 1 do artigo 195º, o trabalhador tem direito a passar a exercer a atividade em regime de teletrabalho, quando este seja compatível com a atividade desempenhada.

3 – Além das situações referidas no número anterior, o trabalhador com filho com idade até 3 anos tem direito a exercer a atividade em regime de teletrabalho, quando este seja compatível com a atividade desempenhada e a entidade patronal disponha de recursos e meios para o efeito.

4 – O empregador não pode opor-se ao pedido do trabalhador nos termos dos números anteriores.

5 – O contrato está sujeito a forma escrita e deve conter:

a) Identificação, assinaturas e domicílio ou sede das partes;

b) Indicação da atividade a prestar pelo trabalhador, com menção expressa do regime de teletrabalho, e correspondente retribuição;

c) Indicação do período normal de trabalho;

d) Se o período previsto para a prestação de trabalho em regime de teletrabalho for inferior à duração previsível do contrato de trabalho, a atividade a exercer após o termo daquele período;

e) Propriedade dos instrumentos de trabalho bem como o responsável pela respetiva instalação e manutenção e pelo pagamento das inerentes despesas de consumo e de utilização;

f) Identificação do estabelecimento ou departamento da empresa em cuja dependência fica o trabalhador, bem como quem este deve contactar no âmbito da prestação de trabalho.

6 – O trabalhador em regime de teletrabalho pode passar a trabalhar no regime dos demais trabalhadores da empresa, a título definitivo ou por período determinado, mediante acordo escrito com o empregador.

7 – A forma escrita é exigida apenas para prova da estipulação do regime de teletrabalho.

8 – Constitui contraordenação grave a violação do disposto no nº 3 e constitui contraordenação leve a violação do disposto no nº 4.

O presente artigo tem a redação que lhe foi dada pelo art. 2º da Lei nº 120/2015, de 1 de setembro.

ARTIGO 167º
Regime no caso de trabalhador anteriormente vinculado ao empregador

1 – No caso de trabalhador anteriormente vinculado ao empregador, a duração inicial do contrato para prestação subordinada de teletrabalho não pode exceder três anos, ou o prazo estabelecido em instrumento de regulamentação coletiva de trabalho.

2 – Qualquer das partes pode denunciar o contrato referido no número anterior durante os primeiros 30 dias da sua execução.

3 – Cessando o contrato para prestação subordinada de teletrabalho, o trabalhador retoma a prestação de trabalho, nos termos acordados ou nos previstos em instrumento de regulamentação coletiva de trabalho.

4 – Constitui contraordenação grave a violação do disposto no número anterior.

ARTIGO 168º
Instrumentos de trabalho em prestação subordinada de teletrabalho

1 – Na falta de estipulação no contrato, presume-se que os instrumentos de trabalho respeitantes a tecnologias de informação e de comunicação utilizados pelo trabalhador pertencem ao empregador, que deve assegurar as respetivas instalação e manutenção e o pagamento das inerentes despesas.

2 – O trabalhador deve observar as regras de utilização e funcionamento dos instrumentos de trabalho que lhe forem disponibilizados.

ART. 169º   LIVRO I - TÍTULO II

3 – Salvo acordo em contrário, o trabalhador não pode dar aos instrumentos de trabalho disponibilizados pelo empregador uso diverso do inerente ao cumprimento da sua prestação de trabalho.

ARTIGO 169º
Igualdade de tratamento de trabalhador em regime de teletrabalho

1 – O trabalhador em regime de teletrabalho tem os mesmos direitos e deveres dos demais trabalhadores, nomeadamente no que se refere a formação e promoção ou carreira profissionais, limites do período normal de trabalho e outras condições de trabalho, segurança e saúde no trabalho e reparação de danos emergentes de acidente de trabalho ou doença profissional.

2 – No âmbito da formação profissional, o empregador deve proporcionar ao trabalhador, em caso de necessidade, formação adequada sobre a utilização de tecnologias de informação e de comunicação inerentes ao exercício da respetiva atividade.

3 – O empregador deve evitar o isolamento do trabalhador, nomeadamente através de contactos regulares com a empresa e os demais trabalhadores.

Cfr. art. 24º.

ARTIGO 170º
Privacidade de trabalhador em regime de teletrabalho

1 – O empregador deve respeitar a privacidade do trabalhador e os tempos de descanso e de repouso da família deste, bem como proporcionar-lhe boas condições de trabalho, tanto do ponto de vista físico como psíquico.

2 – Sempre que o teletrabalho seja realizado no domicílio do trabalhador, a visita ao local de trabalho só deve ter por objeto o controlo da atividade laboral, bem como dos instrumentos de trabalho e apenas pode ser efetuada entre as 9 e as 19 horas, com a assistência do trabalhador ou de pessoa por ele designada.

3 – Constitui contraordenação grave a violação do disposto neste artigo.

Cfr. art. 34º da CRP.

ARTIGO 171º
Participação e representação coletivas de trabalhador em regime de teletrabalho

1 – O trabalhador em regime de teletrabalho integra o número de trabalhadores da empresa para todos os efeitos relativos a estruturas de representação coletiva, podendo candidatar-se a essas estruturas.

2 – O trabalhador pode utilizar as tecnologias de informação e de comunicação afetas à prestação de trabalho para participar em reunião promovida no local de trabalho por estrutura de representação coletiva dos trabalhadores.

3 – Qualquer estrutura de representação coletiva dos trabalhadores pode utilizar as tecnologias referidas no número anterior para, no exercício da sua atividade,

comunicar com o trabalhador em regime de teletrabalho, nomeadamente divulgando informações a que se refere o nº 1 do artigo 465º

4 – Constitui contraordenação grave a violação do disposto nos nºs 2 ou 3.

SUBSECÇÃO VI
Trabalho temporário

DIVISÃO I
Disposições gerais relativas a trabalho temporário

ARTIGO 172º
Conceitos específicos do regime de trabalho temporário

Considera-se:

a) Contrato de trabalho temporário o contrato de trabalho a termo celebrado entre uma empresa de trabalho temporário e um trabalhador, pelo qual este se obriga, mediante retribuição daquela, a prestar a sua atividade a utilizadores, mantendo-se vinculado à empresa de trabalho temporário;

b) Contrato de trabalho por tempo indeterminado para cedência temporária o contrato de trabalho por tempo indeterminado celebrado entre uma empresa de trabalho temporário e um trabalhador, pelo qual este se obriga, mediante retribuição daquela, a prestar temporariamente a sua atividade a utilizadores, mantendo-se vinculado à empresa de trabalho temporário;

c) Contrato de utilização de trabalho temporário o contrato de prestação de serviço a termo resolutivo entre um utilizador e uma empresa de trabalho temporário, pelo qual esta se obriga, mediante retribuição, a ceder àquele um ou mais trabalhadores temporários.

Cfr. Decreto-Lei nº 260/2009, de 25 de setembro.

ARTIGO 173º
Cedência ilícita de trabalhador

1 – É nulo o contrato de utilização, o contrato de trabalho temporário ou o contrato de trabalho por tempo indeterminado para cedência temporária celebrado por empresa de trabalho temporário não titular de licença para o exercício da respetiva atividade.

2 – É nulo o contrato celebrado entre empresas de trabalho temporário pelo qual uma cede à outra um trabalhador para que este seja posteriormente cedido a terceiro.

3 – No caso previsto no nº 1, considera-se que o trabalho é prestado à empresa de trabalho temporário em regime de contrato de trabalho sem termo.

4 – No caso previsto no nº 2, considera-se que o trabalho é prestado à empresa que contrate o trabalhador em regime de contrato de trabalho sem termo.

5 – No caso de o trabalhador ser cedido a utilizador por empresa de trabalho temporário licenciada sem que tenha celebrado contrato de trabalho temporário ou

ART. 174º   LIVRO I – TÍTULO II

contrato de trabalho por tempo indeterminado para cedência temporária, considera-se que o trabalho é prestado a esta empresa em regime de contrato de trabalho sem termo.

6 – Em substituição do disposto no nºs 3, 4 ou 5, o trabalhador pode optar, nos 30 dias seguintes ao início da prestação de atividade, por uma indemnização nos termos do artigo 396º.

7 – Constitui contraordenação muito grave, imputável à empresa de trabalho temporário e ao utilizador, a celebração de contrato de utilização de trabalho temporário por parte de empresa não titular de licença.

Acerca da cedência de trabalhadores cfr. Acórdão do STJ de 10/09/2009 (Processo: 08S1541).

ARTIGO 174º
Casos especiais de responsabilidade da empresa de trabalho temporário ou do utilizador

1 – A celebração de contrato de utilização de trabalho temporário por empresa de trabalho temporário não licenciada responsabiliza solidariamente esta e o utilizador pelos créditos do trabalhador emergentes do contrato de trabalho, da sua violação ou cessação, relativos aos últimos três anos, bem como pelos encargos sociais correspondentes.

2 – A empresa de trabalho temporário e o utilizador de trabalho temporário, bem como os respetivos gerentes, administradores ou diretores, assim como as sociedades que com a empresa de trabalho temporário ou com o utilizador se encontrem em relação de participações recíprocas, de domínio ou de grupo, são subsidiariamente responsáveis pelos créditos do trabalhador e pelos encargos sociais correspondentes, assim como pelo pagamento das respetivas coimas.

O nº 2 do presente artigo tem a redação dada pela Lei nº 28/2016, de 23 de agosto (11ª alteração ao Código do Trabalho).

DIVISÃO II
Contrato de utilização de trabalho temporário

ARTIGO 175º
Admissibilidade de contrato de utilização de trabalho temporário

1 – O contrato de utilização de trabalho temporário só pode ser celebrado nas situações referidas nas alíneas *a*) a *g*) do nº 2 do artigo 140º e ainda nos seguintes casos:

a) Vacatura de posto de trabalho quando decorra processo de recrutamento para o seu preenchimento;

b) Necessidade intermitente de mão de obra, determinada por flutuação da atividade durante dias ou partes de dia, desde que a utilização não ultrapasse semanalmente metade do período normal de trabalho maioritariamente praticado no utilizador;

c) Necessidade intermitente de prestação de apoio familiar direto, de natureza social, durante dias ou partes de dia;

d) Realização de projeto temporário, designadamente instalação ou reestruturação de empresa ou estabelecimento, montagem ou reparação industrial.

2 – Para efeito do disposto no número anterior, no que se refere à alínea *f)* do nº 2 do artigo 140º, considera-se acréscimo excecional de atividade da empresa o que tenha duração até 12 meses.

3 – A duração do contrato de utilização não pode exceder o período estritamente necessário à satisfação da necessidade do utilizador a que se refere o nº 1.

4 – Não é permitida a utilização de trabalhador temporário em posto de trabalho particularmente perigoso para a sua segurança ou saúde, salvo se for essa a sua qualificação profissional.

5 – Não é permitido celebrar contrato de utilização de trabalho temporário para satisfação de necessidades que foram asseguradas por trabalhador cujo contrato tenha cessado nos 12 meses anteriores por despedimento coletivo ou despedimento por extinção de posto de trabalho.

6 – Constitui contraordenação muito grave imputável ao utilizador a violação do disposto no nº 4.

ARTIGO 176º
Justificação de contrato de utilização de trabalho temporário

1 – Cabe ao utilizador a prova dos factos que justificam a celebração de contrato de utilização de trabalho temporário.

2 – É nulo o contrato de utilização celebrado fora das situações a que se refere o nº 1 do artigo anterior.

3 – No caso previsto no número anterior, considera-se que o trabalho é prestado pelo trabalhador ao utilizador em regime de contrato de trabalho sem termo, sendo aplicável o disposto no nº 6 do artigo 173º.

ARTIGO 177º
Forma e conteúdo de contrato de utilização de trabalho temporário

1 – O contrato de utilização de trabalho temporário está sujeito a forma escrita, é celebrado em dois exemplares e deve conter:

a) Identificação, assinaturas, domicílio ou sede das partes, os respetivos números de contribuintes e do regime geral da segurança social, bem como, quanto à empresa de trabalho temporário, o número e a data do alvará da respetiva licença;

b) Motivo justificativo do recurso ao trabalho temporário por parte do utilizador;

c) Caracterização do posto de trabalho a preencher, dos respetivos riscos profissionais e, sendo caso disso, dos riscos elevados ou relativos a posto de trabalho particularmente perigoso, a qualificação profissional requerida, bem como a modalidade adotada pelo utilizador para os serviços de segurança e saúde no trabalho e o respetivo contacto;

ART. 178º   LIVRO I – TÍTULO II

d) Local e período normal de trabalho;
e) Retribuição de trabalhador do utilizador que exerça as mesmas funções;
f) Pagamento devido pelo utilizador à empresa de trabalho temporário;
g) Início e duração, certa ou incerta, do contrato;
h) Data da celebração do contrato.

2 – Para efeitos da alínea *b*) do número anterior, a indicação do motivo justificativo deve ser feita pela menção expressa dos factos que o integram, devendo estabelecer-se a relação entre a justificação invocada e o termo estipulado.

3 – O contrato de utilização de trabalho temporário deve ter em anexo cópia da apólice de seguro de acidentes de trabalho que englobe o trabalhador temporário e a atividade a exercer por este, sem o que o utilizador é solidariamente responsável pela reparação dos danos emergentes de acidente de trabalho.

4 – *(Revogado)*.

5 – O contrato é nulo se não for celebrado por escrito ou omitir a menção exigida pela alínea *b*) do nº 1.

6 – No caso previsto no número anterior, considera-se que o trabalho é prestado pelo trabalhador ao utilizador em regime de contrato de trabalho sem termo, sendo aplicável o disposto no nº 6 do artigo 173º

7 – Constitui contraordenação leve imputável à empresa de trabalho temporário e ao utilizador a violação do disposto nas alíneas *a*), *c*) ou *f*) do nº 1.

O presente artigo tem a redação que lhe foi introduzida pela Lei nº 53/2011, de 14 de Outubro e pela Lei nº 23/2012, de 25 de junho.

O nº 4 do presente artigo foi revogado pelo art. 9º, nº 1 da Lei nº 69/2013, de 30 de agosto.

Acerca da responsabilidade da empresa de trabalho temporário pela reparação de acidente de trabalho resultante da violação de normas relativas à segurança, higiene e saúde no trabalho, por parte da empresa utilizadora vide Acórdão do STJ de 6 de fevereiro de 2013.

ARTIGO 178º
Duração de contrato de utilização de trabalho temporário

1 – O contrato de utilização de trabalho temporário é celebrado a termo resolutivo, certo ou incerto.

2 – A duração do contrato de utilização de trabalho temporário, incluindo renovações, não pode exceder a duração da causa justificativa nem o limite de dois anos, ou de seis ou 12 meses em caso de, respetivamente, vacatura de posto de trabalho quando já decorra processo de recrutamento para o seu preenchimento ou acréscimo excecional da atividade da empresa.

3 – Considera-se como um único contrato o que seja objeto de renovação.

4 – No caso de o trabalhador temporário continuar ao serviço do utilizador decorridos 10 dias após a cessação do contrato de utilização sem a celebração de contrato que o fundamente, considera-se que o trabalho passa a ser prestado ao utilizador com base em contrato de trabalho sem termo.

Acerca do nº 4 vide Acórdão do STJ de 4 de maio de 2011.

ARTIGO 179º
Proibição de contratos sucessivos

1 – No caso de se ter completado a duração máxima de contrato de utilização de trabalho temporário, é proibida a sucessão no mesmo posto de trabalho de trabalhador temporário ou de trabalhador contratado a termo, antes de decorrer um período de tempo igual a um terço da duração do referido contrato, incluindo renovações.

2 – O disposto no número anterior não é aplicável nos seguintes casos:

a) Nova ausência do trabalhador substituído, quando o contrato de utilização tenha sido celebrado para sua substituição;

b) Acréscimo excecional de necessidade de mão de obra em atividade sazonal.

3 – Constitui contraordenação grave a violação do disposto no nº 1.

DIVISÃO III
Contrato de trabalho temporário

ARTIGO 180º
Admissibilidade de contrato de trabalho temporário

1 – O contrato de trabalho temporário só pode ser celebrado a termo resolutivo, certo ou incerto, nas situações previstas para a celebração de contrato de utilização.

2 – É nulo o termo estipulado em violação do disposto no número anterior, considerando-se o trabalho efetuado em execução do contrato como prestado à empresa de trabalho temporário em regime de contrato de trabalho sem termo, e sendo aplicável o disposto no nº 6 do artigo 173º.

3 – Caso a nulidade prevista no número anterior concorra com a nulidade do contrato de utilização de trabalho temporário, prevista no nº 2 do artigo 176º ou no nº 5 do artigo 177º, considera-se que o trabalho é prestado ao utilizador em regime de contrato de trabalho sem termo, sendo aplicável o disposto no nº 6 do artigo 173º.

O presente artigo tem a redação que foi introduzida pela Lei nº 53/2011, de 14 de outubro.

ARTIGO 181º
Forma e conteúdo de contrato de trabalho temporário

1 – O contrato de trabalho temporário está sujeito a forma escrita, é celebrado em dois exemplares e deve conter:

a) Identificação, assinaturas, domicílio ou sede das partes e número e data do alvará da licença da empresa de trabalho temporário;

b) Motivos que justificam a celebração do contrato, com menção concreta dos factos que os integram;

c) Atividade contratada;

ART. 182º   LIVRO I – TÍTULO II

d) Local e período normal de trabalho;
e) Retribuição;
f) Data de início do trabalho;
g) Termo do contrato;
h) Data da celebração.

2 – Na falta de documento escrito ou em caso de omissão ou insuficiência da indicação do motivo justificativo da celebração do contrato, considera-se que o trabalho é prestado à empresa de trabalho temporário em regime do contrato de trabalho sem termo, sendo aplicável o disposto no nº 6 do artigo 173º.

3 – O contrato que não contenha a menção do seu termo considera-se celebrado pelo prazo de um mês, não sendo permitida a sua renovação.

4 – Um exemplar do contrato fica com o trabalhador.

5 – Constitui contraordenação leve, imputável à empresa de trabalho temporário, a violação do disposto na alínea *a*) ou qualquer das alíneas *c*) a *f*) do nº 1 ou no nº 4.

ARTIGO 182º
Duração de contrato de trabalho temporário

1 – A duração do contrato de trabalho temporário não pode exceder a do contrato de utilização.

2 – O contrato de trabalho temporário a termo certo não está sujeito ao limite de duração do nº 2 do artigo 148º e pode ser renovado enquanto se mantenha o motivo justificativo.

3 – A duração do contrato de trabalho temporário a termo certo, incluindo renovações, não pode exceder dois anos, ou seis ou 12 meses quando aquele seja celebrado, respetivamente, em caso de vacatura de posto de trabalho quando decorra processo de recrutamento para o seu preenchimento ou de acréscimo excecional de atividade da empresa.

4 – O contrato de trabalho temporário a termo incerto dura pelo tempo necessário à satisfação de necessidade temporária do utilizador, não podendo exceder os limites de duração referidos no número anterior.

5 – É aplicável ao cômputo dos limites referidos nos números anteriores o disposto no nº 5 do artigo 148º

6 – À caducidade do contrato de trabalho temporário é aplicável o disposto no artigo 344º ou 345º, consoante seja a termo certo ou incerto.

CONTRATO DE TRABALHO   ART. 184º

DIVISÃO IV
Contrato de trabalho por tempo indeterminado para cedência temporária

ARTIGO 183º
Forma e conteúdo de contrato de trabalho por tempo indeterminado para cedência temporária

1 – O contrato de trabalho por tempo indeterminado para cedência temporária está sujeito a forma escrita, é celebrado em dois exemplares e deve conter:

a) Identificação, assinaturas, domicílio ou sede das partes e número e data do alvará da licença da empresa de trabalho temporário;

b) Menção expressa de que o trabalhador aceita que a empresa de trabalho temporário o ceda temporariamente a utilizadores;

c) Atividade contratada ou descrição genérica das funções a exercer e da qualificação profissional adequada, bem como a área geográfica na qual o trabalhador está adstrito a exercer funções;

d) Retribuição mínima durante as cedências que ocorram, nos termos do artigo 185º.

2 – Um exemplar do contrato fica com o trabalhador.

3 – Na falta de documento escrito ou no caso de omissão ou insuficiência das menções referidas na alínea *b)* ou *c)* do nº 1, considera-se que o trabalho é prestado à empresa de trabalho temporário em regime de contrato de trabalho sem termo, sendo aplicável o disposto no nº 6 do artigo 173º.

4 – Constitui contraordenação grave a violação do disposto na alínea *b)* do nº 1.

ARTIGO 184º
Período sem cedência temporária

1 – No período em que não se encontre em situação de cedência, o trabalhador contratado por tempo indeterminado pode prestar atividade à empresa de trabalho temporário.

2 – Durante o período referido no número anterior, o trabalhador tem direito:

a) Caso não exerça atividade, a compensação prevista em instrumento de regulamentação coletiva de trabalho, ou no valor de dois terços da última retribuição ou da retribuição mínima mensal garantida, consoante o que for mais favorável;

b) Caso exerça atividade à empresa de trabalho temporário, a retribuição correspondente à atividade desempenhada, sem prejuízo do valor referido no contrato de trabalho a que se refere o artigo anterior.

3 – Constitui contraordenação grave imputável à empresa de trabalho temporário a violação do disposto neste artigo.

ART. 185º   LIVRO I – TÍTULO II

DIVISÃO V
Regime de prestação de trabalho de trabalhador temporário

ARTIGO 185º
Condições de trabalho de trabalhador temporário

1 – O trabalhador temporário pode ser cedido a mais de um utilizador, ainda que não seja titular de contrato de trabalho por tempo indeterminado para cedência temporária, se o contrário não for estabelecido no respetivo contrato.

2 – Durante a cedência, o trabalhador está sujeito ao regime aplicável ao utilizador no que respeita ao modo, lugar, duração do trabalho e suspensão do contrato de trabalho, segurança e saúde no trabalho e acesso a equipamentos sociais.

3 – O utilizador deve elaborar o horário de trabalho do trabalhador e marcar o período das férias que sejam gozadas ao seu serviço.

4 – Durante a execução do contrato, o exercício do poder disciplinar cabe à empresa de trabalho temporário.

5 – O trabalhador tem direito à retribuição mínima de instrumento de regulamentação coletiva de trabalho aplicável à empresa de trabalho temporário ou ao utilizador que corresponda às suas funções, ou à praticada por este para trabalho igual ou de valor igual, consoante a que for mais favorável.

6 – O trabalhador tem direito, em proporção da duração do respetivo contrato, a férias, subsídios de férias e de Natal, bem como a outras prestações regulares e periódicas a que os trabalhadores do utilizador tenham direito por trabalho igual ou de valor igual.

7 – A retribuição do período de férias e os subsídios de férias e de Natal de trabalhador contratado por tempo indeterminado para cedência temporária são calculados com base na média das retribuições auferidas nos últimos 12 meses, ou no período de execução do contrato se este for inferior, excluindo as compensações referidas no artigo 184º e os períodos correspondentes.

8 – O trabalhador temporário cedido a utilizador no estrangeiro por período inferior a oito meses tem direito ao pagamento de um abono mensal a título de ajudas de custo até ao limite de 25% do valor da retribuição base.

9 – O disposto no número anterior não se aplica a trabalhador titular de contrato de trabalho por tempo indeterminado para cedência temporária, ao qual são aplicáveis as regras de abono de ajudas de custo por deslocação em serviço previstas na lei geral.

10 – Sem prejuízo do disposto nos números anteriores, após 60 dias de prestação de trabalho, é aplicável ao trabalhador temporário o instrumento de regulamentação coletiva de trabalho aplicável a trabalhadores do utilizador que exerçam as mesmas funções.

11 – O utilizador deve informar o trabalhador temporário dos postos de trabalho disponíveis na empresa ou estabelecimento para funções idênticas às exercidas por este, com vista à sua candidatura.

CONTRATO DE TRABALHO ART. 186º

12 – Constitui contraordenação grave a violação do disposto no nº 3 e o exercício de poder disciplinar por parte do utilizador ou a violação do disposto no número anterior.

ARTIGO 186º
Segurança e saúde no trabalho temporário

1 – O trabalhador temporário beneficia do mesmo nível de proteção em matéria de segurança e saúde no trabalho que os restantes trabalhadores do utilizador.

2 – Antes da cedência do trabalhador temporário, o utilizador deve informar, por escrito, a empresa de trabalho temporário sobre:

a) Os resultados da avaliação dos riscos para a segurança e saúde do trabalhador temporário inerentes ao posto de trabalho a que vai ser afeto e, em caso de riscos elevados relativos a posto de trabalho particularmente perigoso, a necessidade de qualificação profissional adequada e de vigilância médica especial;

b) As instruções sobre as medidas a adotar em caso de perigo grave e iminente;

c) As medidas de primeiros socorros, de combate a incêndios e de evacuação dos trabalhadores em caso de sinistro, assim como os trabalhadores ou serviços encarregados de as pôr em prática;

d) O modo de o médico do trabalho ou o técnico de higiene e segurança da empresa de trabalho temporário aceder a posto de trabalho a ocupar.

3 – A empresa de trabalho temporário deve comunicar ao trabalhador temporário a informação prevista no número anterior, por escrito e antes da sua cedência ao utilizador.

4 – Os exames de saúde de admissão, periódicos e ocasionais são da responsabilidade da empresa de trabalho temporário, incumbindo ao respetivo médico do trabalho a conservação das fichas clínicas.

5 – A empresa de trabalho temporário deve informar o utilizador de que o trabalhador está considerado apto em resultado do exame de saúde, dispõe das qualificações profissionais adequadas e tem a informação referida no nº 2.

6 – O utilizador deve assegurar ao trabalhador temporário formação suficiente e adequada ao posto de trabalho, tendo em conta a sua qualificação profissional e experiência.

7 – O trabalhador exposto a riscos elevados relativos a posto de trabalho particularmente perigoso deve ter vigilância médica especial, a cargo do utilizador, cujo médico do trabalho deve informar o médico do trabalho da empresa de trabalho temporário sobre eventual contraindicação.

8 – O utilizador deve comunicar o início da atividade de trabalhador temporário, nos cinco dias úteis subsequentes, aos serviços de segurança e saúde no trabalho, aos representantes dos trabalhadores para a segurança e saúde no trabalho, aos trabalhadores com funções específicas neste domínio e à comissão de trabalhadores.

ART. 187º   LIVRO I – TÍTULO II

9 – Constitui contraordenação muito grave a violação do disposto no nº 7, constitui contraordenação grave a violação do disposto nos nºs 4, 5 ou 6 e constitui contraordenação leve a violação do disposto nos nºs 3 ou 8.

ARTIGO 187º
Formação profissional de trabalhador temporário

1 – A empresa de trabalho temporário deve assegurar a formação profissional de trabalhador temporário contratado a termo sempre que a duração do contrato, incluindo renovações, ou a soma de contratos de trabalho temporário sucessivos num ano civil seja superior a três meses.

2 – A formação profissional prevista no número anterior deve ter a duração mínima de oito horas, ou duração mais elevada de acordo com o nº 2 do artigo 131º.

3 – A empresa de trabalho temporário deve afetar à formação profissional dos trabalhadores temporários, pelo menos, 1% do seu volume anual de negócios nesta atividade.

4 – A empresa de trabalho temporário não pode exigir ao trabalhador temporário qualquer quantia, seja a que título for, nomeadamente por serviços de orientação ou formação profissional.

5 – Constitui contraordenação grave a violação do disposto neste artigo.

6 – Em caso de violação do nº 4, pode ser aplicada a sanção acessória de suspensão temporária do exercício da atividade até dois anos, a qual é averbada no registo nacional das empresas de trabalho temporário.

ARTIGO 188º
Substituição de trabalhador temporário

1 – Salvo acordo em contrário, em caso de cessação do contrato de trabalhador temporário ou ausência deste, a empresa de trabalho temporário deve ceder outro trabalhador ao utilizador, no prazo de quarenta e oito horas.

2 – O utilizador pode recusar a prestação do trabalhador temporário, nos primeiros 15 ou 30 dias de permanência deste ao seu serviço, consoante o contrato de utilização tenha ou não duração inferior a seis meses, caso em que a empresa de trabalho temporário deve proceder nos termos do número anterior.

ARTIGO 189º
Enquadramento de trabalhador temporário

1 – O trabalhador temporário é considerado, no que diz respeito à empresa de trabalho temporário e ao utilizador, para efeitos de aplicação do regime relativo a estruturas de representação coletiva dos trabalhadores, consoante estejam em causa matérias referentes à empresa de trabalho temporário ou ao utilizador, nomeadamente a constituição das mesmas estruturas.

2 – O trabalhador temporário não é incluído no número de trabalhadores do utilizador para determinação das obrigações em função do número de trabalhado-

res, exceto no que respeita à organização de serviços de segurança e saúde no trabalho e à classificação de acordo com o tipo de empresa.

3 – O utilizador deve incluir a informação relativa a trabalhador temporário no balanço social e no relatório anual da atividade dos serviços de segurança e saúde no trabalho.

4 – A empresa de trabalho temporário deve incluir a informação relativa a trabalhador temporário no mapa do quadro de pessoal e nos relatórios anuais da formação profissional e da atividade dos serviços de segurança e saúde no trabalho.

5 – Constitui contraordenação leve a violação do disposto no nº 3.

ARTIGO 190º
Prestações garantidas pela caução para exercício da atividade de trabalho temporário

1 – A caução constituída pela empresa de trabalho temporário para o exercício da atividade garante, nos termos de legislação específica, o pagamento de:

a) Crédito do trabalhador temporário relativo a retribuição, indemnização ou compensação devida pelo empregador pela cessação do contrato de trabalho e outras prestações pecuniárias, em mora por período superior a 15 dias;

b) Contribuições para a segurança social, em mora por período superior a 30 dias.

2 – Os créditos referidos na alínea *a)* do número anterior não incluem os valores devidos a título de compensação por cessação do contrato de trabalho, calculada nos termos do artigo 366º, para os novos contratos de trabalho.

3 – A existência de crédito do trabalhador em mora pode ser verificada mediante decisão definitiva de aplicação de coima por falta do respetivo pagamento, ou decisão condenatória transitada em julgado.

O presente artigo tem a redação que foi introduzida pela Lei nº 53/2011, de 14 de outubro.

Para o disposto no presente artigo, consideram-se novos contratos de trabalho os contratos celebrados após a entrada em vigor da lei nº 69/2013, de 30 de agosto (art. 3º da presente lei).

ARTIGO 191º
Execução da caução

1 – O trabalhador deve reclamar os respetivos créditos no prazo de 30 dias a contar do termo do contrato de trabalho, bem como comunicar tal facto ao serviço público de emprego, para efeitos de pagamento através da caução.

2 – A falta de pagamento pontual de crédito do trabalhador que se prolongue por período superior a 15 dias deve ser declarada, a pedido deste, pelo empregador, no prazo de cinco dias ou, em caso de recusa, pelo serviço com competência inspetiva do ministério responsável pela área laboral, no prazo de 10 dias.

3 – A declaração referida no número anterior deve especificar a natureza, o montante e o período a que o crédito respeita.

ART. 192º   LIVRO I - TÍTULO II

4 – O trabalhador ou o credor dos demais encargos previstos no artigo anterior pode solicitar ao serviço público de emprego o pagamento do respetivo crédito através da caução, nos 30 dias seguintes à data do seu vencimento, apresentando a declaração referida no nº 2.

5 – No caso de ser apresentada a declaração emitida pelo serviço com competência inspetiva do ministério responsável pela área laboral, o serviço público de emprego notifica a empresa de trabalho temporário de que o trabalhador requereu o pagamento de crédito por conta da caução e de que este é efetuado se a mesma não provar o pagamento no prazo de oito dias.

6 – No caso de a caução ser insuficiente face aos créditos cujo pagamento é solicitado, este é feito de acordo com os seguintes critérios de precedência:

a) Créditos retributivos dos trabalhadores relativos aos últimos 30 dias da atividade, com o limite correspondente ao montante de três vezes a retribuição mínima mensal garantida;

b) Outros créditos retributivos por ordem de pedido;

c) Indemnizações e compensações pela cessação do contrato de trabalho temporário;

d) Demais encargos com os trabalhadores.

7 – Relativamente aos trabalhadores com novos contratos de trabalho estão excluídas dos critérios de precedência as compensações por cessação de contrato de trabalho previstas na alínea *c)* do número anterior.

Para o disposto no presente artigo, consideram-se novos contratos de trabalho os contratos celebrados após a entrada em vigor da lei nº 69/2013, de 30 de agosto (art. 3º da presente lei).

ARTIGO 192º
Sanções acessórias no âmbito de trabalho temporário

1 – Juntamente com a coima, pode ser punida com a sanção acessória de interdição do exercício da atividade até dois anos a empresa de trabalho temporário que admita trabalhador em violação das normas sobre a idade mínima ou a escolaridade obrigatória.

2 – A empresa de trabalho temporário pode ainda ser punida com a sanção acessória de interdição do exercício da atividade até dois anos em caso de reincidência na prática das seguintes infrações:

a) Não constituição de seguro de acidentes de trabalho de trabalhador temporário;

b) Atraso por período superior a 30 dias no pagamento da retribuição devida a trabalhadores temporários.

c) Não adesão a fundo de compensação do trabalho ou a mecanismo equivalente, bem como não cumprimento da obrigação de contribuição para os mesmos e para o fundo de garantia de compensação do trabalho, previstos em legislação específica.

3 – A empresa de trabalho temporário, juntamente com a coima aplicável à contraordenação por celebração de contrato de utilização de trabalho temporário não

CONTRATO DE TRABALHO ART. 194º

sendo titular de licença, é ainda punível com ordem de encerramento do estabelecimento onde a atividade é exercida, até à regularização da situação.

4 – A sanção acessória referida nos números anteriores é averbada no registo nacional das empresas de trabalho temporário, previsto em legislação específica.

O presente artigo tem a redação que foi introduzida pela Lei nº 53/2011, de 14 de outubro. O disposto na alínea c) do nº 2 do presente artigo, aplica-se apenas aos novos contratos de trabalho, considerando-se novos contratos de trabalho os contratos celebrados após a entrada em vigor da Lei nº 53/2011, de 14 de outubro. A presente alínea entra em vigor na data do início da vigência da legislação que regule o fundo de compensação do trabalho, arts. 3º e 5º da mesma Lei nº 53/2011.

Alterado pela Lei nº 23/2012, de 25-06.

A alínea c) do nº 2 tem a redação dada pela Lei nº 69/2013, de 30 de agosto.

A Lei nº 70/2013 de 30 de agosto, veio estabelecer o regime do fundo de compensação do trabalho (FCT), do mecanismo equivalente (ME) e do fundo de garantia de compensação do trabalho (FGCT). A Portaria nº 294-A/2013, de 30 de setembro, veio definir os procedimentos e elementos necessários à respetiva operacionalização.

CAPÍTULO II
Prestação do trabalho

SECÇÃO I
Local de trabalho

ARTIGO 193º
Noção de local de trabalho

1 – O trabalhador deve, em princípio, exercer a atividade no local contratualmente definido, sem prejuízo do disposto no artigo seguinte.

2 – O trabalhador encontra-se adstrito a deslocações inerentes às suas funções ou indispensáveis à sua formação profissional.

ARTIGO 194º
Transferência de local de trabalho

1 – O empregador pode transferir o trabalhador para outro local de trabalho, temporária ou definitivamente, nas seguintes situações:

a) Em caso de mudança ou extinção, total ou parcial, do estabelecimento onde aquele presta serviço;

b) Quando outro motivo do interesse da empresa o exija e a transferência não implique prejuízo sério para o trabalhador.

2 – As partes podem alargar ou restringir o disposto no número anterior, mediante acordo que caduca ao fim de dois anos se não tiver sido aplicado.

3 – A transferência temporária não pode exceder seis meses, salvo por exigências imperiosas do funcionamento da empresa.

ART. 195º   LIVRO I – TÍTULO II

4 – O empregador deve custear as despesas do trabalhador decorrentes do acréscimo dos custos de deslocação e da mudança de residência ou, em caso de transferência temporária, de alojamento.

5 – No caso de transferência definitiva, o trabalhador pode resolver o contrato se tiver prejuízo sério, tendo direito à compensação prevista no artigo 366º

6 – O disposto nos números anteriores pode ser afastado por instrumento de regulamentação coletiva de trabalho.

7 – Constitui contraordenação grave a violação do disposto nos nºs 1 ou 4, no caso de transferência definitiva, e constitui contraordenação leve a violação do disposto no nº 3.

O presente artigo tem a redação que lhe foi introduzida pela Lei nº 53/2011, de 14 de outubro e pela Lei nº 23/2012, de 25 de junho.

Acerca da transferência de local de trabalho, mobilidade geográfica, e prejuízo sério vide Acórdão do STJ de 12/02/2009 (Processo: 08S2573).

Acerca da transferência temporária vide Acórdão do STJ de 5/06/2012 (Processo: 19/04. 2TTLSB. L1.S1).

Acerca da transferência de local de trabalho e recusa legítima do trabalhador ver Acórdão do STJ de 6 de fevereiro de 2008.

Sobre transferência do local de trabalho e prejuízo sério vide Acórdãos do STJ de 7 de maio de 2008 e de 25 de novembro de 2010.

ARTIGO 195º
Transferência a pedido do trabalhador

1 – O trabalhador vítima de violência doméstica tem direito a ser transferido, temporária ou definitivamente, a seu pedido, para outro estabelecimento da empresa, verificadas as seguintes condições:

a) Apresentação de queixa-crime;

b) Saída da casa de morada de família no momento em que se efetive a transferência.

2 – Em situação prevista no número anterior, o empregador apenas pode adiar a transferência com fundamento em exigências imperiosas ligadas ao funcionamento da empresa ou serviço, ou até que exista posto de trabalho compatível disponível.

3 – No caso previsto do número anterior, o trabalhador tem direito a suspender o contrato de imediato até que ocorra a transferência.

4 – É garantida a confidencialidade da situação que motiva as alterações contratuais do número anterior, se solicitado pelo interessado.

5 – Constitui contraordenação grave a violação do disposto no nº 2.

Cfr. art. 152º do Código Penal.

ARTIGO 196º
Procedimento em caso de transferência do local de trabalho

1 – O empregador deve comunicar a transferência ao trabalhador, por escrito, com oito ou 30 dias de antecedência, consoante esta seja temporária ou definitiva.

CONTRATO DE TRABALHO   ART. 199º

2 – A comunicação deve ser fundamentada e indicar a duração previsível da transferência, mencionando, sendo caso disso, o acordo a que se refere o nº 2 do artigo 194º.

SECÇÃO II
Duração e organização do tempo de trabalho

SUBSECÇÃO I
Noções e princípios gerais sobre duração e organização do tempo de trabalho

ARTIGO 197º
Tempo de trabalho

1 – Considera-se tempo de trabalho qualquer período durante o qual o trabalhador exerce a atividade ou permanece adstrito à realização da prestação, bem como as interrupções e os intervalos previstos no número seguinte.

2 – Consideram-se compreendidos no tempo de trabalho:

a) A interrupção de trabalho como tal considerada em instrumento de regulamentação coletiva de trabalho, em regulamento interno de empresa ou resultante de uso da empresa;

b) A interrupção ocasional do período de trabalho diário inerente à satisfação de necessidades pessoais inadiáveis do trabalhador ou resultante de consentimento do empregador;

c) A interrupção de trabalho por motivos técnicos, nomeadamente limpeza, manutenção ou afinação de equipamento, mudança de programa de produção, carga ou descarga de mercadorias, falta de matéria-prima ou energia, ou por fator climatérico que afete a atividade da empresa, ou por motivos económicos, designadamente quebra de encomendas;

d) O intervalo para refeição em que o trabalhador tenha de permanecer no espaço habitual de trabalho ou próximo dele, para poder ser chamado a prestar trabalho normal em caso de necessidade;

e) A interrupção ou pausa no período de trabalho imposta por normas de segurança e saúde no trabalho.

3 – Constitui contraordenação grave a violação do disposto no número anterior.

ARTIGO 198º
Período normal de trabalho

O tempo de trabalho que o trabalhador se obriga a prestar, medido em número de horas por dia e por semana, denomina-se período normal de trabalho.

ART. 199º LIVRO I – TÍTULO II

ARTIGO 199º
Período de descanso

Entende-se por período de descanso o que não seja tempo de trabalho.

ARTIGO 200º
Horário de trabalho

1 – Entende-se por horário de trabalho a determinação das horas de início e termo do período normal de trabalho diário e do intervalo de descanso, bem como do descanso semanal.

2 – O horário de trabalho delimita o período normal de trabalho diário e semanal.

3 – O início e o termo do período normal de trabalho diário podem ocorrer em dias consecutivos.

ARTIGO 201º
Período de funcionamento

1 – Entende-se por período de funcionamento o período de tempo diário durante o qual o estabelecimento pode exercer a sua atividade.

2 – O período de funcionamento de estabelecimento de venda ao público denomina-se período de abertura.

3 – O período de funcionamento de estabelecimento industrial denomina-se período de laboração.

4 – O regime dos períodos de funcionamento consta de legislação específica.

ARTIGO 202º
Registo de tempos de trabalho

1 – O empregador deve manter o registo dos tempos de trabalho, incluindo dos trabalhadores que estão isentos de horário de trabalho, em local acessível e por forma que permita a sua consulta imediata.

2 – O registo deve conter a indicação das horas de início e de termo do tempo de trabalho, bem como das interrupções ou intervalos que nele não se compreendam, por forma a permitir apurar o número de horas de trabalho prestadas por trabalhador, por dia e por semana, bem como as prestadas em situação referida na alínea *b)* do nº 1 do artigo 257º.

3 – O empregador deve assegurar que o trabalhador que preste trabalho no exterior da empresa vise o registo imediatamente após o seu regresso à empresa, ou envie o mesmo devidamente visado, de modo que a empresa disponha do registo devidamente visado no prazo de 15 dias a contar da prestação.

4 – O empregador deve manter o registo dos tempos de trabalho, bem como a declaração a que se refere o artigo 257º e o acordo a que se refere a alínea *f)* do nº 3 do artigo 226º, durante cinco anos.

5 – Constitui contraordenação grave a violação do disposto neste artigo.

CONTRATO DE TRABALHO   ART. 205º

SUBSECÇÃO II
Limites da duração do trabalho

ARTIGO 203º
Limites máximos do período normal de trabalho

1 – O período normal de trabalho não pode exceder oito horas por dia e quarenta horas por semana.

2 – O período normal de trabalho diário de trabalhador que preste trabalho exclusivamente em dias de descanso semanal da generalidade dos trabalhadores da empresa ou estabelecimento pode ser aumentado até quatro horas diárias, sem prejuízo do disposto em instrumento de regulamentação coletiva de trabalho.

3 – Há tolerância de quinze minutos para transações, operações ou outras tarefas começadas e não acabadas na hora estabelecida para o termo do período normal de trabalho diário, tendo tal tolerância caráter excecional e devendo o acréscimo de trabalho ser pago ao perfazer quatro horas ou no termo do ano civil.

4 – Os limites máximos do período normal de trabalho podem ser reduzidos por instrumento de regulamentação coletiva de trabalho, não podendo daí resultar diminuição da retribuição dos trabalhadores.

5 – Constitui contraordenação grave a violação do disposto neste artigo.

ARTIGO 204º
Adaptabilidade por regulamentação coletiva

1 – Por instrumento de regulamentação coletiva de trabalho, o período normal de trabalho pode ser definido em termos médios, caso em que o limite diário estabelecido no nº 1 do artigo anterior pode ser aumentado até quatro horas e a duração do trabalho semanal pode atingir sessenta horas, só não se contando nestas o trabalho suplementar prestado por motivo de força maior.

2 – O período normal de trabalho definido nos termos previstos no número anterior não pode exceder cinquenta horas em média num período de dois meses.

3 – Constitui contraordenação grave a violação do disposto neste artigo.

ARTIGO 205º
Adaptabilidade individual

1 – O empregador e o trabalhador podem, por acordo, definir o período normal de trabalho em termos médios.

2 – O acordo pode prever o aumento do período normal de trabalho diário até duas horas e que o trabalho semanal possa atingir cinquenta horas, só não se contando nestas o trabalho suplementar prestado por motivo de força maior.

3 – Em semana cuja duração do trabalho seja inferior a quarenta horas, a redução pode ser até duas horas diárias ou, sendo acordada, em dias ou meios dias, sem prejuízo do direito a subsídio de refeição.

ART. 206º   LIVRO I - TÍTULO II

4 – O acordo pode ser celebrado mediante proposta, por escrito, do empregador, presumindo-se a aceitação por parte de trabalhador que a ela não se oponha, por escrito, nos 14 dias seguintes ao conhecimento da mesma, aí incluídos os períodos a que se refere o nº 2 do artigo 217º.

5 – O regime jurídico previsto nos números anteriores mantém-se até ao termo do período de referência em execução à data da entrada em vigor de instrumento de regulamentação coletiva de trabalho que incida sobre a matéria.

6 – Constitui contraordenação grave a violação do disposto neste artigo.

ARTIGO 206º
Adaptabilidade grupal

1 – O instrumento de regulamentação coletiva de trabalho que institua o regime de adaptabilidade previsto no artigo 204º pode prever que:

a) O empregador possa aplicar o regime ao conjunto dos trabalhadores de uma equipa, secção ou unidade económica caso, pelo menos, 60% dos trabalhadores dessa estrutura sejam por ele abrangidos, mediante filiação em associação sindical celebrante da convenção e por escolha dessa convenção como aplicável;

b) O disposto na alínea anterior se aplique enquanto os trabalhadores da equipa, secção ou unidade económica em causa abrangidos pelo regime de acordo com a parte final da alínea anterior forem em número igual ou superior ao correspondente à percentagem nele indicada.

2 – Caso a proposta a que se refere o nº 4 do artigo anterior seja aceite por, pelo menos, 75% dos trabalhadores da equipa, secção ou unidade económica a quem for dirigida, o empregador pode aplicar o mesmo regime ao conjunto dos trabalhadores dessa estrutura.

3 – Ocorrendo alteração por entrada ou saída de trabalhadores na composição da equipa, secção ou unidade económica, o disposto no número anterior aplica-se enquanto dessa alteração não resultar percentagem inferior à nele indicada.

4 – Excetua-se a aplicação do regime de adaptabilidade instituído nos termos dos nºs 1 ou 2 nas seguintes situações:

a) Trabalhador abrangido por convenção coletiva que disponha de modo contrário a esse regime ou, relativamente a regime referido no nº 1, a trabalhador representado por associação sindical que tenha deduzido oposição a portaria de extensão da convenção coletiva em causa; ou

b) Trabalhador com filho menor de 3 anos de idade que não manifeste, por escrito, a sua concordância.

5 – Constitui contraordenação grave a prática de horário de trabalho em violação do disposto neste artigo.

O presente artigo tem a redação que lhe foi dada pelo art. 2º da Lei nº 120/2015, de 1 de setembro.

ARTIGO 207º
Período de referência

1 – Em regime de adaptabilidade, a duração média do trabalho é apurada por referência a período estabelecido em instrumento de regulamentação coletiva de trabalho que não seja superior a 12 meses ou, na sua falta, a um período de quatro meses.

2 – Na situação a que se refere a parte final do número anterior, o período de referência pode ser aumentado para seis meses quando esteja em causa:

a) Trabalhador familiar do empregador;

b) Trabalhador que ocupe cargo de administração ou de direção, ou que tenha poder de decisão autónomo;

c) Atividade caracterizada por implicar afastamento entre o local de trabalho e a residência do trabalhador ou entre diversos locais de trabalho do trabalhador;

d) Atividade de segurança e vigilância de pessoas ou bens com caráter de permanência, designadamente de guarda, porteiro ou trabalhador de empresa de segurança ou vigilância;

e) Atividade caracterizada pela necessidade de assegurar a continuidade do serviço ou da produção, nomeadamente:

i) Receção, tratamento ou cuidados providenciados por hospital ou estabelecimento semelhante, incluindo a atividade de médico em formação, ou por instituição residencial ou prisão;

ii) Porto ou aeroporto;

iii) Imprensa, rádio, televisão, produção cinematográfica, correios, telecomunicações, serviço de ambulâncias, sapadores bombeiros ou proteção civil;

iv) Produção, transporte ou distribuição de gás, água, eletricidade, recolha de lixo ou instalações de incineração;

v) Indústria cujo processo de trabalho não possa ser interrompido por motivos técnicos;

vi) Investigação e desenvolvimento;

vii) Agricultura;

viii) Transporte de passageiros em serviço regular de transporte urbano;

f) Acréscimo previsível de atividade, nomeadamente na agricultura, no turismo e nos serviços postais;

g) Trabalhador de transporte ferroviário que preste trabalho intermitente a bordo de comboios ou tendo por fim assegurar a continuidade e regularidade do tráfego ferroviário;

h) Caso fortuito ou de força maior;

i) Acidente ou risco de acidente iminente.

3 – Sem prejuízo do disposto em instrumento de regulamentação coletiva de trabalho, o período de referência apenas pode ser alterado durante o seu decurso quando circunstâncias objetivas o justifiquem e o total de horas de trabalho prestadas não seja superior às que teriam sido realizadas caso não vigorasse o regime de

ART. 208º   LIVRO I – TÍTULO II

adaptabilidade, aplicando-se com as necessárias adaptações o disposto no nº 3 do artigo 205º.

4 – Constitui contraordenação grave a violação do disposto no número anterior.

ARTIGO 208º
Banco de horas por regulamentação coletiva

1 – Por instrumento de regulamentação coletiva de trabalho, pode ser instituído um regime de banco de horas, em que a organização do tempo de trabalho obedeça ao disposto nos números seguintes.

2 – O período normal de trabalho pode ser aumentado até quatro horas diárias e pode atingir sessenta horas semanais, tendo o acréscimo por limite duzentas horas por ano.

3 – O limite anual referido no número anterior pode ser afastado por instrumento de regulamentação coletiva de trabalho caso a utilização do regime tenha por objetivo evitar a redução do número de trabalhadores, só podendo esse limite ser aplicado durante um período até 12 meses.

4 – O instrumento de regulamentação coletiva de trabalho deve regular:

a) A compensação do trabalho prestado em acréscimo, que pode ser feita mediante, pelo menos, uma das seguintes modalidades:

i) Redução equivalente do tempo de trabalho;
ii) Aumento do período de férias;
iii) Pagamento em dinheiro;

b) A antecedência com que o empregador deve comunicar ao trabalhador a necessidade de prestação de trabalho;

c) O período em que a redução do tempo de trabalho para compensar trabalho prestado em acréscimo deve ter lugar, por iniciativa do trabalhador ou, na sua falta, do empregador, bem como a antecedência com que qualquer deles deve informar o outro da utilização dessa redução.

5 – Constitui contraordenação grave a prática de horário de trabalho em violação do disposto neste artigo.

Redação dada pela Lei nº 23/2012, de 25-06.

ARTIGO 208º-A
Banco de horas individual

1 – O regime de banco de horas pode ser instituído por acordo entre o empregador e o trabalhador, podendo, neste caso, o período normal de trabalho ser aumentado até duas horas diárias e atingir 50 horas semanais, tendo o acréscimo por limite 150 horas por ano, e devendo o mesmo acordo regular os aspetos referidos no nº 4 do artigo anterior.

CONTRATO DE TRABALHO ART. 209º

2 – O acordo que institua o regime de banco de horas pode ser celebrado mediante proposta, por escrito, do empregador, presumindo-se a aceitação por parte de trabalhador nos termos previstos no nº 4 do artigo 205º

3 – Constitui contraordenação grave a prática de horário de trabalho em violação do disposto neste artigo.

Aditado pela Lei nº 23/2012, de 25-06.

ARTIGO 208º-B
Banco de horas grupal

1 – O instrumento de regulamentação coletiva de trabalho que institua o regime de banco de horas previsto no artigo 208º pode prever que o empregador o possa aplicar ao conjunto dos trabalhadores de uma equipa, secção ou unidade económica quando se verifiquem as condições referidas no nº 1 do artigo 206º

2 – Caso a proposta a que se refere o nº 2 do artigo anterior seja aceite por, pelo menos, 75 % dos trabalhadores da equipa, secção ou unidade económica a quem for dirigida, o empregador pode aplicar o mesmo regime de banco de horas ao conjunto dos trabalhadores dessa estrutura, sendo aplicável o disposto no nº 3 do artigo 206º

3 – Excetua-se a aplicação do regime de banco de horas instituído nos termos dos números anteriores nas seguintes situações:

a) Trabalhador abrangido por convenção coletiva que disponha de modo contrário a esse regime ou, relativamente ao regime referido no nº 1, a trabalhador representado por associação sindical que tenha deduzido oposição a portaria de extensão da convenção coletiva em causa; ou

b) Trabalhador com filho menor de 3 anos de idade que não manifeste, por escrito, a sua concordância.

4 – Constitui contraordenação grave a prática de horário de trabalho em violação do disposto neste artigo.

Aditado pela Lei nº 23/2012, de 25-06.
O presente artigo tem a redação que lhe foi dada pelo art. 2º da Lei nº 120/2015, de 1 de setembro.

ARTIGO 209º
Horário concentrado

1 – O período normal de trabalho diário pode ter aumento até quatro horas diárias:

a) Por acordo entre empregador e trabalhador ou por instrumento de regulamentação coletiva, para concentrar o período normal de trabalho semanal no máximo de quatro dias de trabalho;

b) Por instrumento de regulamentação coletiva para estabelecer um horário de trabalho que contenha, no máximo, três dias de trabalho consecutivos, seguidos no mínimo de dois dias de descanso, devendo a duração do período normal de trabalho semanal ser respeitado, em média, num período de referência de 45 dias.

ART. 210º   LIVRO I – TÍTULO II

2 – Aos trabalhadores abrangidos por regime de horário de trabalho concentrado não pode ser simultaneamente aplicável o regime de adaptabilidade.

3 – O instrumento de regulamentação coletiva de trabalho que institua o horário concentrado regula a retribuição e outras condições da sua aplicação.

ARTIGO 210º
Exceções aos limites máximos do período normal de trabalho

1 – Os limites do período normal de trabalho constantes do artigo 203º só podem ser ultrapassados nos casos expressamente previstos neste Código, ou quando instrumento de regulamentação coletiva de trabalho o permita nas seguintes situações:

a) Em relação a trabalhador de entidade sem fim lucrativo ou estreitamente ligada ao interesse público, desde que a sujeição do período normal de trabalho a esses limites seja incomportável;

b) Em relação a trabalhador cujo trabalho seja acentuadamente intermitente ou de simples presença.

2 – Sempre que entidade referida na alínea *a)* do número anterior prossiga atividade industrial, o período normal de trabalho não deve ultrapassar quarenta horas por semana, na média do período de referência aplicável.

ARTIGO 211º
Limite máximo da duração média do trabalho semanal

1 – Sem prejuízo do disposto nos artigos 203º a 210º, a duração média do trabalho semanal, incluindo trabalho suplementar, não pode ser superior a quarenta e oito horas, num período de referência estabelecido em instrumento de regulamentação coletiva de trabalho que não ultrapasse 12 meses ou, na falta deste, num período de referência de quatro meses, ou de seis meses nos casos previstos no nº 2 do artigo 207º.

2 – No cálculo da média referida no número anterior, os dias de férias são subtraídos ao período de referência em que são gozados.

3 – Os dias de ausência por doença, bem como os dias de licença parental, inicial ou complementar, e de licença para assistência a filho com deficiência ou doença crónica são considerados com base no correspondente período normal de trabalho.

4 – O disposto nos números anteriores não se aplica a trabalhador que ocupe cargo de administração ou de direção ou com poder de decisão autónomo, que esteja isento de horário de trabalho, ao abrigo das alíneas *a)* ou *b)* do nº 1 do artigo 219º.

SUBSECÇÃO III
Horário de trabalho

ARTIGO 212º
Elaboração de horário de trabalho

1 – Compete ao empregador determinar o horário de trabalho do trabalhador, dentro dos limites da lei, designadamente do regime de período de funcionamento aplicável.

2 – Na elaboração do horário de trabalho, o empregador deve:

a) Ter em consideração prioritariamente as exigências de proteção da segurança e saúde do trabalhador;

b) Facilitar ao trabalhador a conciliação da atividade profissional com a vida familiar;

c) Facilitar ao trabalhador a frequência de curso escolar, bem como de formação técnica ou profissional.

3 – A comissão de trabalhadores ou, na sua falta, as comissões intersindicais, as comissões sindicais ou os delegados sindicais devem ser consultados previamente sobre a definição e a organização dos horários de trabalho.

4 – Constitui contraordenação grave a violação do disposto nos nºs 2 ou 3.

ARTIGO 213º
Intervalo de descanso

1 – O período de trabalho diário deve ser interrompido por um intervalo de descanso, de duração não inferior a uma hora nem superior a duas, de modo a que o trabalhador não preste mais de cinco horas de trabalho consecutivo, ou seis horas de trabalho consecutivo caso aquele período seja superior a 10 horas.

2 – Por instrumento de regulamentação coletiva de trabalho, pode ser permitida a prestação de trabalho até seis horas consecutivas e o intervalo de descanso pode ser reduzido, excluído ou ter duração superior à prevista no número anterior, bem como pode ser determinada a existência de outros intervalos de descanso.

3 – Compete ao serviço com competência inspetiva do ministério responsável pela área laboral, mediante requerimento do empregador, instruído com declaração escrita de concordância do trabalhador abrangido e informação à comissão de trabalhadores da empresa e ao sindicato representativo do trabalhador em causa, autorizar a redução ou exclusão de intervalo de descanso, quando tal se mostre favorável ao interesse do trabalhador ou se justifique pelas condições particulares de trabalho de certas atividades.

4 – Considera-se tacitamente deferido o requerimento a que se refere o número anterior que não seja decidido no prazo de 30 dias.

5 – Não é permitida a alteração de intervalo de descanso prevista nos números anteriores que implicar mais de seis horas de trabalho consecutivo, exceto quanto a

ART. 214º   LIVRO I – TÍTULO II

atividades de pessoal operacional de vigilância, transporte e tratamento de sistemas eletrónicos de segurança e indústrias em que o processo de laboração não possa ser interrompido por motivos técnicos e, bem assim, quanto a trabalhadores que ocupem cargos de administração e de direção e outras pessoas com poder de decisão autónomo que estejam isentos de horário de trabalho.

6 – Constitui contraordenação grave a violação do disposto nos nºs 1 e 5.

Redação dada pela Lei nº 23/2012, de 25-06.

ARTIGO 214º
Descanso diário

1 – O trabalhador tem direito a um período de descanso de, pelo menos, onze horas seguidas entre dois períodos diários de trabalho consecutivos.

2 – O disposto no número anterior não é aplicável:

a) A trabalhador que ocupe cargo de administração ou de direção ou com poder de decisão autónomo, que esteja isento de horário de trabalho;

b) Quando seja necessária a prestação de trabalho suplementar, por motivo de força maior, ou por ser indispensável para reparar ou prevenir prejuízo grave para a empresa ou para a sua viabilidade devido a acidente ou a risco de acidente iminente;

c) Quando o período normal de trabalho seja fracionado ao longo do dia com fundamento em característica da atividade, nomeadamente em serviços de limpeza;

d) Em atividade caracterizada pela necessidade de assegurar a continuidade do serviço ou da produção, nomeadamente a referida em qualquer das alíneas *d)* e *e)* do nº 2 do artigo 207º, com exceção da subalínea *viii)* da alínea *e)*, e em caso de acréscimo previsível de atividade no turismo, desde que instrumento de regulamentação coletiva de trabalho assegure ao trabalhador um período equivalente de descanso compensatório e regule o período em que o mesmo deve ser gozado.

3 – Em caso previsto na alínea *a)* ou *b)* do número anterior, entre dois períodos diários de trabalho consecutivos deve ser observado um período de descanso que permita a recuperação do trabalhador.

4 – Constitui contraordenação grave a violação do disposto nos nºs 1 ou 3.

ARTIGO 215º
Mapa de horário de trabalho

1 – O empregador elabora o mapa de horário de trabalho tendo em conta as disposições legais e o instrumento de regulamentação coletiva de trabalho aplicável, do qual devem constar:

a) Firma ou denominação do empregador;

b) Atividade exercida;

c) Sede e local de trabalho dos trabalhadores a que o horário respeita;

d) Início e termo do período de funcionamento e, se houver, dia de encerramento ou suspensão de funcionamento da empresa ou estabelecimento;

CONTRATO DE TRABALHO ART. 217º

e) Horas de início e termo dos períodos normais de trabalho, com indicação de intervalos de descanso;

f) Dia de descanso semanal obrigatório e descanso semanal complementar, se este existir;

g) Instrumento de regulamentação coletiva de trabalho aplicável, se houver;

h) Regime resultante de acordo que institua horário de trabalho em regime de adaptabilidade, se houver.

2 – Quando as indicações referidas no número anterior não sejam comuns a todos os trabalhadores, o mapa de horário de trabalho deve conter a identificação dos trabalhadores cujo regime seja diferente do estabelecido para os restantes, sem prejuízo do disposto no nº 4.

3 – Sempre que o horário de trabalho inclua turnos, o mapa deve ainda indicar o número de turnos e aqueles em que haja menores, bem como a escala de rotação, se existir.

4 – A composição dos turnos, de harmonia com a respetiva escala, se existir, é registada em livro próprio ou em suporte informático e faz parte integrante do mapa de horário de trabalho.

5 – Constitui contraordenação grave a violação do disposto neste artigo.

ARTIGO 216º
Afixação do mapa de horário de trabalho

1 – O empregador afixa o mapa de horário de trabalho no local de trabalho a que respeita, em lugar bem visível.

2 – Quando várias empresas, estabelecimentos ou serviços desenvolvam, simultaneamente, atividades no mesmo local de trabalho, o titular das instalações deve consentir a afixação dos diferentes mapas de horário de trabalho.

3 – *(Revogado.)*

4 – As condições de publicidade de horário de trabalho de trabalhador afeto à exploração de veículo automóvel são estabelecidas em portaria dos ministros responsáveis pela área laboral e pelo setor dos transportes.

5 – Constitui contraordenação leve a violação do disposto nos nºs 1 e 2.

Redação dada pela Lei nº 23/2012, de 25-06.

Acerca da organização do tempo de trabalho de quem exerce atividades móveis de transporte rodoviário vide DL nº 237/207, de 19/06 e Portaria nº 983/207, de 27 de Agosto.

ARTIGO 217º
Alteração de horário de trabalho

1 – À alteração de horário de trabalho é aplicável o disposto sobre a sua elaboração, com as especificidades constantes dos números seguintes.

2 – A alteração de horário de trabalho deve ser precedida de consulta aos trabalhadores envolvidos e à comissão de trabalhadores ou, na sua falta, à comissão sindical ou intersindical ou aos delegados sindicais, bem como, ainda que vigore o regime

ART. 218º   LIVRO I - TÍTULO II

de adaptabilidade, ser afixada na empresa com antecedência de sete dias relativamente ao início da sua aplicação, ou três dias em caso de microempresa.

3 – Excetua-se do disposto no número anterior a alteração de horário de trabalho cuja duração não seja superior a uma semana, desde que seja registada em livro próprio, com a menção de que foi consultada a estrutura de representação coletiva dos trabalhadores referida no número anterior, e o empregador não recorra a este regime mais de três vezes por ano.

4 – Não pode ser unilateralmente alterado o horário individualmente acordado.

5 – A alteração que implique acréscimo de despesas para o trabalhador confere direito a compensação económica.

6 – Constitui contraordenação grave a violação do disposto neste artigo.

Acerca da alteração do horário de trabalho vide Acórdão do STJ de 24 de fevereiro de 2010.

SUBSECÇÃO IV
Isenção de horário de trabalho

ARTIGO 218º
Condições de isenção de horário de trabalho

1 – Por acordo escrito, pode ser isento de horário de trabalho o trabalhador que se encontre numa das seguintes situações:

a) Exercício de cargo de administração ou direção, ou de funções de confiança, fiscalização ou apoio a titular desses cargos;

b) Execução de trabalhos preparatórios ou complementares que, pela sua natureza, só possam ser efetuados fora dos limites do horário de trabalho;

c) Teletrabalho e outros casos de exercício regular de atividade fora do estabelecimento, sem controlo imediato por superior hierárquico.

2 – O instrumento de regulamentação coletiva de trabalho pode prever outras situações de admissibilidade de isenção de horário de trabalho.

3 – *(Revogado.)*

4 – *(Revogado.)*

Redação dada pela Lei nº 23/2012, de 25-06.

ARTIGO 219º
Modalidades e efeitos de isenção de horário de trabalho

1 – As partes podem acordar numa das seguintes modalidades de isenção de horário de trabalho:

a) Não sujeição aos limites máximos do período normal de trabalho;

b) Possibilidade de determinado aumento do período normal de trabalho, por dia ou por semana;

c) Observância do período normal de trabalho acordado.

2 – Na falta de estipulação das partes, aplica-se o disposto na alínea *a*) do número anterior.

3 – A isenção não prejudica o direito a dia de descanso semanal, obrigatório ou complementar, a feriado ou a descanso diário.

4 – Constitui contraordenação grave a violação do disposto no número anterior.

Sobre remuneração de trabalho prestado em dia normal de trabalho por trabalhador isento de horário de trabalho vide Acórdão do STJ nº 6/2012 de 25 de junho.

SUBSECÇÃO V
Trabalho por turnos

ARTIGO 220º
Noção de trabalho por turnos

Considera-se trabalho por turnos qualquer organização do trabalho em equipa em que os trabalhadores ocupam sucessivamente os mesmos postos de trabalho, a um determinado ritmo, incluindo o rotativo, contínuo ou descontínuo, podendo executar o trabalho a horas diferentes num dado período de dias ou semanas.

ARTIGO 221º
Organização de turnos

1 – Devem ser organizados turnos de pessoal diferente sempre que o período de funcionamento ultrapasse os limites máximos do período normal de trabalho.

2 – Os turnos devem, na medida do possível, ser organizados de acordo com os interesses e as preferências manifestados pelos trabalhadores.

3 – A duração de trabalho de cada turno não pode ultrapassar os limites máximos dos períodos normais de trabalho.

4 – O trabalhador só pode mudar de turno após o dia de descanso semanal.

5 – Os turnos no regime de laboração contínua e os de trabalhadores que asseguram serviços que não podem ser interrompidos, nomeadamente nas situações a que se referem as alíneas *d*) e *e*) do nº 2 do artigo 207º, devem ser organizados de modo que os trabalhadores de cada turno gozem, pelo menos, um dia de descanso em cada período de sete dias, sem prejuízo do período excedente de descanso a que tenham direito.

6 – O empregador deve ter registo separado dos trabalhadores incluídos em cada turno.

7 – Constitui contraordenação grave a violação do disposto nos nºs 3, 4, 5 ou 6.

ARTIGO 222º
Proteção em matéria de segurança e saúde no trabalho

1 – O empregador deve organizar as atividades de segurança e saúde no trabalho de forma que os trabalhadores por turnos beneficiem de um nível de proteção em matéria de segurança e saúde adequado à natureza do trabalho que exercem.

ART. 223º   LIVRO I – TÍTULO II

2 – O empregador deve assegurar que os meios de proteção e prevenção em matéria de segurança e saúde dos trabalhadores por turnos sejam equivalentes aos aplicáveis aos restantes trabalhadores e se encontrem disponíveis a qualquer momento.

3 – Constitui contraordenação grave a violação do disposto neste artigo.

Cfr. art. 281º.

SUBSECÇÃO VI
Trabalho noturno

ARTIGO 223º
Noção de trabalho noturno

1 – Considera-se trabalho noturno o prestado num período que tenha a duração mínima de sete horas e máxima de onze horas, compreendendo o intervalo entre as 0 e as 5 horas.

2 – O período de trabalho noturno pode ser determinado por instrumento de regulamentação coletiva de trabalho, com observância do disposto no número anterior, considerando-se como tal, na falta daquela determinação, o compreendido entre as 22 horas de um dia e as 7 horas do dia seguinte.

ARTIGO 224º
Duração do trabalho de trabalhador noturno

1 – Considera-se trabalhador noturno o que presta, pelo menos, três horas de trabalho normal noturno em cada dia ou que efetua durante o período noturno parte do seu tempo de trabalho anual correspondente a três horas por dia, ou outra definida por instrumento de regulamentação coletiva de trabalho.

2 – O período normal de trabalho diário de trabalhador noturno, quando vigora regime de adaptabilidade, não deve ser superior a oito horas diárias, em média semanal, sem prejuízo do disposto em instrumento de regulamentação coletiva de trabalho.

3 – Para apuramento da média referida no número anterior não se contam os dias de descanso semanal obrigatório ou complementar e os dias feriados.

4 – O trabalhador noturno não deve prestar mais de oito horas de trabalho num período de vinte e quatro horas em que efetua trabalho noturno, em qualquer das seguintes atividades, que implicam riscos especiais ou tensão física ou mental significativa:

a) Monótonas, repetitivas, cadenciadas ou isoladas;

b) Em obra de construção, demolição, escavação, movimentação de terras, ou intervenção em túnel, ferrovia ou rodovia sem interrupção de tráfego, ou com risco de queda de altura ou de soterramento;

c) Da indústria extrativa;

CONTRATO DE TRABALHO   ART. 225º

d) De fabrico, transporte ou utilização de explosivos e pirotecnia;

e) Que envolvam contacto com corrente elétrica de média ou alta tensão;

f) De produção ou transporte de gases comprimidos, liquefeitos ou dissolvidos ou com utilização significativa dos mesmos;

g) Que, em função da avaliação dos riscos a ser efetuada pelo empregador, assumam particular penosidade, perigosidade, insalubridade ou toxicidade.

5 – O disposto nos números anteriores não é aplicável a trabalhador que ocupa cargo de administração ou de direção ou com poder de decisão autónomo que esteja isento de horário de trabalho.

6 – O disposto no nº 4 não é igualmente aplicável:

a) Quando a prestação de trabalho suplementar seja necessária por motivo de força maior ou para prevenir ou reparar prejuízo grave para a empresa ou para a sua viabilidade devido a acidente ou a risco de acidente iminente;

b) A atividade caracterizada pela necessidade de assegurar a continuidade do serviço ou da produção, nomeadamente a referida em qualquer das alíneas *d*) a *f*) do nº 2 do artigo 207º, desde que por convenção coletiva seja concedido ao trabalhador período equivalente de descanso compensatório.

7 – Constitui contraordenação grave a violação do disposto nos nºs 2 ou 4.

ARTIGO 225º
Proteção de trabalhador noturno

1 – O empregador deve assegurar exames de saúde gratuitos e sigilosos ao trabalhador noturno destinados a avaliar o seu estado de saúde, antes da sua colocação e posteriormente a intervalos regulares e no mínimo anualmente.

2 – O empregador deve avaliar os riscos inerentes à atividade do trabalhador, tendo presente, nomeadamente, a sua condição física e psíquica, antes do início da atividade e posteriormente, de seis em seis meses, bem como antes de alteração das condições de trabalho.

3 – O empregador deve conservar o registo da avaliação efetuada de acordo com o número anterior.

4 – Aplica-se ao trabalhador noturno o disposto no artigo 222º.

5 – Sempre que possível, o empregador deve assegurar a trabalhador que sofra de problema de saúde relacionado com a prestação de trabalho noturno a afetação a trabalho diurno que esteja apto a desempenhar.

6 – O empregador deve consultar os representantes dos trabalhadores para a segurança e saúde no trabalho ou, na falta destes, o próprio trabalhador, sobre a afetação a trabalho noturno, a organização deste que melhor se adapte ao trabalhador, bem como sobre as medidas de segurança e saúde a adotar.

7 – Constitui contraordenação grave a violação do disposto neste artigo.

ART. 226º   LIVRO I – TÍTULO II

SUBSECÇÃO VII
Trabalho suplementar

ARTIGO 226º
Noção de trabalho suplementar

1 – Considera-se trabalho suplementar o prestado fora do horário de trabalho.

2 – No caso em que o acordo sobre isenção de horário de trabalho tenha limitado a prestação deste a um determinado período de trabalho, diário ou semanal, considera-se trabalho suplementar o que exceda esse período.

3 – Não se compreende na noção de trabalho suplementar:

a) O prestado por trabalhador isento de horário de trabalho em dia normal de trabalho, sem prejuízo do disposto no número anterior;

b) O prestado para compensar suspensão de atividade, independentemente da sua causa, de duração não superior a quarenta e oito horas, seguidas ou interpoladas por um dia de descanso ou feriado, mediante acordo entre o empregador e o trabalhador;

c) A tolerância de quinze minutos prevista no nº 3 do artigo 203º;

d) A formação profissional realizada fora do horário de trabalho que não exceda duas horas diárias;

e) O trabalho prestado nas condições previstas na alínea *b)* do nº 1 do artigo 257º;

f) O trabalho prestado para compensação de períodos de ausência ao trabalho, efetuada por iniciativa do trabalhador, desde que uma e outra tenham o acordo do empregador.

g) O trabalho prestado para compensar encerramento para férias previsto na alínea *b)* do nº 2 do artigo 242º, por decisão do empregador.

4 – Na situação referida na alínea *f)* do nº 3, o trabalho prestado para compensação não pode exceder os limites diários do nº 1 do artigo 228º.

Cfr. art. 268º, nº 2.
Redação dada pela Lei nº 23/2012, de 25-06.

ARTIGO 227º
Condições de prestação de trabalho suplementar

1 – O trabalho suplementar só pode ser prestado quando a empresa tenha de fazer face a acréscimo eventual e transitório de trabalho e não se justifique para tal a admissão de trabalhador.

2 – O trabalho suplementar pode ainda ser prestado em caso de força maior ou quando seja indispensável para prevenir ou reparar prejuízo grave para a empresa ou para a sua viabilidade.

3 – O trabalhador é obrigado a realizar a prestação de trabalho suplementar, salvo quando, havendo motivos atendíveis, expressamente solicite a sua dispensa.

ARTIGO 228º
Limites de duração do trabalho suplementar

1 – O trabalho suplementar previsto no nº 1 do artigo anterior está sujeito, por trabalhador, aos seguintes limites:

a) No caso de microempresa ou pequena empresa, cento e setenta e cinco horas por ano;

b) No caso de média ou grande empresa, cento e cinquenta horas por ano;

c) No caso de trabalhador a tempo parcial, oitenta horas por ano ou o número de horas correspondente à proporção entre o respetivo período normal de trabalho e o de trabalhador a tempo completo em situação comparável, quando superior;

d) Em dia normal de trabalho, duas horas;

e) Em dia de descanso semanal, obrigatório ou complementar, ou feriado, um número de horas igual ao período normal de trabalho diário;

f) Em meio dia de descanso complementar, um número de horas igual a meio período normal de trabalho diário.

2 – O limite a que se refere a alínea *a)* ou *b)* do número anterior pode ser aumentado até duzentas horas por ano, por instrumento de regulamentação coletiva de trabalho.

3 – O limite a que se refere a alínea *c)* do nº 1 pode ser aumentado, mediante acordo escrito entre o trabalhador e o empregador, até cento e trinta horas por ano ou, por instrumento de regulamentação coletiva de trabalho, até duzentas horas por ano.

4 – O trabalho suplementar previsto no nº 2 do artigo anterior apenas está sujeito ao limite do período de trabalho semanal constante do nº 1 do artigo 211º.

5 – Constitui contraordenação muito grave a violação do disposto no nº 1 e constitui contraordenação grave a violação do disposto no nº 2.

ARTIGO 229º
Descanso compensatório de trabalho suplementar

1 – *(Revogado.)*

2 – *(Revogado.)*

3 – O trabalhador que presta trabalho suplementar impeditivo do gozo do descanso diário tem direito a descanso compensatório remunerado equivalente às horas de descanso em falta, a gozar num dos três dias úteis seguintes.

4 – O trabalhador que presta trabalho em dia de descanso semanal obrigatório tem direito a um dia de descanso compensatório remunerado, a gozar num dos três dias úteis seguintes.

5 – O descanso compensatório é marcado por acordo entre trabalhador e empregador ou, na sua falta, pelo empregador.

ART. 230º   LIVRO I – TÍTULO II

6 – *(Revogado.)*

7 – Constitui contraordenação muito grave a violação do disposto nos nºs 3 e 4.

Redação dada pela Lei nº 23/2012, de 25-06.

ARTIGO 230º
Regimes especiais de trabalho suplementar

1 – A prestação de trabalho suplementar, em dia de descanso semanal obrigatório, que não exceda duas horas por motivo de falta imprevista de trabalhador que devia ocupar o posto de trabalho no turno seguinte confere direito a descanso compensatório nos termos do nº 3 do artigo anterior.

2 – *(Revogado.)*

3 – *(Revogado.)*

4 – Os limites de duração e o descanso compensatório de trabalho suplementar prestado para assegurar os turnos de serviço de farmácias de venda ao público constam de legislação específica.

5 – Constitui contraordenação grave a violação do disposto no nº 1.

Redação dada pela Lei nº 23/2012, de 25-06.

ARTIGO 231º
Registo de trabalho suplementar

1 – O empregador deve ter um registo de trabalho suplementar em que, antes do início da prestação de trabalho suplementar e logo após o seu termo, são anotadas as horas em que cada uma das situações ocorre.

2 – O trabalhador deve visar o registo a que se refere o número anterior, quando não seja por si efetuado, imediatamente a seguir à prestação de trabalho suplementar.

3 – O trabalhador que realize trabalho suplementar no exterior da empresa deve visar o registo, imediatamente após o seu regresso à empresa ou mediante envio do mesmo devidamente visado, devendo em qualquer caso a empresa dispor do registo visado no prazo de 15 dias a contar da prestação.

4 – Do registo devem constar a indicação expressa do fundamento da prestação de trabalho suplementar e os períodos de descanso compensatório gozados pelo trabalhador, além de outros elementos indicados no respetivo modelo, aprovado por portaria do ministro responsável pela área laboral.

5 – A violação do disposto nos números anteriores confere ao trabalhador, por cada dia em que tenha prestado atividade fora do horário de trabalho, o direito a retribuição correspondente a duas horas de trabalho suplementar.

6 – O registo de trabalho suplementar é efetuado em suporte documental adequado, nomeadamente impressos adaptados ao sistema de controlo de assiduidade existente na empresa, que permita a sua consulta e impressão imediatas, devendo estar permanentemente atualizado, sem emendas ou rasuras não ressalvadas.

CONTRATO DE TRABALHO   ART. 232º

7 – O empregador deve comunicar, nos termos previstos em portaria do ministro responsável pela área laboral, ao serviço com competência inspetiva do ministério responsável pela área laboral a relação nominal dos trabalhadores que prestaram trabalho suplementar durante o ano civil anterior, com discriminação do número de horas prestadas ao abrigo dos nºs 1 ou 2 do artigo 227º, visada pela comissão de trabalhadores ou, na sua falta, em caso de trabalhador filiado, pelo respetivo sindicato.

8 – O empregador deve manter durante cinco anos relação nominal dos trabalhadores que efetuaram trabalho suplementar, com discriminação do número de horas prestadas ao abrigo dos nºs 1 e 2 do artigo 228º e indicação dos dias de gozo dos correspondentes descansos compensatórios.

9 – Constitui contraordenação grave a violação do disposto nos nºs 1, 2, 4 ou 7 e constitui contraordenação leve a violação do disposto no nº 8.

SUBSECÇÃO VIII
Descanso semanal

ARTIGO 232º
Descanso semanal

1 – O trabalhador tem direito a, pelo menos, um dia de descanso por semana.

2 – O dia de descanso semanal obrigatório pode deixar de ser o domingo, além de noutros casos previstos em legislação especial, quando o trabalhador presta atividade:

a) Em empresa ou setor de empresa dispensado de encerrar ou suspender o funcionamento um dia completo por semana, ou que seja obrigado a encerrar ou a suspender o funcionamento em dia diverso do domingo;

b) Em empresa ou setor de empresa cujo funcionamento não possa ser interrompido;

c) Em atividade que deva ter lugar em dia de descanso dos restantes trabalhadores;

d) Em atividade de vigilância ou limpeza;

e) Em exposição ou feira.

3 – Por instrumento de regulamentação coletiva de trabalho ou contrato de trabalho, pode ser instituído um período de descanso semanal complementar, contínuo ou descontínuo, em todas ou algumas semanas do ano.

4 – O empregador deve, sempre que possível, proporcionar o descanso semanal no mesmo dia a trabalhadores do mesmo agregado familiar que o solicitem.

5 – Constitui contraordenação grave a violação do disposto no nº 1.

ART. 233º   LIVRO I – TÍTULO II

ARTIGO 233º
Cumulação de descanso semanal e de descanso diário

1 – Devem ser gozados em continuidade o descanso semanal obrigatório e um período de onze horas correspondente ao descanso diário estabelecido no artigo 214º.

2 – O período de onze horas referido no número anterior considera-se cumprido, no todo ou em parte, pelo descanso semanal complementar gozado em continuidade ao descanso semanal obrigatório.

3 – O disposto no nº 1 não é aplicável:

a) A trabalhador que ocupe cargo de administração ou de direção ou com poder de decisão autónomo que esteja isento de horário de trabalho;

b) Quando o período normal de trabalho é fracionado ao longo do dia com fundamento em características da atividade, nomeadamente serviços de limpeza;

c) Em situação prevista na alínea *d)*, *e)*, *h)* ou *i)* do nº 2 do artigo 207º, com exceção da subalínea *viii)* da alínea *e)*;

d) Em situação de acréscimo previsível de atividade no turismo.

4 – Constitui contraordenação grave a violação do disposto no nº 1.

Cfr. art. 229º.

SUBSECÇÃO IX
Feriados

ARTIGO 234º
Feriados obrigatórios

1 – São feriados obrigatórios os dias 1 de janeiro, de Sexta-Feira Santa, de Domingo de Páscoa, 25 de abril, 1 de maio, de Corpo de Deus, 10 de junho, 15 de agosto, 5 de outubro, 1 de novembro, 1, 8 e 25 de dezembro.

2 – O feriado de Sexta-Feira Santa pode ser observado em outro dia com significado local no período da Páscoa.

3 – Mediante legislação específica, determinados feriados obrigatórios podem ser observados na segunda-feira da semana subsequente.

Cfr. art. 10º, nº 1 da Lei nº 23/2012, de 25-06.

O nº 1 do presente artigo tem a redação que lhe foi conferida pela Lei nº 8/2016, de 1 de abril, que procede à décima alteração ao Código do Trabalho, aprovado pela Lei nº 7/2009, de 12 de fevereiro, restabelecendo os feriados nacionais, com entrada em vigor a 2 de abril de 2016.

ARTIGO 235º
Feriados facultativos

1 – Além dos feriados obrigatórios, podem ser observados a título de feriado, mediante instrumento de regulamentação coletiva de trabalho ou contrato de trabalho, a terça-feira de Carnaval e o feriado municipal da localidade.

CONTRATO DE TRABALHO   ART. 238º

2 – Em substituição de qualquer feriado referido no número anterior, pode ser observado outro dia em que acordem empregador e trabalhador.

ARTIGO 236º
Regime dos feriados

1 – Nos dias considerados como feriado obrigatório, têm de encerrar ou suspender a laboração todas as atividades que não sejam permitidas aos domingos.

2 – O instrumento de regulamentação coletiva de trabalho ou o contrato de trabalho não pode estabelecer feriados diferentes dos indicados nos artigos anteriores.

SUBSECÇÃO X
Férias

ARTIGO 237º
Direito a férias

1 – O trabalhador tem direito, em cada ano civil, a um período de férias retribuídas, que se vence em 1 de janeiro.

2 – O direito a férias, em regra, reporta-se ao trabalho prestado no ano civil anterior, mas não está condicionado à assiduidade ou efetividade de serviço.

3 – O direito a férias é irrenunciável e o seu gozo não pode ser substituído, ainda que com o acordo do trabalhador, por qualquer compensação, económica ou outra, sem prejuízo do disposto no nº 5 do artigo seguinte.

4 – O direito a férias deve ser exercido de modo a proporcionar ao trabalhador a recuperação física e psíquica, condições de disponibilidade pessoal, integração na vida familiar e participação social e cultural.

ARTIGO 238º
Duração do período de férias

1 – O período anual de férias tem a duração mínima de 22 dias úteis.

2 – Para efeitos de férias, são úteis os dias da semana de segunda-feira a sexta--feira, com exceção de feriados.

3 – Caso os dias de descanso do trabalhador coincidam com dias úteis, são considerados para efeitos do cálculo dos dias de férias, em substituição daqueles, os sábados e os domingos que não sejam feriados.

4 – *(Revogado.)*

5 – O trabalhador pode renunciar ao gozo de dias de férias que excedam 20 dias úteis, ou a correspondente proporção no caso de férias no ano de admissão, sem redução da retribuição e do subsídio relativos ao período de férias vencido, que cumulam com a retribuição do trabalho prestado nesses dias.

6 – Constitui contraordenação grave a violação do disposto nos nºs 1 e 5.

Redação dada pela Lei nº 23/2012, de 25-06.

ART. 239º   LIVRO I – TÍTULO II

ARTIGO 239º
Casos especiais de duração do período de férias

1 – No ano da admissão, o trabalhador tem direito a dois dias úteis de férias por cada mês de duração do contrato, até 20 dias, cujo gozo pode ter lugar após seis meses completos de execução do contrato.

2 – No caso de o ano civil terminar antes de decorrido o prazo referido no número anterior, as férias são gozadas até 30 de junho do ano subsequente.

3 – Da aplicação do disposto nos números anteriores não pode resultar o gozo, no mesmo ano civil, de mais de 30 dias úteis de férias, sem prejuízo do disposto em instrumento de regulamentação coletiva de trabalho.

4 – No caso de a duração do contrato de trabalho ser inferior a seis meses, o trabalhador tem direito a dois dias úteis de férias por cada mês completo de duração do contrato, contando-se para o efeito todos os dias seguidos ou interpolados de prestação de trabalho.

5 – As férias referidas no número anterior são gozadas imediatamente antes da cessação do contrato, salvo acordo das partes.

6 – No ano de cessação de impedimento prolongado iniciado em ano anterior, o trabalhador tem direito a férias nos termos dos nºs 1 e 2.

7 – Constitui contraordenação grave a violação do disposto nos nºs 1, 4, 5 ou 6.

ARTIGO 240º
Ano do gozo das férias

1 – As férias são gozadas no ano civil em que se vencem, sem prejuízo do disposto nos números seguintes.

2 – As férias podem ser gozadas até 30 de abril do ano civil seguinte, em cumulação ou não com férias vencidas no início deste, por acordo entre empregador e trabalhador ou sempre que este as pretenda gozar com familiar residente no estrangeiro.

3 – Pode ainda ser cumulado o gozo de metade do período de férias vencido no ano anterior com o vencido no ano em causa, mediante acordo entre empregador e trabalhador.

4 – Constitui contraordenação grave a violação do disposto neste artigo.

ARTIGO 241º
Marcação do período de férias

1 – O período de férias é marcado por acordo entre empregador e trabalhador.

2 – Na falta de acordo, o empregador marca as férias, que não podem ter início em dia de descanso semanal do trabalhador, ouvindo para o efeito a comissão de trabalhadores ou, na sua falta, a comissão intersindical ou a comissão sindical representativa do trabalhador interessado.

3 – Em pequena, média ou grande empresa, o empregador só pode marcar o período de férias entre 1 de maio e 31 de outubro, a menos que o instrumento de

regulamentação coletiva de trabalho ou o parecer dos representantes dos trabalhadores admita época diferente.

4 – Na falta de acordo, o empregador que exerça atividade ligada ao turismo está obrigado a marcar 25% do período de férias a que os trabalhadores têm direito, ou percentagem superior que resulte de instrumento de regulamentação coletiva de trabalho, entre 1 de maio e 31 de outubro, que é gozado de forma consecutiva.

5 – Em caso de cessação do contrato de trabalho sujeita a aviso prévio, o empregador pode determinar que o gozo das férias tenha lugar imediatamente antes da cessação.

6 – Na marcação das férias, os períodos mais pretendidos devem ser rateados, sempre que possível, beneficiando alternadamente os trabalhadores em função dos períodos gozados nos dois anos anteriores.

7 – Os cônjuges, bem como as pessoas que vivam em união de facto ou economia comum nos termos previstos em legislação específica, que trabalham na mesma empresa ou estabelecimento têm direito a gozar férias em idêntico período, salvo se houver prejuízo grave para a empresa.

8 – O gozo do período de férias pode ser interpolado, por acordo entre empregador e trabalhador, desde que sejam gozados, no mínimo, 10 dias úteis consecutivos.

9 – O empregador elabora o mapa de férias, com indicação do início e do termo dos períodos de férias de cada trabalhador, até 15 de abril de cada ano e mantém-no afixado nos locais de trabalho entre esta data e 31 de outubro.

10 – Constitui contraordenação grave a violação do disposto nos nºs 2, 3 ou 4 e constitui contraordenação leve a violação do disposto em qualquer dos restantes números deste artigo.

ARTIGO 242º
Encerramento para férias

1 – Sempre que seja compatível com a natureza da atividade, o empregador pode encerrar a empresa ou o estabelecimento, total ou parcialmente, para férias dos trabalhadores:

a) Até quinze dias consecutivos entre 1 de maio e 31 de outubro;

b) Por período superior a quinze dias consecutivos ou fora do período enunciado na alínea anterior, quando assim estiver fixado em instrumento de regulamentação coletiva ou mediante parecer favorável da comissão de trabalhadores;

c) Por período superior a quinze dias consecutivos, entre 1 de maio e 31 de outubro, quando a natureza da atividade assim o exigir.

2 – O empregador pode encerrar a empresa ou o estabelecimento, total ou parcialmente, para férias dos trabalhadores:

a) Durante cinco dias úteis consecutivos na época de férias escolares do Natal;

b) Um dia que esteja entre um feriado que ocorra à terça-feira ou quinta-feira e um dia de descanso semanal, sem prejuízo da faculdade prevista na alínea *g)* do nº 3 do artigo 226º

ART. 243º   LIVRO I – TÍTULO II

3 – Até ao dia 15 de dezembro do ano anterior, o empregador deve informar os trabalhadores abrangidos do encerramento a efetuar no ano seguinte ao abrigo da alínea *b)* do número anterior.

Cfr. art. 10º, nº 2 da Lei nº 23/2012, de 25-06.
Redação dada pela Lei nº 23/2012, de 25-06.

ARTIGO 243º
Alteração do período de férias
por motivo relativo à empresa

1 – O empregador pode alterar o período de férias já marcado ou interromper as já iniciadas por exigências imperiosas do funcionamento da empresa, tendo o trabalhador direito a indemnização pelos prejuízos sofridos por deixar de gozar as férias no período marcado.

2 – A interrupção das férias deve permitir o gozo seguido de metade do período a que o trabalhador tem direito.

3 – Em caso de cessação do contrato de trabalho sujeita a aviso prévio, o empregador pode alterar a marcação das férias, mediante aplicação do disposto no nº 5 do artigo 241º.

4 – Constitui contraordenação leve a violação do disposto nos nºs 1 ou 2.

ARTIGO 244º
Alteração do período de férias
por motivo relativo ao trabalhador

1 – O gozo das férias não se inicia ou suspende-se quando o trabalhador esteja temporariamente impedido por doença ou outro facto que não lhe seja imputável, desde que haja comunicação do mesmo ao empregador.

2 – Em caso referido no número anterior, o gozo das férias tem lugar após o termo do impedimento na medida do remanescente do período marcado, devendo o período correspondente aos dias não gozados ser marcado por acordo ou, na falta deste, pelo empregador, sem sujeição ao disposto no nº 3 do artigo 241º.

3 – Em caso de impossibilidade total ou parcial do gozo de férias por motivo de impedimento do trabalhador, este tem direito à retribuição correspondente ao período de férias não gozado ou ao gozo do mesmo até 30 de abril do ano seguinte e, em qualquer caso, ao respetivo subsídio.

4 – À doença do trabalhador no período de férias é aplicável o disposto nos nºs 2 e 3 do artigo 254º.

5 – O disposto no nº 1 não se aplica caso o trabalhador se oponha à verificação da situação de doença nos termos do artigo 254º

6 – Constitui contraordenação grave a violação do disposto nos nºs 1, 2 ou 3.

ARTIGO 245º
Efeitos da cessação do contrato
de trabalho no direito a férias

1 – Cessando o contrato de trabalho, o trabalhador tem direito a receber a retribuição de férias e respetivo subsídio:

a) Correspondentes a férias vencidas e não gozadas;
b) Proporcionais ao tempo de serviço prestado no ano da cessação.

2 – No caso referido na alínea *a)* do número anterior, o período de férias é considerado para efeitos de antiguidade.

3 – Em caso de cessação de contrato no ano civil subsequente ao da admissão ou cuja duração não seja superior a 12 meses, o cômputo total das férias ou da correspondente retribuição a que o trabalhador tenha direito não pode exceder o proporcional ao período anual de férias tendo em conta a duração do contrato.

4 – Cessando o contrato após impedimento prolongado do trabalhador, este tem direito à retribuição e ao subsídio de férias correspondentes ao tempo de serviço prestado no ano de início da suspensão.

5 – Constitui contraordenação grave a violação do disposto no nº 1.

ARTIGO 246º
Violação do direito a férias

1 – Caso o empregador obste culposamente ao gozo das férias nos termos previstos nos artigos anteriores, o trabalhador tem direito a compensação no valor do triplo da retribuição correspondente ao período em falta, que deve ser gozado até 30 de abril do ano civil subsequente.

2 – Constitui contraordenação grave a violação do disposto no número anterior.

ARTIGO 247º
Exercício de outra atividade durante as férias

1 – O trabalhador não pode exercer durante as férias qualquer outra atividade remunerada, salvo quando já a exerça cumulativamente ou o empregador o autorize.

2 – Em caso de violação do disposto no número anterior, sem prejuízo da eventual responsabilidade disciplinar do trabalhador, o empregador tem direito a reaver a retribuição correspondente às férias e o respetivo subsídio, metade dos quais reverte para o serviço responsável pela gestão financeira do orçamento da segurança social.

3 – Para os efeitos previstos no número anterior, o empregador pode proceder a descontos na retribuição, até ao limite de um sexto, em relação a cada um dos períodos de vencimento posteriores.

ART. 248º   LIVRO I – TÍTULO II

SUBSECÇÃO XI
Faltas

ARTIGO 248º
Noção de falta

1 – Considera-se falta a ausência de trabalhador do local em que devia desempenhar a atividade durante o período normal de trabalho diário.

2 – Em caso de ausência do trabalhador por períodos inferiores ao período normal de trabalho diário, os respetivos tempos são adicionados para determinação da falta.

3 – Caso a duração do período normal de trabalho diário não seja uniforme, considera-se a duração média para efeito do disposto no número anterior.

ARTIGO 249º
Tipos de falta

1 – A falta pode ser justificada ou injustificada.

2 – São consideradas faltas justificadas:

a) As dadas, durante 15 dias seguidos, por altura do casamento;

b) A motivada por falecimento de cônjuge, parente ou afim, nos termos do artigo 251º;

c) A motivada pela prestação de prova em estabelecimento de ensino, nos termos do artigo 91º;

d) A motivada por impossibilidade de prestar trabalho devido a facto não imputável ao trabalhador, nomeadamente observância de prescrição médica no seguimento de recurso a técnica de procriação medicamente assistida, doença, acidente ou cumprimento de obrigação legal;

e) A motivada pela prestação de assistência inadiável e imprescindível a filho, a neto ou a membro do agregado familiar de trabalhador, nos termos dos artigos 49º, 50º ou 252º, respetivamente;

f) A motivada por deslocação a estabelecimento de ensino de responsável pela educação de menor por motivo da situação educativa deste, pelo tempo estritamente necessário, até quatro horas por trimestre, por cada um;

g) A de trabalhador eleito para estrutura de representação coletiva dos trabalhadores, nos termos do artigo 409º;

h) A de candidato a cargo público, nos termos da correspondente lei eleitoral;

i) A autorizada ou aprovada pelo empregador;

j) A que por lei seja como tal considerada.

3 – É considerada injustificada qualquer falta não prevista no número anterior.

ARTIGO 250º
Imperatividade do regime de faltas

As disposições relativas aos motivos justificativos de faltas e à sua duração não podem ser afastadas por instrumento de regulamentação coletiva de trabalho, salvo em relação a situação prevista na alínea *g*) do nº 2 do artigo anterior e desde que em sentido mais favorável ao trabalhador, ou por contrato de trabalho.

ARTIGO 251º
Faltas por motivo de falecimento de cônjuge, parente ou afim

1 – O trabalhador pode faltar justificadamente:

a) Até cinco dias consecutivos, por falecimento de cônjuge não separado de pessoas e bens ou de parente ou afim no 1º grau na linha reta;

b) Até dois dias consecutivos, por falecimento de outro parente ou afim na linha reta ou no 2º grau da linha colateral.

2 – Aplica-se o disposto na alínea *a*) do número anterior em caso de falecimento de pessoa que viva em união de facto ou economia comum com o trabalhador, nos termos previstos em legislação específica.

3 – Constitui contraordenação grave a violação do disposto neste artigo.

Cfr. Lei 61/2008 de 31 Outubro que vem alterar o âmbito das relações de parentesco por afinidade em caso de dissolução do casamento através de divórcio.

ARTIGO 252º
Falta para assistência a membro do agregado familiar

1 – O trabalhador tem direito a faltar ao trabalho até 15 dias por ano para prestar assistência inadiável e imprescindível, em caso de doença ou acidente, a cônjuge ou pessoa que viva em união de facto ou economia comum com o trabalhador, parente ou afim na linha reta ascendente ou no 2º grau da linha colateral.

2 – Ao período de ausência previsto no número anterior acrescem 15 dias por ano, no caso de prestação de assistência inadiável e imprescindível a pessoa com deficiência ou doença crónica, que seja cônjuge ou viva em união de facto com o trabalhador.

3 – No caso de assistência a parente ou afim na linha reta ascendente, não é exigível a pertença ao mesmo agregado familiar.

4 – Para justificação da falta, o empregador pode exigir ao trabalhador:

a) Prova do caráter inadiável e imprescindível da assistência;

b) Declaração de que os outros membros do agregado familiar, caso exerçam atividade profissional, não faltaram pelo mesmo motivo ou estão impossibilitados de prestar a assistência;

c) No caso do número anterior, declaração de que outros familiares, caso exerçam atividade profissional, não faltaram pelo mesmo motivo ou estão impossibilitados de prestar a assistência.

ART. 253º   LIVRO I – TÍTULO II

ARTIGO 253º
Comunicação de ausência

1 – A ausência, quando previsível, é comunicada ao empregador, acompanhada da indicação do motivo justificativo, com a antecedência mínima de cinco dias.

2 – Caso a antecedência prevista no número anterior não possa ser respeitada, nomeadamente por a ausência ser imprevisível com a antecedência de cinco dias, a comunicação ao empregador é feita logo que possível.

3 – A falta de candidato a cargo público durante o período legal da campanha eleitoral é comunicada ao empregador com a antecedência mínima de quarenta e oito horas.

4 – A comunicação é reiterada em caso de ausência imediatamente subsequente à prevista em comunicação referida num dos números anteriores, mesmo quando a ausência determine a suspensão do contrato de trabalho por impedimento prolongado.

5 – O incumprimento do disposto neste artigo determina que a ausência seja injustificada.

ARTIGO 254º
Prova de motivo justificativo de falta

1 – O empregador pode, nos 15 dias seguintes à comunicação da ausência, exigir ao trabalhador prova de facto invocado para a justificação, a prestar em prazo razoável.

2 – A prova da situação de doença do trabalhador é feita por declaração de estabelecimento hospitalar, ou centro de saúde ou ainda por atestado médico.

3 – A situação de doença referida no número anterior pode ser verificada por médico, nos termos previstos em legislação específica.

4 – A apresentação ao empregador de declaração médica com intuito fraudulento constitui falsa declaração para efeitos de justa causa de despedimento.

5 – O incumprimento de obrigação prevista nos nºs 1 ou 2, ou a oposição, sem motivo atendível, à verificação da doença a que se refere o nº 3 determina que a ausência seja considerada injustificada.

ARTIGO 255º
Efeitos de falta justificada

1 – A falta justificada não afeta qualquer direito do trabalhador, salvo o disposto no número seguinte.

2 – Sem prejuízo de outras disposições legais, determinam a perda de retribuição as seguintes faltas justificadas:

a) Por motivo de doença, desde que o trabalhador beneficie de um regime de segurança social de proteção na doença;

b) Por motivo de acidente no trabalho, desde que o trabalhador tenha direito a qualquer subsídio ou seguro;

CONTRATO DE TRABALHO   ART. 257º

c) A prevista no artigo 252º;

d) As previstas na alínea *j*) do nº 2 do artigo 249º quando excedam 30 dias por ano;

e) A autorizada ou aprovada pelo empregador.

3 – A falta prevista no artigo 252º é considerada como prestação efetiva de trabalho.

ARTIGO 256º
Efeitos de falta injustificada

1 – A falta injustificada constitui violação do dever de assiduidade e determina perda da retribuição correspondente ao período de ausência, que não é contado na antiguidade do trabalhador.

2 – A falta injustificada a um ou meio período normal de trabalho diário, imediatamente anterior ou posterior a dia ou meio dia de descanso ou a feriado, constitui infração grave.

3 – Na situação referida no número anterior, o período de ausência a considerar para efeitos da perda de retribuição prevista no nº 1 abrange os dias ou meios-dias de descanso ou feriados imediatamente anteriores ou posteriores ao dia de falta.

4 – No caso de apresentação de trabalhador com atraso injustificado:

a) Sendo superior a sessenta minutos e para início do trabalho diário, o empregador pode não aceitar a prestação de trabalho durante todo o período normal de trabalho;

b) Sendo superior a trinta minutos, o empregador pode não aceitar a prestação de trabalho durante essa parte do período normal de trabalho.

Redação dada pela Lei nº 23/2012, de 25-06.

ARTIGO 257º
Substituição da perda de retribuição por motivo de falta

1 – A perda de retribuição por motivo de faltas pode ser substituída:

a) Por renúncia a dias de férias em igual número, até ao permitido pelo nº 5 do artigo 238º, mediante declaração expressa do trabalhador comunicada ao empregador;

b) Por prestação de trabalho em acréscimo ao período normal, dentro dos limites previstos no artigo 204º quando o instrumento de regulamentação coletiva de trabalho o permita.

2 – O disposto no número anterior não implica redução do subsídio de férias correspondente ao período de férias vencido.

ART. 258º   LIVRO I – TÍTULO II

CAPÍTULO III
Retribuição e outras prestações patrimoniais

SECÇÃO I
Disposições gerais sobre retribuição

ARTIGO 258º
Princípios gerais sobre a retribuição

1 – Considera-se retribuição a prestação a que, nos termos do contrato, das normas que o regem ou dos usos, o trabalhador tem direito em contrapartida do seu trabalho.

2 – A retribuição compreende a retribuição base e outras prestações regulares e periódicas feitas, direta ou indiretamente, em dinheiro ou em espécie.

3 – Presume-se constituir retribuição qualquer prestação do empregador ao trabalhador.

4 – À prestação qualificada como retribuição é aplicável o correspondente regime de garantias previsto neste Código.

Cfr. arts. 129º, nº 1, al. d) e 279º, nº 1.
Acerca das faltas por doença e aplicação do princípio trabalho igual salário igual cfr. Acórdão do STJ de 12/10/2011 (Processo: 343/04.4TTBCL.P1.S1).

ARTIGO 259º
Retribuição em espécie

1 – A prestação retributiva não pecuniária deve destinar-se à satisfação de necessidades pessoais do trabalhador ou da sua família e não lhe pode ser atribuído valor superior ao corrente na região.

2 – O valor das prestações retributivas não pecuniárias não pode exceder o da parte em dinheiro, salvo o disposto em instrumento de regulamentação coletiva de trabalho.

ARTIGO 260º
Prestações incluídas ou excluídas da retribuição

1 – Não se consideram retribuição:

a) As importâncias recebidas a título de ajudas de custo, abonos de viagem, despesas de transporte, abonos de instalação e outras equivalentes, devidas ao trabalhador por deslocações, novas instalações ou despesas feitas em serviço do empregador, salvo quando, sendo tais deslocações ou despesas frequentes, essas importâncias, na parte que exceda os respetivos montantes normais, tenham sido previstas no contrato ou se devam considerar pelos usos como elemento integrante da retribuição do trabalhador;

CONTRATO DE TRABALHO   ART. 261º

b) As gratificações ou prestações extraordinárias concedidas pelo empregador como recompensa ou prémio dos bons resultados obtidos pela empresa;

c) As prestações decorrentes de factos relacionados com o desempenho ou mérito profissionais, bem como a assiduidade do trabalhador, cujo pagamento, nos períodos de referência respetivos, não esteja antecipadamente garantido;

d) A participação nos lucros da empresa, desde que ao trabalhador esteja assegurada pelo contrato uma retribuição certa, variável ou mista, adequada ao seu trabalho.

2 – O disposto na alínea *a)* do número anterior aplica-se, com as necessárias adaptações, ao abono para falhas e ao subsídio de refeição.

3 – O disposto nas alíneas *b)* e *c)* do nº 1 não se aplica:

a) Às gratificações que sejam devidas por força do contrato ou das normas que o regem, ainda que a sua atribuição esteja condicionada aos bons serviços do trabalhador, nem àquelas que, pela sua importância e caráter regular e permanente, devam, segundo os usos, considerar-se como elemento integrante da retribuição daquele;

b) Às prestações relacionadas com os resultados obtidos pela empresa quando, quer no respetivo título atributivo quer pela sua atribuição regular e permanente, revistam caráter estável, independentemente da variabilidade do seu montante.

Acerca da contemplação da utilização de viatura como retribuição cfr. Acórdão do STJ de 24/09/ 2008 (Processo: 08S1031). Em especial a conclusão de «não contemplação como retribuição» se tal utilização resultar de uma mera tolerância da entidade empregadora.

Sobre a não contemplação como retribuição das "horas-extra" quando intermitentes ou irregulares cfr. acórdão do STJ de 13/07/2011 (Processo: 5477/07.0TTLSB.L1.S1).

ARTIGO 261º
Modalidades de retribuição

1 – A retribuição pode ser certa, variável ou mista, sendo esta constituída por uma parte certa e outra variável.

2 – É certa a retribuição calculada em função de tempo de trabalho.

3 – Para determinar o valor da retribuição variável, quando não seja aplicável o respetivo critério, considera-se a média dos montantes das prestações correspondentes aos últimos 12 meses, ou ao tempo de execução de contrato que tenha durado menos tempo.

4 – Caso o processo estabelecido no número anterior não seja praticável, o cálculo da retribuição variável faz-se segundo o disposto em instrumento de regulamentação coletiva de trabalho ou, na sua falta, segundo o prudente arbítrio do julgador.

ART. 262º   LIVRO I – TÍTULO II

ARTIGO 262º
Cálculo de prestação complementar ou acessória

1 – Quando disposição legal, convencional ou contratual não disponha em contrário, a base de cálculo de prestação complementar ou acessória é constituída pela retribuição base e diuturnidades.

2 – Para efeito do disposto no número anterior, entende-se por:

a) Retribuição base, a prestação correspondente à atividade do trabalhador no período normal de trabalho;

b) Diuturnidade, a prestação de natureza retributiva a que o trabalhador tenha direito com fundamento na antiguidade.

ARTIGO 263º
Subsídio de Natal

1 – O trabalhador tem direito a subsídio de Natal de valor igual a um mês de retribuição, que deve ser pago até 15 de dezembro de cada ano.

2 – O valor do subsídio de Natal é proporcional ao tempo de serviço prestado no ano civil, nas seguintes situações:

a) No ano de admissão do trabalhador;

b) No ano de cessação do contrato de trabalho;

c) Em caso de suspensão de contrato de trabalho por facto respeitante ao trabalhador.

3 – Constitui contraordenação muito grave a violação do disposto neste artigo.

O Artigo 274º da Lei do Orçamento de Estado para 2017 (Lei 42/2016), veio estipular um conjunto de novas regras relativas ao Pagamento em 2017 dos subsídios de Natal e férias no setor privado, a saber:

Artigo 274º
(Pagamento em 2017 dos subsídios de Natal e férias no setor privado)

1 – Durante o ano de 2017, o subsídio de Natal previsto no artigo 263º do Código do Trabalho, aprovado em anexo à Lei nº 7/2009, de 12 de fevereiro, na sua atual redação, deve ser pago da seguinte forma: a) 50% até 15 de dezembro; b) Os restantes 50% em duodécimos ao longo do ano.

2 – Durante o ano de 2017, suspende-se a vigência da norma constante da parte final do nº 1 do artigo 263º do Código do Trabalho.

3 – Nos contratos previstos no nº 10 do presente artigo só se aplica o disposto no número anterior se existir acordo escrito entre as partes para pagamento fracionado do subsídio de Natal.

4 – Durante o ano de 2017, o subsídio de férias, previsto no artigo 264º do Código do Trabalho, deve ser pago da seguinte forma: a) 50% antes do início do período de férias; b) Os restantes 50% em duodécimos ao longo do ano.

5 – Durante o ano de 2017, suspende-se a vigência da norma constante da parte final do nº 3 do artigo 264º do Código do Trabalho.

6 – Nos contratos previstos no nº 10 do presente artigo só se aplica o disposto no número anterior se existir acordo escrito entre as partes para pagamento fracionado do subsídio de férias.

CONTRATO DE TRABALHO   ART. 265º

7 – No caso de gozo interpolado de férias, a parte do subsídio referida na alínea a) do nº 4 deve ser paga proporcionalmente a cada período de gozo.

8 – O disposto nos números anteriores não se aplica a subsídios relativos a férias vencidas antes da entrada em vigor da presente lei que se encontrem por liquidar.

9 – Cessando o contrato de trabalho antes do termo do ano civil de 2017, o empregador pode recorrer a compensação de créditos quando os montantes efetivamente pagos ao trabalhador ao abrigo do presente artigo excedam os que lhe seriam devidos.

10 – No caso dos contratos de trabalho a termo e dos contratos de trabalho temporário, a adoção de um regime de pagamento fracionado dos subsídios de Natal e de férias idêntico ou análogo ao estabelecido no presente artigo depende de acordo escrito entre as partes.

11 – Da aplicação do disposto no presente artigo não pode resultar para o trabalhador a diminuição da respetiva remuneração mensal ou anual, nem dos respetivos subsídios.

12 – Os pagamentos dos subsídios de Natal e de férias em duodécimos, nos termos do presente artigo, são objeto de retenção autónoma, não podendo, para cálculo do imposto a reter, ser adicionados às remunerações dos meses em que são pagos ou postos à disposição do trabalhador, de acordo com o previsto na lei.

13 – O regime previsto no presente artigo pode ser afastado por manifestação de vontade expressa do trabalhador, a exercer no prazo de cinco dias a contar da entrada em vigor da presente lei, aplicando-se nesse caso as cláusulas de instrumento de regulamentação coletiva de trabalho e de contrato de trabalho que disponham em sentido diferente ou, na sua ausência, o previsto no Código do Trabalho.

ARTIGO 264º
Retribuição do período de férias e subsídio

1 – A retribuição do período de férias corresponde à que o trabalhador receberia se estivesse em serviço efetivo.

2 – Além da retribuição mencionada no número anterior, o trabalhador tem direito a subsídio de férias, compreendendo a retribuição base e outras prestações retributivas que sejam contrapartida do modo específico da execução do trabalho, correspondentes à duração mínima das férias.

3 – Salvo acordo escrito em contrário, o subsídio de férias deve ser pago antes do início do período de férias e proporcionalmente em caso de gozo interpolado de férias.

4 – Constitui contraordenação muito grave a violação do disposto neste artigo.

Vide nota ao artigo anterior (art. 263º).

ARTIGO 265º
Retribuição por isenção de horário de trabalho

1 – O trabalhador isento de horário de trabalho tem direito a retribuição específica, estabelecida por instrumento de regulamentação coletiva de trabalho ou, na falta deste, não inferior a:

a) Uma hora de trabalho suplementar por dia;

b) Duas horas de trabalho suplementar por semana, quando se trate de regime de isenção de horário com observância do período normal de trabalho.

ART. 266º   LIVRO I – TÍTULO II

2 – O trabalhador que exerça cargo de administração ou de direção pode renunciar à retribuição referida no número anterior.

3 – Constitui contraordenação grave a violação do disposto no nº 1.

ARTIGO 266º
Pagamento de trabalho noturno

1 – O trabalho noturno é pago com acréscimo de 25% relativamente ao pagamento de trabalho equivalente prestado durante o dia.

2 – O acréscimo previsto no número anterior pode ser substituído, mediante instrumento de regulamentação coletiva de trabalho, por:

a) Redução equivalente do período normal de trabalho;

b) Aumento fixo da retribuição base, desde que não importe tratamento menos favorável para o trabalhador.

3 – O disposto no nº 1 não se aplica, salvo se previsto em instrumento de regulamentação coletiva de trabalho:

a) Em atividade exercida exclusiva ou predominantemente durante o período noturno, designadamente espetáculo ou diversão pública;

b) Em atividade que, pela sua natureza ou por força da lei, deva funcionar à disposição do público durante o período noturno, designadamente empreendimento turístico, estabelecimento de restauração ou de bebidas, ou farmácia, em período de abertura;

c) Quando a retribuição seja estabelecida atendendo à circunstância de o trabalho dever ser prestado em período noturno.

4 – Constitui contraordenação muito grave a violação do disposto no nº 1.

ARTIGO 267º
Retribuição por exercício de funções afins ou funcionalmente ligadas

1 – O trabalhador que exerça funções a que se refere o nº 2 do artigo 118º, ainda que a título acessório, tem direito à retribuição mais elevada que lhes corresponda, enquanto tal exercício se mantiver.

2 – Constitui contraordenação grave a violação do disposto no número anterior.

ARTIGO 268º
Pagamento de trabalho suplementar

1 – O trabalho suplementar é pago pelo valor da retribuição horária com os seguintes acréscimos:

a) 25% pela primeira hora ou fração desta e 37,5% por hora ou fração subsequente, em dia útil;

CONTRATO DE TRABALHO   ART. 271º

b) 50% por cada hora ou fração, em dia de descanso semanal, obrigatório ou complementar, ou em feriado.

2 – É exigível o pagamento de trabalho suplementar cuja prestação tenha sido prévia e expressamente determinada, ou realizada de modo a não ser previsível a oposição do empregador.

3 – O disposto nos números anteriores pode ser afastado por instrumento de regulamentação coletiva de trabalho.

4 – Constitui contraordenação grave a violação do disposto no nº 1.

Redação dada pela Lei nº 23/2012, de 25-06.

ARTIGO 269º
Prestações relativas a dia feriado

1 – O trabalhador tem direito à retribuição correspondente a feriado, sem que o empregador a possa compensar com trabalho suplementar.

2 – O trabalhador que presta trabalho normal em dia feriado em empresa não obrigada a suspender o funcionamento nesse dia tem direito a descanso compensatório com duração de metade do número de horas prestadas ou a acréscimo de 50% da retribuição correspondente, cabendo a escolha ao empregador.

Redação dada pela Lei nº 23/2012, de 25-06.

SECÇÃO II
Determinação do valor da retribuição

ARTIGO 270º
Critérios de determinação da retribuição

Na determinação do valor da retribuição deve ter-se em conta a quantidade, natureza e qualidade do trabalho, observando-se o princípio de que, para trabalho igual ou de valor igual, salário igual.

Cfr. art. 59º, nº 1 da CRP.

ARTIGO 271º
Cálculo do valor da retribuição horária

1 – O valor da retribuição horária é calculado segundo a seguinte fórmula:

$$(Rm \times 12):(52 \times n)$$

2 – Para efeito do número anterior, Rm é o valor da retribuição mensal e n o período normal de trabalho semanal, definido em termos médios em caso de adaptabilidade.

ART. 272º LIVRO I – TÍTULO II

ARTIGO 272º
Determinação judicial do valor da retribuição

1 – Compete ao tribunal, tendo em conta a prática da empresa e os usos do setor ou locais, determinar o valor da retribuição quando as partes o não fizeram e ela não resulte de instrumento de regulamentação coletiva de trabalho aplicável.

2 – Compete ainda ao tribunal resolver dúvida suscitada sobre a qualificação como retribuição de prestação paga pelo empregador.

SECÇÃO III
Retribuição mínima mensal garantida

ARTIGO 273º
Determinação da retribuição mínima mensal garantida

1 – É garantida aos trabalhadores uma retribuição mínima mensal, seja qual for a modalidade praticada, cujo valor é determinado anualmente por legislação específica, ouvida a Comissão Permanente de Concertação Social.

2 – Na determinação da retribuição mínima mensal garantida são ponderados, entre outros fatores, as necessidades dos trabalhadores, o aumento de custo de vida e a evolução da produtividade, tendo em vista a sua adequação aos critérios da política de rendimentos e preços.

3 – Constitui contraordenação muito grave a violação do disposto no nº 1.

4 – A decisão que aplicar a coima deve conter a ordem de pagamento do quantitativo da retribuição em dívida ao trabalhador, a efetuar dentro do prazo estabelecido para pagamento da coima.

O valor da retribuição mínima mensal garantida a que se refere o nº 1 do presente artigo, é de € 557, com efeitos a partir do dia 1 de janeiro de 2017, nos termos do Decreto-Lei nº 86-B/2016, de 29 de dezembro.

ARTIGO 274º
Prestações incluídas na retribuição mínima mensal garantida

1 – O montante da retribuição mínima mensal garantida inclui:

a) O valor de prestação em espécie, nomeadamente alimentação ou alojamento, devida ao trabalhador em contrapartida do seu trabalho normal;

b) Comissão sobre vendas ou prémio de produção;

c) Gratificação que constitua retribuição, nos termos da alínea *a)* do nº 3 do artigo 260º.

2 – O valor de prestação em espécie é calculado segundo os preços correntes na região e não pode ser superior aos seguintes montantes ou percentagens do valor da retribuição mínima mensal garantida, total ou do determinado por aplicação de percentagem de redução a que se refere o artigo seguinte:

a) 35% para a alimentação completa;

b) 15% para a alimentação constituída por uma refeição principal;
c) 12% para o alojamento do trabalhador;
d) 27,36€ por divisão assoalhada para a habitação do trabalhador e seu agregado familiar;
e) 50% para o total das prestações em espécie.

3 – O valor mencionado na alínea *d)* do número anterior é atualizado por aplicação do coeficiente de atualização das rendas de habitação, sempre que seja aumentado o valor da retribuição mínima mensal garantida.

4 – O montante da retribuição mínima mensal garantida não inclui subsídio, prémio, gratificação ou outra prestação de atribuição acidental ou por período superior a um mês.

ARTIGO 275º
Redução da retribuição mínima mensal garantida relacionada com o trabalhador

1 – A retribuição mínima mensal garantida tem a seguinte redução relativamente a:

a) Praticante, aprendiz, estagiário ou formando em situação de formação certificada, 20%;

b) Trabalhador com capacidade de trabalho reduzida, a redução correspondente à diferença entre a capacidade plena para o trabalho e o coeficiente de capacidade efetiva para a atividade contratada, se a diferença for superior a 10%, com o limite de 50%.

2 – A redução prevista na alínea *a)* do número anterior não é aplicável por período superior a um ano, incluindo o tempo de formação ao serviço de outro empregador, desde que documentado e visando a mesma qualificação.

3 – O período estabelecido no número anterior é reduzido a seis meses no caso de trabalhador habilitado com curso técnico-profissional ou curso obtido no sistema de formação profissional qualificante para a respetiva profissão.

4 – A certificação do coeficiente de capacidade efetiva é feita, a pedido do trabalhador, do candidato a emprego ou do empregador, pelo serviço público de emprego ou pelos serviços de saúde.

SECÇÃO IV
Cumprimento de obrigação de retribuição

ARTIGO 276º
Forma de cumprimento

1 – A retribuição é satisfeita em dinheiro ou, estando acordado, em prestações não pecuniárias, nos termos do artigo 259º

ART. 277º   LIVRO I – TÍTULO II

2 – A parte pecuniária da retribuição pode ser paga por meio de cheque, vale postal ou depósito à ordem do trabalhador, devendo ser suportada pelo empregador a despesa feita com a conversão do título de crédito em dinheiro ou o levantamento, por uma só vez, da retribuição.

3 – Até ao pagamento da retribuição, o empregador deve entregar ao trabalhador documento do qual constem a identificação daquele, o nome completo, o número de inscrição na instituição de segurança social e a categoria profissional do trabalhador, a retribuição base e as demais prestações, bem como o período a que respeitam, os descontos ou deduções e o montante líquido a receber.

4 – Constitui contraordenação muito grave a violação do disposto no nº 1, contraordenação grave a violação do disposto no nº 2 e contraordenação leve a violação do disposto no nº 3.

ARTIGO 277º
Lugar do cumprimento

1 – A retribuição deve ser paga no local de trabalho ou noutro lugar que seja acordado, sem prejuízo do disposto no nº 2 do artigo anterior.

2 – Caso a retribuição deva ser paga em lugar diverso do local de trabalho, o tempo que o trabalhador gastar para receber a retribuição considera-se tempo de trabalho.

ARTIGO 278º
Tempo do cumprimento

1 – O crédito retributivo vence-se por períodos certos e iguais, que, salvo estipulação ou uso diverso, são a semana, a quinzena e o mês do calendário.

2 – A retribuição deve ser paga em dia útil, durante o período de trabalho ou imediatamente a seguir a este.

3 – Em caso de retribuição variável com período de cálculo superior a 15 dias, o trabalhador pode exigir o pagamento em prestações quinzenais.

4 – O montante da retribuição deve estar à disposição do trabalhador na data do vencimento ou em dia útil anterior.

5 – O empregador fica constituído em mora se o trabalhador, por facto que não lhe seja imputável, não puder dispor do montante da retribuição na data do vencimento.

6 – Constitui contraordenação grave a violação do disposto no nº 4.

ARTIGO 279º
Compensações e descontos

1 – Na pendência de contrato de trabalho, o empregador não pode compensar a retribuição em dívida com crédito que tenha sobre o trabalhador, nem fazer desconto ou dedução no montante daquela.

2 – O disposto no número anterior não se aplica:

CONTRATO DE TRABALHO   ART. 281º

a) A desconto a favor do Estado, da segurança social ou outra entidade, ordenado por lei, decisão judicial transitada em julgado ou auto de conciliação, quando o empregador tenha sido notificado da decisão ou do auto;

b) A indemnização devida pelo trabalhador ao empregador, liquidada por decisão judicial transitada em julgado ou auto de conciliação;

c) À sanção pecuniária a que se refere a alínea *c*) do nº 1 do artigo 328º;

d) A amortização de capital ou pagamento de juros de empréstimo concedido pelo empregador ao trabalhador;

e) A preço de refeições no local de trabalho, de utilização de telefone, de fornecimento de géneros, de combustíveis ou materiais, quando solicitados pelo trabalhador, ou outra despesa efetuada pelo empregador por conta do trabalhador com o acordo deste;

f) A abono ou adiantamento por conta da retribuição.

3 – Os descontos a que se refere o número anterior, com exceção do mencionado na alínea *a*), não podem exceder, no seu conjunto, um sexto da retribuição.

4 – Os preços de refeições ou outros bens fornecidos ao trabalhador por cooperativa de consumo, mediante acordo entre esta e o trabalhador, não estão sujeitos ao limite mencionado no número anterior.

5 – Constitui contraordenação muito grave a violação do disposto no nº 1.

O presente artigo trata da proibição dos descontos compensatórios como princípio geral, admitindo apenas as exceções previstas no nº 2. Aflora-se também aqui o princípio da irredutibilidade da remuneração consagrado no art. 129º, nº 1 alínea d).

ARTIGO 280º
Cessão de crédito retributivo

O trabalhador só pode ceder crédito a retribuição, a título gratuito ou oneroso, na medida em que o mesmo seja penhorável.

CAPÍTULO IV
Prevenção e reparação de acidentes de trabalho e doenças profissionais

ARTIGO 281º
Princípios gerais em matéria de segurança e saúde no trabalho

1 – O trabalhador tem direito a prestar trabalho em condições de segurança e saúde.

2 – O empregador deve assegurar aos trabalhadores condições de segurança e saúde em todos os aspetos relacionados com o trabalho, aplicando as medidas necessárias tendo em conta princípios gerais de prevenção.

3 – Na aplicação das medidas de prevenção, o empregador deve mobilizar os meios necessários, nomeadamente nos domínios da prevenção técnica, da forma-

ART. 282º   LIVRO I - TÍTULO II

ção, informação e consulta dos trabalhadores e de serviços adequados, internos ou externos à empresa.

4 – Os empregadores que desenvolvam simultaneamente atividades no mesmo local de trabalho devem cooperar na proteção da segurança e da saúde dos respetivos trabalhadores, tendo em conta a natureza das atividades de cada um.

5 – A lei regula os modos de organização e funcionamento dos serviços de segurança e saúde no trabalho, que o empregador deve assegurar.

6 – São proibidos ou condicionados os trabalhos que sejam considerados, por regulamentação em legislação especial, suscetíveis de implicar riscos para o património genético do trabalhador ou dos seus descendentes.

7 – Os trabalhadores devem cumprir as prescrições de segurança e saúde no trabalho estabelecidas na lei ou em instrumentos de regulamentação coletiva de trabalho, ou determinadas pelo empregador.

Cfr. arts. 62º, 72º, 222º e 225º.

ARTIGO 282º
Informação, consulta e formação dos trabalhadores

1 – O empregador deve informar os trabalhadores sobre os aspetos relevantes para a proteção da sua segurança e saúde e a de terceiros.

2 – O empregador deve consultar em tempo útil os representantes dos trabalhadores, ou os próprios trabalhadores, sobre a preparação e aplicação das medidas de prevenção.

3 – O empregador deve assegurar formação adequada, que habilite os trabalhadores a prevenir os riscos associados à respetiva atividade e os representantes dos trabalhadores a exercer de modo competente as respetivas funções.

4 – Em cada empresa, os trabalhadores são representados na promoção da segurança e saúde no trabalho por representantes eleitos com essa finalidade ou, na sua falta, pela comissão de trabalhadores.

Cfr. art. 106º.

ARTIGO 283º
Acidentes de trabalho e doenças profissionais

1 – O trabalhador e os seus familiares têm direito à reparação de danos emergentes de acidente de trabalho ou doença profissional.

2 – As doenças profissionais constam da lista organizada e publicada no Diário da República.

3 – A lesão corporal, perturbação funcional ou a doença não incluídas na lista a que se refere o número anterior são indemnizáveis desde que se prove serem consequência, necessária e direta, da atividade exercida e não representem normal desgaste do organismo.

4 – A lei estabelece as situações que excluem o dever de reparação ou que agravam a responsabilidade.

CONTRATO DE TRABALHO   ART. 285º

5 – O empregador é obrigado a transferir a responsabilidade pela reparação prevista neste capítulo para entidades legalmente autorizadas a realizar este seguro.

6 – A garantia do pagamento das prestações que forem devidas por acidentes de trabalho que não possam ser pagas pela entidade responsável, nomeadamente por motivo de incapacidade económica, é assumida pelo Fundo de Acidentes de Trabalho, nos termos da lei.

7 – A responsabilidade pela reparação dos danos emergentes de doenças profissionais é assumida pela segurança social, nos termos da lei.

8 – O empregador deve assegurar a trabalhador afetado de lesão provocada por acidente de trabalho ou doença profissional que reduza a sua capacidade de trabalho ou de ganho a ocupação em funções compatíveis.

ARTIGO 284º
Regulamentação da prevenção e reparação

O disposto neste capítulo é regulado em legislação específica.

Cfr. Lei nº 98/2009, de 4 de setembro que Regulamenta o regime de reparação de acidentes de trabalho e de doenças profissionais, incluindo a reabilitação e reintegração profissionais.

Cfr. também a Portaria nº 256/2011, de 5 de Julho, sobre as condições gerais da apólice de seguro obrigatório de acidentes de trabalho para trabalhadores por conta de outrem.

CAPÍTULO V
Vicissitudes contratuais

SECÇÃO I
Transmissão de empresa ou estabelecimento

ARTIGO 285º
Efeitos de transmissão de empresa ou estabelecimento

1 – Em caso de transmissão, por qualquer título, da titularidade de empresa, ou estabelecimento ou ainda de parte de empresa ou estabelecimento que constitua uma unidade económica, transmitem-se para o adquirente a posição do empregador nos contratos de trabalho dos respetivos trabalhadores, bem como a responsabilidade pelo pagamento de coima aplicada pela prática de contraordenação laboral.

2 – O transmitente responde solidariamente pelas obrigações vencidas até à data da transmissão, durante o ano subsequente a esta.

3 – O disposto nos números anteriores é igualmente aplicável à transmissão, cessão ou reversão da exploração de empresa, estabelecimento ou unidade económica, sendo solidariamente responsável, em caso de cessão ou reversão, quem imediatamente antes tenha exercido a exploração.

ART. 286º   LIVRO I – TÍTULO II

4 – O disposto nos números anteriores não é aplicável em caso de trabalhador que o transmitente, antes da transmissão, transfira para outro estabelecimento ou unidade económica, nos termos do disposto no artigo 194º, mantendo-o ao seu serviço, exceto no que respeita à responsabilidade do adquirente pelo pagamento de coima aplicada pela prática de contraordenação laboral.

5 – Considera-se unidade económica o conjunto de meios organizados com o objetivo de exercer uma atividade económica, principal ou acessória.

6 – Constitui contraordenação muito grave a violação do disposto no nº 1 e na primeira parte do nº 3.

Sobre a segurança no emprego cfr. art. 53º da CRP.

Acerca da transmissão de estabelecimento versus transmissão do contrato de trabalho cfr acórdão do STJ de 2 4/03/2011(Processo: 1493/07.0TTLSB.L1.S1).

Sobre a definição de «Unidade Económica» vide Acórdão do STJ de 15 de fevereiro de 2006.

ARTIGO 286º
Informação e consulta de representantes dos trabalhadores

1 – O transmitente e o adquirente devem informar os representantes dos respetivos trabalhadores ou, caso não existam, os próprios trabalhadores, sobre data e motivos da transmissão, suas consequências jurídicas, económicas e sociais para os trabalhadores e medidas projetadas em relação a estes.

2 – A informação referida no número anterior deve ser prestada por escrito, antes da transmissão, em tempo útil, pelo menos 10 dias antes da consulta referida no número seguinte.

3 – O transmitente e o adquirente devem consultar os representantes dos respetivos trabalhadores, antes da transmissão, com vista à obtenção de um acordo sobre as medidas que pretendam aplicar aos trabalhadores na sequência da transmissão, sem prejuízo das disposições legais e convencionais aplicáveis a tais medidas.

4 – Para efeitos dos números anteriores, consideram-se representantes dos trabalhadores as comissões de trabalhadores, bem como as comissões intersindicais, as comissões sindicais ou os delegados sindicais das respetivas empresas.

5 – Constitui contraordenação leve a violação do disposto nos nºs 1, 2 ou 3.

ARTIGO 287º
Representação dos trabalhadores após a transmissão

1 – Caso a empresa ou estabelecimento mantenha a autonomia após a transmissão, o estatuto e a função dos representantes dos trabalhadores afetados por esta não se alteram, desde que se mantenham os requisitos necessários para a instituição da estrutura de representação coletiva em causa.

2 – Caso a empresa, estabelecimento ou unidade económica transmitida seja incorporada na empresa do adquirente e nesta não exista a correspondente estrutura de representação coletiva dos trabalhadores prevista na lei, a existente na entidade incorporada continua em funções por um período de dois meses a contar da

transmissão ou até que nova estrutura entretanto eleita inicie as respetivas funções ou, ainda, por mais dois meses, se a eleição for anulada.

3 – No caso de incorporação de estabelecimento ou parte de empresa ou estabelecimento prevista no número anterior:

a) A subcomissão exerce os direitos próprios de comissão de trabalhadores durante o período que continuar em funções, em representação dos trabalhadores do estabelecimento transmitido;

b) Os representantes dos trabalhadores para a segurança e saúde no trabalho afetos à entidade incorporada exercem os direitos próprios desta estrutura, nos termos da alínea anterior.

4 – Os membros de estrutura de representação coletiva dos trabalhadores cujo mandato cesse, nos termos do nº 2, continuam a beneficiar da proteção estabelecida nos nºs 3 a 6 do artigo 410º ou em instrumento de regulamentação coletiva de trabalho, até à data em que o respetivo mandato terminaria.

SECÇÃO II
Cedência ocasional de trabalhador

ARTIGO 288º
Noção de cedência ocasional de trabalhador

A cedência ocasional consiste na disponibilização temporária de trabalhador, pelo empregador, para prestar trabalho a outra entidade, a cujo poder de direção aquele fica sujeito, mantendo-se o vínculo contratual inicial.

ARTIGO 289º
Admissibilidade de cedência ocasional

1 – A cedência ocasional de trabalhador é lícita quando se verifiquem cumulativamente as seguintes condições:

a) O trabalhador esteja vinculado ao empregador cedente por contrato de trabalho sem termo;

b) A cedência ocorra entre sociedades coligadas, em relação societária de participações recíprocas, de domínio ou de grupo, ou entre empregadores que tenham estruturas organizativas comuns;

c) O trabalhador concorde com a cedência;

d) A duração da cedência não exceda um ano, renovável por iguais períodos até ao máximo de cinco anos.

2 – As condições da cedência ocasional de trabalhador podem ser reguladas por instrumento de regulamentação coletiva de trabalho, com exceção da referida na alínea *c)* do número anterior.

3 – Constitui contraordenação grave a violação do disposto no nº 1.

ART. 290º   LIVRO I – TÍTULO II

ARTIGO 290º
Acordo de cedência ocasional de trabalhador

1 – A cedência ocasional de trabalhador depende de acordo entre cedente e cessionário, sujeito a forma escrita, que deve conter:

a) Identificação, assinaturas e domicílio ou sede das partes;
b) Identificação do trabalhador cedido;
c) Indicação da atividade a prestar pelo trabalhador;
d) Indicação da data de início e da duração da cedência;
e) Declaração de concordância do trabalhador.

2 – Em caso de cessação do acordo de cedência ocasional, de extinção da entidade cessionária ou de cessação da atividade para que foi cedido, o trabalhador regressa ao serviço do cedente, mantendo os direitos que tinha antes da cedência, cuja duração conta para efeitos de antiguidade.

3 – Constitui contraordenação grave a violação do disposto na alínea *e)* do nº 1 ou no nº 2 e constitui contraordenação leve a violação de qualquer dos demais preceitos do nº 1.

ARTIGO 291º
Regime de prestação de trabalho de trabalhador cedido

1 – Durante a cedência ocasional, o trabalhador está sujeito ao regime de trabalho aplicável ao cessionário no que respeita ao modo, local, duração de trabalho, suspensão do contrato de trabalho, segurança e saúde no trabalho e acesso a equipamentos sociais.

2 – O cessionário deve informar o cedente e o trabalhador cedido sobre os riscos para a segurança e saúde inerentes ao posto de trabalho a que este é afeto.

3 – Não é permitida a afetação de trabalhador cedido a posto de trabalho particularmente perigoso para a sua segurança ou saúde, salvo quando corresponda à sua qualificação profissional específica.

4 – O cessionário deve elaborar o horário de trabalho de trabalhador cedido e marcar o período das férias que sejam gozadas ao seu serviço.

5 – O trabalhador cedido tem direito:

a) À retribuição mínima que, em instrumento de regulamentação coletiva de trabalho aplicável ao cedente ou ao cessionário, corresponda às suas funções, ou à praticada por este para as mesmas funções, ou à retribuição auferida no momento da cedência, consoante a que for mais elevada;
b) A férias, subsídios de férias e de Natal e outras prestações regulares e periódicas a que os trabalhadores do cessionário tenham direito por idêntica prestação de trabalho, em proporção da duração da cedência.

6 – A cedência de trabalhador a uma ou mais entidades deve observar as condições constantes do contrato de trabalho.

7 – Constitui contraordenação grave a violação do disposto nos nºs 2, 3, 4 ou 5.

CONTRATO DE TRABALHO   ART. 294º

ARTIGO 292º
Consequência de recurso ilícito a cedência ou de irregularidade do acordo

1 – A cedência ocasional de trabalhador fora das condições em que é admissível, ou a falta do acordo nos termos do nº 1 do artigo 290º confere ao trabalhador cedido o direito de optar pela permanência ao serviço do cessionário em regime de contrato de trabalho sem termo.

2 – O direito previsto no número anterior pode ser exercido até ao termo da cedência, mediante comunicação ao cedente e ao cessionário por carta registada com aviso de receção.

ARTIGO 293º
Enquadramento de trabalhador cedido

1 – O trabalhador cedido não é considerado para efeito da determinação das obrigações do cessionário que tenham em conta o número de trabalhadores empregados, exceto no que respeita à organização dos serviços de segurança e saúde no trabalho.

2 – O cessionário deve comunicar à comissão de trabalhadores o início da utilização de trabalhador em regime de cedência ocasional, no prazo de cinco dias úteis.

3 – Constitui contraordenação leve a violação do disposto no número anterior.

SECÇÃO III
Redução da atividade e suspensão de contrato de trabalho

SUBSECÇÃO I
Disposições gerais sobre a redução e suspensão

ARTIGO 294º
Factos determinantes de redução ou suspensão

1 – A redução temporária de período normal de trabalho ou a suspensão de contrato de trabalho pode fundamentar-se na impossibilidade temporária, respetivamente parcial ou total, de prestação de trabalho por facto relativo ao trabalhador ou ao empregador.

2 – Permitem também a redução do período normal de trabalho ou a suspensão do contrato de trabalho, designadamente:

a) A necessidade de assegurar a viabilidade da empresa e a manutenção de postos de trabalho, em situação de crise empresarial;

ART. 295º   LIVRO I – TÍTULO II

b) O acordo entre trabalhador e empregador, nomeadamente acordo de pré-reforma.

3 – Pode ainda ocorrer a suspensão de contrato de trabalho por iniciativa de trabalhador, fundada em falta de pagamento pontual da retribuição.

ARTIGO 295º
Efeitos da redução ou da suspensão

1 – Durante a redução ou suspensão, mantêm-se os direitos, deveres e garantias das partes que não pressuponham a efetiva prestação de trabalho.

2 – O tempo de redução ou suspensão conta-se para efeitos de antiguidade.

3 – A redução ou suspensão não tem efeitos no decurso de prazo de caducidade, nem obsta a que qualquer das partes faça cessar o contrato nos termos gerais.

4 – Terminado o período de redução ou suspensão, são restabelecidos os direitos, deveres e garantias das partes decorrentes da efetiva prestação de trabalho.

5 – Constitui contraordenação grave o impedimento por parte do empregador a que o trabalhador retome a atividade normal após o termo do período de redução ou suspensão.

SUBSECÇÃO II
Suspensão de contrato de trabalho
por facto respeitante a trabalhador

ARTIGO 296º
Facto determinante da suspensão respeitante a trabalhador

1 – Determina a suspensão do contrato de trabalho o impedimento temporário por facto respeitante ao trabalhador que não lhe seja imputável e se prolongue por mais de um mês, nomeadamente doença, acidente ou facto decorrente da aplicação da lei do serviço militar.

2 – O trabalhador pode suspender de imediato o contrato de trabalho:

a) Na situação referida no nº 1 do artigo 195º, quando não exista outro estabelecimento da empresa para o qual possa pedir transferência;

b) Nos casos previstos no nº 2 do artigo 195º, até que ocorra a transferência.

3 – O contrato de trabalho suspende-se antes do prazo referido no nº 1, no momento em que seja previsível que o impedimento vai ter duração superior àquele prazo.

4 – O contrato de trabalho suspenso caduca no momento em que seja certo que o impedimento se torna definitivo.

5 – O impedimento temporário por facto imputável ao trabalhador determina a suspensão do contrato de trabalho nos casos previstos na lei.

CONTRATO DE TRABALHO ART. 298º-A

ARTIGO 297º
Regresso do trabalhador

No dia imediato à cessação do impedimento, o trabalhador deve apresentar-se ao empregador para retomar a atividade.

Cfr. art. 195º.

SUBSECÇÃO III
Redução temporária do período normal de trabalho ou suspensão do contrato de trabalho por facto respeitante ao empregador

DIVISÃO I
Situação de crise empresarial

ARTIGO 298º
Redução ou suspensão em situação de crise empresarial

1 – O empregador pode reduzir temporariamente os períodos normais de trabalho ou suspender os contratos de trabalho, por motivos de mercado, estruturais ou tecnológicos, catástrofes ou outras ocorrências que tenham afetado gravemente a atividade normal da empresa, desde que tal medida seja indispensável para assegurar a viabilidade da empresa e a manutenção dos postos de trabalho.

2 – A redução a que se refere o número anterior pode abranger:

a) Um ou mais períodos normais de trabalho, diários ou semanais, podendo dizer respeito a diferentes grupos de trabalhadores, rotativamente;

b) Diminuição do número de horas correspondente ao período normal de trabalho, diário ou semanal.

3 – O regime de redução ou suspensão aplica-se aos casos em que essa medida seja determinada no âmbito de declaração de empresa em situação económica difícil ou, com as necessárias adaptações, em processo de recuperação de empresa.

4 – A empresa que recorra ao regime de redução ou suspensão deve ter a sua situação contributiva regularizada perante a administração fiscal e a segurança social, nos termos da legislação aplicável, salvo quando se encontre numa das situações previstas no número anterior.

Redação dada pela Lei nº 23/2012, de 25 de junho.

ARTIGO 298º-A
Impedimento de redução ou suspensão

O empregador só pode recorrer novamente à aplicação das medidas de redução ou suspensão depois de decorrido um período de tempo equivalente a metade do

ART. 299º   LIVRO I – TÍTULO II

período anteriormente utilizado, podendo ser reduzido por acordo entre o empregador e os trabalhadores abrangidos ou as suas estruturas representativas.

Aditado pela Lei nº 23/2012, de 25-06.

ARTIGO 299º
Comunicações em caso de redução ou suspensão

1 – O empregador comunica, por escrito, à comissão de trabalhadores ou, na sua falta, à comissão intersindical ou comissões sindicais da empresa representativas dos trabalhadores a abranger, a intenção de reduzir ou suspender a prestação do trabalho, informando-as simultaneamente sobre:

a) Fundamentos económicos, financeiros ou técnicos da medida;
b) Quadro de pessoal, discriminado por secções;
c) Critérios para seleção dos trabalhadores a abranger;
d) Número e categorias profissionais dos trabalhadores a abranger;
e) Prazo de aplicação da medida;
f) Áreas de formação a frequentar pelos trabalhadores durante o período de redução ou suspensão, sendo caso disso.

2 – O empregador disponibiliza, para consulta, os documentos em que suporta a alegação de situação de crise empresarial, designadamente de natureza contabilística e financeira.

3 – Na falta das entidades referidas no nº 1, o empregador comunica, por escrito, a cada trabalhador a abranger, a intenção de reduzir ou suspender a prestação de trabalho, podendo estes, nos cinco dias posteriores à receção da comunicação, designar de entre eles uma comissão representativa com o máximo de três ou cinco elementos, consoante a medida abranja até 20 ou mais trabalhadores.

4 – No caso previsto no número anterior, o empregador disponibiliza, ao mesmo tempo, para consulta dos trabalhadores, a informação referida no nº 1 e envia a mesma à comissão representativa que seja designada.

5 – Constitui contraordenação grave a violação do disposto neste artigo.

Redação dada pela Lei nº 23/2012, de 25-06.

ARTIGO 300º
Informações e negociação em caso de redução ou suspensão

1 – Nos cinco dias posteriores ao facto previsto nos nºs 1 ou 4 do artigo anterior, o empregador promove uma fase de informações e negociação com a estrutura representativa dos trabalhadores, com vista a um acordo sobre a modalidade, âmbito e duração das medidas a adotar.

2 – A ata das reuniões de negociação deve conter a matéria acordada e, bem assim, as posições divergentes das partes, com as opiniões, sugestões e propostas de cada uma.

3 – Celebrado o acordo ou, na falta deste, após terem decorrido cinco dias sobre o envio da informação prevista nos nºs 1 ou 4 do artigo anterior ou, na falta desta, da comunicação referida no nº 3 do mesmo artigo, o empregador comunica por escrito, a cada trabalhador, a medida que decidiu aplicar, com menção expressa do fundamento e das datas de início e termo da medida.

4 – Na data das comunicações referidas no número anterior, o empregador remete à estrutura representativa dos trabalhadores e ao serviço competente do ministério responsável pela área da segurança social a ata a que se refere o nº 2, bem como relação de que conste o nome dos trabalhadores, morada, datas de nascimento e de admissão na empresa, situação perante a segurança social, profissão, categoria e retribuição e, ainda, a medida individualmente adotada, com indicação das datas de início e termo da aplicação.

5 – Na falta de ata da negociação, o empregador envia às entidades referidas no número anterior um documento em que o justifique e descreva o acordo, ou as razões que obstaram ao mesmo e as posições finais das partes.

6 – O procedimento previsto nos nºs 4 e 5 é regulado por portaria dos membros do Governo responsáveis pelas áreas laboral e da segurança social.

7 –Constitui contraordenação leve a violação do disposto nos nºs 1 a 5.

Redação dada pela Lei nº 23/2012, de 25-06.

ARTIGO 301º
Duração de medida de redução ou suspensão

1 – A redução ou suspensão deve ter uma duração previamente definida, não superior a seis meses ou, em caso de catástrofe ou outra ocorrência que tenha afetado gravemente a atividade normal da empresa, um ano.

2 – A redução ou suspensão pode iniciar-se decorridos cinco dias sobre a data da comunicação a que se refere o nº 3 do artigo anterior, ou imediatamente em caso de acordo entre o empregador e a estrutura representativa dos trabalhadores, a comissão representativa referida no nº 3 do artigo 299º ou a maioria dos trabalhadores abrangidos ou, ainda, no caso de impedimento imediato à prestação normal de trabalho que os trabalhadores abrangidos conheçam ou lhes seja comunicado.

3 –Qualquer dos prazos referidos no nº 1 pode ser prorrogado por um período máximo de seis meses, desde que o empregador comunique tal intenção e a duração prevista, por escrito e de forma fundamentada, a estrutura representativa dos trabalhadores ou à comissão representativa referida no nº 3 do artigo 299º

4 – Na falta de estrutura representativa dos trabalhadores ou da comissão representativa referida no nº 3 do artigo 299º, a comunicação prevista no número anterior é feita a cada trabalhador abrangido pela prorrogação.

5 – Constitui contraordenação leve a violação do disposto neste artigo.

Redação dada pela Lei nº 23/2012, de 25-06.

ART. 302º   LIVRO I – TÍTULO II

ARTIGO 302º
Formação profissional durante a redução ou suspensão

1 – A formação profissional a frequentar pelos trabalhadores durante o período de redução ou suspensão deve orientar-se para a viabilização da empresa e a manutenção dos postos de trabalho, ou o desenvolvimento da qualificação profissional dos trabalhadores que aumente a sua empregabilidade.

2 – O empregador elabora o plano da formação, precedido de consulta aos trabalhadores abrangidos e de parecer da estrutura representativa dos trabalhadores.

3 – A resposta dos trabalhadores e o parecer referido no número anterior devem ser emitidos em prazo indicado pelo empregador, não inferior a cinco dias.

4 – Constitui contraordenação leve a violação do disposto nos nºs 2 e 3.

ARTIGO 303º
Deveres do empregador no período de redução ou suspensão

1 – Durante o período de redução ou suspensão, o empregador deve:

a) Efetuar pontualmente o pagamento da compensação retributiva, bem como o acréscimo a que haja lugar em caso de formação profissional;

b) Pagar pontualmente as contribuições para a segurança social sobre a retribuição auferida pelos trabalhadores;

c) Não distribuir lucros, sob qualquer forma, nomeadamente a título de levantamento por conta;

d) Não aumentar a retribuição ou outra prestação patrimonial atribuída a membro de corpos sociais, enquanto a segurança social comparticipar na compensação retributiva atribuída aos trabalhadores;

e) Não proceder a admissão ou renovação de contrato de trabalho para preenchimento de posto de trabalho suscetível de ser assegurado por trabalhador em situação de redução ou suspensão.

2 – Durante o período de redução ou suspensão, bem como nos 30 ou 60 dias seguintes à aplicação das medidas, consoante a duração da respetiva aplicação não exceda ou seja superior a seis meses, o empregador não pode fazer cessar o contrato de trabalho de trabalhador abrangido por aquelas medidas, exceto se se tratar de cessação da comissão de serviço, cessação de contrato de trabalho a termo ou despedimento por facto imputável ao trabalhador.

3 – Em caso de violação do disposto no número anterior, o empregador procede à devolução dos apoios recebidos, previstos nos nºs 4 e 5 do artigo 305º, em relação ao trabalhador cujo contrato tenha cessado.

4 – Constitui contraordenação grave a violação do disposto neste artigo.

Redação dada pela Lei nº 23/2012, de 25-06.

ARTIGO 304º
Deveres do trabalhador no período de redução ou suspensão

1 – Durante o período de redução ou suspensão, o trabalhador deve:

a) Pagar contribuições para a segurança social com base na retribuição auferida e na compensação retributiva;

b) Caso exerça atividade remunerada fora da empresa, comunicar o facto ao empregador, no prazo de cinco dias a contar do início da mesma, para efeitos de eventual redução na compensação retributiva;

c) Frequentar ações de formação profissional previstas no plano referido no artigo 302º.

2 – O trabalhador que não cumpra injustificadamente o dever a que se refere a alínea *b)* ou *c)* do número anterior perde o direito a compensação retributiva e, no caso da alínea *b)*, deve restituir o que tiver recebido a este título, constituindo ainda a omissão uma infração disciplinar grave.

ARTIGO 305º
Direitos do trabalhador no período de redução ou suspensão

1 – Durante o período de redução ou suspensão, o trabalhador tem direito:

a) A auferir mensalmente um montante mínimo igual a dois terços da sua retribuição normal ilíquida, ou o valor da retribuição mínima mensal garantida correspondente ao seu período normal de trabalho, consoante o que for mais elevado;

b) A manter as regalias sociais ou prestações da segurança social a que tenha direito e a que a respetiva base de cálculo não seja alterada por efeito da redução ou suspensão;

c) A exercer outra atividade remunerada.

2 – Durante o período de redução, a retribuição do trabalhador é calculada em proporção das horas de trabalho.

3 – Durante o período de redução ou suspensão, o trabalhador tem direito a compensação retributiva na medida do necessário para, conjuntamente com a retribuição de trabalho prestado na empresa ou fora dela, assegurar o montante mensal referido na alínea *a)* do nº 1, até ao triplo da retribuição mínima mensal garantida, sem prejuízo do disposto no nº 5.

4 – A compensação retributiva é paga em 30% do seu montante pelo empregador e em 70% pelo serviço público competente da área da segurança social.

5 – Quando, durante o período de redução ou suspensão, os trabalhadores frequentem cursos de formação profissional adequados ao desenvolvimento da qualificação profissional que aumente a sua empregabilidade ou à viabilização da empresa e manutenção dos postos de trabalho, em conformidade com um plano de formação aprovado pelo serviço público competente na área do emprego e formação profissional, este paga o valor correspondente a 30% do indexante dos apoios sociais

ART. 306º   LIVRO I – TÍTULO II

destinado, em partes iguais, ao empregador e ao trabalhador, acrescendo, relativamente a este, à compensação retributiva prevista nos nºs 3 e 4.

6 – Os serviços públicos competentes nas áreas da segurança social e do emprego e formação profissional devem entregar a parte que lhes compete ao empregador, de modo que este possa pagar pontualmente ao trabalhador a compensação retributiva, bem como o acréscimo a que haja lugar.

7 – O subsídio de doença da segurança social não é atribuído relativamente a período de doença que ocorra durante a suspensão do contrato, mantendo o trabalhador direito à compensação retributiva.

8 – Em caso de não pagamento pontual do montante previsto na alínea *a*) do nº 1 durante o período de redução, o trabalhador tem direito a suspender o contrato nos termos do artigo 325º.

9 – Constitui contraordenação grave a violação do disposto na alínea *b*) do nº 1.

Redação dada pela Lei nº 23/2012, de 25-06.

ARTIGO 306º
Efeitos da redução ou suspensão em férias, subsídio de férias ou de Natal

1 – O tempo de redução ou suspensão não afeta o vencimento e a duração do período de férias.

2 – A redução ou suspensão não prejudica a marcação e o gozo de férias, nos termos gerais, tendo o trabalhador direito ao pagamento pelo empregador do subsídio de férias devido em condições normais de trabalho.

3 – O trabalhador tem direito a subsídio de Natal por inteiro, que é pago pela segurança social em montante correspondente a metade da compensação retributiva e pelo empregador no restante.

4 – Constitui contraordenação grave a violação do disposto nos nºs 1, 2 ou 3, este na parte respeitante ao empregador.

ARTIGO 307º
Acompanhamento da medida

1 – O empregador informa trimestralmente as estruturas representativas dos trabalhadores ou a comissão representativa referida no nº 3 do artigo 299º ou, na sua falta, os trabalhadores abrangidos da evolução das razões que justificam o recurso à redução ou suspensão da prestação de trabalho.

2 – Durante a redução ou suspensão, o serviço com competência inspetiva do ministério responsável pela área laboral, por iniciativa própria ou a requerimento de qualquer interessado, deve pôr termo à aplicação do regime relativamente a todos ou a alguns trabalhadores, nos seguintes casos:

a)   Não verificação ou cessação da existência do fundamento invocado;

b)   Falta das comunicações ou recusa de participação no procedimento de informações e negociação por parte do empregador;

CONTRATO DE TRABALHO ART. 310º

c) Incumprimento de qualquer dos deveres a que se referem os nºs 1 e 2 do artigo 303º

3 – A decisão que ponha termo à aplicação da medida deve indicar os trabalhadores a quem se aplica e produz efeitos a partir do momento em que o empregador seja notificado.

4 – Constitui contraordenação grave a violação do disposto no nº 1.

Redação dada pela Lei nº 23/2012, de 25-06.

ARTIGO 308º
Direitos dos representantes dos trabalhadores durante a redução ou suspensão

1 – A medida de redução ou suspensão relativa a trabalhador que seja delegado sindical ou membro de estrutura de representação coletiva dos trabalhadores não prejudica o direito ao exercício das correspondentes funções na empresa.

2 – Constitui contraordenação grave a violação do disposto no número anterior.

DIVISÃO II
Encerramento e diminuição temporários de atividade

ARTIGO 309º
Retribuição durante o encerramento ou a diminuição de atividade

1 – Em caso de encerramento temporário ou diminuição temporária de atividade de empresa ou estabelecimento que não respeite a situação de crise empresarial, o trabalhador tem direito a:

a) Sendo devido a caso fortuito ou de força maior, 75% da retribuição;

b) Sendo devido a facto imputável ao empregador ou por motivo de interesse deste, a totalidade da retribuição.

2 – Ao valor da retribuição deduz-se o que o trabalhador receba no período em causa por outra atividade que tenha passado a exercer por efeito do encerramento ou diminuição de atividade.

3 – Constitui contraordenação grave a violação do disposto no nº 1.

ARTIGO 310º
Cessação de encerramento ou de diminuição de atividade

O empregador deve informar os trabalhadores cuja atividade está suspensa da cessação do encerramento ou da diminuição de atividade, devendo estes retomar a prestação de trabalho.

ART. 311º   LIVRO I – TÍTULO II

ARTIGO 311º
Procedimento em caso de encerramento temporário
por facto imputável ao empregador

1 – O encerramento temporário de empresa ou estabelecimento por facto imputável ao empregador, sem que este tenha iniciado procedimento com vista a despedimento coletivo, a despedimento por extinção de posto de trabalho, a redução temporária do período normal de trabalho ou a suspensão do contrato de trabalho em situação de crise empresarial, ou que não consista em encerramento para férias, rege-se pelo disposto nos números seguintes.

2 – Para efeito do número anterior, considera-se que há encerramento temporário de empresa ou estabelecimento por facto imputável ao empregador sempre que, por decisão deste, a atividade deixe de ser exercida, ou haja interdição de acesso a locais de trabalho ou recusa de fornecimento de trabalho, condições e instrumentos de trabalho, que determine ou possa determinar a paralisação de empresa ou estabelecimento.

3 – O empregador informa os trabalhadores e a comissão de trabalhadores ou, na sua falta, a comissão intersindical ou as comissões sindicais da empresa, sobre fundamento, duração previsível e consequências de encerramento, com antecedência não inferior a 15 dias ou, sendo esta inviável, logo que possível.

4 – A comissão de trabalhadores pode emitir parecer sobre o encerramento no prazo de 10 dias.

5 – Constitui contraordenação muito grave a violação não dolosa do disposto no nº 3.

ARTIGO 312º
Caução em caso de encerramento temporário
por facto imputável ao empregador

1 – Em situação prevista no artigo anterior, o empregador constitui a caução que garanta o pagamento de retribuições em mora, se existirem, de retribuições referentes ao período de encerramento e de compensações por despedimento, relativamente aos trabalhadores abrangidos.

2 – O empregador é dispensado de prestar caução relativa a compensações por despedimento coletivo em caso de declaração expressa neste sentido, por escrito, de dois terços dos trabalhadores abrangidos.

3 – A caução deve ser utilizada decorridos 15 dias após o não pagamento de qualquer prestação garantida ou, no caso de retribuição em mora, após a sua constituição.

4 – A caução deve ser reforçada proporcionalmente em caso de aumento de retribuições, da duração do encerramento ou da sua extensão a outro estabelecimento da empresa.

5 – É aplicável o regime da caução para o exercício da atividade de empresa de trabalho temporário no que respeita aos seguintes aspetos:

a) Entidade a favor da qual é constituída;
b) Forma por que é prestada;

CONTRATO DE TRABALHO   ART. 315º

c) Prova do não pagamento de prestações garantidas;
d) Cessação e devolução.

6 – Constitui contraordenação muito grave a violação não dolosa do disposto nos nºs 1 ou 4.

ARTIGO 313º
Atos proibidos em caso de encerramento temporário

1 – Em caso de encerramento temporário de empresa ou estabelecimento a que se refere o nº 1 do artigo 311º, o empregador não pode:

a) Distribuir lucros ou dividendos, pagar suprimentos e respetivos juros ou amortizar quotas sob qualquer forma;
b) Remunerar membros dos corpos sociais por qualquer meio, em percentagem superior à paga aos respetivos trabalhadores;
c) Comprar ou vender ações ou quotas próprias a membros dos corpos sociais;
d) Efetuar pagamentos a credores não titulares de garantia ou privilégio com preferência em relação aos créditos dos trabalhadores, salvo se tais pagamentos se destinarem a permitir a atividade da empresa;
e) Efetuar pagamentos a trabalhadores que não correspondam ao rateio do montante disponível, na proporção das respetivas retribuições;
f) Efetuar liberalidades, qualquer que seja o título;
g) Renunciar a direitos com valor patrimonial;
h) Celebrar contratos de mútuo na qualidade de mutuante;
i) Proceder a levantamentos de tesouraria para fim alheio à atividade da empresa.

2 – A proibição a que se refere qualquer das alíneas *d*) a *g*) do número anterior cessa em caso de declaração expressa neste sentido, por escrito, de dois terços dos trabalhadores abrangidos.

ARTIGO 314º
Anulabilidade de ato de disposição

1 – O ato de disposição de património da empresa a título gratuito, praticado durante o encerramento temporário abrangido pelo nº 1 do artigo 311º, é anulável por iniciativa de qualquer interessado ou de estrutura de representação coletiva dos trabalhadores.

2 – O disposto no número anterior aplica-se a ato de disposição de património da empresa a título oneroso, praticado durante o mesmo período, se dele resultar diminuição da garantia patrimonial de créditos dos trabalhadores.

ARTIGO 315º
Extensão do regime a caso de encerramento definitivo

O regime previsto nos artigos 311º a 314º aplica-se, com as devidas adaptações, a encerramento definitivo de empresa ou estabelecimento que ocorra sem ser ini-

ART. 316º   LIVRO I – TÍTULO II

ciado procedimento para despedimento coletivo ou sem ser cumprido o disposto no nº 4 do artigo 346º.

ARTIGO 316º
Responsabilidade penal em caso de encerramento de empresa ou estabelecimento

1 – O empregador que encerre, temporária ou definitivamente, empresa ou estabelecimento, em caso previsto no artigo 311º ou no artigo anterior, sem ter dado cumprimento ao disposto nos artigos 311º e 312º, é punido com pena de prisão até 2 anos ou de multa até 240 dias.

2 – A violação do disposto no artigo 313º é punida com pena de prisão até 3 anos, sem prejuízo de pena mais grave aplicável ao caso.

SUBSECÇÃO IV
Licença sem retribuição

ARTIGO 317º
Concessão e efeitos da licença sem retribuição

1 – O empregador pode conceder ao trabalhador, a pedido deste, licença sem retribuição.

2 – O trabalhador tem direito a licença sem retribuição de duração superior a 60 dias para frequência de curso de formação ministrado sob responsabilidade de instituição de ensino ou de formação profissional, ou no âmbito de programa específico aprovado por autoridade competente e executado sob o seu controlo pedagógico, ou para frequência de curso ministrado em estabelecimento de ensino.

3 – Em situação prevista no número anterior, o empregador pode recusar a concessão de licença:

a) Quando, nos 24 meses anteriores, tenha sido proporcionada ao trabalhador formação profissional adequada ou licença para o mesmo fim;

b) Em caso de trabalhador com antiguidade inferior a três anos;

c) Quando o trabalhador não tenha requerido a licença com a antecedência mínima de 90 dias em relação à data do seu início;

d) Quando se trate de microempresa ou de pequena empresa e não seja possível a substituição adequada do trabalhador, caso necessário;

e) Em caso de trabalhador incluído em nível de qualificação de direção, chefia, quadro ou pessoal qualificado, quando não seja possível a sua substituição durante o período da licença, sem prejuízo sério para o funcionamento da empresa.

4 – A licença determina a suspensão do contrato de trabalho, com os efeitos previstos no artigo 295º.

5 – Constitui contraordenação grave a violação do disposto no nº 2.

CONTRATO DE TRABALHO   ART. 321º

SUBSECÇÃO V
Pré-reforma

ARTIGO 318º
Noção de pré-reforma

Considera-se pré-reforma a situação de redução ou suspensão da prestação de trabalho, constituída por acordo entre empregador e trabalhador com idade igual ou superior a 55 anos, durante a qual este tem direito a receber do empregador uma prestação pecuniária mensal, denominada de pré-reforma.

Cfr. art. 237º.

ARTIGO 319º
Acordo de pré-reforma

O acordo de pré-reforma está sujeito a forma escrita e deve conter:

a) Identificação, assinaturas e domicílio ou sede das partes;
b) Data de início da pré-reforma;
c) Montante da prestação de pré-reforma;
d) Organização do tempo de trabalho, no caso de redução da prestação de trabalho.

ARTIGO 320º
Prestação de pré-reforma

1 – O montante inicial da prestação de pré-reforma não pode ser superior à retribuição do trabalhador na data do acordo, nem inferior a 25% desta ou à retribuição do trabalho, caso a pré-reforma consista na redução da prestação de trabalho.

2 – Salvo estipulação em contrário, a prestação de pré-reforma é atualizada anualmente em percentagem igual à do aumento de retribuição de que o trabalhador beneficiaria se estivesse em pleno exercício de funções ou, não havendo tal aumento, à taxa de inflação.

3 – A prestação de pré-reforma goza das garantias dos créditos de trabalhador emergentes de contrato de trabalho.

ARTIGO 321º
Direitos de trabalhador em situação de pré-reforma

1 – O trabalhador em situação de pré-reforma pode exercer outra atividade profissional remunerada.

2 – O acordo de pré-reforma pode atribuir ao trabalhador outros direitos não decorrentes na lei.

3 – Em caso de falta culposa de pagamento da prestação de pré-reforma ou, independentemente de culpa, se a mora se prolongar por mais de 30 dias, o trabalhador tem direito a retomar o pleno exercício de funções, sem prejuízo da antigui-

ART. 322º   LIVRO I – TÍTULO II

dade, ou a resolver o contrato, com direito a indemnização nos termos dos nºs 2 e 3 do artigo seguinte.

ARTIGO 322º
Cessação de pré-reforma

1 – A pré-reforma cessa:

a) Com a reforma do trabalhador, por velhice ou invalidez;

b) Com o regresso do trabalhador ao pleno exercício de funções, por acordo com o empregador ou nos termos do nº 3 do artigo anterior;

c) Com a cessação do contrato de trabalho.

2 – Na situação prevista na alínea *c)* do número anterior, caso a modalidade de cessação do contrato de trabalho conferisse ao trabalhador direito a indemnização ou compensação se estivesse no pleno exercício de funções, aquele tem direito a indemnização no montante das prestações de pré-reforma até à idade legal de reforma por velhice.

3 – A indemnização referida no número anterior tem por base o montante da prestação de pré-reforma à data da cessação do contrato de trabalho.

CAPÍTULO VI
Incumprimento do contrato

SECÇÃO I
Disposições gerais

ARTIGO 323º
Efeitos gerais do incumprimento do contrato de trabalho

1 – A parte que faltar culposamente ao cumprimento dos seus deveres é responsável pelo prejuízo causado à contraparte.

2 – O empregador que faltar culposamente ao cumprimento de prestações pecuniárias é obrigado a pagar os correspondentes juros de mora à taxa legal, ou a taxa superior estabelecida em instrumento de regulamentação coletiva de trabalho ou acordo das partes.

3 – A falta de pagamento pontual da retribuição confere ao trabalhador a faculdade de suspender ou fazer cessar o contrato, nos termos previstos neste Código.

ARTIGO 324º
Efeitos para o empregador de falta de pagamento
pontual da retribuição

1 – Ao empregador em situação de falta de pagamento pontual de retribuição é aplicável o disposto no artigo 313º.

CONTRATO DE TRABALHO   ART. 327º

2 – O ato de disposição do património da empresa praticado em situação de falta de pagamento pontual de retribuições, ou nos seis meses anteriores, é anulável nos termos do artigo 314º.

3 – A violação do nº 1 é punida com pena de prisão até 3 anos, sem prejuízo de pena mais grave aplicável ao caso.

SECÇÃO II
Suspensão de contrato de trabalho por não pagamento pontual da retribuição

ARTIGO 325º
Requisitos da suspensão de contrato de trabalho

1 – No caso de falta de pagamento pontual da retribuição por período de 15 dias sobre a data do vencimento, o trabalhador pode suspender o contrato de trabalho, mediante comunicação por escrito ao empregador e ao serviço com competência inspetiva do ministério responsável pela área laboral, com a antecedência mínima de oito dias em relação à data de início da suspensão.

2 – O trabalhador pode suspender o contrato de trabalho antes de decorrido o período de 15 dias referido no número anterior, quando o empregador declare por escrito que prevê que não vai pagar a retribuição em dívida até ao termo daquele prazo.

3 – A falta de pagamento pontual da retribuição por período de 15 dias é declarada, a pedido do trabalhador, pelo empregador ou, em caso de recusa, pelo serviço referido no nº 1, no prazo de cinco ou 10 dias, respetivamente.

4 – A declaração referida nos nºs 2 ou 3 deve especificar o montante das retribuições em dívida e o período a que respeitam.

5 – Constitui contraordenação leve a violação do disposto no nº 3.

Acerca da contemplação do subsídio de natal e de férias no conceito de retribuição para efeitos de cessação do contrato de trabalho por iniciativa do trabalhador cfr. Acórdão do STJ de 3/11/2010 (Processo: 425/07.0TTCBR.C1.S1).

ARTIGO 326º
Prestação de trabalho durante a suspensão

O trabalhador pode exercer outra atividade remunerada durante a suspensão do contrato de trabalho, com respeito do dever de lealdade ao empregador originário.

ARTIGO 327º
Cessação da suspensão do contrato de trabalho

A suspensão do contrato de trabalho cessa:

a) Mediante comunicação do trabalhador, nos termos do nº 1 do artigo 325º, de que põe termo à suspensão a partir de determinada data;

ART. 328º   LIVRO I – TÍTULO II

b) Com o pagamento integral das retribuições em dívida e juros de mora;

c) Por acordo entre trabalhador e empregador para regularização das retribuições em dívida e juros de mora.

SECÇÃO III
Poder disciplinar

ARTIGO 328º
Sanções disciplinares

1 – No exercício do poder disciplinar, o empregador pode aplicar as seguintes sanções:

a) Repreensão;
b) Repreensão registada;
c) Sanção pecuniária;
d) Perda de dias de férias;
e) Suspensão do trabalho com perda de retribuição e de antiguidade;
f) Despedimento sem indemnização ou compensação.

2 – O instrumento de regulamentação coletiva de trabalho pode prever outras sanções disciplinares, desde que não prejudiquem os direitos e garantias do trabalhador.

3 – A aplicação das sanções deve respeitar os seguintes limites:

a) As sanções pecuniárias aplicadas a trabalhador por infrações praticadas no mesmo dia não podem exceder um terço da retribuição diária e, em cada ano civil, a retribuição correspondente a 30 dias;

b) A perda de dias de férias não pode pôr em causa o gozo de 20 dias úteis;

c) A suspensão do trabalho não pode exceder 30 dias por cada infração e, em cada ano civil, o total de 90 dias.

4 – Sempre que o justifiquem as especiais condições de trabalho, os limites estabelecidos nas alíneas *a)* e *c)* do número anterior podem ser elevados até ao dobro por instrumento de regulamentação coletiva de trabalho.

5 – A sanção pode ser agravada pela sua divulgação no âmbito da empresa.

6 – Constitui contraordenação grave a violação do disposto nos nºs 3 ou 4.

Cfr. art. 98º e art. 7º, nº 5 al. b) da Lei Preambular ao presente Código.

ARTIGO 329º
Procedimento disciplinar e prescrição

1 – O direito de exercer o poder disciplinar prescreve um ano após a prática da infração, ou no prazo de prescrição da lei penal se o facto constituir igualmente crime.

CONTRATO DE TRABALHO ART. 331º

2 – O procedimento disciplinar deve iniciar-se nos 60 dias subsequentes àquele em que o empregador, ou o superior hierárquico com competência disciplinar, teve conhecimento da infração.

3 – O procedimento disciplinar prescreve decorrido um ano contado da data em que é instaurado quando, nesse prazo, o trabalhador não seja notificado da decisão final.

4 – O poder disciplinar pode ser exercido diretamente pelo empregador, ou por superior hierárquico do trabalhador, nos termos estabelecidos por aquele.

5 – Iniciado o procedimento disciplinar, o empregador pode suspender o trabalhador se a presença deste se mostrar inconveniente, mantendo o pagamento da retribuição.

6 – A sanção disciplinar não pode ser aplicada sem audiência prévia do trabalhador.

7 – Sem prejuízo do correspondente direito de ação judicial, o trabalhador pode reclamar para o escalão hierarquicamente superior ao que aplicou a sanção, ou recorrer a processo de resolução de litígio quando previsto em instrumento de regulamentação coletiva de trabalho ou na lei.

8 – Constitui contraordenação grave a violação do disposto no nº 6.

Cfr. art. 7º, nº 5 alínea b) da Lei preambular ao presente Código.

ARTIGO 330º
Critério de decisão e aplicação de sanção disciplinar

1 – A sanção disciplinar deve ser proporcional à gravidade da infração e à culpabilidade do infrator, não podendo aplicar-se mais de uma pela mesma infração.

2 – A aplicação da sanção deve ter lugar nos três meses subsequentes à decisão, sob pena de caducidade.

3 – O empregador deve entregar ao serviço responsável pela gestão financeira do orçamento da segurança social o montante de sanção pecuniária aplicada.

4 – Constitui contraordenação grave a violação do disposto nos nºs 2 ou 3.

ARTIGO 331º
Sanções abusivas

1 – Considera-se abusiva a sanção disciplinar motivada pelo facto de o trabalhador:

a) Ter reclamado legitimamente contra as condições de trabalho;

b) Se recusar a cumprir ordem a que não deva obediência, nos termos da alínea *e)* do nº 1 e do nº 2 do artigo 128º;

c) Exercer ou candidatar-se ao exercício de funções em estrutura de representação coletiva dos trabalhadores;

d) Em geral, exercer, ter exercido, pretender exercer ou invocar os seus direitos ou garantias.

ART. 332º   LIVRO I – TÍTULO II

2 – Presume-se abusivo o despedimento ou outra sanção aplicada alegadamente para punir uma infração, quando tenha lugar:

a) Até seis meses após qualquer dos factos mencionados no número anterior;

b) Até um ano após reclamação ou outra forma de exercício de direitos relativos a igualdade e não discriminação.

3 – O empregador que aplicar sanção abusiva deve indemnizar o trabalhador nos termos gerais, com as alterações constantes dos números seguintes.

4 – Em caso de despedimento, o trabalhador tem direito a optar entre a reintegração e uma indemnização calculada nos termos do nº 3 do artigo 392º.

5 – Em caso de sanção pecuniária ou suspensão do trabalho, a indemnização não deve ser inferior a 10 vezes a importância daquela ou da retribuição perdida.

6 – O empregador que aplique sanção abusiva no caso previsto na alínea *c)* do nº 1 deve indemnizar o trabalhador nos seguintes termos:

a) Os mínimos a que se refere o número anterior são elevados para o dobro;

b) Em caso de despedimento, a indemnização não deve ser inferior ao valor da retribuição base e diuturnidades correspondentes a 12 meses.

7 – Constitui contraordenação grave a aplicação de sanção abusiva.

Cfr. art. 394º, nº 2, al. c).

ARTIGO 332º
Registo de sanções disciplinares

1 – O empregador deve ter um registo atualizado das sanções disciplinares, feito por forma que permita facilmente a verificação do cumprimento das disposições aplicáveis, nomeadamente por parte das autoridades competentes que solicitem a sua consulta.

2 – Constitui contraordenação leve a violação do disposto no número anterior.

SECÇÃO IV
Garantias de créditos do trabalhador

ARTIGO 333º
Privilégios creditórios

1 – Os créditos do trabalhador emergentes de contrato de trabalho, ou da sua violação ou cessação gozam dos seguintes privilégios creditórios:

a) Privilégio mobiliário geral;

b) Privilégio imobiliário especial sobre bem imóvel do empregador no qual o trabalhador presta a sua atividade.

2 – A graduação dos créditos faz-se pela ordem seguinte:

a) O crédito com privilégio mobiliário geral é graduado antes de crédito referido no nº 1 do artigo 747º do Código Civil;

b) O crédito com privilégio imobiliário especial é graduado antes de crédito referido no artigo 748º do Código Civil e de crédito relativo a contribuição para a segurança social.

Cfr. art. 737º do Código Civil.

ARTIGO 334º
Responsabilidade solidária de sociedade em relação de participações recíprocas, de domínio ou de grupo

Por crédito emergente de contrato de trabalho, ou da sua violação ou cessação, vencido há mais de três meses, respondem solidariamente o empregador e sociedade que com este se encontre em relação de participações recíprocas, de domínio ou de grupo, nos termos previstos nos artigos 481º e seguintes do Código das Sociedades Comerciais.

ARTIGO 335º
Responsabilidade de sócio, gerente, administrador ou diretor

1 – O sócio que, só por si ou juntamente com outros a quem esteja ligado por acordos parassociais, se encontre numa das situações previstas no artigo 83º do Código das Sociedades Comerciais, responde nos termos do artigo anterior, desde que se verifiquem os pressupostos dos artigos 78º, 79º e 83º daquele diploma e pelo modo neles estabelecido.

2 – O gerente, administrador ou diretor responde nos termos previstos no artigo anterior, desde que se verifiquem os pressupostos dos artigos 78º e 79º do Código das Sociedades Comerciais e pelo modo neles estabelecido.

ARTIGO 336º
Fundo de Garantia Salarial

O pagamento de créditos de trabalhador emergentes de contrato de trabalho, ou da sua violação ou cessação, que não possam ser pagos pelo empregador por motivo de insolvência ou de situação económica difícil, é assegurado pelo Fundo de Garantia Salarial, nos termos previstos em legislação específica.

Os Estatutos do Fundo de Garantia Salarial constam na "Legislação Complementar" desta edição.
Acerca do regime do Fundo de Garantia Salarial relativo à proteção dos trabalhadores assalariados em caso de insolvência do empregador vide DL nº 59/2015, de 21 de abril.

SECÇÃO V
Prescrição e prova

ARTIGO 337º
Prescrição e prova de crédito

1 – O crédito de empregador ou de trabalhador emergente de contrato de trabalho, da sua violação ou cessação prescreve decorrido um ano a partir do dia seguinte àquele em que cessou o contrato de trabalho.

ART. 338º   LIVRO I - TÍTULO II

2 – O crédito correspondente a compensação por violação do direito a férias, indemnização por aplicação de sanção abusiva ou pagamento de trabalho suplementar, vencido há mais de cinco anos, só pode ser provado por documento idóneo.

Cfr. art. 7º, nº 5, al. b) da Lei Preambular ao presente Código.

Acerca dos efeitos da sentença de declaração de insolvência relativamente à ação declarativa de reconhecimento de créditos vide Acórdão STJ de 8 de agosto de 2013.

CAPÍTULO VII
Cessação de contrato de trabalho

SECÇÃO I
Disposições gerais sobre cessação de contrato de trabalho

ARTIGO 338º
Proibição de despedimento sem justa causa

É proibido o despedimento sem justa causa ou por motivos políticos ou ideológicos.

Cfr. art. 53º da CRP.

ARTIGO 339º
Imperatividade do regime de cessação do contrato de trabalho

1 – O regime estabelecido no presente capítulo não pode ser afastado por instrumento de regulamentação coletiva de trabalho ou por contrato de trabalho, salvo o disposto nos números seguintes ou em outra disposição legal.

2 – Os critérios de definição de indemnizações e os prazos de procedimento e de aviso prévio consagrados neste capítulo podem ser regulados por instrumento de regulamentação coletiva de trabalho.

3 – Os valores de indemnizações podem, dentro dos limites deste Código, ser regulados por instrumento de regulamentação coletiva de trabalho.

ARTIGO 340º
Modalidades de cessação do contrato de trabalho

Para além de outras modalidades legalmente previstas, o contrato de trabalho pode cessar por:

a) Caducidade;
b) Revogação;
c) Despedimento por facto imputável ao trabalhador;
d) Despedimento coletivo;
e) Despedimento por extinção de posto de trabalho;
f) Despedimento por inadaptação;
g) Resolução pelo trabalhador;
h) Denúncia pelo trabalhador.

CONTRATO DE TRABALHO   ART. 344º

ARTIGO 341º
Documentos a entregar ao trabalhador

1 – Cessando o contrato de trabalho, o empregador deve entregar ao trabalhador:

a) Um certificado de trabalho, indicando as datas de admissão e de cessação, bem como o cargo ou cargos desempenhados;

b) Outros documentos destinados a fins oficiais, designadamente os previstos na legislação de segurança social, que deva emitir mediante solicitação.

2 – O certificado de trabalho só pode conter outras referências a pedido do trabalhador.

3 – Constitui contraordenação leve a violação do disposto neste artigo.

ARTIGO 342º
Devolução de instrumentos de trabalho

Cessando o contrato de trabalho, o trabalhador deve devolver imediatamente ao empregador os instrumentos de trabalho e quaisquer outros objetos pertencentes a este, sob pena de incorrer em responsabilidade civil pelos danos causados.

SECÇÃO II
Caducidade de contrato de trabalho

ARTIGO 343º
Causas de caducidade de contrato de trabalho

O contrato de trabalho caduca nos termos gerais, nomeadamente:

a) Verificando-se o seu termo;

b) Por impossibilidade superveniente, absoluta e definitiva, de o trabalhador prestar o seu trabalho ou de o empregador o receber;

c) Com a reforma do trabalhador, por velhice ou invalidez.

Cfr. arts. 13º e 140º.

ARTIGO 344º
Caducidade de contrato de trabalho a termo certo

1 – O contrato de trabalho a termo certo caduca no final do prazo estipulado, ou da sua renovação, desde que o empregador ou o trabalhador comunique à outra parte a vontade de o fazer cessar, por escrito, respetivamente, 15 ou oito dias antes de o prazo expirar.

2 – Em caso de caducidade de contrato de trabalho a termo certo decorrente de declaração do empregador nos termos do número anterior, o trabalhador tem direito a compensação correspondente a 18 dias de retribuição base e diuturnidades por cada ano completo de antiguidade, calculada nos termos do artigo 366º

ART. 345º   LIVRO I - TÍTULO II

3 - *(Revogado.)*
4 - *(Revogado.)*
5 - Constitui contraordenação grave a violação do disposto no nº 2.

Cfr. arts. 140º e 147º, nº 3.
O presente artigo tem a redação que lhe foi introduzida pela Lei nº 53/2011, de 14 de outubro e pela Lei nº 23/2012, de 25 de junho.
Em caso de caducidade de contrato de trabalho a termo, incluindo aquele que seja objeto de renovação extraordinária, por força da Lei nº 3/2012, de 10 de janeiro, ou de contrato de trabalho temporário, celebrado antes de 1 de novembro de 2011, a compensação é calculada de acordo com o estipulado no art. 2º da Lei 69/2013 de 30 de agosto.
O nº 2 tem a redação dada pela Lei nº 69/2013, de 30 de agosto.

ARTIGO 345º
Caducidade de contrato de trabalho a termo incerto

1 - O contrato de trabalho a termo incerto caduca quando, prevendo-se a ocorrência do termo, o empregador comunique a cessação do mesmo ao trabalhador, com a antecedência mínima de sete, 30 ou 60 dias conforme o contrato tenha durado até seis meses, de seis meses a dois anos ou por período superior.

2 - Tratando-se de situação prevista na alínea *e)* ou *h)* do nº 2 do artigo 140º que dê lugar à contratação de vários trabalhadores, a comunicação a que se refere o número anterior deve ser feita, sucessivamente, a partir da verificação da diminuição gradual da respetiva ocupação, em consequência da normal redução da atividade, tarefa ou obra para que foram contratados.

3 - Na falta da comunicação a que se refere o nº 1, o empregador deve pagar ao trabalhador o valor da retribuição correspondente ao período de aviso prévio em falta.

4 - Em caso de caducidade de contrato de trabalho a termo incerto, o trabalhador tem direito a compensação que corresponde à soma dos seguintes montantes:

a) A 18 dias de retribuição base e diuturnidades por cada ano completo de antiguidade, no que respeita aos três primeiros anos de duração do contrato;

b) A 12 dias de retribuição base e diuturnidades por cada ano completo de antiguidade, nos anos subsequentes.

5 - A compensação prevista no número anterior é calculada nos termos do artigo 366º

6 - Constitui contraordenação grave a violação do disposto no nº 4.

Cfr. art. 147º, nº 3.
O presente artigo tem a redação que lhe foi introduzida pela Lei nº 53/2011, de 14 de outubro e pela Lei nº 23/2012, de 25 de junho.
Em caso de caducidade de contrato de trabalho a termo, incluindo aquele que venha a ser objeto de renovação extraordinária, por força da Lei nº 3/2012, de 10 de janeiro, ou de contrato de trabalho temporário, qualquer deles celebrados antes de 1 de novembro de 2011, a compensação é calculada nos termos ditados pelo art. 2º da Lei nº 69/2013 de 30 de agosto.
Os nºs 4, 5 e 6 têm a redação dada pela Lei nº 69/2013, de 30 de agosto (quinta alteração ao Código do Trabalho, em anexo.

CONTRATO DE TRABALHO   ART. 347º

ARTIGO 346º
Morte de empregador,
extinção de pessoa coletiva ou encerramento de empresa

1 – A morte de empregador em nome individual faz caducar o contrato de trabalho na data do encerramento da empresa, salvo se o sucessor do falecido continuar a atividade para que o trabalhador se encontra contratado, ou se verificar a transmissão da empresa ou estabelecimento.

2 – A extinção de pessoa coletiva empregadora, quando não se verifique a transmissão da empresa ou estabelecimento, determina a caducidade do contrato de trabalho.

3 – O encerramento total e definitivo de empresa determina a caducidade do contrato de trabalho, devendo seguir-se o procedimento previsto nos artigos 360º e seguintes, com as necessárias adaptações.

4 – O disposto no número anterior não se aplica a microempresas, de cujo encerramento o trabalhador deve ser informado com a antecedência prevista nos nºs 1 e 2 do artigo 363º.

5 – Verificando-se a caducidade do contrato em caso previsto num dos números anteriores, o trabalhador tem direito a compensação calculada nos termos do artigo 366º, pela qual responde o património da empresa.

6 – *(Revogado.)*

7 – Constitui contraordenação grave a violação do disposto no nº 5.

O presente artigo tem a redação que lhe foi introduzida pela Lei nº 53/2011, de 14 de outubro e pela Lei nº 23/2012, de 25 de junho.

ARTIGO 347º
Insolvência e recuperação de empresa

1 – A declaração judicial de insolvência do empregador não faz cessar o contrato de trabalho, devendo o administrador da insolvência continuar a satisfazer integralmente as obrigações para com os trabalhadores enquanto o estabelecimento não for definitivamente encerrado.

2 – Antes do encerramento definitivo do estabelecimento, o administrador da insolvência pode fazer cessar o contrato de trabalho de trabalhador cuja colaboração não seja indispensável ao funcionamento da empresa.

3 – A cessação de contratos de trabalho decorrente do encerramento do estabelecimento ou realizada nos termos do nº 2 deve ser antecedida de procedimento previsto nos artigos 360º e seguintes, com as necessárias adaptações.

4 – O disposto no número anterior não se aplica a microempresas.

5 – Na situação referida no nº 2, o trabalhador tem direito à compensação prevista no artigo 366º

6 – O disposto no nº 3 aplica-se em caso de processo de insolvência que possa determinar o encerramento do estabelecimento.

ART. 348º   LIVRO I – TÍTULO II

7 – Constitui contraordenação grave a violação do disposto no nº 5.

O presente artigo tem a redação que lhe foi introduzida pela Lei nº 53/2011, de 14 de outubro e pela Lei nº 23/2012, de 25 de junho.

ARTIGO 348º
Conversão em contrato a termo após reforma por velhice ou idade de 70 anos

1 – Considera-se a termo o contrato de trabalho de trabalhador que permaneça ao serviço decorridos 30 dias sobre o conhecimento, por ambas as partes, da sua reforma por velhice.

2 – No caso previsto no número anterior, o contrato fica sujeito ao regime definido neste Código para o contrato a termo resolutivo, com as necessárias adaptações e as seguintes especificidades:

a) É dispensada a redução do contrato a escrito;

b) O contrato vigora pelo prazo de seis meses, renovando-se por períodos iguais e sucessivos, sem sujeição a limites máximos;

c) A caducidade do contrato fica sujeita a aviso prévio de 60 ou 15 dias, consoante a iniciativa pertença ao empregador ou ao trabalhador;

d) A caducidade não determina o pagamento de qualquer compensação ao trabalhador.

3 – O disposto nos números anteriores é aplicável a contrato de trabalho de trabalhador que atinja 70 anos de idade sem ter havido reforma.

SECÇÃO III
Revogação de contrato de trabalho

ARTIGO 349º
Cessação de contrato de trabalho por acordo

1 – O empregador e o trabalhador podem fazer cessar o contrato de trabalho por acordo.

2 – O acordo de revogação deve constar de documento assinado por ambas as partes, ficando cada uma com um exemplar.

3 – O documento deve mencionar expressamente a data de celebração do acordo e a de início da produção dos respetivos efeitos.

4 – As partes podem, simultaneamente, acordar outros efeitos, dentro dos limites da lei.

5 – Se, no acordo ou conjuntamente com este, as partes estabelecerem uma compensação pecuniária global para o trabalhador, presume-se que esta inclui os créditos vencidos à data da cessação do contrato ou exigíveis em virtude desta.

6 – Constitui contraordenação leve a violação do disposto nos nºs 2 ou 3.

ARTIGO 350º
Cessação do acordo de revogação

1 – O trabalhador pode fazer cessar o acordo de revogação do contrato de trabalho mediante comunicação escrita dirigida ao empregador, até ao sétimo dia seguinte à data da respetiva celebração.

2 – O trabalhador, caso não possa assegurar a receção da comunicação no prazo previsto no número anterior, deve remetê-la por carta registada com aviso de receção, no dia útil subsequente ao fim do prazo.

3 – A cessação prevista no nº 1 só é eficaz se, em simultâneo com a comunicação, o trabalhador entregar ou puser, por qualquer forma, à disposição do empregador a totalidade do montante das compensações pecuniárias pagas em cumprimento do acordo, ou por efeito da cessação do contrato de trabalho.

4 – Excetua-se do disposto nos números anteriores o acordo de revogação devidamente datado e cujas assinaturas sejam objeto de reconhecimento notarial presencial, nos termos da lei.

Cfr. art. 397º.

No nº 2 e estranhamente o legislador estipula um dia concreto para o envio de Carta Registada fazendo parecer que a mesma não pode ser enviada p.e. no segundo dia útil anterior ao fim do prazo.

SECÇÃO IV
Despedimento por iniciativa do empregador

SUBSECÇÃO I
Modalidades de despedimento

DIVISÃO I
Despedimento por facto imputável ao trabalhador

ARTIGO 351º
Noção de justa causa de despedimento

1 – Constitui justa causa de despedimento o comportamento culposo do trabalhador que, pela sua gravidade e consequências, torne imediata e praticamente impossível a subsistência da relação de trabalho.

2 – Constituem, nomeadamente, justa causa de despedimento os seguintes comportamentos do trabalhador:

a) Desobediência ilegítima às ordens dadas por responsáveis hierarquicamente superiores;

b) Violação de direitos e garantias de trabalhadores da empresa;

c) Provocação repetida de conflitos com trabalhadores da empresa;

d) Desinteresse repetido pelo cumprimento, com a diligência devida, de obrigações inerentes ao exercício do cargo ou posto de trabalho a que está afeto;

e) Lesão de interesses patrimoniais sérios da empresa;

ART. 352º   LIVRO I – TÍTULO II

f) Falsas declarações relativas à justificação de faltas;

g) Faltas não justificadas ao trabalho que determinem diretamente prejuízos ou riscos graves para a empresa, ou cujo número atinja, em cada ano civil, cinco seguidas ou 10 interpoladas, independentemente de prejuízo ou risco;

h) Falta culposa de observância de regras de segurança e saúde no trabalho;

i) Prática, no âmbito da empresa, de violências físicas, injúrias ou outras ofensas punidas por lei sobre trabalhador da empresa, elemento dos corpos sociais ou empregador individual não pertencente a estes, seus delegados ou representantes;

j) Sequestro ou em geral crime contra a liberdade das pessoas referidas na alínea anterior;

l) Incumprimento ou oposição ao cumprimento de decisão judicial ou administrativa;

m) Reduções anormais de produtividade.

3 – Na apreciação da justa causa, deve atender-se, no quadro de gestão da empresa, ao grau de lesão dos interesses do empregador, ao caráter das relações entre as partes ou entre o trabalhador e os seus companheiros e às demais circunstâncias que no caso sejam relevantes.

Cfr. arts. 341º e ss. do Código Civil e art. 53º da CRP.

Acerca das faltas injustificadas versus infração disciplinar cfr. Acórdão do STJ de 25/06/2008 (Processo: 08S835).

ARTIGO 352º
Inquérito prévio

Caso o procedimento prévio de inquérito seja necessário para fundamentar a nota de culpa, o seu início interrompe a contagem dos prazos estabelecidos nos nºs 1 ou 2 do artigo 329º, desde que ocorra nos 30 dias seguintes à suspeita de comportamentos irregulares, o procedimento seja conduzido de forma diligente e a nota de culpa seja notificada até 30 dias após a conclusão do mesmo.

ARTIGO 353º
Nota de culpa

1 – No caso em que se verifique algum comportamento suscetível de constituir justa causa de despedimento, o empregador comunica, por escrito, ao trabalhador que o tenha praticado a intenção de proceder ao seu despedimento, juntando nota de culpa com a descrição circunstanciada dos factos que lhe são imputados.

2 – Na mesma data, o empregador remete cópias da comunicação e da nota de culpa à comissão de trabalhadores e, caso o trabalhador seja representante sindical, à associação sindical respetiva.

3 – A notificação da nota de culpa ao trabalhador interrompe a contagem dos prazos estabelecidos nos nºs 1 ou 2 do artigo 329º.

4 – Constitui contraordenação grave, ou muito grave no caso de representante sindical, o despedimento de trabalhador com violação do disposto nos nºs 1 ou 2.

Cfr. art. 381º e ss.

ARTIGO 354º
Suspensão preventiva de trabalhador

1 – Com a notificação da nota de culpa, o empregador pode suspender preventivamente o trabalhador cuja presença na empresa se mostrar inconveniente, mantendo o pagamento da retribuição.

2 – A suspensão a que se refere o número anterior pode ser determinada nos 30 dias anteriores à notificação, desde que o empregador justifique, por escrito, que, tendo em conta indícios de factos imputáveis ao trabalhador, a presença deste na empresa é inconveniente, nomeadamente para a averiguação de tais factos, e que ainda não foi possível elaborar a nota de culpa.

Vide Ac. do Tribunal Constitucional nº 451/96 de 10 de julho de 1996.
Cfr. art. 410º, nº 1 relativamente a trabalhador eleito para estruturas de representação coletiva.

ARTIGO 355º
Resposta à nota de culpa

1 – O trabalhador dispõe de 10 dias úteis para consultar o processo e responder à nota de culpa, deduzindo por escrito os elementos que considera relevantes para esclarecer os factos e a sua participação nos mesmos, podendo juntar documentos e solicitar as diligências probatórias que se mostrem pertinentes para o esclarecimento da verdade.

2 – Constitui contraordenação grave, ou muito grave no caso de representante sindical, o despedimento de trabalhador com violação do disposto no número anterior.

ARTIGO 356º
Instrução

1 – O empregador, por si ou através de instrutor que tenha nomeado, deve realizar as diligências probatórias requeridas na resposta à nota de culpa, a menos que as considere patentemente dilatórias ou impertinentes, devendo neste caso alegá-lo fundamentadamente por escrito.

2 – *(Revogado.)*

3 – O empregador não é obrigado a proceder à audição de mais de três testemunhas por cada facto descrito na nota de culpa, nem mais de 10 no total.

4 – O trabalhador deve assegurar a comparência das testemunhas que indicar.

5 – Após a conclusão das diligências probatórias, o empregador apresenta cópia integral do processo à comissão de trabalhadores e, caso o trabalhador seja representante sindical, à associação sindical respetiva, que podem, no prazo de cinco dias úteis, fazer juntar ao processo o seu parecer fundamentado.

6 – Para efeito do número anterior, o trabalhador pode comunicar ao empregador, nos três dias úteis posteriores à receção da nota de culpa, que o parecer sobre o processo é emitido por determinada associação sindical, não havendo neste caso lugar a apresentação de cópia do processo à comissão de trabalhadores.

ART. 357º   LIVRO I – TÍTULO II

7 – Constitui contraordenação grave, ou muito grave no caso de representante sindical, o despedimento de trabalhador com violação do disposto nos nºs 1, 5 e 6.

Cfr. art. 14º, nº 1 da Lei Preambular.
Redação dada pela Lei nº 23/2012, de 25-06.

ARTIGO 357º
Decisão de despedimento por facto imputável ao trabalhador

1 – Recebidos os pareceres referidos no nº 5 do artigo anterior ou decorrido o prazo para o efeito, o empregador dispõe de 30 dias para proferir a decisão de despedimento, sob pena de caducidade do direito de aplicar a sanção.

2 – Quando não exista comissão de trabalhadores e o trabalhador não seja representante sindical, o prazo referido no número anterior conta-se a partir da data da conclusão da última diligência de instrução.

3 – *(Revogado.)*

4 – Na decisão são ponderadas as circunstâncias do caso, nomeadamente as referidas no nº 3 do artigo 351º, a adequação do despedimento à culpabilidade do trabalhador e os pareceres dos representantes dos trabalhadores, não podendo ser invocados factos não constantes da nota de culpa ou da resposta do trabalhador, salvo se atenuarem a responsabilidade.

5 – A decisão deve ser fundamentada e constar de documento escrito.

6 – A decisão é comunicada, por cópia ou transcrição, ao trabalhador, à comissão de trabalhadores, ou à associação sindical respetiva, caso aquele seja representante sindical ou na situação a que se refere o nº 6 do artigo anterior.

7 – A decisão determina a cessação do contrato logo que chega ao poder do trabalhador ou é dele conhecida ou, ainda, quando só por culpa do trabalhador não foi por ele oportunamente recebida.

8 – Constitui contraordenação grave, ou muito grave no caso de representante sindical, o despedimento de trabalhador com violação do disposto nos nºs 1, 2 e 5 a 7.

Redação dada pela Lei nº 23/2012, de 25-06.

ARTIGO 358º
Procedimento em caso de microempresa

1 – No procedimento de despedimento em microempresa, caso o trabalhador não seja membro de comissão de trabalhadores ou representante sindical, são dispensadas as formalidades previstas no nº 2 do artigo 353º, no nº 5 do artigo 356º e nos nºs 1, 2 e 6 do artigo anterior, sendo aplicável o disposto nos números seguintes.

2 – Na ponderação e fundamentação da decisão é aplicável o disposto no nº 4 do artigo anterior, com exceção da referência a pareceres de representantes dos trabalhadores.

3 – O empregador pode proferir a decisão dentro dos seguintes prazos:

CONTRATO DE TRABALHO   ART. 360º

a) Se o trabalhador não responder à nota de culpa, 30 dias a contar do termo do prazo para resposta à mesma;

b) 30 dias a contar da conclusão da última diligência;

c) *(Revogada.)*

4 – Se o empregador não proferir a decisão até ao termo do prazo referido em qualquer das alíneas do número anterior, o direito de aplicar a sanção caduca.

5 – A decisão é comunicada, por cópia ou transcrição, ao trabalhador.

6 – Constitui contraordenação grave a violação do disposto nos nºs 3 ou 5.

Cfr. art. 14º, nº 1 da Lei Preambular ao presente Código.
Redação dada pela Lei nº 23/2012, de 25-06.

DIVISÃO II
Despedimento coletivo

ARTIGO 359º
Noção de despedimento coletivo

1 – Considera-se despedimento coletivo a cessação de contratos de trabalho promovida pelo empregador e operada simultânea ou sucessivamente no período de três meses, abrangendo, pelo menos, dois ou cinco trabalhadores, conforme se trate, respetivamente, de microempresa ou de pequena empresa, por um lado, ou de média ou grande empresa, por outro, sempre que aquela ocorrência se fundamente em encerramento de uma ou várias secções ou estrutura equivalente ou redução do número de trabalhadores determinada por motivos de mercado, estruturais ou tecnológicos.

2 – Para efeitos do disposto no número anterior consideram-se, nomeadamente:

a) Motivos de mercado – redução da atividade da empresa provocada pela diminuição previsível da procura de bens ou serviços ou impossibilidade superveniente, prática ou legal, de colocar esses bens ou serviços no mercado;

b) Motivos estruturais – desequilíbrio económico-financeiro, mudança de atividade, reestruturação da organização produtiva ou substituição de produtos dominantes;

c) Motivos tecnológicos – alterações nas técnicas ou processos de fabrico, automatização de instrumentos de produção, de controlo ou de movimentação de cargas, bem como informatização de serviços ou automatização de meios de comunicação.

Cfr. art. 10º, nº 4 do DL 220/2006 de 3 de novembro.

ARTIGO 360º
Comunicações em caso de despedimento coletivo

1 – O empregador que pretenda proceder a um despedimento coletivo comunica essa intenção, por escrito, à comissão de trabalhadores ou, na sua falta, à comissão

ART. 361º   LIVRO I – TÍTULO II

intersindical ou às comissões sindicais da empresa representativas dos trabalhadores a abranger.

2 – Da comunicação a que se refere o número anterior devem constar:

a) Os motivos invocados para o despedimento coletivo;
b) O quadro de pessoal, discriminado por setores organizacionais da empresa;
c) Os critérios para seleção dos trabalhadores a despedir;
d) O número de trabalhadores a despedir e as categorias profissionais abrangidas;
e) O período de tempo no decurso do qual se pretende efetuar o despedimento;
f) O método de cálculo de compensação a conceder genericamente aos trabalhadores a despedir, se for caso disso, sem prejuízo da compensação estabelecida no artigo 366º ou em instrumento de regulamentação coletiva de trabalho.

3 – Na falta das entidades referidas no nº 1, o empregador comunica a intenção de proceder ao despedimento, por escrito, a cada um dos trabalhadores que possam ser abrangidos, os quais podem designar, de entre eles, no prazo de cinco dias úteis a contar da receção da comunicação, uma comissão representativa com o máximo de três ou cinco membros consoante o despedimento abranja até cinco ou mais trabalhadores.

4 – No caso previsto no número anterior, o empregador envia à comissão neste referida os elementos de informação discriminados no nº 2.

5 – O empregador, na data em que procede à comunicação prevista no nº 1 ou no número anterior, envia cópia da mesma ao serviço do ministério responsável pela área laboral com competência para o acompanhamento e fomento da contratação coletiva.

6 – Constitui contraordenação grave o despedimento efetuado com violação do disposto nos nºs 1 a 4 e constitui contraordenação leve o efetuado com violação do disposto no nº 5.

O presente artigo tem a redação que lhe foi introduzida pela Lei nº 53/2011, de 14 de outubro e pela Lei nº 23/2012, de 25 de junho.

ARTIGO 361º
Informações e negociação em caso de despedimento coletivo

1 – Nos cinco dias posteriores à data do ato previsto nos nºs 1 ou 4 do artigo anterior, o empregador promove uma fase de informações e negociação com a estrutura representativa dos trabalhadores, com vista a um acordo sobre a dimensão e efeitos das medidas a aplicar e, bem assim, de outras medidas que reduzam o número de trabalhadores a despedir, designadamente:

a) Suspensão de contratos de trabalho;
b) Redução de períodos normais de trabalho;
c) Reconversão ou reclassificação profissional;
d) Reforma antecipada ou pré-reforma.

CONTRATO DE TRABALHO   ART. 363º

2 – A aplicação de medida prevista na alínea *a*) ou *b*) do número anterior a trabalhadores abrangidos por procedimento de despedimento coletivo não está sujeita ao disposto nos artigos 299º e 300º.

3 – A aplicação de medida prevista na alínea *c*) ou *d*) do nº 1 depende de acordo do trabalhador.

4 – O empregador e a estrutura representativa dos trabalhadores podem fazer-se assistir cada qual por um perito nas reuniões de negociação.

5 – Deve ser elaborada ata das reuniões de negociação, contendo a matéria acordada, bem como as posições divergentes das partes e as opiniões, sugestões e propostas de cada uma.

6 – Constitui contraordenação grave o despedimento efetuado com violação do disposto nos nºs 1 ou 3.

Cfr. art. 420º, nº 1 e art. 421º, nº 1.

ARTIGO 362º
Intervenção do ministério responsável pela área laboral

1 – O serviço competente do ministério responsável pela área laboral participa na negociação prevista no artigo anterior, com vista a promover a regularidade da sua instrução substantiva e procedimental e a conciliação dos interesses das partes.

2 – O serviço referido no número anterior, caso exista irregularidade da instrução substantiva e procedimental, deve advertir o empregador e, se a mesma persistir, deve fazer constar essa menção da ata das reuniões de negociação.

3 – A pedido de qualquer das partes ou por iniciativa do serviço referido no número anterior, os serviços regionais do emprego e da formação profissional e da segurança social indicam as medidas a aplicar, nas respetivas áreas, de acordo com o enquadramento legal das soluções que sejam adotadas.

4 – Constitui contraordenação leve o impedimento à participação do serviço competente na negociação referida no nº 1.

ARTIGO 363º
Decisão de despedimento coletivo

1 – Celebrado o acordo ou, na falta deste, após terem decorrido 15 dias sobre a prática do ato referido nos nºs 1 ou 4 do artigo 360º ou, na falta de representantes dos trabalhadores, da comunicação referida no nº 3 do mesmo artigo, o empregador comunica a cada trabalhador abrangido a decisão de despedimento, com menção expressa do motivo e da data de cessação do contrato e indicação do montante, forma, momento e lugar de pagamento da compensação, dos créditos vencidos e dos exigíveis por efeito da cessação do contrato de trabalho, por escrito e com antecedência mínima, relativamente à data da cessação, de:

a) 15 dias, no caso de trabalhador com antiguidade inferior a um ano;

b) 30 dias, no caso de trabalhador com antiguidade igual ou superior a um ano e inferior a cinco anos;

ART. 364º   LIVRO I - TÍTULO II

c) 60 dias, no caso de trabalhador com antiguidade igual ou superior a cinco anos e inferior a 10 anos;

d) 75 dias, no caso de trabalhador com antiguidade igual ou superior a 10 anos.

2 – No caso de o despedimento abranger ambos os cônjuges ou pessoas que vivam em união de facto, a comunicação prevista no número anterior deverá ser feita com a antecedência mínima prevista no escalão imediatamente superior ao que seria aplicável se apenas um deles integrasse o despedimento.

3 – Na data em que envia a comunicação aos trabalhadores, o empregador remete:

a) Ao serviço competente do ministério responsável pela área laboral, a ata das reuniões de negociação ou, na sua falta, informação sobre a justificação de tal falta, as razões que obstaram ao acordo e as posições finais das partes, bem como relação de que conste o nome de cada trabalhador, morada, datas de nascimento e de admissão na empresa, situação perante a segurança social, profissão, categoria, retribuição, a medida decidida e a data prevista para a sua aplicação;

b) À estrutura representativa dos trabalhadores, cópia da relação referida na alínea anterior.

4 – Não sendo observado o prazo mínimo de aviso prévio, o contrato cessa decorrido o período de aviso prévio em falta a contar da comunicação de despedimento, devendo o empregador pagar a retribuição correspondente a este período.

5 – O pagamento da compensação, dos créditos vencidos e dos exigíveis por efeito da cessação do contrato de trabalho deve ser efetuado até ao termo do prazo de aviso prévio, salvo em situação prevista no artigo 347º ou regulada em legislação especial sobre recuperação de empresas e reestruturação de setores económicos.

6 – Constitui contraordenação grave o despedimento efetuado com violação do disposto nos nºs 1, 2 ou 5 e constitui contraordenação leve a violação do disposto no nº 3.

ARTIGO 364º
Crédito de horas durante o aviso prévio

1 – Durante o prazo de aviso prévio, o trabalhador tem direito a um crédito de horas correspondente a dois dias de trabalho por semana, sem prejuízo da retribuição.

2 – O crédito de horas pode ser dividido por alguns ou todos os dias da semana, por iniciativa do trabalhador.

3 – O trabalhador deve comunicar ao empregador a utilização do crédito de horas, com três dias de antecedência, salvo motivo atendível.

4 – Constitui contraordenação leve a violação do disposto neste artigo.

ARTIGO 365º
Denúncia do contrato pelo trabalhador durante o aviso prévio

Durante o prazo de aviso prévio, o trabalhador pode denunciar o contrato de trabalho, mediante declaração com a antecedência mínima de três dias úteis, mantendo o direito a compensação.

CONTRATO DE TRABALHO ART. 366º-A

ARTIGO 366º
Compensação por despedimento coletivo

1 – Em caso de despedimento coletivo, o trabalhador tem direito a compensação correspondente a 12 dias de retribuição base e diuturnidades por cada ano completo de antiguidade.

2 – A compensação prevista no número anterior é determinada do seguinte modo:

a) O valor da retribuição base mensal e diuturnidades do trabalhador a considerar para efeitos de cálculo da compensação não pode ser superior a 20 vezes a retribuição mínima mensal garantida;

b) O montante global da compensação não pode ser superior a 12 vezes a retribuição base mensal e diuturnidades do trabalhador ou, quando seja aplicável o limite previsto na alínea anterior, a 240 vezes a retribuição mínima mensal garantida;

c) O valor diário de retribuição base e diuturnidades é o resultante da divisão por 30 da retribuição base mensal e diuturnidades;

d) Em caso de fração de ano, o montante da compensação é calculado proporcionalmente.

3 – O empregador é responsável pelo pagamento da totalidade da compensação, sem prejuízo do direito ao reembolso, por aquele, junto do fundo de compensação do trabalho ou de mecanismo equivalente e do direito do trabalhador a acionar o fundo de garantia de compensação do trabalho, nos termos previstos em legislação específica.

4 – Presume-se que o trabalhador aceita o despedimento quando recebe do empregador a totalidade da compensação prevista neste artigo.

5 – A presunção referida no número anterior pode ser ilidida desde que, em simultâneo, o trabalhador entregue ou ponha, por qualquer forma, a totalidade da compensação paga pelo empregador à disposição deste último.

6 – Nos casos de contrato de trabalho a termo e de contrato de trabalho temporário, o trabalhador tem direito a compensação prevista no nº 2 do artigo 344º e do nº 4 do artigo 345º, consoante os casos, aplicando-se, ainda, o disposto nos nºs 2 a 5 do presente artigo.

7 – Constitui contraordenação grave a violação do disposto nos nºs 1, 2, 3 e 6.

Cfr. art. 6º da Lei nº 23/2012, de 25-06.
Os nºs 1, 3, 4, 5, 6 e 7 têm a redação dada pela Lei nº 69/2013, de 30 de agosto.

ARTIGO 366º-A
(Revogado.)

Revogado pela Lei nº 23/2012, de 25-06.

ART. 367º   LIVRO I – TÍTULO II

DIVISÃO III
Despedimento por extinção de posto de trabalho

ARTIGO 367º
Noção de despedimento por extinção de posto de trabalho

1 – Considera-se despedimento por extinção de posto de trabalho a cessação de contrato de trabalho promovida pelo empregador e fundamentada nessa extinção, quando esta seja devida a motivos de mercado, estruturais ou tecnológicos, relativos à empresa.

2 – Entende-se por motivos de mercado, estruturais ou tecnológicos os como tal referidos no nº 2 do artigo 359º.

ARTIGO 368º
Requisitos de despedimento por extinção de posto de trabalho

1 – O despedimento por extinção de posto de trabalho só pode ter lugar desde que se verifiquem os seguintes requisitos:

a) Os motivos indicados não sejam devidos a conduta culposa do empregador ou do trabalhador;

b) Seja praticamente impossível a subsistência da relação de trabalho;

c) Não existam, na empresa, contratos de trabalho a termo para tarefas correspondentes às do posto de trabalho extinto;

d) Não seja aplicável o despedimento coletivo.

2 – Havendo na secção ou estrutura equivalente uma pluralidade de postos de trabalho de conteúdo funcional idêntico, para determinação do posto de trabalho a extinguir, a decisão do empregador deve observar, por referência aos respetivos titulares, a seguinte ordem de critérios relevantes e não discriminatórios:

a) Pior avaliação de desempenho, com parâmetros previamente conhecidos pelo trabalhador;

b) Menores habilitações académicas e profissionais;

c) Maior onerosidade pela manutenção do vínculo laboral do trabalhador para a empresa;

d) Menor experiência na função;

e) Menor antiguidade na empresa.

3 – O trabalhador que, nos três meses anteriores ao início do procedimento para despedimento, tenha sido transferido para posto de trabalho que venha a ser extinto, tem direito a ser reafectado ao posto de trabalho anterior caso ainda exista, com a mesma retribuição base.

4 – Para efeito da alínea *b)* do nº 1, uma vez extinto o posto de trabalho, considera-se que a subsistência da relação de trabalho é praticamente impossível quando o empregador não disponha de outro compatível com a categoria profissional do trabalhador.

CONTRATO DE TRABALHO ART. 370º

5 – O despedimento por extinção do posto de trabalho só pode ter lugar desde que, até ao termo do prazo de aviso prévio, seja posta à disposição do trabalhador a compensação devida, bem como os créditos vencidos e os exigíveis por efeito da cessação do contrato de trabalho.

6 – Constitui contraordenação grave o despedimento com violação do disposto nas alíneas *c*) e *d*) do nº 1 e nos nºs 2 ou 3.

Os nºs 2 e 4 do presente artigo foram declarados inconstitucionais pelo Acórdão do TC nº 602/2013, por violação da proibição de despedimentos sem justa causa consagrada no artigo 53º da Constituição.

O presente artigo tem a redação que lhe foi conferida pela Lei nº 27/2014, de 8 de maio (sexta alteração ao código do trabalho que entrou em vigor no dia 1 de junho de 2014).

ARTIGO 369º
Comunicações em caso de despedimento por extinção de posto de trabalho

1 – No caso de despedimento por extinção de posto de trabalho, o empregador comunica, por escrito, à comissão de trabalhadores ou, na sua falta, à comissão intersindical ou comissão sindical, ao trabalhador envolvido e ainda, caso este seja representante sindical, à associação sindical respetiva:

a) A necessidade de extinguir o posto de trabalho, indicando os motivos justificativos e a secção ou unidade equivalente a que respeita;

b) A necessidade de despedir o trabalhador afeto ao posto de trabalho a extinguir e a sua categoria profissional.

c) Os critérios para seleção dos trabalhadores a despedir.

2 – Constitui contraordenação grave o despedimento efetuado com violação do disposto no número anterior.

Redação dada pela Lei nº 23/2012, de 25-06.

ARTIGO 370º
Consultas em caso de despedimento por extinção de posto de trabalho

1 – Nos 10 dias posteriores à comunicação prevista no artigo anterior, a estrutura representativa dos trabalhadores, o trabalhador envolvido e ainda, caso este seja representante sindical, a associação sindical respetiva podem transmitir ao empregador o seu parecer fundamentado, nomeadamente sobre os motivos invocados, os requisitos previstos no nº 1 do artigo 368º ou os critérios a que se refere o nº 2 do mesmo artigo, bem como as alternativas que permitam atenuar os efeitos do despedimento.

2 – Qualquer trabalhador envolvido ou entidade referida no número anterior pode, nos três dias úteis posteriores à comunicação do empregador, solicitar ao serviço com competência inspetiva do ministério responsável pela área do emprego a verificação dos requisitos previstos nas alíneas *c*) e *d*) do nº 1 e no nº 2 do artigo 368º, informando simultaneamente do facto o empregador.

ART. 371º   LIVRO I – TÍTULO II

3 – O serviço a que se refere o número anterior elabora e envia ao requerente e ao empregador relatório sobre a matéria sujeita a verificação, no prazo de sete dias após a receção do requerimento.

Cfr. art. 316º.
Redação dada pela Lei nº 23/2012, de 25-06.

ARTIGO 371º
Decisão de despedimento por extinção de posto de trabalho

1 – Decorridos cinco dias a contar do termo do prazo previsto no nº 1 do artigo anterior, ou, sendo caso disso, a contar da receção do relatório a que se refere o nº 3 do mesmo artigo ou do termo do prazo para o seu envio, o empregador pode proceder ao despedimento.

2 – A decisão de despedimento é proferida por escrito, dela constando:

a) Motivo da extinção do posto de trabalho;
b) Confirmação dos requisitos previstos no nº 1 do artigo 368º;
c) Prova da aplicação dos critérios de determinação do posto de trabalho a extinguir, caso se tenha verificado oposição a esta;
d) Montante, forma, momento e lugar do pagamento da compensação e dos créditos vencidos e dos exigíveis por efeito da cessação do contrato de trabalho;
e) Data da cessação do contrato.

3 – O empregador comunica a decisão, por cópia ou transcrição, ao trabalhador, às entidades referidas no nº 1 do artigo 369º e, bem assim, ao serviço com competência inspetiva do ministério responsável pela área laboral, com antecedência mínima, relativamente à data da cessação, de:

a) 15 dias, no caso de trabalhador com antiguidade inferior a um ano;
b) 30 dias, no caso de trabalhador com antiguidade igual ou superior a um ano e inferior a cinco anos;
c) 60 dias, no caso de trabalhador com antiguidade igual ou superior a cinco anos e inferior a 10 anos;
d) 75 dias, no caso de trabalhador com antiguidade igual ou superior a 10 anos.

4 – O pagamento da compensação, dos créditos vencidos e dos exigíveis por efeito da cessação do contrato de trabalho deve ser efetuado até ao termo do prazo de aviso prévio.

5 – Constitui contraordenação grave o despedimento efetuado com violação do disposto nos nºs 1 e 2, assim como a falta de comunicação ao trabalhador referida no nº 3.

6 – Constitui contraordenação leve a falta de comunicação às entidades e ao serviço referidos no nº 3.

Redação dada pela Lei nº 23/2012, de 25-06.

CONTRATO DE TRABALHO   ART. 374º

ARTIGO 372º
Direitos de trabalhador em caso de despedimento por extinção de posto de trabalho

Ao trabalhador despedido por extinção do posto de trabalho aplica-se o disposto no nº 4 e na primeira parte do nº 5 do artigo 363º e nos artigos 364º a 366º

O presente artigo tem a redação que lhe foi introduzida pela Lei nº 53/2011, de 14 de outubro e pela Lei nº 23/2012, de 25 de junho.

DIVISÃO IV
Despedimento por inadaptação

ARTIGO 373º
Noção de despedimento por inadaptação

Considera-se despedimento por inadaptação a cessação de contrato de trabalho promovida pelo empregador e fundamentada em inadaptação superveniente do trabalhador ao posto de trabalho.

ARTIGO 374º
Situações de inadaptação

1 – A inadaptação verifica-se em qualquer das situações previstas nas alíneas seguintes, quando, sendo determinada pelo modo de exercício de funções do trabalhador, torne praticamente impossível a subsistência da relação de trabalho:

a) Redução continuada de produtividade ou de qualidade;
b) Avarias repetidas nos meios afetos ao posto de trabalho;
c) Riscos para a segurança e saúde do trabalhador, de outros trabalhadores ou de terceiros.

2 – Verifica-se ainda inadaptação de trabalhador afeto a cargo de complexidade técnica ou de direção quando não se cumpram os objetivos previamente acordados, por escrito, em consequência do seu modo de exercício de funções e seja praticamente impossível a subsistência da relação de trabalho.

3 – O disposto nos números anteriores não prejudica a proteção conferida aos trabalhadores com capacidade de trabalho reduzida, deficiência ou doença crónica.

4 – A situação de inadaptação referida nos números anteriores não deve decorrer de falta de condições de segurança e saúde no trabalho imputável ao empregador.

Redação dada pela Lei nº 23/2012, de 25-06.

ART. 375º   LIVRO I – TÍTULO II

ARTIGO 375º
Requisitos de despedimento por inadaptação

1 – O despedimento por inadaptação em situação referida no nº 1 do artigo anterior só pode ter lugar desde que, cumulativamente, se verifiquem os seguintes requisitos:

a) Tenham sido introduzidas modificações no posto de trabalho resultantes de alterações nos processos de fabrico ou de comercialização, de novas tecnologias ou equipamentos baseados em diferente ou mais complexa tecnologia, nos seis meses anteriores ao início do procedimento;

b) Tenha sido ministrada formação profissional adequada às modificações do posto de trabalho, por autoridade competente ou entidade formadora certificada;

c) Tenha sido facultado ao trabalhador, após a formação, um período de adaptação de, pelo menos, 30 dias, no posto de trabalho ou fora dele sempre que o exercício de funções naquele posto seja suscetível de causar prejuízos ou riscos para a segurança e saúde do trabalhador, de outros trabalhadores ou de terceiros;

d) Não exista na empresa outro posto de trabalho disponível e compatível com a categoria profissional do trabalhador;

e) *(Revogada.)*

2 – O despedimento por inadaptação na situação referida no nº 1 do artigo anterior, caso não tenha havido modificações no posto de trabalho, pode ter lugar desde que, cumulativamente, se verifiquem os seguintes requisitos:

a) Modificação substancial da prestação realizada pelo trabalhador, de que resultem, nomeadamente, a redução continuada de produtividade ou de qualidade, avarias repetidas nos meios afetos ao posto de trabalho ou riscos para a segurança e saúde do trabalhador, de outros trabalhadores ou de terceiros, determinados pelo modo do exercício das funções e que, em face das circunstâncias, seja razoável prever que tenham caráter definitivo;

b) O empregador informe o trabalhador, juntando cópia dos documentos relevantes, da apreciação da atividade antes prestada, com descrição circunstanciada dos factos, demonstrativa de modificação substancial da prestação, bem como de que se pode pronunciar por escrito sobre os referidos elementos em prazo não inferior a cinco dias úteis;

c) Após a resposta do trabalhador ou decorrido o prazo para o efeito, o empregador lhe comunique, por escrito, ordens e instruções adequadas respeitantes à execução do trabalho, com o intuito de a corrigir, tendo presentes os factos invocados por aquele;

d) Tenha sido aplicado o disposto nas alíneas *b)* e *c)* do número anterior, com as devidas adaptações.

3 – O despedimento por inadaptação em situação referida no nº 2 do artigo anterior pode ter lugar:

CONTRATO DE TRABALHO   ART. 376º

a) Caso tenha havido introdução de novos processos de fabrico, de novas tecnologias ou equipamentos baseados em diferente ou mais complexa tecnologia, a qual implique modificação das funções relativas ao posto de trabalho;

b) Caso não tenha havido modificações no posto de trabalho, desde que seja cumprido o disposto na alínea *b*) do número anterior, com as devidas adaptações.

4 –O empregador deve enviar à comissão de trabalhadores e, caso o trabalhador seja representante sindical, à respetiva associação sindical, cópia da comunicação e dos documentos referidos na alínea *b*) do nº 2.

5 – A formação a que se referem os nºs 1 e 2 conta para efeito de cumprimento da obrigação de formação a cargo do empregador.

6 – O trabalhador que, nos três meses anteriores ao início do procedimento para despedimento, tenha sido transferido para posto de trabalho em relação ao qual se verifique a inadaptação tem direito a ser reafetado ao posto de trabalho anterior, caso não esteja ocupado definitivamente, com a mesma retribuição base.

7 –O despedimento só pode ter lugar desde que sejam postos à disposição do trabalhador a compensação devida, os créditos vencidos e os exigíveis por efeito da cessação do contrato de trabalho, até ao termo do prazo de aviso prévio.

8 – Constitui contraordenação grave a violação do disposto neste artigo.

A alínea d) do nº 1 do presente artigo foi declarada inconstitucional pelo Acórdão do TC nº 602/2013, por violação da proibição de despedimentos sem justa causa consagrada no artigo 53º da Constituição.

O presente artigo tem a redação que lhe foi conferida pela Lei nº 27/2014, de 8 de maio (sexta alteração ao código do trabalho que entrou em vigor no dia 1 de junho de 2014).

ARTIGO 376º
Comunicações em caso de despedimento por inadaptação

1 –No caso de despedimento por inadaptação, o empregador comunica, por escrito, ao trabalhador e, caso este seja representante sindical, à associação sindical respetiva:

a) A intenção de proceder ao despedimento, indicando os motivos justificativos;

b) As modificações introduzidas no posto de trabalho ou, caso estas não tenham existido, os elementos a que se referem as alíneas *b*) e *c*) do nº 2 do artigo anterior;

c) Os resultados da formação profissional e do perío do de adaptação, a que se referem as alíneas *b*) e *c*) do nº 1 e a alínea *d*) do nº 2 do artigo anterior.

2 –Caso o trabalhador não seja representante sindical, decorridos três dias úteis após a receção da comunicação referida no número anterior, o empregador deve fazer a mesma comunicação à associação sindical que o trabalhador tenha indicado para o efeito ou, se este não o fizer, à comissão de trabalhadores ou, na sua falta, à comissão intersindical ou comissão sindical.

ART. 377º   LIVRO I - TÍTULO II

3 – Constitui contraordenação grave o despedimento efetuado com violação do disposto neste artigo.

Redação dada pela Lei nº 23/2012, de 25-06.

ARTIGO 377º
Consultas em caso de despedimento por inadaptação

1 – Nos 10 dias posteriores à comunicação prevista no artigo anterior, o trabalhador pode juntar os documentos e solicitar as diligências probatórias que se mostrem pertinentes, sendo neste caso aplicável o disposto nos nºs 3 e 4 do artigo 356º, com as necessárias adaptações.

2 – Caso tenham sido solicitadas diligências probatórias, o empregador deve informar o trabalhador, a estrutura representativa dos trabalhadores e, caso aquele seja representante sindical, a associação sindical respetiva, do resultado das mesmas.

3 – Após as comunicações previstas no artigo anterior, o trabalhador e a estrutura representativa dos trabalhadores podem, no prazo de 10 dias úteis, transmitir ao empregador o seu parecer fundamentado, nomeadamente sobre os motivos justificativos do despedimento.

4 – Constitui contraordenação grave a violação do disposto no nº 2.

Redação dada pela Lei nº 23/2012, de 25-06.

ARTIGO 378º
Decisão de despedimento por inadaptação

1 – Após a receção dos pareceres referidos no artigo anterior ou o termo do prazo para o efeito, o empregador dispõe de 30 dias para proceder ao despedimento, sob pena de caducidade do direito, mediante decisão fundamentada e por escrito de que constem:

a) Motivo da cessação do contrato de trabalho;

b) Confirmação dos requisitos previstos no artigo 375º;

c) Montante, forma, momento e lugar do pagamento da compensação e dos créditos vencidos e dos exigíveis por efeito da cessação do contrato de trabalho;

d) Data da cessação do contrato.

2 – O empregador comunica a decisão, por cópia ou transcrição, ao trabalhador, às entidades referidas nos nºs 1 e 2 do artigo 376º e, bem assim, ao serviço com competência inspetiva do ministério responsável pela área laboral, com antecedência mínima, relativamente à data da cessação, de:

a) 15 dias, no caso de trabalhador com antiguidade inferior a um ano;

b) 30 dias, no caso de trabalhador com antiguidade igual ou superior a um ano e inferior a cinco anos;

c) 60 dias, no caso de trabalhador com antiguidade igual ou superior a cinco anos e inferior a 10 anos;

d) 75 dias, no caso de trabalhador com antiguidade igual ou superior a 10 anos.

CONTRATO DE TRABALHO   ART. 381º

3 – Constitui contraordenação grave o despedimento efetuado com violação do disposto no nº 1 ou do aviso prévio referido no nº 2, e constitui contraordenação leve a violação do disposto no nº 2, no que respeita à falta de comunicação às entidades e ao serviço nele referidos.

Redação dada pela Lei nº 23/2012, de 25-06.

ARTIGO 379º
Direitos de trabalhador
em caso de despedimento por inadaptação

1 – Ao trabalhador despedido por inadaptação aplica-se o disposto no nº 4 e na primeira parte do nº 5 do artigo 363º e nos artigos 364º a 366º

2 – Em caso de despedimento por inadaptação nas situações referidas no nº 2 e na alínea *b*) do nº 3 do artigo 375º, a denúncia do contrato de trabalho por parte do trabalhador pode ter lugar após a comunicação referida na alínea *b*) do mesmo nº 2.

O presente artigo tem a redação que lhe foi introduzida pela Lei nº 53/2011, de 14 de outubro e pela Lei nº 23/2012, de 25 de junho.

ARTIGO 380º
Manutenção do nível de emprego

1 – Nos 90 dias seguintes a despedimento por inadaptação, deve ser assegurada a manutenção do nível de emprego na empresa, por meio de admissão ou transferência de trabalhador no decurso de procedimento tendente a despedimento por facto que não lhe seja imputável.

2 – Em caso de incumprimento do disposto no número anterior, o serviço com competência inspetiva do ministério responsável pela área laboral notifica o empregador para que assegure a manutenção do nível de emprego, em prazo não superior a 30 dias.

3 – Constitui contraordenação grave o despedimento efetuado com violação do disposto nos nºs 1 ou 2, sendo a violação do nº 2 punível com o dobro da coima.

Cfr. art. 14º, nº 1 da Lei Preambular ao presente Código.

SUBSECÇÃO II
Ilicitude de despedimento

ARTIGO 381º
Fundamentos gerais de ilicitude de despedimento

Sem prejuízo do disposto nos artigos seguintes ou em legislação específica, o despedimento por iniciativa do empregador é ilícito:

a) Se for devido a motivos políticos, ideológicos, étnicos ou religiosos, ainda que com invocação de motivo diverso;

ART. 382º   LIVRO I – TÍTULO II

b) Se o motivo justificativo do despedimento for declarado improcedente;

c) Se não for precedido do respetivo procedimento;

d) Em caso de trabalhadora grávida, puérpera ou lactante ou de trabalhador durante o gozo de licença parental inicial, em qualquer das suas modalidades, se não for solicitado o parecer prévio da entidade competente na área da igualdade de oportunidades entre homens e mulheres.

ARTIGO 382º
Ilicitude de despedimento por facto imputável ao trabalhador

1 – O despedimento por facto imputável ao trabalhador é ainda ilícito se tiverem decorrido os prazos estabelecidos nos nºs 1 ou 2 do artigo 329º, ou se o respetivo procedimento for inválido.

2 – O procedimento é inválido se:

a) Faltar a nota de culpa, ou se esta não for escrita ou não contiver a descrição circunstanciada dos factos imputados ao trabalhador;

b) Faltar a comunicação da intenção de despedimento junta à nota de culpa;

c) Não tiver sido respeitado o direito do trabalhador a consultar o processo ou a responder à nota de culpa ou, ainda, o prazo para resposta à nota de culpa;

d) A comunicação ao trabalhador da decisão de despedimento e dos seus fundamentos não for feita por escrito, ou não esteja elaborada nos termos do nº 4 do artigo 357º ou do nº 2 do artigo 358º.

Cfr. art. 14º, nº 1 da Lei Preambular ao presente Código.

ARTIGO 383º
Ilicitude de despedimento coletivo

O despedimento coletivo é ainda ilícito se o empregador:

a) Não tiver feito a comunicação prevista nos nºs 1 ou 4 do artigo 360º ou promovido a negociação prevista no nº 1 do artigo 361º;

b) Não tiver observado o prazo para decidir o despedimento, referido no nº 1 do artigo 363º;

c) Não tiver posto à disposição do trabalhador despedido, até ao termo do prazo de aviso prévio, a compensação por ele devida a que se refere o artigo 366º e os créditos vencidos ou exigíveis em virtude da cessação do contrato de trabalho, sem prejuízo do disposto na parte final do nº 5 do artigo 363º

O presente artigo tem a redação que lhe foi introduzida pela Lei nº 53/2011, de 14 de outubro e pela Lei nº 23/2012, de 25 de junho.

ARTIGO 384º
Ilicitude de despedimento por extinção de posto de trabalho

O despedimento por extinção de posto de trabalho é ainda ilícito se o empregador:

CONTRATO DE TRABALHO   ART. 387º

a) Não cumprir os requisitos do nº 1 do artigo 368º;

b) Não Não observar o disposto no nº 2 do artigo 368º;

c) Não tiver feito as comunicações previstas no artigo 369º;

d) Não tiver posto à disposição do trabalhador despedido, até ao termo do prazo de aviso prévio, a compensação por ele devida a que se refere o artigo 366º, por remissão do artigo 372º, e os créditos vencidos ou exigíveis em virtude da cessação do contrato de trabalho.

O presente artigo tem a redação que lhe foi introduzida pela Lei nº 53/2011, de 14 de outubro e pela Lei nº 23/2012, de 25 de junho.

ARTIGO 385º
Ilicitude de despedimento por inadaptação

O despedimento por inadaptação é ainda ilícito se o empregador:

a) Não cumprir o disposto nos nºs 3 e 4 do artigo 374º ou nos nºs 1 a 3 do artigo 375º;

b) Não tiver feito as comunicações previstas no artigo 376º;

c) Não tiver posto à disposição do trabalhador despedido, até ao termo do prazo de aviso prévio, a compensação por ele devida a que se refere o artigo 366º por remissão do nº 1 do artigo 379º e os créditos vencidos ou exigíveis em virtude da cessação do contrato de trabalho.

O presente artigo tem a redação que lhe foi introduzida pela Lei nº 53/2011, de 14 de outubro e pela Lei nº 23/2012, de 25 de junho.

A alínea a) foi retificada pela Declaração de Retificação n.º 38/2012, de 23 de julho.

ARTIGO 386º
Suspensão de despedimento

O trabalhador pode requerer a suspensão preventiva do despedimento, no prazo de cinco dias úteis a contar da data da receção da comunicação de despedimento, mediante providência cautelar regulada no Código de Processo do Trabalho.

ARTIGO 387º
Apreciação judicial do despedimento

1 – A regularidade e licitude do despedimento só pode ser apreciada por tribunal judicial.

2 – O trabalhador pode opor-se ao despedimento, mediante apresentação de requerimento em formulário próprio, junto do tribunal competente, no prazo de 60 dias, contados a partir da receção da comunicação de despedimento ou da data de cessação do contrato, se posterior, exceto no caso previsto no artigo seguinte.

3 – Na ação de apreciação judicial do despedimento, o empregador apenas pode invocar factos e fundamentos constantes de decisão de despedimento comunicada ao trabalhador.

ART. 388º   LIVRO I – TÍTULO II

4 – Em casos de apreciação judicial de despedimento por facto imputável ao trabalhador, sem prejuízo da apreciação de vícios formais, o tribunal deve sempre pronunciar-se sobre a verificação e procedência dos fundamentos invocados para o despedimento.

Cfr. art. 14º, nº 1 da Lei Preambular ao presente Código.

ARTIGO 388º
Apreciação judicial do despedimento coletivo

1 – A ilicitude do despedimento coletivo só pode ser declarada por tribunal judicial.

2 – A ação de impugnação do despedimento coletivo deve ser intentada no prazo de seis meses contados da data da cessação do contrato.

3 – É aplicável à ação de impugnação do despedimento coletivo o disposto no nº 3 do artigo anterior.

Cfr. art. 14º, nº 1 da Lei Preambular ao presente Código.

ARTIGO 389º
Efeitos da ilicitude de despedimento

1 – Sendo o despedimento declarado ilícito, o empregador é condenado:

a) A indemnizar o trabalhador por todos os danos causados, patrimoniais e não patrimoniais;

b) Na reintegração do trabalhador no mesmo estabelecimento da empresa, sem prejuízo da sua categoria e antiguidade, salvo nos casos previstos nos artigos 391º e 392º.

2 – No caso de mera irregularidade fundada em deficiência de procedimento por omissão das diligências probatórias referidas nos nºs 1 e 3 do artigo 356º, se forem declarados procedentes os motivos justificativos invocados para o despedimento, o trabalhador tem apenas direito a indemnização correspondente a metade do valor que resultaria da aplicação do nº 1 do artigo 391º

3 – Constitui contraordenação grave a violação do disposto no nº 1.

Cfr. art. 14º, nº 1 da Lei Preambular ao presente Código.
Redação dada pela Lei nº 23/2012, de 25-06.

ARTIGO 390º
Compensação em caso de despedimento ilícito

1 – Sem prejuízo da indemnização prevista na alínea *a)* do nº 1 do artigo anterior, o trabalhador tem direito a receber as retribuições que deixar de auferir desde o despedimento até ao trânsito em julgado da decisão do tribunal que declare a ilicitude do despedimento.

2 – Às retribuições referidas no número anterior deduzem-se:

CONTRATO DE TRABALHO   ART. 392º

a) As importâncias que o trabalhador aufira com a cessação do contrato e que não receberia se não fosse o despedimento;

b) A retribuição relativa ao período decorrido desde o despedimento até 30 dias antes da propositura da ação, se esta não for proposta nos 30 dias subsequentes ao despedimento;

c) O subsídio de desemprego atribuído ao trabalhador no período referido no nº 1, devendo o empregador entregar essa quantia à segurança social.

ARTIGO 391º
Indemnização em substituição de reintegração a pedido do trabalhador

1 – Em substituição da reintegração, o trabalhador pode optar por uma indemnização, até ao termo da discussão em audiência final de julgamento, cabendo ao tribunal determinar o seu montante, entre 15 e 45 dias de retribuição base e diuturnidades por cada ano completo ou fração de antiguidade, atendendo ao valor da retribuição e ao grau de ilicitude decorrente da ordenação estabelecida no artigo 381º.

2 – Para efeitos do número anterior, o tribunal deve atender ao tempo decorrido desde o despedimento até ao trânsito em julgado da decisão judicial.

3 – A indemnização prevista no nº 1 não pode ser inferior a três meses de retribuição base e diuturnidades.

Cfr. art. 14º, nº 1 da Lei Preambular ao presente Código.

ARTIGO 392º
Indemnização em substituição de reintegração a pedido do empregador

1 – Em caso de microempresa ou de trabalhador que ocupe cargo de administração ou de direção, o empregador pode requerer ao tribunal que exclua a reintegração, com fundamento em factos e circunstâncias que tornem o regresso do trabalhador gravemente prejudicial e perturbador do funcionamento da empresa.

2 – O disposto no número anterior não se aplica sempre que a ilicitude do despedimento se fundar em motivo político, ideológico, étnico ou religioso, ainda que com invocação de motivo diverso, ou quando o fundamento da oposição à reintegração for culposamente criado pelo empregador.

3 – Caso o tribunal exclua a reintegração, o trabalhador tem direito a indemnização, determinada pelo tribunal entre 30 e 60 dias de retribuição base e diuturnidades por cada ano completo ou fração de antiguidade, nos termos estabelecidos nos nºs 1 e 2 do artigo anterior, não podendo ser inferior ao valor correspondente a seis meses de retribuição base e diuturnidades.

ART. 393º   LIVRO I – TÍTULO II

SUBSECÇÃO III
Despedimento por iniciativa
do empregador em caso de contrato a termo

ARTIGO 393º
Regras especiais relativas a contrato de trabalho a termo

1 – As regras gerais de cessação do contrato aplicam-se a contrato de trabalho a termo, com as alterações constantes do número seguinte.

2 – Sendo o despedimento declarado ilícito, o empregador é condenado:

a) No pagamento de indemnização dos danos patrimoniais e não patrimoniais, que não deve ser inferior às retribuições que o trabalhador deixou de auferir desde o despedimento até ao termo certo ou incerto do contrato, ou até ao trânsito em julgado da decisão judicial, se aquele termo ocorrer posteriormente;

b) Caso o termo ocorra depois do trânsito em julgado da decisão judicial, na reintegração do trabalhador, sem prejuízo da sua categoria e antiguidade.

3 – Constitui contraordenação grave a violação do disposto no número anterior.

SECÇÃO V
Cessação de contrato de trabalho
por iniciativa do trabalhador

SUBSECÇÃO I
Resolução de contrato de trabalho pelo trabalhador

ARTIGO 394º
Justa causa de resolução

1 – Ocorrendo justa causa, o trabalhador pode fazer cessar imediatamente o contrato.

2 – Constituem justa causa de resolução do contrato pelo trabalhador, nomeadamente, os seguintes comportamentos do empregador:

a) Falta culposa de pagamento pontual da retribuição;
b) Violação culposa de garantias legais ou convencionais do trabalhador;
c) Aplicação de sanção abusiva;
d) Falta culposa de condições de segurança e saúde no trabalho;
e) Lesão culposa de interesses patrimoniais sérios do trabalhador;
f) Ofensa à integridade física ou moral, liberdade, honra ou dignidade do trabalhador, punível por lei, praticada pelo empregador ou seu representante.

3 – Constituem ainda justa causa de resolução do contrato pelo trabalhador:

a) Necessidade de cumprimento de obrigação legal incompatível com a continuação do contrato;

CONTRATO DE TRABALHO ART. 396º

b) Alteração substancial e duradoura das condições de trabalho no exercício lícito de poderes do empregador;

c) Falta não culposa de pagamento pontual da retribuição.

4 – A justa causa é apreciada nos termos do nº 3 do artigo 351º, com as necessárias adaptações.

5 – Considera-se culposa a falta de pagamento pontual da retribuição que se prolongue por período de 60 dias, ou quando o empregador, a pedido do trabalhador, declare por escrito a previsão de não pagamento da retribuição em falta, até ao termo daquele prazo.

No caso de cessação do contrato de trabalho por iniciativa do trabalhador ver Acórdão do STJ de 3/11/2010 (Processo: 425/07.0TTCBR.C1.S1) acerca da consagração do subsídio de natal e de férias no conceito de retribuição.

ARTIGO 395º
Procedimento para resolução de contrato pelo trabalhador

1 – O trabalhador deve comunicar a resolução do contrato ao empregador, por escrito, com indicação sucinta dos factos que a justificam, nos 30 dias subsequentes ao conhecimento dos factos.

2 – No caso a que se refere o nº 5 do artigo anterior, o prazo para resolução conta-se a partir do termo do período de 60 dias ou da declaração do empregador.

3 – Se o fundamento da resolução for o referido na alínea *a)* do nº 3 do artigo anterior, a comunicação deve ser feita logo que possível.

4 – O empregador pode exigir que a assinatura do trabalhador constante da declaração de resolução tenha reconhecimento notarial presencial, devendo, neste caso, mediar um período não superior a 60 dias entre a data do reconhecimento e a da cessação do contrato.

ARTIGO 396º
Indemnização devida ao trabalhador

1 – Em caso de resolução do contrato com fundamento em facto previsto no nº 2 do artigo 394º, o trabalhador tem direito a indemnização, a determinar entre 15 e 45 dias de retribuição base e diuturnidades por cada ano completo de antiguidade, atendendo ao valor da retribuição e ao grau da ilicitude do comportamento do empregador, não podendo ser inferior a três meses de retribuição base e diuturnidades.

2 – No caso de fração de ano de antiguidade, o valor da indemnização é calculado proporcionalmente.

3 – O valor da indemnização pode ser superior ao que resultaria da aplicação do nº 1 sempre que o trabalhador sofra danos patrimoniais e não patrimoniais de montante mais elevado.

4 – No caso de contrato a termo, a indemnização não pode ser inferior ao valor das retribuições vincendas.

ART. 397º   LIVRO I – TÍTULO II

ARTIGO 397º
Revogação da resolução

1 – O trabalhador pode revogar a resolução do contrato, caso a sua assinatura constante desta não seja objeto de reconhecimento notarial presencial, até ao sétimo dia seguinte à data em que chegar ao poder do empregador, mediante comunicação escrita dirigida a este.

2 – É aplicável à revogação o disposto nos nºs 2 ou 3 do artigo 350º.

Cfr. art. 350º.

ARTIGO 398º
Impugnação da resolução

1 – A ilicitude da resolução do contrato pode ser declarada por tribunal judicial em ação intentada pelo empregador.

2 – A ação deve ser intentada no prazo de um ano a contar da data da resolução.

3 – Na ação em que for apreciada a ilicitude da resolução, apenas são atendíveis para a justificar os factos constantes da comunicação referida no nº 1 do artigo 395º.

4 – No caso de a resolução ter sido impugnada com base em ilicitude do procedimento previsto no nº 1 do artigo 395º, o trabalhador pode corrigir o vício até ao termo do prazo para contestar, mas só pode utilizar esta faculdade uma vez.

ARTIGO 399º
Responsabilidade do trabalhador em caso de resolução ilícita

Não se provando a justa causa de resolução do contrato, o empregador tem direito a indemnização dos prejuízos causados, não inferior ao montante calculado nos termos do artigo 401º.

SUBSECÇÃO II
Denúncia de contrato de trabalho pelo trabalhador

ARTIGO 400º
Denúncia com aviso prévio

1 – O trabalhador pode denunciar o contrato independentemente de justa causa, mediante comunicação ao empregador, por escrito, com a antecedência mínima de 30 ou 60 dias, conforme tenha, respetivamente, até dois anos ou mais de dois anos de antiguidade.

2 – O instrumento de regulamentação coletiva de trabalho e o contrato de trabalho podem aumentar o prazo de aviso prévio até seis meses, relativamente a trabalhador que ocupe cargo de administração ou direção, ou com funções de representação ou de responsabilidade.

3 – No caso de contrato de trabalho a termo, a denúncia pode ser feita com a antecedência mínima de 30 ou 15 dias, consoante a duração do contrato seja de pelo menos seis meses ou inferior.

4 – No caso de contrato a termo incerto, para efeito do prazo de aviso prévio a que se refere o número anterior, atende-se à duração do contrato já decorrida.

5 – É aplicável à denúncia o disposto no nº 4 do artigo 395º.

ARTIGO 401º
Denúncia sem aviso prévio

O trabalhador que não cumpra, total ou parcialmente, o prazo de aviso prévio estabelecido no artigo anterior deve pagar ao empregador uma indemnização de valor igual à retribuição base e diuturnidades correspondentes ao período em falta, sem prejuízo de indemnização por danos causados pela inobservância do prazo de aviso prévio ou de obrigação assumida em pacto de permanência.

ARTIGO 402º
Revogação da denúncia

1 – O trabalhador pode revogar a denúncia do contrato, caso a sua assinatura constante desta não tenha reconhecimento notarial presencial, até ao sétimo dia seguinte à data em que a mesma chegar ao poder do empregador, mediante comunicação escrita dirigida a este.

2 – É aplicável à revogação o disposto nos nºs 2 ou 3 do artigo 350º.

ARTIGO 403º
Abandono do trabalho

1 – Considera-se abandono do trabalho a ausência do trabalhador do serviço acompanhada de factos que, com toda a probabilidade, revelam a intenção de não o retomar.

2 – Presume-se o abandono do trabalho em caso de ausência de trabalhador do serviço durante, pelo menos, 10 dias úteis seguidos, sem que o empregador seja informado do motivo da ausência.

3 – O abandono do trabalho vale como denúncia do contrato, só podendo ser invocado pelo empregador após comunicação ao trabalhador dos factos constitutivos do abandono ou da presunção do mesmo, por carta registada com aviso de receção para a última morada conhecida deste.

4 – A presunção estabelecida no nº 2 pode ser ilidida pelo trabalhador mediante prova da ocorrência de motivo de força maior impeditivo da comunicação ao empregador da causa da ausência.

5 – Em caso de abandono do trabalho, o trabalhador deve indemnizar o empregador nos termos do artigo 401º.

Cfr. art. 342º do Código Civil.

TÍTULO III
Direito coletivo

SUBTÍTULO I
Sujeitos

CAPÍTULO I
Estruturas de representação coletiva dos trabalhadores

SECÇÃO I
Disposições gerais sobre estruturas
de representação coletiva dos trabalhadores

ARTIGO 404º
Estruturas de representação coletiva dos trabalhadores

Para defesa e prossecução coletivas dos seus direitos e interesses, podem os trabalhadores constituir:

a) Associações sindicais;
b) Comissões de trabalhadores e subcomissões de trabalhadores;
c) Representantes dos trabalhadores para a segurança e saúde no trabalho;
d) Outras estruturas previstas em lei específica, designadamente conselhos de empresa europeus.

Cfr. art. 54º da CRP.

ARTIGO 405º
Autonomia e independência

1 – As estruturas de representação coletiva dos trabalhadores são independentes do Estado, de partidos políticos, de instituições religiosas ou associações de outra natureza, sendo proibidos qualquer ingerência destes na sua organização e gestão, bem como o seu recíproco financiamento.

2 – Sem prejuízo das formas de apoio previstas neste Código, os empregadores não podem, individualmente ou através das suas associações, promover a constituição, manter ou financiar o funcionamento, por quaisquer meios, de estruturas de representação coletiva dos trabalhadores ou, por qualquer modo, intervir na sua organização e gestão, assim como impedir ou dificultar o exercício dos seus direitos.

3 – O Estado pode apoiar as estruturas de representação coletiva dos trabalhadores nos termos previstos na lei.

4 – O Estado não pode discriminar as estruturas de representação coletiva dos trabalhadores relativamente a quaisquer outras entidades.

DIREITO COLETIVO   ART. 408º

5 – Constitui contraordenação grave a violação do disposto nos nºs 1 ou 2.

Cfr. art. 55º, nº 4 da CRP.

ARTIGO 406º
Proibição de atos discriminatórios

1 – É proibido e considerado nulo o acordo ou outro ato que vise:

a) Subordinar o emprego de trabalhador à condição de este se filiar ou não se filiar numa associação sindical ou de se retirar daquela em que esteja inscrito;

b) Despedir, transferir ou, por qualquer modo, prejudicar trabalhador devido ao exercício dos direitos relativos à participação em estruturas de representação coletiva ou à sua filiação ou não filiação sindical.

2 – Constitui contraordenação grave a violação do disposto no número anterior.

Cfr. art. 24º e 25º.

ARTIGO 407º
Crime por violação da autonomia
ou independência sindical, ou por ato discriminatório

1 – A entidade que viole o disposto nos nºs 1 ou 2 do artigo 405º ou no artigo anterior é punida com pena de multa até 120 dias.

2 – O administrador, diretor, gerente ou outro trabalhador que ocupe lugar de chefia que seja responsável por ato referido no número anterior é punido com pena de prisão até 1 ano.

3 – Perde os direitos específicos atribuídos por este Código o dirigente ou delegado sindical que seja condenado nos termos do número anterior.

ARTIGO 408º
Crédito de horas de representantes dos trabalhadores

1 – Beneficiam de crédito de horas, nos termos previstos neste Código ou em legislação específica, os trabalhadores eleitos para as estruturas de representação coletiva dos trabalhadores.

2 – O crédito de horas é referido ao período normal de trabalho e conta como tempo de serviço efetivo, inclusivamente para efeito de retribuição.

3 – Sempre que pretenda utilizar o crédito de horas, o trabalhador deve informar o empregador, por escrito, com a antecedência mínima de dois dias, salvo motivo atendível.

4 – Não pode haver lugar a cumulação do crédito de horas pelo facto de o trabalhador pertencer a mais de uma estrutura de representação coletiva dos trabalhadores.

5 – Constitui contraordenação grave a violação do disposto no nº 1.

ART. 409º   LIVRO I – TÍTULO III

ARTIGO 409º
Faltas de representantes dos trabalhadores

1 – A ausência de trabalhador por motivo do desempenho de funções em estrutura de representação coletiva dos trabalhadores de que seja membro, que exceda o crédito de horas, considera-se justificada e conta como tempo de serviço efetivo, salvo para efeito de retribuição.

2 – A ausência de delegado sindical motivada pela prática de atos necessários e inadiáveis no exercício das correspondentes funções considera-se justificada, nos termos do número anterior.

3 – O trabalhador ou a estrutura de representação coletiva em que se integra comunica ao empregador, por escrito, as datas e o número de dias em que aquele necessita de ausentar-se para o exercício das suas funções, com um dia de antecedência ou, em caso de imprevisibilidade, nas quarenta e oito horas posteriores ao primeiro dia de ausência.

4 – A inobservância do disposto no número anterior torna a falta injustificada.

5 – Constitui contraordenação grave a violação do disposto no nº 1.

ARTIGO 410º
Proteção em caso de procedimento disciplinar ou despedimento

1 – A suspensão preventiva de trabalhador membro de estrutura de representação coletiva não obsta a que o mesmo tenha acesso a locais e exerça atividades que se compreendem no exercício das correspondentes funções.

2 – Na pendência de processo judicial para apuramento de responsabilidade disciplinar, civil ou criminal com fundamento em exercício abusivo de direitos na qualidade de membro de estrutura de representação coletiva dos trabalhadores, aplica-se ao trabalhador visado o disposto no número anterior.

3 – O despedimento de trabalhador candidato a membro de qualquer dos corpos sociais de associação sindical ou que exerça ou haja exercido funções nos mesmos corpos sociais há menos de três anos presume-se feito sem justa causa.

4 – A providência cautelar de suspensão de despedimento de trabalhador membro de estrutura de representação coletiva dos trabalhadores só não é decretada se o tribunal concluir pela existência de probabilidade séria de verificação da justa causa invocada.

5 – A ação de apreciação da licitude de despedimento de trabalhador a que se refere o número anterior tem natureza urgente.

6 – Em caso de ilicitude de despedimento por facto imputável ao trabalhador membro de estrutura de representação coletiva, este tem direito a optar entre a reintegração e uma indemnização calculada nos termos do nº 3 do artigo 392º ou em instrumento de regulamentação coletiva de trabalho, não inferior à retribuição base e diuturnidades correspondentes a seis meses.

DIREITO COLETIVO   ART. 414º

ARTIGO 411º
Proteção em caso de transferência

1 – O trabalhador membro de estrutura de representação coletiva dos trabalhadores não pode ser transferido de local de trabalho sem o seu acordo, salvo quando tal resultar de extinção ou mudança total ou parcial do estabelecimento onde presta serviço.

2 – O empregador deve comunicar a transferência do trabalhador a que se refere o número anterior à estrutura a que este pertence, com antecedência igual à da comunicação feita ao trabalhador.

3 – Constitui contraordenação grave a violação do disposto neste artigo.

ARTIGO 412º
Informações confidenciais

1 – O membro de estrutura de representação coletiva dos trabalhadores não pode revelar aos trabalhadores ou a terceiros informações que tenha recebido, no âmbito de direito de informação ou consulta, com menção expressa da respetiva confidencialidade.

2 – O dever de confidencialidade mantém-se após a cessação do mandato de membro de estrutura de representação coletiva dos trabalhadores.

3 – O empregador não é obrigado a prestar informações ou a proceder a consultas cuja natureza seja suscetível de prejudicar ou afetar gravemente o funcionamento da empresa ou do estabelecimento.

ARTIGO 413º
Justificação e controlo judicial em matéria
de confidencialidade de informação

1 – A qualificação de informação como confidencial, a não prestação de informação ou a não realização de consulta deve ser fundamentada por escrito, com base em critérios objetivos, assentes em exigências de gestão.

2 – A qualificação como confidencial da informação prestada, a recusa de prestação de informação ou a não realização de consulta pode ser impugnada pela estrutura de representação coletiva dos trabalhadores em causa, nos termos previstos no Código de Processo do Trabalho.

ARTIGO 414º
Exercício de direitos

1 – O membro de estrutura de representação coletiva dos trabalhadores não pode, através do exercício dos seus direitos ou do desempenho das suas funções, prejudicar o normal funcionamento da empresa.

2 – O exercício abusivo de direitos por parte de membro de estrutura de representação coletiva dos trabalhadores é passível de responsabilidade disciplinar, civil ou criminal, nos termos gerais.

ART. 415º   LIVRO I – TÍTULO III

SECÇÃO II
Comissões de trabalhadores

SUBSECÇÃO I
Disposições gerais sobre comissões de trabalhadores

ARTIGO 415º
Princípios gerais relativos a comissões, subcomissões e comissões coordenadoras

1 – Os trabalhadores têm direito de criar, em cada empresa, uma comissão de trabalhadores para defesa dos seus interesses e exercício dos direitos previstos na Constituição e na lei.

2 – Podem ser criadas subcomissões de trabalhadores em estabelecimentos da empresa geograficamente dispersos.

3 – Qualquer trabalhador da empresa, independentemente da idade ou função, tem o direito de participar na constituição das estruturas previstas nos números anteriores e na aprovação dos respetivos estatutos, bem como o direito de eleger e ser eleito.

4 – Podem ser criadas comissões coordenadoras para melhor intervenção na reestruturação económica, para articulação de atividades das comissões de trabalhadores constituídas nas empresas em relação de domínio ou de grupo, bem como para o exercício de outros direitos previstos na lei e neste Código.

Cfr. art. 54º da CRP.

ARTIGO 416º
Personalidade e capacidade de comissão de trabalhadores

1 – A comissão de trabalhadores adquire personalidade jurídica pelo registo dos seus estatutos pelo serviço competente do ministério responsável pela área laboral.

2 – A capacidade da comissão de trabalhadores abrange todos os direitos e obrigações necessários ou convenientes para a prossecução dos seus fins.

ARTIGO 417º
Número de membros de comissão de trabalhadores, comissão coordenadora ou subcomissão

1 – O número de membros de comissão de trabalhadores não pode exceder os seguintes:

a) Em empresa com menos de 50 trabalhadores, dois;

b) Em empresa com 50 ou mais trabalhadores e menos de 200, três;

DIREITO COLETIVO   ART. 420º

c) Em empresa com 201 a 500 trabalhadores, três a cinco;
d) Em empresa com 501 a 1000 trabalhadores, cinco a sete;
e) Em empresa com mais de 1000 trabalhadores, sete a 11.

2 – O número de membros de subcomissão de trabalhadores não pode exceder os seguintes:

a) Em estabelecimento com 50 a 200 trabalhadores, três;
b) Em estabelecimento com mais de 200 trabalhadores, cinco.

3 – Em estabelecimento com menos de 50 trabalhadores, a função da subcomissão de trabalhadores é assegurada por um só membro.

4 – O número de membros de comissão coordenadora não pode exceder o número das comissões de trabalhadores que a mesma coordena, nem o máximo de 11 membros.

ARTIGO 418º
Duração do mandato

O mandato de membros de comissão de trabalhadores, comissão coordenadora ou subcomissão de trabalhadores não pode exceder quatro anos, sendo permitidos mandatos sucessivos.

ARTIGO 419º
Reunião de trabalhadores no local de trabalho
convocada por comissão de trabalhadores

1 – A comissão de trabalhadores pode convocar reuniões gerais de trabalhadores a realizar no local de trabalho:

a) Fora do horário de trabalho da generalidade dos trabalhadores, sem prejuízo do normal funcionamento de turnos ou de trabalho suplementar;
b) Durante o horário de trabalho da generalidade dos trabalhadores até um período máximo de quinze horas por ano, que conta como tempo de serviço efetivo, desde que seja assegurado o funcionamento de serviços de natureza urgente e essencial.

2 – O empregador que proíba reunião de trabalhadores no local de trabalho comete contraordenação muito grave.

ARTIGO 420º
Procedimento para reunião de trabalhadores
no local de trabalho

1 – A comissão de trabalhadores deve comunicar ao empregador, com a antecedência mínima de quarenta e oito horas, a data, a hora, o número previsível de participantes e o local em que pretende que a reunião de trabalhadores se efetue e afixar a respetiva convocatória.

ART. 421º   LIVRO I - TÍTULO III

2 – No caso de reunião a realizar durante o horário de trabalho, a comissão de trabalhadores deve apresentar proposta que vise assegurar o funcionamento de serviços de natureza urgente e essencial.

3 – Após receber a comunicação referida no nº 1 e, sendo caso disso, a proposta referida no número anterior, o empregador deve pôr à disposição da entidade promotora, desde que esta o requeira, um local no interior da empresa ou na sua proximidade apropriado à realização da reunião, tendo em conta os elementos da comunicação e da proposta, bem como a necessidade de respeitar o disposto na parte final da alínea *a*) ou *b*) do nº 1 do artigo anterior.

4 – Constitui contraordenação muito grave a violação do disposto no número anterior.

ARTIGO 421º
Apoio à comissão de trabalhadores e difusão de informação

1 – O empregador deve pôr à disposição da comissão ou subcomissão de trabalhadores instalações adequadas, bem como os meios materiais e técnicos necessários ao exercício das suas funções.

2 – É aplicável à comissão e subcomissão de trabalhadores o disposto no artigo 465º, com as necessárias adaptações.

3 – Constitui contraordenação grave a violação do disposto neste artigo.

ARTIGO 422º
Crédito de horas de membros das comissões

1 – Para o exercício das suas funções, o membro das seguintes estruturas tem direito ao seguinte crédito mensal de horas:

a) Subcomissão de trabalhadores, oito horas;
b) Comissão de trabalhadores, vinte e cinco horas;
c) Comissão coordenadora, vinte horas.

2 – Em microempresa, os créditos de horas referidos no número anterior são reduzidos a metade.

3 – Em empresa com mais de 1000 trabalhadores, a comissão de trabalhadores pode deliberar por unanimidade redistribuir pelos seus membros um montante global correspondente à soma dos créditos de horas de todos eles, com o limite individual de quarenta horas mensais.

4 – O trabalhador que seja membro de mais de uma das estruturas referidas no nº 1 não pode cumular os correspondentes créditos de horas.

5 – Em empresa do setor empresarial do Estado com mais de 1000 trabalhadores, a comissão de trabalhadores pode deliberar por unanimidade que um dos membros tenha crédito de horas correspondente a metade do seu período normal de trabalho, não sendo neste caso aplicável o disposto no nº 3.

6 – Constitui contraordenação grave a violação do disposto nos nºs 1, 2, 3 ou 5.

DIREITO COLETIVO ART. 424º

SUBSECÇÃO II
Informação e consulta

ARTIGO 423º
Direitos da comissão e da subcomissão de trabalhadores

1 – A comissão de trabalhadores tem direito, nomeadamente, a:

a) Receber a informação necessária ao exercício da sua atividade;

b) Exercer o controlo da gestão da empresa;

c) Participar, entre outros, em processo de reestruturação da empresa, na elaboração dos planos e dos relatórios de formação profissional e em procedimentos relativos à alteração das condições de trabalho;

d) Participar na elaboração da legislação do trabalho, diretamente ou por intermédio das respetivas comissões coordenadoras;

e) Gerir ou participar na gestão das obras sociais da empresa;

f) Promover a eleição de representantes dos trabalhadores para os órgãos sociais das entidades públicas empresariais;

g) Reunir, pelo menos uma vez por mês, com o órgão de gestão da empresa para apreciação de assuntos relacionados com o exercício dos seus direitos.

2 – Compete à subcomissão de trabalhadores, de acordo com orientação geral estabelecida pela comissão:

a) Exercer, mediante delegação pela comissão de trabalhadores, os direitos previstos nas alíneas *a)*, *b)*, *c)* e *e)* do número anterior;

b) Informar a comissão de trabalhadores sobre os assuntos de interesse para a atividade desta;

c) Fazer a ligação entre os trabalhadores do respetivo estabelecimento e a comissão de trabalhadores;

d) Reunir com o órgão de gestão do estabelecimento, nos termos da alínea *g)* do número anterior.

3 – O órgão de gestão da empresa ou do estabelecimento, consoante o caso, elabora a ata da reunião referida na alínea *g)* do nº 1 ou na alínea *d)* do nº 2, que deve ser assinada por todos os participantes.

4 – Constitui contraordenação grave a violação do disposto nas alíneas *e)* ou *g)* do nº 1, na alínea *d)* do nº 2 ou no número anterior.

ARTIGO 424º
Conteúdo do direito a informação

1 – A comissão de trabalhadores tem direito a informação sobre:

a) Planos gerais de atividade e orçamento;

b) Organização da produção e suas implicações no grau da utilização dos trabalhadores e do equipamento;

247

ART. 425º   LIVRO I – TÍTULO III

c) Situação do aprovisionamento;
d) Previsão, volume e administração de vendas;
e) Gestão de pessoal e estabelecimento dos seus critérios básicos, montante da massa salarial e sua distribuição por grupos profissionais, regalias sociais, produtividade e absentismo;
f) Situação contabilística, compreendendo o balanço, conta de resultados e balancetes;
g) Modalidades de financiamento;
h) Encargos fiscais e parafiscais;
i) Projeto de alteração do objeto, do capital social ou de reconversão da atividade da empresa.

2 – Constitui contraordenação grave a violação do disposto no número anterior.

ARTIGO 425º
Obrigatoriedade de consulta da comissão de trabalhadores

O empregador deve solicitar o parecer da comissão de trabalhadores antes de praticar os seguintes atos, sem prejuízo de outros previstos na lei:

a) Modificação dos critérios de classificação profissional e de promoções dos trabalhadores;
b) Mudança de local de atividade da empresa ou do estabelecimento;
c) Qualquer medida de que resulte ou possa resultar, de modo substancial, diminuição do número de trabalhadores, agravamento das condições de trabalho ou mudanças na organização de trabalho;
d) Dissolução ou pedido de declaração de insolvência da empresa.

SUBSECÇÃO III
Controlo de gestão da empresa

ARTIGO 426º
Finalidade e conteúdo do controlo de gestão

1 – O controlo de gestão visa promover o empenhamento responsável dos trabalhadores na atividade da empresa.

2 – No exercício do controlo de gestão, a comissão de trabalhadores pode:

a) Apreciar e emitir parecer sobre o orçamento da empresa e suas alterações, bem como acompanhar a respetiva execução;
b) Promover a adequada utilização dos recursos técnicos, humanos e financeiros;
c) Promover, junto dos órgãos de gestão e dos trabalhadores, medidas que contribuam para a melhoria da atividade da empresa, designadamente nos domínios dos equipamentos e da simplificação administrativa;

d) Apresentar à empresa sugestões, recomendações ou críticas tendentes à qualificação inicial e à formação contínua dos trabalhadores, à melhoria das condições de trabalho nomeadamente da segurança e saúde no trabalho;

e) Defender junto dos órgãos de gestão e fiscalização da empresa e das autoridades competentes os legítimos interesses dos trabalhadores.

3 – O controlo de gestão não abrange:

a) O Banco de Portugal;
b) A Imprensa Nacional-Casa da Moeda, S. A.;
c) Estabelecimentos fabris militares e atividades de investigação militar ou outras com interesse para a defesa nacional;
d) Atividades que envolvam competências de órgãos de soberania, de assembleias regionais ou governos regionais.

4 – Constitui contraordenação grave o impedimento por parte do empregador ao exercício dos direitos previstos no nº 2.

ARTIGO 427º
Exercício do direito a informação e consulta

1 – A comissão de trabalhadores ou a subcomissão solicita por escrito, respetivamente, ao órgão de gestão da empresa ou do estabelecimento os elementos de informação respeitantes às matérias abrangidas pelo direito à informação.

2 – A informação é prestada por escrito, no prazo de oito dias, ou de 15 dias se a sua complexidade o justificar.

3 – O disposto nos números anteriores não prejudica o direito de a comissão ou a subcomissão de trabalhadores receber informação em reunião a que se refere a alínea *g*) do nº 1 ou a alínea *d*) do nº 2 do artigo 423º.

4 – No caso de consulta, o empregador solicita por escrito o parecer da comissão de trabalhadores, que deve ser emitido no prazo de 10 dias a contar da receção do pedido, ou em prazo superior que seja concedido atendendo à extensão ou complexidade da matéria.

5 – Caso a comissão de trabalhadores peça informação pertinente sobre a matéria da consulta, o prazo referido no número anterior conta-se a partir da prestação da informação, por escrito ou em reunião em que tal ocorra.

6 – A obrigação de consulta considera-se cumprida uma vez decorrido o prazo referido no nº 4 sem que o parecer tenha sido emitido.

7 – Quando esteja em causa decisão por parte do empregador no exercício de poderes de direção e organização decorrentes do contrato de trabalho, o procedimento de informação e consulta deve ser conduzido por ambas as partes no sentido de alcançar, sempre que possível, o consenso.

8 – Constitui contraordenação grave a violação do disposto no nº 2 ou na primeira parte do nº 4.

ART. 428º   LIVRO I – TÍTULO III

ARTIGO 428º
Representantes dos trabalhadores em órgãos de entidade pública empresarial

1 – A comissão de trabalhadores de entidade pública empresarial promove a eleição de representantes dos trabalhadores para os órgãos sociais da mesma, aplicando-se o disposto neste Código em matéria de caderno eleitoral, secções de voto, votação e apuramento de resultados.

2 – A comissão de trabalhadores deve comunicar ao ministério responsável pelo setor de atividade da entidade pública empresarial o resultado da eleição a que se refere o número anterior.

3 – O órgão social em causa e o número de representantes dos trabalhadores são regulados nos estatutos da entidade pública empresarial.

SUBSECÇÃO IV
Participação em processo de reestruturação da empresa

ARTIGO 429º
Exercício do direito de participação nos processos de reestruturação

1 – O direito de participar em processos de reestruturação da empresa é exercido pela comissão de trabalhadores, ou pela comissão coordenadora em caso de reestruturação da maioria das empresas cujas comissões esta coordena.

2 – No âmbito da participação na reestruturação da empresa, a comissão de trabalhadores ou a comissão coordenadora tem direito a:

a) Informação e consulta prévias sobre as formulações dos planos ou projetos de reestruturação;

b) Informação sobre a formulação final dos instrumentos de reestruturação e de se pronunciarem antes de estes serem aprovados;

c) Reunir com os órgãos encarregados de trabalhos preparatórios de reestruturação;

d) Apresentar sugestões, reclamações ou críticas aos órgãos competentes da empresa.

3 – Constitui contraordenação grave o impedimento por parte do empregador ao exercício dos direitos previstos no número anterior.

DIREITO COLETIVO   ART. 431º

SUBSECÇÃO V
Constituição, estatutos e eleição

ARTIGO 430º
Constituição e aprovação dos estatutos
de comissão de trabalhadores

1 – A constituição e a aprovação dos estatutos de comissão de trabalhadores são deliberadas em simultâneo pelos trabalhadores da empresa, com votos distintos, dependendo a validade da constituição da validade da aprovação dos estatutos.

2 – A deliberação de constituir a comissão de trabalhadores deve ser tomada por maioria simples dos votantes, sendo suficiente para a aprovação dos estatutos a deliberação por maioria relativa.

3 – A votação é convocada com a antecedência mínima de 15 dias por, pelo menos, 100 ou 20% dos trabalhadores da empresa, com ampla publicidade e menção expressa de data, hora, local e ordem de trabalhos, devendo ser remetida simultaneamente cópia da convocatória ao empregador.

4 – O regulamento da votação deve ser elaborado pelos trabalhadores que a convocam e publicitado simultaneamente com a convocatória.

5 – Os projetos de estatutos submetidos a votação são propostos por, no mínimo, 100 ou 20% dos trabalhadores da empresa, devendo ser nesta publicitados com a antecedência mínima de 10 dias.

6 – O disposto nos números anteriores é aplicável a alteração de estatutos, com as necessárias adaptações.

ARTIGO 431º
Votação da constituição e aprovação
dos estatutos de comissão de trabalhadores

1 – A identidade dos trabalhadores da empresa à data da convocação da votação deve constar de caderno eleitoral constituído por lista elaborada pelo empregador, discriminada, sendo caso disso, por estabelecimento.

2 – O empregador entrega o caderno eleitoral aos trabalhadores que convocaram a assembleia, no prazo de quarenta e oito horas após a receção de cópia da convocatória, procedendo estes à sua imediata afixação nas instalações da empresa.

3 – A votação decorre de acordo com as seguintes regras:

a) Em cada estabelecimento com um mínimo de 10 trabalhadores deve haver, pelo menos, uma secção de voto;

b) Cada secção de voto não pode ter mais de 500 votantes;

c) A mesa da secção de voto dirige a respetiva votação e é composta por um presidente e dois vogais que são, para esse efeito, dispensados da respetiva prestação de trabalho.

4 – Cada grupo de trabalhadores proponente de um projeto de estatutos pode designar um representante em cada mesa, para acompanhar a votação.

251

ART. 432º   LIVRO I – TÍTULO III

5 – As urnas de voto são colocadas nos locais de trabalho, de modo a permitir que todos os trabalhadores possam votar, sem prejudicar o normal funcionamento da empresa ou estabelecimento.

6 – A votação inicia-se, pelo menos, trinta minutos antes do começo e termina, pelo menos, sessenta minutos depois do termo do período de funcionamento da empresa ou estabelecimento, podendo os trabalhadores dispor do tempo indispensável para votar durante o respetivo horário de trabalho.

7 – A votação deve, na medida do possível, decorrer simultaneamente em todas as secções de voto.

8 – Constitui contraordenação muito grave a violação do disposto nos nºs 1 ou 2, na alínea *a*) do nº 3, no nº 5 ou na primeira parte do nº 6, e constitui contraordenação grave a violação do disposto na parte final da alínea *c*) do nº 3 ou na parte final do nº 6.

ARTIGO 432º
Procedimento para apuramento do resultado

1 – A abertura das urnas de voto para o respetivo apuramento deve ser simultânea em todas as secções de voto, ainda que a votação tenha decorrido em horários diferentes.

2 – Os membros da mesa de voto registam o modo como decorreu a votação em ata, que, depois de lida e aprovada, rubricam e assinam a final.

3 – A identidade dos votantes deve ser registada em documento próprio, com termos de abertura e encerramento, assinado e rubricado pelos membros da mesa, o qual constitui parte integrante da ata.

4 – O apuramento global das votações da constituição da comissão de trabalhadores e da aprovação dos estatutos é feito pela comissão eleitoral, que lavra a respetiva ata, nos termos do nº 2.

5 – A comissão eleitoral referida no número anterior é constituída por um representante dos proponentes de projetos de estatutos e igual número de representantes dos trabalhadores que convocaram a assembleia constituinte.

6 – A comissão eleitoral, no prazo de 15 dias a contar da data do apuramento, comunica o resultado da votação ao empregador e afixa-o, bem como cópia da respetiva ata, no local ou locais em que a votação teve lugar.

7 – Constitui contraordenação grave a oposição do empregador à afixação do resultado da votação, nos termos do número anterior.

ARTIGO 433º
Regras gerais da eleição de comissão
e subcomissões de trabalhadores

1 – Os membros da comissão e das subcomissões de trabalhadores são eleitos, de entre as listas apresentadas pelos trabalhadores da empresa ou estabelecimento, por voto direto e secreto, segundo o princípio de representação proporcional.

DIREITO COLETIVO   ART. 434º

2 – A eleição é convocada com a antecedência de 15 dias, ou prazo superior estabelecido nos estatutos, pela comissão eleitoral constituída nos termos dos estatutos ou, na sua falta, por, no mínimo, 100 ou 20% dos trabalhadores da empresa, com ampla publicidade e menção expressa de data, hora, local e ordem de trabalhos, devendo ser remetida simultaneamente cópia da convocatória ao empregador.

3 – Só podem concorrer listas subscritas por, no mínimo, 100 ou 20% dos trabalhadores da empresa ou, no caso de listas de subcomissões de trabalhadores, 10% dos trabalhadores do estabelecimento, não podendo qualquer trabalhador subscrever ou fazer parte de mais de uma lista concorrente à mesma estrutura.

4 – A eleição dos membros da comissão e das subcomissões de trabalhadores decorre em simultâneo, sendo aplicável o disposto nos artigos 431º e 432º, com as necessárias adaptações.

5 – Na falta da comissão eleitoral eleita nos termos dos estatutos, a mesma é constituída por um representante de cada uma das listas concorrentes e igual número de representantes dos trabalhadores que convocaram a eleição.

ARTIGO 434º
Conteúdo dos estatutos da comissão de trabalhadores

1 – Os estatutos da comissão de trabalhadores devem prever:

a) A composição, eleição, duração do mandato e regras de funcionamento da comissão eleitoral que preside ao ato eleitoral, da qual tem o direito de fazer parte um delegado designado por cada lista concorrente, e que deve assegurar a igualdade de oportunidades e imparcialidade no tratamento das listas;

b) O número, duração do mandato e regras da eleição dos membros da comissão de trabalhadores e o modo de preenchimento das vagas;

c) O funcionamento da comissão;

d) A forma de vinculação da comissão;

e) O modo de financiamento das atividades da comissão, o qual não pode, em caso algum, ser assegurado por uma entidade alheia ao conjunto dos trabalhadores da empresa;

f) A articulação da comissão, se for o caso, com subcomissões de trabalhadores ou comissão coordenadora;

g) O destino do respetivo património em caso de extinção da comissão, o qual não pode ser distribuído pelos trabalhadores da empresa.

2 – O mandato dos membros da comissão não pode ter duração superior a quatro anos, sendo permitida a reeleição para mandatos sucessivos, salvo disposição estatutária em contrário.

3 – Os estatutos podem prever a existência de subcomissões de trabalhadores em estabelecimentos geograficamente dispersos.

ART. 435º   LIVRO I – TÍTULO III

ARTIGO 435º
Estatutos da comissão coordenadora

Os estatutos da comissão coordenadora estão sujeitos ao disposto nos nºs 1 e 2 do artigo anterior, com as necessárias adaptações, devendo nomeadamente indicar a localidade da sede.

ARTIGO 436º
Adesão e revogação de adesão a comissão coordenadora

À adesão ou revogação de adesão de comissão de trabalhadores a uma comissão coordenadora é aplicável o disposto no nº 1 do artigo 433º.

ARTIGO 437º
Eleição de comissão coordenadora

1 – Os membros das comissões de trabalhadores aderentes elegem, de entre si, os membros da comissão coordenadora, por voto direto e secreto e segundo o princípio da representação proporcional.

2 – A eleição é convocada com a antecedência de 15 dias, ou prazo superior estabelecido nos estatutos, por pelo menos duas comissões de trabalhadores aderentes.

3 – A eleição é feita por listas subscritas por, no mínimo, 20% dos membros das comissões de trabalhadores aderentes, apresentadas até cinco dias antes da votação.

4 – Deve ser elaborada ata do ato eleitoral, assinada por todos os presentes, à qual fica anexo o documento de registo dos votantes.

ARTIGO 438º
Registos e publicações referentes a comissões e subcomissões

1 – A comissão eleitoral requer ao serviço competente do ministério responsável pela área laboral o registo da constituição da comissão de trabalhadores e dos estatutos ou das suas alterações, juntando os estatutos ou as alterações aprovados, bem como cópias certificadas das atas do apuramento global e das mesas de voto, acompanhadas dos documentos de registo dos votantes.

2 – A comissão eleitoral, no prazo de 10 dias a contar da data do apuramento, requer ainda ao serviço competente do ministério responsável pela área laboral o registo da eleição dos membros da comissão de trabalhadores e das subcomissões de trabalhadores, juntando cópias certificadas das listas concorrentes, bem como das atas do apuramento global e das mesas de voto, acompanhadas dos documentos de registo dos votantes.

3 – As comissões de trabalhadores que participaram na constituição da comissão coordenadora requerem ao serviço competente do ministério responsável pela área laboral, em caso de eleição no prazo de 10 dias, o registo:

DIREITO COLETIVO   ART. 439º

a) Da constituição da comissão coordenadora e dos estatutos ou das suas alterações, juntando os estatutos ou as alterações aprovados, bem como cópias certificadas da ata da reunião em que foi constituída a comissão e do documento de registo dos votantes;

b) Da eleição dos membros da comissão coordenadora, juntando cópias certificadas das listas concorrentes, bem como da ata da reunião e do documento de registo dos votantes.

4 – As comunicações dirigidas ao serviço referido nos números anteriores devem indicar corretamente o endereço da estrutura em causa, indicação que deve ser mantida atualizada.

5 – Os estatutos de comissões de trabalhadores ou comissão coordenadora são entregues em documento eletrónico, nos termos de portaria do ministro responsável pela área laboral.

6 – Nos 30 dias posteriores à receção dos documentos referidos nos números anteriores, o serviço competente do ministério responsável pela área laboral:

a) Regista a constituição da comissão de trabalhadores ou da comissão coordenadora, bem como os estatutos ou as suas alterações;

b) Regista a eleição dos membros da comissão e subcomissões de trabalhadores ou da comissão coordenadora;

c) Publica no Boletim do Trabalho e Emprego os estatutos da comissão de trabalhadores ou da comissão coordenadora, ou as respetivas alterações;

d) Publica no Boletim do Trabalho e Emprego a composição da comissão de trabalhadores, das subcomissões de trabalhadores ou da comissão coordenadora.

7 – A comissão de trabalhadores, a subcomissão ou a comissão coordenadora só pode iniciar as suas atividades depois da publicação dos estatutos e da respetiva composição, nos termos do número anterior.

Cfr. Portaria nº 1172/2009, de 6 de outubro.

ARTIGO 439º
Controlo de legalidade da constituição e dos estatutos das comissões

1 – Nos oito dias posteriores à publicação dos estatutos da comissão de trabalhadores ou da comissão coordenadora, ou das suas alterações, o serviço competente do ministério responsável pela área laboral remete ao magistrado do Ministério Público da área da sede da empresa, ou da sede da comissão coordenadora, uma apreciação fundamentada sobre a legalidade da constituição da comissão e dos estatutos, ou das suas alterações, bem como cópia certificada dos documentos referidos, respetivamente, no nº 1 ou na alínea *a)* do nº 3 do artigo anterior.

2 – É aplicável, com as devidas adaptações, o disposto no artigo 447º.

ART. 440º   LIVRO I – TÍTULO III

SECÇÃO III
Associações sindicais e associações de empregadores

SUBSECÇÃO I
Disposições preliminares

ARTIGO 440º
Direito de associação

1 – Os trabalhadores têm o direito de constituir associações sindicais a todos os níveis para defesa e promoção dos seus interesses sócio-profissionais.

2 – Os empregadores têm o direito de constituir associações de empregadores a todos os níveis para defesa e promoção dos seus interesses empresariais.

3 – As associações sindicais abrangem sindicatos, federações, uniões e confederações.

4 – As associações de empregadores abrangem associações, federações, uniões e confederações.

5 – Os estatutos de federações, uniões e confederações podem admitir a representação direta de trabalhadores não representados por sindicatos, ou de empregadores não representados por associações de empregadores.

Cfr. art. 55º, nº 1 da CRP.

ARTIGO 441º
Regime subsidiário

1 – As associações sindicais e as associações de empregadores estão sujeitas ao regime geral do direito de associação em tudo o que não contrarie este Código ou a natureza específica da respetiva autonomia.

2 – Não são aplicáveis a associações sindicais e a associações de empregadores as normas do regime geral do direito de associação suscetíveis de determinar restrições inadmissíveis à respetiva liberdade de organização.

ARTIGO 442º
Conceitos no âmbito do direito de associação

1 – No âmbito das associações sindicais, entende-se por:

a) Sindicato, a associação permanente de trabalhadores para defesa e promoção dos seus interesses sócio-profissionais;

b) Federação, a associação de sindicatos de trabalhadores da mesma profissão ou do mesmo setor de atividade;

c) União, a associação de sindicatos de base regional;

d) Confederação, a associação nacional de sindicatos, federações e uniões;

e) Secção sindical, o conjunto de trabalhadores de uma empresa ou estabelecimento filiados no mesmo sindicato;

DIREITO COLETIVO   ART. 444º

f) Delegado sindical, o trabalhador eleito para exercer atividade sindical na empresa ou estabelecimento;

g) Comissão sindical, a organização dos delegados sindicais do mesmo sindicato na empresa ou estabelecimento;

h) Comissão intersindical, a organização, a nível de uma empresa, dos delegados das comissões sindicais dos sindicatos representados numa confederação, que abranja no mínimo cinco delegados sindicais, ou de todas as comissões sindicais nela existentes.

2 – No âmbito das associações de empregadores, entende-se por:

a) Associação de empregadores, a associação permanente de pessoas, singulares ou coletivas, de direito privado, titulares de uma empresa, que têm habitualmente trabalhadores ao seu serviço;

b) Federação, a associação de associações de empregadores do mesmo setor de atividade;

c) União, a associação de associações de empregadores de base regional;

d) Confederação, a associação nacional de associações de empregadores, federações e uniões.

ARTIGO 443º
Direitos das associações

1 – As associações sindicais e as associações de empregadores têm, nomeadamente, o direito de:

a) Celebrar convenções coletivas de trabalho;

b) Prestar serviços de caráter económico e social aos seus associados;

c) Participar na elaboração da legislação do trabalho;

d) Iniciar e intervir em processos judiciais e em procedimentos administrativos quanto a interesses dos seus associados, nos termos da lei;

e) Estabelecer relações ou filiar-se, a nível nacional ou internacional, em organizações, respetivamente, de trabalhadores ou de empregadores.

2 – As associações sindicais têm, ainda, o direito de participar nos processos de reestruturação da empresa, especialmente no respeitante a ações de formação ou quando ocorra alteração das condições de trabalho.

3 – As associações de empregadores não podem dedicar-se à produção ou comercialização de bens ou serviços ou de qualquer modo intervir no mercado, sem prejuízo do disposto na alínea *b*) do nº 1.

ARTIGO 444º
Liberdade de inscrição

1 – No exercício da liberdade sindical, o trabalhador tem o direito de, sem discriminação, se inscrever em sindicato que, na área da sua atividade, represente a categoria respetiva.

ART. 445º   LIVRO I - TÍTULO III

2 – Pode manter a qualidade de associado o trabalhador que deixe de exercer a sua atividade, mas não passe a exercer outra não representada pelo mesmo sindicato ou não perca a condição de trabalhador subordinado.

3 – O empregador tem o direito de, sem discriminação, se inscrever em associação de empregadores que, na área da sua atividade, o possa representar.

4 – O empresário que não empregue trabalhadores pode inscrever-se em associação de empregadores, não podendo, contudo, intervir nas decisões respeitantes a relações de trabalho.

5 – O trabalhador não pode estar simultaneamente filiado, a título da mesma profissão ou atividade, em sindicatos diferentes.

6 – O trabalhador ou o empregador pode desfiliar-se a todo o tempo, mediante comunicação escrita com a antecedência mínima de 30 dias.

Cfr. arts. 24º e 25º.

SUBSECÇÃO II
Constituição e organização das associações

ARTIGO 445º
Princípios de autorregulamentação, organização e gestão democráticas

As associações sindicais e as associações de empregadores regem-se por estatutos e regulamentos por elas aprovados, elegem livre e democraticamente os titulares dos corpos sociais e organizam democraticamente a sua gestão e atividade.

ARTIGO 446º
Autonomia e independência das associações

1 – O exercício de cargo de direção de associação sindical ou de associação de empregadores é incompatível com o exercício de qualquer cargo de direção em partido político, instituição religiosa ou outra associação relativamente à qual exista conflito de interesses.

2 – É aplicável a associações de empregadores o disposto nos nºs 1, 3 ou 4 do artigo 405º, com as necessárias adaptações.

Cfr. art. 405º relativamente às estruturas representativas dos trabalhadores e art. 55º, nº 4 da CRP.

ARTIGO 447º
Constituição, registo e aquisição de personalidade

1 – A associação sindical ou a associação de empregadores constitui-se e aprova os respetivos estatutos mediante deliberação da assembleia constituinte, que pode ser assembleia de representantes de associados, e adquire personalidade jurídica

pelo registo daqueles por parte do serviço competente do ministério responsável pela área laboral.

2 – O requerimento do registo de associação sindical ou associação de empregadores, assinado pelo presidente da mesa da assembleia constituinte, deve ser acompanhado dos estatutos aprovados e de certidão ou cópia certificada da ata da assembleia, tendo em anexo as folhas de registo de presenças e respetivos termos de abertura e encerramento.

3 – Os estatutos de associação sindical ou associação de empregadores são entregues em documento eletrónico, nos termos de portaria do ministro responsável pela área laboral.

4 – O serviço competente do ministério responsável pela área laboral regista os estatutos, após o que:

a) Publica os estatutos no Boletim do Trabalho e Emprego, nos 30 dias posteriores à sua receção;

b) Remete ao magistrado do Ministério Público no tribunal competente certidão ou cópia certificada da ata da assembleia constituinte, dos estatutos e do pedido de registo, acompanhados de apreciação fundamentada sobre a legalidade da constituição da associação e dos estatutos, nos oito dias posteriores à publicação, sem prejuízo do disposto no número seguinte.

5 – Caso os estatutos contenham disposições contrárias à lei, o serviço competente, no prazo previsto na alínea *b)* do número anterior, notifica a associação para que esta altere as mesmas, no prazo de 180 dias.

6 – Caso não haja alteração no prazo referido no número anterior, o serviço competente procede de acordo com o disposto na alínea *b)* do n.º 4.

7 – A associação sindical ou a associação de empregadores só pode iniciar o exercício das respetivas atividades após a publicação dos estatutos no Boletim do Trabalho e Emprego, ou 30 dias após o registo.

8 – Caso a constituição ou os estatutos iniciais da associação sejam desconformes com a lei imperativa, o magistrado do Ministério Público no tribunal competente promove, no prazo de 15 dias a contar da receção dos documentos a que se refere a alínea *b)* do n.º 4, a declaração judicial de extinção da associação ou, no caso de norma dos estatutos, a sua nulidade, se a matéria for regulada por lei imperativa ou se a regulamentação da mesma não for essencial ao funcionamento da associação.

9 – Na situação referida no número anterior, o serviço competente do ministério responsável pela área laboral, em caso de extinção da associação, segue o procedimento previsto no n.º 3 do artigo 456.º ou, em caso de nulidade de norma dos estatutos, promove a publicação imediata de aviso no Boletim do Trabalho e Emprego.

Cfr. art. 8.º da Lei Preambular e Portaria n.º 1172/2009, de 6 de outubro.

ARTIGO 448º
Aquisição e perda da qualidade de associação de empregadores

A associação de empresários constituída ao abrigo do regime geral do direito de associação pode adquirir a qualidade de associação de empregadores, pelo processo

ART. 449º   LIVRO I – TÍTULO III

definido no artigo anterior, desde que preencha os requisitos previstos neste Código, e pode perder essa qualidade por vontade dos associados ou decisão judicial tomada nos termos do nº 8 do mesmo artigo.

ARTIGO 449º
Alteração de estatutos

1 – A alteração de estatutos fica sujeita a registo e ao disposto nos nºs 2 a 6 do artigo 447º, com as necessárias adaptações.

2 – Caso as alterações dos estatutos da associação sejam desconformes com lei imperativa, o magistrado do Ministério Público no tribunal competente promove, no prazo de 15 dias a contar da receção dessas alterações, a declaração judicial de nulidade das mesmas, mantendo-se em vigor os estatutos existentes à data do pedido de registo.

3 – Na situação referida no número anterior, é aplicado o nº 9 do artigo 447º

4 – As alterações a que se refere o nº 1 só produzem efeitos em relação a terceiros após publicação no Boletim do Trabalho e Emprego ou, na falta desta, 30 dias após o registo.

ARTIGO 450º
Conteúdo dos estatutos

1 – Com os limites dos artigos seguintes, os estatutos de associação sindical ou associação de empregadores devem regular:

a) A denominação, a localidade da sede, o âmbito subjetivo, objetivo e geográfico, os fins e a duração, quando a associação não se constitua por período indeterminado;

b) Os respetivos órgãos, entre os quais deve haver uma assembleia geral ou uma assembleia de representantes de associados, um órgão colegial de direção e um conselho fiscal, bem como o número de membros e o funcionamento daqueles;

c) A extinção e consequente liquidação da associação, bem como o destino do respetivo património.

2 – Os estatutos de associação sindical devem ainda regular o exercício do direito de tendência.

3 – A denominação deve identificar o âmbito subjetivo, objetivo e geográfico da associação e não pode confundir-se com a de outra associação existente.

4 – No caso de os estatutos preverem a existência de uma assembleia de representantes de associados, esta exerce os direitos previstos na lei para a assembleia geral, cabendo aos estatutos indicar, caso haja mais de uma assembleia de representantes de associados, a que exerce os referidos direitos.

5 – Em caso de extinção judicial ou voluntária de associação sindical ou associação de empregadores, os respetivos bens não podem ser distribuídos pelos associados, exceto quando estes sejam associações.

DIREITO COLETIVO   ART. 453º

ARTIGO 451º
Princípios da organização e da gestão democráticas

1 – No respeito pelos princípios da organização e da gestão democráticas, as associações sindicais e as associações de empregadores devem reger-se, nomeadamente, em obediência às seguintes regras:

a) Todo o associado no gozo dos seus direitos tem o direito de participar na atividade da associação, incluindo o de eleger e ser eleito para os corpos sociais e ser nomeado para qualquer cargo associativo, sem prejuízo de poder haver requisitos de idade e de tempo de inscrição;

b) São asseguradas a igualdade de oportunidades e imparcialidade no tratamento das listas concorrentes a eleições para os corpos sociais;

c) O mandato dos membros da direção não pode ter duração superior a quatro anos, sendo permitida a reeleição para mandatos sucessivos, salvo disposição estatutária em contrário;

2 – Os estatutos de associação de empregadores podem atribuir mais de um voto a certos associados, com base em critérios objetivos, nomeadamente em função da dimensão da empresa, até ao limite de 10 vezes o número de votos do associado com o menor número de votos.

3 – Os estatutos podem permitir a participação de membros em mais de um órgão, salvo se um desses órgãos for o conselho fiscal, não podendo o número daqueles ultrapassar um terço do total dos membros.

Cfr. art. 55º, nº 3 da CRP.

ARTIGO 452º
Regime disciplinar

1 – O regime disciplinar aplicável aos associados deve assegurar o direito de defesa do associado e prever que o procedimento seja escrito e que a sanção de expulsão seja apenas aplicada em caso de grave violação de deveres fundamentais.

2 – O regime disciplinar da associação de empregadores não pode conter normas que interfiram com a atividade económica exercida pelos associados.

ARTIGO 453º
Impenhorabilidade de bens

1 – São impenhoráveis os bens móveis e imóveis de associação sindical ou associação de empregadores cuja utilização seja estritamente indispensável ao seu funcionamento.

2 – O disposto no número anterior não se aplica a bem imóvel quando se verifiquem as seguintes condições:

a) A aquisição, construção, reconstrução, modificação ou beneficiação desse bem seja feita mediante recurso a financiamento por terceiros, com garantia real previamente registada;

ART. 454º LIVRO I – TÍTULO III

b) O financiamento por terceiros e as condições de aquisição sejam objeto de deliberação do órgão estatutariamente competente.

ARTIGO 454º
Publicitação dos membros da direção

1 – O presidente da mesa da assembleia geral deve remeter a identidade dos membros da direção de associação sindical ou associação de empregadores, bem como cópia da ata da assembleia que os elegeu, ao serviço competente do ministério responsável pela área laboral no prazo de 30 dias após a eleição, para publicação imediata no Boletim do Trabalho e Emprego.

2 – A identidade dos membros da direção deve ser entregue em documento eletrónico, nos termos de portaria do ministro responsável pela área laboral.

Cfr. Portaria nº 1172/2009, de 6 de outubro e art. 9º da Lei Preambular ao presente Código.

ARTIGO 455º
Averbamento ao registo

A associação sindical ou associação de empregadores deve indicar a atualização do endereço da sede, quando a mesma não conste de alteração dos estatutos, ao serviço competente do ministério responsável pela área laboral, o qual procede ao seu averbamento no respetivo registo.

ARTIGO 456º
Extinção de associações e cancelamento do registo

1 – Quando a associação sindical ou de empregadores não tenha requerido a publicação nos termos do nº 1 do artigo 454º da identidade dos membros da direção num período de seis anos a contar da publicação anterior, o serviço competente do ministério responsável pela área laboral deve comunicar o facto ao magistrado do Ministério Público no tribunal competente, o qual promove, no prazo de 15 dias a contar da receção dessa comunicação, a declaração judicial de extinção da associação.

2 – A extinção judicial ou voluntária de associação sindical ou associação de empregadores deve ser comunicada ao serviço competente do ministério responsável pela área laboral:

a) Pelo tribunal, mediante cópia da decisão que determine a extinção, transitada em julgado;

b) Pelo presidente da mesa da assembleia geral, mediante certidão ou cópia certificada da ata da assembleia que delibere a extinção, com as folhas de presenças e respetivos termos de abertura e encerramento.

3 – O serviço referido no número anterior procede ao cancelamento do registo dos estatutos da associação em causa e promove a publicação imediata de aviso no Boletim do Trabalho e Emprego.

DIREITO COLETIVO   ART. 458º

4 – O serviço referido nos números anteriores remete ao magistrado do Ministério Público no tribunal competente certidão ou cópia certificada da ata da assembleia que delibere a extinção, acompanhada de apreciação fundamentada sobre a legalidade da deliberação, nos oito dias posteriores à publicação do aviso.

5 – No caso de a deliberação de extinção da associação ser desconforme com a lei ou os estatutos, o magistrado do Ministério Público promove, no prazo de 15 dias a contar da receção, a declaração judicial de nulidade da deliberação.

6 – O tribunal comunica a declaração judicial de nulidade da deliberação de extinção da associação, transitada em julgado, ao serviço referido nos números anteriores, o qual revoga o cancelamento e promove a publicação imediata de aviso no Boletim do Trabalho e Emprego.

7 – A extinção da associação ou a revogação do cancelamento produz efeitos a partir da publicação do respetivo aviso.

Cfr. art. 9º da Lei Preambular ao presente Código.

SUBSECÇÃO III
Quotização sindical

ARTIGO 457º
Quotização sindical e proteção dos trabalhadores

1 – O trabalhador não pode ser obrigado a pagar quotas para associação sindical em que não esteja inscrito.

2 – A cobrança e entrega de quotas sindicais pelo empregador não podem implicar para o trabalhador qualquer discriminação nem o pagamento de despesas não previstas na lei ou limitar de qualquer modo a sua liberdade de trabalho.

3 – O empregador pode proceder ao tratamento informático de dados pessoais dos trabalhadores referentes a filiação sindical, desde que, nos termos da lei, sejam exclusivamente utilizados para cobrança e entrega de quotas sindicais.

4 – A associação sindical não pode recusar a passagem de documento essencial à atividade profissional do trabalhador que seja da sua competência por motivo de falta de pagamento de quotas.

Cfr. art. 55º, nº 2 al. b) da CRP.

ARTIGO 458º
Cobrança de quotas sindicais

1 – O empregador deve proceder à cobrança e entrega de quotas sindicais quando o instrumento de regulamentação coletiva de trabalho aplicável o preveja e o trabalhador o autorize, ou mediante opção expressa do trabalhador dirigida ao empregador.

2 – O trabalhador deve formular por escrito e assinar a declaração de autorização ou de opção referida no número anterior e nela indicar o valor da quota sindical

ART. 459º   LIVRO I – TÍTULO III

ou o determinado em percentagem da retribuição a deduzir e a associação sindical à qual o mesmo deve ser entregue.

3 – A cobrança e entrega de quota sindical implica que o empregador deduza da retribuição do trabalhador o valor da quota e o entregue à associação sindical respetiva, até ao dia 15 do mês seguinte.

4 – A responsabilidade pelas despesas necessárias à entrega da quota sindical pode ser definida por instrumento de regulamentação coletiva de trabalho ou acordo entre empregador e sindicato ou trabalhador.

5 – O trabalhador pode fazer cessar a cobrança e entrega de quota sindical pelo empregador mediante declaração escrita e assinada que lhe dirija neste sentido.

6 – O trabalhador deve enviar cópias das declarações previstas nos números anteriores à associação sindical respetiva.

7 – A declaração de autorização ou de opção do trabalhador de cobrança da quota sindical e a declaração sobre a cessação deste procedimento produzem efeitos a partir do mês seguinte ao da sua entrega ao empregador.

8 – Constitui contraordenação muito grave a recusa ou falta de cobrança, pelo empregador, da quota sindical, através da dedução na retribuição do trabalhador que a haja autorizado ou decidido.

ARTIGO 459º
Crime de retenção de quota sindical

O empregador que retiver e não entregar à associação sindical a quota sindical cobrada é punido com a pena prevista para o crime de abuso de confiança.

Cfr. art. 205º do Código Penal.

SUBSECÇÃO IV
Atividade sindical na empresa

ARTIGO 460º
Direito a atividade sindical na empresa

Os trabalhadores e os sindicatos têm direito a desenvolver atividade sindical na empresa, nomeadamente através de delegados sindicais, comissões sindicais e comissões intersindicais.

Cfr. art. 55º, nº 2, alínea d) da CRP.

ARTIGO 461º
Reunião de trabalhadores no local de trabalho

1 – Os trabalhadores podem reunir-se no local de trabalho, mediante convocação por um terço ou 50 trabalhadores do respetivo estabelecimento, ou pela comissão sindical ou intersindical:

a) Fora do horário de trabalho da generalidade dos trabalhadores, sem prejuízo do normal funcionamento de turnos ou de trabalho suplementar;

b) Durante o horário de trabalho da generalidade dos trabalhadores até um período máximo de quinze horas por ano, que conta como tempo de serviço efetivo, desde que seja assegurado o funcionamento de serviços de natureza urgente e essencial.

2 – É aplicável à realização de reunião referida no número anterior o disposto no artigo 420º, com as necessárias adaptações.

3 – Os membros de direção de associações sindicais representativas dos trabalhadores que não trabalhem na empresa podem participar na reunião, mediante comunicação dos promotores ao empregador com a antecedência mínima de seis horas.

4 – O empregador que proíba reunião de trabalhadores no local de trabalho ou o acesso de membro de direção de associação sindical a instalações de empresa onde decorra reunião de trabalhadores comete contraordenação muito grave.

ARTIGO 462º
Eleição, destituição ou cessação de funções de delegado sindical

1 – O delegado sindical é eleito e destituído nos termos dos estatutos do respetivo sindicato, por voto direto e secreto.

2 – O mandato do delegado sindical não pode ter duração superior a quatro anos.

3 – Podem constituir-se comissões sindicais na empresa ou estabelecimento e comissões intersindicais na empresa, de acordo com as alíneas *g)* e *h)* do nº 1 do artigo 442º.

4 – A direção do sindicato comunica por escrito ao empregador a identidade de cada delegado sindical, bem como dos que fazem parte de comissão sindical ou intersindical, e promove a afixação da comunicação nos locais reservados a informação sindical.

5 – O disposto no número anterior é aplicável em caso de destituição ou cessação de funções de delegado sindical.

ARTIGO 463º
Número de delegados sindicais

1 – O número máximo de delegados sindicais que beneficiam do regime de proteção previsto neste Código é determinado da seguinte forma:

a) Em empresa com menos de 50 trabalhadores sindicalizados, um;

b) Em empresa com 50 a 99 trabalhadores sindicalizados, dois;

c) Em empresa com 100 a 199 trabalhadores sindicalizados, três;

d) Em empresa com 200 a 499 trabalhadores sindicalizados, seis;

e) Em empresa com 500 ou mais trabalhadores sindicalizados, o número resultante da seguinte fórmula:

ART. 464º   LIVRO I - TÍTULO III

$$6 + [(n - 500): 200]$$

2 – Para efeito da alínea *e)* do número anterior, *n* é o número de trabalhadores sindicalizados.

3 – O resultado apurado nos termos da alínea *e)* do número anterior é arredondado para a unidade imediatamente superior.

ARTIGO 464º
Direito a instalações

1 – O empregador deve pôr à disposição dos delegados sindicais que o requeiram um local apropriado ao exercício das suas funções, no interior da empresa ou na sua proximidade, disponibilizado a título permanente em empresa ou estabelecimento com 150 ou mais trabalhadores.

2 – Constitui contraordenação grave a violação do disposto no número anterior.

ARTIGO 465º
Afixação e distribuição de informação sindical

1 – O delegado sindical tem o direito de afixar, nas instalações da empresa e em local apropriado disponibilizado pelo empregador, convocatórias, comunicações, informações ou outros textos relativos à vida sindical e aos interesses sócio-profissionais dos trabalhadores, bem como proceder à sua distribuição, sem prejuízo do funcionamento normal da empresa.

2 – Constitui contraordenação grave a violação do disposto no número anterior.

ARTIGO 466º
Informação e consulta de delegado sindical

1 – O delegado sindical tem direito a informação e consulta sobre as seguintes matérias, além de outras referidas na lei ou em convenção coletiva:

a) Evolução recente e provável evolução futura da atividade da empresa ou do estabelecimento e da sua situação económica;

b) Situação, estrutura e provável evolução do emprego na empresa ou no estabelecimento e eventuais medidas preventivas, nomeadamente quando se preveja a diminuição do número de trabalhadores;

c) Decisão suscetível de desencadear mudança substancial na organização do trabalho ou nos contratos de trabalho.

2 – É aplicável à informação e consulta de delegados sindicais o disposto nos nºs 1, 2, 4, 5, 6 e 7 do artigo 427º.

3 – O disposto no presente artigo não é aplicável a microempresa ou a pequena empresa.

Artigo 467º
Crédito de horas de delegado sindical

1 – O delegado sindical tem direito, para o exercício das suas funções, a um crédito de cinco horas por mês, ou oito horas por mês se fizer parte de comissão intersindical.

2 – Constitui contraordenação grave a violação do disposto no número anterior.

SUBSECÇÃO V
Membro de direção de associação sindical

ARTIGO 468º
Crédito de horas e faltas de membro de direção

1 – Para o exercício das suas funções, o membro de direção de associação sindical tem direito a crédito de horas correspondente a quatro dias de trabalho por mês e a faltas justificadas, nos termos dos números seguintes.

2 – Sem prejuízo do disposto em instrumento de regulamentação coletiva de trabalho, em cada empresa, o número máximo de membros de direção de associação sindical com direito a crédito de horas e a faltas justificadas sem limitação de número é determinado da seguinte forma:

a) Em empresa com menos de 50 trabalhadores sindicalizados, um;
b) Em empresa com 50 a 99 trabalhadores sindicalizados, dois;
c) Em empresa com 100 a 199 trabalhadores sindicalizados, três;
d) Em empresa com 200 a 499 trabalhadores sindicalizados, quatro;
e) Em empresa com 500 a 999 trabalhadores sindicalizados, seis;
f) Em empresa com 1000 a 1999 trabalhadores sindicalizados, sete;
g) Em empresa com 2000 a 4999 trabalhadores sindicalizados, oito;
h) Em empresa com 5000 a 9999 trabalhadores sindicalizados, 10;
i) Em empresa com 10 000 ou mais trabalhadores sindicalizados, 12.

3 – No caso de membro de direção de federação, união ou confederação, a aplicação da fórmula referida no número anterior tem em conta o número de trabalhadores filiados nas associações que fazem parte dessa estrutura.

4 – O trabalhador que seja membro de direção de mais de uma associação sindical não tem direito a cumulação de crédito de horas.

5 – Os membros de direção que excedam o número máximo calculado nos termos dos números anteriores têm direito a faltas justificadas até ao limite de 33 por ano.

6 – A direção da associação sindical deve comunicar ao empregador, até 15 de janeiro de cada ano e nos 15 dias posteriores a qualquer alteração da sua composição, a identidade dos membros a quem se aplica o disposto no nº 2.

7 – A direção da associação sindical pode atribuir crédito de horas a outro membro da mesma, desde que não ultrapasse o montante global atribuído nos termos

ART. 469º   LIVRO I – TÍTULO III

dos nºs 1 e 2 e informe o empregador da alteração da repartição do crédito com a antecedência mínima de 15 dias.

8 – Quando as faltas justificadas se prolongarem efetiva ou previsivelmente para além de um mês, aplica-se o regime da suspensão do contrato de trabalho por facto respeitante ao trabalhador, sem prejuízo do disposto em instrumento de regulamentação coletiva de trabalho aplicável, que preveja funções sindicais a tempo inteiro ou outras situações específicas, relativamente ao direito à retribuição de trabalhador.

9 – Constitui contraordenação muito grave a violação do disposto no nº 1.

CAPÍTULO II
Participação na elaboração
de legislação do trabalho

ARTIGO 469º
Noção de legislação do trabalho

1 – Entende-se por legislação do trabalho a que regula os direitos e obrigações dos trabalhadores e empregadores, enquanto tais, e as suas organizações.

2 – São considerados legislação do trabalho os diplomas que regulam, nomeadamente, as seguintes matérias:

a) Contrato de trabalho;
b) Direito coletivo de trabalho;
c) Segurança e saúde no trabalho;
d) Acidentes de trabalho e doenças profissionais;
e) Formação profissional;
f) Processo do trabalho.

3 – Considera-se igualmente matéria de legislação do trabalho a aprovação para ratificação de convenções da Organização Internacional do Trabalho.

Cfr. art. 443º, nº 1, alínea c).

ARTIGO 470º
Precedência de discussão

Qualquer projeto ou proposta de lei, projeto de decreto-lei ou projeto ou proposta de decreto regional relativo a legislação do trabalho só pode ser discutido e votado pela Assembleia da República, pelo Governo da República, pelas Assembleias Legislativas das regiões autónomas e pelos Governos Regionais depois de as comissões de trabalhadores ou as respetivas comissões coordenadoras, as associações sindicais e as associações de empregadores se terem podido pronunciar sobre ele.

DIREITO COLETIVO   ART. 474º

ARTIGO 471º
Participação da Comissão Permanente de Concertação Social

A Comissão Permanente de Concertação Social pode pronunciar-se sobre qualquer projeto ou proposta de legislação do trabalho, podendo ser convocada por decisão do presidente mediante requerimento de qualquer dos seus membros.

ARTIGO 472º
Publicação de projetos e propostas

1 – Para efeitos do disposto no artigo 470º, os projetos e propostas são publicados em separata das seguintes publicações oficiais:

a) Diário da Assembleia da República, tratando-se de legislação a aprovar pela Assembleia da República;

b) Boletim do Trabalho e Emprego, tratando-se de legislação a aprovar pelo Governo da República;

c) Diários das Assembleias Regionais, tratando-se de legislação a aprovar pelas Assembleias Legislativas das regiões autónomas;

d) Jornal Oficial, tratando-se de legislação a aprovar por Governo Regional.

2 – As separatas referidas no número anterior contêm, obrigatoriamente:

a) O texto integral das propostas ou projetos, com os respetivos números;

b) A designação sintética da matéria da proposta ou projeto;

c) O prazo para apreciação pública.

3 – A Assembleia da República, o Governo da República, a Assembleia Legislativa de região autónoma ou o Governo Regional faz anunciar, através dos órgãos de comunicação social, a publicação da separata e a designação das matérias que se encontram em fase de apreciação pública.

ARTIGO 473º
Prazo de apreciação pública

1 – O prazo de apreciação pública não pode ser inferior a 30 dias.

2 – O prazo pode ser reduzido para 20 dias, a título excecional e por motivo de urgência devidamente justificado no ato que determina a publicação.

ARTIGO 474º
Pareceres e audições das organizações representativas

1 – Durante o prazo de apreciação pública, as entidades referidas no artigo 470º podem pronunciar-se sobre o projeto ou proposta e solicitar audição oral à Assembleia da República, ao Governo da República, à Assembleia Legislativa de região autónoma ou ao Governo Regional, nos termos da regulamentação própria de cada um destes órgãos.

2 – O parecer da entidade que se pronuncia deve conter:

ART. 475º   LIVRO I – TÍTULO III

a) Identificação do projeto ou proposta;
b) Identificação da comissão de trabalhadores, comissão coordenadora, associação sindical ou associação de empregadores que se pronuncia;
c) Âmbito subjetivo, objetivo e geográfico ou, tratando-se de comissão de trabalhadores ou comissão coordenadora, o setor de atividade e a área geográfica da empresa ou empresas;
d) Número de trabalhadores ou de empregadores representados;
e) Data, assinatura de quem legalmente represente a entidade ou de todos os seus membros e carimbo da mesma.

ARTIGO 475º
Resultado de apreciação pública

1 – As posições das entidades que se pronunciam em pareceres ou audições são tidas em conta pelo legislador como elementos de trabalho.

2 – O resultado da apreciação pública consta:

a) De preâmbulo de decreto-lei ou de decreto regional;
b) De relatório anexo a parecer de comissão especializada da Assembleia da República ou da Assembleia Legislativa de região autónoma.

SUBTÍTULO II
Instrumentos de regulamentação
coletiva de trabalho

CAPÍTULO I
Princípios gerais relativos a instrumentos
de regulamentação coletiva de trabalho

SECÇÃO I
Disposições gerais sobre instrumentos
de regulamentação coletiva de trabalho

ARTIGO 476º
Princípio do tratamento mais favorável

As disposições de instrumento de regulamentação coletiva de trabalho só podem ser afastadas por contrato de trabalho quando este estabeleça condições mais favoráveis para o trabalhador.

DIREITO COLETIVO   ART. 479º

ARTIGO 477º
Forma de instrumento de regulamentação coletiva de trabalho

O instrumento de regulamentação coletiva de trabalho reveste a forma escrita, sob pena de nulidade.

ARTIGO 478º
Limites do conteúdo de instrumento de regulamentação coletiva de trabalho

1 – O instrumento de regulamentação coletiva de trabalho não pode:

a) Contrariar norma legal imperativa;

b) Regulamentar atividades económicas, nomeadamente períodos de funcionamento, regime fiscal, formação dos preços e exercício da atividade de empresas de trabalho temporário, incluindo o contrato de utilização;

c) Conferir eficácia retroativa a qualquer cláusula que não seja de natureza pecuniária.

2 – O instrumento de regulamentação coletiva de trabalho pode instituir regime complementar contratual que atribua prestações complementares do subsistema previdencial na parte não coberta por este, nos termos da lei.

Cfr. art. 7º, nº 2 da Lei Preambular ao presente Código.

ARTIGO 479º
Apreciação relativa à igualdade e não discriminação

1 – No prazo de 30 dias a contar da publicação de instrumento de regulamentação coletiva de trabalho negocial ou decisão arbitral em processo de arbitragem obrigatória ou necessária, o serviço competente do ministério responsável pela área laboral, ouvidos os interessados, procede à apreciação fundamentada da legalidade das suas disposições em matéria de igualdade e não discriminação.

2 – Caso delibere no sentido da existência de disposições discriminatórias, o serviço competente do ministério responsável pela área laboral notifica as partes nos instrumentos de regulamentação coletiva de trabalho que contenham aquelas disposições para, no prazo de 60 dias, procederem às respetivas alterações.

3 – Decorrido o prazo previsto no número anterior sem que se verifiquem as necessárias alterações, o serviço competente do ministério responsável pela área laboral envia a sua apreciação ao magistrado do Ministério Público junto do tribunal competente, acompanhada dos documentos relevantes, nomeadamente de cópia da ata da deliberação e das pronúncias dos interessados.

4 – Para efeito do número anterior, considera-se competente, pela ordem a seguir indicada, o tribunal em cuja área tenham sede:

a) Todas as associações sindicais e associações de empregadores ou empresas celebrantes da convenção coletiva;

ART. 480º   LIVRO I – TÍTULO III

b) O maior número das entidades referidas;
c) Qualquer das entidades referidas.

5 – Caso constate a existência de disposição ilegal na matéria em causa, o magistrado do Ministério Público promove, no prazo de 15 dias, a declaração judicial da nulidade dessas disposições.

6 – A decisão judicial que declare a nulidade de disposição é remetida pelo tribunal ao serviço competente do ministério responsável pela área laboral, para efeito de publicação no Boletim do Trabalho e Emprego.

Cfr. arts. 25º e 519º.
(Redação dada pela Lei nº 23/2012, de 25-06)

ARTIGO 480º
Publicidade de instrumento
de regulamentação coletiva de trabalho aplicável

1 – O empregador deve afixar em local apropriado da empresa a indicação de instrumentos de regulamentação coletiva de trabalho aplicáveis.

2 – Constitui contraordenação leve a violação do disposto no número anterior.

SECÇÃO II
Concorrência de instrumentos
de regulamentação coletiva de trabalho

ARTIGO 481º
Preferência de instrumento
de regulamentação coletiva de trabalho negocial vertical

O instrumento de regulamentação coletiva de trabalho negocial de um setor de atividade afasta a aplicação de instrumento da mesma natureza cujo âmbito se define por profissão ou profissões relativamente àquele setor de atividade.

ARTIGO 482º
Concorrência entre instrumentos
de regulamentação coletiva de trabalho negociais

1 – Sempre que exista concorrência entre instrumentos de regulamentação coletiva de trabalho negociais, são observados os seguintes critérios de preferência:

a) O acordo de empresa afasta a aplicação do acordo coletivo ou do contrato coletivo;

b) O acordo coletivo afasta a aplicação do contrato coletivo.

2 – Nos outros casos, os trabalhadores da empresa em relação aos quais se verifica a concorrência escolhem o instrumento aplicável, por maioria, no prazo de 30

dias a contar da entrada em vigor do instrumento de publicação mais recente, comunicando a escolha ao empregador interessado e ao serviço com competência inspetiva do ministério responsável pela área laboral.

3 – Na ausência de escolha pelos trabalhadores, é aplicável:

a) O instrumento de publicação mais recente;

b) Sendo os instrumentos em concorrência publicados na mesma data, o que regular a principal atividade da empresa.

4 – A deliberação prevista no nº 2 é irrevogável até ao termo da vigência do instrumento adotado.

5 – Os critérios de preferência previstos no nº 1 podem ser afastados por instrumento de regulamentação coletiva de trabalho negocial, designadamente, através de cláusula de articulação de:

a) Convenções coletivas de diferente nível, nomeadamente interconfederal, sectorial ou de empresa;

b) Contrato coletivo que estabeleça que determinadas matérias, como sejam a mobilidade geográfica e funcional, a organização do tempo de trabalho e a retribuição, sejam reguladas por convenção coletiva.

Redação dada pela Lei nº 23/2012, de 25-06.

ARTIGO 483º
Concorrência entre instrumentos
de regulamentação coletiva de trabalho não negociais

1 – Sempre que exista concorrência entre instrumentos de regulamentação coletiva de trabalho não negociais, são observados os seguintes critérios de preferência:

a) A decisão de arbitragem obrigatória afasta a aplicação de outro instrumento;

b) A portaria de extensão afasta a aplicação de portaria de condições de trabalho.

2 – Em caso de concorrência entre portarias de extensão aplica-se o previsto nos nºs 2 a 4 do artigo anterior, relativamente às convenções coletivas objeto de extensão.

ARTIGO 484º
Concorrência entre instrumentos
de regulamentação coletiva de trabalho negociais e não negociais

A entrada em vigor de instrumento de regulamentação coletiva de trabalho negocial afasta a aplicação, no respetivo âmbito, de anterior instrumento de regulamentação coletiva de trabalho não negocial.

ART. 485º   LIVRO I – TÍTULO III

CAPÍTULO II
Convenção coletiva

SECÇÃO I
Contratação coletiva

ARTIGO 485º
Promoção da contratação coletiva

O Estado deve promover a contratação coletiva, de modo que as convenções coletivas sejam aplicáveis ao maior número de trabalhadores e empregadores.

ARTIGO 486º
Proposta negocial

1 – O processo de negociação inicia-se com a apresentação à outra parte de proposta de celebração ou de revisão de uma convenção coletiva.

2 – A proposta deve revestir forma escrita, ser devidamente fundamentada e conter os seguintes elementos:

a) Designação das entidades que a subscrevem em nome próprio ou em representação de outras;

b) Indicação da convenção que se pretende rever, sendo caso disso, e respetiva data de publicação.

c) Indicação de instrumento de regulamentação coletiva de trabalho negocial e respetiva data de publicação, sendo caso disso, para efeitos do nº 5 do artigo 482º

Cfr. Convenção 98 da OIT (Decreto 45758 de 12 de junho de 1964).

Redação dada pela Lei nº 23/2012, de 25-06.

ARTIGO 487º
Resposta à proposta

1 – A entidade destinatária da proposta deve responder, de forma escrita e fundamentada, nos 30 dias seguintes à receção daquela, salvo se houver prazo convencionado ou prazo mais longo indicado pelo proponente.

2 – Em caso de proposta de revisão de uma convenção coletiva, a entidade destinatária pode recusar-se a negociar antes de decorrerem seis meses de vigência da convenção, devendo informar o proponente no prazo de 10 dias úteis.

3 – A resposta deve exprimir uma posição relativa a todas as cláusulas da proposta, aceitando, recusando ou contrapropondo.

4 – Em caso de falta de resposta ou de contraproposta, no prazo a que se refere o nº 1 e nos termos do nº 3, o proponente pode requerer a conciliação.

5 – Constitui contraordenação grave a violação do disposto nos nºs 1 ou 3.

ARTIGO 488º
Prioridade em matéria negocial

1 – As partes devem, sempre que possível, atribuir prioridade à negociação da retribuição e da duração e organização do tempo de trabalho, tendo em vista o ajuste do acréscimo global de encargos daí resultante, bem como à segurança e saúde no trabalho.

2 – A inviabilidade de acordo inicial sobre as matérias referidas no número anterior não justifica a rutura de negociação.

ARTIGO 489º
Boa fé na negociação

1 – As partes devem respeitar, no processo de negociação coletiva, o princípio de boa fé, nomeadamente respondendo com a brevidade possível a propostas e contrapropostas, observando o protocolo negocial, caso exista, e fazendo-se representar em reuniões e contactos destinados à prevenção ou resolução de conflitos.

2 – Os representantes das associações sindicais e de empregadores devem, oportunamente, fazer as necessárias consultas aos trabalhadores e aos empregadores interessados, não podendo, no entanto, invocar tal necessidade para obter a suspensão ou interrupção de quaisquer atos.

3 – Cada uma das partes deve facultar à outra os elementos ou informações que esta solicitar, na medida em que tal não prejudique a defesa dos seus interesses.

4 – Não pode ser recusado, no decurso de processo de negociação de acordo coletivo e de empresa, o fornecimento dos relatórios e contas de empresas já publicados e o número de trabalhadores, por categoria profissional, que se situem no âmbito de aplicação do acordo a celebrar.

5 – Comete contraordenação grave a associação sindical, a associação de empregadores ou o empregador que não se faça representar em reunião convocada nos termos do nº 1.

ARTIGO 490º
Apoio técnico da Administração

1 – Na preparação da proposta negocial e da respetiva resposta, bem como durante as negociações, os serviços competentes dos ministérios responsáveis pela área laboral e pela área de atividade fornecem às partes a informação necessária de que dispõem e que estas solicitem.

2 – As partes devem enviar as propostas e respostas, com a respetiva fundamentação, ao ministério responsável pela área laboral nos 15 dias seguintes à sua apresentação.

ART. 491º   LIVRO I – TÍTULO III

SECÇÃO II
Celebração e conteúdo

ARTIGO 491º
Representantes de entidades celebrantes

1 – A convenção coletiva é assinada pelos representantes das entidades celebrantes.

2 – Para efeitos do disposto no número anterior, consideram-se representantes:

a) Os membros de direção de associação sindical ou associação de empregadores, com poderes para contratar;

b) Os gerentes, administradores ou diretores com poderes para contratar;

c) No caso de empresa do setor empresarial do Estado, os membros do conselho de gerência ou órgão equiparado, com poderes para contratar;

d) As pessoas titulares de mandato escrito com poderes para contratar, conferido por associação sindical ou associação de empregadores, nos termos dos respetivos estatutos, ou por empregador.

3 – Sem prejuízo da possibilidade de delegação noutras associações sindicais, a associação sindical pode conferir à estrutura de representação coletiva dos trabalhadores na empresa poderes para, relativamente aos seus associados, contratar com empresa com, pelo menos, 150 trabalhadores.

4 – A revogação do mandato só é eficaz após comunicação à outra parte, por escrito e até à assinatura da convenção coletiva.

Redação dada pela Lei nº 23/2012, de 25-06.

ARTIGO 492º
Conteúdo de convenção coletiva

1 – A convenção coletiva deve indicar:

a) Designação das entidades celebrantes;

b) Nome e qualidade em que intervêm os representantes das entidades celebrantes;

c) Âmbito do setor de atividade, profissional e geográfico de aplicação, exceto tratando-se de revisão que não altere o âmbito da convenção revista;

d) Data de celebração;

e) Convenção revista e respetiva data de publicação, se for o caso;

f) Valores expressos de retribuição base para todas as profissões e categorias profissionais, caso tenham sido acordados;

g) Estimativa dos números de empregadores e de trabalhadores abrangidos pela convenção.

h) Instrumento de regulamentação coletiva de trabalho negocial e respetiva data de publicação, para efeitos do nº 5 do artigo 482º

DIREITO COLETIVO   ART. 493º

2 – A convenção coletiva deve regular:

a) As relações entre as entidades celebrantes, em particular quanto à verificação do cumprimento da convenção e a meios de resolução de conflitos coletivos decorrentes da sua aplicação ou revisão;

b) As ações de formação profissional, tendo presentes as necessidades do trabalhador e do empregador;

c) As condições de prestação do trabalho relativas à segurança e saúde;

d) Medidas que visem a efetiva aplicação do princípio da igualdade e não discriminação;

e) Outros direitos e deveres dos trabalhadores e dos empregadores, nomeadamente retribuição base para todas as profissões e categorias profissionais;

f) Os processos de resolução dos litígios emergentes de contratos de trabalho, nomeadamente através de conciliação, mediação ou arbitragem;

g) A definição de serviços necessários à segurança e manutenção de equipamentos e instalações, de serviços mínimos indispensáveis para ocorrer à satisfação de necessidades sociais impreteríveis, caso a atividade dos empregadores abrangidos satisfaça necessidades sociais impreteríveis, bem como dos meios necessários para os assegurar em situação de greve;

h) Os efeitos decorrentes da convenção em caso de caducidade, relativamente aos trabalhadores abrangidos por aquela, até à entrada em vigor de outro instrumento de regulamentação coletiva de trabalho.

3 – A convenção coletiva deve prever a constituição e regular o funcionamento de comissão paritária com competência para interpretar e integrar as suas cláusulas.

4 – A convenção coletiva pode prever que o trabalhador, para efeito da escolha prevista no artigo 497º, pague um montante nela estabelecido às associações sindicais envolvidas, a título de comparticipação nos encargos da negociação.

(Redação dada pela Lei nº 23/2012, de 25-06)

ARTIGO 493º
Comissão paritária

1 – A comissão paritária a que se refere o nº 3 do artigo anterior é formada por igual número de representantes das entidades celebrantes.

2 – A comissão paritária só pode deliberar desde que esteja presente metade dos representantes de cada parte.

3 – A deliberação tomada por unanimidade é depositada e publicada nos mesmos termos da convenção coletiva e considera-se para todos os efeitos como integrando a convenção a que respeita.

4 – A deliberação tomada por unanimidade, uma vez publicada, é aplicável no âmbito de portaria de extensão da convenção.

ART. 494º   LIVRO I – TÍTULO III

SECÇÃO III
Depósito de convenção coletiva

ARTIGO 494º
Procedimento do depósito de convenção coletiva

1 – A convenção coletiva é entregue, para depósito, ao serviço competente do ministério responsável pela área laboral.

2 – A terceira revisão parcial consecutiva de uma convenção deve ser acompanhada de texto consolidado assinado nos mesmos termos, o qual, em caso de divergência, prevalece sobre os textos a que se refere.

3 – A convenção e o texto consolidado são entregues em documento eletrónico, nos termos de portaria do ministro responsável pela área laboral.

4 – O depósito depende de a convenção satisfazer os seguintes requisitos:

a) Ser celebrada por quem tenha capacidade para o efeito;

b) Ser acompanhada de títulos comprovativos da representação das entidades celebrantes, no caso referido na alínea *d*) do nº 2 do artigo 491º, emitidos por quem possa vincular as associações sindicais e as associações de empregadores ou os empregadores celebrantes;

c) Obedecer ao disposto no nº 1 do artigo 492º;

d) Ser acompanhada de texto consolidado, sendo caso disso;

e) Obedecer ao disposto no nº 3, bem como o texto consolidado, sendo caso disso.

5 – O pedido de depósito deve ser decidido no prazo de 15 dias a contar da receção da convenção pelo serviço competente.

6 – A recusa fundamentada do depósito é imediatamente notificada às partes, sendo devolvidos a convenção coletiva, o texto consolidado e os títulos comprovativos da representação.

7 – Considera-se depositada a convenção cujo pedido de depósito não seja decidido no prazo referido no nº 5.

Cfr. Portaria nº 1172/2009, de 6 de outubro.

ARTIGO 495º
Alteração de convenção antes da decisão sobre o depósito

1 – Enquanto o pedido de depósito não for decidido, as partes podem efetuar, por acordo, qualquer alteração formal ou substancial da convenção entregue para esse efeito.

2 – A alteração referida no nº 1 interrompe o prazo de depósito referido no nº 5 do artigo anterior.

DIREITO COLETIVO   ART. 498º

SECÇÃO IV
Âmbito pessoal de convenção coletiva

ARTIGO 496º
Princípio da filiação

1 – A convenção coletiva obriga o empregador que a subscreve ou filiado em associação de empregadores celebrante, bem como os trabalhadores ao seu serviço que sejam membros de associação sindical celebrante.

2 – A convenção celebrada por união, federação ou confederação obriga os empregadores e os trabalhadores filiados, respetivamente, em associações de empregadores ou sindicatos representados por aquela organização quando celebre em nome próprio, nos termos dos respetivos estatutos, ou em conformidade com os mandatos a que se refere o nº 2 do artigo 491º.

3 – A convenção abrange trabalhadores e empregadores filiados em associações celebrantes no início do processo negocial, bem como os que nelas se filiem durante a vigência da mesma.

4 – Caso o trabalhador, o empregador ou a associação em que algum deles esteja inscrito se desfilie de entidade celebrante, a convenção continua a aplicar-se até ao final do prazo de vigência que dela constar ou, não prevendo prazo de vigência, durante um ano ou, em qualquer caso, até à entrada em vigor de convenção que a reveja.

ARTIGO 497º
Escolha de convenção aplicável

1 – Caso sejam aplicáveis, no âmbito de uma empresa, uma ou mais convenções coletivas ou decisões arbitrais, o trabalhador que não seja filiado em qualquer associação sindical pode escolher qual daqueles instrumentos lhe passa a ser aplicável.

2 – A aplicação da convenção nos termos do nº 1 mantém-se até ao final da sua vigência, sem prejuízo do disposto no número seguinte.

3 – No caso de a convenção coletiva não ter prazo de vigência, os trabalhadores são abrangidos durante o prazo mínimo de um ano.

4 – O trabalhador pode revogar a escolha, sendo neste caso aplicável o disposto no nº 4 do artigo anterior.

ARTIGO 498º
Aplicação de convenção em caso de transmissão
de empresa ou estabelecimento

1 – Em caso de transmissão, por qualquer título, da titularidade de empresa ou estabelecimento ou ainda de parte de empresa ou estabelecimento que constitua uma unidade económica, o instrumento de regulamentação coletiva de trabalho que vincula o transmitente é aplicável ao adquirente até ao termo do respetivo prazo de vigência ou no mínimo durante 12 meses a contar da transmissão, salvo se

ART. 499º   LIVRO I – TÍTULO III

entretanto outro instrumento de regulamentação coletiva de trabalho negocial passar a aplicar-se ao adquirente.

2 – O disposto no número anterior é aplicável a transmissão, cessão ou reversão da exploração de empresa, estabelecimento ou unidade económica.

Cfr. arts. 285º e ss.

SECÇÃO V
Âmbito temporal de convenção coletiva

ARTIGO 499º
Vigência e renovação de convenção coletiva

1 – A convenção coletiva vigora pelo prazo ou prazos que dela constarem e renova-se nos termos nela previstos.

2 – Considera-se que a convenção, caso não preveja prazo de vigência, vigora pelo prazo de um ano e renova-se sucessivamente por igual período.

ARTIGO 500º
Denúncia de convenção coletiva

1 – Qualquer das partes pode denunciar a convenção coletiva, mediante comunicação escrita dirigida à outra parte, acompanhada de proposta negocial global.

2 – Não se considera denúncia a mera proposta de revisão de convenção, não determinando a aplicação do regime de sobrevigência e caducidade.

ARTIGO 501º
Sobrevigência e caducidade de convenção coletiva

1 – A clausula de convenção que faca depender a cessação da vigência desta da substituição por outro instrumento de regulamentação coletiva de trabalho caduca decorridos três anos sobre a verificação de um dos seguintes factos:

a) Última publicação integral da convenção;
b) Denúncia da convenção;
c) Apresentação de proposta de revisão da convenção que inclua a revisão da referida cláusula.

2 – Após a caducidade da cláusula referida no número anterior, ou em caso de convenção que não regule a sua renovação, aplica-se o disposto nos números seguintes.

3 – Havendo denuncia, a convenção mantem-se em regime de sobrevigencia durante o período em que decorra a negociação, incluindo conciliação, mediação ou arbitragem voluntaria, ou no mínimo durante 12 meses.

4 – Sempre que se verifique uma interrupção da negociação, incluindo conciliação, mediação ou arbitragem voluntaria, por um período superior a 30 dias, o prazo de sobrevigencia suspende-se.

DIREITO COLETIVO   ART. 502º

5 – Para efeitos dos nºs 3 e 4 o período de negociação, com suspensão, não pode exceder o prazo de 18 meses.

6 – Decorrido o período referido nos nºs 3 e 5, consoante o caso, a convenção mantem-se em vigor durante 45 dias apos qualquer das partes comunicar ao ministério responsável pela área laboral e a outra parte que o processo de negociação terminou sem acordo, apos o que caduca.

7– Na ausência de acordo anterior sobre os efeitos decorrentes da convenção em caso de caducidade, o ministro responsável pela área laboral notifica as partes, dentro do prazo referido no número anterior, para que, querendo, acordem esses efeitos, no prazo de 15 dias.

8 – Após a caducidade e até à entrada em vigor de outra convenção ou decisão arbitral, mantêm-se os efeitos acordados pelas partes ou, na sua falta, os já produzidos pela convenção nos contratos de trabalho no que respeita a retribuição do trabalhador, categoria e respetiva definição, duração do tempo de trabalho e regimes de proteção social cujos benefícios sejam substitutivos dos assegurados pelo regime geral de segurança social ou com protocolo de substituição do Serviço Nacional de Saúde.

9 – Além dos efeitos referidos no número anterior, o trabalhador beneficia dos demais direitos e garantias decorrentes da legislação do trabalho.

10 – As partes podem acordar, durante o período de sobrevigência, a prorrogação da vigência da convenção por um período determinado, ficando o acordo sujeito a depósito e publicação.

11– O acordo sobre os efeitos decorrentes da convenção em caso de caducidade está sujeito a depósito e publicação.

O presente artigo tem a redação que lhe foi dada pela Lei 55/2014, de 25 de agosto (Procede à sétima alteração do Código do Trabalho), cuja redação, nos termos do art. 4º desta ultima Lei, não se aplica às Convenções Coletivas denunciadas até 31 de maio de 2014.

ARTIGO 502º
Cessação da vigência de convenção coletiva

1 – A convenção coletiva pode cessar:

a) Mediante revogação por acordo das partes;
b) Por caducidade, nos termos do artigo anterior.

2 – A convenção coletiva ou parte dela pode ser suspensa temporariamente na sua aplicação, em situação de crise empresarial, por motivos de mercado, estruturais ou tecnológicos, catástrofes ou outras ocorrências que tenham afetado gravemente a atividade normal da empresa, desde que tal medida seja indispensável para assegurar a viabilidade da empresa e a manutenção dos postos de trabalho, por acordo escrito entre as associações de empregadores e as associações sindicais outorgantes sem prejuízo da possibilidade de delegação.

3 – O acordo previsto no numero anterior deve ter menção expressa a fundamentação e determinar o prazo de aplicação da suspensão e os efeitos decorrentes da mesma.

ART. 503º   LIVRO I – TÍTULO III

4 – Aplicam-se a suspensão e a revogação as regras referentes ao deposito e a publicação de convenção coletiva.

5 – A suspensão e a revogação prejudicam os direitos decorrentes da convenção, salvo se na mesma forem expressamente ressalvados pelas partes.

6 – O serviço competente do ministério responsável pela área laboral procede a publicação no Boletim do Trabalho e Emprego de aviso sobre a data da suspensão e da cessação da vigência de convenção coletiva, nos termos do artigo anterior.

O presente artigo tem a redação que lhe foi dada pela Lei 55/2014, de 25 de agosto (Procede à sétima alteração do Código do Trabalho)
Cfr. art. 10º da Lei Preambular ao presente Código.

ARTIGO 503º
Sucessão de convenções coletivas

1 – A convenção coletiva posterior revoga integralmente a convenção anterior, salvo nas matérias expressamente ressalvadas pelas partes.

2 – A mera sucessão de convenções coletivas não pode ser invocada para diminuir o nível de proteção global dos trabalhadores.

3 – Os direitos decorrentes de convenção só podem ser reduzidos por nova convenção de cujo texto conste, em termos expressos, o seu caráter globalmente mais favorável.

4 – No caso previsto no número anterior, a nova convenção prejudica os direitos decorrentes de convenção precedente, salvo se forem expressamente ressalvados pelas partes na nova convenção.

CAPÍTULO III
Acordo de adesão

ARTIGO 504º
Adesão a convenção coletiva ou a decisão arbitral

1 – A associação sindical, a associação de empregadores ou o empregador pode aderir a convenção coletiva ou a decisão arbitral em vigor.

2 – A adesão opera-se por acordo entre a entidade interessada e aquela ou aquelas que se lhe contraporiam na negociação da convenção, se nela tivesse participado.

3 – Da adesão não pode resultar modificação do conteúdo da convenção ou da decisão arbitral, ainda que destinada a aplicar-se somente no âmbito da entidade aderente.

4 – Ao acordo de adesão aplicam-se as regras referentes ao depósito e à publicação de convenção coletiva.

DIREITO COLETIVO   ART. 507º

CAPÍTULO IV
Arbitragem

SECÇÃO I
Disposições comuns sobre arbitragem

ARTIGO 505º
Disposições comuns sobre arbitragem
de conflitos coletivos de trabalho

1 – As regras sobre conteúdo obrigatório e depósito de convenção coletiva aplicam-se à decisão arbitral, com as necessárias adaptações.

2 – Os árbitros enviam o texto da decisão arbitral às partes e ao serviço competente do ministério responsável pela área laboral, para efeitos de depósito e publicação, no prazo de cinco dias a contar da decisão.

3 – A decisão arbitral produz os efeitos da convenção coletiva.

4 – O regime geral da arbitragem voluntária é subsidiariamente aplicável.

SECÇÃO II
Arbitragem voluntária

ARTIGO 506º
Admissibilidade da arbitragem voluntária

A todo o tempo, as partes podem acordar em submeter a arbitragem as questões laborais resultantes, nomeadamente, da interpretação, integração, celebração ou revisão de convenção coletiva.

ARTIGO 507º
Funcionamento da arbitragem voluntária

1 – A arbitragem voluntária rege-se por acordo das partes ou, na sua falta, pelo disposto nos números seguintes.

2 – A arbitragem é realizada por três árbitros, sendo dois nomeados, um por cada parte, e o terceiro escolhido por aqueles.

3 – As partes informam o serviço competente do ministério responsável pela área laboral do início e do termo do procedimento.

4 – Os árbitros podem ser assistidos por peritos e têm o direito de obter das partes, do ministério responsável pela área laboral e do ministério responsável pela área de atividade a informação disponível de que necessitem.

5 – Constitui contraordenação muito grave a não nomeação de árbitro nos termos do nº 2 e constitui contraordenação leve a violação do disposto no nº 3.

ART. 508º   LIVRO I – TÍTULO III

SECÇÃO III
Arbitragem obrigatória

ARTIGO 508º
Admissibilidade de arbitragem obrigatória

1 – O conflito resultante de celebração de convenção coletiva pode ser dirimido por arbitragem obrigatória:

a) Tratando-se de primeira convenção, a requerimento de qualquer das partes, desde que tenha havido negociações prolongadas e infrutíferas, conciliação ou mediação frustrada e não tenha sido possível dirimir o conflito por meio de arbitragem voluntária, em virtude de má-fé negocial da outra parte, ouvida a Comissão Permanente de Concertação Social;

b) Havendo recomendação nesse sentido da Comissão Permanente de Concertação Social, com voto favorável da maioria dos membros representantes dos trabalhadores e dos empregadores;

c) Por iniciativa do ministro responsável pela área laboral, ouvida a Comissão Permanente de Concertação Social, quando estejam em causa serviços essenciais destinados a proteger a vida, a saúde e a segurança das pessoas.

2 – O disposto nas alíneas *b)* e *c)* do número anterior é aplicável no caso de revisão de convenção coletiva.

ARTIGO 509º
Determinação de arbitragem obrigatória

1 – A arbitragem obrigatória pode ser determinada por despacho fundamentado do ministro responsável pela área laboral, atendendo:

a) Ao número de trabalhadores e empregadores afetados pelo conflito;
b) À relevância da proteção social dos trabalhadores abrangidos;
c) Aos efeitos sociais e económicos do conflito;
d) À posição das partes quanto ao objeto da arbitragem.

2 – O ministro responsável pela área laboral deve ouvir previamente as partes ou, no caso da alínea *a)* do nº 1 do artigo anterior, a contraparte requerida, bem como a entidade reguladora e de supervisão do setor de atividade em causa.

3 – A audiência da entidade reguladora e de supervisão deve ser efetuada pela Comissão Permanente de Concertação Social previamente à recomendação prevista na alínea *b)* do nº 1 do artigo anterior, em caso de conflito entre partes representadas por associações de trabalhadores e de empregadores com assento na Comissão, se estas o requererem conjuntamente.

4 – O despacho que determina a arbitragem obrigatória é imediatamente notificado às partes e ao secretário-geral do Conselho Económico e Social.

5 – O Código do Procedimento Administrativo é subsidiariamente aplicável.

Cfr. art. 12º, nº 6 da Lei Preambular ao presente Código.

DIREITO COLETIVO   ART. 512º

SECÇÃO IV
Arbitragem necessária

ARTIGO 510º
Admissibilidade da arbitragem necessária

Caso, após a caducidade de uma ou mais convenções coletivas aplicáveis a uma empresa, grupo de empresas ou setor de atividade, não seja celebrada nova convenção nos 12 meses subsequentes, e não haja outra convenção aplicável a pelo menos 50% dos trabalhadores da mesma empresa, grupo de empresas ou setor de atividade, pode ser determinada uma arbitragem necessária.

ARTIGO 511º
Determinação de arbitragem necessária

1 – A arbitragem necessária é determinada por despacho fundamentado do ministro responsável pela área laboral, mediante requerimento de qualquer das partes nos 12 meses subsequentes ao termo do prazo referido no artigo anterior.

2 – Para efeitos de verificação do requisito de não existência de outra convenção aplicável a, pelo menos, 50% dos trabalhadores da mesma empresa, grupo de empresas ou setor de atividade, o ministro responsável pela área laboral promove a publicação imediata, no Boletim do Trabalho e Emprego, de aviso mencionando o requerimento referido no número anterior para que os interessados possam deduzir oposição fundamentada, por escrito, no prazo de 15 dias.

3 – A decisão sobre o requerimento referido no nº 1 é proferida no prazo de 60 dias a contar da receção do mesmo.

4 – Ao despacho referido no nº 1 são aplicáveis os nºs 4 e 5 do artigo 509º

5 – O objeto da arbitragem é definido pelas partes ou, se estas o não fizerem, pelos árbitros, tendo em consideração as circunstâncias e as posições assumidas pelas partes sobre o mesmo.

Cfr. art. 12º, nº 3 da Lei Preambular ao presente Código.

SECÇÃO V
Disposições comuns à arbitragem obrigatória e à arbitragem necessária

ARTIGO 512º
Competência do Conselho Económico e Social

1 – Compete ao presidente do Conselho Económico e Social participar na constituição das listas de árbitros nos termos de lei específica.

2 – Compete ao Conselho Económico e Social proceder em caso de necessidade ao sorteio de árbitros para efeito de arbitragem obrigatória ou arbitragem necessária.

ART. 513º   LIVRO I – TÍTULO III

3 – O Conselho Económico e Social assegura:

a) O pagamento de honorários, despesas de deslocação e de estada de árbitros e peritos;

b) O apoio técnico e administrativo necessário ao funcionamento do tribunal arbitral.

ARTIGO 513º
Regulamentação da arbitragem obrigatória e arbitragem necessária

O regime da arbitragem obrigatória e da arbitragem necessária, no que não é regulado nas secções precedentes, consta de lei específica.

CAPÍTULO V
Portaria de extensão

ARTIGO 514º
Extensão de convenção coletiva ou decisão arbitral

1 – A convenção coletiva ou decisão arbitral em vigor pode ser aplicada, no todo ou em parte, por portaria de extensão a empregadores e a trabalhadores integrados no âmbito do setor de atividade e profissional definido naquele instrumento.

2 – A extensão é possível mediante ponderação de circunstâncias sociais e económicas que a justifiquem, nomeadamente a identidade ou semelhança económica e social das situações no âmbito da extensão e no do instrumento a que se refere.

ARTIGO 515º
Subsidiariedade

A portaria de extensão só pode ser emitida na falta de instrumento de regulamentação coletiva de trabalho negocial.

ARTIGO 516º
Competência e procedimento para emissão de portaria de extensão

1 – Compete ao ministro responsável pela área laboral a emissão de portaria de extensão, salvo havendo oposição a esta por motivos de ordem económica, caso em que a competência é conjunta com a do ministro responsável pelo setor de atividade.

2 – O ministro responsável pela área laboral manda publicar o projeto de portaria de extensão no Boletim do Trabalho e Emprego.

3 – Qualquer pessoa singular ou coletiva que possa ser, ainda que indiretamente, afetada pela extensão pode deduzir oposição fundamentada, por escrito, nos 15 dias seguintes à publicação do projeto.

4 – O Código do Procedimento Administrativo é subsidiariamente aplicável.

CAPÍTULO VI
Portaria de condições de trabalho

ARTIGO 517º
Admissibilidade de portaria de condições de trabalho

1 – Quando circunstâncias sociais e económicas o justifiquem, não exista associação sindical ou de empregadores nem seja possível a portaria de extensão, pode ser emitida portaria de condições de trabalho.

2 – A portaria de condições de trabalho só pode ser emitida na falta de instrumento de regulamentação coletiva de trabalho negocial.

ARTIGO 518º
Competência e procedimento para emissão de portaria de condições de trabalho

1 – São competentes para a emissão de portaria de condições de trabalho o ministro responsável pela área laboral e o ministro responsável pelo setor de atividade.

2 – Os estudos preparatórios de portaria de condições de trabalho são assegurados por uma comissão técnica constituída por despacho do ministro responsável pela área laboral.

3 – A comissão técnica é formada por membros designados pelos ministros competentes para a emissão da portaria e inclui, sempre que possível, assessores designados pelos representantes dos trabalhadores e dos empregadores interessados, em número determinado pelo despacho constitutivo.

4 – A comissão técnica deve elaborar os estudos preparatórios no prazo de 60 dias a contar do despacho que a constitua.

5 – O ministro responsável pela área laboral pode, em situações excecionais, prorrogar o prazo previsto no número anterior.

6 – O disposto nos nºs 2 a 4 do artigo 516º é aplicável à elaboração de portaria de condições de trabalho.

CAPÍTULO VII
Publicação, entrada em vigor e aplicação

ARTIGO 519º
Publicação e entrada em vigor de instrumento de regulamentação coletiva de trabalho

1 – O instrumento de regulamentação coletiva de trabalho é publicado no Boletim do Trabalho e Emprego e entra em vigor, após a publicação, nos termos da lei.

2 – O disposto no número anterior não prejudica a publicação de portaria de extensão e de portaria de condições de trabalho no Diário da República, da qual depende a respetiva entrada em vigor.

ART. 520º   LIVRO I – TÍTULO III

3 – O instrumento de regulamentação coletiva de trabalho que seja objeto de três revisões parciais consecutivas é integralmente republicado.

ARTIGO 520º
Aplicação de instrumento
de regulamentação coletiva de trabalho

1 – Os destinatários de instrumento de regulamentação coletiva de trabalho devem proceder de boa fé no seu cumprimento.

2 – Na aplicação de convenção coletiva ou acordo de adesão, atende-se às circunstâncias em que as partes fundamentaram a decisão de contratar.

3 – Quem faltar culposamente ao cumprimento de obrigação emergente de instrumento de regulamentação coletiva de trabalho é responsável pelo prejuízo causado, nos termos gerais.

ARTIGO 521º
Violação de disposição de instrumento
de regulamentação coletiva de trabalho

1 – A violação de disposição de instrumento de regulamentação coletiva de trabalho respeitante a uma generalidade de trabalhadores constitui contraordenação grave.

2 – A violação de disposição de instrumento de regulamentação coletiva de trabalho constitui, por cada trabalhador em relação ao qual se verifica a infração, contraordenação leve.

3 – O disposto no nº 1 não se aplica se, com base no nº 2, forem aplicáveis ao empregador coimas em que o somatório dos valores mínimos seja igual ou superior ao quantitativo mínimo da coima aplicável de acordo com o nº 1.

SUBTÍTULO III
Conflitos coletivos de trabalho

CAPÍTULO I
Resolução de conflitos coletivos de trabalho

SECÇÃO I
Princípio de boa fé

ARTIGO 522º
Boa fé

Na pendência de um conflito coletivo de trabalho as partes devem agir de boa fé.

SECÇÃO II
Conciliação

ARTIGO 523º
Admissibilidade e regime da conciliação

1 – O conflito coletivo de trabalho, designadamente resultante da celebração ou revisão de convenção coletiva, pode ser resolvido por conciliação.

2 – Na falta de regulamentação convencional, a conciliação rege-se pelo disposto no número seguinte e no artigo seguinte.

3 – A conciliação pode ter lugar em qualquer altura:

a) Por acordo das partes;

b) Por iniciativa de uma das partes, em caso de falta de resposta à proposta de celebração ou de revisão de convenção coletiva, ou mediante aviso prévio de oito dias, por escrito, à outra parte.

ARTIGO 524º
Procedimento de conciliação

1 – A conciliação, caso seja requerida, é efetuada pelo serviço competente do ministério responsável pela área laboral, assessorado, sempre que necessário, pelo serviço competente do ministério responsável pelo setor de atividade.

2 – O requerimento de conciliação deve indicar a situação que a fundamenta e o objeto da mesma, juntando prova do aviso prévio no caso de ser subscrito por uma das partes.

3 – Nos 10 dias seguintes à apresentação do requerimento, o serviço competente verifica a regularidade daquele e convoca as partes para o início da conciliação, devendo, em caso de revisão de convenção coletiva, convidar para a conciliação a associação sindical ou de empregadores participantes no processo de negociação e não envolvida no requerimento.

4 – A associação sindical ou de empregadores referida na segunda parte do número anterior deve responder ao convite no prazo de cinco dias.

5 – As partes convocadas devem comparecer em reunião de conciliação.

6 – A conciliação inicia-se com a definição das matérias sobre as quais vai incidir.

7 – No caso de a conciliação ser efetuada por outra entidade, as partes devem informar do início e termo respetivos o serviço competente do ministério responsável pela área laboral.

8 – Comete contraordenação grave a associação sindical, a associação de empregadores ou o empregador que não se faça representar em reunião para que tenha sido convocado.

ARTIGO 525º
Transformação da conciliação em mediação

A conciliação pode ser transformada em mediação, nos termos dos artigos seguintes.

ART. 526º   LIVRO I – TÍTULO III

SECÇÃO III
Mediação

ARTIGO 526º
Admissibilidade e regime da mediação

1 – O conflito coletivo de trabalho, designadamente resultante da celebração ou revisão de uma convenção coletiva, pode ser resolvido por mediação.

2 – Na falta de regulamentação convencional, a mediação rege-se pelo disposto no número seguinte e nos artigos seguintes.

3 – A mediação pode ter lugar:

a) Por acordo das partes, em qualquer altura, nomeadamente no decurso da conciliação;

b) Por iniciativa de uma das partes, um mês após o início de conciliação, mediante comunicação, por escrito, à outra parte.

ARTIGO 527º
Procedimento de mediação

1 – A mediação, caso seja requerida, é efetuada por mediador nomeado pelo serviço competente do ministério responsável pela área laboral, assessorado, sempre que necessário, pelo serviço competente do ministério responsável pelo setor de atividade.

2 – O requerimento de mediação deve indicar a situação que a fundamenta e o objeto da mesma, juntando prova da comunicação à outra parte caso seja subscrito por uma das partes.

3 – Nos 10 dias seguintes à apresentação do requerimento, o serviço competente verifica a regularidade daquele e nomeia o mediador, dando do facto conhecimento às partes.

4 – Caso a mediação seja requerida por uma das partes, o mediador solicita à outra que se pronuncie sobre o objeto da mesma e, em caso de divergência, decide tendo em consideração a viabilidade da mediação.

5 – Para a elaboração da proposta, o mediador pode solicitar às partes e a qualquer departamento do Estado os dados e informações de que estes disponham e que aquele considere necessários.

6 – As partes devem comparecer em reuniões convocadas pelo mediador.

7 – O mediador deve remeter a proposta às partes no prazo de 30 dias a contar da sua nomeação e, no decurso do prazo referido no número seguinte, pode contactar qualquer das partes em separado, se o considerar conveniente para a obtenção do acordo.

8 – A aceitação da proposta por qualquer das partes deve ser comunicada ao mediador no prazo de 10 dias a contar da sua receção.

9 – Recebidas as respostas ou decorrido o prazo estabelecido no número anterior, o mediador comunica em simultâneo a cada uma das partes a aceitação ou recusa da proposta, no prazo de dois dias.

DIREITO COLETIVO ART. 530º

10 – O mediador deve guardar sigilo sobre as informações recebidas no decurso do procedimento que não sejam conhecidas da outra parte.

11 – Comete contraordenação grave a associação sindical, a associação de empregadores ou o empregador que não se faça representar em reunião convocada pelo mediador.

ARTIGO 528º
Mediação por outra entidade

1 – As partes podem solicitar ao ministro responsável pela área laboral, mediante requerimento conjunto, o recurso a uma personalidade constante da lista de árbitros presidentes para desempenhar as funções de mediador.

2 – Caso o ministro concorde e a personalidade escolhida aceite ser mediador, os correspondentes encargos são suportados pelo ministério responsável pela área laboral.

3 – No caso de a mediação não ser efetuada pelo serviço competente do ministério responsável pela área laboral, este deve ser informado pelas partes dos respetivos início e termo.

SECÇÃO IV
Arbitragem

ARTIGO 529º
Arbitragem

Os conflitos coletivos de trabalho que não resultem da celebração ou revisão de convenção coletiva podem ser dirimidos por arbitragem, nos termos previstos nos artigos 506º e 507º.

CAPÍTULO II
Greve e proibição de lock-out

SECÇÃO I
Greve

ARTIGO 530º
Direito à greve

1 – A greve constitui, nos termos da Constituição, um direito dos trabalhadores.

2 – Compete aos trabalhadores definir o âmbito de interesses a defender através da greve.

3 – O direito à greve é irrenunciável.

Cfr. art. 57º da CRP.

ART. 531º   LIVRO I – TÍTULO III

ARTIGO 531º
Competência para declarar a greve

1 – O recurso à greve é decidido por associações sindicais.

2 – Sem prejuízo do disposto no número anterior, a assembleia de trabalhadores da empresa pode deliberar o recurso à greve desde que a maioria dos trabalhadores não esteja representada por associações sindicais, a assembleia seja convocada para o efeito por 20% ou 200 trabalhadores, a maioria dos trabalhadores participe na votação e a deliberação seja aprovada por voto secreto pela maioria dos votantes.

ARTIGO 532º
Representação dos trabalhadores em greve

1 – Os trabalhadores em greve são representados pela associação ou associações sindicais que decidiram o recurso à greve ou, no caso referido no nº 2 do artigo anterior, por uma comissão de greve, eleita pela mesma assembleia.

2 – As entidades referidas no número anterior podem delegar os seus poderes de representação.

ARTIGO 533º
Piquete de greve

A associação sindical ou a comissão de greve pode organizar piquetes para desenvolverem atividades tendentes a persuadir, por meios pacíficos, os trabalhadores a aderirem à greve, sem prejuízo do respeito pela liberdade de trabalho de não aderentes.

ARTIGO 534º
Aviso prévio de greve

1 – A entidade que decida o recurso à greve deve dirigir ao empregador, ou à associação de empregadores, e ao ministério responsável pela área laboral um aviso com a antecedência mínima de cinco dias úteis ou, em situação referida no nº 1 do artigo 537º, 10 dias úteis.

2 – O aviso prévio de greve deve ser feito por meios idóneos, nomeadamente por escrito ou através dos meios de comunicação social.

3 – O aviso prévio deve conter uma proposta de definição de serviços necessários à segurança e manutenção de equipamento e instalações e, se a greve se realizar em empresa ou estabelecimento que se destine à satisfação de necessidades sociais impreteríveis, uma proposta de serviços mínimos.

4 – Caso os serviços a que se refere o número anterior estejam definidos em instrumento de regulamentação coletiva de trabalho, este pode determinar que o aviso prévio não necessita de conter proposta sobre os mesmos serviços, desde que seja devidamente identificado o respetivo instrumento.

DIREITO COLETIVO ART. 537º

ARTIGO 535º
Proibição de substituição de grevistas

1 – O empregador não pode, durante a greve, substituir os grevistas por pessoas que, à data do aviso prévio, não trabalhavam no respetivo estabelecimento ou serviço nem pode, desde essa data, admitir trabalhadores para aquele fim.

2 – A tarefa a cargo de trabalhador em greve não pode, durante esta, ser realizada por empresa contratada para esse fim, salvo em caso de incumprimento dos serviços mínimos necessários à satisfação das necessidades sociais impreteríveis ou à segurança e manutenção de equipamento e instalações e na estrita medida necessária à prestação desses serviços.

3 – Constitui contraordenação muito grave a violação do disposto nos números anteriores.

Acerca do conceito de estabelecimento ou serviço na atividade de segurança privada vide Acórdão do STJ de 30/11/2000 (Processo: 00S086).

ARTIGO 536º
Efeitos da greve

1 – A greve suspende o contrato de trabalho de trabalhador aderente, incluindo o direito à retribuição e os deveres de subordinação e assiduidade.

2 – Durante a greve, mantêm-se, além dos direitos, deveres e garantias das partes que não pressuponham a efetiva prestação do trabalho, os direitos previstos em legislação de segurança social e as prestações devidas por acidente de trabalho ou doença profissional.

3 – O período de suspensão conta-se para efeitos de antiguidade e não prejudica os efeitos decorrentes desta.

ARTIGO 537º
Obrigação de prestação de serviços durante a greve

1 – Em empresa ou estabelecimento que se destine à satisfação de necessidades sociais impreteríveis, a associação sindical que declare a greve, ou a comissão de greve no caso referido no nº 2 do artigo 531º, e os trabalhadores aderentes devem assegurar, durante a mesma, a prestação dos serviços mínimos indispensáveis à satisfação daquelas necessidades.

2 – Considera-se, nomeadamente, empresa ou estabelecimento que se destina à satisfação de necessidades sociais impreteríveis o que se integra em algum dos seguintes setores:

a) Correios e telecomunicações;
b) Serviços médicos, hospitalares e medicamentosos;
c) Salubridade pública, incluindo a realização de funerais;
d) Serviços de energia e minas, incluindo o abastecimento de combustíveis;
e) Abastecimento de águas;
f) Bombeiros;

ART. 538º   LIVRO I – TÍTULO III

g) Serviços de atendimento ao público que assegurem a satisfação de necessidades essenciais cuja prestação incumba ao Estado;

h) Transportes, incluindo portos, aeroportos, estações de caminho de ferro e de camionagem, relativos a passageiros, animais e géneros alimentares deterioráveis e a bens essenciais à economia nacional, abrangendo as respetivas cargas e descargas;

i) Transporte e segurança de valores monetários.

3 – A associação sindical que declare a greve, ou a comissão de greve no caso referido no nº 2 do artigo 531º, e os trabalhadores aderentes devem prestar, durante a greve, os serviços necessários à segurança e manutenção de equipamentos e instalações.

4 – Os trabalhadores afetos à prestação de serviços referidos nos números anteriores mantêm-se, na estrita medida necessária a essa prestação, sob a autoridade e direção do empregador, tendo nomeadamente direito a retribuição.

ARTIGO 538º
Definição de serviços a assegurar durante a greve

1 – Os serviços previstos nos nºs 1 e 3 do artigo anterior e os meios necessários para os assegurar devem ser definidos por instrumento de regulamentação coletiva de trabalho ou por acordo entre os representantes dos trabalhadores e os empregadores abrangidos pelo aviso prévio ou a respetiva associação de empregadores.

2 – Na ausência de previsão em instrumento de regulamentação coletiva de trabalho ou de acordo sobre a definição dos serviços mínimos previstos no nº 1 do artigo anterior, o serviço competente do ministério responsável pela área laboral, assessorado sempre que necessário pelo serviço competente do ministério responsável pelo setor de atividade, convoca as entidades referidas no número anterior para a negociação de um acordo sobre os serviços mínimos e os meios necessários para os assegurar.

3 – Na negociação de serviços mínimos relativos a greve substancialmente idêntica a, pelo menos, duas greves anteriores para as quais a definição de serviços mínimos por arbitragem tenha igual conteúdo, o serviço referido no número anterior propõe às partes que aceitem essa mesma definição, devendo, em caso de rejeição, a mesma constar da ata da negociação.

4 – No caso referido nos números anteriores, na falta de acordo nos três dias posteriores ao aviso prévio de greve, os serviços mínimos e os meios necessários para os assegurar são definidos:

a) Por despacho conjunto, devidamente fundamentado, do ministro responsável pela área laboral e do ministro responsável pelo setor de atividade;

b) Tratando-se de empresa do setor empresarial do Estado, por tribunal arbitral, constituído nos termos de lei especifica sobre arbitragem obrigatória.

5 – A definição dos serviços mínimos deve respeitar os princípios da necessidade, da adequação e da proporcionalidade.

DIREITO COLETIVO   ART. 542º

6 – O despacho e a decisão do tribunal arbitral previstos no número anterior produzem efeitos imediatamente após a sua notificação às entidades a que se refere o nº 1 e devem ser afixados nas instalações da empresa, estabelecimento ou serviço, em locais destinados à informação dos trabalhadores.

7 – Os representantes dos trabalhadores em greve devem designar os trabalhadores que ficam adstritos à prestação dos serviços mínimos definidos e informar do facto o empregador, até vinte e quatro horas antes do início do período de greve ou, se não o fizerem, deve o empregador proceder a essa designação.

A alínea b) do nº 4 do artigo 538.º tem a redação da Lei 105/2009 de 14 de setembro e produz efeitos a 17 de fevereiro de 2009, sem prejuízo da validade dos atos praticados ao abrigo das disposições agora revogadas, conforme estipulado pelo art. 35º, nºs 1 e 2 deste diploma.

ARTIGO 539º
Termo da greve

A greve termina por acordo entre as partes, por deliberação de entidade que a tenha declarado ou no final do período para o qual foi declarada.

ARTIGO 540º
Proibição de coação,
prejuízo ou discriminação de trabalhador

1 – É nulo o ato que implique coação, prejuízo ou discriminação de trabalhador por motivo de adesão ou não a greve.

2 – Constitui contraordenação muito grave o ato do empregador que implique coação do trabalhador no sentido de não aderir a greve, ou que o prejudique ou discrimine por aderir ou não a greve.

ARTIGO 541º
Efeitos de greve declarada
ou executada de forma contrária à lei

1 – A ausência de trabalhador por motivo de adesão a greve declarada ou executada de forma contrária à lei considera-se falta injustificada.

2 – O disposto no número anterior não prejudica a aplicação dos princípios gerais em matéria de responsabilidade civil.

3 – Em caso de incumprimento da obrigação de prestação de serviços mínimos, o Governo pode determinar a requisição ou mobilização, nos termos previstos em legislação específica.

ARTIGO 542º
Regulamentação da greve por convenção coletiva

1 – A convenção coletiva pode regular, além das matérias referidas na alínea *g)* do nº 2 do artigo 492º, procedimentos de resolução de conflitos suscetíveis de

ART. 543º   LIVRO I – TÍTULO III

determinar o recurso à greve, bem como limitar o recurso a greve por parte de associação sindical celebrante, durante a vigência daquela, com a finalidade de modificar o seu conteúdo.

2 – A limitação prevista na segunda parte do número anterior não prejudica, nomeadamente, a declaração de greve com fundamento:

a) Na alteração anormal de circunstâncias em que as partes fundamentaram a decisão de contratar;

b) No incumprimento da convenção coletiva.

3 – O trabalhador não pode ser responsabilizado pela adesão a greve declarada em incumprimento de limitação prevista no nº 1.

ARTIGO 543º
Responsabilidade penal em matéria de greve

A violação do disposto no nº 1 ou 2 do artigo 535º ou no nº 1 do artigo 540º é punida com pena de multa até 120 dias.

SECÇÃO II
Lock-out

ARTIGO 544º
Conceito e proibição de lock-out

1 – Considera-se *lock-out* qualquer paralisação total ou parcial da empresa ou a interdição do acesso a locais de trabalho a alguns ou à totalidade dos trabalhadores e, ainda, a recusa em fornecer trabalho, condições e instrumentos de trabalho que determine ou possa determinar a paralisação de todos ou alguns setores da empresa, desde que, em qualquer caso, vise atingir finalidades alheias à normal atividade da empresa, por decisão unilateral do empregador.

2 – É proibido o *lock-out*.

3 – Constitui contraordenação muito grave a violação do disposto no número anterior.

Cfr. art. 57º, nº 4 da CRP.

ARTIGO 545º
Responsabilidade penal em matéria de lock-out

A violação do disposto no nº 2 do artigo 544º é punida com pena de prisão até 2 anos ou com pena de multa até 240 dias.

LIVRO II
RESPONSABILIDADES PENAL E CONTRAORDENACIONAL

CAPÍTULO I
Responsabilidade penal

ARTIGO 546º
Responsabilidade de pessoas coletivas e equiparadas

As pessoas coletivas e entidades equiparadas são responsáveis, nos termos gerais, pelos crimes previstos no presente Código.

ARTIGO 547º
Desobediência qualificada

Incorre no crime de desobediência qualificada o empregador que:

a) Não apresentar ao serviço com competência inspetiva do ministério responsável pela área laboral documento ou outro registo por este requisitado que interesse ao esclarecimento de qualquer situação laboral;

b) Ocultar, destruir ou danificar documento ou outro registo que tenha sido requisitado pelo serviço referido na alínea anterior.

Cfr. art. 348º do Código Penal.

CAPÍTULO II
Responsabilidade contraordenacional

ARTIGO 548º
Noção de contraordenação laboral

Constitui contraordenação laboral o facto típico, ilícito e censurável que consubstancie a violação de uma norma que consagre direitos ou imponha deveres a qualquer sujeito no âmbito de relação laboral e que seja punível com coima.

ARTIGO 549º
Regime das contraordenações laborais

As contraordenações laborais são reguladas pelo disposto neste Código e, subsidiariamente, pelo regime geral das contraordenações.

ARTIGO 550º
Punibilidade da negligência

A negligência nas contraordenações laborais é sempre punível.

ARTIGO 551º
Sujeito responsável por contraordenação laboral

1 – O empregador é o responsável pelas contraordenações laborais, ainda que praticadas pelos seus trabalhadores no exercício das respetivas funções, sem prejuízo da responsabilidade cometida por lei a outros sujeitos.

2 – Quando um tipo contraordenacional tiver por agente o empregador abrange também a pessoa coletiva, a associação sem personalidade jurídica ou a comissão especial.

3 – Se o infrator for pessoa coletiva ou equiparada, respondem pelo pagamento da coima, solidariamente com aquela, os respetivos administradores, gerentes ou diretores.

4 – O contratante e o dono da obra, empresa ou exploração agrícola, bem como os respetivos gerentes, administradores ou diretores, assim como as sociedades que com o contratante, dono da obra, empresa ou exploração agrícola se encontrem em relação de participações recíprocas, de domínio ou de grupo, são solidariamente responsáveis pelo cumprimento das disposições legais e por eventuais violações cometidas pelo subcontratante que executa todo ou parte do contrato nas instalações daquele ou sob responsabilidade do mesmo, assim como pelo pagamento das respetivas coimas.

O nº 4 do presente artigo tem a redação dada pela Lei nº 28/2016, de 23 de agosto (11ª alteração ao Código do Trabalho).

ARTIGO 552º
Apresentação de documentos

1 – As pessoas singulares, coletivas e entidades equiparadas notificadas pelo serviço com competência inspetiva do ministério responsável pela área laboral para exibição, apresentação ou entrega de documentos ou outros registos ou de cópia dos mesmos devem apresentá-los no prazo e local identificados para o efeito.

2 – Constitui contraordenação leve a violação do disposto no número anterior.

Cfr. art. 12º, nº 3 da Lei Preambular ao presente Código.

ARTIGO 553º
Escalões de gravidade das contraordenações laborais

Para determinação da coima aplicável e tendo em conta a relevância dos interesses violados, as contraordenações laborais classificam-se em leves, graves e muito graves.

ARTIGO 554º
Valores das coimas

1 – A cada escalão de gravidade das contraordenações laborais corresponde uma coima variável em função do volume de negócios da empresa e do grau da culpa do infrator, salvo o disposto no artigo seguinte.

2 – Os limites mínimo e máximo das coimas correspondentes a contraordenação leve são os seguintes:

a) Se praticada por empresa com volume de negócios inferior a €10000000, de 2 UC a 5 UC em caso de negligência e de 6 UC a 9 UC em caso de dolo;

b) Se praticada por empresa com volume de negócios igual ou superior a €10000000, de 6 UC a 9 UC em caso de negligência e de 10 UC a 15 UC em caso de dolo.

3 – Os limites mínimo e máximo das coimas correspondentes a contraordenação grave são os seguintes:

a) Se praticada por empresa com volume de negócios inferior a €500000, de 6 UC a 12 UC em caso de negligência e de 13 UC a 26 UC em caso de dolo;

b) Se praticada por empresa com volume de negócios igual ou superior a €500000 e inferior a €2500000, de 7 UC a 14 UC em caso de negligência e de 15 UC a 40 UC em caso de dolo;

c) Se praticada por empresa com volume de negócios igual ou superior a €2500000 e inferior a €5000000, de 10 UC a 20 UC em caso de negligência e de 21 UC a 45 UC em caso de dolo;

d) Se praticada por empresa com volume de negócios igual ou superior a €5000000 e inferior a €10000000, de 12 UC a 25 UC em caso de negligência e de 26 UC a 50 UC em caso de dolo;

e) Se praticada por empresa com volume de negócios igual ou superior a €10000000, de 15 UC a 40 UC em caso de negligência e de 55 UC a 95 UC em caso de dolo.

4 – Os limites mínimo e máximo das coimas correspondentes a contraordenação muito grave são os seguintes:

a) Se praticada por empresa com volume de negócios inferior a €500000, de 20 UC a 40 UC em caso de negligência e de 45 UC a 95 UC em caso de dolo;

b) Se praticada por empresa com volume de negócios igual ou superior a €500000 e inferior a €2500000, de 32 UC a 80 UC em caso de negligência e de 85 UC a 190 UC em caso de dolo;

ART. 555º   LIVRO II

c) Se praticada por empresa com volume de negócios igual ou superior a €2500000 e inferior a €5000000, de 42 UC a 120 UC em caso de negligência e de 120 UC a 280 UC em caso de dolo;

d) Se praticada por empresa com volume de negócios igual ou superior a €5000000 e inferior a €10000000, de 55 UC a 140 UC em caso de negligência e de 145 UC a 400 UC em caso de dolo;

e) Se praticada por empresa com volume de negócios igual ou superior a €10000000, de 90 UC a 300 UC em caso de negligência e de 300 UC a 600 UC em caso de dolo.

5 – O volume de negócios reporta-se ao ano civil anterior ao da prática da infração.

6 – Caso a empresa não tenha atividade no ano civil anterior ao da prática da infração, considera-se o volume de negócios do ano mais recente.

7 – No ano de início de atividade são aplicáveis os limites previstos para empresa com volume de negócios inferior a €500000.

8 – Se o empregador não indicar o volume de negócios, aplicam-se os limites previstos para empresa com volume de negócios igual ou superior a €10000000.

9 – A sigla UC corresponde à unidade de conta processual.

ARTIGO 555º
Outros valores de coimas

1 – A cada escalão de gravidade das contraordenações, em caso em que o agente não tenha trabalhadores ao serviço ou, sendo pessoa singular, não exerça uma atividade com fins lucrativos corresponde o valor de coimas previsto nos números seguintes.

2 – A contraordenação leve corresponde coima de 1 UC a 2 UC em caso de negligência ou de 2 UC a 3,5 UC em caso de dolo.

3 – A contraordenação grave corresponde coima de 3 UC a 7 UC em caso de negligência ou de 7 UC a 14 UC em caso de dolo.

4 – A contraordenação muito grave corresponde coima de 10 UC a 25 UC em caso de negligência ou de 25 UC a 50 UC em caso de dolo.

ARTIGO 556º
Critérios especiais de medida da coima

1 – Os valores máximos das coimas aplicáveis a contraordenações muito graves previstas no nº 4 do artigo 554º são elevados para o dobro em situação de violação de normas sobre trabalho de menores, segurança e saúde no trabalho, direitos de estruturas de representação coletiva dos trabalhadores e direito à greve.

2 – Em caso de pluralidade de agentes responsáveis pela mesma contraordenação é aplicável a coima correspondente à empresa com maior volume de negócios.

ARTIGO 557º
Dolo

O desrespeito de medidas recomendadas em auto de advertência é ponderado pela autoridade administrativa competente, ou pelo julgador em caso de impugnação judicial, designadamente para efeitos de aferição da existência de conduta dolosa.

ARTIGO 558º
Pluralidade de contraordenações

1 – Quando a violação da lei afetar uma pluralidade de trabalhadores individualmente considerados, o número de contraordenações corresponde ao número de trabalhadores concretamente afetados, nos termos dos números seguintes.

2 – Considera-se que a violação da lei afeta uma pluralidade de trabalhadores quando estes, no exercício da respetiva atividade, foram expostos a uma situação concreta de perigo ou sofreram dano resultante de conduta ilícita do infrator.

3 – A pluralidade de infrações dá origem a um processo e as infrações são sancionadas com uma coima única que não pode exceder o dobro da coima máxima aplicável em concreto.

4 – Se, com a infração praticada, o agente obteve um benefício económico, este deve ser tido em conta na determinação da medida da coima nos termos do disposto no artigo 18º do regime geral das contraordenações, na redação dada pelo Decreto-Lei nº 244/95, de 14 de setembro.

Cfr. art. 12º, nº 6 da Lei Preambular ao presente Código.

ARTIGO 559º
Determinação da medida da coima

1 – Na determinação da medida da coima, além do disposto no regime geral das contraordenações, são ainda atendíveis a medida do incumprimento das recomendações constantes de auto de advertência, a coação, falsificação, simulação ou outro meio fraudulento usado pelo agente.

2 – No caso de violação de normas de segurança e saúde no trabalho, são também atendíveis os princípios gerais de prevenção a que devem obedecer as medidas de proteção, bem como a permanência ou transitoriedade da infração, o número de trabalhadores potencialmente afetados e as medidas e instruções adotadas pelo empregador para prevenir os riscos.

3 – Cessando o contrato de trabalho, no caso de o arguido cumprir o disposto no artigo 245º e proceder ao pagamento voluntário da coima por violação do disposto no nº 1 ou 5 do artigo 238º, no nº 1, 4 ou 5 do artigo 239º ou no nº 1, 2 ou 3 do artigo 244º, esta é liquidada pelo valor correspondente à contraordenação leve.

ART. 560º   LIVRO II

ARTIGO 560º
Dispensa de coima

A coima prevista para as contraordenações referidas no nº 4 do artigo 353º, no nº 2 do artigo 355º, no nº 7 do artigo 356º, no nº 8 do artigo 357º, no nº 6 do artigo 358º, no nº 6 do artigo 360º, no nº 6 do artigo 361º, no nº 6 do artigo 363º, no nº 6 do artigo 368º, no nº 2 do artigo 369º, no nº 5 do artigo 371º, no nº 8 do artigo 375º, no nº 3 do artigo 376º, no nº 3 do artigo 378º e no nº 3 do artigo 380º, na parte em que se refere a violação do nº 1 do mesmo artigo, não se aplica caso o empregador assegure ao trabalhador os direitos a que se refere o artigo 389º.

O presente artigo tem a redação que lhe foi dada pela Lei nº 23/2012, de 25 de junho.

ARTIGO 561º
Reincidência

1 – É sancionado como reincidente quem comete uma contraordenação grave praticada com dolo ou uma contraordenação muito grave, depois de ter sido condenado por outra contraordenação grave praticada com dolo ou contra-ordenação muito grave, se entre as duas infrações tiver decorrido um prazo não superior ao da prescrição da primeira.

2 – Em caso de reincidência, os limites mínimo e máximo da coima são elevados em um terço do respetivo valor, não podendo esta ser inferior ao valor da coima aplicada pela contraordenação anterior desde que os limites mínimo e máximo desta não sejam superiores aos daquela.

ARTIGO 562º
Sanções acessórias

1 – No caso de contraordenação muito grave ou reincidência em contraordenação grave, praticada com dolo ou negligência grosseira, é aplicada ao agente a sanção acessória de publicidade.

2 – No caso de reincidência em contraordenação prevista no número anterior, tendo em conta os efeitos gravosos para o trabalhador ou o benefício económico retirado pelo empregador com o incumprimento, podem ainda ser aplicadas as seguintes sanções acessórias:

a) Interdição do exercício de atividade no estabelecimento, unidade fabril ou estaleiro onde se verificar a infração, por um período até dois anos;

b) Privação do direito de participar em arrematações ou concursos públicos, por um período até dois anos.

3 – A publicidade da decisão condenatória consiste na inclusão em registo público, disponibilizado na página eletrónica do serviço com competência inspetiva do ministério responsável pela área laboral, de um extrato com a caracterização da contraordenação, a norma violada, a identificação do infrator, o setor de atividade, o lugar da prática da infração e a sanção aplicada.

4 – A publicidade referida no número anterior é promovida pelo tribunal competente, em relação a contraordenação objeto de decisão judicial, ou pelo serviço referido no mesmo número, nos restantes casos.

ARTIGO 563º
Dispensa e eliminação da publicidade

1 – A sanção acessória de publicidade pode ser dispensada, tendo em conta as circunstâncias da infração, se o agente tiver pago imediatamente a coima a que foi condenado e se não tiver praticado qualquer contraordenação grave ou muito grave nos cinco anos anteriores.

2 – Decorrido um ano desde a publicidade da decisão condenatória sem que o agente tenha sido novamente condenado por contraordenação grave ou muito grave, é a mesma eliminada do registo referido no artigo anterior.

ARTIGO 564º
Cumprimento de dever omitido

1 – Sempre que a contraordenação laboral consista na omissão de um dever, o pagamento da coima não dispensa o infrator do seu cumprimento se este ainda for possível.

2 – A decisão que aplique a coima deve conter, sendo caso disso, a ordem de pagamento de quantitativos em dívida ao trabalhador, a efetuar dentro do prazo estabelecido para o pagamento da coima.

3 – Em caso de não pagamento, a decisão referida no número anterior serve de base à execução efetuada nos termos do artigo 89º do regime geral das contraordenações, na redação dada pelo Decreto-Lei nº 244/95, de 14 de setembro, aplicando-se as normas do processo comum de execução para pagamento de quantia certa.

ARTIGO 565º
Registo individual

1 – O serviço com competência inspetiva do ministério responsável pela área laboral organiza um registo individual dos sujeitos responsáveis pelas contraordenações laborais, de âmbito nacional, do qual constam as infrações praticadas, as datas em que foram cometidas, as coimas e as sanções acessórias aplicadas, assim como as datas em que as decisões condenatórias se tornaram irrecorríveis.

2 – Os tribunais e os departamentos das administrações regionais dos Açores e da Madeira com competência para a aplicação de coimas remetem ao serviço referido no número anterior os elementos neste indicados.

ARTIGO 566º
Destino das coimas

1 – Em processo cuja instrução esteja cometida ao serviço com competência inspetiva do ministério responsável pela área laboral, metade do produto da coima

ART. 566º LIVRO II

aplicada reverte para este, a título de compensação de custos de funcionamento e despesas processuais, tendo o remanescente o seguinte destino:

a) Fundo de Acidentes de Trabalho, no caso de coima aplicada em matéria de segurança e saúde no trabalho;

b) 35% para o serviço responsável pela gestão financeira do orçamento da segurança social e 15% para o Orçamento do Estado, relativamente a outra coima.

2 – O serviço referido no número anterior transfere trimestralmente para as entidades referidas no número anterior as importâncias a que têm direito.

Cfr. art. 12º, nº 6 da Lei Preambular ao presente Código.

Lei da Parentalidade
(Maternidade e Paternidade)

Decreto-Lei nº 91/2009, de 9 de abril

O XVII Governo Constitucional reconhece, no seu Programa, o contributo imprescindível das famílias para a coesão, equilíbrio social e o desenvolvimento sustentável do País.

Reconhecendo a importância e a necessidade de criar medidas que contribuam para a criação de condições favoráveis ao aumento da natalidade, por um lado, mas também à melhoria da conciliação da vida familiar e profissional e aos cuidados da primeira infância, o Governo elaborou um conjunto de medidas de alteração do regime de proteção na parentalidade, primeiro no âmbito do Acordo Tripartido para um Novo Sistema de Regulação das Relações Laborais, das Políticas de Emprego e da Proteção Social em Portugal e mais recentemente plasmadas no Código do Trabalho.

Também no III Plano Nacional para a Igualdade – Cidadania e Género (2007--2010) está prevista a adoção de medidas e ações destinadas a combater as desigualdades de género, promover a igualdade entre mulheres e homens bem como a conciliação entre a vida profissional, familiar e pessoal, elegendo-se como prioridade, nomeadamente, a criação de condições de paridade na harmonização das responsabilidades profissionais e familiares.

No âmbito da proteção à parentalidade, que constitui um direito constitucionalmente reconhecido, a segurança social intervém através da atribuição de subsídios de natureza pecuniária que visam a substituição dos rendimentos perdidos por força da situação de incapacidade ou indisponibilidade para o trabalho por motivo de maternidade, paternidade e adoção.

O novo regime de proteção social elege como prioridades o incentivo à natalidade e a igualdade de género através do reforço dos direitos do pai e do incentivo à

LEI DA PARENTALIDADE (MATERNIDADE E PATERNIDADE)

partilha da licença, ao mesmo tempo que promove a conciliação entre a vida profissional e familiar e melhora os cuidados às crianças na primeira infância através da atribuição de prestações pecuniárias na situação de impedimento para o exercício de atividade profissional.

O presente decreto-lei alarga o esquema de proteção social na parentalidade dos trabalhadores independentes, que passam a beneficiar do subsídio parental exclusivo do pai e do subsídio para assistência a filho com deficiência ou doença crónica.

Por outro lado, por força das sucessivas alterações à lei da maternidade, o regime por adoção tem hoje uma proteção menor do que a prevista para a maternidade, pelo que se impõe, por uma questão de justiça social, o reconhecimento ao instituto da adoção do estatuto que lhe é devido através da equiparação deste regime ao regime de proteção na parentalidade, corrigindo-se assim uma injustiça que se vinha verificando desde há alguns anos a esta parte.

São reforçados os direitos do pai por nascimento de filho, quer no que se refere aos direitos de gozo obrigatório quer no que se refere aos direitos de gozo facultativo, e aumenta-se o período de licença parental no caso de partilha da licença parental por ambos os progenitores, garantindo-se um maior período de acompanhamento da criança nos primeiros tempos de vida e possibilitando-se uma maior partilha e flexibilização dos progenitores na conciliação da vida familiar com a gestão da sua carreira profissional.

Ademais, cria-se a possibilidade de prolongamento da licença parental inicial por mais seis meses adicionais subsidiados pela segurança social. O subsídio parental alargado com a duração de três meses é concedido a um ou a ambos os cônjuges alternadamente, desde que a respetiva licença seja gozada no período imediatamente subsequente à licença parental inicial ou à licença complementar, na modalidade de alargada, pelo outro cônjuge.

Com o objetivo de incentivar a natalidade e melhorar os cuidados às crianças na primeira infância o trabalho a tempo parcial para acompanhamento de filho durante os 12 primeiros anos de vida é contado em dobro para efeitos de atribuições de prestações de segurança social, com o limite da remuneração correspondente ao tempo completo.

No âmbito da assistência a filhos, em caso de doença ou acidente, procede-se ao alargamento das situações passíveis de proteção através da atribuição de subsídio durante o correspondente período de faltas e reforça-se a proteção conferida em caso de filho com deficiência ou doença crónica.

Assim, as faltas para assistência a menor de 12 anos ou, independentemente da idade, no caso de filho com deficiência ou doença crónica, são subsidiadas durante o período máximo de 30 dias por ano civil ou durante todo o período de eventual hospitalização, sendo as faltas para assistência a maiores de 12 anos subsidiadas durante o período máximo de 15 dias também por ano civil, acrescidos de um dia por cada filho além do primeiro.

Reforçam-se os direitos dos avós e promove-se a possibilidade de uma melhor flexibilização da gestão e organização da vida familiar através da criação de um subsídio para as faltas dos avós que, em substituição dos pais, prestam assistência aos

DECRETO-LEI Nº 91/2009, DE 9 DE ABRIL

netos menores doentes ou, independentemente da idade, com deficiência ou doença crónica.

Aumenta-se em dobro o limite máximo do subsídio para assistência a filho com deficiência ou doença crónica discriminando positivamente as situações em que se verificam necessidades especiais na assistência à família.

São ainda simplificados os meios de prova no sentido de permitir uma maior facilidade ao cidadão em requerer as respetivas prestações, prevendo-se a possibilidade de dispensa de requerimento quando as situações são certificadas através do Certificado de Incapacidade Temporária para o Trabalho, sem prejuízo de se manter a possibilidade de requerimento em papel e *online* através da segurança social direta. Deixa de ser exigível a comprovação do período de impedimento pelas respetivas entidades empregadoras, exceto na situação de risco específico.

Neste contexto, o presente decreto-lei estabelece o regime de proteção social na parentalidade em adequação à recente alteração do quadro jurídico-laboral, constante do Código do Trabalho, e promove a consolidação jurídica, num único texto normativo, do regime de proteção social do sistema previdencial e do subsistema de solidariedade tendo em vista assegurar uma maior equidade, clareza e facilidade no acesso aos direitos que assistem aos seus destinatários.

Foram ouvidos os órgãos de governo próprio das Regiões Autónomas.

Foram ouvidos, a título facultativo, os parceiros sociais com assento na Comissão Permanente de Concertação Social.

Assim:

No desenvolvimento do regime jurídico estabelecido na Lei nº 4/2007, de 16 de janeiro, e nos termos das alíneas *a*) e *c*) do nº 1 do artigo 198º da Constituição, o Governo decreta o seguinte:

CAPÍTULO I
Disposições gerais

ARTIGO 1º
Objeto e âmbito

O presente decreto-lei define e regulamenta a proteção na parentalidade no âmbito da eventualidade maternidade, paternidade e adoção do sistema previdencial e do subsistema de solidariedade.

ARTIGO 2º
Proteção na parentalidade no âmbito do sistema previdencial

1 – A proteção prevista no âmbito do sistema previdencial concretiza-se na atribuição de prestações pecuniárias destinadas a compensar a perda de rendimentos de trabalho em consequência da ocorrência da eventualidade.

2 – A proteção estabelecida no âmbito do sistema previdencial abrange as situações de risco clínico durante a gravidez, de interrupção da gravidez, de parentali-

LEI DA PARENTALIDADE (MATERNIDADE E PATERNIDADE)

dade, de adoção, de risco específico, de assistência a filho, em caso de doença ou acidente, de assistência a filho com deficiência ou doença crónica e de assistência a neto determinantes de impedimento temporário para o trabalho.

ARTIGO 3º
Proteção na parentalidade no âmbito do subsistema de solidariedade

1 – A proteção prevista no âmbito do subsistema de solidariedade concretiza-se na atribuição de prestações pecuniárias destinadas a garantir rendimentos substitutivos da ausência ou da perda de rendimentos de trabalho, em situações de carência económica, determinadas pela inexistência ou insuficiência de carreira contributiva em regime de proteção social de enquadramento obrigatório ou no seguro social voluntário que garanta proteção na eventualidade, ou pela exclusão da atribuição dos correspondentes subsídios no âmbito do sistema previdencial.

2 – A proteção estabelecida no âmbito do subsistema de solidariedade abrange as situações de risco clínico durante a gravidez, de interrupção da gravidez, de parentalidade, de adoção e de riscos específicos.

CAPÍTULO II
Proteção no âmbito do sistema previdencial

SECÇÃO I
Âmbito, caracterização dos subsídios e registo de remunerações por equivalência

SUBSECÇÃO I
Âmbito pessoal e material

ARTIGO 4º
Âmbito pessoal

1 – A proteção regulada no presente capítulo abrange os beneficiários do sistema previdencial integrados no regime dos trabalhadores por conta de outrem e no regime dos trabalhadores independentes.

2 – Estão igualmente abrangidos pelo disposto no presente capítulo os beneficiários enquadrados no regime do seguro social voluntário desde que o respetivo esquema de proteção social integre a eventualidade.

ARTIGO 5º
Extensão dos direitos atribuídos aos progenitores

1 – A proteção conferida aos progenitores através dos subsídios previstos no presente capítulo é extensiva aos beneficiários do regime geral dos trabalhadores por conta de outrem, adotantes, tutores, pessoas a quem for deferida a confiança

judicial ou administrativa do menor, bem como cônjuges ou pessoas em união de facto com qualquer daqueles ou com o progenitor desde que vivam em comunhão de mesa e habitação com o menor, sempre que, nos termos do Código de Trabalho, lhes seja reconhecido direito às correspondentes faltas, licenças e dispensas.

2 – O previsto no número anterior aplica-se, em igualdade de circunstâncias, aos beneficiários do regime de segurança social dos trabalhadores independentes e do seguro social voluntário.

ARTIGO 6º
Beneficiários em situação de pré-reforma

Os titulares de prestações de pré-reforma têm direito aos subsídios previstos no presente capítulo, desde que exerçam atividade enquadrada em qualquer dos regimes a que se refere o artigo 4º, sendo os respetivos subsídios calculados com base na remuneração do trabalho efetivamente auferida.

ARTIGO 7º
Âmbito material

1 – A proteção regulada no presente capítulo concretiza-se na atribuição dos seguintes subsídios:

a) Subsídio por risco clínico durante a gravidez;
b) Subsídio por interrupção da gravidez;
c) Subsídio parental;
d) Subsídio parental alargado;
e) Subsídio por adoção;
f) Subsídio por riscos específicos;
g) Subsídio para assistência a filho;
h) Subsídio para assistência a filho com deficiência ou doença crónica;
i) Subsídio para assistência a neto.

2 – A proteção regulada no presente capítulo integra, também, a atribuição de prestações pecuniárias compensatórias de subsídios de férias, de Natal ou outros de natureza análoga.

3 – O direito aos subsídios previstos nas alíneas c) a h) do nº 1 apenas é reconhecido, após o nascimento do filho, aos beneficiários que não estejam impedidos ou inibidos totalmente do exercício do poder paternal, com exceção do direito da mãe ao subsídio parental inicial de 14 semanas e do subsídio por riscos específicos durante a amamentação.

4 – A proteção conferida aos trabalhadores independentes não integra os subsídios previstos nas alíneas g) e i) do nº 1 nem as prestações previstas no nº 2.

Redação dada pelo Decreto-Lei 133/2012, de 27-06.

LEI DA PARENTALIDADE (MATERNIDADE E PATERNIDADE)

ARTIGO 8º
Articulação com o regime de proteção social no desemprego

1 – A proteção dos beneficiários que estejam a receber prestações de desemprego concretiza-se na atribuição dos seguintes subsídios:

a) Subsídio por risco clínico durante a gravidez;
b) Subsídio por interrupção da gravidez;
c) Subsídio parental;
d) Subsídio por adoção.

2 – A atribuição dos subsídios referidos no número anterior determina a suspensão do pagamento das prestações de desemprego, durante o período de concessão daqueles subsídios, nos termos regulados no respetivo regime jurídico.

SUBSECÇÃO II
Caracterização dos subsídios

ARTIGO 9º
Subsídio por risco clínico durante a gravidez

O subsídio por risco clínico durante a gravidez é concedido nas situações em que se verifique a existência de risco clínico, para a grávida ou para o nascituro, medicamente certificado, impeditivo do exercício de atividade laboral, durante o período de tempo considerado necessário para prevenir o risco.

ARTIGO 10º
Subsídio por interrupção da gravidez

O subsídio por interrupção da gravidez é concedido nas situações de interrupção de gravidez impeditivas do exercício de atividade laboral, medicamente certificadas, durante um período variável entre 14 e 30 dias.

ARTIGO 11º
Subsídio parental

O subsídio parental é concedido durante o período de impedimento para o exercício da atividade laboral e compreende as seguintes modalidades:

a) Subsídio parental inicial;
b) Subsídio parental inicial exclusivo da mãe;
c) Subsídio parental inicial de um progenitor em caso de impossibilidade do outro;
d) Subsídio parental inicial exclusivo do pai.

DECRETO-LEI Nº 91/2009, DE 9 DE ABRIL

ARTIGO 12º
Subsídio parental inicial

1 – O subsídio parental inicial é concedido pelo período até 120 ou 150 dias consecutivos, consoante opção dos progenitores, cujo gozo podem partilhar após o parto, sem prejuízo dos direitos da mãe a que se refere o artigo seguinte.

2 – Os períodos referidos no número anterior são acrescidos de 30 dias consecutivos nas situações de partilha da licença, no caso de cada um dos progenitores gozar, em exclusivo, um período de 30 dias consecutivo, ou dois períodos de 15 dias consecutivos, após o período de gozo de licença parental inicial exclusiva da mãe, correspondente a seis semanas após o parto.

3 – No caso de nascimentos múltiplos, aos períodos previstos nos números anteriores acrescem 30 dias por cada gémeo além do primeiro.

4 – A concessão do subsídio parental inicial depende de declaração dos beneficiários dos períodos a gozar ou gozados pelos progenitores, de modo exclusivo ou partilhado.

5 – Caso a licença parental inicial não seja partilhada pela mãe e pelo pai, e sem prejuízo dos direitos da mãe a que se refere o artigo seguinte, há lugar à concessão do subsídio parental inicial ao progenitor que o requeira nas situações em que o outro progenitor exerça atividade profissional e não tenha requerido o correspondente subsídio.

6 – Caso não seja apresentada a declaração de partilha, o direito ao subsídio parental inicial é reconhecido à mãe.

ARTIGO 13º
Subsídio parental inicial exclusivo da mãe

O subsídio parental inicial exclusivo da mãe é concedido por um período facultativo até 30 dias antes do parto e seis semanas obrigatórias após o parto, os quais se integram no período de concessão correspondente ao subsídio parental inicial.

ARTIGO 14º
Subsídio parental inicial de um progenitor
em caso de impossibilidade do outro

1 – O subsídio parental inicial de um progenitor em caso de impossibilidade do outro é concedido até ao limite do período remanescente que corresponda à licença parental inicial não gozada, em caso de:

a) Incapacidade física ou psíquica, medicamente certificada, enquanto se mantiver;

b) Morte.

2 – Apenas há lugar ao período total de concessão previsto no nº 2 do artigo 12º caso se verifiquem as condições aí previstas, à data dos factos referidos no número anterior.

311

LEI DA PARENTALIDADE (MATERNIDADE E PATERNIDADE)

3 – Em caso de morte ou incapacidade física ou psíquica de mãe o subsídio parental inicial a gozar pelo pai tem a duração mínima de 30 dias.

4 – Em caso de morte ou incapacidade física ou psíquica de mãe não trabalhadora nos 120 dias a seguir ao parto o pai tem direito ao remanescente do subsídio parental inicial nos termos do nº 1, com as devidas adaptações, ou do número anterior.

ARTIGO 15º
Subsídio parental inicial exclusivo do pai

1 – O subsídio parental inicial exclusivo do pai é concedido pelos períodos seguintes:

a) 15 dias úteis de gozo obrigatório, seguidos ou interpolados, dos quais cinco gozados de modo consecutivo imediatamente após o nascimento e os restantes 10 nos 30 dias seguintes a este;

b) 10 dias úteis de gozo facultativo, seguidos ou interpolados, desde que gozados, após o período referido na alínea anterior e em simultâneo com a licença parental inicial por parte da mãe.

2 – No caso de nascimentos múltiplos, aos períodos previstos no número anterior acrescem dois dias por cada gémeo além do primeiro, a gozar imediatamente após os referidos períodos.

3 – A atribuição do subsídio parental inicial exclusivo do pai depende de declaração dos períodos a gozar ou gozados pelo mesmo.

Redação conferida pela Lei n.º 120/2015, de 1 de Setembro que procede à nona alteração ao Código do Trabalho.

ARTIGO 16º
Subsídio parental alargado

O subsídio parental alargado é concedido por um período até três meses a qualquer um ou a ambos os progenitores alternadamente, nas situações de exercício de licença parental alargada para assistência a filho integrado no agregado familiar, impeditivas do exercício de atividade laboral, desde que gozado imediatamente após o período de concessão do subsídio parental inicial ou subsídio parental alargado do outro progenitor.

ARTIGO 17º
Subsídio por adoção

1 – O subsídio por adoção é concedido aos candidatos a adotantes nas situações de adoção de menor de 15 anos, impeditivas do exercício de atividade laboral, exceto se se tratar de adoção de filho do cônjuge do beneficiário ou da pessoa com quem o beneficiário viva em união de facto e corresponde, com as devidas adaptações, ao subsídio parental inicial e ao subsídio parental alargado.

2 – Em caso de incapacidade física ou psíquica, medicamente comprovada, ou de morte do beneficiário candidato a adotante sem que este tenha esgotado o direito

DECRETO-LEI Nº 91/2009, DE 9 DE ABRIL

ao subsídio, o cônjuge que seja beneficiário tem direito ao subsídio pelo período remanescente ou a um mínimo de 14 dias, ainda que não seja candidato a adotante, desde que viva em comunhão de mesa e habitação com o adotado.

3 – No caso de adoções múltiplas, aos períodos previstos nos números anteriores acrescem 30 dias por cada adoção além da primeira.

ARTIGO 18º
Subsídio por riscos específicos

1 – O subsídio por riscos específicos é concedido nas situações de impedimento para o exercício de atividade laboral determinadas pela existência de risco específico para a beneficiária grávida, puérpera e lactante que desempenhe trabalho noturno ou esteja exposta a agentes, processos ou condições de trabalho, que constituam risco para a sua segurança e saúde nos termos definidos na lei, durante o período necessário para prevenir o risco e na impossibilidade de o empregador lhe conferir outras tarefas.

2 – No caso de trabalhadoras independentes ou abrangidas pelo seguro social voluntário, a comprovação do risco de desempenho de trabalho noturno ou de exposição a agente ou processos ou condições de trabalho é efetuada por médico do trabalho ou por instituição ou serviço integrado no Serviço Nacional de Saúde.

ARTIGO 19º
Subsídio para assistência a filho

1 – O subsídio para assistência a filho é concedido, nas situações de impedimento para o exercício de atividade laboral determinadas pela necessidade de prestar assistência inadiável e imprescindível a filhos, em caso de doença ou acidente, medicamente certificadas, nos seguintes termos:

a) Menor de 12 anos ou, independentemente da idade, no caso de filho com deficiência ou doença crónica, um período máximo de 30 dias, seguidos ou interpolados, em cada ano civil ou durante todo o período de eventual hospitalização;

b) Maior de 12 anos, um período máximo de 15 dias, seguidos ou interpolados, em cada ano civil.

2 – Aos períodos referidos no número anterior acresce um dia por cada filho além do primeiro.

3 – A concessão do subsídio para assistência a filho depende de o outro progenitor ter atividade profissional, não exercer o direito ao respetivo subsídio pelo mesmo motivo ou estar impossibilitado de prestar a assistência e, ainda, no caso de filho maior, este se integrar no agregado familiar do beneficiário.

4 – Relevam para o cômputo dos períodos máximos de concessão do subsídio para assistência a filho os períodos de concessão do subsídio para assistência a netos, nos termos da alínea *b)* do nº 1 do artigo 21º.

313

LEI DA PARENTALIDADE (MATERNIDADE E PATERNIDADE)

ARTIGO 20º
Subsídio para assistência a filho
com deficiência ou doença crónica

1 – O subsídio para assistência a filho com deficiência ou doença crónica, concedido nas situações de impedimento para o exercício de atividade laboral determinadas pela necessidade de prestar assistência a filho com deficiência ou doença crónica é concedido por período até seis meses, prorrogável até ao limite de quatro anos.

2 – A concessão do subsídio para assistência a filho com deficiência ou doença crónica depende de:

a) O filho viver em comunhão de mesa e habitação com o beneficiário;

b) O outro progenitor ter atividade profissional e não exercer o direito ao respetivo subsídio pelo mesmo motivo ou estar impossibilitado de prestar a assistência.

ARTIGO 21º
Subsídio para assistência a neto

1 – O subsídio para assistência a neto concretiza-se nas seguintes modalidades de prestações garantidas durante o período de impedimento para o exercício de atividade laboral:

a) Subsídio para assistência em caso de nascimento de neto, correspondente a um período até 30 dias consecutivos após o nascimento de neto que resida com o beneficiário em comunhão de mesa e habitação e seja filho de adolescente menor de 16 anos;

b) Subsídio para assistência a neto menor ou, independentemente da idade, com deficiência ou doença crónica, pelo período correspondente aos dias de faltas remanescentes não gozados pelos progenitores, nos termos previstos no artigo 19º, com as devidas adaptações.

2 – A concessão do subsídio para assistência em caso de nascimento de neto depende de declaração dos beneficiários dos períodos a gozar ou gozados pelos avós, de modo exclusivo ou partilhado.

3 – O subsídio para assistência em caso de nascimento de neto, nas situações em que não é partilhado pelos avós, é concedido desde que o outro avô exerça atividade profissional, esteja impossibilitado de prestar assistência e não tenha requerido o correspondente subsídio.

4 – O subsídio para assistência a neto é concedido desde que os progenitores exerçam atividade profissional, estejam impossibilitados de prestar a assistência e não exerçam o direito ao respetivo subsídio pelo mesmo motivo, e, ainda, que nenhum outro familiar do mesmo grau falte pelo mesmo motivo.

DECRETO-LEI Nº 91/2009, DE 9 DE ABRIL

ARTIGO 21º-A
Prestação compensatória dos subsídios de férias e de Natal

A atribuição da prestação compensatória dos subsídios de férias, de Natal ou outros de natureza análoga depende de os beneficiários não terem direito ao pagamento daqueles subsídios, no todo ou em parte, pelo respetivo empregador, desde que o impedimento para o trabalho tenha duração igual ou superior a 30 dias consecutivos.

Aditado pelo Decreto-Lei nº 133/2012, de 27-06.

SUBSECÇÃO III
Registo de remunerações por equivalência

ARTIGO 22º
Registo de remunerações por equivalência à entrada de contribuições

1 – O reconhecimento do direito aos subsídios previstos neste capítulo dá lugar ao registo de remunerações por equivalência à entrada de contribuições durante o respetivo período de concessão, sendo considerado como trabalho efetivamente prestado.

2 – Durante os períodos de trabalho a tempo parcial de trabalhador com responsabilidades familiares, nos termos previstos no artigo 55º do Código do Trabalho, há lugar a registo adicional de remunerações por equivalência à entrada de contribuições por valor igual ao das remunerações registadas a título de trabalho a tempo parcial efetivamente prestado, com o limite do valor da remuneração média registada a título de trabalho a tempo completo, mediante comunicação do facto, por parte do trabalhador, à instituição de segurança social que o abranja, nos termos a regulamentar em legislação própria.

3 – Os períodos de licença para assistência a filho, previstos no artigo 52º do Código do Trabalho, são tomados em consideração para a taxa de formação no cálculo das pensões de invalidez e velhice do regime geral de segurança social, mediante comunicação do facto, por parte do trabalhador, à instituição de segurança social que o abranja.

SECÇÃO II
Condições de atribuição

ARTIGO 23º
Disposição geral

1 – O reconhecimento do direito aos subsídios previstos no presente capítulo depende do cumprimento das condições de atribuição à data do facto determinante da proteção, sem prejuízo do disposto no nº 3.

LEI DA PARENTALIDADE (MATERNIDADE E PATERNIDADE)

2 – Considera-se como data do facto determinante da proteção o 1º dia de impedimento para o trabalho.

3 – A cessação ou suspensão do contrato de trabalho não prejudica o direito à proteção na eventualidade de maternidade, paternidade e adoção desde que se encontrem satisfeitas as condições de atribuição das prestações.

Redação dada pelo Decreto-Lei 133/2012, de 27-06.

ARTIGO 24º
Condições comuns

1 – Constituem condições comuns do reconhecimento do direito:

a) O gozo das respetivas licenças, faltas e dispensas não retribuídas nos termos do Código do Trabalho ou de períodos equivalentes;
b) O cumprimento do prazo de garantia.

2 – Para efeitos do disposto na alínea *a*) do número anterior consideram-se equivalentes os períodos em que não se verifique o gozo das licenças, faltas ou dispensas atentas as características específicas do exercício de atividade profissional, designadamente no caso de atividade independente, ou pela sua inexistência, nas situações de desemprego subsidiado.

3 – A opção pelo subsídio parental inicial por 150 dias prevista no nº 1 do artigo 12º bem como o disposto nas disposições constantes nos nºs 2 e 3 do mesmo artigo, no artigo 14º, na alínea *b*) do nº 1 e no nº 2 do artigo 15º e no artigo 16º apenas são aplicáveis em situação de nado vivo.

ARTIGO 25º
Prazo de garantia

1 – O prazo de garantia para atribuição dos subsídios previstos no presente capítulo é de seis meses civis, seguidos ou interpolados, com registo de remunerações, à data do facto determinante da proteção.

2 – Para efeitos do número anterior releva, se necessário, o mês em que ocorre o evento desde que no mesmo se verifique registo de remunerações.

3 – Na ausência de registo de remunerações durante seis meses consecutivos, a contagem do prazo de garantia tem início a partir da data em que ocorra um novo registo de remunerações.

ARTIGO 26º
Totalização de períodos contributivos

Para efeitos de cumprimento do prazo de garantia para atribuição dos subsídios previstos no presente capítulo são considerados, desde que não se sobreponham, os períodos de registo de remunerações em quaisquer regimes obrigatórios de proteção social, nacionais ou estrangeiros, que assegurem prestações pecuniárias de proteção na eventualidade, incluindo o da função pública.

DECRETO-LEI Nº 91/2009, DE 9 DE ABRIL

SECÇÃO III
Montantes dos subsídios

ARTIGO 27º
Determinação dos montantes dos subsídios

O montante diário dos subsídios previstos no presente capítulo é calculado pela aplicação de uma percentagem ao valor da remuneração de referência do beneficiário.

ARTIGO 28º
Remuneração de referência

1 – A remuneração de referência a considerar é definida por $R/180$, em que R representa o total das remunerações registadas nos primeiros seis meses civis que precedem o segundo mês anterior ao da data do facto determinante da proteção.

2 – Nas situações em que se verifique a totalização de períodos contributivos, se os beneficiários não apresentarem no período de referência previsto no número anterior seis meses com registo de remunerações, a remuneração de referência é definida por $R/(30 \times n)$, em que R representa o total das remunerações registadas desde o início do período de referência até ao dia que antecede o facto determinante da proteção e n o número de meses a que as mesmas se reportam.

3 – Na determinação do total de remunerações registadas não são consideradas as importâncias relativas aos subsídios de férias, de Natal ou outros de natureza análoga.

Redação dada pelo Decreto-Lei 133/2012, de 27-06.

ARTIGO 29º
Montante dos subsídios por risco clínico durante a gravidez e por interrupção da gravidez

O montante diário dos subsídios por risco clínico durante a gravidez e por interrupção da gravidez é igual a 100% da remuneração de referência da beneficiária.

ARTIGO 30º
Montante do subsídio parental inicial

O montante diário do subsídio parental inicial é o seguinte:

a) No período correspondente à licença de 120 dias, o montante diário é igual a 100% da remuneração de referência do beneficiário;

b) No caso de opção pelo período de licença de 150 dias, o montante diário é igual a 80% da remuneração de referência do beneficiário;

c) No caso de opção pelo período de licença de 150 dias nas situações em que cada um dos progenitores goze pelo menos 30 dias consecutivos, ou dois períodos de

LEI DA PARENTALIDADE (MATERNIDADE E PATERNIDADE)

15 dias igualmente consecutivos, o montante diário é igual a 100% da remuneração de referência do beneficiário;

d) No caso de opção pelo período de licença de 180 dias, nas situações em que cada um dos progenitores goze pelo menos 30 dias consecutivos, ou dois períodos de 15 dias igualmente consecutivos, o montante diário é igual a 83% da remuneração de referência do beneficiário.

ARTIGO 31º
Montante do subsídio parental exclusivo do pai

O montante diário do subsídio parental exclusivo do pai é igual a 100% da remuneração de referência do beneficiário.

ARTIGO 32º
Montante do acréscimo ao valor dos subsídios por nascimentos múltiplos

O montante diário dos subsídios devido nos períodos de acréscimo à licença parental inicial pelo nascimento de gémeos é igual a 100% da remuneração de referência do beneficiário.

ARTIGO 33º
Montante do subsídio parental alargado

O montante diário do subsídio parental alargado é igual a 25% da remuneração de referência do beneficiário.

ARTIGO 34º
Montante do subsídio por adoção

O montante diário do subsídio por adoção é igual ao previsto em cada uma das alíneas do artigo 30º, consoante a modalidade a que corresponda, e no artigo 32º em caso de adoções múltiplas.

ARTIGO 35º
Montante dos subsídios por riscos específicos e para assistência a filho

O montante diário dos subsídios por riscos específicos e para assistência a filho é igual a 65% da remuneração de referência do beneficiário.

ARTIGO 36º
Montante do subsídio para assistência a filho com deficiência ou doença crónica

O montante diário do subsídio para assistência a filho com deficiência ou doença crónica é igual a 65% da remuneração de referência do beneficiário, tendo como limite máximo mensal o valor correspondente a duas vezes o indexante dos apoios sociais (IAS).

ARTIGO 37º
Montante do subsídio para assistência a neto

O montante diário do subsídio para assistência a neto é, consoante a modalidade, o seguinte:

a) No caso de subsídio para assistência em caso de nascimento de neto, igual a 100% da remuneração de referência do beneficiário;

b) No caso de subsídio para assistência a neto, igual a 65% da remuneração de referência do beneficiário.

ARTIGO 37º-A
Montante da prestação compensatória

O montante da prestação compensatória a conceder ao abrigo do artigo 21º-A corresponde a 80% da importância que o beneficiário deixa de receber do respetivo empregador, não podendo, no caso de licença para assistência a filho com deficiência ou doença crónica, ultrapassar duas vezes o valor do IAS.

Aditado pelo Decreto-Lei nº 133/2012, de 27-06.

ARTIGO 38º
Montante mínimo

1 – O montante diário mínimo dos subsídios previstos no presente capítulo não pode ser inferior a 80% de um 30 avos do valor do IAS, sem prejuízo do disposto no número seguinte.

2 – O montante diário mínimo do subsídio parental alargado não pode ser inferior a 40% de um 30 avos do valor do IAS.

SECÇÃO IV
Duração e acumulação dos subsídios

SUBSECÇÃO I
Início e duração dos subsídios

ARTIGO 39º
Início dos subsídios

Os subsídios previstos no presente capítulo têm início no 1º dia de impedimento para o trabalho a que não corresponda retribuição.

LEI DA PARENTALIDADE (MATERNIDADE E PATERNIDADE)

ARTIGO 40º
Período de concessão

Os subsídios previstos no presente capítulo são concedidos:

a) Durante os períodos de duração das faltas, licenças ou dispensas previstas no Código do Trabalho;
b) Durante o período de impedimento para o trabalho no caso de exercício de atividade independente ou de enquadramento no regime do seguro social voluntário;
c) Durante o período de concessão das prestações de desemprego, nos termos do artigo 8º.

ARTIGO 41º
Suspensão do período de concessão dos subsídios

1 – Em caso de doença de beneficiário que esteja a receber subsídios parental, parental alargado, por adoção, para assistência a filho com deficiência ou doença crónica, a prestação é suspensa, mediante comunicação do interessado à instituição de segurança social competente e apresentação de certificação médica.

2 – Em caso de internamento hospitalar do progenitor ou da criança, a concessão do subsídio parental inicial é suspensa, mediante comunicação do interessado e certificação do hospital.

SUBSECÇÃO II
Acumulação dos subsídios

ARTIGO 42º
Inacumulabilidade com rendimentos de trabalho

Os subsídios previstos no presente capítulo não são acumuláveis com rendimentos de trabalho.

ARTIGO 43º
Inacumulabilidade com prestações

1 – Os subsídios previstos no presente capítulo não são acumuláveis com prestações emergentes do mesmo facto desde que respeitantes ao mesmo interesse protegido, ainda que atribuídas por outros regimes de proteção social.

2 – Os subsídios previstos no presente capítulo não são acumuláveis com outras prestações compensatórias da perda de retribuição, exceto com pensões de invalidez, velhice e sobrevivência concedidas no âmbito do sistema previdencial ou de outros regimes obrigatórios de proteção social.

3 – Os subsídios previstos no presente capítulo não são acumuláveis com prestações concedidas no âmbito do subsistema de solidariedade, exceto com o rendimento social de inserção e com o complemento solidário para idosos.

DECRETO-LEI Nº 91/2009, DE 9 DE ABRIL

4 – Para efeitos do disposto nos números anteriores são tomadas em consideração prestações concedidas por sistemas de segurança social estrangeiros, sem prejuízo do disposto em instrumentos internacionais aplicáveis.

ARTIGO 44º
Acumulação com indemnizações e pensões por riscos profissionais

Os subsídios previstos no presente capítulo são acumuláveis com indemnizações e pensões por doença profissional ou por acidente de trabalho.

CAPÍTULO III
Proteção no âmbito do subsistema de solidariedade

SECÇÃO I
Âmbito e caracterização dos subsídios sociais

SUBSECÇÃO I
Âmbito pessoal e material

ARTIGO 45º
Âmbito pessoal

1 – A proteção regulada no presente capítulo abrange os cidadãos nacionais e os cidadãos estrangeiros, refugiados e apátridas não abrangidos por qualquer regime de proteção social de enquadramento obrigatório.

2 – A proteção regulada no presente capítulo abrange, ainda, as pessoas referidas no número anterior abrangidas por regime de proteção social de enquadramento obrigatório ou pelo seguro social voluntário cujo esquema de proteção integre a eventualidade, sem direito às correspondentes prestações.

ARTIGO 46º
Âmbito material

A proteção regulada no presente capítulo concretiza-se na concessão dos seguintes subsídios:

a) Subsídio social por risco clínico durante a gravidez;
b) Subsídio social por interrupção da gravidez;
c) Subsídio social parental;
d) Subsídio social por adoção;
e) Subsídio social por riscos específicos.

ARTIGO 47º
Articulação com o regime de proteção social no desemprego

1 – A proteção dos beneficiários que estejam a receber prestações de desemprego concretiza-se na concessão dos seguintes subsídios:

a) Subsídio social parental;
b) Subsídio social por adoção.

2 – À proteção referida no número anterior é aplicável o disposto no nº 2 do artigo 8º.

ARTIGO 48º
Subsídio social parental

O subsídio social parental compreende as seguintes modalidades:

a) Subsídio social parental inicial;
b) Subsídio social parental inicial exclusivo da mãe;
c) Subsídio social parental inicial a gozar por um progenitor em caso de impossibilidade do outro;
d) Subsídio social parental inicial exclusivo do pai.

SUBSECÇÃO II
Caracterização dos subsídios sociais

ARTIGO 49º
Caracterização dos subsídios sociais

Os subsídios sociais previstos no presente capítulo estão subordinados à caracterização dos correspondentes subsídios atribuídos no âmbito do sistema previdencial, com as devidas adaptações.

SECÇÃO II
Condições de atribuição

ARTIGO 50º
Disposição geral

1 – O reconhecimento do direito aos subsídios sociais previstos no presente capítulo depende do cumprimento das condições de atribuição à data do facto determinante da proteção.

2 – Entendem-se por factos determinantes da proteção o parto, a ocorrência de risco clínico durante a gravidez, a interrupção da gravidez, o risco específico e a confiança judicial ou administrativa com vista à adoção nos termos da legislação aplicável.

DECRETO-LEI Nº 91/2009, DE 9 DE ABRIL

ARTIGO 51º
Condições comuns

Constituem condições comuns de atribuição dos subsídios sociais previstos no presente capítulo:

a) A residência em território nacional;
b) O preenchimento de condição de recursos.

ARTIGO 52º
Condição de residência em território nacional

1 – Para efeito de verificação da condição prevista na alínea *a*) do artigo anterior e sem em prejuízo do estabelecido em instrumento internacional a que Portugal se encontre vinculado ou de legislação especial aplicável, é considerado residente o cidadão nacional que possua domicílio habitual em território nacional, bem como o cidadão estrangeiro, refugiado ou apátrida habilitado com título válido de autorização de residência em território nacional ou em situação equiparada nos termos do número seguinte.

2 – Consideram-se equiparados a residentes os refugiados e apátridas portadores de títulos de proteção temporária válidos, bem como os estrangeiros portadores de títulos válidos de autorização de residência ou de prorrogação de permanência, nos termos e condições a definir em portaria conjunta dos ministros responsáveis pelas áreas da administração interna e do trabalho e da solidariedade social.

ARTIGO 53º
Condição de recursos

1 – A condição de recursos prevista na alínea *b*) do artigo 51º é definida em função dos rendimentos mensais *per capita* do agregado familiar que não podem ultrapassar 80% do IAS.

2 – Para efeitos do disposto no número anterior, são considerados os seguintes rendimentos:

a) Os valores ilíquidos provenientes do trabalho por conta de outrem e ou o rendimento anual relevante para efeitos prestacionais dos trabalhadores independentes definido no Decreto-Lei nº 245/2008, de 18 de dezembro;

b) Os valores das pensões e outras prestações substitutivas de rendimentos de trabalho, incluindo prestações complementares das concedidas pelos regimes de segurança social, sem prejuízo do disposto no número seguinte;

c) Os valores ilíquidos de rendimento de capital ou de outros proventos regulares;

d) Os valores das pensões de alimentos judicialmente fixadas a favor do requerente da prestação.

3 – O valor das prestações de desemprego, a suspender nas situações de reconhecimento de direito aos subsídios sociais, não releva para efeitos de apuramento da condição de recursos.

LEI DA PARENTALIDADE (MATERNIDADE E PATERNIDADE)

ARTIGO 54º
Agregado familiar

1 – Para além do titular do direito às prestações, integram o respetivo agregado familiar as seguintes pessoas que com ele vivam em economia familiar, sem prejuízo do disposto nos números seguintes:

a) Cônjuge ou pessoa em união de facto há mais de dois anos;

b) Parentes e afins, em linha reta e em linha colateral, até ao 2º grau, decorrentes de relações de direito ou de facto;

c) Adotantes e adotados;

d) Tutores e tutelados;

e) Crianças e jovens confiados por decisão judicial ou administrativa de entidades ou serviços legalmente competentes para o efeito a qualquer dos elementos do agregado familiar.

2 – Consideram-se em economia familiar as pessoas que vivam em comunhão de mesa e habitação e tenham estabelecido entre si uma vivência comum de entreajuda e partilha de recursos, sem prejuízo do disposto no número seguinte.

3 – A condição de vivência em comunhão de mesa e habitação pode ser dispensada por razões devidamente justificadas.

4 – Os adotantes restritamente e os tutores do titular do direito às prestações, bem como as pessoas a quem estes sejam confiados por decisão judicial ou administrativa, são equiparados a ascendentes do 1º grau, para efeitos do disposto no nº 1.

5 – A situação pessoal e familiar dos membros do agregado familiar relevante para efeitos do disposto no presente decreto-lei é aquela que se verificar à data em que se efetua a declaração da respetiva composição.

6 – As pessoas referidas no número anterior não podem, simultaneamente, fazer parte de agregados familiares distintos, por referência ao mesmo titular do direito a prestações.

7 – As relações de parentesco resultantes de situação de união de facto apenas são consideradas se o forem, igualmente, para efeitos do imposto sobre rendimentos das pessoas singulares (IRS), no âmbito da legislação fiscal.

8 – Não são considerados como elementos do agregado familiar as pessoas que se encontrem em qualquer das seguintes situações:

a) Quando exista vínculo contratual entre as pessoas, designadamente sublocação e hospedagem que implique residência ou habitação comum;

b) Quando exista a obrigação de convivência por prestação de atividade laboral para com alguma das pessoas do agregado familiar;

c) Sempre que a economia familiar esteja relacionada com a prossecução de finalidades transitórias;

d) Quando exerça coação física ou psicológica ou outra conduta atentatória da autodeterminação individual relativamente a alguma das pessoas inseridas no agregado familiar.

DECRETO-LEI Nº 91/2009, DE 9 DE ABRIL

ARTIGO 55º
Condição específica dos subsídios sociais por risco clínico em caso de gravidez, por interrupção da gravidez e por riscos específicos

A concessão dos subsídios sociais por risco clínico em caso de gravidez, por interrupção da gravidez e por riscos específicos depende, ainda, do exercício de atividade profissional determinante de enquadramento obrigatório em regime de segurança social ou no seguro social voluntário.

SECÇÃO III
Montantes dos subsídios sociais

ARTIGO 56º
Montante dos subsídios sociais por risco clínico em caso de gravidez, por interrupção da gravidez e por riscos específicos

O montante diário dos subsídios sociais por risco clínico em caso de gravidez, por interrupção da gravidez e por riscos específicos é igual a 80% de um 30 avos do valor do IAS.

ARTIGO 57º
Montante do subsídio social parental inicial

O montante diário do subsídio social parental inicial é o seguinte:

a) No período de 120 dias, o montante diário é igual a 80% de um 30 avos do valor do IAS;

b) No caso de opção pelo período de 150 dias, o montante diário é igual a 64% de um 30 avos do valor do IAS;

c) No caso de opção pelo período de 150 dias nas situações em que cada um dos progenitores goze pelo menos 30 dias consecutivos, ou dois períodos de 15 dias igualmente consecutivos, o montante diário é igual a 80% de um 30 avos do valor IAS;

d) No caso de opção pelo período de 180 dias, nas situações em que cada um dos progenitores goze pelo menos 30 dias consecutivos, ou dois períodos de 15 dias igualmente consecutivos, o montante diário é igual a 66% de um 30 avos do valor do IAS.

ARTIGO 58º
Montante do subsídio social parental inicial exclusivo do pai

O montante diário do subsídio parental inicial exclusivo do pai é igual a 80% de um 30 avos do valor do IAS.

ARTIGO 59º
Montante do acréscimo ao valor dos subsídios por nascimentos múltiplos

O montante diário dos subsídios devidos nos períodos de acréscimo à licença parental inicial pelo nascimento de gémeos é igual a 80% de um 30 avos do valor do IAS.

ARTIGO 60º
Montante do subsídio social por adoção

O montante diário do subsídio social por adoção é igual ao que resulta do fixado em cada uma das alíneas do artigo 57º, consoante a modalidade a que corresponda, e ao valor fixado no artigo anterior no caso de adoções múltiplas.

SECÇÃO IV
Duração e acumulação dos subsídios sociais

SUBSECÇÃO I
Início e duração dos subsídios sociais

ARTIGO 61º
Período de concessão

1 – O período de concessão dos subsídios sociais é igual ao fixado para os correspondentes subsídios no âmbito do sistema previdencial.

2 – Os subsídios sociais são devidos a partir do dia em que ocorre o facto determinante da proteção definido no nº 2 do artigo 50º.

SUBSECÇÃO II
Acumulação dos subsídios sociais

ARTIGO 62º
Inacumulabilidade com prestações

1 – Os subsídios sociais não são acumuláveis com prestações compensatórias de perda de retribuição de trabalho, exceto com pensões de sobrevivência, auferidas pelo titular no âmbito do sistema previdencial ou de outros regimes obrigatórios de proteção social.

2 – Os subsídios sociais não são acumuláveis com outras prestações concedidas no âmbito do subsistema de solidariedade, exceto com o rendimento social de inserção e com o complemento solidário para idosos.

DECRETO-LEI Nº 91/2009, DE 9 DE ABRIL

CAPÍTULO IV
Deveres dos beneficiários

ARTIGO 63º
Deveres dos titulares do direito aos subsídios

1 – Constitui dever dos beneficiários a comunicação, às instituições gestoras, dos factos determinantes da cessação do direito aos subsídios, relativamente às situações previstas na alínea *a*) do nº 1 do artigo 24º, no artigo 51º e nas alíneas *a*) e *b*) do nº 1 do artigo 78º, no prazo de cinco dias úteis subsequentes à data da verificação dos mesmos.

2 – O incumprimento dos deveres previstos no número anterior, por ação ou omissão, bem como a utilização de qualquer meio fraudulento de que resulte a concessão indevida dos subsídios, determinam a sua restituição nos termos da legislação aplicável.

CAPÍTULO V
Disposições complementares

SECÇÃO I
Regime sancionatório

ARTIGO 64º
Regime sancionatório

1 – Constitui contraordenação punível com coima de € 100 a € 700 o incumprimento, por ação ou omissão, do dever de comunicação às instituições gestoras dos factos determinantes da cessação do direito aos subsídios, relativamente às situações previstas na alínea *a*) do nº 1 do artigo 24º, no artigo 51º e nas alíneas *a*) e *b*) do nº 1 do artigo 78º, no prazo de cinco dias úteis subsequentes à data da verificação dos mesmos, bem como a utilização de qualquer meio fraudulento de que resulte a concessão indevida dos subsídios.

2 – Em tudo o que não esteja especialmente previsto no presente decreto-lei é aplicável o disposto no Decreto-Lei nº 64/89, de 25 de fevereiro.

SECÇÃO II
Gestão e organização dos processos

ARTIGO 65º
Entidades competentes

A gestão dos subsídios previstos no presente decreto-lei compete, no âmbito das respetivas atribuições:

LEI DA PARENTALIDADE (MATERNIDADE E PATERNIDADE)

a) Ao Instituto da Segurança Social, I. P., através dos centros distritais da área de residência dos beneficiários;
b) Às caixas de atividade ou de empresa subsistentes;
c) Aos órgãos competentes das administrações das Regiões Autónomas.

ARTIGO 66º
Requerimento e prazo

1 – A atribuição dos subsídios previstos neste decreto-lei depende da apresentação de requerimento, em formulário de modelo próprio, junto das entidades competentes ou *online*, no sítio da Internet da segurança social, através do serviço segurança social direta, caso a entidade competente seja o Instituto da Segurança Social, I. P., ou os órgãos competentes das administrações das Regiões Autónomas.

2 – O requerimento deve ser apresentado no prazo de seis meses a contar da data da ocorrência do facto determinante da proteção.

3 – A entrega do requerimento fora do prazo previsto no número anterior nos casos em que a mesma seja efetuada durante o período legal de concessão dos subsídios determina a redução no período de concessão pelo período de tempo respeitante ao atraso verificado.

4 – O requerimento é subscrito pelos titulares do direito, ou, em seu nome, pelos respetivos representantes legais.

5 – A atribuição da prestação compensatória do não pagamento de subsídios de férias, de Natal ou outros de natureza análoga, prevista no nº 2 do artigo 7º, depende de requerimento.

6 – O requerimento referido no número anterior deve ser apresentado nas instituições gestoras das prestações no prazo de seis meses contados a partir de 1 de janeiro do ano subsequente àquele em que os subsídios eram devidos, salvo no caso de cessação do contrato de trabalho, situação em que o prazo se inicia a contar da data dessa cessação.

7 – O requerimento deve ser instruído com uma declaração da entidade empregadora, na qual constem a indicação dos quantitativos não pagos e a referência à norma legal ou contratual justificativa do não pagamento.

8 – Nas situações de falecimento do beneficiário que, reunindo as condições legais substantivas para a atribuição da prestação compensatória, não a requereu em vida, os familiares com direito ao subsídio por morte podem requerê-la no prazo estabelecido para a apresentação do respetivo requerimento.

9 – Consideram-se válidos para a atribuição dos subsídios sociais previstos no capítulo III os requerimentos dos correspondentes subsídios previstos no capítulo II que tenham sido indeferidos.

Cfr. Portaria nº 458/2009, de 30 de abril.
Redação dada pelo Decreto-Lei 133/2012, de 27-06.

DECRETO-LEI Nº 91/2009, DE 9 DE ABRIL

ARTIGO 67º
Dispensa de requerimento

1 – A apresentação do requerimento é dispensada nas situações em que a certificação médica seja emitida pelos estabelecimentos ou serviços de saúde competentes do Serviço Nacional de Saúde através de formulário próprio para efeitos de atribuição dos seguintes subsídios:

a) Subsídio por risco clínico durante a gravidez;
b) Subsídio por interrupção da gravidez;
c) Subsídio para assistência a filho;
d) Subsídio para assistência a neto, na modalidade prevista na alínea b) do artigo 21º

2 – O disposto no número anterior é aplicável aos correspondentes subsídios sociais concedidos no âmbito do subsistema de solidariedade.

3 – Para efeitos do nº 1, consideram-se serviços competentes as entidades prestadoras de cuidados de saúde, designadamente centros de saúde e hospitais, com exceção dos serviços de urgência.

SECÇÃO III
Instrução do processo

ARTIGO 68º
Meios de prova

1 – Os factos determinantes da atribuição dos subsídios, bem como os períodos de impedimento para o trabalho, são declarados no requerimento, o qual, consoante os casos, é acompanhado dos documentos de identificação civil e ou da certificação médica, nas situações em que esta não seja emitida pelos estabelecimentos ou serviços de saúde competentes nos termos dos n.ºs 1 e 3 do artigo anterior e, ainda, de outros documentos comprovativos previstos no presente decreto-lei.

2 – Nas situações em que o requerimento seja apresentado *online*, os meios de prova que o instruem podem ser apresentados pela mesma via desde que corretamente digitalizados e integralmente apreensíveis.

3 – Os beneficiários têm o dever de conservar os originais dos meios de prova, pelo prazo de cinco anos, bem como o dever de os apresentar sempre que solicitados pelos serviços competentes.

ARTIGO 69º
Dispensa de apresentação de meios de prova

1 – É dispensada a apresentação dos meios de prova que instruem o requerimento sempre que as entidades gestoras possam, com base nos elementos constantes do requerimento e da certificação médica ou hospitalar, comprovar oficiosamente os requisitos de atribuição dos subsídios.

2 – Os requerentes podem ser dispensados da apresentação dos elementos exigíveis caso esteja salvaguardado o acesso à informação em causa por parte da segurança social, designadamente por efeito de processos de interconexão de dados com outros organismos da Administração Pública.

ARTIGO 70º
Meios de prova do subsídio por risco clínico durante a gravidez e por interrupção da gravidez

A atribuição dos subsídios por risco clínico durante a gravidez e por interrupção da gravidez depende da apresentação de certificação médica que indique o período de impedimento.

ARTIGO 71º
Meios de prova do subsídio parental inicial, parental inicial exclusivo do pai e do subsídio para assistência em caso de nascimento de neto

A atribuição dos subsídios parentais iniciais e do subsídio para assistência em caso de nascimento de neto depende da apresentação de declaração do médico do estabelecimento ou serviço de saúde comprovativa do parto ou de documento de identificação civil do descendente.

ARTIGO 72º
Meios de prova do subsídio parental inicial por impossibilidade do outro progenitor

A atribuição do subsídio parental inicial por impossibilidade do outro progenitor depende da apresentação de certificação médica da incapacidade física ou psíquica do outro progenitor ou de certidão de óbito.

ARTIGO 73º
Meios de prova do subsídio por adoção

1 – A atribuição do subsídio por adoção depende da apresentação da declaração da confiança administrativa ou judicial do menor adotado.

2 – Nas situações a que se refere o nº 2 do artigo 17º são exigidos os meios de prova previstos no artigo anterior.

ARTIGO 74º
Meios de prova do subsídio por riscos específicos

A atribuição do subsídio por riscos específicos depende da apresentação dos seguintes elementos:

a) Declaração do empregador da impossibilidade de atribuição de outras tarefas à beneficiária grávida, puérpera ou lactante que desempenhe trabalho noturno ou esteja exposta a agentes ou processos ou condições de trabalho que constituam risco;

b) No caso dos trabalhadores independentes e abrangidos pelo seguro social voluntário a comprovação de desempenho de trabalho noturno ou de exposição a agente ou processos ou condições de trabalho que constituam risco é efetuada por médico do trabalho ou por instituição ou serviço integrado no Serviço Nacional de Saúde.

ARTIGO 75º
Meios de prova do subsídio para assistência a filho

1 – A atribuição do subsídio para assistência a filho depende da apresentação de certificação médica ou declaração hospitalar.

2 – A certificação médica de deficiência, na situação de filho com deficiência com 12 ou mais anos de idade, é dispensada no caso de estar a ser atribuída uma prestação por deficiência.

3 – A certificação médica de doença crónica, na situação de filho com doença crónica com 12 ou mais anos de idade, apenas é exigível aquando da apresentação do primeiro requerimento.

ARTIGO 76º
Meios de prova do subsídio para assistência a filho com deficiência ou doença crónica

1 – A atribuição do subsídio para assistência a filho com deficiência ou doença crónica depende de apresentação da certificação médica que comprove a necessidade de assistência.

2 – É aplicável à concessão deste subsídio o disposto nos nºs 2 e 3 do artigo anterior.

3 – A prorrogação da concessão do subsídio depende de comunicação do beneficiário de que a licença para assistência a filho com deficiência ou doença crónica se mantém, no prazo de 10 dias úteis antes do termo do período de concessão.

ARTIGO 77º
Meios de prova do subsídio para assistência a neto

A atribuição do subsídio para assistência a neto depende de apresentação de certificação médica com indicação dos períodos de impedimento para o trabalho necessários para garantir a assistência inadiável e imprescindível ao neto.

ARTIGO 78º
Meios de prova dos subsídios sociais

1 – Para além dos meios de prova exigidos para os correspondentes subsídios do sistema previdencial a atribuição dos subsídios sociais depende, ainda, dos seguintes elementos obtidos oficiosamente:

LEI DA PARENTALIDADE (MATERNIDADE E PATERNIDADE)

a) Composição do agregado familiar e respetivos rendimentos;
b) Comprovação de residência em território nacional.

2 – Na impossibilidade de obtenção oficiosa dos elementos referidos no número anterior os serviços competentes notificam os beneficiários para efetuarem a respetiva apresentação.

ARTIGO 79º
Articulações

1 – As instituições gestoras das prestações devem promover a articulação com as entidades e serviços com competência para comprovar os requisitos de que depende a atribuição e manutenção dos subsídios, com vista a assegurar o correto enquadramento das situações a proteger.

2 – Para os efeitos referidos no número anterior, a comprovação pode ser efetuada por troca de informação, designadamente através da utilização de suporte eletrónico.

ARTIGO 80º
Comunicação da atribuição dos subsídios

As instituições gestoras devem comunicar aos titulares do direito as decisões sobre a atribuição dos subsídios de acordo com o disposto no Código do Procedimento Administrativo.

SECÇÃO IV
Pagamento dos subsídios

ARTIGO 81º
Disposição geral

1 – Os subsídios previstos no presente decreto-lei são pagos mensalmente aos titulares do direito ou aos seus representantes legais, salvo se, pela especificidade da sua duração, se justificar o pagamento de uma só vez.

2 – O pagamento do acréscimo devido por nascimento de gémeos e por adoções múltiplas é reportado aos últimos dias do período de concessão do respetivo subsídio.

ARTIGO 82º
Prescrição

O direito aos subsídios previstos neste decreto-lei prescreve a favor das instituições gestoras devedoras no prazo de cinco anos contados a partir da data em que a prestação é posta a pagamento com conhecimento do credor.

DECRETO-LEI Nº 91/2009, DE 9 DE ABRIL

CAPÍTULO VI
Disposições transitórias e finais

ARTIGO 83º
Regime subsidiário

Com exceção do disposto no artigo 22º em tudo o que não esteja especialmente previsto no capítulo III são aplicáveis, com as devidas adaptações, as disposições constantes do capítulo II.

ARTIGO 84º
Execução

1 – Os procedimentos que venham a ser considerados necessários à execução do disposto no presente decreto-lei são aprovados por portaria do ministro responsável pela área do trabalho e da solidariedade social.

2 – Os modelos de formulários de requerimento e de declarações são aprovados por portaria do ministro responsável pela área do trabalho e da solidariedade social.

3 – O modelo de formulário de certificação médica a emitir pelos estabelecimentos ou serviços de saúde é aprovado por portaria conjunta dos ministros responsáveis pelas áreas do trabalho e da solidariedade social e da saúde.

Cfr. Portaria nº 458/2009, de 30 de abril.

ARTIGO 85º
Norma revogatória

O presente decreto-lei revoga:

a) O Decreto-Lei nº 154/88, de 29 de abril, alterado pelos Decretos-Leis nºs 333/95, de 23 de dezembro, 347/98, de 9 de novembro, 77/2000, de 9 de maio, e 77/2005, de 13 de abril;

b) O Decreto-Lei nº 105/2008, de 25 de junho;

c) As disposições do Decreto-Lei nº 40/89, de 1 de fevereiro, que disponham sobre a mesma matéria no âmbito do presente decreto-lei.

ARTIGO 86º
Disposição transitória

1 – Enquanto não for publicada a portaria prevista no nº 3 do artigo 84º, a concessão dos subsídios por risco clínico e interrupção da gravidez está sujeita a apresentação de requerimento e certificação médica comprovativa do período do impedimento.

2 – Mantêm-se transitoriamente em vigor os nºs 2 e 3 do artigo 10º do Decreto--Lei nº 154/88, de 29 de abril, e suas alterações, enquanto não for publicado o regime jurídico de proteção social próprio dos profissionais de espetáculos.

LEI DA PARENTALIDADE (MATERNIDADE E PATERNIDADE)

ARTIGO 87º
Produção de efeitos

1 – A atribuição dos subsídios previstos nas alíneas *c*) do artigo 7º, nas modalidades correspondentes às alíneas *a*) a *c*) do artigo 11º, e *e*) do mesmo artigo 7º, em conformidade com o disposto no presente decreto-lei, é aplicável às situações em que estejam a ser atribuídos os correspondentes subsídios de maternidade, paternidade e adoção ao abrigo da legislação revogada, desde que, no prazo de 30 dias contados a partir do início de vigência deste decreto-lei, seja efetuada a declaração dos períodos a gozar em conformidade com as condições previstas.

2 – O disposto no número anterior é aplicável, com as devidas adaptações, aos subsídios sociais previstos na alínea *c*) do artigo 46º, nas modalidades correspondentes às alíneas *a*) a *c*) do artigo 48º, e na alínea *d*) do mesmo artigo 46º.

3 – Para efeitos de delimitação dos períodos de concessão são tidos em consideração os períodos já subsidiados.

4 – A atribuição do subsídio parental inicial exclusivo do pai pelo período a que se refere a alínea *a*) do nº 1 do artigo 15º e do subsídio social parental inicial exclusivo do pai, por período correspondente, apenas é aplicável nas situações em que o facto determinante do direito ocorra na vigência do presente decreto-lei.

ARTIGO 88º
Entrada em vigor

O presente decreto-lei entra em vigor no 1º dia do mês seguinte ao da sua publicação.

Visto e aprovado em Conselho de Ministros de 12 de fevereiro de 2009. – *José Sócrates Carvalho Pinto de Sousa – Emanuel Augusto dos Santos – Alberto Bernardes Costa – José António Fonseca Vieira da Silva – Ana Maria Teodoro Jorge.*

Promulgado em 1 de abril de 2009.

Publique-se.

O Presidente da República, Aníbal Cavaco Silva.

Referendado em 3 de abril de 2009.

O Primeiro-Ministro, *José Sócrates Carvalho Pinto de Sousa.*

Regulamento do Código do Trabalho

Lei nº 105/2009, de 14 de setembro[1]

Regulamenta e altera o Código do Trabalho, aprovado pela Lei nº 7/2009, de 12 de fevereiro, e procede à primeira alteração da Lei nº 4/2008, de 7 de fevereiro

A Assembleia da República decreta, nos termos da alínea *c*) do artigo 161º da Constituição, o seguinte:

CAPÍTULO I
Objeto e âmbito

ARTIGO 1º
Objeto e âmbito

1 – A presente lei regula as seguintes matérias:

a) Participação de menor em atividade de natureza cultural, artística ou publicitária, a que se refere o artigo 81º do Código do Trabalho, com a extensão a trabalho autónomo de menor com idade inferior a 16 anos decorrente do nº 4 do artigo 3º da Lei nº 7/2009, de 12 de fevereiro;

b) Especificidades da frequência de estabelecimento de ensino por trabalhador-estudante;

c) Aspetos da formação profissional;

d) Período de laboração, de acordo com o previsto no nº 4 do artigo 201º do Código do Trabalho;

e) Verificação de situação de doença de trabalhador, de acordo com o previsto no nº 3 do artigo 254º do Código do Trabalho;

---

[1] Cfr. o art. 9º da Lei nº 23/2012, de 25 de junho de 2012.

REGULAMENTO DO CÓDIGO DO TRABALHO

f) Prestações de desemprego em caso de suspensão do contrato de trabalho pelo trabalhador com fundamento em não pagamento pontual da retribuição, prevista nos nºs 1 e 2 do artigo 325º do Código do Trabalho;

g) Suspensão de execuções quando o executado seja trabalhador com retribuições em mora;

h) Informação periódica sobre a atividade social da empresa.

2 – O regime a que se refere a alínea *b)* do número anterior transpõe parcialmente para a ordem jurídica interna a Diretiva nº 94/33/CE, do Conselho, de 22 de junho, relativa à proteção dos jovens no trabalho.

CAPÍTULO II
Participação de menor em atividade de natureza cultural, artística ou publicitária

ARTIGO 2º
Atividades permitidas a menor

1 – O menor pode participar em espetáculo ou outra atividade de natureza cultural, artística ou publicitária, designadamente como ator, cantor, dançarino, figurante, músico, modelo ou manequim.

2 – A situação prevista no número anterior não pode envolver contacto com animal, substância ou atividade perigosa que possa constituir risco para a segurança ou a saúde do menor.

3 – Sem prejuízo do previsto no número anterior, o menor só pode participar em espetáculos que envolvam animais desde que tenha pelo menos 12 anos e a sua atividade, incluindo os respetivos ensaios, decorra sob a vigilância de um dos progenitores, representante legal ou irmão maior.

4 – Constitui contraordenação muito grave, imputável à entidade promotora da atividade, a violação do disposto nos nºs 2 e 3, podendo ser aplicada a sanção acessória de publicidade da condenação, nos termos gerais, e ainda, tendo em conta os efeitos gravosos para o menor ou o benefício económico retirado pela entidade promotora:

a) Interdição do exercício de profissão ou atividade cujo exercício dependa de título público ou de autorização ou homologação de autoridade pública;

b) Privação do direito a subsídio ou benefício outorgado por entidade ou serviço público;

c) Encerramento de estabelecimento cujo funcionamento dependa de autorização ou licença de autoridade administrativa.

ARTIGO 3º
Duração do período de participação em atividade

1 – A participação do menor na atividade, incluindo ensaios e outros atos preparatórios, não pode exceder, consoante a idade daquele:

LEI Nº 105/2009, DE 14 DE SETEMBRO

a) Menos de 1 ano, uma hora por semana;
b) De 1 a menos de 3 anos, duas horas por semana;
c) De 3 a menos de 7 anos, duas horas por dia e quatro horas por semana;
d) De 7 a menos de 12 anos, três horas por dia e nove horas por semana, podendo qualquer dos limites ser excedido até três horas, caso o acréscimo de atividade ocorra em dia sem atividades escolares;
e) De 12 a menos de 16 anos, quatro horas por dia e doze horas por semana, podendo qualquer dos limites ser excedido até três horas, caso o acréscimo de atividade ocorra em dia sem atividades escolares.

2 – Durante o período de aulas, a atividade do menor deve não coincidir com o horário escolar, respeitar um intervalo mínimo de uma hora entre ela e a frequência das aulas e não impossibilitar de qualquer modo a participação em atividades escolares.

3 – A atividade do menor deve ser suspensa pelo menos um dia por semana, coincidente com dia de descanso durante o período de aulas.

4 – A atividade pode ser exercida em metade do período de férias escolares e não pode exceder, consoante a idade do menor:

a) De 6 a menos de 12 anos, seis horas por dia e doze horas por semana;
b) De 12 a menos de 16 anos, sete horas por dia e dezasseis horas por semana.

5 – Em situação referida nas alíneas *c)* a *e)* do nº 1 ou no número anterior deve haver uma ou mais pausas de, pelo menos, trinta minutos cada, de modo que a atividade consecutiva não seja superior a metade do período diário referido naqueles preceitos.

6 – O menor só pode exercer a atividade entre as 8 e as 20 horas ou, tendo idade igual ou superior a 7 anos e apenas para participar em espetáculos de natureza cultural ou artística, entre as 8 e as 24 horas.

7 – Os nºs 1 a 5 são aplicáveis a menor que esteja abrangido pela escolaridade obrigatória.

8 – Constitui contraordenação muito grave, imputável à entidade promotora, a violação do disposto no presente artigo, podendo ser aplicadas as sanções acessórias referidas no nº 4 do artigo anterior.

ARTIGO 4º
Responsabilidade por acidente de trabalho

1 – O menor tem direito a reparação de danos emergentes de acidente de trabalho, nos termos do correspondente regime geral, assumindo, para este efeito, a entidade promotora a posição de empregadora.

2 – A entidade promotora deve transferir a responsabilidade por acidente de trabalho para entidade autorizada por lei a realizar este seguro.

3 – Constitui contraordenação grave a violação do disposto no número anterior, podendo ser aplicadas as sanções acessórias previstas no nº 4 do artigo 2º em caso de reincidência em contraordenação praticada com dolo ou negligência grosseira.

REGULAMENTO DO CÓDIGO DO TRABALHO

ARTIGO 5º
Autorização ou comunicação de participação em atividade

1 – A participação de menor em atividade referida no artigo 2º está sujeita a autorização ou comunicação.

2 – A comunicação só pode ter lugar no caso de participação que decorra num período de vinte e quatro horas e respeite a menor com, pelo menos, 13 anos de idade que não tenha participado, nos 180 dias anteriores, em atividade a que se refere o artigo 2º

3 – É competente para a autorização e para receber a comunicação referidas no nº 1 a Comissão de Proteção de Crianças e Jovens (CPCJ) cuja área abranja o domicílio do menor ou, na sua falta, aquela cuja sede estiver mais próxima, funcionando em comissão restrita.

4 – A autorização é válida pelo período da participação do menor na atividade a que respeita, no máximo de nove meses, devendo ser renovada sempre que a participação for de duração superior.

5 – Constitui contraordenação muito grave, imputável à entidade promotora, a violação do disposto nos nºs 1, 2 ou 4, podendo ser aplicadas as sanções acessórias referidas no nº 4 do artigo 2º

ARTIGO 6º
Pedido de autorização de participação em atividade

1 – A entidade promotora da atividade requer a autorização por escrito, indicando os seguintes elementos:

a) Identificação e data do nascimento do menor;

b) Estabelecimento de ensino frequentado pelo menor se este estiver abrangido pela escolaridade obrigatória;

c) Atividade em que o menor participará e local onde a mesma se realiza;

d) Tipo de participação do menor, referenciada através de sinopse detalhada;

e) Duração da participação do menor, que pode ser para uma ou várias atuações, por uma temporada ou outro prazo certo, ou ainda o período em que o espetáculo permaneça em cartaz ou outro prazo incerto;

f) Número de horas diárias e semanais de atividade do menor em atuação e atos preparatórios;

g) Pessoa disponível para, sendo caso disso, vigiar a participação do menor.

2 – O requerimento deve ser instruído com:

a) Ficha de aptidão que certifique que o menor tem capacidade física e psíquica adequadas à natureza e à intensidade da sua participação, emitido pelo médico do trabalho da entidade promotora, depois de ouvido o médico assistente do menor;

b) Declaração do horário escolar e informação sobre o aproveitamento escolar do menor abrangido pela escolaridade obrigatória, emitidas pelo estabelecimento de ensino;

LEI Nº 105/2009, DE 14 DE SETEMBRO

c) Autorização dos representantes legais do menor, que deve mencionar os elementos referidos nas alíneas *c*) a *f*) do número anterior;

d) Parecer de sindicato e de associação de empregadores representativos sobre a compatibilidade entre a participação prevista e a idade do menor ou, na falta de resposta, prova de que o mesmo foi solicitado pelo menos cinco dias úteis antes da apresentação do requerimento;

e) Apreciação da entidade promotora relativamente a parecer desfavorável do sindicato ou da associação de empregadores, caso exista.

3 – São competentes para dar parecer sobre o pedido:

a) Qualquer sindicato representativo da atividade a exercer pelo menor, que tenha celebrado uma convenção coletiva que abranja a atividade promovida pela requerente;

b) Qualquer associação de empregadores em que a entidade promotora esteja inscrita, ou que tenha celebrado convenção coletiva que abranja a atividade promovida pela requerente.

4 – À renovação da autorização aplica-se o disposto nos números anteriores.

ARTIGO 7º
Deliberação da Comissão de Proteção de Crianças e Jovens

1 – Antes de deliberar sobre o requerimento, a CPCJ deve ouvir o menor em causa, sempre que tal seja possível.

2 – A CPCJ autoriza a participação do menor se a atividade, o tipo de participação e o correspondente número de horas por dia e por semana respeitarem o disposto nos artigos anteriores e não prejudicarem a segurança, a saúde, o desenvolvimento físico, psíquico e moral, a educação e a formação do menor.

3 – A Comissão pode autorizar a participação com a condição de que esta decorra sob a vigilância de um dos representantes legais ou de pessoa maior indicada por estes.

4 – A decisão deve ser proferida no prazo de 20 dias.

5 – Considera-se deferido o requerimento que não seja decidido no prazo previsto no número anterior se os documentos referidos nas alíneas *a*) a *d*) do nº 2 do artigo anterior forem favoráveis à participação do menor na atividade ou se este já não estiver abrangido pela escolaridade obrigatória.

6 – Considera-se indeferido o requerimento que não seja decidido no prazo referido no nº 4, sem prejuízo do previsto no número anterior.

7 – A autorização deve identificar a entidade promotora e mencionar os elementos referidos no nº 1 do artigo anterior.

8 – A CPCJ comunica a autorização e o prazo de validade da mesma ao requerente, ao serviço com competência inspetiva do ministério responsável pela área laboral, aos representantes legais do menor e, caso este esteja abrangido pela escolaridade obrigatória, ao estabelecimento de ensino.

REGULAMENTO DO CÓDIGO DO TRABALHO

ARTIGO 8º
Procedimento de comunicação de participação em atividade

1 – A entidade promotora comunica a participação de menor em atividade, por escrito, à CPCJ, com a antecedência mínima de cinco dias úteis, indicando os elementos referidos no nº 1 do artigo 6º, bem como a data e as horas de início e termo da participação.

2 – A comunicação deve ser acompanhada dos documentos a que se referem as alíneas *a*) a *c*) do nº 2 do artigo 6º

ARTIGO 9º
Celebração do contrato e formalidades

1 – O contrato que titula a prestação de atividade do menor é celebrado entre os seus representantes legais e a entidade promotora, por escrito e em dois exemplares, devendo indicar a atividade a realizar e a duração da participação do menor, o correspondente número de horas por dia e por semana, a retribuição e a pessoa que exerce a vigilância do menor, no caso previsto no nº 3 do artigo 7º

2 – O exemplar do contrato que ficar na posse da entidade promotora deve ter anexas cópias da autorização da CPCJ ou da comunicação feita a esta entidade, do certificado de que o menor tem capacidade física e psíquica adequadas e da declaração comprovativa do horário escolar inicial e de alterações que ocorram durante a validade da autorização, se o menor estiver abrangido pela escolaridade obrigatória, bem como de documento comprovativo do seguro de acidentes de trabalho.

3 – Antes do início da atividade do menor, a entidade promotora deve enviar cópia do contrato e dos anexos ao serviço com competência inspetiva do ministério responsável pela área laboral, bem como ao estabelecimento de ensino de menor abrangido pela escolaridade obrigatória.

4 – Constitui contraordenação grave, imputável à entidade promotora, a violação do disposto neste artigo, podendo ser aplicadas as sanções acessórias previstas no nº 3 do artigo 2º em caso de reincidência em contraordenação praticada com dolo ou negligência grosseira.

ARTIGO 10º
Consequências de alteração do horário
ou do aproveitamento escolar de menor

1 – Em caso de alteração de horário, o estabelecimento de ensino deve comunicar de imediato tal facto à entidade promotora, à CPCJ e aos representantes legais do menor.

2 – Quando o período de validade da autorização abranger mais de um ano escolar, os representantes legais do menor devem enviar à entidade promotora e à CPCJ, no início de novo ano escolar, uma declaração de horário escolar emitida pelo estabelecimento de ensino.

LEI Nº 105/2009, DE 14 DE SETEMBRO

3 – Nas situações referidas nos números anteriores, para que a prestação da atividade do menor possa prosseguir, a entidade promotora deve proceder às alterações do horário necessárias para respeitar o disposto nos nºs 2 e 3 do artigo 3º, e comunicá-las ao estabelecimento de ensino e à CPCJ.

4 – No caso de menor abrangido pela escolaridade obrigatória, o estabelecimento de ensino deve comunicar à CPCJ qualquer relevante diminuição do aproveitamento escolar ou relevante afetação do comportamento do menor durante o prazo de validade da autorização.

5 – Sempre que a atividade exercida pelo menor tenha como consequência uma relevante diminuição do aproveitamento escolar ou uma relevante afetação do seu comportamento, a CPCJ notifica a entidade promotora para que lhe apresente, bem como ao serviço com competência inspetiva do ministério responsável pela área laboral, aos representantes legais do menor e, caso este esteja abrangido pela escolaridade obrigatória, ao estabelecimento de ensino, uma alteração das condições de participação adequada a corrigir a situação.

6 – A CPCJ revoga a autorização sempre que não seja feita a alteração prevista no número anterior ou esta não seja adequada a corrigir a situação.

7 – A CPCJ notifica a revogação da autorização à entidade promotora e às demais entidades referidas no nº 5.

8 – A revogação prevista no nº 6 produz efeitos 30 dias após a notificação, salvo se existirem riscos graves para o menor, caso em que a CPCJ determina a data de produção de efeitos.

9 – Constitui contraordenação grave, imputável à entidade promotora, a violação do disposto no nº 3, podendo ser aplicadas as sanções acessórias previstas no nº 4 do artigo 2º em caso de reincidência em contraordenação praticada com dolo ou negligência grosseira.

ARTIGO 11º
Autorização judicial

1 – Caso a CPCJ não autorize a participação ou revogue autorização anterior, os representantes legais do menor podem requerer ao tribunal de família e menores que autorize a participação ou mantenha a autorização anterior, observando-se, até ao trânsito em julgado, a deliberação da CPCJ.

2 – Ao processo referido no número anterior é aplicável, com as devidas adaptações, o regime do processo judicial de promoção e proteção previsto no diploma que regula a CPCJ.

CAPÍTULO III
Trabalhador-estudante

ARTIGO 12º
Especificidades da frequência de estabelecimento de ensino por trabalhador-estudante

1 – O trabalhador-estudante não está sujeito:

a) A frequência de um número mínimo de disciplinas de determinado curso, em graus de ensino em que isso seja possível, nem a regime de prescrição ou que implique mudança de estabelecimento de ensino;

b) A qualquer disposição legal que faça depender o aproveitamento escolar de frequência de um número mínimo de aulas por disciplina;

c) A limitação do número de exames a realizar em época de recurso.

2 – Caso não haja época de recurso, o trabalhador-estudante tem direito, na medida em que seja legalmente admissível, a uma época especial de exame em todas as disciplinas.

3 – O estabelecimento de ensino com horário pós-laboral deve assegurar que os exames e as provas de avaliação, bem como um serviço mínimo de apoio ao trabalhador-estudante decorram, na medida do possível, no mesmo horário.

4 – O trabalhador-estudante tem direito a aulas de compensação ou de apoio pedagógico que sejam consideradas imprescindíveis pelos órgãos do estabelecimento de ensino.

5 – O disposto nos números anteriores não é cumulável com qualquer outro regime que vise os mesmos fins.

6 – O regime previsto no presente capítulo aplica-se ao trabalhador por conta própria, bem como ao trabalhador que, estando abrangido pelo estatuto do trabalhador-estudante, se encontre entretanto em situação de desemprego involuntário, inscrito em centro de emprego.

CAPÍTULO IV
Formação profissional

ARTIGO 13º
Plano de formação

1 – O empregador deve elaborar o plano de formação, anual ou plurianual, com base no diagnóstico das necessidades de qualificação dos trabalhadores.

2 – O plano de formação deve especificar, nomeadamente, os objetivos, as entidades formadoras, as ações de formação, o local e o horário de realização destas.

3 – Os elementos que o plano de formação não possa especificar devem ser comunicados logo que possível aos trabalhadores interessados, à comissão de traba-

LEI Nº 105/2009, DE 14 DE SETEMBRO

lhadores ou, na sua falta, à comissão intersindical, à comissão sindical ou aos delegados sindicais.

4 – O disposto nos números anteriores não se aplica às microempresas.

5 – Constitui contraordenação grave a violação do disposto no presente artigo.

ARTIGO 14º
Informação e consulta sobre o plano de formação

1 – O empregador deve dar conhecimento do diagnóstico das necessidades de qualificação e do projeto de plano de formação a cada trabalhador, na parte que lhe respeita, bem como à comissão de trabalhadores ou, na sua falta, à comissão intersindical, à comissão sindical ou aos delegados sindicais.

2 – Os trabalhadores, na parte que a cada um respeita, bem como os representantes dos trabalhadores a que se refere o número anterior podem emitir parecer sobre o diagnóstico de necessidades de qualificação e o projeto de plano de formação, no prazo de 15 dias.

3 – Constitui contraordenação grave a violação do disposto no nº 1.

ARTIGO 15º
Informação sobre a formação contínua

O empregador deve incluir os elementos sobre a formação contínua assegurada em cada ano no quadro da informação sobre a atividade social da empresa.

CAPÍTULO V
Período de funcionamento

ARTIGO 16º
Período de laboração

1 – O período de laboração é o compreendido entre as 7 e as 20 horas, sem prejuízo do disposto no número seguinte.

2 – O membro do Governo responsável pela área laboral, ouvidas as entidades públicas competentes, pode autorizar períodos de laboração do estabelecimento com amplitude superior à definida no número anterior, por motivos económicos e tecnológicos.

3 – Os membros do Governo responsáveis pela área laboral e pelo setor de atividade em causa podem, mediante despacho conjunto, autorizar a laboração contínua do estabelecimento por motivos económicos ou tecnológicos.

4 – Para efeitos dos nºs 2 e 3, o empregador deve apresentar ao serviço com competência inspetiva do ministério responsável pela área laboral, a quem compete a direção da instrução do processo, requerimento devidamente fundamentado, acompanhado de:

REGULAMENTO DO CÓDIGO DO TRABALHO

a) Parecer da comissão de trabalhadores ou, na sua falta, da comissão sindical ou intersindical ou dos delegados sindicais ou, 10 dias após a consulta, comprovativo do pedido de parecer;
b) Projeto de horário de trabalho a aplicar;
c) Comprovativo do licenciamento da atividade da empresa;
d) Declarações emitidas pelas autoridades competentes comprovativas de que tem a situação contributiva regularizada perante a administração tributária e segurança social.

5 – Constitui contraordenação grave a violação do disposto nos n°s 1, 2 e 3.

CAPÍTULO VI
Verificação da situação de doença

ARTIGO 17º
Verificação da situação de doença por médico designado pela segurança social

1 – Para efeitos de verificação de incapacidade temporária para o trabalho por doença do trabalhador, o empregador requer a sua submissão à comissão de verificação de incapacidade temporária (CVIT) da segurança social da área da residência habitual do trabalhador.

2 – O empregador informa, na mesma data, o trabalhador do requerimento referido no número anterior.

3 – A deliberação da CVIT realizada a requerimento do empregador produz efeitos no âmbito da relação jurídica prestacional do sistema de segurança social de que o trabalhador é titular.

4 – Os serviços da segurança social devem, no prazo de 48 horas a contar da receção do requerimento:

a) Convocar o trabalhador para apresentação à CVIT, indicando o dia, hora e local da sua realização, que deve ocorrer num dos três dias úteis seguintes;
b) Comunicar ao empregador a convocação efetuada;
c) Informar o trabalhador de que:

i) Deve apresentar, aquando da sua observação, informação clínica e os elementos auxiliares de diagnóstico de que disponha, comprovativos da sua incapacidade;
ii) Em caso de impossibilidade de comparência por motivo atendível, deve comunicar o facto nas vinte e quatro horas seguintes à receção da convocatória;
iii) A sua não comparência, sem motivo atendível tem como consequência que os dias de alegada doença podem ser considerados faltas injustificadas ou que, caso ocorram em período de férias, são considerados na duração do gozo destas.

5 – O trabalhador que esteja impedido de se deslocar do seu domicílio para comparecer a exame médico pela CVIT deve informar os serviços da segurança social até

à data prevista para o exame ou, em caso de impossibilidade, nas vinte e quatro horas seguintes ao termo da mesma.

6 – Consoante o impedimento do trabalhador, os serviços da segurança social marcam nova data para o exame médico pela CVIT, a ter lugar nas 48 horas seguintes e, se necessário, no domicílio do trabalhador, dando ao mesmo tempo conhecimento do facto ao empregador.

7 – Os serviços da segurança social devem comunicar ao empregador e ao trabalhador se este está ou não apto para desempenhar a atividade, nas vinte e quatro horas subsequentes à realização do exame médico pela CVIT.

8 – Os serviços da segurança social devem comunicar ao empregador:

a) A impossibilidade de submeter o trabalhador à CVIT nos termos da alínea *a)* do nº 4, sendo caso disso, nas vinte e quatro horas seguintes à receção do requerimento;

b) A não realização do exame médico, designadamente por falta de comparência do trabalhador com indicação do motivo impeditivo alegado por este, ou por estar a decorrer um período de incapacidade temporária para o trabalho por doença já anteriormente verificada por CVIT, sendo este o caso, nas vinte e quatro horas seguintes à receção do requerimento.

ARTIGO 18º
Verificação da situação de doença por médico designado pelo empregador

1 – O empregador pode designar um médico com o qual não tenha tido qualquer vínculo contratual anterior para verificar a situação de doença do trabalhador:

a) Caso seja informado da impossibilidade de realização de CVIT, ou se decorridas 48 horas após o requerimento sem que tenha recebido comunicação dos serviços da segurança social da convocação do trabalhador para apresentação à CVIT;

b) Caso seja informado de que o exame médico pela CVIT não se realizou no prazo a que se refere a alínea *a)* do nº 4 ou o nº 6 do artigo anterior.

2 – Ao processo de verificação da situação de doença por médico designado pelo empregador é aplicável o disposto nas alíneas *a)* e *c)* do nº 4 e nos nºs 5 a 7 do artigo anterior, com as necessárias adaptações.

ARTIGO 19º
Reavaliação da situação de doença

1 – Quando a deliberação da CVIT ou parecer de médico designado pelo empregador divirja da declaração ou atestado apresentado pelo trabalhador para prova da situação de doença, qualquer das partes pode requerer aos serviços da segurança social da área da residência habitual do trabalhador que o caso seja apreciado por comissão de reavaliação.

2 – A comissão de reavaliação é em regra constituída por três médicos, um designado pelos serviços da segurança social, que preside com voto de qualidade e que

REGULAMENTO DO CÓDIGO DO TRABALHO

deve ser um dos médicos que integrou a CVIT e que procedeu à verificação da incapacidade temporária ao abrigo do artigo 17º, caso esta tenha existido, um designado pelo trabalhador e outro pelo empregador.

3 – A comissão de reavaliação é constituída por apenas dois médicos em caso de:

a) O trabalhador ou o empregador não ter designado médico;

b) O trabalhador e o empregador não terem procedido às designações que lhes competem, cabendo aos serviços de segurança social a designação de outro médico.

4 – A verificação da situação de doença pela comissão de reavaliação produz efeitos no âmbito da relação jurídica prestacional do sistema de segurança social.

ARTIGO 20º
Procedimento para reavaliação

1 – A reavaliação da situação de incapacidade temporária para o trabalho por doença pode ser requerida nas vinte e quatro horas subsequentes ao conhecimento do resultado da verificação da mesma, devendo, na mesma data, ser comunicado o pedido à contraparte.

2 – O requerimento deve conter a designação do médico referido no nº 2 do artigo anterior, ou declaração de que o requerente prescinde dessa faculdade.

3 – A contraparte pode designar o médico nas vinte e quatro horas seguintes ao conhecimento do pedido.

4 – Ao procedimento para reavaliação é aplicável o disposto nas alíneas *a)* e *c)* do nº 4 e nos nºs 5 a 7 do artigo 17º

5 – No prazo de oito dias a contar da receção do requerimento, a comissão deve proceder à reavaliação da situação de doença do trabalhador e comunicar o resultado da mesma a este e ao empregador, nos termos do nº 7 do artigo 17º

ARTIGO 21º
Comunicações

As comunicações previstas no presente capítulo devem ser efetuadas por meio célere, designadamente telegrama, telefone, telefax ou correio eletrónico.

ARTIGO 22º
Eficácia do resultado da verificação da situação de doença

O empregador não pode fundamentar qualquer decisão desfavorável para o trabalhador no resultado da verificação da situação de incapacidade temporária para o trabalho por doença, efetuada nos termos dos artigos 17º ou 18º, enquanto decorrer o prazo para requerer a reavaliação ou, se esta for requerida, até à decisão final.

LEI Nº 105/2009, DE 14 DE SETEMBRO

ARTIGO 23º
Encargo da verificação ou reavaliação da situação de doença

O requerimento de submissão à CVIT da segurança social ou da intervenção da comissão de reavaliação está sujeito a taxa, regulada em portaria conjunta dos membros do Governo responsáveis pela área das finanças e pela área laboral.

ARTIGO 24º
Direito subsidiário

Em tudo o que não se encontrar especialmente regulado no presente capítulo, e desde que o não contrarie, aplica-se subsidiariamente, e com as necessárias adaptações, o disposto no Decreto-Lei nº 360/97, de 17 de dezembro.

CAPÍTULO VII
Proteção do trabalhador em caso de não pagamento pontual da retribuição

ARTIGO 25º
Casos especiais de direito a prestações de desemprego

1 – O trabalhador que suspenda o contrato de trabalho com fundamento em não pagamento pontual da retribuição tem direito a prestações de desemprego durante o período da suspensão.

2 – As prestações de desemprego podem também ser atribuídas em relação ao período a que respeita a retribuição em mora, desde que tal seja requerido e o empregador declare, a pedido do trabalhador, no prazo de cinco dias, ou em caso de recusa, mediante declaração do serviço com competência inspetiva do ministério responsável pela área laboral, o incumprimento da prestação no período em causa, não podendo, porém, o seu quantitativo ser superior a um subsídio por cada três retribuições mensais não recebidas.

3 – Confere igualmente direito a prestações de desemprego o não pagamento pontual:

a) Da retribuição devida em caso de suspensão do contrato de trabalho por facto respeitante ao empregador ou encerramento da empresa ou estabelecimento por período igual ou superior a 15 dias;

b) Da compensação retributiva em situações de crise empresarial.

4 – A atribuição das prestações de desemprego a que se referem os números anteriores está sujeita ao cumprimento dos prazos de garantia, às demais condições exigidas e aos limites previstos no regime de proteção no desemprego.

REGULAMENTO DO CÓDIGO DO TRABALHO

ARTIGO 26º
Suspensão de execução fiscal

1 – O processo de execução fiscal suspende-se quando o executado, sendo trabalhador com retribuições em mora por período superior a 15 dias, provar que de tal facto resulta o não pagamento da quantia exequenda.

2 – A suspensão referida no número anterior mantém-se até dois meses após a regularização das retribuições em dívida.

ARTIGO 27º
Venda de bens penhorados ou dados em garantia

1 – A venda, judicial ou extrajudicial, de bens a que se refere o número seguinte penhorados ou dados em garantia justificada por falta de pagamento de dívidas relacionadas com a aquisição desses bens suspende-se quando o executado prove que o incumprimento se deve a ter retribuições em mora por período superior a 15 dias.

2 – O número anterior aplica-se a imóvel que constitua a residência permanente do trabalhador e a outros bens imprescindíveis à economia doméstica que naquele se encontrem.

ARTIGO 28º
Execução de sentença de despejo

A execução de sentença de despejo em que a causa de pedir tenha sido a falta de pagamento das rendas suspende-se quando o executado prove que a mesma se deveu a ter retribuições em mora por período superior a 15 dias.

ARTIGO 29º
Salvaguarda dos direitos do credor

O tribunal notifica o Fundo de Socorro Social do Instituto de Gestão Financeira da Segurança Social, I. P., da decisão que ordene a suspensão da execução da sentença de despejo, bem como da identidade do credor e do montante das prestações ou rendas em mora, a fim de que aquela assegure o respetivo pagamento, nos termos a regulamentar.

ARTIGO 30º
Cessação da suspensão da instância

1 – Sempre que o pagamento das prestações ou rendas não tenha sido assegurado pelo Fundo de Socorro Social do Instituto de Gestão Financeira da Segurança Social, I. P., a suspensão da instância cessa oito dias após o recebimento, pelo trabalhador, das retribuições em mora.

2 – Se o trabalhador não tiver recebido as retribuições em mora, a suspensão cessa decorrido um ano sobre o seu início, salvo se provar que se encontra pendente

LEI Nº 105/2009, DE 14 DE SETEMBRO

ação judicial destinada ao pagamento dessas retribuições, caso em que a suspensão cessa na data em que se verifique o pagamento coercivo das mesmas ou a impossibilidade do pagamento.

3 – Requerido o prosseguimento dos autos, o executado é notificado para, no prazo de 10 dias, provar o pagamento ou depósito, em singelo, das prestações ou rendas em mora.

ARTIGO 31º
Sub-rogação legal nos direitos do trabalhador

1 – O serviço responsável pelas prestações de desemprego e o Fundo de Socorro Social do Instituto de Gestão Financeira da Segurança Social, I. P. ficam subrogados nos direitos do trabalhador perante o empregador no montante correspondente às prestações que tiverem pago nos termos dos nºs 2 e 3 do artigo 25º e do artigo 29º, respetivamente, acrescidas dos juros de mora, não sendo liberatório o pagamento da quantia correspondente a entidade diferente, designadamente o trabalhador.

2 – Para efeitos do número anterior, o serviço responsável pelas prestações de desemprego e o Fundo de Socorro Social devem, ao mesmo tempo, notificar o empregador dos pagamentos que efetuar.

CAPÍTULO VIII
Informação sobre a atividade social da empresa

ARTIGO 32º
Prestação anual de informação
sobre a atividade social da empresa

1 – O empregador deve prestar anualmente informação sobre a atividade social da empresa, nomeadamente sobre remunerações, duração do trabalho, trabalho suplementar, contratação a termo, formação profissional, segurança e saúde no trabalho e quadro de pessoal.

2 – A informação a que se refere o número anterior é apresentada por meio informático, com conteúdo e prazo regulados em portaria dos ministros responsáveis pelas áreas laboral e da saúde.

3 – O empregador deve dar a conhecer, previamente ao prazo constante da portaria a que se refere o número anterior, à comissão de trabalhadores ou, na sua falta, à comissão intersindical ou comissão sindical da empresa, a informação a que se refere o nº 1, os quais podem suscitar a correção de irregularidades, no prazo de 15 dias.

4 – A informação que, de acordo com a portaria referida no nº 2, seja prestada de modo individualizado deve ser previamente dada a conhecer aos trabalhadores em causa, os quais podem suscitar a correção de irregularidades, no prazo de 15 dias.

REGULAMENTO DO CÓDIGO DO TRABALHO

5 – O empregador deve proporcionar o conhecimento da informação aos trabalhadores da empresa e enviá-la, em prazo constante da portaria a que se refere o nº 2, às seguintes entidades:

a) O serviço com competência inspetiva do ministério responsável pela área laboral;

b) Os sindicatos representativos de trabalhadores da empresa que a solicitem, a comissão de trabalhadores, bem como os representantes dos trabalhadores para a segurança e saúde no trabalho na parte relativa às matérias da sua competência;

c) As associações de empregadores representadas na Comissão Permanente de Concertação Social que a solicitem.

6 – Os sindicatos e associações de empregadores podem solicitar a informação até 10 dias antes do início do prazo para entrega da mesma.

7 – O serviço a que se refere a alínea *a*) do nº 5 deve remeter a informação ao serviço do mesmo ministério competente para proceder ao apuramento estatístico da informação no quadro do sistema estatístico nacional e em articulação com o Instituto Nacional de Estatística, I. P.

8 – A informação prestada aos representantes dos empregadores ou dos trabalhadores, com exceção das remunerações em relação aos sindicatos, e ao serviço competente para proceder ao apuramento estatístico deve ser expurgada de elementos nominativos.

9 – O empregador deve conservar a informação enviada durante cinco anos.

10 – Constitui contraordenação muito grave a violação do disposto no nº 8, na parte respeitante ao empregador, contraordenação grave a violação do disposto no nº 5 e contraordenação leve a violação do disposto nos nºs 3, 4 e 9.

CAPÍTULO IX
Disposições finais e transitórias

ARTIGO 33º
Informação sobre prestadores de serviço

A informação anual sobre a atividade social da empresa a que se refere o artigo anterior deve abranger quem esteja vinculado ao empregador mediante contrato de prestação de serviço, relativamente às matérias especificadas na portaria prevista no nº 2 do artigo anterior.

ARTIGO 34º
Norma revogatória

A revogação do artigo 166º, dos nºs 3 e 4 do artigo 167º, dos artigos 170º, 259º, 452º a 464º e 480º, do nº 3 do artigo 484º e dos artigos 490º e 491º, determinada pelo nº 6 do artigo 12º da Lei nº 7/2009, de 12 de fevereiro, produz efeitos no início do primeiro ano abrangido pelo regime da informação relativa à atividade social da empresa a que se refere o artigo 32º

ARTIGO 35º
Alteração ao Código do Trabalho, aprovado pela Lei nº 7/2009, de 12 de fevereiro

1 – É alterado o artigo 538º do Código do Trabalho, aprovado pela Lei nº 7/2009, de 12 de fevereiro, que passa a ter a seguinte redação:

«ARTIGO 538.º
[...]

1 – ....

2 – ....

3 – ....

4 – ....

a) ....

b) Tratando-se de empresa do sector empresarial do Estado, por tribunal arbitral, constituído nos termos de lei específica sobre arbitragem obrigatória.

5 – ....

6 – ....

7 – .... »

2 – O disposto no número anterior produz efeitos a 17 de fevereiro de 2009, sem prejuízo da validade dos atos praticados ao abrigo das disposições agora revogadas.

A alteração foi inserida no local próprio.

ARTIGO 36º
Aditamento à Lei nº 4/2008, de 7 de fevereiro

É aditado o artigo 10º-A à Lei nº 4/2008, de 7 de fevereiro, com a seguinte redação:

«ARTIGO 10.º-A
Casos especiais de contrato de trabalho de muito curta duração

1 – O contrato de trabalho a termo resolutivo para a prestação de actividade artística de duração não superior a uma semana não está sujeito a forma escrita, devendo a entidade produtora ou organizadora dos espectáculos comunicar a sua celebração ao serviço competente da segurança social, mediante formulário electrónico, com os seguintes elementos:

a) Identificação, domicílio ou sede das partes;

REGULAMENTO DO CÓDIGO DO TRABALHO

    b) Actividade do trabalhador e correspondente retribuição;
    c) Local de trabalho;
    d) Data de início do trabalho.

2 – No caso previsto no número anterior, a duração total de contratos de trabalho a termo com a mesma entidade produtora ou organizadora dos espectáculos não pode exceder 60 dias de trabalho no ano civil.»

A alteração foi inserida no local próprio.

ARTIGO 37º
Entrada em vigor

A presente lei entra em vigor no dia seguinte ao da sua publicação.

Aprovada em 23 de julho de 2009.

O Presidente da Assembleia da República, *Jaime Gama.*

Promulgada em 31 de agosto de 2009.

Publique-se.

O Presidente da República, Aníbal Cavaco Silva.

Referendada em 31 de agosto de 2009.

O Primeiro-Ministro, *José Sócrates Carvalho Pinto de Sousa.*

Legislação Complementar

Ministério da Solidariedade, Emprego e Segurança Social

Decreto-Lei nº 37/2015, de 10 de março

A liberdade de acesso e de exercício de profissão é uma condição essencial para o livre desenvolvimento da personalidade e constitui um instrumento necessário para garantir o direito ao trabalho.

Nos termos da Constituição da República Portuguesa, as restrições à liberdade de escolha de profissão devem ser justificadas por um imperioso interesse público ou por razões inerentes à própria capacidade das pessoas e com estrita observância do princípio da proibição do excesso.

O novo regime de acesso e exercício de profissões e atividades profissionais, estabelecido pelo presente decreto-lei, visa, por isso, assegurar a simplificação e a eliminação de barreiras injustificadas.

O presente decreto-lei é aplicável a qualquer profissão, com exceção das profissões reguladas por associação pública profissional, as quais se regem pela Lei nº 2/2013, de 10 de janeiro, das profissões desenvolvidas no exercício de poderes públicos concedidos por lei e das profissões associadas a vínculo de emprego público, atendendo ao seu especial enquadramento constitucional.

Sendo possível distinguir entre profissões de acesso livre (aquelas cujo acesso não depende da verificação de requisitos profissionais, nomeadamente qualificações profissionais), profissões regulamentadas (aquelas que estão sujeitas à verificação de requisitos profissionais de acesso e de exercício) e profissões reguladas (aquelas cuja regulação se insere nas atribuições de associações públicas profissionais), justifica-se, desde logo, clarificar em que situações o acesso e exercício de profissão e de atividade profissional pode ser condicionado.

Por outro lado, cumpre ter presente que a existência de formação regulamentada, visa promover o ensino e a qualificação profissional, bem como potenciar a

MINISTÉRIO DA SOLIDARIEDADE, EMPREGO E SEGURANÇA SOCIAL

eficiência e transparência do respetivo sistema. Ora, a aposta na formação e qualificações profissionais é condição essencial de desenvolvimento da capacidade competitiva das empresas, da promoção da produtividade e da empregabilidade e, desse modo, da melhoria das condições de vida e de trabalho, de defesa da coesão social e de promoção da igualdade de oportunidades.

O atual regime de acesso e exercício de profissões, com longas raízes no ordenamento jurídico português e forte envolvimento dos parceiros sociais, tem vindo, progressivamente, a dar relevância à certificação das competências profissionais.

Assim, a titularidade de carteiras profissionais, enquanto requisito necessário para o exercício profissional, remonta ao regime corporativo, previsto no Decreto-Lei nº 29931, de 15 de setembro de 1939.

Contudo, as preocupações com as barreiras injustificadas à liberdade de escolha e acesso de profissão e com a proteção da confiança dos cidadãos encontraram acolhimento no Decreto-Lei nº 358/84, de 13 de novembro, alterado pela Lei nº 118/99, de 11 de agosto, que consagrou, por um lado, a regra de que a restrição de acesso ao exercício de profissões se fundamentava na defesa da saúde e integridade física e moral das pessoas ou na segurança dos bens e, por outro, a proteção das expectativas criadas pela emissão de carteiras profissionais, emitidas ao abrigo do regime anterior, para o exercício de profissão.

Por seu turno, o Decreto-Lei nº 92/2011, de 27 de julho, veio revogar o regime jurídico das carteiras profissionais, aprovado pelo referido Decreto-Lei nº 358/84, de 13 de novembro, e estabelecer o regime jurídico do Sistema de Regulação de Acesso a Profissões, o qual integra três vertentes: *a*) Simplificação e eliminação de barreiras no acesso a profissões e atividades profissionais; *b*) Criação da Comissão de Regulação do Acesso a Profissões (CRAP); e *c*) Regulação da certificação de competências profissionais obtidas através do Sistema Nacional de Qualificações (SNQ).

O Compromisso para o Crescimento, Competitividade e Emprego, assinado em 18 de janeiro de 2012 entre o Governo e a maioria dos Parceiros Sociais, reconheceu a necessidade de valorizar a qualificação profissional, nomeadamente através da revisão do regime de acesso a profissões.

Após o trabalho de levantamento e análise de regimes profissionais feito pela CRAP, entende o Governo ser necessário dinamizar a articulação das qualificações de nível superior e não superior, o sistema nacional de educação e formação profissional, potenciar a formação inicial, contínua e ao longo da vida e assegurar o reconhecimento da experiência profissional, através de um sistema centralizado de acompanhamento que permita assegurar uma visão transversal do mercado de trabalho, no acesso às profissões.

Neste âmbito, o presente decreto-lei atribui competências consultivas ao serviço do ministério responsável pela área laboral que tem por missão apoiar a conceção das políticas relativas ao emprego e formação profissional e às relações de trabalho, sem prejuízo da conveniente participação de serviços e institutos públicos com responsabilidades nas áreas do ensino superior, da educação e formação profissional de jovens e adultos e da promoção da criação e da qualidade do emprego, bem como

DECRETO-LEI Nº 37/2015, DE 10 DE MARÇO

de serviços dos ministérios responsáveis pelas áreas setoriais e das confederações sindicais e de empregadores com assento na Comissão Permanente de Concertação Social.

O presente decreto-lei procura igualmente tutelar as expectativas criadas pelos certificados de aptidão profissional e de carteiras profissionais, instituindo, por isso, um regime que permite a transição desses instrumentos de reconhecimento profissional para os novos modelos previstos pelo SNQ.

O presente decreto-lei foi objeto de apreciação pública, tendo sido publicado na separata nº 5 do *Boletim do Trabalho e Emprego*, de 28 de novembro de 2014.

Foram ouvidos os parceiros sociais com assento na Comissão Permanente de Concertação Social.

Assim:

No uso da autorização legislativa concedida pelo artigo 245º da Lei nº 83-C/2013, de 31 de dezembro, e nos termos das alíneas *a*) e *b*) do nº 1 do artigo 198º da Constituição, o Governo decreta o seguinte:

CAPÍTULO I
Disposições gerais

ARTIGO 1º
Objeto

O presente decreto-lei estabelece o regime de acesso e exercício de profissões e de atividades profissionais.

ARTIGO 2º
Âmbito

1 – O presente decreto-lei aplica-se a qualquer profissão ou atividade profissional, com exceção:

a) Das profissões associadas a vínculo de emprego público;
b) Das profissões desenvolvidas no exercício de poderes públicos concedidos por lei;
c) Das profissões reguladas por associações públicas profissionais.

2 – O presente decreto-lei só é aplicável às profissões ou atividades profissionais já regulamentadas caso ocorra a revisão dessa regulamentação.

ARTIGO 3º
Definições

Para efeitos do presente decreto-lei, entende-se por:

a) «Atividade profissional», a atividade lícita que constitua ocupação ou modo de vida de pessoa singular, desenvolvida em regime permanente, temporário ou

MINISTÉRIO DA SOLIDARIEDADE, EMPREGO E SEGURANÇA SOCIAL

sazonal, a título principal, secundário ou acessório, com subordinação ou autonomia, em exclusividade ou cumulação, e que pode integrar o conteúdo típico de uma profissão;

b) «Formação regulamentada», a formação especificamente orientada para o exercício de determinada profissão livre, regulada ou regulamentada, que consista num ciclo de estudos, eventualmente completado por formação profissional, estágio profissional ou prática profissional, que se enquadre em qualquer dos níveis de qualificação do Quadro Nacional de Qualificações;

c) «Profissão», a atividade ou o conjunto de atividades profissionais atribuídas a determinado perfil, previamente existente ou criado em função das necessidades do mercado de trabalho;

d) «Profissão de acesso livre», a profissão cujo acesso não depende da verificação de requisitos profissionais, nomeadamente da titularidade de determinadas qualificações profissionais, sem prejuízo da existência de formação regulamentada;

e) «Profissão regulada», a profissão regulamentada, cuja verificação do cumprimento de requisitos profissionais é atribuída a uma associação pública profissional;

f) «Profissão regulamentada», a profissão cujo acesso, o exercício ou uma das modalidades de exercício dependem direta ou indiretamente do cumprimento de requisitos profissionais, constituindo, nomeadamente, uma modalidade de exercício o uso de um título profissional limitado aos detentores de uma determinada qualificação profissional;

g) «Qualificações profissionais», as qualificações atestadas por título ou certificado de formação, certificado ou diploma de qualificações, documentos que atestam a titularidade de um grau ou diploma de ensino superior, declaração de competência ou de experiência profissional, eventualmente em cumulação com qualquer uma das formas anteriores;

h) «Requisitos profissionais», qualquer dever, obrigação, proibição, condição ou limite imposto à pessoa singular para o acesso ou exercício de uma profissão ou atividade profissional, nomeadamente qualificações profissionais, independentemente de estarem previstos em normas legais, regulamentares ou administrativas;

i) «Reserva de atividade», a atividade própria de determinada profissão ou conjunto de profissões, cujo exercício é apenas permitido aos titulares de um título profissional ou qualificação profissional;

j) «Título profissional», o documento que atesta as competências e qualificações profissionais necessárias para o desempenho de uma profissão ou atividade profissional.

DECRETO-LEI Nº 37/2015, DE 10 DE MARÇO

CAPÍTULO II
Acesso e exercício de profissões ou atividades profissionais

ARTIGO 4º
Finalidades

1 – Os regimes de acesso e exercício de profissões ou atividades profissionais devem garantir a igualdade de oportunidades, o direito ao trabalho e o direito à liberdade de escolha de profissão ou género de trabalho e a livre circulação de trabalhadores e prestadores de serviço.

2 – Qualquer regulação ou restrição do acesso e exercício de profissões ou atividades profissionais deve ser fundada em razões imperiosas de interesse público ou inerentes à própria capacidade das pessoas e respeitar o princípio da proibição do excesso.

ARTIGO 5º
Princípios estruturantes

1 – O acesso às profissões ou atividades profissionais deve ser livre.

2 – As atividades profissionais associadas a determinada profissão só lhe estão reservadas quando tal resulte expressamente da lei.

3 – Os requisitos profissionais devem ser avaliados periodicamente para assegurar a eliminação das barreiras injustificadas, desadequadas ou desnecessárias ao acesso e exercício de determinada profissão ou atividade profissional.

ARTIGO 6º
Acesso

1 – O acesso a profissão regulamentada só pode ficar sujeito à verificação de algum ou alguns dos seguintes requisitos profissionais, a definir por lei setorial:

a) Capacidade jurídica;
b) Habilitação académica;
c) Qualificações profissionais.

2 – Nas profissões regulamentadas, a titularidade de certificado de habilitações ou de diploma ou certificado de qualificações é requisito profissional suficiente para o acesso, salvo se o interesse público relevante exigir a fixação de algum requisito profissional adicional.

3 – A definição das qualificações profissionais requeridas para o acesso a determinada profissão ou atividade profissional deve considerar:

a) As qualificações de nível superior;
b) Os referenciais de qualificação não superior constantes do Catálogo Nacional de Qualificações (CNQ);
c) Os referenciais de qualificação não superior, para além dos previstos no CNQ, que integrem a oferta de cursos de especialização tecnológica criados por

MINISTÉRIO DA SOLIDARIEDADE, EMPREGO E SEGURANÇA SOCIAL

instituições do ensino superior, nos termos do nº 2 do artigo 3º da Portaria nº 781/ /2009, de 23 de julho;

d) Os diplomas ou certificados obtidos por aprovação em exame sem formação prévia.

4 – Quando o acesso a determinada profissão regulamentada dependa da titularidade de qualificações previstas no CNQ, o interessado pode obtê-la por um dos seguintes meios:

a) Formação inserida no CNQ, de acordo com o regime previsto no Decreto--Lei nº 396/2007, de 31 de dezembro;

b) Reconhecimento, validação e certificação de competências adquiridas noutras formações ou contextos pessoais e profissionais, nos termos do diploma previsto na alínea anterior.

5 – A certificação de competências profissionais deve, sempre que possível, ter por referência o CNQ e constituir um meio de reconhecimento da posse de conhecimentos, aptidões e competências adequados para determinada profissão ou atividade profissional de acesso livre ou exigidos para uma profissão regulamentada.

6 – Após a verificação do preenchimento dos requisitos profissionais de acesso à profissão regulamentada, a autoridade competente emite o respetivo título profissional, nos termos de legislação própria.

ARTIGO 7º
Proibição de *numerus clausus*

Não é admissível a fixação de *numerus clausus* no acesso à profissão ou à atividade profissional, associado ou não a restrições territoriais em função da população ou de distâncias geográficas entre profissionais ou suas sociedades e organizações associativas, ou à acreditação, por entidades públicas ou privadas, de cursos oficialmente reconhecidos.

ARTIGO 8º
Títulos profissionais

1 – Os títulos profissionais têm validade nacional, independentemente de terem sido emitidos por entidades localizadas no território continental ou nas Regiões Autónomas, e duração indeterminada.

2 – O disposto no número anterior não prejudica os poderes atribuídos às autoridades para suspender ou revogar o título profissional, nos casos excecionais devidamente identificados nos diplomas setoriais.

3 – A entidade empregadora deve solicitar ao trabalhador a apresentação do título profissional quando o mesmo seja exigido para acesso e exercício da atividade.

DECRETO-LEI Nº 37/2015, DE 10 DE MARÇO

ARTIGO 9º
Reconhecimento de qualificações profissionais obtidas fora de Portugal

O reconhecimento de qualificações profissionais, de nível superior ou não superior, obtidas fora de Portugal, por nacionais de Estados-Membros da União Europeia e do Espaço Económico Europeu deve obedecer ao regime jurídico aprovado pela Lei nº 9/2009, de 4 de março, alterada pelas Leis n.os 41/2012, de 28 de agosto, e 25/2014, de 2 de maio.

ARTIGO 10º
Exercício

O exercício de uma profissão ou atividade profissional pode ficar sujeito à verificação de algum ou alguns dos seguintes requisitos profissionais, a definir em diploma setorial:

a) Incompatibilidades ou impedimentos;
b) Sigilo profissional;
c) Regras deontológicas ou técnicas;
d) Verificação periódica de capacidade ou aptidão.

CAPÍTULO III
Acompanhamento dos regimes de acesso e exercício de profissões ou atividades profissionais

ARTIGO 11º
Entidades

1 – Incumbe à Direção-Geral do Emprego e das Relações de Trabalho (DGERT) acompanhar, de forma permanente, os regimes de acesso e exercício de profissões ou atividades profissionais.

2 – Incumbe à Agência Nacional para a Qualificação e o Ensino Profissional, I. P. (ANQEP, I. P.) garantir a articulação dos regimes de acesso e exercício de profissões ou atividades profissionais com o Sistema Nacional de Qualificações (SNQ), para o sistema de ensino não superior.

3 – Incumbe à Direção-Geral do Ensino Superior (DGES) garantir a articulação dos regimes de acesso e exercício de profissões ou atividades profissionais com o sistema de ensino superior.

ARTIGO 12º
Competências

1 – A DGERT presta o apoio técnico ao membro do Governo responsável pela área laboral e, a pedido do Governo, a outras entidades públicas, em matéria de acesso e exercício de profissões ou atividades profissionais.

MINISTÉRIO DA SOLIDARIEDADE, EMPREGO E SEGURANÇA SOCIAL

2 – Em matéria de acesso e exercício de profissões ou atividades profissionais, são atribuídas as seguintes competências à DGERT:

a) Solicitar, recolher, tratar e centralizar a informação, designadamente a requerida junto de associações profissionais e associações de setores de atividade, bem como os pareceres elaborados pela ANQEP, I. P., e pela DGES;

b) Solicitar pareceres, com carácter obrigatório, aos Parceiros Sociais com assento na Comissão Permanente de Concertação Social;

c) Acompanhar os aspetos técnicos, económicos e sociais;

d) Realizar estudos e inquéritos para identificar situações suscetíveis de constituírem barreiras injustificadas e propor as devidas alterações;

e) Elaborar pareceres fundamentados sobre a adequação dos regimes profissionais às normas e princípios consagrados no presente decreto-lei;

f) Contribuir para a divulgação dos regimes aplicáveis a profissões ou atividades profissionais.

3 – Em matéria de articulação dos regimes de acesso e exercício de profissões ou atividades profissionais com o SNQ são atribuídas as seguintes competências à ANQEP, I. P.:

a) Verificar a articulação dos requisitos exigidos para o acesso a profissão ou atividade regulamentada, em matéria de qualificações obtidas no ensino não superior;

b) Elaborar pareceres, quando tal for solicitado;

c) Contribuir para a identificação de situações suscetíveis de constituírem barreiras injustificadas e propor as devidas alterações;

d) Contribuir para a divulgação dos regimes aplicáveis a profissões ou atividades profissionais.

4 – Em matéria de articulação dos regimes de acesso e exercício de profissões ou atividades profissionais com o sistema de ensino superior são atribuídas as seguintes competências à DGES:

a) Verificar a articulação dos requisitos exigidos para o acesso a profissão ou atividade regulamentada em matéria de qualificações de ensino superior, bem como das situações previstas na alínea *c)* do nº 3 do artigo 6º;

b) Elaborar pareceres, quando tal for solicitado;

c) Contribuir para a identificação de situações suscetíveis de constituírem barreiras injustificadas e propor as devidas alterações;

d) Contribuir para a divulgação dos regimes aplicáveis a profissões ou atividades profissionais.

DECRETO-LEI Nº 37/2015, DE 10 DE MARÇO

CAPÍTULO IV
Disposições complementares, transitórias e finais

ARTIGO 13º
Regime da responsabilidade contraordenacional

1 – Caso os regimes setoriais não estabeleçam regras aplicáveis à responsabilidade contraordenacional, é aplicável o regime geral das contraordenações laborais previsto nos artigos 548º a 566º do Código do Trabalho, aprovado pela Lei nº 7/2009, de 12 de fevereiro, e o disposto nos números seguintes.

2 – Constituem contraordenações graves:

a) O exercício de profissão regulamentada ou a prática de atos abrangidos por reservas de atividade por pessoa que não cumpra os requisitos profissionais;

b) A celebração de contrato de trabalho com pessoa que não cumpra os requisitos profissionais exigidos para o exercício de profissão regulamentada ou a prática de atos abrangidos por reservas de atividade.

3 – Às contraordenações previstas no número anterior aplica-se o regime processual aplicável às contraordenações laborais e de segurança social, aprovado pela Lei nº 107/2009, de 14 de setembro, alterada pela Lei nº 63/2013, de 27 de agosto.

4 – Compete à Autoridade para as Condições do Trabalho (ACT) fiscalizar o cumprimento das normas em matéria de acesso e exercício de profissão e aplicar as respetivas sanções de natureza contraordenacional.

5 – O produto das coimas reverte em:

a) 50% para o Estado;
b) 30% para a ACT;
c) 20% para a DGERT.

ARTIGO 14º
Certificado de aptidão profissional e carteira profissional

1 – Os titulares de certificado de aptidão profissional (CAP) ou de carteira profissional, válido em 26 de outubro de 2011 e que tenha correspondência com a qualificação prevista no CNQ, podem requerer a sua substituição por diploma de qualificações à ANQEP, I. P., desde que detenham a habilitação escolar exigida para o efeito.

2 – Os titulares referidos no número anterior que não tenham a habilitação escolar exigida para o efeito podem requerer a emissão pela ANQEP, I. P., de um certificado profissional com carácter provisório, o qual é substituído pelo diploma de qualificações, no prazo de dois anos a contar da entrada em vigor do presente decreto-lei, uma vez obtida a correspondente habilitação, nomeadamente através de processo de reconhecimento, validação e certificação de competências.

3 – Findo o prazo previsto no número anterior, deixa de ser possível substituir o CAP e a carteira profissional de acordo com o procedimento aí previsto.

MINISTÉRIO DA SOLIDARIEDADE, EMPREGO E SEGURANÇA SOCIAL

4 – A substituição do CAP ou da carteira profissional pode ser requerida pelo respetivo titular junto da ANQEP, I. P., através do seu sítio na Internet, acessível através do balcão único dos serviços.

5 – Até à emissão dos novos documentos efetivos pela ANQEP, I. P., o comprovativo de entrega do requerimento do interessado vale como diploma de qualificações.

ARTIGO 15º
Cooperação administrativa

As autoridades competentes participam na cooperação administrativa, no âmbito dos procedimentos relativos a prestadores e profissionais provenientes de outros Estados-Membros da União Europeia ou do Espaço Económico Europeu, nos termos dos artigos 26º a 29º do Decreto-Lei nº 92/2010, de 26 de julho, e do nº 2 do artigo 51º da Lei nº 9/2009, de 4 de março, alterada pelas Leis nºs 41/2012, de 28 de agosto, e 25/2014, de 2 de maio, nomeadamente através do Sistema de Informação do Mercado Interno.

ARTIGO 16º
Regiões Autónomas

O presente decreto-lei é aplicável, com as devidas adaptações, às Regiões Autónomas, cabendo a respetiva execução administrativa aos serviços e organismos regionais competentes, sem prejuízo das atribuições das entidades de âmbito nacional.

ARTIGO 17º
Extinção da Comissão de Regulação do Acesso a Profissões

É extinta a Comissão de Regulação do Acesso a Profissões, sendo o respetivo arquivo transferido para a DGERT.

ARTIGO 18º
Norma revogatória

É revogado o Decreto-Lei nº 92/2011, de 27 de julho.

ARTIGO 19º
Entrada em vigor

O presente decreto-lei entra em vigor no primeiro dia útil do mês seguinte ao da sua publicação.

Visto e aprovado em Conselho de Ministros de 31 de dezembro de 2014. – *Pedro Passos Coelho – Maria Luís Casanova Morgado Dias de Albuquerque – Rui Manuel Parente*

DECRETO-LEI Nº 37/2015, DE 10 DE MARÇO

Chancerelle de Machete – Anabela Maria Pinto de Miranda Rodrigues – Pedro Pereira Gonçalves – Nuno Paulo de Sousa Arrobas Crato – Luís Pedro Russo da Mota Soares.

Promulgado em 2 de março de 2015.

Publique-se.

O Presidente da República, ANÍBAL CAVACO SILVA.

Referendado em 5 de março de 2015.

O Primeiro-Ministro, *Pedro Passos Coelho.*

Regime Jurídico da Promoção da Segurança e Saúde no Trabalho

Lei nº 102/2009, de 10 de setembro

Alterada e republicada pela Lei nº 3/2014, de 28 de janeiro[1] que procede às seguintes alterações: segunda alteração à Lei nº 102/2009, de 10 de setembro, que aprova o regime jurídico da promoção da segurança e saúde no trabalho, e à segunda alteração ao Decreto-Lei nº 116/97, de 12 de maio, que transpõe para a ordem jurídica interna a Diretiva nº 93/103/CE, do Conselho, de 23 de novembro, relativa às prescrições mínimas de segurança e de saúde no trabalho a bordo dos navios de pesca.

A Assembleia da República decreta, nos termos da alínea *c*) do artigo 161º da Constituição, o seguinte:

ARTIGO 1º
Objeto

1 – A presente lei procede à segunda alteração à Lei nº 102/2009, de 10 de setembro, alterada pela Lei nº 42/2012, de 28 de agosto, que aprova regime jurídico da

---

[1] Nos termos do art. 5º da presente Lei o nº 2 do art. 1º do Decreto Lei 116/97, de 12 de maio, alterado pela Lei 113/99, de 3 de agosto, passa a ter a seguinte redação:

O presente diploma aplica-se:

a) Sem prejuízo do disposto no nº 2 do artigo 3º da Lei nº 102/2009, de 10 de setembro, com a redação atual, e com as devidas adaptações, aos navios de pesca com comprimento inferior a 15 m;

b) Aos navios de pesca novos com comprimento igual ou superior a 15 m;

c) Aos navios de pesca existentes com comprimento igual ou superior a 18 m.

promoção da segurança e saúde no trabalho, conformando-o com a disciplina do Decreto-Lei nº 92/2010, de 26 de julho, que estabelece os princípios e as regras necessárias para simplificar o livre acesso e exercício das atividades de serviços e transpõe a Diretiva nº 2006/123/CE, do Parlamento Europeu e do Conselho, de 12 de dezembro, relativa aos serviços no mercado interno.

2 – A presente lei procede ainda à segunda alteração ao Decreto-Lei nº 116/97, de 12 de maio, alterado pela Lei nº 113/99, de 3 de agosto, que transpõe para a ordem jurídica interna a Diretiva nº 93/103/CE, do Conselho, de 23 de novembro, relativa às prescrições mínimas de segurança e de saúde no trabalho a bordo dos navios de pesca.

ARTIGO 2º
Alteração à Lei nº 102/2009, de 10 de setembro[1]

Os artigos 1º, 2º, 3º, 4º, 15º, 18º, 19º, 41º, 43º, 46º, 47º, 49º, 53º, 54º, 59º, 64º, 66º, 68º, 72º, 74º, 75º, 76º, 77º, 78º, 80º, 81º, 82º, 83º, 84º, 85º, 86º, 88º, 90º, 91º, 93º, 94º, 95º, 100º, 108º, 111º, 114º e 115º da Lei nº 102/2009, de 10 de setembro, alterada pela Lei nº 42/2012, de 28 de agosto, passam a ter a seguinte redação:

---

[1] Nos termos do art. 6º da presente Lei (norma revogatória), são revogados a alínea *a*) do nº 2 do artigo 8º, o nº 1 do artigo 47º, o nº 7 do artigo 74º, o nº 6 do artigo 80º, o nº 5 do artigo 81º, o nº 3 do artigo 83º, o nº 5 do artigo 86º e os artigos 97º, 98º, 99º, e 113º da Lei 102/2009, de 10 de setembro, alterada pela Lei 42/2012, de 28 de agosto.

Nos termos do art. 7º, nº 1 da presente Lei é republicada em anexo à presente lei, da qual faz parte integrante, a Lei nº 102/2009, de 10 de setembro.

Nos termos do art. 7º, nº 2 da presente Lei para efeitos de republicação onde se lê «portaria conjunta» deve ler-se «portaria».

ANEXO[1]
Regime Jurídico da Promoção da Segurança e Saúde no Trabalho[2]

CAPÍTULO I
Disposições gerais

SECÇÃO I
Objeto, âmbito e conceitos

ARTIGO 1º
Objeto

A presente lei estabelece o regime jurídico aplicável à:

a) Promoção da segurança e da saúde no trabalho, incluindo a prevenção, de acordo com o previsto no artigo 284º do Código do Trabalho, aprovado pela Lei nº 7/2009, de 12 de fevereiro;

b) Proteção de trabalhadora grávida, puérpera ou lactante em caso de atividades suscetíveis de apresentar risco específico de exposição a agentes, processos ou condições de trabalho, de acordo com o previsto no nº 6 do artigo 62º do Código do Trabalho;

c) Proteção de menor em caso de trabalhos que, pela sua natureza ou pelas condições em que são prestados, sejam prejudiciais ao seu desenvolvimento físico, psíquico e moral, de acordo com o previsto no nº 2 do artigo 72º do Código do Trabalho.

---

[1] Retificado pela Declaração de Retificação nº 20/2014 de 27 de março.
[2] Texto integral de acordo com a republicação da Lei nº 3/2014, de 28 de janeiro.

REGIME JURÍDICO DA PROMOÇÃO DA SEGURANÇA E SAÚDE NO TRABALHO

ARTIGO 2º
Transposição de diretivas comunitárias

1 – A presente lei transpõe para a ordem jurídica interna a Diretiva nº 89/391/ /CEE, do Conselho, de 12 de junho, relativa à aplicação de medidas destinadas a promover a melhoria da segurança e da saúde dos trabalhadores no trabalho, alterada pelo Regulamento (CE) nº 1882/2003, do Parlamento Europeu e do Conselho, de 29 de setembro, pela Diretiva nº 2007/30/CE, do Parlamento Europeu e do Conselho, de 20 de junho, e pelo Regulamento (CE) nº 1137/2008, do Parlamento Europeu e do Conselho, de 22 de outubro.

2 – A presente lei complementa, ainda, a transposição das seguintes diretivas europeias:

a) Diretiva nº 91/383/CEE, do Conselho, de 25 de junho, que completa a aplicação de medidas tendentes a promover a melhoria da segurança e da saúde dos trabalhadores que têm uma relação de trabalho a termo ou uma relação de trabalho temporário, alterada pela Diretiva nº 2007/30/CE, do Parlamento Europeu e do Conselho, de 20 de junho;

b) Diretiva nº 92/85/CEE, do Conselho, de 19 de outubro, relativa à implementação de medidas destinadas a promover a melhoria da segurança e da saúde das trabalhadoras grávidas, puérperas ou lactantes no trabalho, alterada pela Diretiva nº 2007/30/CE, do Parlamento Europeu e do Conselho, de 20 de junho;

c) Diretiva nº 94/33/CE, do Conselho, de 22 de junho, relativa à proteção dos jovens no trabalho, alterada pela Diretiva nº 2007/30/CE, do Parlamento Europeu e do Conselho, de 20 de junho;

d) No que respeita à proteção do património genético, as diretivas contendo prescrições mínimas de segurança e de saúde no trabalho contra os agentes químicos, físicos e biológicos, designadamente:

i) A Diretiva nº 2004/37/CE, do Parlamento Europeu e do Conselho, de 29 de abril, relativa à proteção dos trabalhadores contra riscos ligados à exposição de agentes cancerígenos ou mutagénicos durante o trabalho;

ii) A Diretiva nº 2000/54/CE, do Parlamento Europeu e do Conselho, de 18 de setembro, relativa à proteção dos trabalhadores contra riscos ligados à exposição a agentes biológicos durante o trabalho;

iii) A Diretiva nº 98/24/CE, do Conselho, de 7 de abril, relativa à proteção da segurança e da saúde dos trabalhadores contra os riscos ligados à exposição a agentes químicos no trabalho, alterada pela Diretiva nº 2007/30/CE, do Parlamento Europeu e do Conselho, de 20 de junho.

ARTIGO 3º
Âmbito

1 – Exceto na medida em que regimes especiais disponham diversamente, a presente lei aplica-se:

a) A todos os ramos de atividade, nos setores privado ou cooperativo e social;

b) Ao trabalhador por conta de outrem e respetivo empregador, incluindo as pessoas coletivas de direito privado sem fins lucrativos;

c) Ao trabalhador independente.

2 – Nos casos de explorações agrícolas familiares, da atividade desenvolvida por artesãos em instalações próprias ou do exercício da atividade da pesca em que o armador não explore mais do que duas embarcações com comprimento inferior a 15 m, aplica-se o regime estabelecido para o trabalhador independente.

3 – Os princípios definidos na presente lei são aplicáveis, sempre que se mostrem compatíveis com a sua especificidade, ao serviço doméstico e às situações em que ocorra prestação de trabalho por uma pessoa a outra, sem subordinação jurídica, quando o prestador de trabalho deva considerar-se na dependência económica do beneficiário da atividade.

ARTIGO 4º
Conceitos

Para efeitos da presente lei, entende-se por:

a) «Trabalhador» a pessoa singular que, mediante retribuição, se obriga a prestar serviço a um empregador e, bem assim, o tirocinante, o estagiário, o aprendiz e os que estejam na dependência económica do empregador em razão dos meios de trabalho e do resultado da sua atividade, embora não titulares de uma relação jurídica de emprego;

b) «Trabalhador independente» a pessoa singular que exerce uma atividade por conta própria;

c) «Empregador» a pessoa singular ou coletiva com um ou mais trabalhadores ao seu serviço e responsável pela empresa ou estabelecimento ou, quando se trate de organismos sem fins lucrativos, que detenha competência para a contratação de trabalhadores;

d) «Representante dos trabalhadores» o trabalhador eleito para exercer funções de representação dos trabalhadores nos domínios da segurança e saúde no trabalho;

e) «Local de trabalho» o lugar em que o trabalhador se encontra ou de onde ou para onde deva dirigir-se em virtude do seu trabalho, no qual esteja direta ou indiretamente sujeito ao controlo do empregador;

f) «Componentes materiais do trabalho» o local de trabalho, o ambiente de trabalho, as ferramentas, as máquinas, equipamentos e materiais, as substâncias e agentes químicos, físicos e biológicos e os processos de trabalho;

g) «Perigo» a propriedade intrínseca de uma instalação, atividade, equipamento, um agente ou outro componente material do trabalho com potencial para provocar dano;

h) «Risco» a probabilidade de concretização do dano em função das condições de utilização, exposição ou interação do componente material do trabalho que apresente perigo;

REGIME JURÍDICO DA PROMOÇÃO DA SEGURANÇA E SAÚDE NO TRABALHO

i) «Prevenção» o conjunto de políticas e programas públicos, bem como disposições ou medidas tomadas ou previstas no licenciamento e em todas as fases de atividade da empresa, do estabelecimento ou do serviço, que visem eliminar ou diminuir os riscos profissionais a que estão potencialmente expostos os trabalhadores;

j) «Auditoria» a atividade ou o conjunto de atividades desenvolvidas pelos organismos competentes para a promoção da segurança e saúde no trabalho dos ministérios responsáveis pelas áreas laboral e da saúde, com o objetivo de verificar o cumprimento dos pressupostos que deram origem à autorização para a prestação dos serviços de segurança e saúde no trabalho, bem como a qualidade do serviço prestado.

SECÇÃO II
Princípios gerais e sistema de prevenção de riscos profissionais

ARTIGO 5º
Princípios gerais

1 – O trabalhador tem direito à prestação de trabalho em condições que respeitem a sua segurança e a sua saúde, asseguradas pelo empregador ou, nas situações identificadas na lei, pela pessoa, individual ou coletiva, que detenha a gestão das instalações em que a atividade é desenvolvida.

2 – Deve assegurar-se que o desenvolvimento económico promove a humanização do trabalho em condições de segurança e de saúde.

3 – A prevenção dos riscos profissionais deve assentar numa correta e permanente avaliação de riscos e ser desenvolvida segundo princípios, políticas, normas e programas que visem, nomeadamente:

a) A conceção e a implementação da estratégia nacional para a segurança e saúde no trabalho;

b) A definição das condições técnicas a que devem obedecer a conceção, a fabricação, a importação, a venda, a cedência, a instalação, a organização, a utilização e a transformação das componentes materiais do trabalho em função da natureza e do grau dos riscos, assim como as obrigações das pessoas por tal responsáveis;

c) A determinação das substâncias, agentes ou processos que devam ser proibidos, limitados ou sujeitos a autorização ou a controlo da autoridade competente, bem como a definição de valores limite de exposição do trabalhador a agentes químicos, físicos e biológicos e das normas técnicas para a amostragem, medição e avaliação de resultados;

d) A promoção e a vigilância da saúde do trabalhador;

e) O incremento da investigação técnica e científica aplicadas no domínio da segurança e da saúde no trabalho, em particular no que se refere à emergência de novos fatores de risco;

372

LEI Nº 102/2009, DE 10 DE SETEMBRO

f) A educação, a formação e a informação para a promoção da melhoria da segurança e saúde no trabalho;

g) A sensibilização da sociedade, de forma a criar uma verdadeira cultura de prevenção;

h) A eficiência do sistema público de inspeção do cumprimento da legislação relativa à segurança e à saúde no trabalho.

4 – O desenvolvimento de políticas e programas e a aplicação de medidas a que se refere o número anterior devem ser apoiados por uma coordenação dos meios disponíveis, pela avaliação dos resultados quanto à diminuição dos riscos profissionais e dos danos para a saúde do trabalhador e pela mobilização dos agentes de que depende a sua execução, particularmente o empregador, o trabalhador e os seus representantes.

ARTIGO 6º
Sistema nacional de prevenção de riscos profissionais

1 – O sistema nacional de prevenção de riscos profissionais visa a efetivação do direito à segurança e à saúde no trabalho, por via da salvaguarda da coerência das medidas e da eficácia de intervenção das entidades públicas, privadas ou cooperativas que exercem, naquele âmbito, competências nas áreas da regulamentação, licenciamento, certificação, normalização, investigação, formação, informação, consulta e participação, serviços técnicos de prevenção e vigilância da saúde e inspeção.

2 – O Estado deve promover o desenvolvimento de uma rede nacional para a prevenção de riscos profissionais nas áreas de atuação referidas no número anterior, constituída por serviços próprios.

3 – O Estado pode, ainda, apoiar e celebrar acordos com entidades privadas ou cooperativas com capacidade técnica para a realização de ações no domínio da segurança e saúde no trabalho.

4 – Nos domínios da segurança e da saúde no trabalho deve ser desenvolvida a cooperação entre o Estado e as organizações representativas dos trabalhadores e empregadores e, ao nível da empresa, estabelecimento ou serviço, entre o empregador e os representantes dos trabalhadores e estes.

ARTIGO 7º
Definição de políticas, coordenação e avaliação de resultados

1 – Sem prejuízo de uma visão integrada e coerente, os ministérios responsáveis pelas áreas laboral e da saúde propõem a definição da política de promoção e fiscalização da segurança e da saúde no trabalho.

2 – As propostas referidas no número anterior devem procurar desenvolver as complementaridades e interdependências entre os domínios da segurança e da saúde no trabalho e o sistema de segurança social, o Serviço Nacional de Saúde, a proteção do ambiente e o Sistema Português da Qualidade (SPQ).

REGIME JURÍDICO DA PROMOÇÃO DA SEGURANÇA E SAÚDE NO TRABALHO

3 – Os serviços públicos com competência para licenciamento, certificação ou outra autorização para o exercício de uma atividade ou a afetação de um bem a tal exercício devem exercer a sua competência de modo a promover a segurança e a saúde no trabalho.

4 – A coordenação da aplicação das medidas de política e da avaliação de resultados, nomeadamente relativos à atividade inspetiva, cabe aos organismos competentes do ministério responsável pela área laboral.

5 – As medidas de política adotadas e a avaliação dos resultados destas e da ação inspetiva desenvolvida em matéria de segurança e de saúde no trabalho, assim como a informação estatística sobre acidentes de trabalho e doenças profissionais, devem ser objeto de publicação anual e de adequada divulgação.

6 – Para efeitos do número anterior, a informação estatística deve permitir a caracterização dos acidentes e das doenças profissionais de modo a contribuir para os estudos epidemiológicos, possibilitar a adoção de metodologias e critérios apropriados à conceção de programas e medidas de prevenção de âmbito nacional e setorial e ao controlo periódico dos resultados obtidos.

ARTIGO 8º
Consulta e participação

1 – Na promoção e na avaliação, a nível nacional, das medidas de políticas no domínio da segurança e da saúde no trabalho deve ser assegurada a consulta e a participação das organizações mais representativas dos empregadores e trabalhadores.

2 – Para efeitos do disposto no número anterior, as organizações de empregadores e trabalhadores com assento na Comissão Permanente de Concertação Social (CPCS) devem integrar:

a) *(Revogada.)*

b) O Conselho Consultivo para a Promoção da Segurança e Saúde no Trabalho da Autoridade para as Condições do Trabalho.

ARTIGO 9º
Educação, formação e informação para a segurança e para a saúde no trabalho

1 – O Estado deve prosseguir a integração de conteúdos sobre a segurança e a saúde no trabalho nos currículos escolares dos vários níveis de ensino, tendo em vista uma cultura de prevenção no quadro geral do sistema educativo e a prevenção dos riscos profissionais como preparação para a vida ativa.

2 – O Estado promove a integração de conteúdos sobre a segurança e a saúde no trabalho nas ações de educação e formação profissional de forma a permitir a aquisição de conhecimentos e hábitos de prevenção de acidentes de trabalho e doenças profissionais.

3 – O Estado promove ações de formação e informação destinadas a empregadores e trabalhadores, bem como ações de informação e esclarecimento públicos nas matérias da segurança e da saúde no trabalho.

LEI Nº 102/2009, DE 10 DE SETEMBRO

ARTIGO 10º
Investigação e formação especializada

1 – O Estado deve assegurar condições que promovam o conhecimento e a investigação na área da segurança e da saúde no trabalho.

2 – O fomento, pelo Estado, da investigação na área da segurança e da saúde no trabalho deve ser orientado, em especial, pelos seguintes vetores:

a) Apoio à criação de estruturas de investigação e à formação pós-graduada de especialistas e de investigadores;
b) Colaboração entre as várias estruturas nacionais interessadas;
c) Divulgação de informação científica e técnica que contribua para o avanço do conhecimento e progresso da investigação;
d) Incentivo à participação nacional em programas internacionais;
e) Incentivo ao estudo de boas práticas em matéria de sistemas de organização e funcionamento das atividades de prevenção.

3 – O fomento da investigação, do desenvolvimento experimental e da demonstração deve orientar-se predominantemente para a melhoria da prevenção dos riscos profissionais e da proteção da saúde do trabalhador.

ARTIGO 11º
Normalização

1 – As normas e especificações técnicas na área da segurança e da saúde no trabalho relativas, nomeadamente, a metodologias e a procedimentos, a critérios de amostragem, a certificação de produtos e equipamentos são aprovadas no âmbito do SPQ.

2 – As diretrizes práticas desenvolvidas pela Organização Internacional do Trabalho e Organização Mundial de Saúde, bem como as normas e especificações técnicas nacionais a que se refere o número anterior, constituem referências indispensáveis a ser tidas em conta nos procedimentos e medidas adotados em cumprimento da legislação sobre segurança e saúde no trabalho, bem como na produção de bens e equipamentos de trabalho.

ARTIGO 12º
Licenciamento e autorização de laboração

A legislação sobre licenciamento e autorização de laboração contém as especificações adequadas à prevenção de riscos profissionais e à proteção da saúde.

ARTIGO 13º
Segurança de máquinas e equipamentos de trabalho

1 – No âmbito da prevenção e da segurança dos equipamentos deve toda a pessoa singular ou coletiva que fabrique máquinas, aparelhos, ferramentas, instalações e outros equipamentos para utilização profissional proceder às investigações e operações necessárias para que, na fase de conceção e durante a fabricação, sejam, na

REGIME JURÍDICO DA PROMOÇÃO DA SEGURANÇA E SAÚDE NO TRABALHO

medida do possível, eliminados ou reduzidos ao mínimo quaisquer riscos que tais produtos possam apresentar para a saúde ou para a segurança das pessoas e garantir, por certificação adequada, antes do lançamento no mercado, a conformidade com os requisitos de segurança e de saúde aplicáveis.

2 – Toda a pessoa singular ou coletiva que importe, venda, alugue, ceda a qualquer título ou coloque em exposição máquinas, aparelhos, ferramentas ou instalações para utilização profissional deve:

a) Proceder ou mandar proceder aos ensaios e controlos necessários para se assegurar que a construção e o estado de tais equipamentos de trabalho são de forma a não apresentar riscos para a segurança e a saúde dos trabalhadores, desde que a utilização de tais equipamentos seja feita corretamente e para o fim a que se destinam, salvo quando os referidos equipamentos estejam devidamente certificados;

b) Tomar as medidas necessárias para que às máquinas, aos aparelhos, às ferramentas ou às instalações para utilização profissional sejam anexadas instruções, em português, quanto à montagem, à utilização, à conservação e à reparação das mesmas, em que se especifique, em particular, como devem proceder os trabalhadores incumbidos dessas tarefas, de forma a prevenir riscos para a sua segurança e a sua saúde e de outras pessoas.

3 – Toda a pessoa singular ou coletiva que proceda à montagem, à colocação, à reparação ou à adaptação de máquinas, aparelhos, ferramentas ou instalações para utilização profissional deve assegurar, na medida do possível, que, em resultado daquelas operações, tais equipamentos não apresentam risco para a segurança e a saúde das pessoas, desde que a sua utilização seja efetuada corretamente.

4 – As máquinas, os aparelhos, as ferramentas e as instalações para utilização profissional só podem ser fornecidos ou colocados em serviço desde que contenham a marcação de segurança, o nome e o endereço do fabricante ou do importador, bem como outras informações que permitam identificar claramente os mesmos e prevenir os riscos na sua utilização.

5 – Nos casos de feiras, demonstrações e exposições, quando as máquinas, aparelhos, ferramentas e instalações para utilização profissional se encontrem sem as normais proteções de segurança, devem estar indicadas, de forma bem visível, as precauções de segurança, bem como a impossibilidade de aquisição destes equipamentos tal como se encontram apresentados.

6 – As autoridades competentes devem divulgar, periodicamente, as especificações a respeitar na área de segurança no trabalho, por forma a garantir uma prevenção de conceção e a facilitar os respetivos procedimentos administrativos.

ARTIGO 14º
Fiscalização e inquéritos

1 – O organismo com competência inspetiva do ministério responsável pela área laboral controla o cumprimento da legislação relativa à segurança e à saúde no trabalho e aplica as sanções correspondentes ao seu incumprimento, sem prejuízo de competências específicas de outras entidades.

LEI Nº 102/2009, DE 10 DE SETEMBRO

2 – Compete ainda ao organismo a que se refere o número anterior a realização de inquérito em caso de acidente de trabalho mortal ou que evidencie uma situação particularmente grave.

3 – Em casos de doença profissional ou outro dano para a saúde ocorrido durante o trabalho ou com ele relacionado, o organismo competente do ministério responsável pela área da saúde, através das autoridades de saúde, e o organismo competente do ministério responsável pela área da segurança social podem, igualmente, promover a realização do inquérito.

4 – Os representantes dos trabalhadores podem apresentar as suas observações ao organismo com competência inspetiva do ministério responsável pela área laboral ou a outra autoridade competente, por ocasião de visita ou fiscalização à empresa ou estabelecimento.

5 – Os representantes dos trabalhadores podem, ainda, solicitar a intervenção do organismo com competência inspetiva do ministério responsável pela área laboral sempre que verifiquem que as medidas adotadas e os meios fornecidos pelo empregador são insuficientes para assegurar a segurança e saúde no trabalho.

CAPÍTULO II
Obrigações gerais do empregador e do trabalhador

ARTIGO 15º
Obrigações gerais do empregador

1 – O empregador deve assegurar ao trabalhador condições de segurança e de saúde em todos os aspetos do seu trabalho.

2 – O empregador deve zelar, de forma continuada e permanente, pelo exercício da atividade em condições de segurança e de saúde para o trabalhador, tendo em conta os seguintes princípios gerais de prevenção:

a) Evitar os riscos;

b) Planificar a prevenção como um sistema coerente que integre a evolução técnica, a organização do trabalho, as condições de trabalho, as relações sociais e a influência dos fatores ambientais;

c) Identificação dos riscos previsíveis em todas as atividades da empresa, estabelecimento ou serviço, na conceção ou construção de instalações, de locais e processos de trabalho, assim como na seleção de equipamentos, substâncias e produtos, com vista à eliminação dos mesmos ou, quando esta seja inviável, à redução dos seus efeitos;

d) Integração da avaliação dos riscos para a segurança e a saúde do trabalhador no conjunto das atividades da empresa, estabelecimento ou serviço, devendo adotar as medidas adequadas de proteção;

e) Combate aos riscos na origem, por forma a eliminar ou reduzir a exposição e aumentar os níveis de proteção;

377

f) Assegurar, nos locais de trabalho, que as exposições aos agentes químicos, físicos e biológicos e aos fatores de risco psicossociais não constituem risco para a segurança e saúde do trabalhador;

g) Adaptação do trabalho ao homem, especialmente no que se refere à conceção dos postos de trabalho, à escolha de equipamentos de trabalho e aos métodos de trabalho e produção, com vista a, nomeadamente, atenuar o trabalho monótono e o trabalho repetitivo e reduzir os riscos psicossociais;

h) Adaptação ao estado de evolução da técnica, bem como a novas formas de organização do trabalho;

i) Substituição do que é perigoso pelo que é isento de perigo ou menos perigoso;

j) Priorização das medidas de proteção coletiva em relação às medidas de proteção individual;

l) Elaboração e divulgação de instruções compreensíveis e adequadas à atividade desenvolvida pelo trabalhador.

3 – Sem prejuízo das demais obrigações do empregador, as medidas de prevenção implementadas devem ser antecedidas e corresponder ao resultado das avaliações dos riscos associados às várias fases do processo produtivo, incluindo as atividades preparatórias, de manutenção e reparação, de modo a obter como resultado níveis eficazes de proteção da segurança e saúde do trabalhador.

4 – Sempre que confiadas tarefas a um trabalhador, devem ser considerados os seus conhecimentos e as suas aptidões em matéria de segurança e de saúde no trabalho, cabendo ao empregador fornecer as informações e a formação necessárias ao desenvolvimento da atividade em condições de segurança e de saúde.

5 – Sempre que seja necessário aceder a zonas de risco elevado, o empregador deve permitir o acesso apenas ao trabalhador com aptidão e formação adequadas, pelo tempo mínimo necessário.

6 – O empregador deve adotar medidas e dar instruções que permitam ao trabalhador, em caso de perigo grave e iminente que não possa ser tecnicamente evitado, cessar a sua atividade ou afastar-se imediatamente do local de trabalho, sem que possa retomar a atividade enquanto persistir esse perigo, salvo em casos excecionais e desde que assegurada a proteção adequada.

7 – O empregador deve ter em conta, na organização dos meios de prevenção, não só o trabalhador como também terceiros suscetíveis de serem abrangidos pelos riscos da realização dos trabalhos, quer nas instalações quer no exterior.

8 – O empregador deve assegurar a vigilância da saúde do trabalhador em função dos riscos a que estiver potencialmente exposto no local de trabalho.

9 – O empregador deve estabelecer em matéria de primeiros socorros, de combate a incêndios e de evacuação as medidas que devem ser adotadas e a identificação dos trabalhadores responsáveis pela sua aplicação, bem como assegurar os contactos necessários com as entidades externas competentes para realizar aquelas operações e as de emergência médica.

10 – Na aplicação das medidas de prevenção, o empregador deve organizar os serviços adequados, internos ou externos à empresa, estabelecimento ou serviço, mobilizando os meios necessários, nomeadamente nos domínios das atividades

LEI Nº 102/2009, DE 10 DE SETEMBRO

técnicas de prevenção, da formação e da informação, bem como o equipamento de proteção que se torne necessário utilizar.

11 – As prescrições legais ou convencionais de segurança e de saúde no trabalho estabelecidas para serem aplicadas na empresa, estabelecimento ou serviço devem ser observadas pelo próprio empregador.

12 – O empregador suporta a totalidade dos encargos com a organização e o funcionamento do serviço de segurança e de saúde no trabalho e demais sistemas de prevenção, incluindo exames de vigilância da saúde, avaliações de exposições, testes e todas as ações necessárias no âmbito da promoção da segurança e saúde no trabalho, sem impor aos trabalhadores quaisquer encargos financeiros.

13 – Para efeitos do disposto no presente artigo, e salvaguardando as devidas adaptações, o trabalhador independente é equiparado a empregador.

14 – Constitui contraordenação muito grave a violação do disposto nos nºs 1 a 12.

15 – Sem prejuízo do disposto no número anterior, o empregador cuja conduta tiver contribuído para originar uma situação de perigo incorre em responsabilidade civil.

ARTIGO 16º
Atividades simultâneas ou sucessivas no mesmo local de trabalho

1 – Quando várias empresas, estabelecimentos ou serviços desenvolvam, simultaneamente, atividades com os seus trabalhadores no mesmo local de trabalho, devem os respetivos empregadores, tendo em conta a natureza das atividades que cada um desenvolve, cooperar no sentido da proteção da segurança e da saúde.

2 – Não obstante a responsabilidade de cada empregador, devem assegurar a segurança e a saúde, quanto a todos os trabalhadores a que se refere o número anterior, as seguintes entidades:

a) A empresa utilizadora, no caso de trabalhadores em regime de trabalho temporário;

b) A empresa cessionária, no caso de trabalhadores em regime de cedência ocasional;

c) A empresa em cujas instalações outros trabalhadores prestam serviço ao abrigo de contratos de prestação de serviços;

d) Nos restantes casos, a empresa adjudicatária da obra ou do serviço, para o que deve assegurar a coordenação dos demais empregadores através da organização das atividades de segurança e saúde no trabalho.

3 – A empresa utilizadora ou adjudicatária da obra ou do serviço deve assegurar que o exercício sucessivo de atividades por terceiros nas suas instalações ou com os equipamentos utilizados não constituem um risco para a segurança e saúde dos seus trabalhadores ou dos trabalhadores temporários, cedidos ocasionalmente ou de trabalhadores ao serviço de empresas prestadoras de serviços.

4 – Constitui contraordenação muito grave a violação do disposto nos nºs 2 e 3, sem prejuízo da responsabilidade do empregador.

5 – O dono da obra, empresa ou exploração agrícola e a empresa utilizadora ou adjudicatária de obra ou serviço, bem como os respetivos gerentes, administradores

REGIME JURÍDICO DA PROMOÇÃO DA SEGURANÇA E SAÚDE NO TRABALHO

ou diretores, assim como as sociedades que com o dono da obra, empresa ou exploração agrícola, empresa utilizadora ou adjudicatária de obra ou serviço se encontrem em relação de participações recíprocas, de domínio ou de grupo, são solidariamente responsáveis pelas violações das disposições legais relativas à segurança e saúde dos trabalhadores temporários, dos que lhe forem cedidos ocasionalmente ou dos trabalhadores ao serviço de empresas prestadoras de serviços, cometidas durante o exercício da atividade nas suas instalações, assim como pelo pagamento das respetivas coimas.

O nº 5 tem a redação que lhe foi conferida pela Lei nº 28/2016, de 23 de agosto, que procedeu à décima primeira alteração ao Código do Trabalho.

ARTIGO 17º
Obrigações do trabalhador

1 – Constituem obrigações do trabalhador:

a) Cumprir as prescrições de segurança e de saúde no trabalho estabelecidas nas disposições legais e em instrumentos de regulamentação coletiva de trabalho, bem como as instruções determinadas com esse fim pelo empregador;

b) Zelar pela sua segurança e pela sua saúde, bem como pela segurança e pela saúde das outras pessoas que possam ser afetadas pelas suas ações ou omissões no trabalho, sobretudo quando exerça funções de chefia ou coordenação, em relação aos serviços sob o seu enquadramento hierárquico e técnico;

c) Utilizar corretamente e de acordo com as instruções transmitidas pelo empregador, máquinas, aparelhos, instrumentos, substâncias perigosas e outros equipamentos e meios postos à sua disposição, designadamente os equipamentos de proteção coletiva e individual, bem como cumprir os procedimentos de trabalho estabelecidos;

d) Cooperar ativamente na empresa, no estabelecimento ou no serviço para a melhoria do sistema de segurança e de saúde no trabalho, tomando conhecimento da informação prestada pelo empregador e comparecendo às consultas e aos exames determinados pelo médico do trabalho;

e) Comunicar imediatamente ao superior hierárquico ou, não sendo possível, ao trabalhador designado para o desempenho de funções específicas nos domínios da segurança e saúde no local de trabalho as avarias e deficiências por si detetadas que se lhe afigurem suscetíveis de originarem perigo grave e iminente, assim como qualquer defeito verificado nos sistemas de proteção;

f) Em caso de perigo grave e iminente, adotar as medidas e instruções previamente estabelecidas para tal situação, sem prejuízo do dever de contactar, logo que possível, com o superior hierárquico ou com os trabalhadores que desempenham funções específicas nos domínios da segurança e saúde no local de trabalho.

2 – O trabalhador não pode ser prejudicado em virtude de se ter afastado do seu posto de trabalho ou de uma área perigosa em caso de perigo grave e iminente nem por ter adotado medidas para a sua própria segurança ou para a segurança de outrem.

3 – As obrigações do trabalhador no domínio da segurança e saúde nos locais de trabalho não excluem as obrigações gerais do empregador, tal como se encontram definidas no artigo 15º

LEI Nº 102/2009, DE 10 DE SETEMBRO

4 – Constitui contraordenação muito grave a violação do disposto na alínea *b*) do nº 1.

5 – Sem prejuízo do disposto no número anterior, o trabalhador que viole culposamente os deveres referidos no nº 1 ou o trabalhador cuja conduta tiver contribuído para originar uma situação de perigo incorre em responsabilidade disciplinar e civil.

CAPÍTULO III
Consulta, informação e formação dos trabalhadores

ARTIGO 18º
Consulta dos trabalhadores

1 – O empregador, com vista à obtenção de parecer, deve consultar por escrito e, pelo menos, uma vez por ano, previamente ou em tempo útil, os representantes dos trabalhadores para a segurança e saúde ou, na sua falta, os próprios trabalhadores sobre:

a) A avaliação dos riscos para a segurança e a saúde no trabalho, incluindo os respeitantes aos grupos de trabalhadores sujeitos a riscos especiais;

b) As medidas de segurança e saúde antes de serem postas em prática ou, logo que possível, em caso de aplicação urgente das mesmas;

c) As medidas que, pelo seu impacte nas tecnologias e nas funções, tenham repercussão sobre a segurança e saúde no trabalho;

d) O programa e a organização da formação no domínio da segurança e saúde no trabalho;

e) A designação do representante do empregador que acompanha a atividade da modalidade de serviço adotada;

f) A designação e a exoneração dos trabalhadores que desempenham funções específicas nos domínios da segurança e saúde no local de trabalho;

g) A designação dos trabalhadores responsáveis pela aplicação das medidas previstas no nº 9 do artigo 15º;

h) A modalidade de serviços a adotar, bem como o recurso a serviços externos à empresa e a técnicos qualificados para assegurar a realização de todas ou parte das atividades de segurança e de saúde no trabalho, nos termos do nº 2 do artigo 74º;

i) O equipamento de proteção que seja necessário utilizar;

j) Os riscos para a segurança e saúde, bem como as medidas de proteção e de prevenção e a forma como se aplicam, quer em relação à atividade desenvolvida quer em relação à empresa, estabelecimento ou serviço;

l) A lista anual dos acidentes de trabalho mortais e dos que ocasionem incapacidade para o trabalho superior a três dias úteis, elaborada até ao termo do prazo para entrega do relatório único relativo à informação sobre a atividade social da empresa;

m) Os relatórios dos acidentes de trabalho referidos na alínea anterior.

2 – Para efeitos do disposto no número anterior, deve ser facultado o acesso às informações técnicas objeto de registo e aos dados médicos coletivos, não individua-

REGIME JURÍDICO DA PROMOÇÃO DA SEGURANÇA E SAÚDE NO TRABALHO

lizados, assim como às informações técnicas provenientes de serviços de inspeção e outros organismos competentes no domínio da segurança e da saúde no trabalho.

3 – O parecer previsto no nº 1 deve ser emitido no prazo de 15 dias a contar da data do pedido de consulta, podendo o empregador fixar prazo superior atendendo à extensão ou complexidade das matérias.

4 – A não aceitação do parecer previsto no nº 1 quanto às matérias referidas nas alíneas e), f), g) e h) do mesmo número deve ser fundamentada por escrito.

5 – Decorrido o prazo referido no nº 3 sem que o parecer tenha sido entregue ao empregador, considera-se satisfeita a exigência de consulta.

6 – As consultas, respetivas respostas e propostas previstas nos nºs 1 e 4 devem constar de registo em livro próprio organizado pela empresa, nomeadamente em suporte informático.

7 – Sem prejuízo do disposto nos números anteriores, o trabalhador e os seus representantes para a segurança e a saúde podem, a todo o tempo, apresentar propostas de modo a minimizar qualquer risco profissional.

8 – Constitui contraordenação muito grave a violação do disposto no nº 1.

9 – Constitui contraordenação leve a violação do disposto nos nºs 2, 4 e 6.

ARTIGO 19º
Informação dos trabalhadores

1 – O trabalhador, assim como os seus representantes para a segurança e para a saúde na empresa, estabelecimento ou serviço, deve dispor de informação atualizada sobre:

a) As matérias referidas na alínea j) do nº 1 do artigo anterior;
b) As medidas e as instruções a adotar em caso de perigo grave e iminente;
c) As medidas de emergência e primeiros socorros, de evacuação de trabalhadores e de combate a incêndios, bem como os trabalhadores ou serviços encarregues de as pôr em prática.

2 – Sem prejuízo da formação adequada, a informação a que se refere o número anterior deve ser sempre disponibilizada ao trabalhador nos seguintes casos:

a) Admissão na empresa;
b) Mudança de posto de trabalho ou de funções;
c) Introdução de novos equipamentos de trabalho ou alteração dos existentes;
d) Adoção de uma nova tecnologia;
e) Atividades que envolvam trabalhadores de diversas empresas.

3 – O empregador deve informar os trabalhadores com funções específicas no domínio da segurança e da saúde no trabalho sobre as matérias referidas nas alíneas a), b), i) e l) do nº 1 e no nº 2 do artigo anterior.

4 – O empregador deve informar os serviços e os técnicos qualificados exteriores à empresa que exerçam atividades de segurança e de saúde no trabalho sobre os fatores que presumível ou reconhecidamente afetem a segurança e a saúde dos trabalhadores e as matérias referidas nas alíneas a) e g) do nº 1 do artigo 18º

LEI Nº 102/2009, DE 10 DE SETEMBRO

5 – A empresa em cujas instalações é prestado um serviço deve informar os respetivos empregadores e trabalhadores sobre as matérias identificadas no número anterior.

6 – O empregador deve, ainda, comunicar a admissão de trabalhadores com contratos de duração determinada, em comissão de serviço ou em cedência ocasional, ao serviço de segurança e de saúde no trabalho mencionado no nº 4 e aos trabalhadores com funções específicas no domínio da segurança e da saúde no trabalho.

7 – Constitui contraordenação muito grave a violação do disposto nos nºs 1 e 2.

8 – Constitui contraordenação leve a violação do disposto nos nºs 3, 4, 5 e 6.

ARTIGO 20º
Formação dos trabalhadores

1 – O trabalhador deve receber uma formação adequada no domínio da segurança e saúde no trabalho, tendo em atenção o posto de trabalho e o exercício de atividades de risco elevado.

2 – Aos trabalhadores designados para se ocuparem de todas ou algumas das atividades de segurança e de saúde no trabalho deve ser assegurada, pelo empregador, a formação permanente para o exercício das respetivas funções.

3 – Sem prejuízo do disposto no nº 1, o empregador deve formar, em número suficiente, tendo em conta a dimensão da empresa e os riscos existentes, os trabalhadores responsáveis pela aplicação das medidas de primeiros socorros, de combate a incêndios e de evacuação de trabalhadores, bem como facultar-lhes material adequado.

4 – A formação dos trabalhadores da empresa sobre segurança e saúde no trabalho deve ser assegurada de modo a que não possa resultar prejuízo para os mesmos.

5 – Para efeitos do disposto nos números anteriores, o empregador e as respetivas associações representativas podem solicitar o apoio dos organismos públicos competentes quando careçam dos meios e condições necessários à realização da formação.

6 – Constitui contraordenação grave a violação do disposto nos nºs 1 a 4.

CAPÍTULO IV
Representantes dos trabalhadores para a segurança
e saúde no trabalho

SECÇÃO I
Representantes dos trabalhadores

ARTIGO 21º
Representantes dos trabalhadores para a segurança e a saúde no trabalho

1 – Os representantes dos trabalhadores para a segurança e a saúde no trabalho são eleitos pelos trabalhadores por voto direto e secreto, segundo o princípio da representação proporcional pelo método de Hondt.

REGIME JURÍDICO DA PROMOÇÃO DA SEGURANÇA E SAÚDE NO TRABALHO

2 – Só podem concorrer listas apresentadas pelas organizações sindicais que tenham trabalhadores representados na empresa ou listas que se apresentem subscritas, no mínimo, por 20% dos trabalhadores da empresa, não podendo nenhum trabalhador subscrever ou fazer parte de mais de uma lista.

3 – Cada lista deve indicar um número de candidatos efetivos igual ao dos lugares elegíveis e igual número de candidatos suplentes.

4 – Salvo disposição em contrário prevista no instrumento de regulamentação coletiva aplicável, os representantes dos trabalhadores não podem exceder:

a) Empresas com menos de 61 trabalhadores – um representante;
b) Empresas de 61 a 150 trabalhadores – dois representantes;
c) Empresas de 151 a 300 trabalhadores – três representantes;
d) Empresas de 301 a 500 trabalhadores – quatro representantes;
e) Empresas de 501 a 1000 trabalhadores – cinco representantes;
f) Empresas de 1001 a 1500 trabalhadores – seis representantes;
g) Empresas com mais de 1500 trabalhadores – sete representantes.

5 – O mandato dos representantes dos trabalhadores é de três anos.

6 – A substituição dos representantes só é admitida no caso de renúncia ou impedimento definitivo, cabendo a mesma aos candidatos efetivos e suplentes pela ordem indicada na respetiva lista.

7 – Os representantes dos trabalhadores dispõem, para o exercício das suas funções, de um crédito de cinco horas por mês.

ARTIGO 22º
Formação dos representantes dos trabalhadores

1 – Aos representantes dos trabalhadores para a segurança e saúde no trabalho deve ser assegurada formação permanente para o exercício das respetivas funções, nos termos dos números seguintes.

2 – O empregador deve proporcionar condições para que os representantes dos trabalhadores para a segurança e a saúde no trabalho recebam formação concedendo, se necessário, licença com retribuição, ou sem retribuição se outra entidade atribuir subsídio específico.

3 – O empregador ou as respetivas associações representativas, bem como as estruturas de representação coletiva dos trabalhadores, podem solicitar apoio dos serviços públicos competentes quando careçam dos meios e condições necessários à realização da formação.

4 – Constitui contraordenação grave a violação do disposto nos nºs 1 e 2.

ARTIGO 23º
Comissões de segurança no trabalho

1 – Para efeitos da presente lei, por convenção coletiva, podem ser criadas comissões de segurança e saúde no trabalho de composição paritária.

2 – A comissão de segurança e de saúde no trabalho criada nos termos do número anterior é constituída pelos representantes dos trabalhadores para a segurança e a saúde no trabalho, com respeito pelo princípio da proporcionalidade.

ARTIGO 24º
Apoio aos representantes dos trabalhadores

1 – Os órgãos de gestão das empresas devem pôr à disposição dos representantes dos trabalhadores para a segurança e a saúde no trabalho as instalações adequadas, bem como os meios materiais e técnicos necessários ao desempenho das suas funções.

2 – Os representantes dos trabalhadores para a segurança e a saúde no trabalho têm igualmente direito a distribuir informação relativa à segurança e à saúde no trabalho, bem como à sua afixação em local adequado que for destinado para esse efeito.

ARTIGO 25º
Reuniões com os órgãos de gestão da empresa

1 – Os representantes dos trabalhadores para a segurança e a saúde no trabalho têm o direito de reunir com o órgão de gestão da empresa, pelo menos uma vez por mês, para discussão e análise dos assuntos relacionados com a segurança e a saúde no trabalho.

2 – Da reunião referida no número anterior é lavrada ata, que deve ser assinada por todos os presentes.

3 – O crédito de horas previsto no nº 7 do artigo 21º não é afetado para efeitos de realização da reunião a que se refere o nº 1.

4 – Constitui contraordenação grave a violação do disposto nos nºs 1 e 2.

SECÇÃO II
Eleição dos representantes dos trabalhadores para a segurança e a saúde no trabalho

ARTIGO 26º
Capacidade eleitoral

Nenhum trabalhador da empresa pode ser prejudicado nos seus direitos de eleger e ser eleito, nomeadamente em razão da idade ou da função.

ARTIGO 27º
Promoção da eleição

1 – Os trabalhadores ou o sindicato que tenha trabalhadores representados na empresa promovem a eleição dos representantes dos trabalhadores para a segurança e saúde no trabalho.

REGIME JURÍDICO DA PROMOÇÃO DA SEGURANÇA E SAÚDE NO TRABALHO

2 – No caso de o ato eleitoral ser promovido pelos trabalhadores, a convocatória deve ser subscrita, no mínimo, por 100 ou 20% dos trabalhadores da empresa.

3 – Os trabalhadores ou o sindicato que promovem a eleição comunicam aos organismos competentes do ministério responsável pela área laboral e ao empregador, com a antecedência mínima de 90 dias, a data do ato eleitoral.

ARTIGO 28º
Publicidade

1 – Após a receção da comunicação prevista no artigo anterior:

a) O organismo competente do ministério responsável pela área laboral procede de imediato à publicação da comunicação no *Boletim do Trabalho e Emprego* (BTE);

b) O empregador deve afixá-la de imediato em local apropriado na empresa e no estabelecimento, devendo juntar uma referência à obrigatoriedade de publicação no BTE.

2 – Constitui contraordenação grave a violação do disposto na alínea *b)* do número anterior.

ARTIGO 29º
Comissão eleitoral

1 – A comissão eleitoral é constituída por:

a) Um presidente – trabalhador com mais antiguidade na empresa e, em caso de igualdade, o que tiver mais idade e, mantendo-se a igualdade, o que tiver mais habilitações;

b) Um secretário – trabalhador com menos antiguidade na empresa, desde que superior a dois anos e, em caso de igualdade, o que tiver mais idade e, mantendo-se a igualdade, o que tiver mais habilitações;

c) Dois trabalhadores escolhidos de acordo com os critérios fixados nas alíneas anteriores, salvo tratando-se de microempresa ou de pequena empresa;

d) Um representante de cada lista.

2 – Em caso de recusa de participação na comissão eleitoral, é realizada uma nova escolha, de acordo com os critérios previstos nos números anteriores.

3 – O presidente, o secretário e os trabalhadores escolhidos de acordo com o disposto na alínea *c)* do nº 1 são investidos nas funções, após declaração de aceitação, no prazo de cinco dias a contar da publicação da convocatória do ato eleitoral no BTE.

4 – Os representantes das listas integram a comissão eleitoral, após declaração de aceitação, no dia subsequente à decisão de admissão das listas.

5 – A composição da comissão eleitoral deve ser comunicada ao empregador no prazo de 48 horas a contar da declaração de aceitação dos membros referidos no nº 1.

LEI Nº 102/2009, DE 10 DE SETEMBRO

ARTIGO 30º
Competência e funcionamento da comissão eleitoral

1 – Compete ao presidente da comissão eleitoral afixar as datas de início e termo do período para apresentação de listas, em local apropriado na empresa e no estabelecimento, o qual não pode ser inferior a 5 nem superior a 15 dias, bem como dirigir a atividade da comissão.

2 – Compete à comissão eleitoral dirigir o procedimento da eleição, nomeadamente:

a) Receber as listas de candidaturas;
b) Verificar a regularidade das listas, em especial no que respeita aos proponentes, número de candidatos e a sua qualidade de trabalhadores da empresa;
c) Afixar as listas na empresa e no estabelecimento;
d) Fixar o período durante o qual as listas candidatas podem afixar comunicados nos locais apropriados na empresa e no estabelecimento;
e) Fixar o número e a localização das secções de voto;
f) Realizar o apuramento global do ato eleitoral;
g) Proclamar os resultados;
h) Comunicar os resultados da eleição ao organismo competente do ministério responsável pela área laboral;
i) Resolver dúvidas e omissões do procedimento da eleição.

3 – A comissão eleitoral delibera por maioria, tendo o presidente voto de qualidade.

ARTIGO 31º
Caderno eleitoral

1 – O empregador deve entregar à comissão eleitoral, no prazo de 48 horas após a receção da comunicação que identifica o presidente e o secretário, o caderno eleitoral, procedendo aquela à imediata afixação na empresa e no estabelecimento.

2 – O caderno eleitoral deve conter o nome dos trabalhadores da empresa e, sendo caso disso, identificados por estabelecimento, à data da marcação do ato eleitoral.

3 – Constitui contraordenação muito grave a violação do disposto no presente artigo.

ARTIGO 32º
Reclamações

1 – Os trabalhadores da empresa podem reclamar, no prazo de cinco dias a contar da afixação prevista no nº 1 do artigo anterior, para a comissão eleitoral, de quaisquer erros ou omissões constantes do caderno eleitoral.

2 – A comissão eleitoral decide as reclamações apresentadas no prazo máximo de 10 dias, após o qual afixa as correções do caderno eleitoral que se tenham verificado.

ARTIGO 33º
Listas

1 – As listas de candidaturas devem ser entregues ao presidente da comissão eleitoral, acompanhadas de declaração de aceitação dos respetivos trabalhadores.

2 – A comissão eleitoral decide sobre a admissão das listas apresentadas nos cinco dias seguintes ao termo do período de apresentação.

3 – Em caso de rejeição de admissibilidade de qualquer lista apresentada, os seus proponentes podem sanar os vícios existentes no prazo de 48 horas.

4 – Após a decisão da admissão de cada lista, o presidente da comissão eleitoral atribui-lhe uma letra do alfabeto de acordo com a ordem de apresentação.

5 – As listas devem ser imediatamente afixadas, em locais apropriados, na empresa e no estabelecimento.

ARTIGO 34º
Boletins de voto e urnas

1 – Os boletins de voto são elaborados pela comissão eleitoral nos 15 dias anteriores à data do ato eleitoral.

2 – Os boletins de voto devem conter por ordem alfabética de admissão as listas concorrentes.

3 – As urnas devem ser providenciadas pela comissão eleitoral, devendo assegurar a segurança dos boletins.

ARTIGO 35º
Secções de voto

1 – Em cada estabelecimento com um mínimo de 10 trabalhadores deve existir, pelo menos, uma secção de voto.

2 – A cada secção de voto não podem corresponder mais de 500 eleitores.

3 – Cada mesa de voto é composta por um presidente, que dirige a respetiva votação, e um secretário, escolhidos pelo presidente da comissão eleitoral nos termos do artigo 29º, e por um representante de cada lista, ficando, para esse efeito, dispensados da respetiva prestação de trabalho.

4 – Constitui contraordenação muito grave a violação do disposto no nº 1 e contraordenação grave a violação do disposto na parte final do número anterior.

ARTIGO 36º
Ato eleitoral

1 – As urnas de voto são colocadas nos locais de trabalho, de modo a permitir que todos os trabalhadores possam votar sem prejudicar o normal funcionamento da empresa ou estabelecimento.

2 – A votação é efetuada no local e durante as horas de trabalho.

3 – A votação deve ter a duração mínima de três horas e máxima de cinco, competindo à comissão eleitoral fixar o seu horário de funcionamento, cinco dias antes da data do ato eleitoral, não podendo o encerramento ocorrer depois das 21 horas.

LEI Nº 102/2009, DE 10 DE SETEMBRO

4 – No caso de trabalho por turnos ou de horários diferenciados na empresa, o ato eleitoral do turno da noite deve preceder o do turno de dia.

5 – Os trabalhadores podem votar durante o seu horário de trabalho, para o que cada um dispõe do tempo para tanto indispensável.

6 – Nas empresas com estabelecimentos geograficamente dispersos, o ato eleitoral deve ser realizado em todos no mesmo dia, no mesmo horário e nos mesmos termos.

7 – Quando, devido ao trabalho por turnos ou outros motivos, não seja possível respeitar o disposto no número anterior, deve ser simultânea a abertura das urnas de voto para o respetivo apuramento em todos os estabelecimentos da empresa.

8 – Os votantes devem ser identificados e registados em documento próprio, com termo de abertura e encerramento, assinado e rubricado em todas as folhas pela mesa eleitoral.

9 – Constitui contraordenação muito grave a violação do disposto no nº 1 e contraordenação grave a violação do disposto no nº 5.

ARTIGO 37º
Apuramento do ato eleitoral

1 – O apuramento do ato eleitoral deve ser realizado imediatamente após o encerramento das urnas.

2 – O apuramento do resultado da votação na secção de voto é realizado pela respetiva mesa, competindo ao seu presidente comunicar de imediato os resultados à comissão eleitoral.

3 – O apuramento global do ato eleitoral é feito pela comissão eleitoral.

ARTIGO 38º
Ata

1 – A ata deve conter as deliberações da comissão eleitoral e das mesas de voto, bem como tudo o que acontecer no procedimento eleitoral, nomeadamente quaisquer incidentes ocorridos e o apuramento do resultado.

2 – Os membros da comissão eleitoral e das mesas de voto aprovam, rubricam e assinam as respetivas atas.

3 – O documento previsto no nº 8 do artigo 36º deve ser anexo à ata da respetiva secção de voto.

ARTIGO 39º
Publicidade do resultado da eleição

1 – A comissão eleitoral deve proceder à afixação dos elementos de identificação dos representantes eleitos, bem como da cópia da ata da respetiva eleição, durante 15 dias a contar da data do apuramento, no local ou locais em que a eleição teve lugar e remeter, dentro do mesmo prazo, ao organismo competente do ministério responsável pela área laboral, bem como aos órgãos de gestão da empresa.

REGIME JURÍDICO DA PROMOÇÃO DA SEGURANÇA E SAÚDE NO TRABALHO

2 – O organismo competente do ministério responsável pela área laboral regista o resultado da eleição e procede à sua publicação imediatamente no BTE.

3 – Constitui contraordenação grave a oposição do empregador à afixação dos resultados da votação nos termos do nº 1.

ARTIGO 40º
Início de atividades

Os representantes dos trabalhadores para a segurança e a saúde no trabalho só podem iniciar o exercício das respetivas atividades depois da publicação prevista no nº 2 do artigo anterior.

CAPÍTULO V
Proteção do património genético

ARTIGO 41º
Riscos para o património genético

1 – São suscetíveis de implicar riscos para o património genético os agentes químicos, físicos e biológicos ou outros fatores que possam causar efeitos genéticos hereditários, efeitos prejudiciais não hereditários na progenitura ou atentar contra as funções e capacidades reprodutoras masculinas ou femininas, designadamente os seguintes:

a) As substâncias perigosas que, nos termos do Regulamento (CE) nº 1272/ /2008, do Parlamento Europeu e do Conselho, de 16 de dezembro, relativo à classificação, rotulagem e embalagem de substâncias e misturas, alterado pelo Regulamento (CE) nº 790/2009, da Comissão, de 10 de agosto, e pelo Regulamento (UE) nº 286/2011, da Comissão, de 10 de março, sejam classificadas numa ou mais das seguintes classes de perigo:

i) Carcinogenicidade, categorias 1A, 1B ou 2;
ii) Toxicidade reprodutiva, categorias 1A, 1B, 2 ou com efeitos sobre a lactação ou através dela;
iii) Mutagenicidade em células germinativas, categorias 1A ou 1B;

b) Até 31 de maio de 2015, as misturas perigosas que, nos termos do Decreto-Lei nº 82/2003, de 23 de abril, alterado pelos Decretos-Leis nºs 63/2008, de 2 de abril, e 155/2013, de 5 de novembro, sejam classificadas como nocivas (Xn) e qualificadas por uma ou mais das seguintes advertências de risco:

i) «R 40 – possibilidade de efeitos cancerígenos»;
ii) «R 45 – pode causar cancro»;
iii) «R 46 – pode causar alterações genéticas hereditárias»;
iv) «R 49 – pode causar cancro por inalação»;
v) «R 60 – pode comprometer a fertilidade»;

LEI Nº 102/2009, DE 10 DE SETEMBRO

vi) «R 61 – risco durante a gravidez com efeitos adversos na descendência»;

vii) «R 62 – possíveis riscos de comprometer a fertilidade»;

viii) «R 63 – possíveis riscos durante a gravidez de efeitos adversos na descendência»;

ix) «R 64 – efeitos tóxicos na reprodução»;

c) A partir de 1 de junho de 2015, as misturas perigosas que, nos termos do Regulamento (CE) nº 1272/2008, do Parlamento Europeu e do Conselho, de 16 de dezembro, relativo à classificação, rotulagem e embalagem de substâncias e misturas, sejam classificadas numa ou mais das seguintes classes de perigo:

i) Carcinogenicidade, categorias 1A, 1B ou 2;

ii) Toxicidade reprodutiva, categorias 1A, 1B, 2 ou com efeitos sobre a lactação ou através dela;

d) Mutagenicidade em células germinativas, categorias 1A ou 1B;

e) As radiações ionizantes e as temperaturas elevadas;

f) As bactérias da brucela, da sífilis, o bacilo da tuberculose e os vírus da rubéola (rubivírus), do herpes simplex tipos 1 e 2, da papeira, da síndrome de imunodeficiência humana (sida) e o toxoplasma.

2 – Nas atividades em que os trabalhadores possam estar expostos a agentes suscetíveis de implicar riscos para o património genético, a presente lei, na parte em que seja mais favorável para a segurança e a saúde dos trabalhadores, prevalece sobre a aplicabilidade das medidas de prevenção e proteção previstas em legislação específica.

ARTIGO 42º
Avaliação de riscos suscetíveis de efeitos prejudiciais no património genético

1 – O empregador deve verificar a existência de agentes ou fatores que possam ter efeitos prejudiciais para o património genético e avaliar os correspondentes riscos.

2 – A avaliação de riscos deve ter em conta todas as informações disponíveis, nomeadamente:

a) A recolha de informação sobre os agentes ou fatores;

b) O estudo dos postos de trabalho para determinar as condições reais de exposição, designadamente a natureza do trabalho, as características dos agentes ou fatores, os períodos de exposição e a interação com outros riscos;

c) As recomendações dos organismos competentes no domínio da segurança e da saúde no trabalho.

3 – A avaliação de riscos deve ser feita trimestralmente, bem como quando haja alteração das condições de trabalho suscetível de afetar a exposição dos trabalhadores, os resultados da vigilância da saúde o justifiquem ou se verifique desenvolvimento da investigação científica nesta matéria.

REGIME JURÍDICO DA PROMOÇÃO DA SEGURANÇA E SAÚDE NO TRABALHO

4 – A avaliação de riscos deve identificar os trabalhadores expostos e aqueles que, sendo particularmente sensíveis, podem necessitar de medidas de proteção especial.

5 – Constitui contraordenação muito grave a violação do disposto nos números anteriores.

ARTIGO 43º
Deveres de informação específica

1 – Sem prejuízo das obrigações gerais em matéria de informação e consulta, o empregador deve disponibilizar informação atualizada aos trabalhadores e aos seus representantes para a segurança e saúde no trabalho sobre:

a) As substâncias e misturas perigosas, os equipamentos de trabalho e os materiais ou matérias-primas presentes nos locais de trabalho que possam representar perigo de agressão ao património genético;

b) Os resultados da avaliação dos riscos;

c) A identificação dos trabalhadores expostos.

2 – A informação referida no número anterior deve ser colocada à disposição do médico do trabalho ou da entidade pública responsável pela vigilância da saúde dos trabalhadores.

3 – O empregador deve transmitir a informação referida nas alíneas *a*) e *b*) do nº 1 aos trabalhadores independentes e às empresas que, nas mesmas instalações, desenvolvam atividades em simultâneo com os seus trabalhadores, a qualquer título.

4 – Constitui contraordenação grave a violação do disposto neste artigo.

ARTIGO 44º
Vigilância da saúde

1 – Sem prejuízo das obrigações gerais em matéria de saúde no trabalho, o empregador deve assegurar a vigilância adequada da saúde dos trabalhadores em relação aos quais o resultado da avaliação revele a existência de riscos para o património genético, através de exames de saúde, devendo ser realizado um exame antes da primeira exposição.

2 – A vigilância da saúde referida no número anterior deve permitir a aplicação dos conhecimentos de medicina do trabalho mais recentes, ser baseada nas condições ou circunstâncias em que cada trabalhador tenha sido ou possa ser sujeito à exposição a agentes ou fatores de risco e incluir, no mínimo, os seguintes procedimentos:

a) Registo da história clínica e profissional de cada trabalhador;

b) Entrevista pessoal com o trabalhador;

c) Avaliação individual do seu estado de saúde;

d) Vigilância biológica sempre que necessária;

e) Rastreio de efeitos precoces e reversíveis.

3 – Os exames de saúde são realizados com base no conhecimento de que a exposição aos agentes ou fatores de risco do património genético pode provocar as seguintes afeções:

a) Alterações do comportamento sexual;

b) Redução da fertilidade, designadamente nos diversos aspetos da espermatogénese e da ovogénese;

c) Resultados adversos na atividade hormonal;

d) Modificações de outras funções que dependam da integridade do sistema reprodutor.

4 – Constitui contraordenação grave a violação do disposto nos números anteriores.

ARTIGO 45º
Resultado da vigilância da saúde

1 – Em resultado da vigilância da saúde o médico do trabalho:

a) Informa o trabalhador do resultado;

b) Dá indicações sobre a eventual necessidade de continuar a vigilância da saúde, mesmo depois de terminada a exposição;

c) Comunica ao empregador o resultado da vigilância da saúde com interesse para a prevenção de riscos, sem prejuízo do sigilo profissional a que se encontra vinculado.

2 – O empregador, tendo em conta o referido na alínea *c*) do número anterior:

a) Repete a avaliação dos riscos;

b) Com base no parecer do médico do trabalho, adota eventuais medidas individuais de proteção ou de prevenção e atribui, se necessário, ao trabalhador em causa outra tarefa compatível em que não haja risco de exposição;

c) Promove a vigilância prolongada da saúde do trabalhador;

d) Assegura a qualquer trabalhador que tenha estado exposto a agentes ou fatores de risco para o património genético um exame de saúde incluindo, se necessário, a realização de exames complementares.

3 – O trabalhador tem acesso, a seu pedido, ao registo de saúde que lhe diga respeito, podendo solicitar a revisão desse resultado.

4 – Constitui contraordenação grave a violação do disposto nos números anteriores.

ARTIGO 46º
Registo, arquivo e conservação de documentos

1 – Sem prejuízo das obrigações gerais do serviço de segurança e de saúde no trabalho, em matéria de registos de dados e conservação de documentos, o empregador deve organizar e conservar arquivos atualizados, nomeadamente por via eletrónica, sobre:

REGIME JURÍDICO DA PROMOÇÃO DA SEGURANÇA E SAÚDE NO TRABALHO

a) Os critérios, procedimentos e resultados da avaliação de riscos;

b) A identificação dos trabalhadores expostos com a indicação da natureza e, se possível, do agente e do grau de exposição a que cada trabalhador esteve sujeito;

c) Os resultados da vigilância da saúde de cada trabalhador com referência ao respetivo posto de trabalho ou função;

d) Os registos de acidentes ou incidentes;

e) Identificação do médico responsável pela vigilância da saúde.

2 – Os registos a que se refere a alínea *c)* do número anterior devem constar de ficha médica individual de cada trabalhador, colocada sob a responsabilidade do médico do trabalho.

3 – Os registos e arquivos referidos nos números anteriores são conservados durante, pelo menos, 40 anos após ter terminado a exposição dos trabalhadores a que digam respeito.

4 – Se a empresa cessar a atividade, os registos e arquivos devem ser transferidos para o organismo competente do membro do Governo responsável pela área laboral, com exceção das fichas clínicas, que devem ser enviadas para o organismo competente do ministério responsável pela área da saúde, os quais asseguram a sua confidencialidade.

5 – Todos os tratamentos de dados pessoais referidos no nº 1 deverão respeitar a legislação disciplinadora da proteção de dados pessoais.

6 – Constitui contraordenação grave a violação do disposto nos números anteriores.

ARTIGO 47º
Orientações práticas

1 – *(Revogado.)*

2 – Os organismos competentes dos ministérios responsáveis pelas áreas laboral e da saúde, ouvidos os parceiros sociais representados na CPCS, podem elaborar guias técnicos contendo orientações práticas sobre a prevenção e proteção dos agentes e fatores suscetíveis de implicar riscos para o património genético do trabalhador ou dos seus descendentes.

CAPÍTULO VI
Atividades proibidas ou condicionadas em geral

ARTIGO 48º
Atividades proibidas ou condicionadas

São proibidas ou condicionadas aos trabalhadores as atividades que envolvam a exposição aos agentes químicos, físicos e biológicos ou outros fatores de natureza psicossocial que possam causar efeitos genéticos hereditários, efeitos prejudiciais não hereditários na progenitura ou atentar contra as funções e capacidades reprodutoras masculinas ou femininas, suscetíveis de implicar riscos para o património genético, referidos na presente lei ou em legislação específica, conforme a indicação que constar dos mesmos.

ARTIGO 49º
Utilização de agentes proibidos

1 – A utilização dos agentes proibidos só é permitida:

a) Para fins exclusivos de investigação científica;
b) Em atividades destinadas à respetiva eliminação.

2 – Na situação prevista no número anterior, a exposição dos trabalhadores aos agentes em causa deve ser evitada, nomeadamente assegurando que a mesma decorra durante o tempo mínimo possível e que se realize num único sistema fechado, do qual os agentes só possam ser retirados na medida do necessário ao controlo do processo ou à manutenção do sistema.

3 – No caso referido no nº 1, o empregador deve comunicar previamente ao organismo competente para a promoção da segurança e saúde no trabalho do ministério responsável pela área laboral as seguintes informações:

a) Agente e respetiva quantidade utilizada anualmente;
b) Atividades, reações ou processos implicados;
c) Número de trabalhadores expostos;
d) Medidas técnicas e de organização tomadas para prevenir a exposição dos trabalhadores.

4 – A comunicação prevista no número anterior deve ser realizada com 15 dias de antecedência, podendo, no caso da alínea *b)* do nº 1, o prazo ser inferior desde que devidamente fundamentado.

5 – O organismo referido no nº 3 dá conhecimento da informação recebida ao organismo competente do ministério responsável pela área da saúde e ao serviço com competências para o reconhecimento das doenças profissionais na área da segurança social e confirma a receção da comunicação com as informações necessárias, indicando, sendo caso disso, as medidas complementares de proteção dos trabalhadores que o empregador deve aplicar.

6 – O empregador deve facultar os documentos referidos nos números anteriores às entidades fiscalizadoras que os solicitem.

CAPÍTULO VII
Atividades proibidas ou condicionadas a trabalhadoras grávidas, puérperas ou lactantes

ARTIGO 50º
Remissão legal

Para efeitos do exercício dos direitos conferidos na presente secção, consideram-se aplicáveis os conceitos definidos no nº 1 do artigo 36º do Código do Trabalho.

REGIME JURÍDICO DA PROMOÇÃO DA SEGURANÇA E SAÚDE NO TRABALHO

SECÇÃO I
Atividades proibidas a trabalhadora grávida e lactante

ARTIGO 51º
Agentes físicos

É proibida à trabalhadora grávida a realização de atividades em que esteja ou possa estar exposta aos seguintes agentes físicos:

a) Radiações ionizantes;

b) Atmosferas com sobrepressão elevada, nomeadamente câmaras hiperbáricas ou de mergulho submarino.

ARTIGO 52º
Agentes biológicos

É proibida à trabalhadora grávida a realização de qualquer atividade em que possa estar em contacto com vetores de transmissão do toxoplasma e com o vírus da rubéola, salvo se existirem provas de que a trabalhadora grávida possui anticorpos ou imunidade a esses agentes e se encontra suficientemente protegida.

ARTIGO 53º
Agentes químicos

É proibida à trabalhadora grávida a realização de qualquer atividade em que possa estar em contacto com:

a) As substâncias perigosas classificadas numa ou mais das seguintes classes de perigo:

i) Mutagenicidade em células germinativas, categorias 1A ou 1B;

ii) Toxicidade reprodutiva, categorias 1A, 1B ou com efeitos sobre a lactação ou através dela, nos termos do Regulamento (CE) nº 1272/2008, do Parlamento Europeu e do Conselho, de 16 de dezembro, relativo à classificação, rotulagem e embalagem de substâncias e misturas;

b) O chumbo e seus compostos na medida em que esses agentes podem ser absorvidos pelo organismo humano.

ARTIGO 54º
Agentes proibidos a trabalhadora lactante

É proibida à trabalhadora lactante a realização de qualquer atividade que envolva a exposição aos seguintes agentes físicos e químicos:

a) Radiações ionizantes;

b) Substâncias classificadas como tóxicas para a reprodução com efeitos sobre a lactação ou através dela, nos termos do Regulamento (CE) nº 1272/2008, do Parlamento Europeu e do Conselho, de 16 de dezembro, relativo à classificação, rotulagem e embalagem de substâncias e misturas;

c) Chumbo e seus compostos na medida em que esses agentes podem ser absorvidos pelo organismo humano.

ARTIGO 55º
Condições de trabalho

É proibida à trabalhadora grávida e lactante a prestação de trabalho subterrâneo em minas.

ARTIGO 56º
Exercício de atividades proibidas

Constitui contraordenação muito grave, imputável ao empregador, o exercício de atividades com exposição a agentes e condições de trabalho proibidos nos termos da presente secção.

SECÇÃO II
Atividades condicionadas

ARTIGO 57º
Agentes físicos

São condicionadas à trabalhadora grávida as atividades que envolvam a exposição a agentes físicos suscetíveis de provocar lesões fetais ou o desprendimento da placenta, nomeadamente:

a) Choques, vibrações mecânicas ou movimentos;

b) Movimentação manual de cargas que comportem riscos, nomeadamente dorso-lombares, ou cujo peso exceda 10 kg;

c) Ruído;

d) Radiações não ionizantes;

e) Temperaturas extremas, de frio ou de calor;

f) Movimentos e posturas, deslocações quer no interior quer no exterior do estabelecimento, fadiga mental e física e outras sobrecargas físicas ligadas à atividade exercida.

ARTIGO 58º
Agentes biológicos

São condicionadas à trabalhadora grávida, puérpera ou lactante todas as atividades em que possa existir o risco de exposição a agentes biológicos classificados nos grupos de risco 2, 3 e 4, de acordo com a legislação relativa às prescrições mínimas de proteção da segurança e da saúde dos trabalhadores contra os riscos da exposição a agentes biológicos durante o trabalho.

ARTIGO 59º
Agentes químicos

São condicionadas à trabalhadora grávida, puérpera ou lactante as atividades em que exista ou possa existir o risco de exposição a:

a) Substâncias perigosas classificadas numa ou mais das seguintes classes de perigo:

i) Carcinogenicidade, categorias 1A, 1B ou 2;
ii) Toxicidade reprodutiva, categoria 2, nos termos do Regulamento (CE) nº 1272/2008, do Parlamento Europeu e do Conselho, de 16 de dezembro, relativo à classificação, rotulagem e embalagem de substâncias e misturas;

b) Até 31 de maio de 2015, misturas perigosas qualificadas com uma ou mais das advertências de risco seguintes:

i) «R 40 – possibilidade de efeitos cancerígenos»;
ii) «R 45 – pode causar cancro»;
iii) «R 49 – pode causar cancro por inalação»;
iv) «R 63 – possíveis riscos durante a gravidez de efeitos indesejáveis na descendência», nos termos do Decreto-Lei nº 82/2003, de 23 de abril, alterado pelos Decretos-Leis nºs 63/2008, de 2 de abril, e 155/2013, de 5 de novembro;

c) A partir de 1 de junho de 2015, misturas perigosas classificadas numa ou mais das seguintes classes de perigo:

i) Carcinogenicidade, categorias 1A, 1B ou 2;
ii) Toxicidade reprodutiva, categoria 2, nos termos do Regulamento (CE) nº 1272/2008, do Parlamento Europeu e do Conselho, de 16 de dezembro, relativo à classificação, rotulagem e embalagem de substâncias e misturas;

d) Auramina;
e) Mercúrio e seus derivados;
f) Medicamentos antimitóticos;
g) Monóxido de carbono;
h) Agentes químicos perigosos de penetração cutânea formal;
i) Substâncias ou misturas que se libertem nos processos industriais referidos no artigo seguinte.

ARTIGO 60º
Processos industriais e condições de trabalho

São condicionadas à trabalhadora grávida, puérpera ou lactante as atividades em locais de trabalho onde decorram ou possam decorrer os seguintes processos industriais:

a) Fabrico de auramina;

b) Trabalhos suscetíveis de provocarem a exposição a hidrocarbonetos policíclicos aromáticos presentes nomeadamente na fuligem, no alcatrão, no pez, nos fumos ou nas poeiras de hulha;

c) Trabalhos suscetíveis de provocarem a exposição a poeiras, fumos ou névoas produzidos durante a calcinação e eletrorrefinação de mates de níquel;

d) Processo de ácido forte durante o fabrico de álcool isopropílico;

e) Trabalhos suscetíveis de provocarem a exposição a poeiras de madeiras de folhosas.

CAPÍTULO VIII
Atividades proibidas ou condicionadas a menor

SECÇÃO I
Atividades, agentes, processos e condições de trabalho proibidos a menor

ARTIGO 61º
Atividades

São proibidas ao menor as seguintes atividades:

a) Fabrico de auramina;

b) Abate industrial de animais.

ARTIGO 62º
Agentes físicos

São proibidas ao menor as atividades em que haja risco de exposição aos seguintes agentes físicos:

a) Radiações ionizantes;

b) Atmosferas de sobrepressão elevada, nomeadamente em câmaras hiperbáricas e de mergulho submarino;

c) Contacto com energia elétrica de alta tensão.

ARTIGO 63º
Agentes biológicos

São proibidas ao menor as atividades em que haja risco de exposição a agentes biológicos classificados nos grupos de risco 3 e 4, de acordo com a legislação relativa às prescrições mínimas de proteção da segurança e da saúde dos trabalhadores contra os riscos da exposição a agentes biológicos durante o trabalho.

ARTIGO 64º
Agentes químicos, substâncias e misturas

1 – São proibidas ao menor as atividades em que haja risco de exposição aos seguintes agentes químicos:

REGIME JURÍDICO DA PROMOÇÃO DA SEGURANÇA E SAÚDE NO TRABALHO

a) Amianto;

b) Chumbo e seus compostos iónicos, na medida em que estes agentes sejam suscetíveis de ser absorvidos pelo organismo humano;

c) Cloropromazina;

d) Tolueno e xileno;

e) Hidrocarbonetos policíclicos aromáticos presentes na fuligem, no alcatrão ou no pez da hulha;

f) Poeiras, fumos ou névoas produzidos durante a calcinação e eletrorrefinação de mates de níquel.

2 – São proibidas ao menor as atividades em que haja risco de exposição a substâncias classificadas em conformidade com o Regulamento (CE) nº 1272/2008, do Parlamento Europeu e do Conselho, de 16 de dezembro, relativo à classificação, rotulagem e embalagem de substâncias e misturas numa ou mais das seguintes classes de perigo:

a) Toxicidade aguda, categorias 1, 2 ou 3;

b) Corrosão cutânea, categorias 1A, 1B ou 1C;

c) Gás inflamável, categorias 1 ou 2;

d) Líquido inflamável, categoria 1;

e) Substância auto-reativa, tipo CD;

f) Explosivo, categoria «explosivo instável», ou divisões 1.1, 1.2, 1.3 ou 1.5;

g) Toxicidade para órgãos-alvo específicos (exposição única), categoria 1;

h) Toxicidade para órgãos-alvo específicos (exposição repetida), categorias 1 ou 2;

i) Sensibilização respiratória, categoria 1;

j) Sensibilização cutânea categoria 1;

l) Carcinogenicidade, categorias 1A, 1B ou 2;

m) Mutagenicidade em células germinativas, categorias 1A ou 1B;

n) Toxicidade reprodutiva, categorias 1A ou 1B;

3 – São proibidas ao menor as atividades em que haja risco de exposição a misturas que, até 31 de maio de 2015, nos termos do Decreto-Lei nº 82/2003, de 23 de abril, alterado pelos Decretos-Leis nºs 63/2008, de 2 de abril, e 155/2013, de 5 de novembro, sejam classificadas como tóxicas (T), muito tóxicas (T+), corrosivas (C) ou explosivas (E).

4 – São proibidas ao menor as atividades em que haja risco de exposição a misturas que, até 31 de maio de 2015, nos termos do Decreto-Lei nº 82/2003, de 23 de abril, pelos Decretos-Leis nºs 63/2008, de 2 de abril, e 155/2013, de 5 de novembro, sejam classificadas como nocivas (Xn) e qualificadas por uma ou mais das seguintes advertências de risco:

a) «R 39 – perigo de efeitos irreversíveis muito graves»;

b) «R 40 – possibilidade de efeitos cancerígenos»;

c) «R 42 – pode causar sensibilização por inalação»;

d) «R 43 – pode causar sensibilização em contacto com a pele»;

e) «R 45 – pode causar cancro»;

f) «R 46 – pode causar alterações genéticas hereditárias»;

g) «R 48 – riscos de efeitos graves para a saúde em caso de exposição prolongada»;

h) «R 60 – pode comprometer a fertilidade»;

i) «R 61 – risco durante a gravidez, com efeitos adversos na descendência».

5 – São proibidas ao menor as atividades em que haja risco de exposição a misturas que, até 31 de maio de 2015, nos termos do Decreto-Lei nº 82/2003, de 23 de abril, alterado pelos Decretos-Leis nºs 63/2008, de 2 de abril, e 155/2013, de 5 de novembro, sejam classificadas como irritantes (Xi) e qualificadas por uma ou mais das seguintes advertências de risco:

a) «R 12 – extremamente inflamável»;

b) «R 42 – pode causar sensibilização por inalação»;

c) «R 43 – pode causar sensibilização em contacto com a pele».

6 – São proibidas ao menor as atividades em que haja risco de exposição a misturas que, a partir de 1 de junho de 2015, sejam classificadas em conformidade com o Regulamento (CE) nº 1272/2008, do Parlamento Europeu e do Conselho, de 16 de dezembro, relativo à classificação, rotulagem e embalagem de substâncias e misturas numa ou mais das seguintes classes de perigo:

a) Toxicidade aguda, categorias 1, 2 ou 3;

b) Corrosão cutânea, categorias 1A, 1B ou 1C;

c) Gás inflamável, categorias 1 ou 2;

d) Líquido inflamável, categoria 1;

e) Substância auto-reativa, tipo CD;

f) Explosivo, categoria «explosivo instável», ou divisões 1.1, 1.2, 1.3 ou 1.5;

g) Toxicidade para órgãos-alvo específicos (exposição única), categoria 1;

h) Toxicidade para órgãos-alvo específicos (exposição repetida), categorias 1 ou 2;

i) Sensibilização respiratória, categoria 1;

j) Sensibilização cutânea categoria 1;

l) Carcinogenicidade, categorias 1A, 1B ou 2;

m) Mutagenicidade em células germinativas, categorias 1A ou 1B;

n) Toxicidade reprodutiva, categorias 1A ou 1B.

ARTIGO 65º
Processos

São proibidas ao menor as atividades em que haja risco de exposição aos seguintes processos:

a) Processo do ácido forte durante o fabrico do álcool isopropílico;

b) Fabrico e manipulação de engenhos, artifícios ou objetos que contenham explosivos.

ARTIGO 66º
Condições de trabalho

1 – São proibidas ao menor as atividades cuja realização esteja sujeita às seguintes condições de trabalho:

a) Risco de desabamento;

b) Manipulação de aparelhos de produção, de armazenamento ou de utilização de gases comprimidos, liquefeitos ou dissolvidos;

c) Utilização de cubas, tanques, reservatórios, garrafas ou botijas que contenham agentes químicos, substâncias ou misturas referidos no artigo 64º;

d) Condução ou operação de veículos de transporte, tratores, empilhadores e máquinas de terraplanagem;

e) Libertação de poeiras de sílica livre, nomeadamente na projeção de jatos de areia;

f) Vazamento de metais em fusão;

g) Operações de sopro de vidro;

h) Locais de criação ou conservação de animais ferozes ou venenosos;

i) Realizadas no subsolo;

j) Realizadas em sistemas de drenagem de águas residuais;

l) Realizadas em pistas de aeroportos;

m) Realizadas em atividades que decorram em clubes noturnos e similares;

n) Cuja cadência seja condicionada por máquinas e a retribuição determinada em função do resultado.

2 – São, ainda, proibidas a menor com idade inferior a 16 anos as atividades que sejam realizadas em discotecas e similares.

ARTIGO 67º
Exercício de atividades proibidas

Constitui contraordenação muito grave, imputável ao empregador, o exercício por menor de qualquer das atividades proibidas nos termos da presente secção.

SECÇÃO II
Trabalho condicionado a menor com idade igual ou superior a 16 anos

ARTIGO 68º
Atividades, processos e condições de trabalho condicionados

1 – O menor com idade igual ou superior a 16 anos só pode realizar as atividades, processos e condições de trabalho sujeitas a exposição dos agentes físicos, biológicos e químicos referidos na presente secção.

2 – Para efeitos do número anterior, para além do disposto nas alíneas a) e b) do nº 1 do artigo 72º do Código do Trabalho, o empregador deve avaliar a natureza, o grau e a duração da exposição do menor a atividades ou trabalhos condicionados e

LEI Nº 102/2009, DE 10 DE SETEMBRO

tomar as medidas necessárias para evitar esse risco, dando desses factos conhecimento ao serviço com competência inspetiva das condições de segurança e saúde no trabalho, nomeadamente por via eletrónica, junto do balcão único eletrónico dos serviços, através de comunicação em modelo aprovado por despacho do dirigente máximo do organismo com competência inspetiva do ministério responsável pela área laboral.

3 – Constitui contraordenação leve aplicável ao empregador a não comunicação dos factos referidos no número anterior e contraordenação grave, igualmente aplicável ao empregador, a violação do demais disposto nos números anteriores.

ARTIGO 69º
Agentes físicos

Podem ser realizadas por menor com idade igual ou superior a 16 anos, desde que o empregador cumpra o disposto no nº 2 do artigo anterior, as atividades em que haja risco de exposição aos seguintes agentes físicos:

a) Radiações ultravioletas;
b) Níveis sonoros superiores a 85 dB (A), medidos através do L (índice EP, d), nos termos do regime relativo à proteção dos trabalhadores contra os riscos devidos à exposição ao ruído durante o trabalho;
c) Vibrações;
d) Temperaturas inferiores a 0°C ou superiores a 42°C;
e) Contacto com energia elétrica de média tensão.

ARTIGO 70º
Agentes biológicos

Podem ser realizadas por menor com idade igual ou superior a 16 anos, desde que o empregador cumpra o disposto no nº 2 do artigo 68º, as atividades em que haja risco de exposição a agentes biológicos dos grupos de risco 1 e 2, de acordo com a legislação relativa às prescrições mínimas de proteção da segurança e da saúde dos trabalhadores contra os riscos da exposição a agentes biológicos durante o trabalho.

ARTIGO 71º
Agentes químicos

Podem ser realizadas por menor com idade igual ou superior a 16 anos, desde que o empregador cumpra o disposto no nº 2 do artigo 68º, as atividades em que haja risco de exposição aos seguintes agentes químicos:

a) Acetato de etilo;
b) Ácido úrico e seus compostos;
c) Álcoois;
d) Butano;

REGIME JURÍDICO DA PROMOÇÃO DA SEGURANÇA E SAÚDE NO TRABALHO

e) Cetonas;

f) Cloronaftalenos;

g) Enzimas proteolíticos;

h) Manganês, seus compostos e ligas;

i) Óxido de ferro;

j) Propano;

l) Sesquissulfureto de fósforo;

m) Sulfato de sódio;

n) Zinco e seus compostos.

ARTIGO 72º
Condições de trabalho

1 – Podem ser realizadas por menor com idade igual ou superior a 16 anos, desde que o empregador cumpra o disposto no nº 2 do artigo 68º, as atividades sujeitas às seguintes condições de trabalho que impliquem:

a) A utilização de equipamentos de trabalho que, nos termos do artigo 5º do Decreto-Lei nº 50/2005, de 25 de fevereiro, apresentem riscos específicos para a segurança ou saúde dos trabalhadores;

b) Demolições;

c) A execução de manobras perigosas;

d) Trabalhos de desmantelamento;

e) A colheita, manipulação ou acondicionamento de sangue, órgãos ou quaisquer outros despojos de animais, manipulação, lavagem e esterilização de materiais usados nas referidas operações;

f) A remoção e manipulação de resíduos provenientes de lixeiras e similares;

g) A movimentação manual de cargas com peso superior a 15 kg;

h) Esforços físicos excessivos, nomeadamente executados em posição ajoelhada ou em posições e movimentos que determinem compressão de nervos e plexos nervosos;

i) A realização em silos;

j) A realização em instalações frigoríficas em que possa existir risco de fuga do fluido de refrigeração;

l) A realização em matadouros, talhos, peixarias, aviários, fábricas de enchidos ou conservas de carne ou de peixe, depósitos de distribuição de leite e queijarias.

2 – Nos casos de violação do disposto nas alíneas *b)* a *d)* do número anterior a responsabilidade contraordenacional recai sobre o empregador e as entidades executantes.

LEI Nº 102/2009, DE 10 DE SETEMBRO

CAPÍTULO IX
Serviços da segurança e da saúde no trabalho

SECÇÃO I
Organização dos serviços da segurança e da saúde no trabalho

ARTIGO 73º
Disposições gerais

1 – O empregador deve organizar o serviço de segurança e saúde no trabalho de acordo com as modalidades previstas no presente capítulo.

2 – Constitui contraordenação muito grave a violação do disposto no número anterior.

ARTIGO 73º-A
Objetivos

A atividade do serviço de segurança e de saúde no trabalho visa:

a) Assegurar as condições de trabalho que salvaguardem a segurança e a saúde física e mental dos trabalhadores;

b) Desenvolver as condições técnicas que assegurem a aplicação das medidas de prevenção definidas no artigo 15º;

c) Informar e formar os trabalhadores no domínio da segurança e saúde no trabalho;

d) Informar e consultar os representantes dos trabalhadores para a segurança e saúde no trabalho ou, na sua falta, os próprios trabalhadores.

ARTIGO 73º-B
Atividades principais do serviço de segurança e de saúde no trabalho

1 – O serviço de segurança e de saúde no trabalho deve tomar as medidas necessárias para prevenir os riscos profissionais e promover a segurança e a saúde dos trabalhadores, nomeadamente:

a) Planear a prevenção, integrando, a todos os níveis e para o conjunto das atividades da empresa, a avaliação dos riscos e as respetivas medidas de prevenção;

b) Proceder à avaliação dos riscos, elaborando os respetivos relatórios;

c) Elaborar o plano de prevenção de riscos profissionais, bem como planos detalhados de prevenção e proteção exigidos por legislação específica;

d) Participar na elaboração do plano de emergência interno, incluindo os planos específicos de combate a incêndios, evacuação de instalações e primeiros socorros;

e) Colaborar na conceção de locais, métodos e organização do trabalho, bem como na escolha e na manutenção de equipamentos de trabalho;

REGIME JURÍDICO DA PROMOÇÃO DA SEGURANÇA E SAÚDE NO TRABALHO

f) Supervisionar o aprovisionamento, a validade e a conservação dos equipamentos de proteção individual, bem como a instalação e a manutenção da sinalização de segurança;

g) Realizar exames de vigilância da saúde, elaborando os relatórios e as fichas, bem como organizar e manter atualizados os registos clínicos e outros elementos informativos relativos ao trabalhador;

h) Desenvolver atividades de promoção da saúde;

i) Coordenar as medidas a adotar em caso de perigo grave e iminente;

j) Vigiar as condições de trabalho de trabalhadores em situações mais vulneráveis;

l) Conceber e desenvolver o programa de informação para a promoção da segurança e saúde no trabalho, promovendo a integração das medidas de prevenção nos sistemas de informação e comunicação da empresa;

m) Conceber e desenvolver o programa de formação para a promoção da segurança e saúde no trabalho;

n) Apoiar as atividades de informação e consulta dos representantes dos trabalhadores para a segurança e saúde no trabalho ou, na sua falta, dos próprios trabalhadores;

o) Assegurar ou acompanhar a execução das medidas de prevenção, promovendo a sua eficiência e operacionalidade;

p) Organizar os elementos necessários às notificações obrigatórias;

q) Elaborar as participações obrigatórias em caso de acidente de trabalho ou doença profissional;

r) Coordenar ou acompanhar auditorias e inspeções internas;

s) Analisar as causas de acidentes de trabalho ou da ocorrência de doenças profissionais, elaborando os respetivos relatórios;

t) Recolher e organizar elementos estatísticos relativos à segurança e à saúde no trabalho.

2 – O serviço de segurança e de saúde no trabalho deve manter atualizados, para efeitos de consulta, os seguintes elementos:

a) Resultados das avaliações de riscos profissionais;

b) Lista de acidentes de trabalho que tenham ocasionado ausência por incapacidade para o trabalho, bem como acidentes ou incidentes que assumam particular gravidade na perspetiva da segurança no trabalho;

c) Relatórios sobre acidentes de trabalho que originem ausência por incapacidade para o trabalho ou que revelem indícios de particular gravidade na perspetiva da segurança no trabalho;

d) Lista das situações de baixa por doença e do número de dias de ausência ao trabalho, a ser remetida pelo serviço de pessoal e, no caso de doenças profissionais, a relação das doenças participadas;

e) Lista das medidas, propostas ou recomendações formuladas pelo serviço de segurança e de saúde no trabalho.

LEI Nº 102/2009, DE 10 DE SETEMBRO

3 – Quando as atividades referidas nos números anteriores implicarem a adoção de medidas cuja concretização dependa essencialmente de outros responsáveis da empresa, o serviço de segurança e de saúde no trabalho deve informá-los sobre as mesmas e cooperar na sua execução.

4 – O empregador deve respeitar a legislação disciplinadora da proteção de dados pessoais.

5 – O empregador deve manter a documentação relativa à realização das atividades a que se referem os números anteriores à disposição das entidades com competência inspetiva durante cinco anos.

6 – Constitui contraordenação grave a violação do disposto no presente artigo.

7 – A responsabilidade contraordenacional pela violação do disposto nos nºs 1 a 3 recai sobre:

a) O serviço externo de segurança e saúde que viole os deveres em causa, sem prejuízo do disposto no nº 14 do artigo 15º;

b) O empregador em empresa onde o serviço comum de segurança e saúde violou os deveres em causa;

c) O empregador, sempre que a violação tenha sido praticada por serviço interno da empresa.

ARTIGO 74º
Modalidades dos serviços

1 – A organização do serviço de segurança e saúde no trabalho pode adotar, nos termos do número seguinte, uma das seguintes modalidades:

a) Serviço interno;
b) Serviço comum;
c) Serviço externo.

2 – Sem prejuízo do disposto no nº 3 do artigo 78º, a organização do serviço de segurança e saúde no trabalho deve adotar a modalidade de serviço interno, sendo admitido o recurso a serviço comum ou externo, nos termos, respetivamente, da secção III e da secção IV do presente capítulo, que assegure no todo ou em parte o desenvolvimento daquelas atividades e, ainda, a técnicos qualificados em número suficiente para assegurar o desenvolvimento daquelas atividades apenas nos casos em que na empresa ou no estabelecimento não houver meios suficientes para desenvolver as atividades integradas no funcionamento do serviço de segurança e de saúde no trabalho por parte do serviço interno ou estando em causa o regime definido no artigo 81º

3 – O empregador pode adotar diferentes modalidades de organização em cada estabelecimento.

4 – As atividades de segurança podem ser organizadas separadamente das da saúde, observando-se, relativamente a cada uma delas, o disposto no número anterior.

5 – Os serviços organizados em qualquer das modalidades referidas no nº 1 devem ter os meios suficientes que lhes permitam exercer as atividades principais de segurança e de saúde no trabalho.

REGIME JURÍDICO DA PROMOÇÃO DA SEGURANÇA E SAÚDE NO TRABALHO

6 – A utilização de serviço comum ou de serviço externo não isenta o empregador da responsabilidade específica em matéria de segurança e de saúde que a lei lhe atribui.

7 – *(Revogado.)*

8 – Constitui contraordenação muito grave a violação do disposto no nº 5.

ARTIGO 74º-A
Qualificação do serviço interno e comum

1 – A organização dos serviços internos e dos serviços comuns deve atender aos requisitos definidos nas alíneas *b)* a *e)* do nº 1 do artigo 85º, bem como, quanto aos recursos humanos, ao disposto nos artigos 101º e 105º

2 – Constitui contraordenação grave a violação do disposto no número anterior.

ARTIGO 75º
Emergência e primeiros socorros, evacuação de trabalhadores e combate a incêndios

1 – A empresa ou o estabelecimento, qualquer que seja a modalidade do serviço de segurança e saúde no trabalho, deve ter uma estrutura interna que assegure as atividades de emergência e primeiros socorros, de evacuação de trabalhadores e de combate a incêndios a que se refere o nº 9 do artigo 15º, assim como, e sempre que aplicável, de resgate de trabalhadores em situação de sinistro.

2 – Constitui contraordenação muito grave a violação do disposto no número anterior.

ARTIGO 76º
Serviço Nacional de Saúde

1 – A promoção e vigilância da saúde podem ser asseguradas através das unidades do Serviço Nacional de Saúde, de acordo com legislação específica aprovada pelo ministério responsável pela área da saúde, nos seguintes grupos de trabalhadores:

a) Trabalhador independente;

b) Trabalhador agrícola sazonal e a termo;

c) Aprendiz ao serviço de um artesão;

d) Trabalhador do serviço doméstico;

e) Trabalhador da atividade de pesca em embarcação com comprimento inferior a 15 m cujo armador não explore mais do que duas embarcações de pesca até esse comprimento;

f) Trabalhadores de microempresas que não exerçam atividade de risco elevado.

2 – O empregador e o trabalhador independente devem fazer prova da situação prevista no número anterior que confira direito à assistência através de unidades do Serviço Nacional de Saúde, bem como pagar os respetivos encargos.

LEI Nº 102/2009, DE 10 DE SETEMBRO

ARTIGO 77º
Representante do empregador

1 – Se a empresa ou estabelecimento adotar serviço comum ou serviço externo, o empregador deve designar em cada estabelecimento ou conjunto de estabelecimentos distanciados até 50 km daquele que ocupa maior número de trabalhadores e com limite total de 400 trabalhadores um trabalhador com formação adequada, nos termos do disposto no número seguinte, que o represente para acompanhar e coadjuvar a execução das atividades de prevenção.

2 – Para efeitos do número anterior, entende-se por formação adequada a que permita a aquisição de competências básicas em matéria de segurança, saúde, ergonomia, ambiente e organização do trabalho, seja comunicada previamente ao serviço com competência para a promoção da segurança e saúde no trabalho do ministério responsável pela área laboral e seja ministrada, em alternativa, por:

a) Entidade formadora certificada ou equiparada nos termos da lei que regula o acesso e exercício da atividade de formação profissional de técnico superior de segurança do trabalho e de técnico de segurança do trabalho;

b) Entidade formadora especificamente certificada para o efeito, nos termos do regime quadro de certificação das entidades formadoras, com as adaptações constantes de portaria a aprovar pelo membro do Governo responsável pela área laboral, sendo autoridade competente o organismo com competência inspetiva do ministério responsável pela área laboral.

3 – O manual de certificação previsto na lei que regula o acesso e exercício da atividade de formação profissional de técnico superior de segurança do trabalho e de técnico de segurança do trabalho descreve os requisitos das formações referidas no número anterior, tendo em conta a necessária articulação com o Catálogo Nacional de Qualificações e o sistema de certificação de entidades formadoras.

4 – Constitui contraordenação grave a violação do disposto no nº 2.

SECÇÃO II
Serviço interno

ARTIGO 78º
Âmbito e obrigatoriedade de serviço interno
da segurança e saúde no trabalho

1 – O serviço interno da segurança e saúde no trabalho é instituído pelo empregador e abrange exclusivamente os trabalhadores por cuja segurança e saúde aquele é responsável.

2 – Sem prejuízo da sua autonomia técnica, os técnicos que asseguram o serviço referido no número anterior prestam a sua atividade no âmbito da organização e sob autoridade do empregador.

REGIME JURÍDICO DA PROMOÇÃO DA SEGURANÇA E SAÚDE NO TRABALHO

3 – Salvo nos casos em que obtiver dispensa nos termos do artigo 80º, o empregador deve instituir serviço interno que abranja:

a) O estabelecimento que tenha pelo menos 400 trabalhadores;

b) O conjunto de estabelecimentos distanciados até 50 km daquele que ocupa maior número de trabalhadores e que, com este, tenham pelo menos 400 trabalhadores;

c) O estabelecimento ou conjunto de estabelecimentos que desenvolvam atividades de risco elevado, nos termos do disposto no artigo seguinte, a que estejam expostos pelo menos 30 trabalhadores.

4 – Para efeitos do número anterior, considera-se serviço interno o serviço prestado por uma empresa a outras empresas do grupo desde que aquela e estas pertençam a sociedades que se encontrem em relação de domínio ou de grupo.

5 – Constitui contraordenação muito grave a violação do disposto no nº 3.

ARTIGO 79º
Atividades ou trabalhos de risco elevado

Para efeitos da presente lei, são considerados de risco elevado:

a) Trabalhos em obras de construção, escavação, movimentação de terras, de túneis, com riscos de quedas de altura ou de soterramento, demolições e intervenção em ferrovias e rodovias sem interrupção de tráfego;

b) Atividades de indústrias extrativas;

c) Trabalho hiperbárico;

d) Atividades que envolvam a utilização ou armazenagem de produtos químicos perigosos suscetíveis de provocar acidentes graves;

e) Fabrico, transporte e utilização de explosivos e pirotecnia;

f) Atividades de indústria siderúrgica e construção naval;

g) Atividades que envolvam contacto com correntes elétricas de média e alta tensões;

h) Produção e transporte de gases comprimidos, liquefeitos ou dissolvidos ou a utilização significativa dos mesmos;

i) Atividades que impliquem a exposição a radiações ionizantes;

j) Atividades que impliquem a exposição a agentes cancerígenos, mutagénicos ou tóxicos para a reprodução;

l) Atividades que impliquem a exposição a agentes biológicos do grupo 3 ou 4;

m) Trabalhos que envolvam exposição a sílica.

ARTIGO 80º
Dispensa de serviço interno

1 – O empregador pode, mediante autorização do organismo competente do ministério responsável pela área laboral ou do organismo competente do ministério responsável pela área da saúde, consoante a dispensa se refira ao domínio da segu-

LEI Nº 102/2009, DE 10 DE SETEMBRO

rança ou da saúde, obter dispensa de serviço interno em relação a estabelecimento abrangido pela alínea *a*) ou *b*) do nº 3 do artigo 78º em que:

a) Não exerça atividades de risco elevado;

b) Apresente taxas de incidência e de gravidade de acidentes de trabalho, nos dois últimos anos, não superiores à média do respetivo setor;

c) Não existam registos de doenças profissionais contraídas ao serviço da empresa ou para as quais tenham contribuído direta e decisivamente as condições de trabalho da empresa;

d) O empregador não tenha sido punido por infrações muito graves respeitantes à violação da legislação de segurança e saúde no trabalho praticadas no mesmo estabelecimento nos últimos dois anos;

e) Se verifique, pela análise dos relatórios de avaliação de risco apresentados pelo requerente ou através de vistoria, quando necessário, que são respeitados os valores limite de exposição a substâncias ou fatores de risco.

2 – O requerimento de autorização deve ser enviado ao organismo competente, nomeadamente por via eletrónica, acompanhado de parecer fundamentado dos representantes dos trabalhadores para a segurança e saúde no trabalho ou, na sua falta, dos próprios trabalhadores, sem prejuízo do disposto nos nºs 3 e 5 do artigo 18º

3 – O organismo competente, depois de verificada a conformidade dos requisitos suscetíveis de apreciação documental e nos 45 dias posteriores à apresentação do requerimento, pode, caso o entenda necessário:

a) Marcar a data da vistoria;

b) Informar do facto o requerente e o outro organismo de modo que tenham conhecimento do mesmo com a antecedência mínima de 10 dias;

c) Notificar o requerente para pagamento de taxa referente à vistoria.

4 – A autorização referida no nº 1 deve ser revogada sempre que se verifique alguma das seguintes circunstâncias:

a) Tiver ocorrido um acidente de trabalho mortal por violação de regras de segurança e de saúde no trabalho imputado ao empregador;

b) O empregador apresentar taxas de incidência e de gravidade de acidentes de trabalho nos dois últimos anos superiores à média do respetivo setor, sempre que existam dados disponíveis;

c) Se verifiquem doenças profissionais contraídas ao serviço da empresa ou para as quais tenham contribuído direta e decisivamente as condições de trabalho da empresa;

d) O empregador tiver sido condenado, nos dois últimos anos, pela prática de contraordenação muito grave ou em reincidência pela prática de contraordenação grave em matéria de segurança e de saúde no trabalho.

5 – O organismo competente nos termos do nº 1 dispõe de 60 dias a contar da data de entrada do requerimento para conceder a autorização referida no nº 1.

REGIME JURÍDICO DA PROMOÇÃO DA SEGURANÇA E SAÚDE NO TRABALHO

6 – *(Revogado.)*

7 – Se a autorização referida no nº 1 for revogada, a empresa ou estabelecimento deve adotar serviços internos no prazo de seis meses.

ARTIGO 81º
Atividades exercidas pelo empregador ou por trabalhador designado

1 – Na empresa, estabelecimento ou conjunto de estabelecimentos distanciados até 50 km do de maior dimensão que empregue no máximo nove trabalhadores e cuja atividade não seja de risco elevado as atividades de segurança no trabalho podem ser exercidas diretamente pelo próprio empregador se possuir formação adequada e permanecer habitualmente nos estabelecimentos.

2 – Nas situações referidas no número anterior, o empregador pode designar um ou mais trabalhadores para se ocuparem de todas ou algumas das atividades de segurança no trabalho desde que possuam formação adequada e disponham do tempo e dos meios necessários.

3 – O exercício das atividades previsto nos nºs 1 e 2 depende de autorização concedida pelo organismo competente para a promoção da segurança e saúde no trabalho do ministério responsável pela área laboral.

4 – Para efeitos do número anterior, o requerimento de autorização deve ser, preferencialmente, efetuado por via eletrónica, nos termos do artigo 96º-A.

5 – *(Revogado.)*

6 – A autorização referida no nº 3 deve ser revogada sempre que se verifique alguma das seguintes circunstâncias:

a) Na empresa, no estabelecimento ou conjunto de estabelecimentos tiver ocorrido um acidente de trabalho mortal por violação de regras de segurança e de saúde no trabalho imputável ao empregador;

b) O empregador tiver sido condenado, nos dois últimos anos, pela prática de contraordenação muito grave em matéria de segurança e de saúde no trabalho ou em reincidência pela prática de contraordenação grave em matéria de segurança e de saúde no trabalho;

c) O empregador não tiver comunicado ao organismo com competência em matéria de promoção da segurança e saúde no trabalho do ministério responsável pela área laboral a verificação da alteração dos elementos que fundamentaram a autorização, no prazo de 30 dias.

7 – No caso referido no número anterior, o empregador deve adotar outra modalidade de organização do serviço de segurança e de saúde no trabalho, no prazo de 90 dias.

8 – À formação adequada referida nos números anteriores aplica-se o disposto no nº 2 do artigo 77º

9 – Os trabalhadores designados nos termos do nº 2 não podem ser prejudicados por se encontrarem no exercício das atividades mencionadas.

10 – O organismo com competência para a promoção da segurança e saúde no trabalho do ministério responsável pela área laboral dispõe de 45 dias a contar da

LEI Nº 102/2009, DE 10 DE SETEMBRO

data de entrada do requerimento para conceder a autorização referida no nº 3, considerando-se a mesma, na ausência de decisão expressa, tacitamente deferida.

11 – Constitui contraordenação muito grave o exercício das atividades referidas nos nºs 1 e 2 sem autorização.

SECÇÃO III
Serviço comum

ARTIGO 82º
Comunicação de serviço comum

1 – O serviço comum é instituído por acordo entre várias empresas ou estabelecimentos pertencentes a sociedades que não se encontrem em relação de grupo nem sejam abrangidas pelo disposto no nº 3 do artigo 78º, contemplando exclusivamente os trabalhadores por cuja segurança e saúde aqueles são responsáveis.

2 – O acordo que institua o serviço comum deve ser celebrado por escrito e comunicado ao organismo com competência para a promoção da segurança e saúde no trabalho do ministério responsável pela área laboral ou ao organismo competente do ministério responsável pela área da saúde, consoante os casos, no prazo máximo de 10 dias após a sua celebração.

3 – A comunicação deve ser acompanhada, para além do acordo referido no número anterior, de parecer fundamentado dos representantes dos trabalhadores para a segurança e saúde no trabalho ou, na sua falta, dos próprios trabalhadores e é apresentado, nomeadamente por via eletrónica, através do balcão único eletrónico dos serviços, de acordo com o modelo disponibilizado nas páginas eletrónicas dos organismos competentes.

4 – Está vedado ao serviço comum a prestação de serviços a outras empresas que não façam parte do acordo previsto no nº 1.

5 – Constitui contraordenação muito grave aplicável a cada empresa abrangida pelos serviços comuns a violação do disposto no nº 1 e contraordenação grave a violação do disposto nos nºs 2 e 3.

SECÇÃO IV
Serviço externo

SUBSECÇÃO I
Disposições gerais

ARTIGO 83º
Noção de serviço externo

1 – Considera-se serviço externo aquele que é desenvolvido por entidade que, mediante contrato com o empregador, realiza atividades de segurança ou de saúde no trabalho, desde que não seja serviço comum.

REGIME JURÍDICO DA PROMOÇÃO DA SEGURANÇA E SAÚDE NO TRABALHO

2 – O serviço externo pode compreender os seguintes tipos:

a) Associativos – prestados por associações com personalidade jurídica sem fins lucrativos, cujo fim estatutário compreenda a atividade de prestação de serviços de segurança e saúde no trabalho;

b) Cooperativos – prestados por cooperativas cujo objeto estatutário compreenda a atividade de prestação de serviços de segurança e saúde no trabalho;

c) Privados – prestados por sociedades cujo objeto social compreenda a atividade de prestação de serviços de segurança e de saúde no trabalho ou por pessoa singular que detenha as qualificações legalmente exigidas para o exercício da atividade;

d) Convencionados – prestados por qualquer entidade da administração pública central, regional ou local, instituto público ou instituição integrada no Serviço Nacional de Saúde.

3 – *(Revogado.)*

4 – O contrato entre o empregador e a entidade prestadora de serviços externos é celebrado por escrito.

SUBSECÇÃO II
Autorização de serviço externo

ARTIGO 84º
Autorização

1 – Os serviços previstos na alínea *c)* do nº 1 do artigo 74º, prestados por sociedades, associações, cooperativas ou por pessoa singular, estão sujeitos a autorização.

2 – A autorização prevista no número anterior pode ser concedida para atividades de uma ou ambas as áreas da segurança e da saúde, para todos ou alguns setores de atividade, bem como para determinadas atividades de risco elevado.

3 – A autorização compete:

a) Ao organismo competente para a promoção da segurança e saúde no trabalho do ministério responsável pela área laboral, no caso de exercício de atividade no domínio da segurança;

b) Ao organismo competente do ministério responsável pela área da saúde, no caso de exercício de atividade no domínio da saúde.

4 – À alteração da autorização, no que respeita a setores de atividade e atividades de risco elevado, é aplicável o disposto na presente subsecção.

5 – Não obstante a autonomia prevista no nº 3, o organismo com competência para instruir o procedimento deve comunicar ao outro, mensalmente, os pedidos de autorização para o exercício da atividade de serviço externo.

LEI Nº 102/2009, DE 10 DE SETEMBRO

6 – Constitui contraordenação muito grave o exercício da atividade por serviço externo sem autorização, nomeadamente para a área, o setor ou a atividade de risco elevado em causa.

7 – A responsabilidade contraordenacional referida no número anterior recai sobre o empregador contratante e o serviço externo contratado.

8 – Os serviços externos, contratados por empresa estabelecida noutro Estado membro do Espaço Económico Europeu, nos termos da legislação desse Estado membro, que preste serviços em território nacional ao abrigo do nº 3 do artigo 4º do Decreto-Lei nº 92/2010, de 26 de julho, não carecem de autorização, ficando no entanto sujeitos às condições de exercício que lhe sejam aplicáveis durante a presença em território nacional do empregador que os contratou, nomeadamente aos requisitos relativos a:

a) Qualificações dos técnicos, constantes da lei que regula o acesso e exercício da atividade de formação profissional de técnico superior de segurança do trabalho e de técnico de segurança do trabalho;

b) Instalações, equipamentos e utensílios de avaliação das condições de segurança e saúde no trabalho, em conformidade com as prescrições mínimas de segurança e de saúde nos locais de trabalho previstas em legislação especial;

c) Às unidades de saúde, caso respeitem à área da saúde, nos termos de legislação especial;

d) Procedimentos no domínio da metrologia relativos aos equipamentos de avaliação das condições de segurança e saúde no trabalho e utensílios, nos termos de legislação especial.

9 – O disposto no número anterior não prejudica o reconhecimento mútuo de requisitos cumpridos no Estado membro de origem, nomeadamente relativos a equipamentos e qualificações dos técnicos.

10 – O reconhecimento de qualificações de técnicos provenientes de outros Estados membros segue os termos prescritos na lei que regula o acesso e exercício da atividade de formação profissional de técnico superior de segurança do trabalho e de técnico de segurança do trabalho.

ARTIGO 85º
Requisitos da autorização

1 – A autorização de serviço externo depende da verificação dos seguintes requisitos:

a) Disponibilidade permanente de, no mínimo, um técnico superior e um técnico de segurança no trabalho e disponibilidade de um médico do trabalho, que exerçam as respetivas atividades de segurança ou de saúde;

b) Instalações adequadas e equipadas para o exercício da atividade;

c) Equipamentos e utensílios de avaliação das condições de segurança e saúde no trabalho e equipamentos de proteção individual a utilizar pelo pessoal técnico do requerente;

REGIME JURÍDICO DA PROMOÇÃO DA SEGURANÇA E SAÚDE NO TRABALHO

d) Qualidade técnica dos procedimentos, nomeadamente para avaliação das condições de segurança e de saúde e planeamento das atividades;

e) Capacidade para o exercício das atividades previstas no nº 1 do artigo 73º-B, sem prejuízo do recurso a subcontratação apenas para a execução de outras tarefas de elevada complexidade ou pouco frequentes;

f) Garantias suficientes em relação às medidas de segurança técnica e de organização dos tratamentos de dados pessoais a efetuar.

2 – Caso o requerimento de autorização abranja atividades de risco elevado, os requisitos a que se refere o número anterior devem ter em conta a adequação a essas atividades.

3 – Constituem elementos de apreciação do requerimento de autorização:

a) O número de técnicos com as qualificações legalmente exigidas, tendo em conta as atividades dos domínios de segurança e de saúde para que se pede autorização;

b) A natureza dos vínculos, assim como dos períodos normais de trabalho do pessoal técnico superior e técnico de segurança do trabalho e dos tempos mensais de afetação ao médico do trabalho e enfermeiro;

c) A conformidade das instalações e dos equipamentos com as prescrições mínimas de segurança e de saúde no trabalho para a atividade de escritório e serviços;

d) Caso respeite à área da saúde, os requisitos mínimos previstos para as unidades privadas de saúde;

e) A adequação dos equipamentos de trabalho às tarefas a desenvolver e ao número máximo de trabalhadores do requerente que, em simultâneo, deles possam necessitar;

f) As características dos equipamentos e utensílios a utilizar na avaliação das condições de segurança e de saúde no trabalho;

g) Os procedimentos no domínio da metrologia relativos aos equipamentos e utensílios referidos na alínea anterior.

4 – O manual de procedimentos é tomado em consideração na apreciação da qualidade técnica dos mesmos.

5 – São tidos por cumpridos os requisitos equivalentes ou que visem essencialmente a mesma finalidade a que o requerente já tenha sido submetido, designadamente noutro Estado membro do Espaço Económico Europeu.

ARTIGO 86º
Requerimento de autorização

1 – A autorização de serviço externo é requerida ao organismo competente, nomeadamente por via eletrónica, em modelo próprio, aprovado por portaria dos membros do Governo responsáveis pelas áreas laboral e da saúde.

2 – O requerente deve indicar:

LEI Nº 102/2009, DE 10 DE SETEMBRO

a) Que pretende exercer a atividade em ambas as áreas da segurança e saúde ou apenas numa delas e qual, num ou em vários setores de atividade e, sendo caso disso, as atividades de risco elevado envolvidas;

b) Tratando-se de pessoa singular, a sua identificação através de nome, números de identificação fiscal e de bilhete de identidade ou número de identificação civil, domicílio e estabelecimentos;

c) Tratando-se de pessoa coletiva, a denominação, o número de identificação de pessoa coletiva, o objeto, a sede social e os estabelecimentos.

3 – O requerimento deve, ainda, ser acompanhado de:

a) Cópia do ato constitutivo da sociedade, atualizado, com indicação da publicação no jornal oficial do Estado membro, no *Diário da República* ou no sítio eletrónico do Ministério da Justiça;

b) Prova da abertura de atividade no serviço de finanças competente;

c) Identificação do pessoal técnico superior e técnico de segurança no trabalho, médico do trabalho e do enfermeiro, conforme o domínio e, sendo caso disso, as atividades para que pretende autorização, bem como documentos que provem as respetivas qualificações;

d) Cópia dos contratos celebrados com os técnicos e técnicos superiores de segurança, com os médicos do trabalho e enfermeiros, quando reduzidos a escrito, indicando o tempo mensal de afetação e o período da duração do contrato e, no caso da atividade de medicina do trabalho, o local da prestação;

e) Indicação das atividades para as quais prevê o recurso a subcontratação;

f) Relação dos equipamentos de trabalho a utilizar na sede e nos estabelecimentos;

g) Relação dos equipamentos e utensílios para avaliação das condições de segurança e de saúde no trabalho, com indicação das respetivas características técnicas, marcas, modelos e números de série, a utilizar na sede e nos estabelecimentos;

h) Relação dos equipamentos de proteção individual a utilizar em tarefas ou atividades que comportem risco específico para a segurança e saúde, com indicação das respetivas marcas e modelos e, quando se justifique, dos códigos de marcação;

i) Organograma funcional;

j) Indicação do número de trabalhadores que pretende abranger com os serviços em estabelecimentos industriais ou de outra natureza com risco elevado e nos restantes estabelecimentos.

4 – O requerimento de autorização deve, ainda, ser acompanhado de elementos que provem a qualificação dos recursos humanos, bem como a adequação dos equipamentos e utensílios à atividade a prestar.

5 – *(Revogado.)*

ARTIGO 87º
Procedimentos de autorização

1 – O organismo competente decide o requerimento após a apreciação dos requisitos, incluindo a realização de vistoria ou vistorias, nos termos do artigo seguinte.

REGIME JURÍDICO DA PROMOÇÃO DA SEGURANÇA E SAÚDE NO TRABALHO

2 – Além do disposto no artigo anterior, o organismo competente pode ainda solicitar ao requerente a apresentação de elementos, esclarecimentos e informações suplementares que considere necessários à boa apreciação do pedido, assim como proceder à verificação desses mesmos elementos na sede ou estabelecimento do requerente, antes ou durante o momento da vistoria.

ARTIGO 88º
Vistorias

1 – Ao organismo com competência para a promoção da segurança e saúde no trabalho do ministério responsável pela área laboral cabe verificar:

a) As condições de trabalho dos trabalhadores da entidade requerente;

b) As instalações tendo em conta as condições de funcionamento no âmbito da segurança;

c) As situações de subcontratação, nos termos da alínea *e*) do nº 1 do artigo 85º;

d) O funcionamento dos serviços a prestar na área da segurança no trabalho, nomeadamente quanto aos equipamentos de trabalho a utilizar, aos utensílios e equipamentos de avaliação de riscos e de proteção individual;

e) O manual de procedimentos no âmbito da gestão dos serviços a prestar, incluindo o planeamento das atividades a desenvolver, a articulação entre as áreas da segurança e da saúde, os referenciais a utilizar no âmbito dos procedimentos técnicos, entre os quais guias de procedimentos, nomeadamente de organismos internacionais reconhecidos, códigos de boas práticas e listas de verificação, com a respetiva referência aos diplomas e normas técnicas aplicáveis.

2 – Ao organismo competente do ministério responsável pela área da saúde cabe verificar:

a) As instalações, incluindo as unidades móveis, tendo em conta as condições de funcionamento no âmbito da saúde;

b) As condições de funcionamento do serviço na área da saúde no trabalho, nomeadamente quanto aos equipamentos de trabalho e equipamentos para avaliar as condições de saúde no trabalho;

c) O manual de procedimentos, em particular, a articulação entre as áreas da segurança e da saúde, gestão da informação clínica, transferência de informação em caso de cessação de contrato, política de qualidade, subcontratação e programas de promoção e vigilância da saúde.

3 – Cada um dos organismos competentes referidos nos números anteriores, depois de verificada a conformidade dos requisitos suscetíveis de apreciação documental e nos 60 dias posteriores à apresentação do requerimento:

a) Marca a data da vistoria;

b) Informa do facto o requerente e o outro organismo de modo que tenham conhecimento do mesmo com a antecedência mínima de 10 dias;

c) Notifica o requerente para pagamento de taxa referente à vistoria.

LEI Nº 102/2009, DE 10 DE SETEMBRO

4 – O organismo competente elabora o auto de vistoria e comunica o resultado da mesma ao requerente e ao outro organismo referido nos números anteriores, no prazo de 10 dias.

5 – O auto de vistoria deve conter informação sobre a conformidade entre o requerimento de autorização e as condições verificadas, o cumprimento das prescrições técnicas legalmente estabelecidas, quaisquer condições que se julgue necessário satisfazer e o prazo para a sua realização.

6 – Nos três dias seguintes ao decurso do prazo a que se refere o número anterior, o requerente que tenha realizado as condições impostas deve solicitar segunda vistoria ao organismo competente, sendo aplicável, com as necessárias adaptações, o disposto nos nºs 3 a 5.

7 – Determina o indeferimento do requerimento de autorização:

a) A não realização das condições impostas nos termos do nº 5;

b) A falta de pedido de 2ª vistoria no prazo estabelecido no nº 6.

ARTIGO 89º
Vistoria urgente

1 – Na data de apresentação do requerimento, o requerente pode solicitar, com o pedido de autorização, a realização de vistoria urgente desde que apresente declaração sob compromisso de honra em como todos os requisitos que a ela não estão sujeitos se encontram preenchidos.

2 – No caso a que se refere o número anterior:

a) É marcada vistoria, no prazo de 30 dias a contar da data da apresentação do requerimento e notificado o requerente para pagamento da respetiva taxa;

b) Estando preenchidos os requisitos verificados por vistoria previstos nas alíneas *a)* a *c)* do nº 1 do artigo 85º e verificados os elementos referidos no nº 3 do artigo 86º, o organismo competente emite a autorização requerida;

c) O requerimento deve ser decidido no prazo de 45 dias a contar da data da sua apresentação.

3 – À realização da vistoria urgente aplica-se o disposto nos nºs 4 e 5 do artigo anterior.

ARTIGO 90º
Alteração de autorização

1 – Ao requerimento de alteração da autorização, no que respeita às atividades desenvolvidas ou a atividades de risco elevado em que o serviço pode ser prestado, é aplicável o disposto nos artigos anteriores, tendo em consideração apenas os elementos que devam ser modificados face à alteração requerida.

2 – Há lugar a nova vistoria se os elementos modificados em função do pedido de alteração da autorização incluírem as instalações, bem como os equipamentos e os utensílios referidos na alínea *f)* do nº 3 do artigo 85º

ARTIGO 91º
Pagamento prévio de taxas

1 – Estão sujeitos ao pagamento de taxa os seguintes atos:

a) Apreciação do requerimento de autorização ou de alteração desta;

b) Marcação de vistoria nos termos da alínea *e)* do nº 1 do artigo 80º;

c) Marcação de vistoria nos termos do nº 1 do artigo 88º;

d) Marcação de vistoria urgente, nos termos do disposto no nº 1 do artigo 89º;

e) Auditoria de avaliação da capacidade e da qualidade da prestação dos serviços, na sequência da comunicação referida no artigo 94º

2 – As taxas referidas no número anterior são estabelecidas em portaria dos membros do Governo responsáveis pelas áreas das finanças, laboral e da saúde, tendo em conta os tipos de atos, as áreas a que os mesmos respeitam e as atividades de risco elevado integradas nos setores de atividade a que a autorização se refere.

3 – O pagamento da taxa deve ser efetuado:

a) Nos 10 dias úteis após notificação do organismo competente, nos casos previstos nas alíneas *a)* a *d)* do nº 1;

b) Nos 10 dias úteis após ter sido proferida a decisão de alteração, quando a mesma não implique vistoria;

c) Nos 10 dias úteis após notificação da data da realização da auditoria referida na alínea *e)* do nº 1.

4 – A vistoria é efetuada por estabelecimento, incluindo unidades móveis.

5 – O não pagamento das taxas referidas nos números anteriores dá lugar à extinção do procedimento de autorização em curso ou, caso a decisão de autorização ou de alteração de autorização tenha sido proferida, determina a sua ineficácia.

ARTIGO 92º
Produto das taxas

O produto das taxas reverte para o organismo competente.

ARTIGO 93º
Decisão

1 – A autorização para o exercício das atividades de segurança e de saúde na modalidade de serviços externos, a sua alteração e revogação são decididas por despacho do órgão que dirige o organismo competente para promoção da segurança e da saúde no trabalho do ministério responsável pela área laboral ou do órgão que dirige o organismo competente do ministério responsável pela área da saúde, nos termos definidos no nº 3 do artigo 84º

2 – A decisão de autorização deve especificar as áreas de segurança ou saúde e, se for caso disso, as atividades de risco elevado abrangidas.

3 – Os organismos competentes comunicam entre si, mensalmente, por via eletrónica, a relação das autorizações emitidas, indicando a designação social da

empresa, a identificação fiscal, o local da sede e dos estabelecimentos, a identidade dos administradores ou gerentes, assim como a data da autorização.

4 – Se os elementos constantes do procedimento conduzirem a uma decisão desfavorável ao requerente, este deve ser informado, nomeadamente em audiência de interessados, da possibilidade de reduzir o pedido, quer quanto à área de atividade quer quanto aos setores de atividade potencialmente abrangidos, consoante o caso.

5 – A autorização para o exercício das atividades de segurança e de saúde na modalidade de serviços externos e a sua alteração que implique vistoria devem ser decididas no prazo de 90 dias ou, no caso de alteração de autorização que não implique vistoria, no prazo 60 dias, em ambas as situações a contar da data de entrada do respetivo pedido.

6 – Caso a decisão não seja proferida nos prazos referidos no número anterior, considera-se a autorização ou a respetiva alteração tacitamente deferida, sendo contudo ineficaz até ao pagamento das taxas devidas pelos atos que tenham sido praticados.

SUBSECÇÃO III
Acompanhamento e auditorias

ARTIGO 94º
Acompanhamento

1 – O serviço externo deve comunicar ao organismo competente que emitiu a respetiva autorização, no prazo de 30 dias após a ocorrência, a interrupção ou a cessação do seu funcionamento, bem como as alterações de objeto social.

2 – Os organismos competentes nos termos da presente lei devem trocar entre si informação sobre as comunicações recebidas nos termos do nº 1.

3 – Constitui contraordenação grave a violação do disposto no nº 1.

ARTIGO 95º
Auditoria

1 – A capacidade dos serviços externos autorizados e a qualidade da sua prestação é avaliada através de auditoria, que incide sobre os requisitos referidos no nº 1 do artigo 85º

2 – As auditorias são realizadas na sequência das comunicações referidas no artigo anterior ou por iniciativa:

a) Do organismo competente para promoção da segurança e da saúde no trabalho do ministério responsável pela área laboral ou do organismo competente do ministério responsável pela área da saúde, no que respeita às instalações, tendo em conta as condições de segurança e de saúde no trabalho;

b) Do organismo competente do ministério responsável pela área da saúde, no que respeita às condições de funcionamento do serviço na área da saúde no trabalho,

REGIME JURÍDICO DA PROMOÇÃO DA SEGURANÇA E SAÚDE NO TRABALHO

nomeadamente o efetivo de pessoal técnico, recurso a subcontratação, equipamentos de trabalho na sede e nos estabelecimentos e equipamentos para avaliar as condições de saúde, e procedimentos técnicos da promoção e vigilância da saúde;

c) Do organismo competente para promoção da segurança e da saúde no trabalho do ministério responsável pela área laboral, em relação às condições de funcionamento do serviço na área da segurança no trabalho, o efetivo de pessoal técnico, recurso a subcontratação, equipamentos de trabalho na sede e nos estabelecimentos, equipamentos para a avaliação das condições de segurança no trabalho e equipamentos de proteção individual.

3 – Os serviços referidos no número anterior podem recorrer à contratação externa de serviços de técnicos especializados, atendendo à complexidade ou especialização técnica das tarefas a realizar.

4 – No âmbito das auditorias, a qualidade dos serviços pode ser avaliada através de visitas de controlo aos locais de trabalho das empresas a quem são prestados os serviços.

5 – Os serviços externos que exerçam atividade em território nacional nos termos do nº 8 do artigo 84º podem ser avaliados através de auditoria, nos termos do nº 4, por iniciativa dos organismos referidos no nº 2, para verificação do cumprimento dos requisitos de exercício aplicáveis.

ARTIGO 96º
Suspensão, revogação ou redução da autorização

1 – Tendo em consideração as alterações comunicadas nos termos do artigo 94º ou verificadas através de auditoria a falta de requisitos essenciais ao funcionamento do serviço externo ou ainda a verificação do não exercício das atividades previstas no artigo 73º-B, o organismo competente pode suspender, revogar ou reduzir a autorização no que respeita aos domínios da segurança e da saúde aos setores de atividade ou às atividades de risco elevado.

2 – A suspensão decidida nos termos do número anterior tem uma duração máxima de dois anos, sendo obrigatoriamente comunicada ao organismo do outro ministério competente.

ARTIGO 96º-A
Balcão único e registos informáticos

1 – Todas as comunicações e as notificações necessárias à autorização e à alteração da autorização do serviço externo e à dispensa de serviço interno, bem como o envio de documentos, de requerimentos ou de informações relativas a esses procedimentos, são realizadas por via eletrónica, através do balcão único eletrónico dos serviços.

2 – Os registos que os serviços externos estão obrigados a manter ao abrigo da presente lei devem estar disponíveis em suporte informático.

LEI Nº 102/2009, DE 10 DE SETEMBRO

3 – Quando, por motivos de indisponibilidade das plataformas eletrónicas, não for possível o cumprimento do disposto no nº 1, a transmissão da informação em causa pode ser efetuada por outros meios previstos na lei, nomeadamente por telecópia, mensagem de correio eletrónico proveniente de endereço previamente comunicado por outro meio à autoridade competente ou correio registado com aviso de receção.

SECÇÃO V
Funcionamento do serviço de segurança e de saúde no trabalho

ARTIGO 97º
(Revogado.)

ARTIGO 98º
(Revogado.)

ARTIGO 99º
(Revogado.)

SECÇÃO VI
Serviço de segurança no trabalho

ARTIGO 100º
Atividades técnicas

1 – As atividades técnicas de segurança no trabalho são exercidas por técnicos superiores ou técnicos de segurança no trabalho, certificados pelo organismo competente para a promoção da segurança e da saúde no trabalho do ministério competente para a área laboral, nos termos de legislação especial.

2 – Os profissionais referidos no número anterior exercem as respetivas atividades com autonomia técnica.

3 – *(Revogado.)*

ARTIGO 101º
Garantia mínima de funcionamento do serviço de segurança no trabalho

1 – A atividade dos serviços de segurança deve ser assegurada regularmente no próprio estabelecimento durante o tempo necessário.

2 – A afetação dos técnicos superiores ou técnicos às atividades de segurança no trabalho, por empresa, é estabelecida nos seguintes termos:

a) Em estabelecimento industrial – até 50 trabalhadores, um técnico, e, acima de 50, dois técnicos, por cada 1500 trabalhadores abrangidos ou fração, sendo pelo menos um deles técnico superior;

REGIME JURÍDICO DA PROMOÇÃO DA SEGURANÇA E SAÚDE NO TRABALHO

b) Nos restantes estabelecimentos – até 50 trabalhadores, um técnico, e, acima de 50 trabalhadores, dois técnicos, por cada 3000 trabalhadores abrangidos ou fração, sendo pelo menos um deles técnico superior.

3 – O organismo competente para a promoção da segurança e saúde no trabalho do ministério responsável pela área laboral pode determinar uma duração mais alargada da atividade dos serviços de segurança em estabelecimento em que, independentemente do número de trabalhadores, a natureza ou a gravidade dos riscos profissionais, bem como os indicadores de sinistralidade, se justifique uma ação mais eficaz.

4 – Constitui contraordenação grave a violação do disposto nos números anteriores.

ARTIGO 102º
Informação e consulta ao serviço de segurança e de saúde no trabalho

1 – O empregador deve fornecer aos serviços de segurança no trabalho os elementos técnicos sobre os equipamentos e a composição dos produtos utilizados.

2 – Os serviços de segurança no trabalho devem ser informados sobre todas as alterações dos componentes materiais do trabalho e consultados, previamente, sobre todas as situações com possível repercussão na segurança dos trabalhadores.

3 – As informações referidas nos números anteriores ficam sujeitas a sigilo profissional, sem prejuízo de as informações pertinentes para a proteção da segurança e saúde deverem ser comunicadas aos trabalhadores envolvidos, sempre que tal se mostre necessário, e aos representantes dos trabalhadores para a segurança e saúde no trabalho.

4 – Constitui contraordenação grave a violação do disposto nos nºs 1 e 2.

SECÇÃO VII
Serviço de saúde no trabalho

ARTIGO 103º
Médico do trabalho

1 – Para efeitos da presente lei, considera-se médico do trabalho o licenciado em Medicina com especialidade de medicina do trabalho reconhecida pela Ordem dos Médicos.

2 – Considera-se, ainda, médico do trabalho aquele a quem seja reconhecida idoneidade técnica para o exercício das respetivas funções, nos termos da lei.

3 – No caso de insuficiência comprovada de médicos do trabalho qualificados nos termos referidos nos números anteriores, o organismo competente do ministério responsável pela área da saúde pode autorizar outros licenciados em Medicina a exercer as respetivas funções, os quais, no prazo de quatro anos a contar da respetiva autorização, devem apresentar prova da obtenção de especialidade em medicina do trabalho, sob pena de lhes ser vedada a continuação do exercício das referidas funções.

LEI Nº 102/2009, DE 10 DE SETEMBRO

ARTIGO 104º
Enfermeiro do trabalho

1 – Em empresa com mais de 250 trabalhadores, o médico do trabalho deve ser coadjuvado por um enfermeiro com experiência adequada.

2 – As atividades a desenvolver pelo enfermeiro do trabalho são objeto de legislação especial.

3 – Constitui contraordenação grave a violação do disposto no nº 1.

ARTIGO 105º
Garantia mínima de funcionamento do serviço de saúde no trabalho

1 – O médico do trabalho deve prestar atividade durante o número de horas necessário à realização dos atos médicos, de rotina ou de emergência e outros trabalhos que deva coordenar.

2 – O médico do trabalho deve conhecer os componentes materiais do trabalho com influência sobre a saúde dos trabalhadores, desenvolvendo para este efeito a atividade no estabelecimento nos seguintes termos:

a) Em estabelecimento industrial ou estabelecimento de outra natureza com risco elevado, pelo menos uma hora por mês por cada grupo de 10 trabalhadores ou fração;

b) Nos restantes estabelecimentos, pelo menos uma hora por mês por cada grupo de 20 trabalhadores ou fração.

3 – Ao médico do trabalho é proibido assegurar a vigilância da saúde de um número de trabalhadores a que correspondam mais de 150 horas de atividade por mês.

4 – Constitui contraordenação grave a violação do disposto nos números anteriores.

ARTIGO 106º
Acesso a informação

O médico do trabalho tem acesso às informações referidas nos nºs 1 e 2 do artigo 102º, as quais se encontram sujeitas a sigilo profissional, nos termos do disposto no nº 3 do mesmo artigo.

ARTIGO 107º
Vigilância da saúde

A responsabilidade técnica da vigilância da saúde cabe ao médico do trabalho.

ARTIGO 108º
Exames de saúde

1 – O empregador deve promover a realização de exames de saúde adequados a comprovar e avaliar a aptidão física e psíquica do trabalhador para o exercício da

atividade, bem como a repercussão desta e das condições em que é prestada na saúde do mesmo.

2 – As consultas de vigilância da saúde devem ser efetuadas por médico que reúna os requisitos previstos no artigo 103º

3 – Sem prejuízo do disposto em legislação especial, devem ser realizados os seguintes exames de saúde:

a) Exames de admissão, antes do início da prestação de trabalho ou, se a urgência da admissão o justificar, nos 15 dias seguintes;

b) Exames periódicos, anuais para os menores e para os trabalhadores com idade superior a 50 anos, e de 2 em 2 anos para os restantes trabalhadores;

c) Exames ocasionais, sempre que haja alterações substanciais nos componentes materiais de trabalho que possam ter repercussão nociva na saúde do trabalhador, bem como no caso de regresso ao trabalho depois de uma ausência superior a 30 dias por motivo de doença ou acidente.

4 – O médico do trabalho, face ao estado de saúde do trabalhador e aos resultados da prevenção dos riscos profissionais na empresa, pode aumentar ou reduzir a periodicidade dos exames previstos no número anterior.

5 – O médico do trabalho deve ter em consideração o resultado de exames a que o trabalhador tenha sido submetido e que mantenham atualidade, devendo instituir a cooperação necessária com o médico assistente.

6 – A realização do exame de admissão prevista na alínea *a)* do nº 3 pode ser dispensada nos seguintes casos:

a) Em que haja transferência da titularidade da relação laboral, desde que o trabalhador se mantenha no mesmo posto de trabalho e não haja alterações substanciais nas componentes materiais de trabalho que possam ter repercussão nociva na saúde do trabalhador;

b) Em que o trabalhador seja contratado, por um período não superior a 45 dias, para um trabalho idêntico, esteja exposto aos mesmos riscos e não seja conhecida qualquer inaptidão desde o último exame médico efetuado nos dois anos anteriores, devendo a ficha clínica desse mesmo exame ser do conhecimento do médico do trabalho.

7 – Constitui contraordenação grave a violação do disposto nos nºs 1 e 3, bem como a utilização de serviço de médico não habilitado nos termos do artigo 103º, imputável ao empregador.

ARTIGO 109º
Ficha clínica

1 – As observações clínicas relativas aos exames de saúde são anotadas na ficha clínica do trabalhador.

2 – A ficha clínica está sujeita ao segredo profissional, só podendo ser facultada às autoridades de saúde e aos médicos afetos ao organismo com competência para a

LEI Nº 102/2009, DE 10 DE SETEMBRO

promoção da segurança e da saúde no trabalho do ministério responsável pela área laboral.

3 – Para efeitos do disposto nos números anteriores, a ficha clínica não deve conter dados sobre a raça, a nacionalidade, a origem étnica ou informação sobre hábitos pessoais do trabalhador, salvo quando estes últimos estejam relacionados com patologias específicas ou com outros dados de saúde.

4 – O médico responsável pela vigilância da saúde deve entregar ao trabalhador que deixar de prestar serviço na empresa cópia da ficha clínica.

5 – Em caso de cessação da atividade, as fichas clínicas devem ser enviadas para o serviço com competências para o reconhecimento das doenças profissionais na área da segurança social.

6 – Constitui contraordenação grave a violação do disposto no presente artigo, imputável ao empregador no caso de serviço interno, ou à entidade titular de serviço comum ou de serviço externo que não seja convencionado.

ARTIGO 110º
Ficha de aptidão

1 – Face ao resultado do exame de admissão, periódico ou ocasional, o médico do trabalho deve, imediatamente na sequência do exame realizado, preencher uma ficha de aptidão e remeter uma cópia ao responsável dos recursos humanos da empresa.

2 – Se o resultado do exame de saúde revelar a inaptidão do trabalhador, o médico do trabalho deve indicar, sendo caso disso, outras funções que aquele possa desempenhar.

3 – A ficha de aptidão não pode conter elementos que envolvam segredo profissional.

4 – A ficha de aptidão deve ser dada a conhecer ao trabalhador, devendo conter a assinatura com a aposição da data de conhecimento.

5 – Sempre que a repercussão do trabalho e das condições em que o mesmo é prestado se revelar nociva para a saúde do trabalhador, o médico do trabalho deve comunicar tal facto ao responsável pelo serviço de segurança e saúde no trabalho e, bem assim, se o estado de saúde o justificar, solicitar o seu acompanhamento pelo médico assistente do centro de saúde ou outro médico indicado pelo trabalhador.

6 – O modelo da ficha de aptidão é fixado por portaria dos membros do Governo responsáveis pelas áreas laboral e da saúde.

7 – Constitui contraordenação grave a violação do disposto nos nºs 1, 2, 3 e 4.

CAPÍTULO X
Disposições complementares, finais e transitórias

ARTIGO 111º
Comunicações

1 – Sem prejuízo de outras notificações previstas na lei, o empregador deve comunicar ao serviço com competência inspetiva do ministério responsável pela

área laboral os acidentes mortais, bem como aqueles que evidenciem lesão física grave, nas 24 horas a seguir à ocorrência.

2 – A comunicação prevista no número anterior deve conter a identificação do trabalhador acidentado e a descrição dos factos, devendo ser acompanhado de informação e respetivos registos sobre os tempos de trabalho prestado pelo trabalhador nos 30 dias que antecederam o acidente.

3 – Constitui contraordenação grave a violação do disposto nos números anteriores.

ARTIGO 112º
Informação sobre a atividade anual do serviço de segurança e de saúde no trabalho

O empregador deve prestar, no quadro da informação relativa à atividade social da empresa, informação sobre a atividade anual desenvolvida pelo serviço de segurança e de saúde no trabalho em cada estabelecimento.

ARTIGO 113º
(Revogado.)

ARTIGO 114º
Publicitação da lista de autorizações

Os organismos competentes nos termos da presente lei mantêm atualizada uma lista com indicação das autorizações emitidas, expressa ou tacitamente, com indicação expressa das que se encontram revogadas ou suspensas, publicitada nas respetivas páginas eletrónicas.

ARTIGO 115º
Regime das contraordenações

1 – O regime geral das contraordenações laborais previsto nos artigos 548º a 566º do Código do Trabalho aplica-se às infrações por violação da presente lei.

2 – O processamento das contraordenações laborais segue o regime processual aplicável às contraordenações laborais e de segurança social, aprovado pela Lei nº 107/2009, de 14 de setembro, alterada pela Lei nº 63/2013, de 27 de agosto.

ARTIGO 116º
Taxas de incidência e de gravidade de acidentes de trabalho

Para efeitos da presente lei, as taxas médias de incidência e de gravidade de acidentes de trabalho do setor são as apuradas pelo organismo competente para a produção de estatísticas laborais do ministério responsável pela área laboral, relativamente aos dados dos balanços sociais referentes aos últimos anos com apuramentos disponíveis.

LEI Nº 102/2009, DE 10 DE SETEMBRO

ARTIGO 117º
Regime transitório de autorização

1 – O disposto na secção IV do capítulo IX é aplicável aos pedidos de autorização requeridos antes da data de entrada em vigor da presente lei.

2 – As entidades que, na data da entrada em vigor da presente lei, se encontrem com pedido de autorização em fase de apreciação devem, no prazo de 30 dias, requerer ao organismo competente a marcação da vistoria prevista no artigo 88º

3 – A falta de pedido de vistoria nos termos do número anterior determina a extinção do processo.

4 – Nos casos previstos no nº 2, o prazo para a concessão da autorização recomeça a contar a partir da data do requerimento para marcação de vistoria, sendo alargado para 120 dias.

ARTIGO 118º
Alteração de estatutos

As entidades autorizadas que se encontrem a prestar atividades de segurança e de saúde no trabalho na modalidade de serviço externo, do tipo associativo, dispõem de um ano a contar da data de entrada em vigor da presente lei para adaptarem os seus estatutos de acordo com o disposto na alínea *a*) do nº 2 do artigo 83º

ARTIGO 119º
Regiões autónomas

1 – Sem prejuízo das competências legislativas próprias, as competências atribuídas pela presente lei às autoridades e serviços administrativos são, nas regiões autónomas, exercidas pelos órgãos e serviços das respetivas administrações regionais.

2 – O produto das coimas aplicadas ao abrigo da presente lei pelos órgãos e serviços das administrações regionais constituem receita própria da respetiva região.

ARTIGO 119º-A
Validade nacional

As autorizações e as alterações das autorizações para o serviço externo de segurança e saúde no trabalho têm validade nacional, independentemente de terem sido decididas por autoridade competente sedeada no território continental ou nas regiões autónomas, nos termos do nº 1 do artigo 17º do Decreto-Lei nº 92/2010, de 26 de julho.

ARTIGO 120º
Norma revogatória

1 – Sem prejuízo do disposto nos números seguintes, são revogados:

a) O Decreto-Lei nº 441/91, de 14 de novembro;

b) O Decreto-Lei nº 26/94, de 1 de fevereiro;
c) O Decreto-Lei nº 29/2002, de 14 de fevereiro;
d) A Portaria nº 1179/95, de 26 de setembro.

2 – A revogação da Portaria nº 1179/95, de 26 de setembro, que aprovou o modelo de notificação da modalidade adotada pelo empregador para a organização do serviço de segurança e de saúde no trabalho, produz efeitos a partir da entrada em vigor da portaria a que se refere o artigo 113º

3 – A revogação do Decreto-Lei nº 441/91, de 14 de novembro, que aprova o enquadramento nacional da segurança e saúde no trabalho, no que se refere ao setor público e aos trabalhadores que exercem funções públicas nos serviços da administração direta, indireta, regional e local, bem como nos órgãos e serviços referidos no nº 3 do artigo 3º da Lei nº 12-A/2008, de 27 de fevereiro, produz efeitos a partir da data de entrada em vigor do diploma que regula a mesma matéria.

ARTIGO 121º
Entrada em vigor

A presente lei entra em vigor no 1º dia do mês seguinte ao da sua publicação.

Prescrições de Segurança e Saúde relativas à Utilização de Equipamentos de Trabalho

Decreto-Lei nº 50/2005, de 25 de fevereiro

O Decreto-Lei nº 82/99, de 16 de março, regula as prescrições mínimas de segurança e saúde dos trabalhadores na utilização de equipamentos de trabalho, transpondo para a ordem jurídica interna a Diretiva nº 89/655/CEE, do Conselho, de 30 de novembro, alterada pela Diretiva nº 95/63/CE, do Conselho, de 5 de dezembro.

Entretanto, a Diretiva nº 2001/45/CE, do Parlamento Europeu e do Conselho, de 27 de junho, que alterou pela segunda vez a Diretiva nº 89/655/CEE, regulamenta a utilização de equipamentos destinados à execução de trabalhos em altura, para proteger a segurança e saúde dos trabalhadores.

A execução de trabalhos em altura expõe os trabalhadores a riscos elevados, particularmente quedas, frequentemente com consequências graves para os sinistrados e que representam uma percentagem elevada de acidentes de trabalho.

As escadas, os andaimes e as cordas constituem os equipamentos habitualmente utilizados na execução de trabalhos temporários em altura. A segurança no trabalho depende ainda de adequada formação dos trabalhadores que utilizam os referidos equipamentos, a qual constitui uma obrigação dos empregadores de acordo com o regime geral do Código do Trabalho.

A transposição da Diretiva nº 2001/45/CE implica alterar extensamente o diploma que atualmente regula a utilização de equipamentos de trabalho, justificando-se por isso a sua substituição integral.

O projeto correspondente ao presente diploma foi publicado, para apreciação pública, na separata do Boletim do Trabalho e Emprego, nº 4, de 1 de março de 2004. Foram ponderados os comentários expressos por organizações representativas de empregadores e de trabalhadores, tendo sido melhoradas em conformidade diversas disposições do projeto.

PRESCRIÇÕES DE SEGURANÇA E SAÚDE RELATIVAS À UTILIZAÇÃO DE EQUIPAMENTOS DE TRABALHO

Foram ouvidos os órgãos de governo próprio das Regiões Autónomas.
Assim:
Nos termos da alínea *a*) do nº 1 do artigo 198º da Constituição, o Governo decreta o seguinte:

CAPÍTULO I
Disposições gerais

ARTIGO 1º
Âmbito

1 – O presente diploma transpõe para a ordem jurídica interna a Diretiva nº 89/ /655/CEE, do Conselho, de 30 de novembro, alterada pela Diretiva nº 95/63/CE, do Conselho, de 5 de dezembro, e pela Diretiva nº 2001/45/CE, do Parlamento Europeu e do Conselho, de 27 de junho, relativa às prescrições mínimas de segurança e de saúde para a utilização pelos trabalhadores de equipamentos de trabalho.

2 – O presente diploma é aplicável em todos os ramos de atividade dos setores privado, cooperativo e social, administração pública central, regional e local, institutos públicos e demais pessoas coletivas de direito público, bem como a trabalhadores por conta própria.

3 – Excetuam-se do número anterior as atividades da Administração Pública cujo exercício seja condicionado por critérios de segurança ou emergência, nomeadamente das Forças Armadas ou da polícia, bem como a atividades específicas dos serviços de proteção civil, sem prejuízo da adoção de medidas que visem garantir a segurança e a saúde dos respetivos trabalhadores.

ARTIGO 2º
Definições

Para efeitos do presente diploma, entende-se por:

a) «Equipamento de trabalho» qualquer máquina, aparelho, ferramenta ou instalação utilizado no trabalho;

b) «Utilização de um equipamento de trabalho» qualquer atividade em que o trabalhador contacte com um equipamento de trabalho, nomeadamente a colocação em serviço ou fora dele, o uso, o transporte, a reparação, a transformação, a manutenção e a conservação, incluindo a limpeza;

c) «Zona perigosa» qualquer zona dentro ou em torno de um equipamento de trabalho onde a presença de um trabalhador exposto o submeta a riscos para a sua segurança ou saúde;

d) «Trabalhador exposto» qualquer trabalhador que se encontre, totalmente ou em parte, numa zona perigosa;

e) «Operador» qualquer trabalhador incumbido da utilização de um equipamento de trabalho;

DECRETO-LEI Nº 50/2005, DE 25 DE FEVEREIRO

f) «Pessoa competente» a pessoa que tenha ou, no caso de ser pessoa coletiva, para a qual trabalhe pessoa com conhecimentos teóricos e práticos e experiência no tipo de equipamento a verificar, adequados à deteção de defeitos ou deficiências e à avaliação da sua importância em relação à segurança na utilização do referido equipamento;

g) «Verificação» o exame detalhado feito por pessoa competente destinado a obter uma conclusão fiável no que respeita à segurança de um equipamento de trabalho;

h) «Reconversão de andaime» a operação da qual resulte modificação substantiva da estrutura prevista na conceção inicial do andaime.

ARTIGO 3º
Obrigações gerais do empregador

Para assegurar a segurança e a saúde dos trabalhadores na utilização de equipamentos de trabalho, o empregador deve:

a) Assegurar que os equipamentos de trabalho são adequados ou convenientemente adaptados ao trabalho a efetuar e garantem a segurança e a saúde dos trabalhadores durante a sua utilização;

b) Atender, na escolha dos equipamentos de trabalho, às condições e características específicas do trabalho, aos riscos existentes para a segurança e a saúde dos trabalhadores, bem como aos novos riscos resultantes da sua utilização;

c) Tomar em consideração os postos de trabalho e a posição dos trabalhadores durante a utilização dos equipamentos de trabalho, bem como os princípios ergonómicos;

d) Quando os procedimentos previstos nas alíneas anteriores não permitam assegurar eficazmente a segurança ou a saúde dos trabalhadores na utilização dos equipamentos de trabalho, tomar as medidas adequadas para minimizar os riscos existentes;

e) Assegurar a manutenção adequada dos equipamentos de trabalho durante o seu período de utilização, de modo que os mesmos respeitem os requisitos mínimos de segurança constantes dos artigos 10º a 29º e não provoquem riscos para a segurança ou a saúde dos trabalhadores.

ARTIGO 4º
Requisitos mínimos de segurança e regras de utilização dos equipamentos de trabalho

1 – Os equipamentos de trabalho devem satisfazer os requisitos mínimos de segurança previstos nos artigos 10º a 29º

2 – Os equipamentos de trabalho colocados pela primeira vez à disposição dos trabalhadores na empresa ou estabelecimento devem satisfazer os requisitos de segurança e saúde previstos em legislação específica sobre conceção, fabrico e comercialização dos mesmos.

433

ARTIGO 5º
Equipamentos de trabalho com riscos específicos

3 – Os trabalhadores devem utilizar os equipamentos de trabalho em conformidade com o disposto nos artigos 30º a 42º

ARTIGO 5º
Equipamentos de trabalho com riscos específicos

Sempre que a utilização de um equipamento de trabalho possa apresentar risco específico para a segurança ou a saúde dos trabalhadores, o empregador deve tomar as medidas necessárias para que a sua utilização seja reservada a operador especificamente habilitado para o efeito, considerando a correspondente atividade.

ARTIGO 6º
Verificação dos equipamentos de trabalho

1 – Se a segurança dos equipamentos de trabalho depender das condições da sua instalação, o empregador deve proceder à sua verificação após a instalação ou montagem num novo local, antes do início ou do recomeço do seu funcionamento.

2 – O empregador deve proceder a verificações periódicas e, se necessário, a ensaios periódicos dos equipamentos de trabalho sujeitos a influências que possam provocar deteriorações suscetíveis de causar riscos.

3 – O empregador deve proceder a verificações extraordinárias dos equipamentos de trabalho quando ocorram acontecimentos excecionais, nomeadamente transformações, acidentes, fenómenos naturais ou períodos prolongados de não utilização, que possam ter consequências gravosas para a sua segurança.

4 – As verificações e ensaios dos equipamentos de trabalho previstos nos números anteriores devem ser efetuados por pessoa competente, a fim de garantir a correta instalação e o bom estado de funcionamento dos mesmos.

ARTIGO 7º
Resultado da verificação

1 – O resultado das verificações e ensaios previstos no artigo anterior deve constar de relatório contendo informações sobre:

a) Identificação do equipamento de trabalho e do operador;
b) Tipo de verificação ou ensaio, local e data da sua realização;
c) Prazo estipulado para reparar as deficiências detetadas, se necessário;
d) Identificação da pessoa competente que realizou a verificação ou o ensaio.

2 – O empregador deve conservar os relatórios da última verificação e de outras verificações ou ensaios efetuados nos dois anos anteriores e colocá-los à disposição das autoridades competentes.

3 – O equipamento de trabalho que seja utilizado fora da empresa ou estabelecimento deve ser acompanhado de cópia do relatório da última verificação ou ensaio.

DECRETO-LEI Nº 50/2005, DE 25 DE FEVEREIRO

ARTIGO 8º
Informação dos trabalhadores

1 – O empregador deve prestar aos trabalhadores e seus representantes para a segurança, higiene e saúde no trabalho a informação adequada sobre os equipamentos de trabalho utilizados.

2 – A informação deve ser facilmente compreensível, escrita, se necessário, e conter, pelo menos, indicações sobre:

a) Condições de utilização dos equipamentos;
b) Situações anormais previsíveis;
c) Conclusões a retirar da experiência eventualmente adquirida com a utilização dos equipamentos;
d) Riscos para os trabalhadores decorrentes de equipamentos de trabalho existentes no ambiente de trabalho ou de alterações dos mesmos que possam afetar os trabalhadores, ainda que não os utilizem diretamente.

ARTIGO 9º
Consulta dos trabalhadores

O empregador deve consultar por escrito, previamente e em tempo útil, os representantes dos trabalhadores ou, na sua falta, os trabalhadores sobre a aplicação do presente diploma pelo menos duas vezes por ano.

CAPÍTULO II
Requisitos mínimos de segurança dos equipamentos de trabalho

SECÇÃO I
Princípios gerais

ARTIGO 10º
Âmbito

Os requisitos mínimos previstos no presente capítulo são aplicáveis na medida em que o correspondente risco exista no equipamento de trabalho considerado.

SECÇÃO II
Requisitos mínimos gerais aplicáveis a equipamentos de trabalho

ARTIGO 11º
Sistemas de comando

1 – Os sistemas de comando de um equipamento de trabalho que tenham incidência sobre a segurança devem ser claramente visíveis e identificáveis e ter, se for caso disso, uma marcação apropriada.

PRESCRIÇÕES DE SEGURANÇA E SAÚDE RELATIVAS À UTILIZAÇÃO DE EQUIPAMENTOS DE TRABALHO

2 – Salvo nos casos de reconhecida impossibilidade, os sistemas de comando devem ser colocados fora das zonas perigosas e de modo que o seu acionamento, nomeadamente por uma manobra não intencional, não possa ocasionar riscos suplementares.

3 – O operador deve poder certificar-se a partir do posto de comando principal da ausência de pessoas nas zonas perigosas ou, se tal não for possível, o arranque deve ser automaticamente precedido de um sistema de aviso seguro, nomeadamente de um sinal sonoro ou visual.

4 – Após o aviso previsto no número anterior, o trabalhador exposto deve dispor do tempo e, se necessário, dos meios indispensáveis para se afastar imediatamente da zona perigosa.

5 – Os sistemas de comando devem ser seguros e escolhidos tendo em conta as falhas, perturbações e limitações previsíveis na utilização para que foram projetados.

ARTIGO 12º
Arranque do equipamento

1 – Os equipamentos de trabalho devem estar providos de um sistema de comando de modo que seja necessária uma ação voluntária sobre um comando com essa finalidade para que possam:

a) Ser postos em funcionamento;
b) Arrancar após uma paragem, qualquer que seja a origem desta;
c) Sofrer uma modificação importante das condições de funcionamento, nomeadamente velocidade ou pressão.

2 – O disposto no número anterior não é aplicável se esse arranque ou essa modificação não representar qualquer risco para os trabalhadores expostos ou se resultar da sequência normal de um ciclo automático.

ARTIGO 13º
Paragem do equipamento

1 – O equipamento de trabalho deve estar provido de um sistema de comando que permita a sua paragem geral em condições de segurança, bem como de um dispositivo de paragem de emergência se for necessário em função dos perigos inerentes ao equipamento e ao tempo normal de paragem.

2 – Os postos de trabalho devem dispor de um sistema do comando que permita, em função dos riscos existentes, parar todo ou parte do equipamento de trabalho de forma que o mesmo fique em situação de segurança, devendo a ordem de paragem ter prioridade sobre as ordens de arranque.

3 – A alimentação de energia dos acionadores do equipamento de trabalho deve ser interrompida sempre que se verifique a paragem do mesmo ou dos seus elementos perigosos.

DECRETO-LEI Nº 50/2005, DE 25 DE FEVEREIRO

ARTIGO 14º
Estabilidade e rotura

1 – Os equipamentos de trabalho e os respetivos elementos devem ser estabilizados por fixação ou por outros meios sempre que a segurança ou a saúde dos trabalhadores o justifique.

2 – Devem ser tomadas medidas adequadas se existirem riscos de estilhaçamento ou de rotura de elementos de um equipamento suscetíveis de pôr em perigo a segurança ou a saúde dos trabalhadores.

ARTIGO 15º
Projeções e emanações

1 – O equipamento de trabalho que provoque riscos devido a quedas ou projeções de objetos deve dispor de dispositivos de segurança adequados.

2 – O equipamento de trabalho que provoque riscos devido a emanações de gases, vapores ou líquidos ou a emissão de poeiras deve dispor de dispositivos de retenção ou extração eficazes, instalados na proximidade da respetiva fonte.

ARTIGO 16º
Riscos de contacto mecânico

1 – Os elementos móveis de um equipamento de trabalho que possam causar acidentes por contacto mecânico devem dispor de protetores que impeçam o acesso às zonas perigosas ou de dispositivos que interrompam o movimento dos elementos móveis antes do acesso a essas zonas.

2 – Os protetores e os dispositivos de proteção:

a) Devem ser de construção robusta;
b) Não devem ocasionar riscos suplementares;
c) Não devem poder ser facilmente neutralizados ou tornados inoperantes;
d) Devem estar situados a uma distância suficiente da zona perigosa;
e) Não devem limitar a observação do ciclo de trabalho mais do que o necessário.

3 – Os protetores e os dispositivos de proteção devem permitir, se possível sem a sua desmontagem, as intervenções necessárias à colocação ou substituição de elementos do equipamento, bem como à sua manutenção, possibilitando o acesso apenas ao setor em que esta deve ser realizada.

ARTIGO 17º
Iluminação e temperatura

1 – As zonas e pontos de trabalho ou de manutenção dos equipamentos de trabalho devem estar convenientemente iluminados em função dos trabalhos a realizar.

ARTIGO 18º
Dispositivos de alerta

2 – As partes de um equipamento de trabalho que atinjam temperaturas elevadas ou muito baixas devem, se necessário, dispor de uma proteção contra os riscos de contacto ou de proximidade por parte dos trabalhadores.

ARTIGO 18º
Dispositivos de alerta

Os dispositivos de alerta do equipamento de trabalho devem poder ser ouvidos e compreendidos facilmente e sem ambiguidades.

ARTIGO 19º
Manutenção do equipamento

1 – As operações de manutenção devem poder efetuar-se com o equipamento de trabalho parado ou, não sendo possível, devem poder ser tomadas medidas de proteção adequadas à execução dessas operações ou estas devem poder ser efetuadas fora das áreas perigosas.

2 – Se o equipamento de trabalho dispuser de livrete de manutenção, este deve estar atualizado.

3 – Para efetuar as operações de produção, regulação e manutenção dos equipamentos de trabalho, os trabalhadores devem ter acesso a todos os locais necessários e permanecer neles em segurança.

ARTIGO 20º
Riscos elétricos, de incêndio e explosão

Os equipamentos de trabalho devem:

a) Proteger os trabalhadores expostos contra os riscos de contacto direto ou indireto com a eletricidade;

b) Proteger os trabalhadores contra os riscos de incêndio, sobreaquecimento ou libertação de gases, poeiras, líquidos, vapores ou outras substâncias por eles produzidas ou neles utilizadas ou armazenadas;

c) Prevenir os riscos de explosão dos equipamentos ou de substâncias por eles produzidas ou neles utilizadas ou armazenadas.

ARTIGO 21º
Fontes de energia

Os equipamentos de trabalho devem dispor de dispositivos claramente identificáveis, que permitam isolá-los de cada uma das suas fontes externas de energia e, em caso de reconexão, esta deve ser feita sem risco para os trabalhadores.

ARTIGO 22º
Sinalização de segurança

Os equipamentos de trabalho devem estar devidamente sinalizados com avisos ou outra sinalização indispensável para garantir a segurança dos trabalhadores.

DECRETO-LEI Nº 50/2005, DE 25 DE FEVEREIRO

SECÇÃO III
Requisitos complementares dos equipamentos móveis

ARTIGO 23º
Equipamentos que transportem trabalhadores e riscos de capotamento

1 – Os equipamentos de trabalho que transportem um ou mais trabalhadores devem ser adaptados de forma a reduzir os riscos para os trabalhadores durante a deslocação, nomeadamente o risco de contacto dos trabalhadores com as rodas ou as lagartas ou o seu entalamento por essas peças.

2 – Os equipamentos de trabalho que transportem trabalhadores devem limitar os riscos de capotamento por meio de uma estrutura que os impeça de virar mais de um quarto de volta ou, se o movimento puder exceder um quarto de volta, por uma estrutura que garanta espaço suficiente em torno dos trabalhadores transportados ou outro dispositivo de efeito equivalente.

3 – As estruturas de proteção previstas no número anterior podem fazer parte integrante do equipamento.

4 – Se, em caso de capotamento, existir o risco de esmagamento dos trabalhadores entre o equipamento e o solo, deve ser instalado um sistema de retenção dos trabalhadores transportados, quando exista no mercado para o modelo de equipamento em causa.

5 – A instalação das estruturas de proteção previstas no nº 2 não é obrigatória:

a) Quando o equipamento se encontra estabilizado durante a sua utilização ou quando a conceção do mesmo impossibilita o seu capotamento;

b) Em tratores agrícolas matriculados antes de 1 de janeiro de 1994;

c) Em outros equipamentos agrícolas e florestais para os quais não existam no mercado estruturas de proteção.

ARTIGO 24º
Transmissão de energia

1 – Os equipamentos de trabalho devem ser equipados ou adaptados de forma a impedir que o bloqueio intempestivo dos elementos de transmissão de energia entre os equipamentos e os seus acessórios ou reboques possa causar riscos ou, se não for possível impedir esse bloqueio, devem ser tomadas medidas que garantam a segurança dos trabalhadores.

2 – Nos casos em que os elementos de transmissão de energia entre equipamentos de trabalho móveis possam sujar-se ou danificar-se ao serem arrastados pelo chão, deve ser prevista a possibilidade da sua fixação.

ARTIGO 25º
Risco de capotamento de empilhadores

O empilhador que transporta o operador deve ser adaptado ou equipado de modo a limitar os riscos de capotamento, nomeadamente através de uma estrutura

439

PRESCRIÇÕES DE SEGURANÇA E SAÚDE RELATIVAS À UTILIZAÇÃO DE EQUIPAMENTOS DE TRABALHO

que o impeça, ou uma cabina ou outra estrutura que, em caso de capotamento, assegure ao operador um espaço suficiente entre o solo e o empilhador, ou uma estrutura que mantenha o operador no posto de condução e o impeça de ser apanhado por alguma parte do empilhador.

ARTIGO 26º
Equipamentos móveis automotores

1 – Os equipamentos móveis automotores cuja movimentação pode originar riscos para os trabalhadores devem dispor de dispositivos que:

a) Evitem a entrada em funcionamento não autorizada;

b) Reduzam as consequências de colisão em caso de movimentação simultânea de diversos equipamentos de trabalho que se desloquem sobre carris;

c) Permitam a sua travagem e imobilização e que, se o dispositivo principal avariar e a segurança o exigir, assegurem a travagem e imobilização de emergência;

d) Aumentem a visibilidade quando o campo de visão direta do condutor for insuficiente para garantir a segurança;

e) Em caso de utilização noturna ou em local mal iluminado, assegurem uma iluminação adequada ao trabalho.

2 – Os equipamentos móveis automotores que, pela sua estrutura, atrelados ou cargas, comportem risco de incêndio suscetível de pôr em perigo os trabalhadores devem ter dispositivos adequados de combate ao fogo, exceto se os houver disponíveis na proximidade do local de utilização.

3 – Os equipamentos telecomandados devem imobilizar-se automaticamente sempre que saiam do campo de controlo e, se, em condições normais de utilização, puderem entalar ou colidir com trabalhadores, dispor de dispositivos de proteção contra esses riscos, salvo se tiverem outros dispositivos adequados para controlar o risco de colisão.

SECÇÃO IV
Requisitos complementares dos equipamentos de elevação de cargas

ARTIGO 27º
Instalação

Os equipamentos de trabalho de elevação de cargas que estejam instalados permanentemente devem:

a) Manter a solidez e estabilidade durante a sua utilização, tendo em conta as cargas a elevar e as forças exercidas nos pontos de suspensão ou de fixação às estruturas;

b) Ser instalados de modo a reduzir o risco de as cargas colidirem com os trabalhadores, balancearem perigosamente, bascularem, caírem ou de se soltarem involuntariamente.

DECRETO-LEI Nº 50/2005, DE 25 DE FEVEREIRO

ARTIGO 28º
Sinalização e marcação

1 – Os equipamentos de trabalho de elevação de cargas devem ostentar a indicação, de forma bem visível, da sua carga nominal e, se necessário, uma placa que indique a carga nominal para cada configuração da máquina.

2 – Os acessórios de elevação devem ser marcados de forma que se possam identificar as características essenciais da sua utilização com segurança.

3 – Se o equipamento de trabalho não se destinará à elevação de trabalhadores, deve ter aposta, de forma visível, uma sinalização de proibição adequada.

ARTIGO 29º
Equipamentos de elevação ou transporte de trabalhadores

1 – Os equipamentos de trabalho de elevação ou transporte de trabalhadores devem permitir:

a) Evitar os riscos de queda do habitáculo, se este existir, por meio de dispositivos adequados;

b) Evitar os riscos de queda do utilizador para fora do habitáculo, se este existir;

c) Evitar os riscos de esmagamento, entalamento ou colisão do utilizador, nomeadamente os devidos a contacto fortuito com objetos;

d) Garantir a segurança dos trabalhadores bloqueados em caso de acidente no habitáculo e possibilitar a sua evacuação com segurança.

2 – Se os riscos previstos na alínea *a*) do número anterior não puderem ser evitados através de um dispositivo de segurança, deve ser instalado um cabo com um coeficiente de segurança reforçado cujo estado de conservação deve ser verificado todos os dias de trabalho.

CAPÍTULO III
Regras de utilização dos equipamentos de trabalho

SECÇÃO I
Utilização dos equipamentos de trabalho
em geral

ARTIGO 30º
Princípios gerais

As regras de utilização dos equipamentos de trabalho previstas no presente capítulo são aplicáveis na medida em que o correspondente risco exista no equipamento de trabalho considerado.

ARTIGO 31º
Disposições gerais

A fim de proteger a segurança dos operadores e de outros trabalhadores, os equipamentos de trabalho devem:

a) Ser instalados, dispostos e utilizados de modo a reduzir os riscos;

b) Ter um espaço livre suficiente entre os seus elementos móveis e os elementos, fixos ou móveis, do meio circundante;

c) Ser montados e desmontados com segurança e de acordo com as instruções do fabricante;

d) Estar protegidos por dispositivos ou medidas adequados contra os efeitos dos raios nos casos em que possam ser atingidos durante a sua utilização;

e) Assegurar que a energia ou qualquer substância utilizada ou produzida possa ser movimentada ou libertada com segurança;

f) Ser utilizados apenas em operações ou em condições para as quais sejam apropriados.

ARTIGO 32º
Utilização de equipamentos móveis

1 – Os equipamentos de trabalho automotores só podem ser conduzidos por trabalhadores devidamente habilitados.

2 – Se os equipamentos se movimentarem em zonas de trabalho, devem ser estabelecidas e respeitadas regras de circulação.

3 – Os trabalhadores não devem deslocar-se a pé nas zonas em que operem equipamentos de trabalho automotores, exceto se a deslocação for necessária para a execução dos trabalhos e houver as medidas adequadas a evitar que sejam atingidos pelos equipamentos.

4 – Os equipamentos de trabalho móveis acionados mecanicamente só podem transportar trabalhadores em lugares seguros previstos para o efeito.

5 – Se for necessário efetuar trabalhos durante a deslocação, a velocidade dos equipamentos de trabalho previstos no número anterior deve ser reduzida tendo em conta essa circunstância.

6 – Os equipamentos de trabalho móveis com motor de combustão só devem ser utilizados em zonas de trabalho em que haja atmosfera respirável suficiente para evitar riscos para a segurança ou saúde dos trabalhadores.

ARTIGO 33º
Equipamentos de trabalho de elevação
de cargas

1 – Os equipamentos de trabalho desmontáveis ou móveis de elevação de cargas devem ser utilizados de modo a garantir a sua estabilidade durante a utilização e em todas as condições previsíveis, tendo em conta a natureza do solo.

DECRETO-LEI Nº 50/2005, DE 25 DE FEVEREIRO

2 – A elevação de trabalhadores só é permitida com equipamentos de trabalho e acessórios destinados a essa finalidade, sem prejuízo do disposto no número seguinte.

3 – Excecionalmente, os equipamentos de trabalho destinados a outra finalidade podem efetuar a elevação de trabalhadores, desde que haja as medidas necessárias para garantir a sua segurança, nomeadamente que o posto de comando esteja ocupado em permanência e os trabalhadores disponham de meios de comunicação e de evacuação seguros.

4 – É proibida a presença de trabalhadores sob cargas suspensas ou a deslocação de cargas suspensas por cima de locais de trabalho não protegidos e habitualmente ocupados por trabalhadores, exceto se a boa execução dos trabalhos não puder ser assegurada de outra forma e se forem adotadas as medidas de proteção adequadas.

5 – Os acessórios de elevação de cargas devem:

a) Ser escolhidos em função das cargas a manipular, dos pontos de preensão, do dispositivo de fixação e das condições atmosféricas;

b) Ter em conta o modo e a configuração da lingada;

c) Ser claramente identificáveis para que o utilizador possa conhecer as suas características, se não forem desmontados após a sua utilização;

d) Ser devidamente armazenados de forma a não se danificarem ou deteriorarem.

ARTIGO 34º
Elevação de cargas não guiadas

1 – Se dois ou mais equipamentos de trabalho de elevação de cargas não guiadas estiverem instalados ou montados num local de trabalho de modo que os respetivos campos de ação se sobreponham, devem ser tomadas medidas adequadas para evitar colisões entre as cargas e os elementos dos próprios equipamentos de trabalho.

2 – Durante a utilização de equipamentos de trabalho móveis de elevação de cargas não guiadas devem ser tomadas medidas para evitar o basculamento, o capotamento, a deslocação e o deslizamento dos equipamentos e deve ser controlada a sua correta aplicação.

3 – Se as condições meteorológicas forem suscetíveis de afetar a segurança do funcionamento ao ar livre de equipamentos de trabalho de elevação de cargas não guiadas e de causar riscos para os trabalhadores, a sua utilização deve ser adiada ou interrompida e devem ser adotadas medidas que impeçam o seu capotamento.

ARTIGO 35º
Organização do trabalho na elevação de cargas

1 – As operações de elevação de cargas devem ser corretamente planificadas, vigiadas de forma adequada e efetuadas de modo a proteger a segurança dos trabalhadores.

PRESCRIÇÕES DE SEGURANÇA E SAÚDE RELATIVAS À UTILIZAÇÃO DE EQUIPAMENTOS DE TRABALHO

2 – As operações de elevação de cargas suspensas devem ser vigiadas permanentemente, a não ser que seja impedido o acesso à zona de perigo e a carga esteja fixada e conservada em suspensão com total segurança.

3 – Se uma carga for levantada simultaneamente por dois ou mais equipamentos de trabalho de elevação de cargas não guiadas, deve ser assegurada a coordenação dos operadores.

4 – Nas situações em que o operador de um equipamento de trabalho de elevação de cargas não guiadas não possa observar todo o trajeto da carga, diretamente ou através de dispositivos auxiliares, deve ser designado um sinaleiro que em comunicação com o operador o oriente, devendo ainda ser tomadas medidas que evitem a colisão de cargas que possa pôr em perigo os trabalhadores.

5 – As operações em que a carga for fixada ou libertada manualmente por um trabalhador devem ser realizadas com total segurança e o trabalhador deve manter o controlo direto ou indireto das operações.

6 – Na utilização de equipamentos de trabalho de elevação de cargas não guiadas que não possam reter as cargas em caso de corte total ou parcial da energia, deve evitar-se a exposição dos trabalhadores aos riscos correspondentes.

SECÇÃO II
Utilização dos equipamentos de trabalho destinados a trabalhos em altura

ARTIGO 36º
Disposições gerais sobre trabalhos temporários em altura

1 – Na situação em que não seja possível executar os trabalhos temporários em altura a partir de uma superfície adequada, com segurança e condições ergonómicas apropriadas, deve ser utilizado equipamento mais apropriado para assegurar condições de trabalho seguras.

2 – Na utilização de equipamento destinado a trabalhos temporários em altura, o empregador deve dar prioridade a medidas de proteção coletiva em relação a medidas de proteção individual.

3 – O dimensionamento do equipamento deve corresponder à natureza dos trabalhos e às dificuldades que previsivelmente ocorram na sua execução, bem como permitir a circulação de trabalhadores em segurança.

4 – A escolha do meio de acesso mais apropriado a postos de trabalho em altura deve ter em consideração a frequência da circulação, a altura a atingir e a duração da utilização.

5 – O acesso a postos de trabalho em altura deve permitir a evacuação em caso de perigo iminente.

6 – A passagem, em qualquer sentido, entre meios de acesso a postos de trabalho em altura e plataformas e passadiços deve, se for caso disso, estar protegida contra riscos adicionais de quedas.

DECRETO-LEI Nº 50/2005, DE 25 DE FEVEREIRO

7 – O trabalho sobre uma escada num posto de trabalho em altura deve ser limitado aos casos em que não se justifique a utilização de equipamento mais seguro em razão do nível reduzido do risco, da curta duração da utilização ou de características existentes que o empregador não pode alterar.

8 – Os trabalhos em altura só devem ser realizados quando as condições meteorológicas não comprometam a segurança e a saúde dos trabalhadores.

ARTIGO 37º
Medidas de proteção coletiva

1 – As medidas de proteção coletiva destinadas a limitar os riscos a que os trabalhadores que executam trabalhos temporários em altura estão sujeitos devem atender ao tipo e características dos equipamentos de trabalho a utilizar.

2 – Sempre que a avaliação de riscos considere necessário, devem ser instalados dispositivos de proteção contra quedas, com configuração e resistência que permitam evitar ou suster quedas em altura.

3 – Os dispositivos de proteção contra quedas só podem ser interrompidos nos pontos de acesso de escadas, verticais ou outras.

4 – Se a execução de determinados trabalhos exigir, tendo em conta a sua natureza, a retirada temporária de dispositivos de proteção coletiva contra quedas, o empregador deve tomar outras medidas de segurança eficazes e, logo que a execução dos trabalhos termine ou seja suspensa, instalar esses dispositivos.

ARTIGO 38º
Utilização de escadas

1 – As escadas devem ser colocadas de forma a garantir a sua estabilidade durante a utilização.

2 – Os apoios das escadas portáteis devem assentar em suporte estável e resistente, de dimensão adequada e imóvel, de forma que os degraus se mantenham em posição horizontal durante a utilização.

3 – Durante a utilização de escadas portáteis, deve ser impedido o deslizamento dos apoios inferiores através da fixação da parte superior ou inferior dos montantes, de dispositivo antiderrapante ou outro meio de eficácia equivalente.

4 – As escadas utilizadas como meio de acesso devem ter o comprimento necessário para ultrapassar em, pelo menos, 90 cm o nível de acesso, salvo se houver outro dispositivo que garanta um apoio seguro.

5 – As escadas de enganchar com vários segmentos e as escadas telescópicas devem ser utilizadas de modo a garantir a imobilização do conjunto dos segmentos.

6 – As escadas móveis devem ser imobilizadas antes da sua utilização.

7 – As escadas suspensas devem ser fixadas de forma segura e, com exceção das escadas de corda, de modo a evitar que se desloquem ou balancem.

8 – As escadas devem ser utilizadas de modo a permitir que os trabalhadores disponham em permanência de um apoio e de uma pega seguros, inclusivamente quando seja necessário carregar um peso à mão sobre as mesmas.

PRESCRIÇÕES DE SEGURANÇA E SAÚDE RELATIVAS À UTILIZAÇÃO DE EQUIPAMENTOS DE TRABALHO

ARTIGO 39º
Utilização de técnicas de acesso e de posicionamento por cordas

1 – A utilização de técnicas de acesso e posicionamento por meio de cordas deve ser limitada a situações em que a avaliação de risco indique que o trabalho pode ser realizado com segurança e não se justifique a utilização de equipamento mais seguro.

2 – A utilização das técnicas de acesso e de posicionamento por meio de cordas deve respeitar as seguintes condições:

a) O sistema deve ter, pelo menos, a corda de trabalho a utilizar como meio de acesso, descida e sustentação, e a corda de segurança a utilizar como dispositivo de socorro, as quais devem ter pontos de fixação independentes;

b) O trabalhador deve utilizar arneses adequados através dos quais esteja ligado à corda de segurança;

c) A corda de trabalho deve estar equipada com um mecanismo seguro de subida e descida, bem como com um sistema autobloqueante que impeça a queda no caso de o trabalhador perder o controlo dos seus movimentos;

d) A corda de segurança deve estar equipada com um dispositivo móvel anti-queda que acompanhe as deslocações do trabalhador;

e) Em função da duração do trabalho ou de restrições de natureza ergonómica, determinadas na avaliação dos riscos, a corda de trabalho deve possuir um assento equipado com os acessórios adequados;

f) As ferramentas e outros acessórios utilizados pelo trabalhador devem estar ligados ao seu arnês ou assento, ou presos de forma adequada;

g) O trabalho deve ser corretamente programado e supervisionado de modo que o trabalhador possa ser imediatamente socorrido em caso de necessidade.

3 – Em situações excecionais em que se verifique que a utilização de uma segunda corda aumentaria os riscos, pode ser utilizada uma única corda desde que sejam tomadas as medidas adequadas para garantir a segurança do trabalhador.

ARTIGO 40º
Utilização de andaime

1 – A montagem, desmontagem ou reconversão do andaime só pode ser efetuada sob a direção de uma pessoa competente com formação específica adequada sobre os riscos dessas operações, nomeadamente sobre:

a) A interpretação do plano de montagem, desmontagem e reconversão do andaime;

b) A segurança durante a montagem, desmontagem ou reconversão do andaime;

c) As medidas de prevenção dos riscos de queda de pessoas ou objetos;

d) As medidas que garantem a segurança do andaime em caso de alteração das condições meteorológicas;

DECRETO-LEI Nº 50/2005, DE 25 DE FEVEREIRO

e) As condições de carga admissível;

f) Qualquer outro risco que a montagem, desmontagem ou reconversão possa comportar.

2 – Se a complexidade do andaime o exigir, deve ser elaborado um plano que defina os procedimentos gerais da sua montagem, utilização e desmontagem, completado, se necessário, com instruções precisas sobre detalhes específicos do andaime.

3 – O andaime que não disponha da nota de cálculo fornecida pelo fabricante ou cuja nota de cálculo não contemple as configurações estruturais só pode ser montado após elaboração do cálculo de resistência e estabilidade do mesmo, exceto se for montado respeitando uma configuração tipo geralmente reconhecida.

4 – A pessoa competente que dirija a montagem, desmontagem ou reconversão do andaime e os trabalhadores que executem as respetivas operações devem dispor do plano previsto no nº 2, bem como das instruções que eventualmente o acompanhem.

ARTIGO 41º
Estabilidade do andaime

1 – Os elementos de apoio do andaime devem ser colocados de modo a evitar os riscos resultantes de deslizamento através de fixação à superfície de apoio de dispositivo antiderrapante ou outro meio eficaz que garanta a estabilidade do mesmo.

2 – A superfície de suporte do andaime deve ter capacidade suficiente.

3 – O andaime sobre rodas deve ter dispositivos adequados que impeçam a deslocação acidental durante a utilização.

ARTIGO 42º
Plataformas do andaime

1 – As dimensões, forma e disposição das plataformas do andaime devem ser adequadas ao trabalho a executar e às cargas a suportar, bem como permitir que os trabalhadores circulem e trabalhem em segurança.

2 – As plataformas do andaime devem ser fixadas sobre os respetivos apoios de modo que não se desloquem em condições normais de utilização.

3 – Entre os elementos das plataformas e os dispositivos de proteção coletiva contra quedas em altura não pode existir qualquer zona desprotegida suscetível de causar perigo.

4 – As partes do andaime que não estejam prontas a ser utilizadas, nomeadamente durante a montagem, desmontagem ou reconversão do andaime, devem ser assinaladas por meio de sinalização de segurança e saúde no trabalho, nos termos da legislação aplicável, e convenientemente delimitadas de modo a impedir o acesso à zona de perigo.

CAPÍTULO IV
Disposições finais

ARTIGO 43º
Contraordenações

1 – Constitui contraordenação muito grave a violação do disposto nos artigos 3º, 8º e 9º

2 – Constitui contraordenação grave a violação do disposto nos artigos 4º a 7º e 10º a 42º

3 – O regime geral previsto nos artigos 614º a 640º do Código do Trabalho aplica-se às infrações decorrentes da violação do disposto no presente diploma, sem prejuízo das competências legais atribuídas, nas Regiões Autónomas, aos respetivos órgãos e serviços regionais.

ARTIGO 44º
Equipamentos de trabalho destinados a trabalhos em altura

Os equipamentos de trabalho destinados a trabalhos em altura devem satisfazer os requisitos mínimos constantes dos artigos 36º a 42º até 31 de dezembro de 2005 ou, no caso de microempresa ou pequena empresa, até 19 de julho de 2006.

ARTIGO 45º
Revogação

É revogado o Decreto-Lei nº 82/99, de 16 de março, na redação que lhe foi dada pela Lei nº 113/99, de 3 de agosto.

Visto e aprovado em Conselho de Ministros de 23 de dezembro de 2004. – *Pedro Miguel de Santana Lopes – Álvaro Roque de Pinho Bissaya Barreto – António José de Castro Bagão Félix – António Victor Martins Monteiro.*

Promulgado em 20 de janeiro de 2005.

Publique-se.

O Presidente da República, JORGE SAMPAIO.

Referendado em 14 de fevereiro de 2005.

O Primeiro-Ministro, *Pedro Miguel de Santana Lopes.*

Condução de Veículos de Empresa por Trabalhadores e Outros

Portaria nº 983/2007, de 27 de agosto

Condições de publicidade dos horários de trabalho do pessoal afeto à exploração de veículos automóveis e forma do registo dos tempos de trabalho e de repouso de trabalhador móvel não sujeito ao aparelho de controlo previsto no Regulamento (CEE) nº 3821/85, do Conselho, de 20 de dezembro, ou no AETR.

O Código do Trabalho prescreve a necessidade de regulamentar as condições de publicidade dos horários de trabalho do pessoal afeto à exploração de veículos automóveis propriedade de empresas de transportes ou privativos de outras entidades sujeitas às disposições daquele Código. Importa regulamentar esta matéria, tendo presente que tais trabalhadores podem estar sujeitos a horário de trabalho fixo ou com horas de início e termo da atividade variáveis.

A presente portaria estabelece ainda a forma do registo referido no nº 1 do artigo 5º do Decreto-Lei nº 237/2007, de 19 de junho, que regula determinados aspetos da organização do tempo de trabalho dos trabalhadores móveis em atividades de transporte rodoviário efetuadas em território nacional e abrangidas pelo Regulamento (CE) nº 561/2006, do Parlamento Europeu e do Conselho, de 15 de março, relativo à harmonização de determinadas disposições em matéria social no domínio dos transportes rodoviários ou pelo Acordo Europeu Relativo ao Trabalho das Tripulações dos Veículos Que Efetuam Transportes Internacionais Rodoviários (AETR), aprovado para ratificação pelo Decreto nº 324/73, de 30 de junho.

O projeto correspondente ao presente diploma foi publicado para apreciação pública na separata do Boletim do Trabalho e Emprego, nº 6, de 28 de junho de 2006. Os pareceres emitidos por organizações representativas de trabalhadores e de empregadores foram devidamente ponderados, tendo sido alteradas algumas disposições.

CONDUÇÃO DE VEÍCULOS DE EMPRESA POR TRABALHADORES E OUTROS

Nos termos do n.º 3 do artigo 179.º do Código do Trabalho, e do n.º 2 do artigo 5.º do Decreto-Lei n.º 237/2007, de 19 de junho, manda o Governo, pelos Ministros das Obras Públicas, Transportes e Comunicações e do Trabalho e da Solidariedade Social, o seguinte:

ARTIGO 1º
Objeto

1 – A presente portaria regulamenta as condições de publicidade dos horários de trabalho do pessoal afeto à exploração de veículos automóveis propriedade de empresas de transportes ou privativos de outras entidades sujeitas às disposições do Código do Trabalho.

2 – A presente portaria estabelece ainda a forma do registo a que se refere o n.º 1 do artigo 5.º do Decreto-Lei n.º 237/2007, de 19 de junho.

3 – O registo referido no número anterior aplica-se a trabalhadores afetos à exploração de veículos automóveis não sujeitos ao aparelho de controlo no domínio dos transportes rodoviários.

ARTIGO 2º
Publicidade de horários de trabalho

1 – A publicidade dos horários de trabalho fixos dos trabalhadores referidos no n.º 1 do artigo anterior é feita através de mapa de horário de trabalho, com os elementos e a forma estabelecidos no artigo 180.º da Lei n.º 35/2004, de 29 de julho, o qual deve ser afixado no estabelecimento e em cada veículo aos quais o trabalhador esteja afeto.

2 – O empregador envia cópia do mapa de horário de trabalho ao serviço da autoridade para as condições de trabalho da área em que se situe a sede ou o estabelecimento a que o trabalhador esteja afeto, com a antecedência mínima de quarenta e oito horas relativamente à sua entrada em vigor.

ARTIGO 3º
Registo

O registo do tempo de trabalho efetuado pelos trabalhadores referidos no artigo 1º, incluindo o prestado ao serviço de outro empregador, dos respetivos tempos de disponibilidade, intervalos de descanso e descansos diários e semanais, é feito em livrete individual de controlo devidamente autenticado, de modelo anexo à presente portaria e com as seguintes características:

a) Formato tipo A6 (105 mm x 148 mm);
b) Uma capa;
c) Instruções;
d) Um exemplo de folha diária preenchida;
e) 84 folhas diárias numeradas;
f) 12 relatórios semanais numerados.

PORTARIA Nº 983/2007, DE 27 DE AGOSTO

ARTIGO 4º
Autenticação do livrete individual de controlo

1 – O livrete individual de controlo é autenticado pelo serviço da autoridade para as condições de trabalho da área em que se situar a sede ou estabelecimento do empregador a que o trabalhador está afeto.

2 – Para efeitos de autenticação, o livrete individual de controlo é preenchido com indicação do nome, data de nascimento, domicílio do respetivo titular e identificação do empregador.

3 – Só é autenticado novo livrete desde que se mostrem preenchidas, pelo menos, 60 folhas diárias do livrete anterior em uso.

4 – A autenticação do livrete processa-se através de número e data de registo, bem como selo branco e chancela ou perfuração das folhas.

ARTIGO 5º
Deveres do empregador

O empregador:

a) Fornece ao trabalhador o livrete individual de controlo, devidamente autenticado;

b) Organiza um registo em livro próprio dos livretes fornecidos a cada trabalhador, do qual constem o número do livrete, nome do titular, bem como a assinatura deste aquando da respetiva entrega e devolução ou, quando for o caso, a razão justificativa da falta de devolução;

c) Examina semanalmente ou, em caso de impedimento, logo que possível, os registos constantes do livrete;

d) Fornece ao trabalhador novo livrete depois da completa utilização do anterior, ou quando as folhas diárias ou os relatórios semanais forem insuficientes para a viagem a iniciar, tendo em conta a sua duração previsível;

e) Recolhe o livrete anterior, decorridas duas semanas sobre o termo da sua utilização.

ARTIGO 6º
Deveres do trabalhador

O trabalhador:

a) Assina o registo do livrete individual de controlo fornecido pelo empregador, no momento da entrega e devolução do mesmo;

b) Preenche o livrete de acordo com as instruções constantes do mesmo;

c) Tem o livrete em seu poder sempre que se encontre em serviço, bem como o livrete anterior em que haja registos referentes a dias das duas semanas anteriores;

d) Apresenta o livrete às entidades com competência fiscalizadora, sempre que o exijam;

e) Apresenta semanalmente, ou em caso de impedimento, logo que possível, o livrete ao empregador;

CONDUÇÃO DE VEÍCULOS DE EMPRESA POR TRABALHADORES E OUTROS

f) Restitui o livrete anterior, decorridas duas semanas sobre o termo da sua utilização.

ARTIGO 7º
Norma transitória

Até à entrada em vigor do diploma orgânico da autoridade para as condições de trabalho, as referências que lhe são feitas na presente portaria reportam-se à Inspeção-Geral do Trabalho.

ARTIGO 8º
Norma revogatória

São revogados o Despacho Normativo nº 22/87, publicado no Diário da República, 1ª série, de 4 de março de 1987, e o despacho do inspetor-geral do Trabalho, publicado no Boletim de Trabalho e Emprego, 1ª série, nº 10, de 15 de março de 1987.

ARTIGO 9º
Entrada em vigor

A presente portaria entra em vigor no dia seguinte ao da sua publicação.

O Ministro das Obras Públicas, Transportes e Comunicações, *Mário Lino Soares Correia*, em 17 de agosto de 2007. – O Ministro do Trabalho e da Solidariedade Social, *José António Fonseca Vieira da Silva*, em 13 de agosto de 2007.

ANEXO
Modelo de livrete individual de controlo

A) Capa

Livrete individual de controlo para pessoal afeto à exploração de veículos automóveis e para trabalhador móvel não sujeito ao aparelho de controlo no domínio dos transportes rodoviários.

I – País – Portugal.
II – Data da emissão ...
III – Serviço da autoridade para as condições de trabalho que procedeu à autenticação ...
IV – Número e data do registo do livrete ...
V – Identificação do trabalhador titular do livrete:

Nome completo ...
Data de nascimento ...
Domicílio ...

452

PORTARIA Nº 983/2007, DE 27 DE AGOSTO

VI – Identificação do empregador:

Nome completo ...

Domicílio ou sede ...

Número de telefone ...

Estabelecimento a que o trabalhador titular está afeto:...

B) Instruções para a utilização do livrete individual de controlo

Instruções gerais

1 – Todas as anotações devem ser feitas a tinta.

2 – Não são permitidas emendas, rasuras ou entrelinhas.

3 – Os erros devem ser retificados no espaço de «Observações».

4 – Não deve ser destruída qualquer folha.

5 – Os símbolos utilizados têm os significados seguintes:

⊨ tempo total de descanso diário e de intervalos de descanso ou pausas;

⊕ tempo de condução;

✄ tempo de trabalho diverso da condução;

◻ tempo de disponibilidade;

\# tempo de trabalho prestado a outro empregador.

Para o empregador

O empregador deve:

1 – Dar ao trabalhador titular todas as indicações necessárias para a utilização correta do livrete.

2 – Sempre que examinar os registos do livrete, assinar o relatório semanal.

Para o trabalhador titular do livrete

O trabalhador titular do livrete deve:

1 – Verificar se o nome, a data de nascimento e o domicílio respetivos estão escritos corretamente na capa do livrete.

2 – Preencher as folhas diárias e os relatórios semanais de acordo com as indicações seguintes:

Preenchimento da folha diária

O trabalhador titular do livrete deve:

1 – Preencher a folha diária em relação a todos os dias em que estiver afeto à exploração de veículos automóveis.

2 – Ter o livrete em seu poder sempre que se encontre em serviço, bem como o livrete anterior em que haja registos referentes a dias das duas semanas anteriores.

3 – Apresentar semanalmente, ou em caso de impedimento, logo que possível, o livrete ao empregador.

4 – Apresentar o livrete às entidades com competência fiscalizadora, sempre que o exijam.

5 – Cessando o contrato, devolver imediatamente o livrete ao empregador.

Conceitos

a) «Local de trabalho» uma instalação da empresa, bem como outro local, nomeadamente o veículo utilizado, onde seja exercida qualquer tarefa ligada à realização do transporte ou ao veículo utilizado;

b) «Semana» o período compreendido entre as 0 horas de segunda-feira e as 24 horas de domingo;

c) «Tempo de disponibilidade» qualquer período, que não seja intervalo de descanso, descanso diário ou descanso semanal, cuja duração previsível seja previamente conhecida pelo trabalhador, nos termos previstos em convenção coletiva ou, na sua falta, antes da partida ou imediatamente antes do seu início, em que este não esteja obrigado a permanecer no local de trabalho, embora se mantenha adstrito à realização da atividade em caso de necessidade, bem como, no caso de trabalhar em equipa, qualquer período que passe ao lado do condutor ou num beliche durante a marcha do veículo;

d) «Tempo de trabalho» qualquer período durante o qual o trabalhador está a desempenhar a atividade ou permanece no local de trabalho adstrito à realização da prestação, bem como qualquer interrupção ou intervalo legalmente considerado tempo de trabalho.

São nomeadamente considerados tempo de trabalho os períodos de condução, controlo de operações de carga ou descarga ou períodos de espera pela carga ou descarga em que é necessária a presença junto do veículo, assistência aos passageiros, limpeza e manutenção técnica do veículo, tarefas ligadas à segurança do veículo ou da carga, formalidades junto de autoridades policiais ou alfandegárias.

Símbolos

Os símbolos utilizados têm os seguintes significados:

🛏 tempo total de repouso diário e de intervalos de descanso ou pausas;

⊕ tempo de condução;

✳ tempo de trabalho diverso da condução;

▱ tempo de disponibilidade;

\# tempo de trabalho prestado a qualquer outro empregador.

Folha diária

1 – A folha diária deve ser preenchida pelo trabalhador em relação a todos os dias em que trabalhou como pessoal viajante.

2 – No espaço «4», deve ser inscrito o número de matrícula do(s) veículo(s) utilizado(s) durante o dia.

PORTARIA Nº 983/2007, DE 27 DE AGOSTO

3 – O tempo correspondente a cada símbolo deve ser anotado com uma linha horizontal nas colunas das horas em frente aos símbolos respetivos, ligando as linhas horizontais através de linhas verticais de modo a formar uma linha contínua em toda a folha.

4 – Cada anotação deve ser feita no fim do período a que respeita.

5 – No espaço «Observações», deve ser inscrito, sendo caso disso, o nome do segundo condutor. Este espaço pode também ser utilizado para justificar o eventual incumprimento de alguma prescrição ou retificar indicação que figure noutro espaço. O empregador e os agentes de controlo podem igualmente utilizar este espaço para as suas observações.

6 – No espaço «5», correspondente a 🛏, deve ser indicado o tempo de repouso diário e de intervalos de descanso ou pausas que não sejam legalmente consideradas tempo de trabalho. Na folha correspondente ao dia de início da viagem, deve ser incluída no total do tempo de repouso a parte do descanso diário consecutivo que tenha ocorrido no final do dia imediatamente anterior.

7 – Antes da partida, registar no espaço 18 («início do serviço») a quilometragem constante do conta-quilómetros; no fim do serviço, registar no espaço «18» («fim do serviço») a nova quilometragem, anotando o percurso total.

8 – O trabalhador deve assinar a folha diária.

Exemplo de folha diária preenchida

No espaço «12», indicam-se dezoito horas de tempo total de repouso diário e de intervalos de descanso.

Uma vez que no espaço «5», correspondente a 🛏, apenas estão inscritas treze horas, as cinco horas incluídas a mais no espaço «12» resultam de a folha respeitar ao dia de início da viagem e da instrução de preenchimento segundo a qual, neste caso, o total do tempo de repouso deve incluir a parte do descanso diário consecutivo que tenha ocorrido no final do dia imediatamente anterior. Conclui-se, assim, que no dia anterior o trabalhador terminou o trabalho às 19 horas.

Relatório semanal

1 – O relatório semanal deve preenchido no fim de qualquer semana em que tenha sido preenchida pelo menos uma folha diária.

2 – O trabalhador deve:

a) Preencher os espaços correspondentes a cada símbolo com os dados constantes das folhas diárias, em relação aos dias em que trabalhou como pessoal viajante;

b) Indicar o tempo de trabalho diverso da condução no espaço correspondente a 🏃, e o tempo total de repouso diário e intervalos de descanso ou pausas no espaço correspondente a 🛏 em relação aos dias em que esteve ao serviço mas não trabalhou como pessoal viajante;

c) Indicar em «Observações» o motivo de ausências ao trabalho, por exemplo «férias», «descanso semanal» ou «falta».

CONDUÇÃO DE VEÍCULOS DE EMPRESA POR TRABALHADORES E OUTROS

Exemplo de folha diária preenchida

1. Folha diária n.º	15	2. Nome do trabalhador	*João Pereira*
Livrete n.º	100	3. Dia e data	*Quarta-feira, 21 de Setembro de 2006*
		4. Matrículas dos veículos utilizados durante o dia	*BB - 55 -78*

	Totais de horas
12.	18
13.	7
14.	1
15.	1
16.	2
17. Total (13 + 14 + 16)	10

10. Local de início do serviço: *LISBOA*
11. Local do termo do serviço: *VILA REAL*

18. Quilómetros percorridos — Viatura
Fim do serviço _____ Km
Início do serviço _____ Km
Percurso total _____ Km

19. Observações

20. Assinatura *J Pereira*

Relatório semanal

1. Relatório semanal n.º	....	2. Nome do trabalhador
Livrete n.º	....	
		3. De .... a .... de 20 ....

4. Dias da semana

5. Folha diária n.º

6. Duração das situações profissionais
7.
8.
9. #
10.
11. 7+8+9

12. Observações

13. Data do descanso semanal precedente ....

14. Assinatura do trabalhador ....

15. Assinatura do empregador ....

456

Regime Jurídico do Trabalho no Domicílio

Lei nº 101/2009, de 8 de setembro

A Assembleia da República decreta, nos termos da alínea *c*) do artigo 161º da Constituição, o seguinte:

ARTIGO 1º
Âmbito

1 – A presente lei regula a prestação de atividade, sem subordinação jurídica, no domicílio ou em instalação do trabalhador, bem como a que ocorre para, após comprar a matéria-prima, fornecer o produto acabado por certo preço ao vendedor dela, desde que em qualquer caso o trabalhador esteja na dependência económica do beneficiário da atividade.

2 – Compreende-se no número anterior a situação em que vários trabalhadores sem subordinação jurídica nem dependência económica entre si, até ao limite de quatro, executam a atividade para o mesmo beneficiário, no domicílio ou instalação de um deles.

3 – O disposto no nº 1 é ainda aplicável:

a) A trabalhador no domicílio que seja coadjuvado na prestação de atividade por membro do seu agregado familiar;

b) Quando, por razões de segurança ou saúde relativas ao trabalhador ou ao agregado familiar, a atividade seja executada fora do domicílio ou instalação daquele, desde que não o seja em instalação do beneficiário da atividade.

ARTIGO 2º
Proibição de trabalho no domicílio

1 – O beneficiário da atividade não pode contratar trabalhador no domicílio para produção de bens ou serviços na qual participe trabalhador abrangido pelas seguintes situações:

REGIME JURÍDICO DO TRABALHO NO DOMICÍLIO

a) Redução temporária do período normal de trabalho ou suspensão do contrato de trabalho por facto respeitante ao empregador, desde o início do respetivo procedimento e até três meses após o termo da situação;

b) Procedimento para despedimento coletivo ou por extinção do posto de trabalho e até três meses após a cessação dos contratos de trabalho.

2 – O beneficiário da atividade não pode renovar a atribuição de trabalho a trabalhador no domicílio contratado nos 60 dias anteriores ao início de qualquer dos procedimentos referidos no número anterior.

3 – Constitui contraordenação grave a violação do disposto neste artigo.

ARTIGO 3º
Trabalho de menor

1 – A menor que coadjuve o trabalhador no domicílio, na situação a que se refere a alínea *a*) do nº 3 do artigo 1º, é aplicável o disposto nos números seguintes.

2 – O menor com idade inferior a 16 anos pode prestar a atividade desde que tenha concluído a escolaridade obrigatória e se trate de trabalhos leves.

3 – São aplicáveis ao exercício da atividade as limitações estabelecidas no regime do contrato de trabalho celebrado com menor, nomeadamente em matéria de proteção da saúde, segurança e desenvolvimento deste, duração e organização do tempo de trabalho.

4 – Consideram-se trabalhos leves, para efeitos do nº 2, os definidos como tal no regime do contrato de trabalho celebrado com menor.

ARTIGO 4º
Direitos e deveres das partes

1 – O beneficiário da atividade deve respeitar a privacidade do trabalhador no domicílio e os tempos de descanso e de repouso do agregado familiar.

2 – O beneficiário da atividade apenas pode visitar o local de trabalho para controlo da atividade laboral do trabalhador e do respeito das regras de segurança e saúde, nomeadamente no que se refere à utilização e funcionamento dos equipamentos, em dia normal de trabalho, entre as 9 e as 19 horas, no espaço físico onde é exercida a atividade e com a assistência do trabalhador ou de pessoa por ele designada, com idade igual ou superior a 16 anos.

3 – Para efeitos do número anterior, o beneficiário da atividade deve informar o trabalhador da visita ao local de trabalho com antecedência mínima de vinte e quatro horas.

4 – O trabalhador está obrigado a guardar sigilo sobre técnicas e modelos que lhe estejam confiados, bem como a observar as regras de utilização e funcionamento dos equipamentos.

5 – O trabalhador não pode dar à matéria-prima e ao equipamento fornecido pelo beneficiário da atividade uso diverso do inerente à prestação dessa atividade.

6 – Constitui contraordenação grave a violação do disposto no nº 2 e contraordenação leve a violação do disposto no nº 3.

LEI Nº 101/2009, DE 8 DE SETEMBRO

ARTIGO 5º
Segurança e saúde no trabalho

1 – O trabalhador no domicílio é abrangido pelos regimes jurídicos relativos à segurança e saúde no trabalho e a acidentes de trabalho e doenças profissionais, assumindo para o efeito o beneficiário da atividade a posição de empregador.

2 – No trabalho realizado no domicílio ou instalação do trabalhador é proibida a utilização de:

a) Substâncias nocivas ou perigosas para a saúde do trabalhador ou do agregado familiar;

b) Equipamentos ou utensílios que não obedeçam às normas em vigor ou apresentem risco especial para o trabalhador, membros do seu agregado familiar ou terceiros.

3 – Constitui contraordenação grave a violação do disposto no nº 2.

ARTIGO 6º
Formação profissional

1 – O beneficiário da atividade deve assegurar ao trabalhador no domicílio formação adequada à sua prestação, que não deve ser inferior à proporcionada a trabalhador que realize idêntico trabalho em estabelecimento em cujo processo produtivo se insere a atividade por aquele prestada.

2 – Constitui contraordenação grave a violação do disposto no número anterior.

ARTIGO 7º
Remuneração

1 – Na determinação da remuneração do trabalho no domicílio, deve atender-se:

a) Ao tempo médio de execução do bem ou serviço e à retribuição estabelecida em instrumento de regulamentação coletiva de trabalho aplicável a idêntico trabalho prestado em estabelecimento em cujo processo produtivo se insere a atividade realizada ou, na sua falta, à retribuição mínima mensal garantida;

b) Aos encargos do trabalhador inerentes ao exercício da atividade, nomeadamente relativos a energia, água, comunicações, aquisição e manutenção de equipamentos.

2 – Qualquer alteração do montante da remuneração devida a defeito na execução da atividade ou a danificação de matéria-prima pertencente ao beneficiário da atividade só pode ser feita com base em critérios previamente acordados por escrito.

3 – Para efeitos do nº 1, considera-se tempo médio de execução o normalmente despendido na execução de idêntico trabalho em estabelecimento em cujo processo produtivo se insere a atividade exercida.

4 – Salvo acordo ou uso diverso, o crédito à remuneração vence-se com a apresentação pelo trabalhador dos bens ou serviços devidos.

5 – No ato de pagamento da remuneração, o beneficiário da atividade deve entregar ao trabalhador no domicílio documento do qual conste a identificação daquele, o nome completo deste, o número de beneficiário da segurança social, a quantidade, a natureza e o período da prestação do trabalho, os descontos ou deduções e o montante líquido a receber.

6 – Constitui contraordenação grave a violação do disposto nos nºs 1, 2 ou 4 e contraordenação leve a violação do disposto no nº 5.

ARTIGO 8º
Subsídio anual

1 – O trabalhador no domicílio tem direito a um subsídio igual ao duodécimo da soma das remunerações auferidas em cada ano civil, que se vence em 31 de dezembro de cada ano ou na data da cessação do contrato se anterior.

2 – Constitui contraordenação grave a violação do disposto no número anterior.

ARTIGO 9º
Compensação durante a suspensão ou redução da atividade

1 – A suspensão ou redução da atividade por facto imputável ao beneficiário desta, não recuperada nos três meses seguintes, confere ao trabalhador no domicílio o direito a compensação pecuniária por forma a perfazer, em relação ao período em causa, metade da remuneração que lhe corresponda ou, não sendo possível o seu apuramento, metade da remuneração média dos últimos 12 meses, ou dos meses de execução de contrato de duração inferior.

2 – Constitui contraordenação grave a violação do disposto no número anterior.

ARTIGO 10º
Cessação do contrato

1 – O trabalhador pode denunciar o contrato mediante comunicação escrita com a antecedência mínima de 7 ou 15 dias, consoante o contrato tenha durado até seis meses ou mais de seis meses, respetivamente, salvo se tiver incumbência de trabalho em execução, caso em que o aviso prévio se refere ao termo da execução com o máximo de 30 dias.

2 – O beneficiário da atividade pode, mediante comunicação escrita com a antecedência mínima de 7, 30 ou 60 dias, consoante o contrato tenha durado até seis meses, até dois anos ou por período superior, respetivamente, denunciar o contrato para o termo de execução da incumbência de trabalho ou resolver o contrato por motivo justificativo não imputável a qualquer das partes.

3 – Qualquer das partes pode resolver o contrato por motivo de incumprimento da outra parte, mediante comunicação escrita e sem necessidade de aviso prévio.

4 – Salvo acordo em contrário, a falta de trabalho que origine a inatividade do trabalhador por prazo superior a 60 dias consecutivos implica a caducidade do contrato a partir desta data, desde que o beneficiário da atividade comunique por escrito a sua ocorrência.

LEI Nº 101/2009, DE 8 DE SETEMBRO

5 – Em caso de cessação do contrato, se o trabalhador recusar a devolução dos instrumentos de trabalho ou outros bens pertencentes ao beneficiário da atividade é responsável pelos danos causados, sem prejuízo da responsabilidade penal a que houver lugar pela violação das obrigações do fiel depositário.

ARTIGO 11º
Indemnização e compensação

1 – A inobservância de prazo de aviso prévio previsto no artigo anterior confere à outra parte o direito a indemnização no montante da remuneração correspondente ao período de aviso prévio em falta.

2 – A insubsistência dos motivos alegados pelo beneficiário da atividade para resolução do contrato, nos termos dos nºs 2 ou 3 do artigo anterior, confere ao trabalhador o direito a indemnização igual a 60 ou 120 dias de remuneração, consoante o contrato tenha durado até dois anos ou mais de dois anos, respetivamente.

3 – Em caso de caducidade do contrato nos termos do nº 4 do artigo anterior, o trabalhador tem direito a compensação igual a 60 ou 120 dias de remuneração, consoante o contrato tenha durado até dois anos ou mais de dois anos, respetivamente.

4 – Para efeitos de cálculo de indemnização ou compensação, toma-se em conta a média das remunerações auferidas nos últimos 12 meses ou nos meses de execução do contrato, caso seja de duração inferior.

ARTIGO 12º
Registo de trabalhador no domicílio

1 – O beneficiário da atividade deve manter no estabelecimento em cujo processo produtivo se insere a atividade realizada um registo atualizado de trabalhadores no domicílio, do qual conste:

a) Nome, morada e local do exercício da atividade do trabalhador;
b) Número de beneficiário da segurança social;
c) Número da apólice de seguro de acidentes de trabalho;
d) Data de início da atividade;
e) Atividade exercida, as incumbências de execução de bens ou serviços e as respetivas datas de entrega;
f) Remunerações pagas.

2 – Constitui contraordenação grave a violação do disposto no número anterior.

3 – O beneficiário da atividade deve comunicar, nos termos previstos em portaria do ministro responsável pela área laboral, ao serviço com competência inspetiva do ministério responsável pela área laboral os elementos a que se refere o nº 1.

ARTIGO 13º
Fiscalização do trabalho no domicílio

1 – O serviço com competência inspetiva do ministério responsável pela área laboral só pode efetuar visitas aos locais de trabalho no domicílio:

REGIME JURÍDICO DO TRABALHO NO DOMICÍLIO

a) No espaço físico onde é exercida a atividade;
b) Entre as 9 e as 19 horas;
c) Na presença do trabalhador ou de pessoa por ele designada com idade igual ou superior a 16 anos.

2 – Quando a atividade seja exercida em instalação do trabalhador, não é aplicável o disposto na alínea *b*) do número anterior.

3 – Da diligência é lavrado o respetivo auto, que deve ser assinado pelo agente de fiscalização e pela pessoa que tenha assistido ao ato.

4 – Quando a atividade seja exercida em instalação do trabalhador, o serviço referido no nº 1 deve, no mais curto prazo possível, averiguar as condições em que o trabalho é prestado e, se for caso disso, determinar as medidas que se justifiquem por razões de segurança e saúde do trabalhador.

ARTIGO 14º
Regime das contraordenações

São aplicáveis às contraordenações decorrentes da violação da presente lei o regime do processo das contraordenações laborais constante de diploma específico, bem como o disposto no Código do Trabalho sobre responsabilidade contraordenacional.

ARTIGO 15º
Segurança social

O trabalhador no domicílio e o beneficiário da atividade são abrangidos, como beneficiário e contribuinte, respetivamente, pelo regime geral de segurança social dos trabalhadores por conta de outrem, nos termos previstos em legislação específica.

ARTIGO 16º
Entrada em vigor

A presente lei entra em vigor 30 dias após a sua publicação.

Aprovada em 23 de julho de 2009.

O Presidente da Assembleia da República, *Jaime Gama.*

Promulgada em 27 de agosto de 2009.

Publique-se.

O Presidente da República, ANÍBAL CAVACO SILVA.

Referendada em 27 de agosto de 2009.

O Primeiro-Ministro, *José Sócrates Carvalho Pinto de Sousa.*

Regime Jurídico da Arbitragem Obrigatória, Necessária e Serviços Mínimos

Decreto-Lei nº 259/2009, de 25 de setembro

Regula o regime jurídico da arbitragem obrigatória e a arbitragem necessária, bem como a arbitragem sobre serviços mínimos durante a greve e os meios necessários para os assegurar, de acordo com o artigo 513º e a alínea b) do nº 4 do artigo 538º do Código do Trabalho

O Livro Branco das Relações Laborais (LBRL), publicado em novembro de 2007, identificou os principais problemas da realidade económica e social do País e enunciou as propostas de intervenção legislativa que considerou adequadas, designadamente quanto à sistematização do Código do Trabalho.

No seguimento das recomendações da Comissão do LBRL, foi alcançado no Acordo Tripartido para um Novo Sistema de Regulação das Relações Laborais, das Políticas de Emprego e da Proteção Social em Portugal um amplo consenso quanto à sistemática do acervo legislativo laboral, no âmbito do qual os parceiros sociais e Governo concertaram que o regime da arbitragem obrigatória e a arbitragem para definição de serviços mínimos, na parte não integrada na nova versão do Código do Trabalho, deveria ser integrada em lei específica.

Após a revisão aprovada pela Lei nº 7/2009, de 12 de fevereiro, o Código do Trabalho apresenta uma nova sistemática e uma maior simplificação, na qual se constata, no âmbito do capítulo da arbitragem, a omissão de disposições ligadas ao funcionamento do sistema da arbitragem.

O presente decreto-lei completa essa opção sistemática, regulando a arbitragem obrigatória e a arbitragem necessária, bem como a arbitragem sobre serviços mínimos durante a greve e os meios necessários para os assegurar.

Importa referir como principais alterações face ao regime anterior:

1) Aumento do número de árbitros em cada lista;

REGIME JURÍDICO DA ARBITRAGEM OBRIGATÓRIA, NECESSÁRIA E SERVIÇOS MÍNIMOS

2) Alargamento do dever de preenchimento do termo de aceitação também aos árbitros dos empregadores e dos trabalhadores;

3) Aplicação dos impedimentos para o exercício da função de árbitro durante todo o período de validade da lista, devendo o árbitro renunciar antes da sua ocorrência;

4) Fusão num único prazo para a nomeação pelas partes do respetivo árbitro e comunicação da sua identificação à outra parte, ao serviço competente do ministério responsável pela área laboral e ao secretário-geral do Conselho Económico, dos dois prazos antes previstos, o mesmo acontecendo com a escolha do terceiro árbitro pelos árbitros designados;

5) Consagração da regra segundo a qual, na falta de nomeação de árbitro por uma das partes ou na falta de escolha do terceiro árbitro, o secretário-geral do Conselho Económico e Social promove imediatamente o sorteio do árbitro em falta de entre os constantes da lista de árbitros dos representantes dos trabalhadores ou dos empregadores, consoante o caso, por se considerar que a antecedência de vinte e quatro horas antes prevista é incompatível com a obrigação de notificar as partes da realização do sorteio em tempo útil;

6) Previsão da regra de que o membro do Governo responsável pela área laboral define o objeto da arbitragem obrigatória no despacho que a determina;

7) Consagração da regra de que, na arbitragem necessária, as partes podem comunicar ao tribunal o acordo sobre a definição do objeto da mesma até ao termo do prazo para a apresentação das respetivas alegações e que, na falta de acordo, o tribunal arbitral define o objeto da arbitragem nos cinco dias após a receção das alegações ou o termo do prazo para a sua apresentação;

8) Aumento do prazo para notificação às partes da decisão arbitral de 30 para 60 dias;

9) Consagração da regra de que da decisão arbitral cabe recurso, com efeito devolutivo, para o tribunal da relação, nos termos previstos no Código de Processo Civil;

10) Previsão da regra de que o presidente do Conselho Económico e Social pode determinar que a decisão sobre serviços mínimos seja tomada pelo tribunal arbitral que tenha pendente a apreciação de outra greve cujos período e âmbito geográfico e sectorial sejam total ou parcialmente coincidentes, o que, aliás, corresponde a um procedimento já utilizado na prática;

11) Consagração da possibilidade de a definição de serviços mínimos caber a um tribunal já constituído;

12) Previsão da possibilidade de o tribunal arbitral ouvir as partes, convocando--as para o efeito, o que corresponde à prática da arbitragem de serviços mínimos já em funcionamento;

13) Consagração da regra de que, após três decisões no mesmo sentido em casos em que as partes sejam as mesmas e cujos elementos relevantes para a decisão sobre os serviços mínimos a prestar e os meios necessários para os assegurar sejam idênticos, o tribunal pode, em iguais circunstâncias, decidir de imediato nesse sentido, dispensando a audição das partes e outras diligências instrutórias;

464

DECRETO-LEI Nº 259/2009, DE 25 DE SETEMBRO

14) Previsão da possibilidade de qualquer das partes poder requerer ao tribunal o esclarecimento de obscuridade ou ambiguidade que a decisão contenha nas doze horas seguintes à sua notificação, devendo o tribunal responder nas doze horas subsequentes ao termo desse prazo;

15) Publicação da decisão arbitral sobre serviços mínimos no *Boletim do Trabalho e Emprego*.

O projeto correspondente ao presente decreto-lei foi publicado para apreciação pública na separata do *Boletim do Trabalho e Emprego*, nº 3, de 19 de junho de 2009, nos termos do disposto na alínea *b*) do nº 1 do artigo 472º do Código do Trabalho, no âmbito da qual foram recebidos contributos dos parceiros sociais com assento na Comissão Permanente de Concertação Social e do Conselho Económico e Social, os quais foram na sua generalidade integrados na versão final do presente decreto-lei, nomeadamente:

Aumentar o número da lista de árbitros presidentes para 16;

Manter em funções os árbitros de tribunal arbitral em funcionamento quando termine a validade das respetivas listas, até ao termo do processo;

Sujeitar o árbitro substituto ao regime da validade da respetiva lista de árbitros;

Reduzir o prazo para os árbitros designados escolherem o terceiro árbitro e comunicarem a sua identificação às partes, ao serviço competente do ministério responsável pela área laboral e ao secretário-geral do Conselho Económico e Social, de noventa e seis para setenta e duas horas;

Possibilitar que as partes possam definir o objeto da arbitragem necessária;

Alargamento para 60 dias do prazo para o tribunal arbitral proferir decisão;

Prever, no caso de a decisão recorrida ser revogada, que o tribunal arbitral que pronunciar nova decisão é constituído pelos mesmos árbitros.

Assim:

Nos termos da alínea *a*) do nº 1 do artigo 198º da Constituição, o Governo decreta o seguinte:

CAPÍTULO I
Âmbito

ARTIGO 1º
Objeto

O presente decreto-lei regulamenta a arbitragem obrigatória e a arbitragem necessária, bem como a arbitragem sobre serviços mínimos durante a greve e os meios necessários para os assegurar, de acordo com o artigo 513º e a alínea *b*) do nº 4 do artigo 538º do Código do Trabalho.

CAPÍTULO II
Listas de árbitros

ARTIGO 2º
Composição e validade de listas de árbitros

1 – O Conselho Económico e Social organiza e mantém listas para efeitos de designação de árbitros.

2 – A lista de árbitros presidentes é composta por 16 árbitros e a lista de árbitros dos trabalhadores e a dos empregadores são compostas por 12 árbitros cada.

3 – Cada lista é válida por um período de três anos, sem prejuízo de manter a sua validade até à assinatura dos termos de aceitação por parte dos membros da lista que a substitua e do disposto no número seguinte.

4 – Os árbitros do tribunal arbitral em funcionamento quando termine a validade das respetivas listas mantêm-se em funções até ao termo do processo.

ARTIGO 3º
Elaboração das listas de árbitros

1 – Os representantes das confederações sindicais e das confederações de empregadores com assento na Comissão Permanente de Concertação Social elaboram as respetivas listas de árbitros.

2 – A lista de árbitros presidentes é elaborada por uma comissão composta pelo presidente do Conselho Económico e Social, que preside, e por dois representantes das confederações sindicais e dois representantes das confederações de empregadores com assento na Comissão Permanente de Concertação Social, no prazo de 30 dias após a elaboração das listas referidas no número anterior.

3 – Cada lista deve ser revista pela entidade competente referida nos números anteriores, até 90 dias antes do termo do período de validade.

4 – Caso qualquer lista de árbitros referida no nº 1 não seja revista no prazo referido no número anterior, a competência para tal é atribuída à comissão a que se refere o nº 2, que delibera, por maioria, no prazo de 30 dias.

5 – No caso de não ser cumprido o disposto no número anterior, o presidente do Conselho Económico e Social elabora a lista em falta, nomeando pessoas independentes e de reconhecida competência, no prazo de 30 dias.

ARTIGO 4º
Termo de aceitação e impedimentos de árbitros

1 – Os membros das listas de árbitros assinam, perante o presidente do Conselho Económico e Social, um termo de aceitação, do qual consta, no caso de árbitros presidentes, a declaração de que não se encontram nessa data, nem se encontraram nos 12 meses anteriores, em qualquer das seguintes situações:

a) Ser ou ter sido membro de corpos sociais de associação sindical, associação de empregadores ou de empregador filiado numa associação de empregadores;

DECRETO-LEI Nº 259/2009, DE 25 DE SETEMBRO

b) Exercer ou ter exercido qualquer atividade, com caráter regular ou dependente, ao serviço de entidade referida na alínea anterior.

2 – Após a assinatura dos termos de aceitação, as listas de árbitros são comunicadas ao serviço competente do ministério responsável pela área laboral para publicação no *Boletim do Trabalho e Emprego*.

3 – Os impedimentos referidos no nº 1 são aplicáveis durante todo o período de validade da lista, devendo o árbitro renunciar antes da sua ocorrência.

4 – O árbitro que assine o termo de aceitação encontrando-se em qualquer das situações previstas no nº 1 ou não cumpra o disposto no número anterior fica impossibilitado de integrar qualquer lista de árbitros durante cinco anos e deve devolver os honorários relativos a atividade de arbitragem posterior à verificação do impedimento.

ARTIGO 5º
Substituição de membro de lista de árbitros

1 – Qualquer árbitro deve ser substituído na respetiva lista em caso de morte, renúncia, incapacidade permanente ou, no caso de árbitro presidente, de impedimento referido no nº 1 ou no nº 3 do artigo anterior.

2 – A renúncia é comunicada ao presidente do Conselho Económico e Social, produzindo efeitos 30 dias depois, ou no termo de arbitragem nesta data em curso e em que o árbitro participe.

3 – Compete ao presidente do Conselho Económico e Social:

a) Decidir sobre a verificação de impedimento de árbitro;
b) Verificada qualquer das situações referidas no nº 1, promover a substituição do árbitro de acordo com o disposto no artigo 3º

4 – O árbitro substituto fica sujeito ao regime da validade da respetiva lista dos nºs 3 e 4 do artigo 2º

CAPÍTULO III
Constituição e funcionamento do tribunal arbitral em arbitragem obrigatória e arbitragem necessária

SECÇÃO I
Constituição do tribunal arbitral

ARTIGO 6º
Composição do tribunal arbitral

1 – O tribunal arbitral é composto por três árbitros.

2 – O tribunal arbitral é presidido pelo árbitro escolhido pelos árbitros de parte ou, na sua falta, pelo designado mediante sorteio de entre os constantes da lista de árbitros presidentes.

ARTIGO 7º
Designação dos árbitros

1 – Nas setenta e duas horas subsequentes à notificação do despacho que determina a arbitragem obrigatória ou necessária, cada parte designa o respetivo árbitro e comunica a sua identificação à outra parte, ao serviço competente do ministério responsável pela área laboral e ao secretário-geral do Conselho Económico e Social.

2 – Na falta de designação de árbitro por uma das partes, o secretário-geral do Conselho Económico e Social promove imediatamente o sorteio do árbitro em falta de entre os constantes da lista de árbitros dos representantes dos trabalhadores ou dos empregadores, consoante o caso.

3 – Em substituição do árbitro sorteado, a parte faltosa pode designar outro, nas quarenta e oito horas seguintes à notificação da identidade daquele, comunicando a designação às entidades referidas no nº 1.

4 – Nas setenta e duas horas subsequentes à última comunicação da designação de árbitro de acordo com os números anteriores, os árbitros designados escolhem o terceiro árbitro e comunicam a sua identificação às partes, ao serviço competente do ministério responsável pela área laboral e ao secretário-geral do Conselho Económico e Social.

5 – Na falta de escolha do terceiro árbitro, o secretário-geral do Conselho Económico e Social promove imediatamente a designação deste mediante sorteio de entre os constantes da lista de árbitros presidentes.

6 – Qualquer árbitro deve ser substituído na composição do tribunal arbitral nos casos a que se refere o nº 1 do artigo 5º, de incapacidade temporária ou, no caso de árbitro presidente, se ocorrer a situação referida no nº 3 do artigo 4º e não renunciar, sendo aplicáveis as regras dos números anteriores.

7 – Constitui contraordenação muito grave a violação do disposto no nº 1.

ARTIGO 8º
Sorteio de árbitros

1 – Para efeitos de sorteio, cada lista de árbitros é ordenada alfabeticamente.

2 – O sorteio de árbitro efetivo e de suplente deve ser feito através de tantas bolas numeradas quantos os árbitros, com exceção dos que estejam impedidos, que estejam em funções de árbitro efetivo em arbitragem em curso ou do que, caso fiquem pelo menos seis árbitros disponíveis, tenha participado na arbitragem concluída há menos tempo, correspondendo a cada número o nome de um árbitro.

3 – O secretário-geral do Conselho Económico e Social notifica as partes do dia e hora do sorteio, com a antecedência mínima de vinte e quatro horas, podendo cada parte nomear um representante para a ele assistir.

4 – Se um ou ambos os representantes não estiverem presentes à hora marcada, o secretário-geral do Conselho Económico e Social designa em sua substituição funcionários do Conselho, em igual número, realizando-se o sorteio uma hora depois.

DECRETO-LEI Nº 259/2009, DE 25 DE SETEMBRO

5 – O secretário-geral do Conselho Económico e Social elabora a ata do sorteio, que deve ser assinada pelos presentes, e comunica-a imediatamente às partes, aos árbitros que constituem o tribunal arbitral, aos suplentes e ao serviço competente do ministério responsável pela área laboral.

6 – As notificações e comunicações do secretário-geral do Conselho Económico e Social referidas no presente artigo e no artigo anterior devem ser efetuadas por escrito e por meio célere, designadamente telegrama, telefax ou correio eletrónico.

ARTIGO 9º
Independência de árbitro

1 – O árbitro deve ser independente face aos interesses em conflito, considerando-se como tal quem não tem, nem teve no ano anterior, qualquer relação, institucional ou profissional, com alguma das entidades abrangidas pelo processo arbitral, nem tem outro interesse, direto ou indireto, no resultado da arbitragem.

2 – À independência de árbitro aplica-se subsidiariamente o disposto no Código de Processo Civil em matéria de impedimentos e suspeições.

3 – Qualquer das partes pode apresentar requerimento de impedimento do árbitro designado e este pode apresentar pedido de escusa, nas vinte e quatro horas após a designação de comunicação do resultado do sorteio ou, sendo posterior, o conhecimento do facto.

4 – Compete ao presidente do Conselho Económico e Social decidir o requerimento de impedimento ou pedido de escusa de árbitro e, sendo caso disso, procede à sua imediata substituição pelo suplente.

5 – O árbitro que não apresente pedido de escusa deve, nas quarenta e oito horas subsequentes à designação, assinar declaração de aceitação e de independência face aos interesses em conflito.

6 – À violação do disposto nos nºs 1 e 2 aplica-se o regime do nº 4 do artigo 4º

ARTIGO 10º
Limitação de atividade

O árbitro que tenha intervindo num processo de arbitragem fica impedido, nos dois anos subsequentes ao seu termo, de prestar atividade remunerada a qualquer das partes desse processo ou de ser membro dos corpos sociais de empregador parte do processo.

ARTIGO 11º
Declaração de constituição do tribunal arbitral

1 – O árbitro presidente declara constituído o tribunal arbitral depois da assinatura de declaração de aceitação e de independência por todos os árbitros.

2 – O tribunal arbitral inicia o seu funcionamento até quarenta e oito horas após a sua constituição.

SECÇÃO II
Funcionamento do tribunal arbitral

ARTIGO 12º
Objeto da arbitragem

1 – O objeto da arbitragem obrigatória é definido pelo membro do Governo responsável pela área laboral no despacho que a determina, sem prejuízo da sua substituição por outro acordado pelas partes, comunicado ao tribunal arbitral nos termos da alínea *a*) do número seguinte.

2 – Na arbitragem necessária, o tribunal arbitral, nas vinte e quatro horas seguintes à sua constituição, notifica as partes para que:

a) Em três dias, comuniquem o acordo que possam ter celebrado sobre a definição do objeto da arbitragem;

b) Na falta de acordo, apresentem ao tribunal e à contraparte a respetiva posição por escrito sobre o mesmo e se pronunciem por escrito sobre a posição da contraparte nos dois dias seguintes posteriores à receção desta.

3 – Na falta de acordo a que se refere o número anterior, o tribunal arbitral define o objeto da arbitragem necessária nos três dias após a receção das alegações, ou no termo do prazo para a sua apresentação, podendo ouvir as partes para o efeito, convocando-as com a antecedência de vinte e quatro horas.

ARTIGO 13º
Regras aplicáveis à arbitragem obrigatória ou necessária

1 – As partes podem acordar diferentemente sobre as regras do processo de arbitragem, salvo no que se refere aos prazos e ao disposto nos artigos 15º e 17º

2 – O acordo referido no número anterior deve ser comunicado ao árbitro presidente até ao início da arbitragem.

3 – A arbitragem pode, a qualquer momento, ser suspensa, por uma só vez, mediante requerimento conjunto das partes.

4 – No caso previsto no número anterior, compete ao tribunal arbitral estabelecer a duração da suspensão, até ao máximo de três meses, findo o qual é reiniciada a arbitragem.

ARTIGO 14º
Local de funcionamento do tribunal arbitral

1 – O tribunal arbitral funciona em local indicado pelo presidente do Conselho Económico e Social, só sendo permitida a utilização de instalações de qualquer das partes no caso de estas e os árbitros estarem de acordo.

2 – Compete ao ministério responsável pela área laboral a disponibilização de instalações para o funcionamento do tribunal sempre que se verifique indisponibilidade das instalações do Conselho Económico e Social.

DECRETO-LEI Nº 259/2009, DE 25 DE SETEMBRO

ARTIGO 15º
Apoio técnico e administrativo

1 – O Conselho Económico e Social assegura o apoio administrativo ao funcionamento do tribunal arbitral.

2 – Compete ao ministério responsável pela área laboral fornecer ao Conselho Económico e Social o apoio administrativo suplementar que seja indispensável ao funcionamento do tribunal arbitral.

ARTIGO 16º
Questões processuais

1 – O tribunal arbitral decide todas as questões processuais.

2 – Compete ao presidente do tribunal arbitral preparar o processo, dirigir a instrução e conduzir os trabalhos.

3 – Os prazos previstos nesta secção suspendem-se aos sábados, domingos e feriados.

4 – Em todos os atos da arbitragem é utilizada a língua portuguesa, sem prejuízo de o tribunal admitir, por unanimidade, a junção ao processo de documentos em língua estrangeira.

ARTIGO 17º
Dever de sigilo

A pessoa que, pelo exercício das suas funções, tenha contacto com o processo de arbitragem fica sujeita ao dever de sigilo.

ARTIGO 18º
Audição das partes

1 – Nas quarenta e oito horas seguintes à sua constituição, o tribunal arbitral notifica as partes para que, em cinco dias, apresentem ao tribunal e à contraparte a respetiva posição por escrito e os documentos relativos ao objeto da arbitragem, determinando um prazo entre 5 e 15 dias para que se pronunciem por escrito sobre a posição da contraparte.

2 – As alegações devem ser acompanhadas de todos os documentos que as fundamentam.

ARTIGO 19º
Acordo sobre matéria objeto da arbitragem

1 – Após a audição das partes, o tribunal arbitral convoca-as para tentativa de acordo, total ou parcial, sobre a matéria objeto da arbitragem.

2 – No caso de acordo parcial, a arbitragem prossegue em relação à parte restante do seu objeto.

3 – No caso de acordo total, a arbitragem considera-se extinta.

ARTIGO 20º
Instrução

1 – A prova admitida pela lei do processo civil pode ser produzida perante o tribunal arbitral, por iniciativa deste ou a requerimento de qualquer das partes, imediatamente após a audição.

2 – As partes podem assistir à produção de prova.

3 – O tribunal arbitral pode requerer o apoio de perito aos serviços competentes dos ministérios responsáveis pela área laboral e pelo setor de atividade em causa ou, na sua falta, nomear um perito.

4 – As partes são ouvidas sobre a nomeação do perito, podendo sugerir quem deve realizar a diligência.

5 – O tribunal arbitral pode requerer aos serviços competentes dos ministérios responsáveis pela área laboral e pelo setor de atividade em causa, às entidades reguladoras e de supervisão deste e às partes a informação disponível que for necessária.

ARTIGO 21º
Decisão arbitral

1 – A decisão arbitral é proferida e notificada às partes no prazo de 60 dias a contar da constituição do tribunal arbitral, devendo dela constar, sendo caso disso, a redução do seu objeto por efeito de acordo parcial entre as partes.

2 – O prazo previsto no número anterior pode ser prorrogado, em caso de acordo entre o tribunal e as partes, por 15 dias.

3 – Caso não tenha sido possível formar a maioria de votos, a decisão é tomada pelo presidente do tribunal arbitral.

4 – Qualquer das partes pode requerer ao tribunal o esclarecimento de obscuridade ou ambiguidade que a decisão contenha, nos termos previstos no Código do Processo Civil, nos 10 dias seguintes à sua notificação.

5 – Caso o esclarecimento envolva alteração da decisão arbitral, o tribunal envia aquela ao serviço competente do ministério responsável pela área laboral, para efeitos de depósito e publicação, no prazo de 10 dias a contar do requerimento a que se refere o número anterior.

6 – A decisão arbitral equivale a sentença da primeira instância para todos os efeitos legais.

ARTIGO 22º
Recurso da decisão arbitral

1 – Da decisão arbitral cabe recurso, com efeito devolutivo, para o tribunal da Relação, nos termos previstos no Código de Processo Civil para o recurso de apelação.

2 – O prazo para interposição de recurso é de 10 dias, a contar da notificação da decisão às partes.

DECRETO-LEI Nº 259/2009, DE 25 DE SETEMBRO

3 – Se a decisão recorrida for revogada, o tribunal arbitral que pronunciar nova decisão é constituído pelos mesmos árbitros, devendo qualquer árbitro ser substituído na composição do tribunal nas situações referidas no nº 6 do artigo 7º

ARTIGO 23º
Encargos do processo

1 – São suportados pelo Conselho Económico e Social os seguintes encargos do processo de arbitragem:

a) Honorários, ajudas de custo e despesas com transporte relativos a árbitros e peritos;

b) Custos suplementares com pessoal administrativo, devidamente comprovados.

2 – Os honorários a que se refere a alínea *a*) do número anterior são estabelecidos por portaria do membro do Governo responsável pela área laboral, após a audição da Comissão Permanente de Concertação Social.

3 – Às ajudas de custo e despesas de transporte a que se refere a alínea *a*) do nº 1 é aplicável o regime jurídico do abono de ajudas de custo e transporte previsto para os funcionários e agentes da Administração Pública, tendo em conta a correlação estabelecida para os honorários na portaria a que se refere o número anterior.

CAPÍTULO IV
Arbitragem sobre serviços mínimos durante a greve

ARTIGO 24º
Constituição do tribunal para arbitragem sobre serviços mínimos

1 – O presidente do Conselho Económico e Social pode determinar a constituição de um tribunal arbitral para cada período de 15 dias durante as férias judiciais de verão, para se pronunciar sobre os casos a que houver lugar nesse período.

2 – Para efeito do número anterior são sorteados de cada lista de árbitros um efetivo e dois suplentes.

3 – Não tendo sido aplicado o disposto nos números anteriores, o tribunal é constituído por sorteio, nos termos do artigo 8º, sendo sorteados de cada lista de árbitros um efetivo e três suplentes.

4 – O presidente do Conselho Económico e Social pode ainda determinar que a decisão sobre serviços mínimos seja tomada pelo tribunal arbitral que tenha pendente a apreciação de outra greve cujos período e âmbitos geográfico e sectorial sejam total ou parcialmente coincidentes, havendo parecer favorável do tribunal em causa.

ARTIGO 25º
Procedimento prévio à arbitragem sobre serviços mínimos

1 – Verificando-se o caso previsto na alínea *b*) do nº 4 do artigo 538º do Código do Trabalho, o serviço competente do ministério responsável pela área laboral comunica tal facto ao secretário-geral do Conselho Económico e Social, identificando as partes envolvidas e informando que a prestação de serviços mínimos não é regulada por instrumento de regulamentação coletiva de trabalho, bem como que não houve acordo na reunião convocada para o efeito ou que esta não se realizou por falta de comparência, devendo a comunicação ser acompanhada de cópias do aviso prévio de greve e da ata da reunião.

2 – Após receber a comunicação prevista no número anterior, o secretário-geral do Conselho Económico e Social notifica de imediato o autor do aviso prévio de greve e o empregador ou associação de empregadores destinatário do mesmo, consoante a situação, da identidade dos membros do tribunal arbitral já constituído ou do dia e hora do sorteio dos árbitros.

ARTIGO 26º
Impedimento e suspeição

1 – O requerimento de impedimento de árbitro é apresentado pelo representante de qualquer das partes, consoante o caso, imediatamente após a comunicação da identidade dos membros do tribunal arbitral já constituído ou antes da elaboração da ata do sorteio.

2 – O árbitro deve apresentar, imediatamente após a comunicação pelo secretário-geral de que lhe cabe arbitrar determinado processo, a declaração de aceitação e de independência face aos interesses em conflito, ou o pedido de escusa, sendo caso disso.

3 – Em caso de verificação de impedimento ou suspeição de árbitro, o presidente do Conselho Económico e Social, procede à sua imediata substituição pelo suplente seguinte.

ARTIGO 27º
Regras aplicáveis ao procedimento de arbitragem

1 – A arbitragem tem início imediatamente após a constituição do tribunal arbitral e pode decorrer em qualquer dia do calendário.

2 – O tribunal arbitral convoca as partes para as ouvir sobre a definição dos serviços mínimos e os meios necessários para os assegurar, podendo estas juntar os documentos que considerem pertinentes.

3 – Após três decisões no mesmo sentido em casos em que as partes sejam as mesmas e cujos elementos relevantes para a decisão sobre os serviços mínimos a prestar e os meios necessários para os assegurar sejam idênticos, caso a última decisão tenha sido proferida há menos de três anos, o tribunal pode, em iguais circuns-

DECRETO-LEI Nº 259/2009, DE 25 DE SETEMBRO

tâncias, decidir de imediato nesse sentido, após a audição das partes e dispensando outras diligências instrutórias.

4 – A notificação da decisão é efetuada até quarenta e oito horas antes do início do período da greve.

5 – À arbitragem sobre serviços mínimos é aplicável o regime previsto no nº 1 e na segunda parte do nº 2 do artigo 6º, no artigo 8º, nos nºs 1, 2, 4 e 6 do artigo 9º, nos artigos 10º, 11º e 14º a 17º, nos nºs 2 e 3 do artigo 19º, no artigo 20º, no nº 3 do artigo 21º e no artigo 22º

6 – Qualquer das partes pode requerer ao tribunal o esclarecimento de obscuridade ou ambiguidade que a decisão contenha, nos termos previstos no Código do Processo Civil, nas doze horas seguintes à sua notificação, devendo o tribunal responder nas doze horas subsequentes ao termo desse prazo.

7 – O secretário-geral do Conselho Económico e Social envia a decisão arbitral, em documento eletrónico, ao serviço competente do ministério responsável pela área laboral, para efeito de publicação no *Boletim do Trabalho e Emprego*.

ARTIGO 28º
Encargos do processo de arbitragem de serviços mínimos

Aos encargos do processo de arbitragem de serviços mínimos é aplicável o disposto no artigo 23º

(Cfr. Declaração de Retificação nº 76/2009, de 15-10)

CAPÍTULO V
Disposições finais e transitórias

ARTIGO 29º
Delegação de competências

O presidente do Conselho Económico e Social pode delegar as competências que lhe são atribuídas pelo presente decreto-lei no secretário-geral do mesmo órgão.

ARTIGO 30º
Encargos com mediação ou arbitragem voluntária

Se, em processo de mediação ou arbitragem voluntária e a requerimento conjunto das partes, o membro do Governo responsável pela área laboral aceitar que o mediador ou o árbitro presidente seja escolhido de entre os árbitros presidentes constantes da lista para a arbitragem obrigatória, os correspondentes encargos com honorários, ajudas de custo e despesas de transporte são suportados pelo ministério responsável pela área laboral.

REGIME JURÍDICO DA ARBITRAGEM OBRIGATÓRIA, NECESSÁRIA E SERVIÇOS MÍNIMOS

ARTIGO 31º
Competência para aplicação de coimas

A competência para aplicação das coimas previstas no presente decreto-lei cabe à Autoridade para as Condições do Trabalho.

ARTIGO 32º
Disposição transitória

1 – A Portaria nº 1100/2006, de 13 de outubro, continua a produzir efeitos até à entrada em vigor de legislação que regule os honorários dos árbitros e peritos do tribunal arbitral.

2 – A alteração do número de árbitros que integram as listas, resultante do nº 2 do artigo 2º, só produz efeitos a partir do termo do período de três anos em curso.

Visto e aprovado em Conselho de Ministros de 30 de julho de 2009. – *José Sócrates Carvalho Pinto de Sousa – José António Fonseca Vieira da Silva.*

Promulgado em 8 de setembro de 2009.

Publique-se.

O Presidente da República, Aníbal Cavaco Silva.

Referendado em 9 de setembro de 2009.

O Primeiro-Ministro, *José Sócrates Carvalho Pinto de Sousa.*

Lei da Retribuição Mínima Mensal Garantida (Salário Mínimo Nacional)

Decreto-Lei nº 86-B/2016, de 29 de dezembro

O Programa do XXI Governo Constitucional estipula o compromisso, no ponto «aumentar o rendimento disponível das famílias para relançar economia», de definir uma política de rendimentos numa perspetiva de trabalho digno e, em particular, garantir a revalorização da Retribuição Mínima Mensal Garantida (RMMG), garantindo aos trabalhadores uma valorização progressiva do seu trabalho, conciliando o objetivo de reforço da coesão social com o da sustentabilidade da política salarial.

A valorização da RMMG é um instrumento com potencial na melhoria das condições de vida e coesão e na promoção da sustentabilidade do crescimento económico constituindo um importante referencial do mercado de emprego, quer na perspetiva do trabalho digno e da coesão social, quer da competitividade e sustentabilidade das empresas. O montante da RMMG e a subsistência de importantes bolsas de trabalhadores em situação de pobreza justificam o desígnio nacional de realizar um esforço extraordinário e concertado para a elevação da RMMG, durante um período limitado, para patamares que promovam uma maior modernização económica e social e uma efetiva redução das desigualdades.

O Decreto-Lei nº 144/2014, de 30 de setembro, fixou em € 505 o valor da RMMG, com efeitos entre 1 de outubro de 2014 e 31 de dezembro de 2015.

Na prossecução de uma política de reforço e maior centralidade da concertação social, na definição de uma política de rendimentos numa perspetiva de trabalho digno e, em particular, na garantia da revalorização do RMMG, o Governo propôs, em dezembro de 2015, aos Parceiros Sociais com assento na Comissão Permanente de Concertação Social (CPCS) do Conselho Económico e Social, a subida do RMMG de € 505 para € 530, tendo sido celebrado um acordo tripartido entre o Governo e os Parceiros Sociais com assento na CPCS, que permitiu fixar o valor da RMMG em € 530, com efeitos a 1 de janeiro de 2016.

No cumprimento do disposto no primeiro ponto do acordo tripartido relativo à aplicação da RMMG em 2016, foram apresentados pelo Governo e discutidos em CPCS relatórios trimestrais de acompanhamento do referido acordo.

Em dezembro de 2016 foi celebrado acordo tripartido entre o Governo e os Parceiros Sociais com assento na CPCS, que fixou a RMMG em € 557 a partir de 1 de janeiro de 2017.

Tendo em conta as tabelas remuneratórias dos trabalhadores que exercem funções ao abrigo de vínculo de emprego público e os montantes pecuniários dos níveis remuneratórios da Tabela Remuneratória Única que fixam a sua remuneração base, assegura-se, ainda, que nenhum trabalhador da Administração Pública aufere remuneração base inferior ao valor atualizado da RMMG.

Foram ouvidos todos os Parceiros Sociais com assento na Comissão Permanente de Concertação Social do Conselho Económico e Social.

Assim:

Nos termos da alínea *a*) do nº 1 do artigo 198º da Constituição, o Governo decreta o seguinte:

ARTIGO 1º
Objeto

O presente decreto-lei atualiza o valor da retribuição mínima mensal garantida a partir de 1 de janeiro de 2017.

ARTIGO 2º
Valor da retribuição mínima mensal garantida

O valor da retribuição mínima mensal garantida a que se refere o nº 1 do artigo 273º do Código do Trabalho, aprovado pela Lei nº 7/2009, de 12 de fevereiro, é de € 557.

ARTIGO 3º
Remuneração dos trabalhadores com vínculo de emprego público

1 – O montante pecuniário do 2º nível remuneratório da tabela remuneratória única (TRU), aprovada pela Portaria nº 1553-C/2008, de 31 de dezembro, corresponde ao da retribuição mínima mensal garantida.

2 – Os trabalhadores com vínculo de emprego público cujo nível remuneratório automaticamente criado se situe entre o primeiro e segundo e entre o segundo e terceiro níveis remuneratórios da TRU a que corresponda uma remuneração base fixada em valor inferior ao da retribuição mínima mensal garantida auferem o valor estabelecido no artigo anterior.

ARTIGO 4º
Norma revogatória

É revogado o Decreto-Lei nº 254-A/2015, de 31 de dezembro.

ARTIGO 5º
Entrada em vigor

O presente decreto-lei entra em vigor no dia 1 de janeiro de 2017.

Visto e aprovado em Conselho de Ministros de 22 de dezembro de 2016. – *António Luís Santos da Costa* – *Mário José Gomes de Freitas Centeno* – *José António Fonseca Vieira da Silva.*

Promulgado em 28 de dezembro de 2016.

Publique-se.

O Presidente da República, MARCELO REBELO DE SOUSA.

Referendado em 28 de dezembro de 2016.

O Primeiro-Ministro, *António Luís Santos da Costa.*

EVOLUÇÃO DA RETRIBUIÇÃO MÍNIMA MENSAL GARANTIDA (SALÁRIO MÍNIMO NACIONAL) DESDE 1974

ANO	INDÚSTRIA E SERVIÇOS	AGRICUL-TURA	SERVIÇO DOMÉSTICO
1974 (a partir de 27 de maio)	3.300$00		
1975 (a partir de 1 de Junho)	4.000$00		
1977	4.500$00	3.500$00	
1978 (a partir de 1 de Abril)	5.700$00	4.600$00	3.500$00
1979 (a partir del de Outubro)	7.500$00	6.100$00	4.700$00
1980 (a partir de 1 de Outubro)	9.000$00	7.500$00	5.700$00
1981 (a partir de 1 de Outubro)	10.700$00	8.950$00	6.800$00
1983	13.000$00	10.900$00	8.300$00
1984	15.600$00	13.000$00	10.000$00
1985	19.200$00	16.500$00	13.000$00
1986	22.500$00	19.500$00	15.200$00
1987	25.200$00	22.400$00	17.500$00
1988	27.200$00	24.800$00	19.500$00
1989 (até 30 de Junho)	30.000$00	28.400$00	22.400$00
1989 (a partir de 1 de Julho)	31.500$00	30.000$00	24.000$00
1990	35.000$00	34.500$00	28.000$00
1991	40.100$00 – 200,02€		33.500$00 – 167,10€
1992	44.500$00 – 221,97€		38.000$00 – 189,54€
1993	47.400$00 – 236,43€		41.000$00 – 204,51€
1994	49.300$00 – 245,91€		43.000$00 – 214,48€
1995	52.000$00 – 259,37€		45.700$00 – 227,95€
1996	54.600$00 – 272,34€		49.000$00 – 244,41€

DECRETO-LEI Nº 86-B/2016, DE 29 DE DEZEMBRO

EVOLUÇÃO DA RETRIBUIÇÃO MÍNIMA MENSAL GARANTIDA (SALÁRIO MÍNIMO NACIONAL) DESDE 1974			
ANO	INDÚSTRIA E SERVIÇOS	AGRICUL-TURA	SERVIÇO DOMÉSTICO
1997	56.700$00 – 282,82€		51.450$00 – 256,63€
1998	58.900$00 – 293,79€		54.100$00 – 269,85€
1999	61.300$00 – 305,76€		56.900$00 – 283,82€
2000	63.800$00 – 318,23€		60.000$00 – 299,28€
2001	67.000$00 – 334,19€		64.300$00 – 320,73€
2002	69.770$00 – 348,01€		68.410$00 – 341,23€
2003	356,60 € – 71.492$		353,20 € – 70.810$
2004	365,60 € – 73.296$		
2005	374,70 €		
2006	385,90 €		
2007	403 €		
2008	426 €		
2009	450 €		
2010	475 €		
2011	485 €		
2014 (a partir de 1 de Outubro)	505 €		
2016	530 €		
2017	**557 €**		

Procede à primeira alteração à Lei nº 70/2013, de 30 de agosto, que estabelece os regimes jurídicos do fundo de compensação do trabalho e do fundo de garantia de compensação do trabalho

Decreto-Lei nº 210/2015, de 25 de setembro

Nos termos da alínea *a*) do nº 1 do artigo 198º da Constituição, o Governo decreta o seguinte:

ARTIGO 1º
Objeto

O presente decreto-lei procede à primeira alteração à Lei nº 70/2013, de 30 de agosto, que estabelece os regimes jurídicos do fundo de compensação do trabalho, do mecanismo equivalente e do fundo de garantia de compensação do trabalho.

ARTIGO 2º
Alteração à Lei nº 70/2013, de 30 de agosto

Os artigos 2º, 8º, 11º, 16º, 34º e 53º da Lei nº 70/2013, de 30 de agosto, passam a ter a seguinte redação:

Alterações inseridas no local próprio.

ARTIGO 3º
Aditamento à Lei nº 70/2013, de 30 de agosto

São aditados à Lei nº 70/2013, de 30 de agosto, os artigos 11º-A e 11º-B, com a seguinte redação:

Alterações inseridas no local próprio.

FUNDO DE COMPENSAÇÃO SALARIAL E GARANTIA DE COMPENSAÇÃO DO TRABALHO

ARTIGO 4º
Aplicação da lei no tempo

1 – O disposto nos n.os 2, 3 e 6 do artigo 2º, nos nºs 5, 10 e 11 do artigo 8º, no nº 4 do artigo 11º, no nº 1 do artigo 16º, nos nºs 1, 3, 4, e 7 do artigo 34º e no nº 2 do artigo 53º, da Lei nº 70/2013, de 30 de agosto, com a redação dada pelo presente decreto--lei, apenas se aplica a contratos de trabalho celebrados após a data da entrada em vigor do presente diploma.

2 – O disposto no nº 8 do artigo 34º da Lei nº 70/2013, de 30 de agosto, com a redação dada pelo presente decreto-lei, apenas se aplica aos contratos de trabalho que cessem após a data da entrada em vigor do presente diploma.

3 – O disposto nos artigos 11º-A e 11º-B aditados pelo presente decreto-lei à Lei nº 70/2013, de 30 de agosto, reporta os seus efeitos a 1 de outubro de 2013.

ARTIGO 5º
Avaliação e acompanhamento

No prazo de seis meses a contar da data da entrada em vigor do presente decreto--lei, o disposto no nº 3 do artigo 2º e no nº 10 do artigo 8º da Lei nº 70/2013, de 30 de agosto, com a redação dada pelo presente diploma, é objeto de avaliação nos Conselhos de Gestão dos Fundos.

ARTIGO 6º
Entrada em vigor

1 – O presente decreto-lei entra em vigor 60 dias após a sua publicação.

2 – Sem prejuízo do disposto no número anterior, o nº 3 do artigo 2º da Lei nº 70/2013, de 30 de agosto, na redação dada pelo presente decreto-lei, entra em vigor no dia seguinte ao da sua publicação.

Visto e aprovado em Conselho de Ministros de 13 de agosto de 2015. – *Paulo Sacadura Cabral Portas – Luís Pedro Russo da Mota Soares.*

Promulgado em 17 de setembro de 2015.

Publique-se.

O Presidente da República, ANÍBAL CAVACO SILVA.

Referendado em 20 de setembro de 2015.

O Primeiro-Ministro, *Pedro Passos Coelho.*

Fundo de Compensação Salarial e Garantia de Compensação do Trabalho

Lei nº 70/2013, de 30 de agosto

Estabelece os regimes jurídicos do fundo de compensação do trabalho, do mecanismo equivalente e do fundo de garantia de compensação do trabalho.

A Assembleia da República decreta, nos termos da alínea *c*) do artigo 161º da Constituição, o seguinte:

CAPÍTULO I
Disposições iniciais

ARTIGO 1º
Objeto

A presente lei estabelece os regimes jurídicos do fundo de compensação do trabalho (FCT), do mecanismo equivalente (ME) e do fundo de garantia de compensação do trabalho (FGCT).

ARTIGO 2º
Âmbito de aplicação

1 – A presente lei é aplicável às relações de trabalho reguladas pelo Código do Trabalho, aprovado pela Lei nº 7/2009, de 12 de fevereiro, e alterado pelas Leis nºs 105/2009, de 14 de setembro, 53/2011, de 14 de outubro, 23/2012, de 25 de junho, e 47/2012, de 29 de agosto.

2 – A presente lei aplica-se apenas aos contratos de trabalho celebrados após a sua entrada em vigor, tendo sempre por referência a antiguidade contada a partir do momento da execução daqueles contratos, sem prejuízo do disposto no artigo 11º-B.

FUNDO DE COMPENSAÇÃO SALARIAL E GARANTIA DE COMPENSAÇÃO DO TRABALHO

3 – As relações de trabalho emergentes de contratos de trabalho de duração inferior ou igual a dois meses estão excluídas do âmbito de aplicação da presente lei.

4 – A referência, na presente lei, à compensação calculada nos termos do artigo 366º do Código do Trabalho inclui todos os casos em que esta disposição resulte aplicável, diretamente ou por remissão legal, em caso de cessação do contrato de trabalho.

5 – Ficam excluídas do âmbito de aplicação da presente lei as relações de trabalho com os serviços a que se referem os nºs 1 a 4 do artigo 3º da Lei nº 12-A/2008, de 27 de fevereiro, que estabelece os regimes de vinculação, de carreiras e de remunerações dos trabalhadores que exercem funções públicas, alterada pelas Leis nºs 64-A/2008, de 31 de dezembro, 3-B/2010, de 28 de abril, 34/2010, de 2 de setembro, 55-A/2010, de 31 de dezembro, 64-B/2011, de 30 de dezembro, 66/2012, de 31 de dezembro, e 66-B/2012, de 31 de dezembro, e pelo Decreto-Lei nº 47/2013, de 5 de abril, incluindo os institutos públicos de regime especial.

6 – As empresas de trabalho temporário ficam sujeitas ao regime previsto na presente lei, incluindo o disposto nº 3.

Redação dada pelo art. 2º Decreto-Lei nº 210/2015, de 25 de setembro.

CAPÍTULO II
Disposições gerais

ARTIGO 3º
Natureza e finalidades

1 – O FCT e o FGCT são fundos destinados a assegurar o direito dos trabalhadores ao recebimento efetivo de metade do valor da compensação devida por cessação do contrato de trabalho, calculada nos termos do artigo 366º do Código do Trabalho.

2 – O FCT e o FGCT são fundos autónomos, têm personalidade jurídica e não integram o perímetro de consolidação da segurança social nem o orçamento da segurança social.

3 – O FCT e o FGCT são fundos de adesão individual e obrigatória, pelo empregador, podendo este, no entanto, aderir a ME, em alternativa à adesão ao FCT, nos termos do estabelecido no nº 6 e no artigo 36º

4 – O FCT é um fundo de capitalização individual, que visa garantir o pagamento até metade do valor da compensação devida por cessação do contrato de trabalho, calculada nos termos do artigo 366º do Código do Trabalho, e que responde até ao limite dos montantes entregues pelo empregador e eventual valorização positiva.

5 – O FGCT é um fundo de natureza mutualista, que visa garantir o valor necessário à cobertura de metade do valor da compensação devida por cessação do con-

trato de trabalho calculada nos termos do artigo 366º do Código do Trabalho, subtraído do montante já pago pelo empregador ao trabalhador.

6 – O FGCT não responde por qualquer valor sempre que o empregador já tenha pago ao trabalhador valor igual ou superior a metade da compensação devida por cessação do contrato de trabalho calculada nos termos do artigo 366º do Código do Trabalho.

7 – O ME é um meio alternativo ao FCT, pelo qual o empregador fica vinculado a conceder ao trabalhador garantia igual à que resultaria da vinculação do empregador ao FCT, nos termos definidos no nº 4.

ARTIGO 4º
Património e valores afetos

1 – O FCT e o FGCT têm património próprio e as entregas que são legalmente recebidas são valores a estes afetos, geridos pelas correspondentes entidades gestoras.

2 – Na composição do património do FCT e do FGCT, as entidades gestoras devem ter em conta os objetivos e as finalidades a suportar pelos mesmos, assegurando a observância do princípio de dispersão de riscos, bem como a segurança, o rendimento e a liquidez das aplicações efetuadas.

3 – O património do FCT e do FGCT deve ser constituído, nomeadamente, por depósitos bancários, valores mobiliários, instrumentos representativos de dívida de curto prazo, ou outros ativos de natureza monetária.

4 – Os ativos referidos no número anterior estão sujeitos aos limites fixados nos respetivos regulamentos de gestão.

ARTIGO 5º
Início, duração e extinção

1 – O FCT e o FGCT iniciam a sua atividade, nos termos previstos na presente lei, na data da entrada em vigor dos respetivos regulamentos de gestão.

2 – O FCT e o FGCT têm duração ilimitada.

3 – O FCT e o FGCT extinguem-se quando, por qualquer causa, se esgotar o seu objeto, devendo proceder-se à liquidação do respetivo património.

ARTIGO 6º
Regime jurídico aplicável

1 – O FCT e o FGCT regem-se pelas regras previstas na presente lei, nos respetivos regulamentos de gestão e nos respetivos regulamentos internos.

2 – A gestão financeira do FCT e do FGCT, incluindo a organização da sua contabilidade, rege-se pelas regras previstas nos respetivos regulamentos de gestão e regulamentos internos.

FUNDO DE COMPENSAÇÃO SALARIAL E GARANTIA DE COMPENSAÇÃO DO TRABALHO

ARTIGO 7º
Regulamentos

1 – Os regulamentos de gestão do FCT e do FGCT são elaborados pelo respetivo presidente do conselho de gestão e aprovados pelo respetivo conselho de gestão.

2 – Os regulamentos de gestão do FCT e do FGCT contêm os elementos que caracterizam cada um dos fundos, designadamente:

a) Denominação, sede e funções da entidade gestora;

b) Definição dos conceitos necessários ao adequado esclarecimento das condições de adesão;

c) Políticas de investimento;

d) Descrição dos critérios relativos a encargos a suportar;

e) As regras e o método de cálculo do valor dos ativos.

3 – O regulamento de gestão do FGCT deve ainda prever o seu valor global mínimo anual, para efeitos da alínea b) do nº 1 do artigo 45º, que nunca deve ser inferior ao custo dos valores pagos no ano anterior, acrescidos de 50% do valor total remanescente, sem prejuízo do disposto no nº 2 do artigo 45º

4 – Os regulamentos de gestão do FCT e do FGCT são publicados no *Diário da República*.

5 – Os regulamentos internos do FCT e do FGCT são elaborados pelo presidente de cada conselho de gestão e sujeitos à aprovação do respetivo conselho de gestão.

ARTIGO 8º
Adesão

1 – O empregador é obrigado a aderir ao FCT, salvo opção por adesão a ME.

2 – A opção prevista no número anterior é efetuada em bloco, relativamente à totalidade dos trabalhadores ao serviço do respetivo empregador.

3 – Com a celebração do primeiro contrato de trabalho abrangido pelo disposto na presente lei, e consequente comunicação de admissão do trabalhador ao FCT ou a ME, a adesão aos mesmos efetiva-se automaticamente, por via da inclusão do respetivo trabalhador naqueles.

4 – O empregador deve incluir os trabalhadores no FCT ou em ME até à data do início de execução dos respetivos contratos de trabalho.

5 – Nos casos previstos no artigo 16º, o cumprimento da obrigação do novo empregador, prevista no número anterior, pode ter lugar até 15 dias após a transmissão.

6 – Após a celebração do primeiro contrato de trabalho abrangido pelo disposto na presente lei, o empregador procede à comunicação ao FCT e ao FGCT da admissão de novos trabalhadores, para efeitos da sua inclusão no FCT e no FGCT.

7 – Com a adesão ao FCT é criada, pela entidade gestora, uma conta global, em nome do empregador, que prevê obrigatoriamente contas de registo individualizado, respeitantes a cada um dos seus trabalhadores.

8 – A adesão ao FGCT opera de modo automático, com a adesão do empregador ao FCT ou a ME.

9 – Sem prejuízo do disposto no número anterior, em caso de adesão a ME, a admissão de novos trabalhadores deve ser comunicada, pelo empregador, ao FGCT, até à data do início da execução dos respetivos contratos de trabalho.

10 – O disposto nos números anteriores aplica-se, com as devidas adaptações, sempre que o contrato de trabalho de duração inferior ou igual a dois meses seja sujeito a prorrogação, cuja duração, adicionada à duração inicial, ultrapasse aquele prazo, devendo para o efeito o empregador, nesse momento, indicar a data de início de execução do respetivo contrato de trabalho.

11 – Constitui contraordenação muito grave a violação dos nºs 1 a 6, 9 e 10.

Redação dada pelo art. 2º Decreto-Lei nº 210/2015, de 25 de setembro.

ARTIGO 9º
Cessação da adesão

A adesão ao FCT e ao FGCT finda com a cessação da atividade do empregador no sistema de segurança social.

ARTIGO 10º
Impenhorabilidade e intransmissibilidade

Salvo nos casos previstos na presente lei, o saldo da conta global do empregador no FCT, incluindo a totalidade do saldo das contas de registo individualizado, respeitantes a cada um dos seus trabalhadores, é intransmissível e impenhorável.

ARTIGO 11º
Obrigação de pagamento

1 – A adesão ao FCT determina, para o empregador, a obrigatoriedade do pagamento das respetivas entregas.

2 – A adesão ao FCT ou a ME determina, para o empregador, a obrigatoriedade do pagamento de entregas para o FGCT.

3 – As entregas a que se referem os números anteriores são devidas a partir do momento em que se inicia a execução de cada contrato de trabalho e até à sua cessação, salvo nos períodos em que inexista contagem de antiguidade.

4 – No início da execução de cada contrato de trabalho, ou nas situações previstas no nº 10 do artigo 8º, o empregador deve declarar ao FGCT e, quando aplicável, ao FCT o valor da retribuição base do trabalhador, devendo esta declaração ser objeto de atualização e comunicação no prazo de cinco dias, sempre que se verifiquem alterações ao respetivo montante ou às diuturnidades a que o trabalhador venha a ter direito.

5 – Constitui contraordenação muito grave a violação do disposto nos nºs 3 e 4, no que respeita à falta de declaração inicial do valor da retribuição base do trabalhador.

FUNDO DE COMPENSAÇÃO SALARIAL E GARANTIA DE COMPENSAÇÃO DO TRABALHO

6 – Constitui contraordenação grave a violação do disposto no nº 4, no que respeita à comunicação de atualização, sempre que devida.

Redação dada pelo art. 2º Decreto-Lei nº 210/2015, de 25 de setembro.

ARTIGO 11º-A
Suspensão das entregas

1 – Quando o saldo da conta individualizada do trabalhador atingir metade dos valores limite de compensação previstos no nº 2 do artigo 366º do Código do Trabalho, suspende-se a obrigação do empregador fazer entregas ao FCT referentes a esse trabalhador.

2 – Sempre que das comunicações referidas na segunda parte do nº 4 do artigo 11º, ou da atualização da RMMG, resultar para o FCT que o saldo da conta individualizada do trabalhador não garante metade dos valores limite de compensação previstos no nº 2 do artigo 366º do Código do Trabalho, o empregador é notificado para retomar as entregas nos termos dos artigos 12º e 13º da presente lei.

3 – Constitui contraordenação grave a violação da retoma das entregas nos termos previstos na parte final do número anterior.

Artigo aditado pelo art. 3º Decreto-Lei nº 210/2015, de 25 de setembro.

ARTIGO 11º-B
Dispensa de entregas ao Fundo de Compensação do Trabalho

1 – Sempre que o contrato de trabalho celebrado reconheça ao trabalhador antiguidade que lhe confira direito a compensação de valor superior ao dos limites de compensação previstos no nº 2 do artigo 366º do Código do Trabalho, o empregador fica dispensado, no âmbito do FCT, de fazer entregas na conta individual do respetivo trabalhador.

2 – Sempre que das comunicações referidas na segunda parte do nº 4 do artigo 11º, ou da atualização da RMMG, resultar para o FCT que o saldo da conta individualizada do trabalhador não garante metade dos valores limite de compensação previstos no nº 2 do artigo 366º do Código do Trabalho, o empregador é notificado para retomar as entregas nos termos dos artigos 12º e 13º da presente lei.

3 – Constitui contraordenação grave a violação da parte final do disposto no nº 2.

Artigo aditado pelo art. 3º Decreto-Lei nº 210/2015, de 25 de setembro.

ARTIGO 12º
Montante das entregas

1 – O valor das entregas da responsabilidade do empregador para o FCT corresponde a 0,925% da retribuição base e diuturnidades devidas a cada trabalhador abrangido.

LEI Nº 70/2013, DE 30 DE AGOSTO

2 – O valor das entregas da responsabilidade do empregador para o FGCT corresponde a 0,075 % da retribuição base e diuturnidades devidas a cada trabalhador abrangido pelo FCT ou ME.

ARTIGO 13º
Formas de pagamento das entregas

1 – O pagamento das entregas ao FCT e ao FGCT é efetuado nos termos e através dos meios eletrónicos que forem definidos na portaria prevista no nº 1 do artigo 59º da presente lei.

2 – As entregas são pagas 12 vezes por ano, mensalmente, nos prazos previstos para o pagamento de contribuições e quotizações à segurança social e respeitam a 12 retribuições base mensais e diuturnidades, por cada trabalhador.

3 – Constitui contraordenação grave a violação do disposto no número anterior.

ARTIGO 14º
Acionamento indevido do fundo de compensação do trabalho e do fundo de garantia de compensação do trabalho

Qualquer comportamento, do empregador ou do trabalhador, conducente ao acionamento do FCT ou do FGCT fora das condições e fins previstos na presente lei determina a recusa de pagamento dos valores requeridos.

ARTIGO 15º
Admissibilidade de transferência

1 – A adesão ao FCT ou a ME não impede posterior transferência da totalidade dos trabalhadores ao serviço do empregador para ME ou FCT, respetivamente, contanto que tal transferência não prejudique, em caso algum, as garantias já conferidas e os valores já assegurados aos trabalhadores no que respeita ao período que antecede a transferência.

2 – Em todas as situações previstas no Código do Trabalho, em que opere, a qualquer título, a transmissão da posição contratual do empregador a terceiro, por violação de normas legais, o empregador originário deve transferir para o novo empregador o saldo da conta de registo individualizado do respetivo trabalhador, incluindo a eventual valorização positiva.

3 – Se, no caso previsto no número anterior, o trabalhador estiver incluído em ME, da referida transmissão para FCT ou para outro ME não pode resultar qualquer redução das garantias conferidas ao trabalhador pela presente lei.

4 – Nos casos referidos nos nºs 2 e 3, tem aplicação o disposto nos nºs 2 a 7 do artigo seguinte, com as necessárias adaptações.

5 – Constitui contraordenação muito grave a violação do disposto na parte final do nº 1 e nos nºs 2 e 3.

FUNDO DE COMPENSAÇÃO SALARIAL E GARANTIA DE COMPENSAÇÃO DO TRABALHO

ARTIGO 16º
Transmissão de empresa ou de estabelecimento

1 – Em caso de transmissão, por qualquer título, da titularidade de empresa ou de estabelecimento ou ainda de parte de empresa ou de estabelecimento que constitua uma unidade económica, nos termos do artigo 285º do Código do Trabalho ou de Instrumentos de Regulamentação Coletiva de Trabalho, o transmissário assume a titularidade da conta global que pertencia ao transmitente.

2 – Sempre que a transmissão referida no número anterior imponha que o transmitente mantenha a titularidade da conta global relativamente a trabalhadores não abrangidos pela transmissão, o saldo da conta de registo individualizado dos trabalhadores incluídos na transmissão, incluindo a eventual valorização positiva, deve ser transmitido para a conta global do transmissário, já existente à data da transmissão.

3 – Se, no caso previsto no número anterior, o transmissário não dispuser ainda de conta global no FCT, a mesma deve ser constituída, por adesão do transmissário àquele, aplicando-se, com as necessárias adaptações, o previsto no artigo 8º

4 – A obrigação de adesão ao FCT referida no número anterior não é aplicável se o transmissário optar pela inclusão dos trabalhadores objeto da transmissão em ME.

5 – Caso os trabalhadores se encontrem, à data da transmissão, incluídos em ME, a transmissão para o FCT ou para outro ME não pode, em caso algum, prejudicar as garantias já conferidas aos trabalhadores no que respeita ao período que antecede a transferência.

6 – Se nos casos referidos nos nºs 1 a 3 e 5 resultar a vinculação do novo empregador ao FCT e a um ou mais mecanismos equivalentes, deve aquele, no prazo de seis meses, optar por uma destas alternativas.

7 – O previsto na presente disposição não pode, em caso algum, prejudicar as garantias já conferidas aos trabalhadores no que respeita ao período que antecede a transferência.

8 – Constitui contraordenação muito grave a violação do disposto nos nºs 1, 3 e 5 a 7 e no nº 2, quanto ao transmitente.

Redação dada pelo art. 2º Decreto-Lei nº 210/2015, de 25 de setembro.

ARTIGO 17º
Despedimento ilícito

1 – No seguimento de decisão judicial que, em caso de despedimento ilícito, imponha a reintegração do trabalhador, o empregador fica obrigado, no prazo de 30 dias contados a partir da data do trânsito em julgado daquela decisão, a nova inclusão do trabalhador no FCT e à consequente reposição do saldo da conta do registo individualizado do trabalhador à data do despedimento e às entregas que deixou de efetuar, relativamente a tal trabalhador, desde esta data.

2 – O disposto do número anterior é aplicável, com as necessárias adaptações, ao FGCT e a ME.

LEI Nº 70/2013, DE 30 DE AGOSTO

3 – No seguimento de decisão judicial transitada em julgado que declare o despedimento ilícito, caso o FGCT tenha sido acionado para pagamento de parte da compensação devida por cessação do contrato de trabalho calculada nos termos do artigo 366º do Código do Trabalho, o trabalhador deve, no prazo de 30 dias, devolver ao FGCT os valores que por este tenham sido adiantados.

4 – A devolução referida no número anterior pode ser efetuada pelo montante global da dívida ou em prestações, mediante acordo, a celebrar com o FGCT, nos termos e nas condições aprovados por deliberação do respetivo conselho de gestão.

5 – Após o recebimento dos montantes referidos no nº 3, o FGCT deve devolvê-los, no prazo de 15 dias, nas devidas proporções, ao FCT ou ao empregador, se aplicável.

6 – Constitui contraordenação muito grave a violação do disposto nos nºs 1 a 3.

ARTIGO 18º
Entidades gestoras

1 – Os respetivos conselhos de gestão do FCT e do FGCT têm as competências previstas nos artigos 22º e 38º

2 – As entidades gestoras do FCT e do FGCT são, respetivamente, o Instituto de Gestão de Fundos de Capitalização da Segurança Social, I. P. (IGFCSS, I. P.), e o Instituto de Gestão Financeira da Segurança Social, I. P. (IGFSS, I. P.)

3 – São atribuições gerais das entidades gestoras do FCT e do FGCT, designadamente:

a) Gerir o investimento, praticando os atos e operações necessários à boa concretização da política de investimento, nomeadamente:

i) Selecionar os ativos;

ii) Adquirir e alienar os ativos, cumprindo as formalidades necessárias para a válida e regular transmissão dos mesmos;

iii) Exercer os direitos relacionados com os ativos;

b) Administrar o FCT e o FGCT e valores a estes afetos, nomeadamente:

i) Assegurar os serviços jurídicos e de contabilidade necessários à gestão dos fundos;

ii) Esclarecer e analisar as questões e reclamações;

iii) Cumprir e controlar a observância das normas aplicáveis, do regulamento de gestão, do regulamento interno e dos contratos celebrados no âmbito da atividade do FCT e do FGCT;

iv) Efetuar os procedimentos de liquidação e de compensação;

v) Conservar documentos.

4 – O IGFCSS, I. P., assegura ainda o funcionamento do FCT, celebrando, para o efeito, protocolos com o Instituto da Segurança Social, I. P. (ISS, I. P.), ou com as instituições de segurança social competentes das regiões autónomas.

FUNDO DE COMPENSAÇÃO SALARIAL E GARANTIA DE COMPENSAÇÃO DO TRABALHO

5 – O IGFSS, I. P., assegura ainda o funcionamento do FGCT, celebrando, para o efeito, protocolos com o ISS, I. P., ou com as instituições de segurança social competentes das regiões autónomas.

6 – A gestão económica e financeira do FCT e do FGCT é disciplinada pelos respetivos planos de atividades, orçamentos, relatórios de contas e balanços anuais.

ARTIGO 19º
Política de investimento

A política de investimento do FCT e do FGCT, especificando os princípios aplicáveis em matéria de definição, implementação e controlo da mesma, encontra-se definida nos respetivos regulamentos de gestão.

ARTIGO 20º
Despesas de funcionamento

1 – As despesas de funcionamento do FCT e do FGCT apenas são cobertas por dedução aos rendimentos obtidos com a aplicação de capitais, não podendo essas deduções ultrapassar 25 % do rendimento gerado.

2 – Em virtude de os custos iniciais de investimento poderem ser insuscetíveis de cobertura pelo valor disponibilizado para custear as despesas de funcionamento, pode o conselho de gestão, no terceiro ano de vigência dos respetivos fundos, aprovar acerto de contas, atendendo aos custos apurados e não cobertos até então.

CAPÍTULO III
Fundo de Compensação do Trabalho

ARTIGO 21º
Conselho de gestão

1 – O FCT é gerido por um conselho de gestão composto por um presidente e 11 vogais.

2 – O conselho de gestão integra:

a) O presidente do IGFCSS, I. P., que preside;

b) Um representante designado pelo membro do Governo responsável pela área das finanças;

c) Um representante designado pelo membro do Governo responsável pela área laboral;

d) Um representante designado pelo membro do Governo responsável pela área da segurança social;

e) Um representante de cada uma das confederações de empregadores com assento na Comissão Permanente de Concertação Social;

f) Dois representantes de cada uma das confederações sindicais com assento na Comissão Permanente de Concertação Social.

3 – Por cada membro efetivo é também designado um membro suplente.

4 – Cabe às entidades indicadas no nº 2 designar os respetivos representantes.

5 – O presidente do conselho de gestão tem voto de qualidade.

6 – A organização e o funcionamento do conselho de gestão regem-se pelo disposto no regulamento interno.

7 – O presidente do IGFCSS, I. P., e os representantes designados pelos membros do Governo, bem como os seus suplentes, não são remunerados pelo exercício de funções como membros do conselho de gestão.

ARTIGO 22º
Competências do conselho de gestão

Compete ao conselho de gestão:

a) A aprovação do plano de atividades e do orçamento;

b) A aprovação do relatório de atividades e do relatório de contas e balanço anuais;

c) Acompanhar as atividades do FCT, apresentando ao presidente propostas, sugestões, recomendações ou pedidos de esclarecimento que entender convenientes, bem como propor a adoção de medidas que julgue necessárias à realização dos seus fins;

d) Aprovar o regulamento de gestão do FCT, devendo o mesmo ser publicado no *Diário da República;*

e) Aprovar o regulamento interno do FCT, que deve ser publicitado no sítio na Internet.

ARTIGO 23º
Reuniões do conselho de gestão

1 – O conselho de gestão reúne ordinariamente uma vez por mês e extraordinariamente sempre que o respetivo presidente o convoque, por sua iniciativa ou a solicitação de um terço dos seus membros.

2 – Os membros do conselho de gestão podem delegar o seu voto dentro de cada representação.

ARTIGO 24º
Competências do presidente do conselho de gestão

1 – Compete ao presidente do conselho de gestão:

a) Dirigir a atividade do FCT, assegurando o desenvolvimento das suas atribuições;

b) Gerir os recursos financeiros do FCT;

c) Emitir as diretrizes de natureza interna adequadas ao bom funcionamento do FCT;

FUNDO DE COMPENSAÇÃO SALARIAL E GARANTIA DE COMPENSAÇÃO DO TRABALHO

d) Elaborar o regulamento interno necessário à organização e ao funcionamento do FCT, bem com o regulamento de gestão, submetendo-os à apreciação e aprovação do conselho de gestão;

e) Executar e implementar, no âmbito da sua autonomia funcional, as orientações, as sugestões e as deliberações do conselho de gestão;

f) Elaborar relatórios mensais da atividade desenvolvida, que incluam informação sobre o volume de solicitações, questões e reclamações apresentadas, o sentido das decisões, sobre as diligências de recuperação de créditos em curso, bem como informação referente às receitas arrecadadas e às despesas efetuadas, submetendo-os à apreciação do conselho de gestão;

g) Elaborar o plano anual de atividades e o orçamento anual e submetê-los à apreciação e aprovação do conselho de gestão;

h) Elaborar o relatório anual de atividades e o relatório de contas e balanço de cada exercício e submetê-los à apreciação e aprovação do conselho de gestão;

i) Assegurar a representação do FCT em juízo ou fora dele, bem como conferir mandato para esse efeito;

j) Autorizar despesas com a aquisição, alienação ou locação de bens e serviços e a realização de empreitadas, dentro dos limites fixados por lei e de acordo com o previsto no plano e no orçamento;

k) Estabelecer relações com as instituições do sistema bancário;

l) Assegurar o pagamento dos valores devidos aos empregadores;

m) Exercer as demais competências que lhe sejam delegadas ou subdelegadas pelo conselho de gestão.

2 – Nas suas ausências e impedimentos, o presidente é substituído por quem o conselho de gestão indicar.

3 – Os documentos previstos nas alíneas *f*), *g*) e *h*) do nº 1 devem ser publicitados no sítio na Internet.

ARTIGO 25º
Fiscal único

1 – O fiscal único é designado, de entre revisores oficiais de contas, pelo conselho de gestão, do qual deve constar ainda a designação do fiscal suplente.

2 – Os mandatos do fiscal único e do fiscal suplente têm a duração de três anos, podendo ser renovados por iguais períodos de tempo.

3 – A remuneração do fiscal único é definida pelo conselho de gestão.

ARTIGO 26º
Competências do fiscal único

Compete ao fiscal único:

a) Acompanhar a gestão financeira do FCT;

b) Emitir parecer sobre o orçamento, o plano anual de atividades, o relatório de contas e o balanço anuais;

c) Fiscalizar a execução da contabilidade do FCT e o cumprimento dos normativos aplicáveis, informando o conselho de gestão de qualquer anomalia detetada;

d) Fiscalizar a eficácia do sistema de gestão de riscos e do sistema de controlo interno;

e) Solicitar ao conselho de gestão reuniões conjuntas quando, no âmbito das suas competências, o entender;

f) Pronunciar-se sobre qualquer assunto de interesse para o FCT que seja submetido à sua apreciação pelo presidente do conselho de gestão;

g) Elaborar relatórios trimestrais e relatório anual sobre a ação fiscalizadora exercida;

h) Acompanhar as operações de satisfação de créditos dos empregadores e respetiva recuperação desenvolvidas pelo FCT.

ARTIGO 27º
Vinculação

1 – O FCT obriga-se pela assinatura do presidente do conselho de gestão e de um dos outros membros do conselho de gestão, a definir no regulamento de gestão.

2 – Os atos de mero expediente de que não resultem obrigações para o FCT podem ser assinados por aquele a quem tal poder tenha sido expressamente conferido pelo conselho de gestão.

ARTIGO 28º
Receitas do fundo de compensação do trabalho

Constituem receitas do FCT:

a) As entregas;

b) Os proveitos derivados dos investimentos realizados;

c) Os montantes resultantes das cobranças coercivas, respeitantes ao FCT, deduzidas as custas;

d) As transferências dos excedentes dos saldos anuais do FGCT, quando a elas haja lugar;

e) Outras receitas decorrentes da gestão do fundo.

ARTIGO 29º
Despesas do fundo de compensação do trabalho

Constituem despesas do FCT:

a) Os valores dos reembolsos pagos;

b) As despesas de administração e de gestão;

c) Outras despesas previstas no respetivo regulamento de gestão;

d) Valores pagos ao FGCT.

FUNDO DE COMPENSAÇÃO SALARIAL E GARANTIA DE COMPENSAÇÃO DO TRABALHO

ARTIGO 30º
Contas

1 – O montante das entregas é mensalmente creditado na conta global do empregador e alocado às contas de registo individualizado de cada trabalhador.

2 – O saldo das contas de registo individualizado de cada trabalhador é, em cada momento, o resultado da valorização dos montantes alocados às mesmas, nos termos do respetivo regulamento de gestão, bem como da distribuição dos eventuais excedentes provenientes do FGCT.

ARTIGO 31º
Saldo

O saldo global da conta do empregador traduz, em cada momento, o somatório do valor apurado em cada uma das contas de registo individualizado de cada trabalhador.

ARTIGO 32º
Informação

A entidade gestora deve disponibilizar ao empregador, através de sítio na Internet, informação atualizada sobre o montante das entregas feitas e a valorização da conta do empregador e respetivas contas de registo individualizado de cada trabalhador, relativamente aos 12 meses anteriores.

ARTIGO 33º
Pagamento ao trabalhador

1 – Em caso de cessação de contrato de trabalho que origine o direito à compensação calculada nos termos do artigo 366º do Código do Trabalho, o empregador paga ao trabalhador a totalidade do valor da compensação, nos termos e nas condições previstas no Código do Trabalho, sem prejuízo do direito ao reembolso previsto no artigo seguinte.

2 – Sempre que o empregador não efetue, total ou parcialmente, o pagamento previsto no número anterior, pode o trabalhador acionar o FGCT, pelo valor necessário à cobertura de metade do valor da compensação devida por cessação do contrato de trabalho, calculada nos termos do artigo 366º do Código do Trabalho, subtraído do montante já pago pelo empregador ao trabalhador, nos termos dos artigos 46º a 49º da presente lei.

3 – O FGCT não responde por qualquer valor sempre que o empregador já tenha pago ao trabalhador valor igual ou superior a metade da compensação devida por cessação do contrato de trabalho calculada nos termos do artigo 366º do Código do Trabalho.

ARTIGO 34º
Direito ao reembolso por parte do empregador

1 – Sem prejuízo do disposto no nº 4, em qualquer caso de cessação do contrato de trabalho, o empregador pode solicitar ao FCT, com uma antecedência máxima de 20 dias relativamente à data da cessação do contrato de trabalho, o reembolso do saldo da conta de registo individualizado do respetivo trabalhador, incluindo eventual valorização positiva, informando o FCT da existência de obrigação do pagamento de compensação ao trabalhador.

2 – O reembolso previsto no número anterior deve ser efetuado pelo FCT ao empregador no prazo de máximo de 10 dias a contar da data do pedido de reembolso.

3 – Caso a cessação do contrato de trabalho não determine a obrigação de pagamento de compensação, calculada nos termos do artigo 366º do Código do Trabalho, o valor reembolsado pelo FCT reverte para o empregador, sem prejuízo do disposto no número seguinte.

4 – Nos casos de transmissão por Instrumento de Regulamentação Coletiva de Trabalho, previstas no artigo 16º, o reembolso a que se refere o número anterior deve ser efetuado, por rateio, a todas as entidades empregadoras que tenham contribuído para essa conta individual, em função dos descontos que cada uma tenha efetuado, devendo o FCT, para o efeito, notificar cada uma delas, no prazo de 90 dias a contar da data em que o empregador tenha solicitado ao FCT o respetivo reembolso, ou comunicado a data da cessação do contrato, consoante a que ocorrer primeiro.

5 – O FCT comunica à Autoridade para as Condições do Trabalho (ACT) e ao FGCT o reembolso efetuado nos termos dos números anteriores, no prazo máximo de quatro dias a contar da realização do mesmo.

6 – Sem prejuízo do disposto no nº 1 do artigo 17º, sempre que, após apresentação de pedido de reembolso, pelo empregador ao FCT, a cessação do contrato de trabalho não venha a ocorrer, deve o empregador devolver ao FCT o valor reembolsado no prazo de 10 dias contados a partir da não verificação da cessação do contrato de trabalho.

7 – O empregador que, após um ano contado da data da cessação do contrato de trabalho, não tenha solicitado ao FCT o reembolso do saldo da conta de registo individualizado do trabalhador e a eventual valorização positiva, é notificado pelo FCT para o efeito, fixando-lhe prazo não superior a 30 dias, a partir do qual não beneficia de eventuais valorizações positivas.

8 – Constitui contraordenação grave a violação do disposto no nº 6.

9 – Constitui contraordenação muito grave a não entrega, total ou parcial, pelo empregador ao trabalhador, em prazo igual ou inferior ao estabelecido no nº 2 do artigo 56º, do valor reembolsado pelo FCT, por conta da obrigação de pagamento de compensação calculada nos termos do artigo 366º do Código do Trabalho.

Redação dada pelo art. 2º Decreto-Lei nº 210/2015, de 25 de setembro.

FUNDO DE COMPENSAÇÃO SALARIAL E GARANTIA DE COMPENSAÇÃO DO TRABALHO

ARTIGO 35º
Incumprimento da entrega

1 – A falta de pagamento da entrega mensal devida ao FCT pelo empregador determina a não capitalização do respetivo montante em falta durante o período de incumprimento e a imputação na conta do empregador das despesas inerentes ao procedimento de regularização, bem como das despesas administrativas de manutenção da conta, nos termos descritos no regulamento de gestão.

2 – Verificado o incumprimento, o empregador é notificado pela entidade gestora para proceder à respetiva regularização, constando da notificação as consequências do incumprimento estabelecidas no número anterior.

3 – A falta de regularização voluntária dos valores devidos ao FCT determina a constituição de dívida, nos termos e para os efeitos do capítulo VI, sem prejuízo da contraordenação prevista no nº 5 do artigo 11º, na parte que respeita ao disposto no nº 3 daquela disposição.

CAPÍTULO IV
Mecanismo equivalente

ARTIGO 36º
Regime

1 – Em alternativa ao FCT pode o empregador optar por ME, pelo qual o empregador fica vinculado a conceder ao trabalhador garantia igual à que resultaria da sua vinculação ao FCT.

2 – Caso opte pelo ME, o empregador fica obrigado a subscrevê-lo e a mantê-lo em vigor desde o início da execução do contrato de trabalho até à cessação do mesmo, conferindo, por esta via, ao trabalhador a garantia prevista no número anterior, sem prejuízo do disposto nos números seguintes.

3 – Sem prejuízo do disposto no nº 2 do artigo 8º, o empregador pode optar por aderir a diferentes mecanismos equivalentes relativamente aos seus trabalhadores desde que de tal não resulte prática discriminatória em relação a qualquer trabalhador.

4 – O empregador pode transferir as obrigações garantidas por um ME para outro desde que de tal alteração não resulte qualquer prejuízo relativamente à cobertura garantida pelo ME inicial.

5 – Na eventualidade de o ME, ainda que respeitando o disposto no nº 1 do presente artigo, não assegurar a cobertura de montante correspondente a metade da compensação devida por cessação do contrato de trabalho calculada nos termos do artigo 366º do Código do Trabalho, pode o trabalhador acionar o FGCT pelo valor necessário à cobertura de metade do valor daquela, subtraído do montante já pago pelo empregador ao trabalhador.

6 – O FGCT não responde por qualquer valor sempre que o empregador já tenha pago ao trabalhador valor igual ou superior a metade da compensação devida por

cessação do contrato de trabalho calculada nos termos do artigo 366º do Código do Trabalho.

7 – O ME apenas pode ser constituído pelo empregador junto de instituições sujeitas a supervisão do Banco de Portugal ou do Instituto de Seguros de Portugal desde que estejam legalmente autorizadas a exercer a gestão e comercialização desse instrumento, o qual deve ser identificado como ME.

8 – No caso das empresas de trabalho temporário, não constitui ME a caução prevista no artigo 7º do Decreto-Lei nº 260/2009, de 25 de setembro.

9 – O ME está sujeito a prévia comunicação às respetivas entidades competentes, tal qual referidas no nº 7, que devem emitir parecer expresso de conformidade de tal instrumento com os objetivos e os interesses visados proteger, na presente lei, com o FCT.

10 – Ao ME aplica-se, com as necessárias adaptações, o regime do FCT, em tudo o que não for incompatível com o disposto no presente capítulo.

11 – Constitui contraordenação muito grave a violação do disposto no nº 2, na parte final do nº 3, na parte final do nº 4 e a comunicação prévia prevista no nº 9.

12 – Constitui contraordenação muito grave a não entrega, total ou parcial, pelo empregador ao trabalhador, em prazo igual ou inferior ao estabelecido no nº 2 do artigo 56º, do valor reembolsado por ME, por conta da obrigação de pagamento de compensação calculada nos termos do artigo 366º do Código do Trabalho.

CAPÍTULO V
Fundo de Garantia de Compensação do Trabalho

ARTIGO 37º
Conselho de gestão do fundo de garantia
de compensação do trabalho

1 – O FGCT é gerido por um conselho de gestão composto por um presidente e 11 vogais.

2 – O conselho de gestão integra:

a) O presidente do IGFSS, I. P., que preside;

b) Um representante designado pelo membro do Governo responsável pela área das finanças;

c) Um representante designado pelo membro do Governo responsável pela área laboral;

d) Um representante designado pelo membro do Governo responsável pela área da segurança social;

e) Um representante de cada uma das confederações de empregadores com assento na Comissão Permanente de Concertação Social;

f) Dois representantes de cada uma das confederações sindicais com assento na Comissão Permanente de Concertação Social.

FUNDO DE COMPENSAÇÃO SALARIAL E GARANTIA DE COMPENSAÇÃO DO TRABALHO

3 – Por cada membro efetivo é, também, designado um membro suplente.

4 – Cabe às entidades indicadas no nº 2 designar os respetivos representantes.

5 – O presidente do conselho de gestão tem voto de qualidade.

6 – A organização e o funcionamento do conselho de gestão regem-se pelo disposto no regulamento interno.

7 – O presidente do IGFSS, I. P., e os representantes designados pelos membros do Governo, bem como os seus suplentes, não são remunerados pelo exercício de funções como membros do conselho de gestão.

ARTIGO 38º
Competências do conselho de gestão

1 – Compete ao conselho de gestão:

a) A aprovação do plano de atividades e do orçamento;

b) A aprovação do relatório de atividades e do relatório de contas e balanço anuais;

c) Acompanhar as atividades do FGCT, apresentando ao presidente propostas, sugestões, recomendações ou pedidos de esclarecimento que entender convenientes, bem como propor a adoção de medidas que julgue necessárias à realização dos seus fins;

d) Aprovar o regulamento de gestão do FGCT, devendo o mesmo ser publicado no *Diário da República;*

e) Aprovar o regulamento interno do FGCT, que deve ser publicitado no sítio na Internet.

2 – O conselho de gestão do FGCT pode ainda solicitar aos mecanismos equivalentes toda e qualquer informação que entenda essencial ao regular funcionamento do FGCT, devendo aqueles prestar tais esclarecimentos no prazo máximo de cinco dias.

ARTIGO 39º
Reuniões do conselho de gestão

1 – O conselho de gestão reúne ordinariamente uma vez por mês e extraordinariamente sempre que o respetivo presidente o convoque, por sua iniciativa ou a solicitação de um terço dos seus membros.

2 – Os membros do conselho de gestão podem delegar o seu voto dentro de cada representação.

ARTIGO 40º
Competências do presidente do conselho de gestão

1 – Compete ao presidente do conselho de gestão:

a) Dirigir a atividade do FGCT, assegurando o desenvolvimento das suas atribuições;

LEI Nº 70/2013, DE 30 DE AGOSTO

b) Gerir os recursos financeiros do FGCT;

c) Emitir as diretrizes de natureza interna adequadas ao bom funcionamento do FGCT;

d) Elaborar o regulamento interno necessário à organização e ao funcionamento do FGCT, bem como o regulamento de gestão, submetendo-os à apreciação e aprovação do conselho de gestão;

e) Executar e implementar, no âmbito da sua autonomia funcional, as orientações, as sugestões e as deliberações formuladas pelo conselho de gestão;

f) Elaborar relatórios mensais da atividade desenvolvida, que incluam informação sobre o volume de requerimentos apresentados, o sentido das decisões, o volume e a duração das pendências, bem como informação referente às receitas arrecadadas e às despesas efetuadas, submetendo-os à apreciação do conselho de gestão;

g) Elaborar o plano anual de atividades e o orçamento anual e submetê-los à apreciação e aprovação do conselho de gestão;

h) Elaborar o relatório anual de atividades e o relatório de contas e balanço de cada exercício e submetê-los à apreciação e aprovação do conselho de gestão;

i) Assegurar a representação do FGCT, em juízo ou fora dele, bem como conferir mandato para esse efeito;

j) Autorizar despesas com a aquisição, a alienação ou a locação de bens e serviços e a realização de empreitadas, dentro dos limites fixados por lei;

k) Estabelecer relações com as instituições do sistema bancário;

l) Assegurar o pagamento dos valores reclamados;

m) Promover a recuperação dos créditos em que ficar sub-rogado por via da sua satisfação aos trabalhadores, desenvolvendo todas as diligências judiciais e extrajudiciais adequadas a tal fim;

n) Exercer as demais competências que lhe sejam delegadas ou subdelegadas pelo conselho de gestão.

2 – Nas suas ausências e impedimentos, o presidente é substituído por quem o conselho de gestão indicar.

ARTIGO 41º
Fiscal único

1 – O fiscal único é designado, de entre revisores oficiais de contas, pelo conselho de gestão, do qual deve constar ainda a designação do fiscal suplente.

2 – Os mandatos do fiscal único e do fiscal suplente têm a duração de três anos, podendo ser renovados por iguais períodos de tempo.

3 – A remuneração do fiscal único é definida pelo conselho de gestão.

ARTIGO 42º
Competências do fiscal único

Compete ao fiscal único:

a) Acompanhar a gestão financeira do FGCT;

FUNDO DE COMPENSAÇÃO SALARIAL E GARANTIA DE COMPENSAÇÃO DO TRABALHO

b) Emitir parecer sobre o orçamento, o plano anual de atividades, o relatório de contas e o balanço anuais;

c) Fiscalizar a execução da contabilidade do FGCT e o cumprimento dos normativos aplicáveis, informando o conselho de gestão de qualquer anomalia detetada;

d) Fiscalizar a eficácia do sistema de gestão de riscos e do sistema de controlo interno;

e) Solicitar ao conselho de gestão reuniões conjuntas quando, no âmbito das suas competências, o entender;

f) Pronunciar-se sobre qualquer assunto de interesse para o FGCT que seja submetido à sua apreciação pelo presidente do conselho de gestão;

g) Elaborar relatórios trimestrais e relatório anual sobre a ação fiscalizadora exercida;

h) Acompanhar as operações de satisfação de valores reclamados pelos trabalhadores e respetiva recuperação desenvolvidas pelo FGCT.

ARTIGO 43º
Vinculação

1 – O FGCT obriga-se pela assinatura do presidente do conselho de gestão e de um dos outros membros do conselho de gestão, a definir no regulamento de gestão.

2 – Os atos de mero expediente de que não resultem obrigações para o FGCT podem ser assinados por aquele a quem tal poder tenha sido expressamente conferido pelo conselho de gestão.

ARTIGO 44º
Receitas do fundo de garantia de compensação do trabalho

Constituem receitas do FGCT:

a) As entregas;

b) Os proveitos derivados dos investimentos realizados;

c) Os montantes resultantes das cobranças coercivas, respeitantes ao FGCT, deduzidas as custas;

d) O valor das contraordenações cobradas no âmbito da presente lei, sem prejuízo do disposto no artigo 54º;

e) Outras receitas decorrentes da gestão do fundo;

f) A receita gerada por juros de mora decorrentes de situações de incumprimento.

ARTIGO 45º
Despesas do fundo de garantia de compensação do trabalho

1 – Constituem despesas do FGCT:

a) Os valores pagos a título de compensação;

LEI Nº 70/2013, DE 30 DE AGOSTO

b) As transferências do FGCT para o FCT, e para mecanismos equivalentes, de 50% dos saldos anuais excedentários do fundo previstos no regulamento de gestão;

c) As despesas de administração e de gestão;

d) Outras despesas relacionadas com o Fundo e previstas no respetivo regulamento de gestão.

2 – As transferências de saldos anuais do FGCT para o FCT, e para mecanismos equivalentes, previstas na alínea *b)* do número anterior só têm lugar decorridos três anos após a constituição do FGCT, excetuando verificação antecipada de saldos sustentáveis.

ARTIGO 46º
Procedimento

1 – O trabalhador pode requerer ao FGCT o valor necessário à cobertura de metade do valor da compensação devida por cessação do contrato de trabalho calculada nos termos do artigo 366º do Código do Trabalho, subtraído do montante já pago pelo empregador ao trabalhador.

2 – O FGCT não responde por qualquer valor sempre que o empregador já tenha pago ao trabalhador valor igual ou superior a metade da compensação devida por cessação do contrato de trabalho calculada nos termos do artigo 366º do Código do Trabalho.

3 – O FGCT efetua o pagamento referido nos números anteriores mediante requerimento do trabalhador, no qual consta, designadamente, a identificação do requerente, do empregador e, sendo o caso, do ME.

4 – Para pagamento ao trabalhador, o FGCT solicita ao FCT informação relativa:

a) Aos montantes pagos ao empregador;

b) Aos montantes disponíveis na conta de registo individualizado do trabalhador.

5 – Para pagamento ao trabalhador, o FGCT solicita ainda ao empregador informação relativa à cessação do contrato de trabalho, nomeadamente a que título esta operou, bem como relativa aos montantes eventualmente pagos

pelo empregador ao trabalhador a título de compensação, devida por cessação do contrato de trabalho, calculada nos termos do artigo 366º do Código do Trabalho.

6 – O FCT e o empregador devem prestar a informação solicitada nos números anteriores no prazo de quatro dias.

7 – Os montantes referidos na alínea *b)* do nº 4 devem ser remetidos ao FGCT no prazo de 4 dias a contar da data do pedido de transferência dos montantes.

8 – O disposto nos números anteriores é aplicável a ME, com as necessárias adaptações.

9 – Constitui contraordenação grave o incumprimento, por parte do empregador, do disposto no nº 6.

FUNDO DE COMPENSAÇÃO SALARIAL E GARANTIA DE COMPENSAÇÃO DO TRABALHO

ARTIGO 47º
Prazo de apreciação

1 – O requerimento entregue ao FGCT pelo trabalhador deve ser objeto de decisão final, no prazo de 20 dias a contar da respetiva apresentação.

2 – Sempre que a tanto haja lugar, o pagamento ao trabalhador deve ser efetuado pelo FGCT, dentro do prazo referido no número anterior.

ARTIGO 48º
Decisão

1 – A decisão proferida é notificada ao trabalhador e ao empregador, com a indicação, em caso de deferimento total ou parcial, designadamente, do montante a pagar e da forma de pagamento.

2 – Sempre que o Fundo de Garantia Salarial o requeira, a decisão deve ser-lhe notificada, com indicação dos valores eventualmente pagos pelo empregador.

ARTIGO 49º
Incumprimento da entrega

1 – A falta de pagamento da entrega mensal devida ao FGCT pelo empregador determina a sua notificação pela entidade gestora para proceder à respetiva regularização, constando da notificação as consequências do incumprimento.

2 – A falta de regularização voluntária dos valores devidos ao FGCT determina a constituição de dívida, nos termos e para os efeitos do disposto nos artigos 51º e seguintes, sem prejuízo da contraordenação prevista no nº 5 do artigo 11º, na parte que respeita ao disposto no nº 3 daquela disposição.

ARTIGO 50º
Regime subsidiário

Ao FGCT aplica-se, com as necessárias adaptações, o regime do FCT, em tudo o que não for incompatível com o disposto no presente capítulo.

CAPÍTULO VI
Regularização da dívida ao Fundo de Compensação do Trabalho e ao Fundo de Garantia de Compensação do Trabalho

ARTIGO 51º
Regularização da dívida

1 – A dívida pode ser regularizada através do seu pagamento voluntário.

2 – O pagamento voluntário pode ser efetuado pelo montante global da dívida ou em prestações, mediante acordo, a celebrar com o FCT ou com o FGCT, nos casos e nas condições aprovadas por deliberação dos respetivos conselhos de gestão.

LEI Nº 70/2013, DE 30 DE AGOSTO

3 – A falta de regularização voluntária da dívida determina a sua cobrança coerciva, sendo para tal a mesma equiparada a dívidas à segurança social.

4 – A cobrança coerciva tem por base certidão emitida pelo presidente do conselho de gestão do respetivo fundo.

5 – A certidão deve conter assinatura devidamente autenticada, a data em que foi emitida, o nome e o domicílio do devedor, a proveniência da natureza dos créditos e a indicação, por extenso, do seu montante, bem como a data a partir da qual são devidos juros de mora e sobre que importância estes incidem.

ARTIGO 52º
Sub-rogação legal

1 – No referente aos valores da compensação legalmente devida, na parcela garantida pela presente lei, fica o FGCT sub-rogado nos direitos de crédito e respetivas garantias dos trabalhadores, incluindo privilégios creditórios, na medida dos pagamentos efetuados, acrescidos de juros de mora.

2 – Sendo o património do empregador insuficiente para garantir o pagamento da totalidade dos créditos referidos no número anterior, designadamente os da massa insolvente, os créditos em que o FGCT ficou sub-rogado são pagos imediatamente após satisfeitos os créditos dos trabalhadores.

CAPÍTULO VII
Responsabilidade criminal e contraordenacional

ARTIGO 53º
Fiscalização e aplicação de coimas

1 – A fiscalização e o procedimento de contraordenações previstas na presente lei relativas à conduta do empregador são da competência da ACT.

2 – O FCT, o FGCT e os mecanismos equivalentes têm o dever de comunicar à ACT, no prazo de 30 dias, todo e qualquer incumprimento, pelo empregador, das obrigações previstas na presente lei.

3 – Sem prejuízo do disposto no número anterior, o FCT, o FGCT e os mecanismos equivalentes têm o dever de prestar a informação necessária à ACT de modo que esta possa fiscalizar o cumprimento das obrigações previstas no presente diploma relativamente aos empregadores.

4 – Sempre que existam fundadas dúvidas quanto ao cumprimento das obrigações, pelo empregador, o FCT e o FGCT podem solicitar à ACT as correspondentes ações inspetivas.

Redação dada pelo art. 2º Decreto-Lei nº 210/2015, de 25 de setembro.

FUNDO DE COMPENSAÇÃO SALARIAL E GARANTIA DE COMPENSAÇÃO DO TRABALHO

ARTIGO 54º
Destino das coimas

1 – Nos processos de contraordenação previstos nesta lei, metade do produto da coima aplicada reverte para a ACT, a título de compensação de custos de funcionamento e de despesas processuais, constituindo o remanescente receita do FGCT.

2 – A ACT transfere trimestralmente para o FGCT as importâncias a que este tem direito, nos termos do número anterior.

ARTIGO 55º
Regime subsidiário

Relativamente às infrações praticadas pelo empregador, aplica-se subsidiariamente o regime de responsabilidades penal e contraordenacional previsto nos artigos 546º a 565º do Código do Trabalho, bem como o regime processual aplicável às contraordenações laborais e de segurança social, aprovado pela Lei nº 107/2009, de 14 de setembro.

ARTIGO 56º
Abuso de confiança

1 – O empregador que não entregue ao trabalhador, total ou parcialmente, o valor da compensação reembolsado pelo FCT ou pelo ME, que seja devido ao trabalhador, é punido com as penas previstas nos nºs 1 e 5 do artigo 105º do Regime Geral das Infrações Tributárias, aprovado pela Lei nº 15/2001, de 5 de junho.

2 – Os factos descritos no número anterior só são puníveis se tiverem decorrido mais de 90 dias sobre o termo do prazo estipulado para a efetivação do reembolso, pelo FCT ou pelo ME ao empregador.

CAPÍTULO VIII
Disposições finais

ARTIGO 57º
Disposições fiscais

1 – O FCT e o FGCT são equiparados a fundos de capitalização administrados pelas instituições da segurança social para efeitos do disposto na alínea *d*) do nº 1 do artigo 9º do Código do Imposto sobre o Rendimento das Pessoas Coletivas (IRC), aprovado pelo Decreto-Lei nº 442-B/88, de 30 de novembro.

2 – Os pagamentos aos trabalhadores, efetuados nos termos do nº 2 do artigo 33º, são enquadráveis no disposto nos nºs 4 a 7 do artigo 2º do Código do Imposto sobre o Rendimento das Pessoas Singulares (IRS), aprovado pelo Decreto-Lei nº 442-A/88, de 30 de novembro, com as necessárias adaptações.

LEI Nº 70/2013, DE 30 DE AGOSTO

3 – As entregas efetuadas ao FGCT são consideradas gasto fiscal, nos termos da alínea *d*) do nº 1 do artigo 23º do IRC, no período de tributação em que são efetuadas.

4 – O reembolso à entidade empregadora do saldo da conta de registo individualizado do respetivo trabalhador é considerado rendimento para efeitos fiscais, pelo montante correspondente à valorização positiva gerada pelas aplicações financeiras dos valores afetos ao FCT, deduzido das respetivas despesas administrativas.

ARTIGO 58º
Cooperação

Sem prejuízo do dever de sigilo a que estão obrigados, os conselhos de gestão e as entidades gestoras do FCT, do FGCT e dos mecanismos equivalentes, bem como as entidades competentes para a fiscalização e a supervisão, estão sujeitas ao dever de cooperação, devendo, nomeadamente, estabelecer mecanismos de troca de informação, com vista a garantir o desempenho eficiente das suas atribuições.

ARTIGO 59º
Regulamentação

1 – Todas as matérias relativas ao modelo de operacionalização das relações entre empregador e os fundos, trabalhador e os fundos, bem como dos intervenientes no sistema com as entidades fiscalizadoras são objeto de portaria dos membros do Governo responsáveis pelas áreas das finanças, laboral e da segurança social, com prévia audição dos Parceiros Sociais com assento na Comissão Permanente de Concertação Social.

2 – As aquisições necessárias à criação e à implementação do sistema de informação ficam dispensadas das regras gerais da contratação pública, sem prejuízo do acompanhamento e da aprovação do procedimento de aquisições pela Agência para a Modernização Administrativa, I. P., em coordenação com o Instituto de Informática, I. P.

ARTIGO 60º
Avaliação da implementação

1 – No prazo de três anos a contar da data de entrada em funcionamento do FCT, a implementação das medidas daqui decorrentes são objeto de avaliação em articulação com a Comissão Permanente de Concertação Social.

2 – No prazo e no âmbito da avaliação referidos no número anterior, deve ser apreciada a possibilidade de, mediante alteração do regime jurídico previsto na presente lei, a gestão do FCT poder ser exercida também por entidades privadas, selecionadas mediante concurso público.

FUNDO DE COMPENSAÇÃO SALARIAL E GARANTIA DE COMPENSAÇÃO DO TRABALHO

ARTIGO 61º
Entrada em vigor

1 – A presente lei entra em vigor no dia 1 de outubro de 2013.

2 – O nº 2 do artigo 59º da presente lei entra em vigor no dia seguinte ao da sua publicação.

Aprovada em 29 de julho de 2013.

A Presidente da Assembleia da República, *Maria da Assunção A. Esteves.*

Promulgada em 22 de agosto de 2013.

Publique-se.

O Presidente da República, ANÍBAL CAVACO SILVA.

Referendada em 26 de agosto de 2013.

O Primeiro-Ministro, *Pedro Passos Coelho.*

Ministério das Finanças e da Solidariedade, Emprego e Segurança Social

Portaria nº 294-A/2013, de 30 de setembro

A Lei nº 70/2013, de 30 de agosto, estabelece os regimes jurídicos do Fundo de Compensação do Trabalho (FCT), do Mecanismo Equivalente (ME) e do Fundo de Garantia de Compensação do Trabalho (FGCT).

No seguimento da referida Lei, importa agora, com a presente Portaria, estabelecer a regulamentação concernente aos procedimentos de operacionalização do funcionamento do FCT e do FGCT, em concreto no que respeita às relações entre os empregadores e os referidos Fundos e entre os trabalhadores e o FGCT. Nessa conformidade, a presente Portaria estabelece um conjunto de procedimentos de cariz simplificado, visando, assim, agilizar as obrigações a que se encontram adstritos os empregadores e os trabalhadores e, bem assim, conferindo eficiência ao funcionamento do FCT e do FGCT.

Mais se estabelece que os procedimentos inerentes ao funcionamento dos Fundos se processe através de sítio eletrónico, devidamente criado para o efeito, o que imprimirá maiores celeridade e eficácia a todo o sistema, favorecendo, ainda, um expedito encaminhamento e tratamento da informação e dos elementos que se revelem necessários no seu âmbito. Com efeito, da abordagem atualista, intuitiva e desburocratizada do processo de operacionalização dos Fundos que resulta da presente Portaria, beneficiarão os respetivos intervenientes no sistema.

A presente Portaria prevê, ainda, a interconexão de dados entre os FCT e FGCT e a Segurança Social, com o objetivo de simplificar o cumprimento de obrigações declarativas pelos empregadores e a celebração de protocolos entre os Fundos e a Autoridade para as Condições do Trabalho ou o Fundo de Garantia Salarial para efeitos de troca de informação que se revele necessária.

A relação entre os empregadores e o Mecanismo Equivalente e entre os Fundos e o mesmo será objeto de Portaria autónoma.

Foram consultados os Parceiros Sociais com assento na Comissão Permanente de Concertação Social.

Assim:

Ao abrigo do nº 1 do artigo 59º da Lei nº 70/2013, de 30 de agosto, manda o Governo, pelos Ministros de Estado e das Finanças e da Solidariedade, Emprego e Segurança Social, o seguinte:

ARTIGO 1º
Objeto

A presente Portaria define os procedimentos e os elementos necessários à operacionalização do Fundo de Compensação do Trabalho (FCT) e do Fundo de Garantia de Compensação do Trabalho (FGCT), nos termos previstos no nº 1 do artigo 59º da Lei nº 70/2013, de 30 de agosto, que estabelece os regimes jurídicos dos referidos Fundos.

ARTIGO 2º
Operacionalização dos Fundos

1 – O funcionamento do FCT e do FGCT é operacionalizado através de sítio próprio da internet, em www.fundoscompensacao.pt, adiante designado por sítio eletrónico.

2 – Todas as declarações relativas à adesão e identificação dos dados necessários dos empregadores e trabalhadores, a prestar pelos empregadores, são efetuadas no sítio eletrónico.

3 – As declarações efetuadas nos termos do número anterior são utilizadas para o apuramento de responsabilidades por cada um dos Fundos.

4 – O FCT e o FGCT utilizam os dados declarados no sítio próprio da internet relativos ao empregador e aos trabalhadores para as comunicações legalmente previstas à Autoridade para as Condições do Trabalho (ACT) e para efeitos de interconexão de dados com o sistema de Segurança Social com vista à obtenção dos dados necessários ao funcionamento dos fundos que permitam simplificação das obrigações declarativas da responsabilidade dos empregadores.

5 – A informação prevista no artigo 32º da Lei nº 70/2013, de 30 de agosto, é igualmente disponibilizada no sítio eletrónico.

ARTIGO 3º
Adesão

1 – A adesão ao Fundo de Compensação de Trabalho é efetuada pelo empregador mediante declaração efetuada no sítio eletrónico quando se verificar a admissão do primeiro trabalhador abrangido pelo disposto na Lei nº 70/2013, de 30 de agosto.

2 – Com a declaração referida no número anterior é automaticamente efetivada a adesão do empregador ao FGCT.

PORTARIA Nº 294-A/2013, DE 13 DE SETEMBRO

3 – O empregador deve comunicar a admissão de cada trabalhador que venha a ser admitido até à data do início de execução do respetivo contrato, para efeitos da sua inclusão.

ARTIGO 4º
Elementos de identificação do empregador

Constituem elementos de identificação do empregador:

a) Nome, firma e natureza jurídica;
b) Número de Identificação da Segurança Social (NISS);
c) Número de Identificação Fiscal (NIF);
d) Sede, domicílio profissional ou residência;
e) Contacto telefónico;
f) Endereço eletrónico;
g) International Bank Account Number (IBAN) do empregador para o qual deve ser transferido o montante a reembolsar;
h) Identificação dos responsáveis pela administração ou gerência no caso de pessoa coletiva.

ARTIGO 5º
Elementos relativos ao trabalhador e ao contrato de trabalho

1 – Constituem elementos de identificação do trabalhador:

a) Nome completo;
b) NISS;
c) Números de identificação civil e fiscal.

2 – São ainda necessários os seguintes elementos, relativos ao contrato de trabalho que foi celebrado:

a) Data de produção de efeitos do contrato de trabalho;
b) Retribuição base;
c) Diuturnidades;
d) Modalidade do contrato de trabalho e suas alterações;
e) Datas de início e de cessação de qualquer situação que determine a não contagem de antiguidade;
f) Data e modalidade da cessação do contrato de trabalho.

ARTIGO 6º
Alteração de elementos

Todas as alterações que se verifiquem relativamente aos elementos referidos nos artigos 4º e 5º devem ser comunicadas pelo empregador, no sítio eletrónico, no prazo de cinco dias.

REGIME JURÍDICO DAS CONTRAORDENAÇÕES LABORAIS E DA SEGURANÇA SOCIAL

ARTIGO 7º
Atualização dos valores de retribuição

1 – Sem prejuízo do disposto no artigo anterior, o empregador deve comunicar a atualização do valor da retribuição base e de diuturnidades quando se verifiquem alterações a estes valores, em data anterior à produção de efeitos dessa alteração.

2 – Sempre que as alterações previstas no número anterior resultem de facto que preveja efeitos retroativos, o empregador deve comunicá-las na data em que tenha conhecimento da situação ou do facto relevante.

3 – Quando se verifique situação que determine a não contagem de antiguidade do trabalhador, o valor das entregas nos meses em que tal se verifique e cesse é calculado com base na retribuição base e diuturnidades devidas pelo empregador nesses meses.

4 – Para efeitos do número anterior, o empregador deve comunicar a situação que determine a não contagem de antiguidade do trabalhador na data em que tenha conhecimento da situação ou do facto relevante, operando a regularização devida no valor da entrega subsequente.

ARTIGO 8º
Entregas

1 – O pagamento das entregas aos Fundos é efetuado através de multibanco ou por via eletrónica, através de *homebanking*.

2 – O pagamento tem lugar mediante a prévia emissão de documento de pagamento que contém a identificação da referência multibanco, dos montantes a pagar ao FCT e FGCT, e o respetivo prazo, obtido no sítio eletrónico.

ARTIGO 9º
Notificações em caso de incumprimento

A notificação nos termos e para efeitos do disposto no nº 2 do artigo 35º e no nº 1 do artigo 49º da Lei nº 70/2013, de 30 de agosto, é efetuada para o endereço eletrónico do empregador.

ARTIGO 10º
Regularização voluntária de entregas aos Fundos

1 – O pagamento voluntário dos valores em dívida é efetuado conjuntamente com o pagamento das entregas do mês subsequente, conforme documento de pagamento obtido no sítio eletrónico.

2 – O empregador pode ainda solicitar o pagamento em prestações mensais dos valores em dívida, mediante requerimento fundamentado dirigido ao presidente do conselho de gestão do respetivo Fundo, do qual conste proposta de número de pagamentos, através do sítio eletrónico.

3 – A decisão é comunicada ao empregador para o respetivo endereço eletrónico.

PORTARIA Nº 294-A/2013, DE 13 DE SETEMBRO

4 – O valor das prestações acordadas acresce ao valor das entregas subsequentes, conforme documento de pagamento emitido mensalmente, obtido no sítio eletrónico.

ARTIGO 11º
Reembolso

O pedido de reembolso do saldo da conta de registo individualizado do trabalhador, por cessação do contrato de trabalho, é efetuado pelo empregador no sítio eletrónico, indicando os seguintes elementos:

a) Identificação do trabalhador;
b) Data da cessação do contrato de trabalho.

ARTIGO 12º
Não cessação da relação de trabalho

1 – Caso a cessação do contrato de trabalho não venha a ocorrer, o empregador comunica nessa data aos Fundos a manutenção do vínculo do trabalhador, nos termos previstos para a adesão.

2 – Nas situações em que se verifique a reintegração do trabalhador em virtude de decisão judicial que declare a ilicitude do despedimento, o empregador comunica essa reintegração nos termos previstos para a adesão, devendo ainda indicar os elementos necessários ao apuramento das entregas em falta, relativamente ao período de pendência da ação judicial.

3 – Nos casos em que haja adesão ao FCT, com a comunicação prevista nos números anteriores o FCT procede à reativação da conta de registo individualizado do trabalhador.

4 – Nos casos previstos no presente artigo deve o empregador proceder à devolução do valor reembolsado pelo FCT e restantes valores em dívida aos Fundos nos prazos legalmente previstos, conforme documentos de pagamento obtidos no sítio eletrónico.

5 – Nas situações previstas no nº 2, havendo lugar à devolução dos valores que tenham sido pagos pelo FGCT ao trabalhador, pode este proceder ao pagamento global da dívida conforme documento de pagamento previamente emitido, ou requerer o respetivo pagamento em prestações no sítio eletrónico.

ARTIGO 13º
Transmissão de empresa, de estabelecimento
ou de posição contratual

Para efeitos do disposto no nº 2 do artigo 15º e no artigo 16º da Lei nº 70/2013, de 30 de agosto, o empregador originário deve comunicar, na data em que se verifique, a transmissão da empresa ou estabelecimento, total ou parcial, ou a transmissão da posição contratual, bem como a identificação do novo empregador, devendo este,

REGIME JURÍDICO DAS CONTRAORDENAÇÕES LABORAIS E DA SEGURANÇA SOCIAL

no prazo legal, dar cumprimento às regras relativas à adesão ou à inclusão dos trabalhadores.

ARTIGO 14º
Pagamento pelo FGCT

O FGCT efetua o pagamento dos montantes devidos, nos termos do artigo 46º da Lei nº 70/2013, de 30 de agosto, mediante requerimento do trabalhador, apresentado no sítio eletrónico.

ARTIGO 15º
Obtenção de informação necessária pelo FGCT

1 – Após receção do requerimento do trabalhador, o FGCT solicita ao empregador, para o respetivo endereço eletrónico, a informação prevista no nº 5 do artigo 46º da Lei nº 70/2013, de 30 de agosto.

2 – A obtenção da informação necessária junto do FCT é efetuada por meios eletrónicos, nos termos dos protocolos que se revele necessário celebrar.

3 – Quando o empregador não preste a informação referida no nº 1, o FGCT solicita os elementos necessários à ACT.

ARTIGO 16º
Notificação da decisão

A decisão sobre o requerimento é notificada aos interessados da seguinte forma:

a) Ao trabalhador, por carta registada com aviso de receção;
b) Ao empregador, para o respetivo endereço eletrónico;
c) Ao Fundo de Garantia Salarial, por meios eletrónicos.

ARTIGO 17º
Declarações para efeitos fiscais

O FGCT emite declarações anuais para efeitos de aplicação do disposto no nº 2 do artigo 57º da Lei nº 70/2013, de 30 de agosto.

ARTIGO 18º
Interconexão de dados e protocolos

1 – Nas comunicações previstas na presente portaria relativas à identificação dos empregadores e dos trabalhadores, os dados previstos nos artigos 4º e 5º podem ser obtidos pelos Fundos por interconexão de dados com a Segurança Social.

2 – A comunicação entre os Fundos e a ACT ou o Fundo de Garantia Salarial é efetuada por meios eletrónicos, mediante protocolo a celebrar pelas entidades gestoras dos Fundos.

PORTARIA Nº 294-A/2013, DE 13 DE SETEMBRO

ARTIGO 19º
Processos de execução

Sem prejuízo do disposto no nº 3 do artigo 51º da Lei nº 70/2013, de 30 de agosto, e atento o teor dos nºs 2, 4 e 5 do artigo 3º da mesma Lei, os processos de execução por dívidas aos Fundos não são objeto de apensação a outros processos de execução por dívidas de outra natureza que corram termos nas secções de processo do Instituto de Gestão Financeira da Segurança Social, I. P..

ARTIGO 20º
Entrada em vigor

A presente portaria entra em vigor em 1 de outubro de 2013.

Em 30 de setembro de 2013.

A Ministra de Estado e das Finanças, *Maria Luís Casanova Morgado Dias de Albuquerque.* – O Ministro da Solidariedade, Emprego e Segurança Social, *Luís Pedro Russo da Mota Soares.*

Estatutos do Fundo de Garantia Salarial

Decreto-Lei nº 139/2001, de 24 de abril

O Decreto-Lei nº 219/1999, de 15 de junho[1], procedeu à revisão do sistema de garantia salarial instituído pelo Decreto-Lei nº 50/1985, de 27 de fevereiro.

Visou-se, no essencial, para além de dar execução a compromissos assumidos em sede de concertação social, compatibilizar a legislação nacional com o regime constante da Diretiva nº 987/CEE/1980, relativa à aproximação das legislações dos Estados membros respeitantes à proteção dos trabalhadores assalariados em caso de insolvência do empregador.

Através do presente diploma visa-se regulamentar o funcionamento do Fundo de Garantia Salarial instituído pelo Decreto-Lei nº 219/1999, de 15 de junho, e definir o enquadramento orgânico-institucional do sistema da satisfação de créditos de trabalhadores em que este se consubstancia.

O modelo orgânico-institucional acolhido procura dar resposta a diversas preocupações.

Desde logo, à exigência de participação dos parceiros sociais na respetiva gestão, afirmada no nº 1 do artigo 5º do Decreto-Lei nº 219/1999, de 15 de junho.

Por outro lado, à necessidade de garantir a eficácia e celeridade, quer no processamento dos pagamentos dos créditos dos trabalhadores garantidos por lei quer na recuperação das importâncias pagas, sem prejuízo de uma gestão rigorosa e transparente dos recursos financeiros afetos ao Fundo. Por fim, à necessidade de dotar o Fundo de personalidade jurídica, por forma a assegurar-se a possibilidade da sua sub-rogação nos créditos dos trabalhadores cujo pagamento efetue e de atuação judicial e extrajudicial tendo em vista a respetiva recuperação, bem como a exclusiva afetação dos seus recursos financeiros à prossecução das respetivas atribuições.

---

[1] Revogado *ex vi* do art. 21º, nº 2, alínea *m*) da Lei nº 99/2003, de 27 de agosto.

ESTATUTOS DO FUNDO DE GARANTIA SALARIAL

Nesta medida, entende o Governo que o Fundo de Garantia Salarial deve revestir a natureza própria de um fundo autónomo, consequentemente dotado de personalidade jurídica e de autonomia administrativa, patrimonial e financeira, cujas atribuições são as de assegurar o pagamento de créditos emergentes de contratos de trabalho ou da sua cessação e promover a respetiva recuperação, nos casos e nos termos previstos e regulados no Decreto-Lei nº 219/1999, de 15 de junho.

No entanto, por razões de racionalidade de gestão de recursos públicos e de celeridade de estruturação institucional, o funcionamento do Fundo será assegurado através da estrutura orgânica do Instituto de Gestão Financeira da Segurança Social (IGFSS), designadamente das respetivas delegações distritais, que lhe prestará apoio financeiro, administrativo e logístico, o que, para além do mais, permite aproveitar a larga experiência do IGFSS em intervenções processuais do tipo daquelas que o Fundo terá de promover no desenvolvimento das suas atribuições.

Com a presente opção, torna-se possível dar a resposta institucional adequada ao sistema de garantia salarial, cuja específica natureza reclama e aconselha que a sua gestão se faça nos quadros da autonomia administrativa, patrimonial e financeira, no âmbito de um modelo que salvaguarde a eficácia e celeridade de procedimentos e a exclusiva afetação de recursos aos fins que lhe são próprios, sem que, concomitantemente, tal acarrete a criação de raiz, no plano material, de uma nova estrutura administrativa.

O Fundo é gerido, nos termos do nº 1 do artigo 5º do Decreto-Lei nº 219/ /1999, de 15 de junho, por um conselho de gestão, composto por um presidente, que é por inerência o presidente do IGFSS, e por sete vogais, quatro deles indicados pelos parceiros sociais com assento na Comissão Permanente de Concertação Social.

Os mecanismos de controlo e fiscalização patrimonial e financeira da atividade do Fundo são reforçados com a previsão de um fiscal único, com competências alargadas, das quais se destacam a emissão obrigatória de parecer sobre o orçamento, relatório de contas e balanço anual e a competência de fiscalização contabilístico-financeira permanente.

Refira-se, ainda, que o presente diploma contém algumas alterações ao Decreto-Lei nº 219/1999, de 15 de junho, das quais se destacam:

Um aditamento ao artigo 2º do referido diploma, com vista a garantir a circulação entre os tribunais judiciais e o Instituto de Apoio às Pequenas e Médias Empresas e ao Investimento (IAPMEI), por um lado, e o Fundo, por outro, da informação de que este necessita para uma prossecução cabal das suas atribuições;

Uma alteração ao artigo 6º, que visa graduar os créditos obtidos pelo Fundo através da sub-rogação nos créditos dos trabalhadores, imediatamente a seguir à posição de que gozam os créditos dos trabalhadores por salários em atraso;

Um aditamento ao artigo 7º, com vista a permitir que o Fundo, perante um requerimento de pagamento de créditos relativos a contratos de trabalho já extintos, tenha tempo de desenvolver as diligências necessárias à respetiva recuperação antes da prescrição dos referidos créditos;

520

DECRETO-LEI Nº 139/2001, DE 24 DE ABRIL

Uma alteração ao artigo 8º , alargando o número de situações que estão cobertas pelo novo sistema de garantia salarial, a fim de impedir que a morosidade sempre envolvida nos procedimentos e diligências de criação e estruturação de uma nova pessoa coletiva pública penalize as justas expectativas dos trabalhadores.

O diploma que agora se aprova esteve em apreciação pública, nos termos dos artigos 3º e seguintes do Decreto-Lei nº 16/1979, de 26 de maio, através de publicação do respetivo projeto em separata do *Boletim do Trabalho e Emprego,* no âmbito da qual se pronunciaram diversos parceiros sociais. Em consequência, o Governo entendeu acolher no texto do diploma alguns dos seus contributos, dos quais se destacam os seguintes:

Esclarece-se que os créditos do Fundo são graduados imediatamente a seguir à posição dos créditos dos trabalhadores, de acordo com a graduação estabelecida no artigo 12º do Decreto-Lei nº 17/1986, de 14 de junho, na redação que lhe foi conferida pelo Decreto-Lei nº 221/1989, de 5 de julho, e pela Lei nº 118/1999, de 11 de agosto;

Relativamente a créditos referentes a contratos de trabalho extintos e caso o seu titular não interrompa, por qualquer ato, a respetiva prescrição, o prazo para apresentação do requerimento de pagamento ao Fundo é alargado para nove meses a contar do início da contagem do prazo prescricional;

A periodicidade das reuniões ordinárias do conselho de gestão, onde estão representados os parceiros sociais, passa a ser mensal;

Prevê-se que o presidente do conselho de gestão elabore relatórios mensais da atividade desenvolvida, que incluam informação sobre o volume de requerimentos apresentados, o sentido das decisões, o volume e duração das pendências e sobre as diligências de recuperação de créditos em curso, submetendo-os à apreciação do conselho de gestão.

Assim:

Nos termos da alínea a) do nº 1 do artigo 198º da Constituição, o Governo decreta, para valer como lei geral da República, o seguinte:

ARTIGO 1º
Objeto

1 – O presente diploma altera algumas disposições do Decreto-Lei nº 219/1999, de 15 de junho, e aprova em anexo, que dele faz parte integrante, o Regulamento do Fundo de Garantia Salarial.

2 – O Fundo rege-se pelo disposto no presente diploma, pelo seu Regulamento, bem como, no desenvolvimento das suas atribuições, pelo disposto no Decreto-Lei nº 219/1999, de 15 de junho, e pela regulamentação complementar específica que vier a ser aprovada.

ESTATUTOS DO FUNDO DE GARANTIA SALARIAL

ARTIGO 2º
Alterações

O artigo 2º, artigo 6º, artigo 7º e artigo 8º do Decreto-Lei nº 219/1999, de 15 de junho, passam a ter a seguinte redação:

«ARTIGO 2º
[...]

1 – ....

2 – O Fundo de Garantia Salarial assegura igualmente o pagamento dos créditos referidos no número anterior desde que iniciado o procedimento de conciliação previsto no Decreto-Lei nº 316/1998, de 20 de outubro.

3 – Sem prejuízo do disposto no número anterior, caso o procedimento de conciliação não tenha sequência, por recusa ou extinção, nos termos do artigo 4º e artigo 9º, respetivamente, do Decreto-Lei nº 316/1998, de 20 de outubro, e tenha sido requerido por trabalhadores da empresa o pagamento de créditos garantidos pelo Fundo, deverá este requerer judicialmente a falência da empresa, quando ocorra o previsto na alínea *a*) do nº 1 do mencionado artigo 4º, ou requerer a adoção de providência de recuperação da empresa, nos restantes casos.

4 – Para efeito do cumprimento do disposto nos números anteriores, o Fundo deve ser notificado, quando as empresas em causa tenham trabalhadores ao seu serviço:

a)   Pelos tribunais judiciais, no que respeita ao requerimento dos processos especiais de falência ou de recuperação da empresa e ao despacho de prosseguimento da ação ou à declaração imediata da falência;

b)   Pelo IAPMEI, no que respeita ao requerimento do procedimento de conciliação, à sua recusa e à extinção do procedimento.

ARTIGO 6º
[...]

1 – ....
2 – ....
3 – ....

4 – Os créditos do Fundo são graduados imediatamente a seguir à posição dos créditos dos trabalhadores de acordo com a graduação estabelecida no artigo 12º da Lei nº 17/1986, de 14 de junho, na redação que lhe foi conferida pelo Decreto-Lei nº 221/1989, de 5 de julho, e pela Lei nº 118/1999, de 11 de agosto.

5 – ....

ARTIGO 7º
[...]

1 – O Fundo efetua o pagamento dos créditos garantidos mediante requerimento do trabalhador, sendo os respetivos termos e trâmites aprovados por portaria do Ministro do Trabalho e da Solidariedade.

2 – Relativamente a créditos referentes a contratos de trabalho extintos e caso o seu titular não interrompa, por qualquer ato, a respetiva prescrição, o requerimento referido no número anterior deve ser apresentado no prazo de nove meses a contar do início da contagem do prazo prescricional.

ARTIGO 8º
[...]

O regime instituído pelo presente diploma aplica-se às situações em que a declaração de falência, a providência de recuperação da empresa ou o procedimento extrajudicial de conciliação foram requeridos a partir de 1 de novembro de 1999.»

ARTIGO 3º
Créditos relativos a contratos de trabalho extintos

Excecionalmente, os trabalhadores titulares de créditos não prescritos, emergentes de contratos de trabalho que se tenham extinguido em data anterior à da entrada em vigor deste diploma e relativamente aos quais não tenha havido interrupção da prescrição, podem reclamá-los junto do Fundo até nove meses a contar da data de início do prazo prescricional.

ARTIGO 4º
Entrada em vigor

O presente diploma entra em vigor 30 dias após a sua publicação.

Visto e aprovado em Conselho de Ministros de 22 de fevereiro de 2001. – *António Manuel de Oliveira Guterres – Joaquim Augusto Nunes Pina Moura – Eduardo Luís Barreto Ferro Rodrigues – Mário Cristina de Sousa – António Luís Santos Costa.*

Promulgado em 9 de abril de 2001.

Publique-se.

O Presidente da República, JORGE SAMPAIO.

Referendado em 12 de abril de 2001.

O Primeiro-Ministro, em exercício, *Jaime José Matos da Gama.*

ANEXO

Regulamento
do Fundo de Garantia Salarial

ARTIGO 1º
Denominação e natureza

O Fundo de Garantia Salarial, adiante designado por Fundo, é dotado de personalidade jurídica e autonomia administrativa, patrimonial e financeira.

ARTIGO 2º
Sede

O Fundo tem a sua sede em Lisboa.

ARTIGO 3º
Atribuições

O Fundo tem por atribuições assegurar o pagamento de créditos emergentes de contratos de trabalho ou da sua cessação e promover a respetiva recuperação, nos casos e nos termos previstos e regulados no Decreto-Lei nº 219/1999, de 15 de junho, no diploma que aprova o presente Regulamento e na demais regulamentação complementar.

ARTIGO 4º
Tutela e superintendência

O Fundo fica sob a tutela e superintendência do Ministro do Trabalho e da Solidariedade.

ESTATUTOS DO FUNDO DE GARANTIA SALARIAL

ARTIGO 5º
Serviços administrativos e apoio financeiro e logístico

1 – O funcionamento do Fundo é assegurado através da estrutura orgânica do Instituto de Gestão Financeira da Segurança Social (IGFSS), designadamente das respetivas delegações distritais.

2 – O IGFSS presta apoio financeiro, administrativo e logístico ao Fundo.

ARTIGO 6º
Gestão do Fundo

1 – O Fundo é gerido, nos termos do nº 1 do artigo 5º do Decreto-Lei nº 219/1999, de 15 de julho, por um conselho de gestão composto por um presidente e sete vogais.

2 – O conselho de gestão referido no número anterior integra:

a) Quatro representantes do Estado;
b) Dois representantes das confederações empresariais;
c) Dois representantes das confederações sindicais.

3 – A representação referida na alínea a) do número anterior é assegurada:

a) Pelo presidente do Instituto de Gestão Financeira da Segurança Social;
b) Por um representante do Ministro das Finanças;
c) Por um representante do Ministro do Trabalho e da Solidariedade na área do trabalho;
d) Por um representante do Ministro da Economia.

4 – Os membros do conselho de gestão referidos nas alíneas b) e c) do nº 2 e nas alíneas b), c) e d) do número anterior são nomeados por despacho do Ministro do Trabalho e da Solidariedade:

a) Por indicação dos respetivos Ministros, nos casos das alíneas b) e d) do número anterior;
b) Por indicação dos parceiros sociais com assento efetivo na Comissão Permanente de Concertação Social, nos casos das alíneas b) e c) do nº 2.

5 – O conselho de gestão é presidido pelo representante referido na alínea a) do nº 3.

6 – Os membros do conselho de gestão que não desempenham atividades no âmbito da Administração Pública auferem senhas de presença de montante a definir por despacho conjunto dos Ministros das Finanças e do Trabalho e da Solidariedade.

ARTIGO 7º
Competências do conselho de gestão

Compete ao conselho de gestão:

DECRETO-LEI Nº 139/2001, DE 24 DE ABRIL

a) A aprovação do plano de atividades e do orçamento;

b) A aprovação do relatório de atividades e do relatório de contas e balanço anuais;

c) Acompanhar as atividades do Fundo, apresentando ao presidente as propostas, sugestões, recomendações ou pedidos de esclarecimento que entender convenientes, bem como propor a adoção de medidas que julgue necessárias à realização dos seus fins;

d) Pronunciar-se sobre a proposta de regulamento interno.

ARTIGO 8º
Reuniões do conselho de gestão

1 – O conselho de gestão reúne ordinariamente uma vez por mês e extraordinariamente sempre que o respetivo presidente o convoque, por sua iniciativa ou a solicitação de metade dos seus membros.

2 – Os membros do conselho de gestão podem delegar o seu voto dentro de cada representação.

ARTIGO 9º
Competências do presidente

1 – Compete ao presidente do conselho de gestão:

a) Dirigir a atividade do Fundo, assegurando o desenvolvimento das suas atribuições;

b) Gerir os recursos financeiros do Fundo;

c) Emitir as diretrizes de natureza interna adequadas ao bom funcionamento do Fundo;

d) Elaborar o regulamento interno necessário à organização e funcionamento do Fundo, submetendo-o à aprovação do Ministro do Trabalho e da Solidariedade, após o conselho de gestão se ter pronunciado;

e) Ponderar, no âmbito da sua autonomia funcional, o acolhimento e as formas de implementação das sugestões e recomendações formuladas pelo conselho de gestão;

f) Elaborar relatórios mensais da atividade desenvolvida, que incluam informação sobre o volume de requerimentos apresentados, o sentido das decisões, o volume e duração das pendências e sobre as diligências de recuperação de créditos em curso, submetendo-os à apreciação do conselho de gestão;

g) Elaborar o plano anual de atividades e o orçamento anual e apresentá-los ao Ministro do Trabalho e da Solidariedade para homologação depois de aprovados pelo conselho de gestão;

h) Elaborar o relatório anual de atividades e o relatório de contas e balanço de cada exercício e apresentá-los ao Ministro do Trabalho e da Solidariedade para homologação depois de aprovados pelo conselho de gestão;

i) Assegurar a representação do Fundo em juízo ou fora dele, bem como conferir mandato para esse efeito;

ESTATUTOS DO FUNDO DE GARANTIA SALARIAL

j) Autorizar despesas com a aquisição, alienação ou locação de bens e serviços e realização de empreitadas dentro dos limites fixados por lei;

k) Estabelecer relações com as instituições do sistema bancário, designadamente para a contração de empréstimos, sempre que tal se revelar necessário à prossecução das suas atribuições;

l) Assegurar o pagamento dos créditos garantidos nos termos do Decreto-Lei nº 219/1999, de 15 de junho;

m) Promover a recuperação dos créditos em que ficar sub-rogado por via da sua satisfação aos trabalhadores, desenvolvendo todas as diligências judiciais e extrajudiciais adequadas a tal fim.

n) Dar parecer ao Ministro do Trabalho e da Solidariedade sobre as matérias concernentes às atribuições do Fundo;

o) Exercer as demais competências que lhe sejam delegadas ou subdelegadas pela tutela, bem como praticar quaisquer atos necessários à prossecução das atribuições do Fundo que não sejam da competência de outros órgãos.

2 – As competências referidas nas alíneas *k*) e *l*) do número anterior podem ser objeto de delegação.

3 – Nas suas ausências e impedimentos, o presidente é substituído pelo representante do Ministro do Trabalho e da Solidariedade.

ARTIGO 10º
Fiscal único

1 – O fiscal único é designado, de entre revisores oficiais de contas, mediante despacho conjunto dos Ministros das Finanças e do Trabalho e da Solidariedade, do qual deve constar ainda a designação do fiscal suplente.

2 – Os mandatos do fiscal único e do fiscal suplente têm a duração de três anos, podendo ser renovados por iguais períodos de tempo.

3 – A remuneração do fiscal único será definida no despacho referido no nº 1 do presente artigo.

ARTIGO 11º
Competências do fiscal único

Compete ao fiscal único:

a) Acompanhar a gestão financeira do Fundo;

b) Emitir parecer sobre o orçamento, o relatório de contas e balanço anuais;

c) Fiscalizar a execução da contabilidade do Fundo e o cumprimento dos normativos aplicáveis, informando o conselho de gestão de qualquer anomalia detetada;

d) Solicitar ao conselho diretivo reuniões conjuntas dos dois órgãos, quando, no âmbito das suas competências, o entender;

e) Pronunciar-se sobre qualquer assunto de interesse para o Fundo, que seja submetido à sua apreciação pelo presidente do conselho de gestão;

DECRETO-LEI Nº 139/2001, DE 24 DE ABRIL

f) Elaborar relatório anual sobre a ação fiscalizadora exercida;

g) Acompanhar, nos termos que vierem a ser definidos pela portaria prevista no artigo 7º do Decreto-Lei nº 219/1999, de 15 de junho, as operações de satisfação de créditos de trabalhadores e respetiva recuperação desenvolvidas pelo Fundo.

ARTIGO 12º
Vinculação

1 – O Fundo obriga-se pela assinatura do presidente do conselho de gestão.

2 – Os atos de mero expediente de que não resultem obrigações para o Fundo podem ser assinados pelos dirigentes dos serviços a que se refere o artigo 5º do presente Regulamento ou por a quem tal poder tenha sido expressamente conferido.

ARTIGO 13º
Gestão financeira

1 – A gestão financeira do Fundo, incluindo a organização da sua contabilidade rege-se exclusivamente pelo regime jurídico aplicável aos fundos e serviços autónomos do Estado, em tudo o que não for especialmente regulado pelo presente Regulamento e no seu regulamento interno.

2 – A gestão económica e financeira será disciplinada pelo plano de atividades, orçamento, relatório de contas e balanço anuais.

ARTIGO 14º
Receitas

1 – Constituem receitas do Fundo:

a) As que lhe forem atribuídas pelo Orçamento do Estado e pelo orçamento da segurança social;

b) As advindas da venda de publicações;

c) Os subsídios ou donativos que lhe forem atribuídos por qualquer entidade nacional ou estrangeira;

d) As provenientes da recuperação de créditos pagos aos trabalhadores no exercício das suas atribuições;

e) Quaisquer outras receitas que lhe forem atribuídas nos termos da lei.

2 – Transitarão para o ano seguinte os saldos apurados em cada exercício.

3 – O Fundo está isento de taxas, custas e emolumentos nos processos, contratos, atos notariais e registrais em que intervenha, com exceção dos emolumentos pessoais e das importâncias correspondentes à participação emolumentar devida aos notários, conservadores e oficiais do registo e do notariado pela sua intervenção nos atos.

ESTATUTOS DO FUNDO DE GARANTIA SALARIAL

ARTIGO 15º
Despesas

Constituem despesas do Fundo:

a) O pagamento, nos termos do Decreto-Lei nº 219/1999, de 15 de junho, de créditos emergentes de contratos de trabalho;

b) Os encargos com o respetivo funcionamento;

c) Os custos de aquisição, manutenção e conservação de bens ou serviços que tenha de utilizar;

d) Outras legalmente previstas ou permitidas.

ARTIGO 16º
Instrumentos de gestão

1 – Os instrumentos de gestão previstos no nº 2 do artigo 19º serão elaborados pelo presidente do conselho de gestão, aprovados pelo conselho de gestão e homologados pelo Ministro do Trabalho e da Solidariedade.

2 – O plano de atividades e orçamento anuais devem ser aprovados pelo conselho de gestão até final de novembro de cada ano e o relatório de atividades, relatório de contas e balanço anuais até final de março de cada ano.

3 – O presidente do conselho de gestão, antes de submeter o orçamento, o relatório de contas e o balanço anuais à apreciação do conselho de gestão deve remeter esses documentos ao fiscal único para emissão do respetivo parecer.

Novo Regulamento das Profissões, Categorias Profissionais e Remunerações

Portaria nº 736/2006, de 26 de julho

As condições de trabalho dos trabalhadores administrativos não abrangidos por regulamentação coletiva específica são reguladas por portaria de regulamentação de trabalho publicada no Boletim do Trabalho e Emprego, 1ª série, nº 48, de 29 de dezembro de 2002, com retificação inserta no Boletim do Trabalho e Emprego, 1ª série, nº 7, de 22 de fevereiro de 2003, atualizada por portaria publicada no Boletim do Trabalho e Emprego, 1ª série, nº 3, de 22 de janeiro de 2004, e pelo regulamento de condições mínimas publicado no Diário da República, 1ª série-B, nº 226, de 24 de novembro de 2005.

Verificando-se os pressupostos de emissão de regulamento de condições mínimas previstos no artigo 578º do Código do Trabalho, concretamente a inexistência de associações de empregadores, a impossibilidade de recurso a regulamento de extensão em virtude da diversidade das atividades a abranger e a ocorrência de circunstâncias sociais e económicas que o justificam, o Ministro do Trabalho e da Solidariedade Social constituiu uma comissão técnica incumbida de proceder aos estudos preparatórios da atualização da regulamentação coletiva, por despacho de 2 de dezembro de 2005, publicado no Boletim do Trabalho e Emprego, 1ª série, nº 47, de 22 de dezembro de 2005.

As associações sindicais representadas na comissão técnica preconizaram, nomeadamente, a atualização das retribuições mínimas e do subsídio de refeição, a redução da duração do trabalho, o aumento do período de férias e a consagração do feriado municipal e da terça-feira de Carnaval como feriados obrigatórios e de uma carreira profissional para as diversas categorias de técnicos.

As confederações de empregadores pronunciaram-se sobre a atualização das retribuições mínimas e do subsídio de refeição, em termos diferenciados mas preco-

NOVO REGULAMENTO DAS PROFISSÕES, CATEGORIAS PROFISSIONAIS E REMUNERAÇÕES

nizando maioritariamente a atualização das retribuições em 1,5% e a não atualização do subsídio de refeição.

A Confederação do Comércio e Serviços de Portugal sugeriu, ainda, a regulamentação do registo das horas de trabalho, da noção de tempo de trabalho, dos horários de trabalho com adaptabilidade, dos horários de trabalho e intervalos de descanso, do descanso semanal obrigatório e complementar, do conceito de trabalho a tempo parcial, do trabalho noturno e do trabalho suplementar, embora sem fundamentar a necessidade de regular estas matérias, nomeadamente, em função de características das atividades desenvolvidas pelos empregadores abrangidos. Estas sugestões foram contestadas pela generalidade das outras associações, sindicais e de empregadores, representadas na comissão técnica.

A generalidade das convenções coletivas não consagra atualmente reduções da duração do trabalho nem aumentos do período de férias. A legislação prevê, aliás, que o período anual de férias pode ser aumentado em até três dias úteis em função da assiduidade e é conveniente manter este incentivo à assiduidade dos trabalhadores.

Nas diversas profissões de técnico, atualmente sem qualquer carreira profissional, passa a haver três categorias de modo a permitir estimular e compensar a qualificação e o desempenho profissional dos trabalhadores. O empregador deve ponderar o acesso destes trabalhadores após três anos de serviço, com base nos critérios gerais estabelecidos e, se acaso o mesmo não se justificar, deve fundamentar a decisão.

Procede-se, também, à criação da profissão de assistente de consultório, tendo em consideração que um número significativo destes trabalhadores em serviço em consultórios médicos, de medicina dentária, odontologia, fisiatria, radiologia, policlínicas e centros de enfermagem não é abrangido pelo regulamento de extensão do contrato coletivo dos analistas clínicos.

O regulamento acompanha o regime de numerosas convenções coletivas e consagra como feriados o dia de feriado municipal e a terça-feira de Carnaval.

A portaria de regulamentação do trabalho agora revista regula o subsídio de Natal de modo igual ao Código do Trabalho, pelo que não se justifica que esse regime continue a constar da regulamentação coletiva.

A tabela salarial passa a ter mais um nível, resultante da instituição da carreira profissional dos técnicos. As retribuições mínimas são atualizadas em 2,7%, valor este igual ao aumento médio das tabelas salariais das convenções coletivas em 2005, que é ligeiramente inferior ao acréscimo de 3% da retribuição mínima mensal garantida e que supera o valor de 2,6% da inflação esperada para 2006. Tem-se, ainda, em consideração que, segundo a informação estatística mais recente baseada nos quadros de pessoal, em outubro de 2003, no âmbito da portaria de regulamentação do trabalho agora revista, os trabalhadores de todas as profissões e categorias auferiam retribuições de base em média superiores às da tabela salarial.

A atualização do subsídio de refeição segue a tendência da contratação coletiva de atualizar essa prestação em percentagens superiores às das retribuições; não obstante, o seu valor continua próximo dos subsídios mais reduzidos consagrados nas convenções coletivas.

Foi publicado o aviso relativo ao presente regulamento no Boletim do Trabalho e Emprego, 1ª série, nº 11, de 22 de março de 2006, na sequência do qual a FEPCES –

PORTARIA Nº 736/2006, DE 26 DE JULHO

Federação Portuguesa dos Sindicatos do Comércio, Escritórios e Serviços deduziu oposição, pretendendo que as disposições de conteúdo pecuniário tivessem aplicação retroativa, uma vez que com a publicação da Lei nº 9/2006, de 20 de março, que alterou, entre outros, o artigo 533º, nº 1, alínea c), do Código do Trabalho, deixou de haver distinção, para efeitos de retroatividade, entre instrumentos de regulamentação coletiva de trabalho negocial e não negocial.

Com efeito, a impossibilidade de os instrumentos de regulamentação coletiva não negociais conferirem eficácia retroativa às disposições de conteúdo pecuniário foi eliminada com a entrada em vigor da Lei nº 9/2006, de 20 de março, que alterou o Código do Trabalho.

Assim, e tendo em consideração que as portarias de regulamentação de trabalho emitidas ao abrigo da legislação anterior ao Código do Trabalho asseguravam a anualização das tabelas salariais, fixando a sua produção de efeitos em 1 de janeiro de cada ano, foram ouvidos os assessores designados pelos parceiros sociais incluídos na comissão técnica para se pronunciarem sobre a intenção de se retomar no presente regulamento essa prática, fazendo retroagir a tabela salarial e prestações de conteúdo pecuniário a partir de 1 de janeiro de 2006.

Em resposta, a FETESE – Federação dos Sindicatos dos Trabalhadores de Serviços considerou que os efeitos pecuniários do regulamento deveriam reportar-se a 1 de janeiro de 2006.

Por sua vez, a CIP – Confederação da Indústria Portuguesa discordou da atribuição de efeitos retroativos, alegando, nomeadamente, que os aumentos salariais previstos no projeto de regulamento se basearam sempre no pressuposto da sua irretroatividade e, ainda, que o respetivo aviso não tinha contemplado tal eficácia.

Os restantes parceiros sociais com representação na comissão técnica não se pronunciaram.

Sendo atualmente possível atribuir eficácia retroativa à tabela salarial e às disposições de conteúdo pecuniário e na perspetiva de se retomar a prática anterior de anualização da retroatividade a 1 de janeiro de cada ano, considera-se, no entanto, que essa prática deve ser retomada de forma gradativa.

Assim e tendo presente que a tabela salarial publicada no Diário da República, 1ª série-B, nº 226, de 24 de novembro de 2005, foi elaborada no pressuposto de que iria produzir efeitos a partir de 1 de julho de 2005, o presente regulamento fixa em 1 de julho de 2006 a produção de efeitos da tabela salarial e das disposições de conteúdo pecuniário.

No entanto, as compensações das despesas com deslocações previstas no artigo 13º não são objeto de retroatividade uma vez que se destinam a compensar despesas já feitas para assegurar a prestação do trabalho.

O regulamento de condições mínimas tem o efeito de melhorar as condições de trabalho de um conjunto significativo de trabalhadores e de promover, na medida do possível, a aproximação das condições de concorrência.

Tendo em consideração a extensão das alterações e a conveniência de sistematizar num único texto a regulamentação coletiva, procede-se à publicação integral do regulamento de condições mínimas.

O presente regulamento é aplicável no continente, uma vez que nas Regiões Autónomas dos Açores e da Madeira a emissão de regulamentos de condições mínimas compete aos respetivos Governos Regionais.

Assim:

Ao abrigo do disposto nos artigos 577º e 578º do Código do Trabalho, manda o Governo, pelos Ministros de Estado e da Administração Interna, da Justiça, da Economia e da Inovação, da Agricultura, do Desenvolvimento Rural e das Pescas, das Obras Públicas, Transportes e Comunicações, do Trabalho e da Solidariedade Social, da Saúde e da Cultura, o seguinte:

ARTIGO 1º
Âmbito

1 – O presente regulamento é aplicável no continente a empregadores que tenham ao seu serviço trabalhadores cujas funções correspondam a profissões constantes do anexo I, bem como a estes trabalhadores.

2 – O presente regulamento é, designadamente, aplicável a empresas públicas e de capitais públicos, sem prejuízo do disposto no regime legal e nos estatutos respetivos, a cooperativas, fundações, associações sindicais e de empregadores e outras associações sem fim lucrativo.

3 – São excluídos do âmbito do presente regulamento:

a) Os partidos políticos;

b) Os empregadores que exerçam atividade pela qual se possam filiar em associação de empregadores legalmente constituída à data da publicação do presente regulamento;

c) As relações de trabalho abrangidas por instrumento de regulamentação coletiva de trabalho publicado ou já apresentado para depósito à data da publicação do presente regulamento.

4 – O presente regulamento é, no entanto, aplicável a relações de trabalho em que sejam parte os empregadores referidos na alínea b) do número anterior sempre que a associação de empregadores não proceda à eleição de órgãos sociais nos últimos seis anos, bem como às relações de trabalho referidas na alínea c) do mesmo número, depois do período mínimo de vigência da convenção coletiva, desde que esta não possa ser revista por causa da extinção de associação sindical ou de empregadores outorgante ou quando a segunda não proceda à eleição de órgãos sociais nos últimos seis anos.

ARTIGO 2º
Classificação profissional, definição de funções e níveis de qualificação

1 – Os trabalhadores são classificados de acordo com as funções desempenhadas numa das profissões cuja definição consta do anexo I.

2 – As profissões abrangidas pelo presente regulamento são enquadradas na estrutura de níveis de qualificação constante do anexo III.

ARTIGO 3º
Condições de admissão

1 – A idade mínima de admissão de trabalhadores para desempenho de funções de caixa, cobrador e guarda é 18 anos.

2 – A titularidade de certificado de aptidão profissional (CAP) constitui fator de preferência na admissão para assistente administrativo, técnico administrativo, técnico de contabilidade e técnico de secretariado.

3 – O trabalhador habilitado com o CAP admitido para assistente administrativo é integrado no nível salarial IX.

4 – Pode ser admitida como técnico administrativo, técnico de apoio jurídico, técnico de computador, técnico de contabilidade, técnico de estatística, técnico de recursos humanos e técnico de secretariado pessoa habilitada com o ensino secundário (12º ano de escolaridade) ou equivalente e formação específica na respetiva área ou seis anos de experiência profissional.

5 – O empregador pode, no entanto, integrar em alguma das profissões referidas no número anterior trabalhador que não satisfaça os requisitos necessários desde que exerça atualmente as correspondentes funções e possua conhecimentos suficientes.

6 – A pessoa com deficiência tem preferência na admissão para profissões que ela possa desempenhar desde que tenha as habilitações mínimas exigidas e esteja em igualdade de condições.

ARTIGO 4º
Condições de acesso

1 – Nas profissões com duas ou mais categorias profissionais, a mudança para a categoria imediatamente superior far-se-á após três anos de serviço na categoria anterior, sem prejuízo do disposto no nº 3.

2 – Para efeitos de promoção do trabalhador, o empregador deve ter em conta, nomeadamente, a competência profissional, as habilitações escolares, a formação profissional e a antiguidade na categoria e na empresa.

3 – Após três anos numa das categorias de técnico, o empregador pondera a promoção do trabalhador, devendo, se for caso disso, justificar por que não o promove.

ARTIGO 5º
Exercício de funções de diversas profissões e substituição de trabalhador

1 – Se o trabalhador exercer funções inerentes a diversas profissões tem direito à correspondente retribuição mais elevada.

2 – Se o trabalhador substituir outro que esteja temporariamente impedido durante pelo menos 15 dias consecutivos exercendo funções de outra ou outras profissões e se a alguma corresponder retribuição mais elevada ou se o substituído tiver

NOVO REGULAMENTO DAS PROFISSÕES, CATEGORIAS PROFISSIONAIS E REMUNERAÇÕES

categoria superior da mesma profissão tem direito a desempenhar essas funções até ao regresso do ausente.

3 – Na situação referida no número anterior, se o trabalhador exercer as funções durante 90 dias consecutivos ou 120 dias interpolados num período de 12 meses e o impedimento do trabalhador substituído se tornar definitivo tem direito a ingressar na profissão a que corresponda remuneração mais elevada ou na categoria da mesma profissão em que o substituído estava integrado.

4 – O trabalhador qualificado em profissão a que corresponda retribuição mais elevada, nos termos do número anterior, pode igualmente exercer com regularidade funções da sua anterior profissão.

ARTIGO 6º
Transferência entre empresas associadas

Se o trabalhador for admitido por empregador que seja associado de outro a quem tenha prestado serviço, contar-se-á, para todos os efeitos, o tempo de serviço prestado ao anterior empregador.

ARTIGO 7º
Duração do trabalho e descanso semanal

1 – O período normal de trabalho semanal não pode ser superior a quarenta horas.

2 – O trabalhador tem direito a um dia de descanso por semana além do dia de descanso semanal obrigatório.

3 – O trabalhador não pode prestar anualmente mais de cento e vinte horas de trabalho suplementar.

4 – O limite fixado no número anterior só pode ser ultrapassado em caso de iminência de prejuízos importantes ou de força maior, devidamente fundamentado.

ARTIGO 8º
Feriados

Além dos feriados obrigatórios devem ser observados a terça-feira de Carnaval e o feriado municipal da localidade.

ARTIGO 9º
Retribuições

1 – As retribuições mínimas dos trabalhadores constam do anexo II.

2 – Para todos os efeitos, o valor da retribuição horária é calculado segundo a seguinte fórmula:

$$Rh = (Rm \times 12) : (Hs \times 52)$$

sendo:

Rh = retribuição horária;

Rm = retribuição mensal;

Hs = período normal de trabalho semanal.

PORTARIA Nº 736/2006, DE 26 DE JULHO

ARTIGO 10º
Abono para falhas

O trabalhador com funções de pagamento e ou recebimento tem direito a um abono mensal para falhas igual a 5% do montante estabelecido no nível IX da tabela de retribuições mínimas do anexo II.

ARTIGO 11º
Subsídio de refeição

1 – O trabalhador tem direito a um subsídio de refeição no valor de € 3,45 por cada dia completo de trabalho.

2 – O trabalhador a tempo parcial tem direito ao subsídio previsto no número anterior ou, caso seja mais favorável, ao definido pelos usos da empresa, exceto quando a sua prestação de trabalho diário for inferior a cinco horas, sendo então calculado em proporção do respetivo período normal de trabalho semanal.

3 – O subsídio de refeição não é considerado para o cálculo dos subsídios de férias e de Natal.

4 – O trabalhador não tem direito ao subsídio de refeição se o empregador fornecer integralmente as refeições ou comparticipar no respetivo preço com um valor não inferior ao previsto no nº 1.

O presente artigo tem a redação dada pela Portaria nº 1068/2010, de 19 de outubro.

Redação dada pela Portaria nº 210/2012, de 12 de julho, com entrada em vigor em 17 de julho de 2012.

ARTIGO 12º
Diuturnidades

1 – O trabalhador tem direito a uma diuturnidade por cada três anos de permanência na mesma profissão ou categoria profissional de 3% da retribuição do nível VII da tabela de retribuições mínimas, até ao limite de cinco diuturnidades.

2 – As diuturnidades de trabalhador a tempo parcial são calculadas com base na retribuição do nível VII correspondente ao respetivo período normal de trabalho.

3 – O disposto no nº 1 não é aplicável a trabalhador de categoria profissional com acesso automático a categoria superior.

4 – Para efeitos de diuturnidades, a permanência na mesma profissão ou categoria profissional conta-se desde a data do ingresso na mesma ou, no caso de não se tratar da 1ª diuturnidade, a data de vencimento da última diuturnidade.

5 – As diuturnidades acrescem à retribuição efetiva.

6 – As diuturnidades cessam se o trabalhador mudar de profissão ou categoria profissional, mantendo o direito ao valor global da retribuição anterior.

ARTIGO 13º
Deslocações

1 – Entende-se por «deslocação em serviço» a prestação de trabalho fora do local de trabalho.

NOVO REGULAMENTO DAS PROFISSÕES, CATEGORIAS PROFISSIONAIS E REMUNERAÇÕES

2 – Para efeitos do disposto no número anterior, entende-se por «local de trabalho» o estabelecimento em que o trabalhador presta normalmente serviço ou a sede ou delegação da empresa a que o trabalhador esteja afeto se o local de trabalho não for fixo.

3 – No caso de deslocação em serviço, o trabalhador tem direito ao pagamento de:

a) Alimentação e alojamento se não puder pernoitar na residência habitual, mediante a apresentação de documentos comprovativos das despesas;

b) Horas suplementares correspondentes ao trabalho, aos trajetos e às esperas efetuados fora do horário de trabalho;

c) Transporte em caminho de ferro (1ª classe) ou avião ou 0,28% do preço do litro da gasolina sem chumbo de custo mais baixo por cada quilómetro percorrido, se for autorizado a utilizar viatura própria na falta de viatura fornecida pelo empregador.

4 – As deslocações entre o continente e as Regiões Autónomas ou para o estrangeiro conferem direito a:

a) Ajuda de custo igual a 25% da retribuição diária;

b) Pagamento das despesas de transporte, alojamento e alimentação, mediante a apresentação de documentos comprovativos.

5 – As horas suplementares correspondentes a trajetos e esperas, previstas na alínea b) do nº 3, não contam para o limite fixado no nº 3 do artigo 7º.

ARTIGO 14º
Criação de profissão e de categorias

1 – É criada a profissão de assistente de consultório.
2 – Nas profissões de técnico são criadas as categorias de técnico I, II e III.

ARTIGO 15º
Revogação da regulamentação anterior

É revogada a portaria de regulamentação de trabalho publicada no Boletim do Trabalho e Emprego, 1ª série, nº 48, de 29 de dezembro de 2002, atualizada pela portaria publicada no Boletim do Trabalho e Emprego, 1ª série, nº 3, de 22 de janeiro de 2004, e pelo regulamento de condições mínimas publicado no Diário da República, 1ª série-B, nº 226, de 24 de novembro de 2005.

ARTIGO 16º
Entrada em vigor e eficácia

1 – O presente regulamento entra em vigor no 5º dia após a sua publicação no Diário da República.
2 – A tabela salarial e as disposições de conteúdo pecuniário, à exceção das previstas no artigo 13º sobre deslocações, produzem efeitos desde 1 de julho de 2006.

PORTARIA Nº 736/2006, DE 26 DE JULHO

3 – Os encargos resultantes da retroatividade poderão ser satisfeitos em prestações mensais de igual valor, com início no mês seguinte ao da entrada em vigor do presente regulamento, correspondendo cada prestação a dois meses de retroatividade ou fração e até ao limite de duas.

Em 30 de junho de 2006.

O Ministro de Estado e da Administração Interna, *António Luís Santos Costa*. – O Ministro da Justiça, *Alberto Bernardes Costa*. – O Ministro da Economia e da Inovação, *Manuel António Gomes de Almeida de Pinho*. – Pelo Ministro da Agricultura, do Desenvolvimento Rural e das Pescas, *Rui Nobre Gonçalves*, Secretário de Estado do Desenvolvimento Rural e das Florestas. – O Ministro das Obras Públicas, Transportes e Comunicações, *Mário Lino Soares Correia*. – O Ministro do Trabalho e da Solidariedade Social, *José António Fonseca Vieira da Silva*. – O Ministro da Saúde, *António Fernando Correia de Campos*. – A Ministra da Cultura, *Maria Isabel da Silva Pires de Lima*.

ANEXO I
Profissões e categorias profissionais

Analista de funções. – Reúne, analisa e elabora informações sobre as funções dos diferentes postos de trabalho, escolhe ou recebe a incumbência de estudar o posto ou os postos de trabalho mais adequados à observação que se propõe realizar e analisa as tarefas tais como se apresentam; faz as perguntas necessárias ao profissional e ou a alguém conhecedor do trabalho, registando, de modo claro, direto e pormenorizado, as diversas fases do trabalho, tendo em atenção a sequência lógica de movimentos, ações e tarefas de forma a responder às perguntas da fórmula de análise sobre «o que faz o trabalhador», «como faz», «por que o faz» e o que exige o seu trabalho, executando um resumo tão sucinto quanto possível do posto de trabalho no seu conjunto.

Analista de informática. – Concebe e projeta, no âmbito do tratamento automático da informação, os sistemas que melhor respondam aos fins em vista tendo em conta os meios de tratamento disponíveis, consulta os interessados a fim de recolher elementos elucidativos dos objetivos que se têm em vista, determina se é possível e economicamente rentável utilizar um sistema de tratamento automático da informação, examina os dados obtidos, determina qual a informação a ser recolhida, com que periodicidade e em que ponto do seu circuito, bem como a forma e a frequência com que devem ser apresentados os resultados, determina as alterações a introduzir necessárias à normalização dos dados e as transformações a fazer na sequência das operações, prepara ordinogramas e outras especificações para o programador, efetua testes a fim de se certificar se o tratamento automático da informação se adapta aos fins em vista e, caso contrário, introduz as modificações neces-

NOVO REGULAMENTO DAS PROFISSÕES, CATEGORIAS PROFISSIONAIS E REMUNERAÇÕES

sárias. Pode ser incumbido de dirigir a preparação dos programas. Pode coordenar os trabalhos das pessoas encarregadas de executar as fases sucessivas das operações da análise do problema. Pode dirigir e coordenar a instalação de sistemas de tratamento automático de informação.

Assistente administrativo. – Executa tarefas relacionadas com o expediente geral da empresa, de acordo com procedimentos estabelecidos, utilizando equipamento informático e equipamento e utensílios de escritório: receciona e regista a correspondência e encaminha-a para os respetivos serviços ou destinatários em função do tipo de assunto e da prioridade da mesma, efetua o processamento de texto em memorandos, cartas/ofícios, relatórios e outros documentos com base em informação fornecida, arquiva a documentação, separando-a em função do tipo de assunto ou do tipo de documento, respeitando regras e procedimentos de arquivo, procede à expedição da correspondência, identificando o destinatário e acondicionando-a de acordo com os procedimentos adequados, prepara e confere documentação de apoio à atividade comercial da empresa, designadamente documentos referentes a contratos de compra e venda (requisições, guias de remessa, faturas, recibos e outros) e documentos bancários (cheques, letras, livranças e outros), regista, atualiza, manualmente ou utilizando aplicações informáticas específicas da área administrativa, dados necessários à gestão da empresa, nomeadamente os referentes ao economato, à faturação, vendas e clientes, compras e fornecedores, pessoal e salários, stocks e aprovisionamento, atende e encaminha, telefónica ou pessoalmente, o público interno e externo à empresa, nomeadamente clientes, fornecedores e funcionários, em função do tipo de informação ou serviço pretendido.

Assistente de consultório. – Auxilia o médico executando trabalhos que não exijam preparação específica de determinadas técnicas, recebe os doentes, a quem transmite instruções, atende o telefone, marca consultas, preenche fichas e procede ao seu arquivo, arruma e esteriliza os instrumentos médicos e recebe o preço.

Caixa. – Tem a seu cargo as operações da caixa e de registo do movimento relativo a transações respeitantes à gestão da empresa: recebe numerário e outros valores e verifica se a sua importância corresponde à indicada nas notas de venda ou nos recibos; prepara os sobrescritos segundo as folhas do pagamento. Pode preparar os fundos destinados a serem depositados e tomar as disposições necessárias para os levantamentos.

Chefe de serviços. – Estuda, organiza, dirige e coordena, sob a orientação do seu superior hierárquico, num ou vários departamentos da empresa, as atividades que lhe são próprias: exerce, dentro do departamento que chefia e nos limites da sua competência, funções de direção, orientação e fiscalização do pessoal sob as suas ordens e de planeamento das atividades do departamento segundo as orientações e fins definidos, propõe a aquisição de equipamento e materiais e a admissão de

PORTARIA Nº 736/2006, DE 26 DE JULHO

pessoal necessários ao bom funcionamento dos serviços e executa outras funções semelhantes.

Chefe de secção. – Coordena, dirige e controla o trabalho de um grupo de profissionais administrativos com actividades afins.

Chefe de trabalhadores auxiliares. – Dirige e coordena as atividades dos contínuos, guardas, porteiros e trabalhadores de limpeza, sendo responsável pela boa execução das tarefas a cargo daqueles profissionais.

Cobrador. – Procede fora dos escritórios a recebimentos, pagamentos e depósitos, considerando-se-lhe equiparado o empregado de serviços externos que efectua funções análogas relacionadas com escritório, nomeadamente de informações e fiscalização.

Contabilista/técnico oficial de contas. – Organiza e dirige os serviços de contabilidade e dá conselhos sobre problemas de natureza contabilística, estuda a planificação dos circuitos contabilísticos, analisando os diversos setores de atividade da empresa de forma a assegurar uma recolha de elementos precisos com vista à determinação de custos e resultados de exploração, elabora o plano de contas a utilizar para a obtenção de elementos mais adequados à gestão económico-financeira e cumprimento da legislação comercial e fiscal, supervisiona a escrituração dos registos e livros de contabilidade, coordenando, orientando e dirigindo o pessoal encarregado dessa execução, fornece os elementos contabilísticos necessários à definição da política orçamental e organiza e assegura o controlo da execução do orçamento, elabora ou certifica os balancetes e outras informações contabilísticas a submeter à administração ou a fornecer a serviços públicos, procede ao apuramento de resultados, dirigindo o encerramento das contas e a elaboração do respetivo balanço, que apresenta e assina, elabora o relatório explicativo que acompanha a apresentação de contas ou fornece indicações para essa elaboração, efetua as revisões contabilísticas necessárias, verificando os livros ou registos para se certificar da correção da respetiva escrituração. Pode assumir a responsabilidade pela regularidade fiscal das empresas sujeitas a imposto sobre o rendimento que possuam ou devam possuir contabilidade organizada, devendo assinar, conjuntamente com aquelas entidades, as respetivas declarações fiscais. Nestes casos, terá de estar inscrito, nos termos do Estatuto dos Técnicos Oficiais de Contas, na Câmara dos Técnicos Oficiais de Contas e designar-se-á por técnico oficial de contas.

Contínuo. – Anuncia, acompanha e informa os visitantes, faz a entrega de mensagens e objetos inerentes ao serviço interno, estampilha e entrega correspondência, além de a distribuir aos serviços a que se destina. Pode executar o serviço de reprodução e endereçamento de documentos.

NOVO REGULAMENTO DAS PROFISSÕES, CATEGORIAS PROFISSIONAIS E REMUNERAÇÕES

Controlador de informática. – Controla os documentos base recebidos e os elementos de entrada e saída a fim de que os resultados sejam entregues no prazo estabelecido: confere a entrada dos documentos base a fim de verificar a sua qualidade quanto à numeração de códigos visíveis e informação de datas para o processamento, indica as datas de entrega dos documentos base para o registo e verificação através de máquinas apropriadas ou processamento de dados pelo computador, certifica-se do andamento do trabalho com vista à sua entrega dentro do prazo estabelecido, compara os elementos de saída a partir do total das quantidades conhecidas e das inter-relações com os mapas dos meses anteriores e outros elementos que possam ser controlados, assegura-se da qualidade na apresentação dos mapas. Pode informar as entidades que requerem os trabalhos dos incidentes ou atrasos ocorridos.

Correspondente em línguas estrangeiras. – Redige cartas e outros documentos em línguas estrangeiras, dando-lhes seguimento apropriado, lê, traduz, se necessário, o correio recebido e junta-lhe a correspondência anterior sobre o mesmo assunto, estuda documentos, informa-se sobre a matéria em questão ou recebe instruções com vista à resposta.

Diretor de serviços. – Estuda, organiza, dirige e coordena, nos limites dos poderes de que está investido, as atividades do organismo ou da empresa ou de um ou vários dos seus departamentos. Exerce funções tais como: colaborar na determinação da política da empresa; planear a utilização mais conveniente da mão de obra, equipamento, materiais, instalações e capitais; orientar, dirigir e fiscalizar a atividade do organismo ou empresa segundo os planos estabelecidos, a política adotada e as normas e regulamentos prescritos; criar e manter uma estrutura administrativa que permita explorar e dirigir a empresa de maneira eficaz; colaborar na fixação da política financeira e exercer a verificação dos custos.

Documentalista. – Organiza o núcleo da documentação e assegura o seu funcionamento ou, inserido num departamento, trata a documentação tendo em vista as necessidades de um ou mais setores da empresa: faz a seleção, compilação, codificação e tratamento da documentação; elabora resumos de artigos e de documentos importantes e estabelece a circulação destes e de outros documentos pelos diversos setores da empresa; organiza e mantém atualizados os ficheiros especializados; promove a aquisição da documentação necessária aos objetivos a prosseguir. Pode fazer o arquivo e ou o registo de entrada e saída de documentação.

Guarda. – Assegura a vigilância e conservação das instalações do escritório e ou das instalações gerais da empresa e de outros valores que lhe estejam confiados, registando, na ausência do porteiro, as saídas de mercadorias, veículos e materiais.

Inspetor administrativo. – Efetua a inspeção de delegações, agências, escritórios e empresas associadas no que respeita à contabilidade e administração das mesmas.

PORTARIA Nº 736/2006, DE 26 DE JULHO

Operador de computador. – Opera e controla o computador através do seu órgão principal e prepara-o para a execução dos programas, sendo responsável pelo cumprimento dos prazos para a operação, aciona e vigia o tratamento da informação, prepara o equipamento consoante os trabalhos a executar, corrige os possíveis erros detetados e anota os tempos utilizados nas diferentes máquinas, classifica, cataloga e mantém atualizados os suportes de informática, fornecendo-os, sempre que necessário, à exploração.

Operador de máquinas auxiliares. – Opera com máquinas auxiliares de escritório, tais como fotocopiadoras, máquinas de corte e separação de papel, fax e outras.

Operador de tratamento de texto. – Escreve cartas, notas e textos baseados em documentos escritos ou informações utilizando computador, revê a documentação a fim de detetar erros e proceder às necessárias correções. Pode operar com fotocopiadoras e executar tarefas de arquivo.

Planeador de informática. – Prepara os elementos de entrada no computador e assegura-se do desenvolvimento das fases previstas no processo: providencia pelo fornecimento de suportes de informática necessários à execução de trabalhos; assegura-se do desenvolvimento das fases previstas no processo consultando documentação apropriada; faz a distribuição dos elementos de saída recolhidos no computador, assim como os de entrada, pelos diversos serviços ou seções, consoante a natureza dos mesmos. Pode determinar as associações de programas mais convenientes quando se utilize uma multiprogramação, a partir do conhecimento da capacidade da memória e dos periféricos.

Porteiro. – Atende os visitantes, informa-se das suas pretensões e anuncia-os ou indica-lhes os serviços a que devem dirigir-se, vigia e controla entradas e saídas de visitantes, mercadorias e veículos, recebe a correspondência.

Programador de informática. – Estabelece programas que se destinam a comandar operações de tratamento automático da informação por computador, recebe as especificações e instruções preparadas pelo analista de informática, incluindo todos os dados elucidativos dos objetivos a atingir, prepara os ordinogramas e procede à codificação dos programas, escreve instruções para o computador, procede a testes para verificar a validade do programa e introduz-lhe alterações sempre que necessário, apresenta os resultados obtidos através dos processos adequados. Pode fornecer instruções escritas.

Rececionista. – Assiste na portaria recebendo e atendendo visitantes que pretendam encaminhar-se para a administração ou outros trabalhadores ou atendendo outros visitantes com orientação das suas visitas e transmissão de indicações várias.

NOVO REGULAMENTO DAS PROFISSÕES, CATEGORIAS PROFISSIONAIS E REMUNERAÇÕES

Secretário-geral. – Nas associações ou federações ou outras entidades patronais similares, apoia a direção, preparando as questões por ela a decidir, organizando e dirigindo superiormente a atividade dos serviços.

Técnico administrativo. – Organiza e executa as tarefas mais exigentes descritas para o assistente administrativo, colabora com o chefe de secção e no impedimento deste coordena e controla as tarefas de um grupo de trabalhadores administrativos com atividades afins, controla a gestão do economato da empresa: regista as entradas e saídas de material, em suporte informático ou em papel, a fim de controlar as quantidades existentes; efetua o pedido de material preenchendo requisições ou outro tipo de documentação com vista à reposição das faltas; receciona o material, verificando a sua conformidade com o pedido efetuado e assegura o armazenamento do mesmo; executa tarefas de apoio à contabilidade geral da empresa, nomeadamente analisa e classifica a documentação de forma a sistematizá-la para posterior tratamento contabilístico; executa tarefas administrativas de apoio à gestão de recursos humanos: regista e confere os dados relativos à assiduidade do pessoal; processa vencimentos, efetuando os cálculos necessários à determinação dos valores de abonos, descontos e montante líquido a receber; atualiza a informação dos processos individuais do pessoal, nomeadamente dados referentes a dotações, promoções e reconversões; reúne a documentação relativa aos processos de recrutamento, seleção e admissão de pessoal e efetua os contactos necessários; elabora os mapas e guias necessários ao cumprimento das obrigações legais, nomeadamente IRS e segurança social.

Técnico de apoio jurídico. – Efetua, controla e coordena num departamento ou escritório as tarefas técnico-administrativas relacionadas com assuntos jurídicos, tais como: seleção e compilação de textos legislativos e de jurisprudência com o fim de reunir informações pertinentes para a matéria em apreço; analisa os processos e a correspondência relativos aos assuntos de que está incumbido, bem como a eventual distribuição a outros funcionários; providencia pela entrega de recursos, contestações e outros documentos nos tribunais e pelo pagamento de cauções, custas e depósitos; acompanha o andamento dos processos e requer cópias de sentenças e de certidões junto dos serviços competentes; elabora petições e efetua os preparos a fim de que as ações sigam os trâmites legais.

Técnico de computador. – Ocupa-se da conservação, manutenção, deteção, reparação e investigação das partes de hardware e software dos computadores.

Técnico de contabilidade. – Organiza e classifica os documentos contabilísticos da empresa: analisa a documentação contabilística verificando a sua validade e conformidade e separa-a de acordo com a sua natureza; classifica os documentos contabilísticos, em função do seu conteúdo, registando os dados referentes à sua movimentação, utilizando o Plano Oficial de Contas do setor respetivo; efetua o registo das operações contabilísticas da empresa, ordenando os movimentos pelo débito e crédito nas respetivas contas de acordo com a natureza do documento, utilizando aplicações informáticas, documentos e livros auxiliares e obrigatórios; contabiliza as operações da empresa registando débitos e créditos; calcula ou determina e regista os impostos, taxas, tarifas a receber e a pagar; calcula e regista custos e proveitos; regista e controla as operações bancárias, extratos de contas, letras e livranças, bem como as contas referentes a compras, vendas, clientes ou fornecedores ou outros devedores e credores e demais elementos contabilísticos, incluindo amortizações e provisões; prepara, para a gestão da empresa, a documentação necessária ao cumprimento das obrigações legais e ao controlo das atividades: preenche ou confere as declarações fiscais e outra documentação de acordo com a legislação em vigor; prepara dados contabilísticos úteis à análise da situação económico-financeira da empresa, nomeadamente listagens de balancetes, balanços, extratos de conta, demonstrações de resultados e outra documentação legal obrigatória; recolhe os dados necessários à elaboração, pela gestão, de relatórios periódicos da situação económico-financeira da empresa, nomeadamente planos de ação, inventários e relatórios; organiza e arquiva todos os documentos relativos à atividade contabilística.

Técnico de estatística. – Efetua, controla e ou coordena atividades estatísticas a partir de fontes de informação normais ou especiais utilizando programas informáticos normalizados: controla e ou coordena atividades estatísticas, implementando, quando necessário, novos métodos; zela pelo cumprimento de prazos de receção e emissão de quadros e mapas de informação de gestão e estatísticas; participa ou elabora diversos tipos de relatórios ou procede à sua organização; prepara elementos estatísticos e elabora sínteses relativas a provisões, produção, encomendas, vendas, números de consumidores, receitas ou outros; verifica e controla as informações obtidas.

Técnico de recursos humanos. – Supervisiona e ou realiza um conjunto de atividades na área da gestão de recursos humanos numa empresa, nomeadamente no desenvolvimento e motivação dos recursos humanos, na gestão provisional e na formação: orienta e ou realiza estudos no domínio da análise, qualificação e hierarquização das funções, definição de perfis e carreiras profissionais; desenvolve ações e procedimentos relativos à manutenção atualizada dos quadros orgânicos de pessoal; analisa e supervisiona a adequada aplicação da política salarial e propõe esquemas de motivação e incentivos; estuda propostas de alterações de estruturas e procedimentos organizativos e propõe soluções que concorrem para a otimização dos processos de trabalho e adequado aproveitamento das capacidades humanas; supervisiona e ou realiza a gestão provisional dos efetivos através da apreciação das capacidades atuais, potenciais dos desempenhos, alterações organizativas previsíveis e análise da rotatividade do pessoal a fim de obter a disponibilidade das pessoas face às necessidades; supervisiona a aplicação das normas respeitantes à política de recrutamento e seleção; propõe e assegura a aplicação dos métodos e técnicas de recrutamento, seleção, acolhimento e integração mais adequadas à organização e

NOVO REGULAMENTO DAS PROFISSÕES, CATEGORIAS PROFISSIONAIS E REMUNERAÇÕES

dinâmica das carreiras; promove a orientação e o aconselhamento profissional com vista à melhor utilização dos recursos humanos; colabora no diagnóstico das necessidades de formação, tendo em consideração as informações provenientes da apreciação de capacidades e desempenho e gestão provisional global.

Técnico de secretariado. – Executa as tarefas de secretariado necessárias ao funcionamento de um gabinete ou da direção/chefia da empresa, nomeadamente: processar textos vários; traduzir relatórios e cartas e elaborar atas de reuniões; preparar processos compilando informação e documentação necessárias; atender telefonemas; receber visitantes; contactar clientes; preencher impressos; enviar documentos através de correio, fax e correio eletrónico e organizar e manter diversos ficheiros e dossiers; organizar a agenda efetuando marcações de reuniões, entrevistas e outros compromissos e efetuar marcações.

Telefonista. – Presta serviço numa central telefónica, transmitindo aos telefones internos as chamadas recebidas e estabelecendo ligações internas ou para o exterior. Responde, se necessário, a pedidos de informações telefónicas.

As categorias que correspondem a esta profissão serão atribuídas de acordo com seguintes exigências:

Manipulação de aparelhos de comutação com capacidade superior a 16 postos suplementares;

Manipulação de aparelhos de comutação com capacidade igual ou inferior a 16 postos suplementares.

Tesoureiro. – Dirige a tesouraria em escritórios em que haja departamento próprio, tendo a responsabilidade dos valores de caixa que lhe estão confiados, verifica as diversas caixas e confere as respetivas existências, prepara os fundos para serem depositados nos bancos e toma as disposições necessárias para levantamentos, verifica periodicamente se o montante dos valores em caixa coincide com o que os livros indicam. Pode, por vezes, autorizar certas despesas e executar outras tarefas relacionadas com as operações financeiras.

Trabalhador de limpeza. – Executa o serviço de limpeza das instalações administrativas.

Tradutor. – Faz traduções e retroversões de e para línguas estrangeiras de livros, catálogos artigos de revista e outros textos de carácter técnico.

546

PORTARIA Nº 736/2006, DE 26 DE JULHO

ANEXO II
(da Portaria nº 736/2006, de 26 de julho)

Retribuições Mínimas[1]

Níveis	Profissões e categorias profissionais	Retribuições mínimas (em euros)
I	Diretor de serviços.................... Secretário-geral	980
II	Analista de informática .... Contabilista/técnico oficial de contas ..... Inspetor administrativo	956
III	Chefe de serviços..................... Programador de informática .... Tesoureiro........................... Técnico de apoio jurídico III............. Técnico de computador III .... Técnico de contabilidade III .... Técnico de estatística III................ Técnico de recursos humanos III	870
IV	Técnico de apoio jurídico II .... Técnico de computador II................ Técnico de contabilidade II .... Técnico de estatística II .... Técnico de recursos humanos II	795
V	Chefe de secção .... Técnico de apoio jurídico I.............. Técnico de computador I................ Técnico de contabilidade I.............. Técnico de estatística I................. Técnico de recursos humanos I	727
VI	Analista de funções .... Correspondente em línguas estrangeiras ... Documentalista .... Planeador de informática de 1.ª.......... Técnico administrativo................. Técnico de secretariado .... Tradutor	679
VII	Assistente administrativo de 1.ª.......... Caixa .... Operador de computador de 1.ª .... Operador de máquinas auxiliares de 1.ª.... Planeador de informática de 2.ª..........	609

[1] A presente tabela contem as alterações introduzidas pela Portaria nº 1068/2010, de 19 de outubro, e pela Portaria nº 210/2012, de 12 de julho, com entrada em vigor em 17 de julho de 2012 (art. 2º).

ANEXO II
(da Portaria nº 736/2006, de 26 de julho)

Retribuições Mínimas (continuação)

Níveis	Profissões e categorias profissionais	Retribuições mínimas (em euros)
VIII	Assistente administrativo de 2.ª.......... Assistente de consultório de 1.ª.......... Cobrador de 1.ª.................... Controlador de informática de 1.ª........ Operador de computador de 2.ª.......... Operador de máquinas auxiliares de 2.ª.... Rececionista de 1.ª....................	559
IX	Assistente administrativo de 3.ª.......... Assistente de consultório de 2.ª.......... Cobrador de 2.ª.................... Chefe de trabalhadores auxiliares........ Controlador de informática de 2.ª........ Operador de tratamento de texto de 1.ª.... Rececionista de 2.ª.................... Telefonista de 1.ª....................	517
X	Assistente administrativo de 3.ª (até um ano) Contínuo de 1.ª.................... Guarda de 1.ª.................... Operador de tratamento de texto de 2.ª.... Porteiro de 1.ª.................... Rececionista de 2.ª (até quatro meses)..... Telefonista de 2.ª....................	490
XI	Contínuo de 2.ª.................... Guarda de 2.ª.................... Porteiro de 2.ª.................... Trabalhador de limpeza................	485

PORTARIA Nº 736/2006, DE 26 DE JULHO

ANEXO III
Enquadramento das Profissões em Níveis de Qualificação

1 – *Quadros superiores:*
Analista de informática;
Contabilista/técnico oficial de contas;
Diretor de serviços;
Inspetor administrativo;
Secretário-geral.

2 – *Quadros médios:*
2.1 – *Técnicos administrativos:*
Programador de informática;
Técnico de apoio jurídico;
Técnico de computador;
Técnico de contabilidade;
Técnico de estatística;
Técnico de recursos humanos;
Tesoureiro.

4 – *Profissionais altamente qualificados:*
4.1 – *Administrativos e outros:*
Analista de funções;
Correspondente em línguas estrangeiras;
Documentalista;
Planeador de informática;
Técnico de secretariado;
Técnico administrativo;
Tradutor.

5 – *Profissionais qualificados:*
5.1 – *Administrativos:*
Assistente administrativo;
Assistente de consultório;
Caixa;
Controlador de informática;
Operador de computador.

6 – *Profissionais semiqualificados (especializados):*
6.1 – *Administrativos e outros:*
Chefe de trabalhadores auxiliares;
Cobrador;

Operador de máquinas auxiliares;
Operador de tratamento de texto;
Rececionista;
Telefonista.

7 – Profissionais não qualificados (indiferenciados):
7.1 – Administrativos e outros:
Contínuo;
Guarda;
Porteiro;
Trabalhador de limpeza.
Profissões existentes em dois níveis

1 – Quadros superiores.
2 – Quadros médios:
2.1 – Técnicos administrativos:
Chefe de serviços.
2 – Quadros médios:
2.1 – Técnicos administrativos.
3 – Encarregados, contramestres, mestres e chefes de equipa:
Chefe de secção.

Formação dos Trabalhadores

Decreto-Lei nº 51/99, de 20 de fevereiro

Em Portugal, verificam-se ainda, na população ativa, défices consideráveis, não apenas ao nível da formação inicial, mas, principalmente, ao nível da formação contínua. As fragilidades que se observam na primeira tornam a formação contínua ainda mais imperiosa, sobretudo quando se pensa nas necessidades de modernização tecnológica e organizacional de muitas das nossas empresas, sobremaneira as de menor dimensão, e quaisquer que sejam os setores de atividade económica onde intervenham. Além disso, a melhoria do desempenho profissional de numerosos dos ativos empregados portugueses, através do seu acesso à formação contínua, constitui uma das condições indispensáveis para o desenvolvimento das empresas, o qual, por seu turno, garante a conservação e, desejavelmente, a progressão no emprego.

Entre os constrangimentos mais frequentemente referidos ao acesso à formação contínua por parte dos trabalhadores portugueses, ademais das que decorrem dos seus baixos níveis de escolaridade e de qualificação profissional de base, encontra-se a de os mesmos se encontrarem, na sua esmagadora maioria, em micro e pequenas empresas. Estas têm dificuldades em proporcionar-lhes a frequência de ações de formação, por maior valor acrescentado que reconheçam a tal formação. Assim, torna-se urgente dispor de mecanismos que propiciem e estimulem o acesso à formação contínua dos trabalhadores dessas empresas.

Por outro lado, existem desempregados que já possuem competências e qualificações profissionais, obtidas, nuns casos, pela via da frequência, com sucesso, de cursos ou ações de formação profissionalmente qualificante ou, noutros, através da experiência profissional acumulada, cuja empregabilidade diminui substancialmente por não terem oportunidade de exercitar essas competências e qualificações. Entre esses desempregados encontram-se, quer jovens à procura do primeiro emprego, quer adultos, frequentemente desempregados de longa duração (DLD) à procura de novo emprego, muitos deles com dificuldades de inserção ou reinserção

FORMAÇÃO DOS TRABALHADORES

profissional e, a prazo, em risco de marginalidade ou, mesmo, de exclusão social. Nem todos, por certo, têm um perfil profissional suscetível de ser imediatamente utilizado e rendível, a 100%, num dado posto de trabalho; contudo, é bem provável que este resultado possa ser alcançado num curto período de tempo, através de uma formação tutorada e realizada em contexto real (na própria empresa) e ou de trabalho simulado (em centro de formação profissional). Esta formação é essencialmente de atualização de conhecimentos e destrezas e de adaptação, também comportamental, a um determinado emprego.

Nestas condições, torna-se visível a utilidade de um dispositivo de complementaridade emprego-formação: facilita-se o acesso dos trabalhadores à formação e permite-se uma experiência profissional a desempregados que aumenta a sua empregabilidade. Além disso, este processo permite, igualmente, que as empresas que os acolhem ajuízem do seu desempenho em termos de uma subsequente contratação temporária ou, mesmo, de uma eventual contratação permanente. Aquele objetivo inscreve-se no de promover e estimular a generalização de práticas de formação contínua nas empresas. Este no de facilitar a inserção ou reinserção sócio-profissional de desempregados, aumentando a sua empregabilidade.

Atendendo aos objetivos enunciados, é prevista a concessão de apoios técnicos e financeiros, destacando-se o apoio no âmbito da segurança social no que aos trabalhadores substituídos concerne e o da política de emprego relativamente aos substitutos.

Neste contexto, o presente diploma decorre dos objetivos consagrados no âmbito do Programa do XIII Governo Constitucional e traduz a concretização e o desenvolvimento da medida que se encontra prevista no acordo de concertação estratégica.

Assim:

No uso da autorização legislativa concedida pelo artigo 29º da Lei nº 127- -B/97, de 20 de dezembro, e nos termos da alínea b) do nº 1 do artigo 198º da Constituição, o Governo decreta, para valer como lei geral da República, o seguinte:

ARTIGO 1º
Objeto

1 – O presente diploma cria a medida rotação emprego-formação e regula os apoios técnicos e financeiros à sua execução.

2 – No âmbito do presente diploma considera-se rotação emprego-formação o processo segundo o qual uma empresa proporciona uma oportunidade de formação contínua aos seus trabalhadores e, em simultâneo, permite a desempregados uma experiência profissional no âmbito das funções desempenhadas pelos trabalhadores em formação.

DECRETO-LEI Nº 51/99, DE 20 DE FEVEREIRO

ARTIGO 2º
Condições de acesso referentes à entidade empregadora e à natureza das ações de formação

1 – São condições de acesso:

a) Apresentação, pela entidade empregadora, de um plano de formação;
b) Declaração comprovativa da situação contributiva regularizada perante a administração tributária e a segurança social.

2 – Será concedida prioridade, no acesso à presente medida, às empresas com escalão de dimensão até 50 trabalhadores.

3 – As ações de formação devem revestir as seguintes características:

a) Serem realizadas em horário laboral, com horário diário que não possibilite o normal desempenho de funções profissionais, e terem a duração mínima de 1 mês e máxima de 12 meses;
b) Revestirem interesse direto para a empresa ou visarem proporcionar uma formação qualificante para o trabalhador;
c) Implicarem o afastamento do posto de trabalho do trabalhador proposto para a formação.

ARTIGO 3º
Condições de acesso referentes aos trabalhadores substitutos

Os apoios referentes aos substitutos apenas se aplicam se estes forem desempregados inscritos num centro de emprego e celebrarem com a respetiva entidade empregadora:

a) Contrato de trabalho a termo certo, em conformidade com o disposto no capítulo VII do Decreto-Lei nº 64-A/89, de 27 de fevereiro;
b) Contrato de formação em posto de trabalho, devidamente visado pelo Instituto do Emprego e Formação Profissional, adiante designado por IEFP.

ARTIGO 4º
Associação de entidades empregadoras

Para efeitos de acesso à medida, o plano de formação poderá associar mais de uma entidade empregadora.

ARTIGO 5º
Apoio técnico

Ao IEFP cabe dinamizar o acesso à presente medida e prestar o apoio técnico requerido, seja através dos seus serviços, seja através de entidades que para o efeito contrate, e destinado:

a) À organização dos planos de formação e à determinação do perfil dos trabalhadores desempregados a contratar;

FORMAÇÃO DOS TRABALHADORES

b) À seleção dos candidatos substituídos e ao recrutamento e seleção dos substitutos e, bem assim, à execução dos planos de formação.

ARTIGO 6º
Plano de formação

O plano de formação deverá ser organizado por forma a prever, para além da formação, em horário laboral, dos trabalhadores substituídos, a formação em posto de trabalho a ministrar aos substitutos.

ARTIGO 7º
Recrutamento e seleção

1 – O recrutamento e seleção dos desempregados candidatos a substitutos cabe às empresas, após solicitação aos centros de emprego do IEFP, em moldes análogos aos dos procedimentos de oferta de emprego e de colocação.

2 – A seleção dos trabalhadores candidatos às ações de formação é da responsabilidade de cada uma das entidades empregadoras, podendo estas solicitar, para o efeito, o apoio técnico dos centros de emprego ou de formação profissional.

ARTIGO 8º
Apoio financeiro

1 – A entidade empregadora ou as entidades empregadoras associadas candidatas a projetos no âmbito da medida constante do presente diploma, para além dos apoios financeiros previstos no presente diploma e noutras disposições legais ou regulamentares, têm direito ao valor correspondente à comparticipação, até ao limite mensal de 20% do salário mínimo nacional, a atribuir ao tutor que acompanhe o trabalhador substituto.

2 – É assegurada à entidade empregadora a comparticipação, em valor correspondente ao salário mínimo nacional, na remuneração do substituto vinculado por contrato de trabalho, e, bem assim, o encargo decorrente da obrigação contributiva da entidade patronal à segurança social.

3 – Poderá ser fixado, por portaria do Ministro do Trabalho e da Solidariedade, um regime de apoio à formação dos trabalhadores substitutos, quando a sua formação se revele indispensável ao exercício das funções a desempenhar.

ARTIGO 9º
Pagamento de encargos

Os encargos decorrentes da execução da medida prevista no presente diploma relativos aos substitutos, bem como os concernentes aos apoios financeiros às entidades empregadoras são da responsabilidade do IEFP.

DECRETO-LEI Nº 51/99, DE 20 DE FEVEREIRO

ARTIGO 10º
Isenção de contribuições para a segurança social

A entidade empregadora, desde que observados os requisitos previstos nos artigos 2º, 3º e 11º, está dispensada, enquanto durarem as respetivas ações de formação, do pagamento das obrigações contributivas referentes aos trabalhadores substituídos, sem prejuízo do cumprimento, a que se encontra vinculada, das restantes obrigações legais.

ARTIGO 11º
Instrução dos procedimentos de candidatura

As candidaturas são apresentadas ao IEFP, através dos centros de emprego ou de formação profissional, para aprovação mediante parecer prévio da estrutura respetiva de apoio à formação profissional e atendendo aos critérios de qualidade e pertinência da formação.

ARTIGO 12º
Suspensão das prestações do subsídio de desemprego

As prestações de desemprego que os trabalhadores se encontrem a auferir no momento em que tenham iniciado a substituição suspende-se, reiniciando-se o seu pagamento de imediato findo o período de substituição, desde que se não tenha verificado qualquer alteração na sua situação laboral.

ARTIGO 13º
Instrução do procedimento de isenção

1 – As entidades empregadoras que pretendam beneficiar da isenção do pagamento das contribuições, prevista neste diploma, devem apresentar, na instituição de segurança social que as abranja, requerimento, em impresso de modelo próprio, a entregar no mês seguinte ao da celebração do contrato a que se reporta o artigo 3º.

2 – O requerimento deve ser acompanhado dos seguintes elementos:

a) Cópia do contrato a que se refere o artigo 3º;

b) Boletim de identificação do trabalhador substituto, no caso de este não ser ainda beneficiário da segurança social;

c) Declaração do IEFP confirmativa da situação de desempregado do trabalhador substituto e da aprovação do projeto;

d) Declaração da entidade formadora que comprove a inscrição do trabalhador do quadro da empresa para frequência da ação e respetiva duração.

ARTIGO 14º
Efeitos da isenção do pagamento das contribuições

1 – A isenção do pagamento das contribuições tem como limites o início e o termo da ação de formação, sem prejuízo da duração máxima prevista na alínea *a)* do artigo 3º.

555

FORMAÇÃO DOS TRABALHADORES

2 – Para os efeitos previstos no número anterior, são consideradas as ações de formação em que o período de interpolação não seja superior a 15 dias úteis.

3 – A isenção do pagamento das contribuições mantém-se, observados os restantes requisitos, até ao termo do prazo de duração da ação de formação, nos casos de celebração de novo contrato com o trabalhador substituto, sem prejuízo do disposto no nº 1.

ARTIGO 15º
Cessação do direito à isenção do pagamento das contribuições

A isenção do pagamento de contribuições cessa nos seguintes casos:

a) Interrupção da ação de formação que inviabilize aos formandos a certificação de frequência;

b) Termo da ação de formação ou da respetiva frequência;

c) Inexistência de substituição, por cessação do contrato de formação ou do contrato de trabalho do substituto, sem celebração, no prazo máximo de 10 dias úteis, de novo contrato;

d) Falta de entrega, no prazo legal, das folhas de remunerações ou falta de inclusão de quaisquer trabalhadores nas referidas folhas, salvo se devidamente justificadas;

e) Não pagamento das contribuições por parte das entidades empregadoras.

ARTIGO 16º
Folhas de remunerações

1 – Os trabalhadores substitutos a que se refere o artigo 3º são incluídos em suporte autónomo da folha de remunerações, o qual levará menção expressa ao presente diploma.

2 – A entidade empregadora deve remeter à instituição de segurança social, dentro do prazo de entrega da última folha de remunerações que inclui o trabalhador substituído, os documentos e declarações correspondentes às alíneas *a)*, *b)* e *c)* do artigo anterior.

ARTIGO 17º
Guia de pagamento das contribuições

O pagamento das contribuições referentes aos trabalhadores abrangidos pelo presente diploma é efetuado através de guia autónoma, que levará aposta a menção ao presente diploma.

ARTIGO 18º
Normas subsidiárias

1 – Em tudo o que não se encontrar expressamente regulado no presente diploma, designadamente quanto ao prazo para apreciação do pedido, efeitos do

deferimento e do indeferimento do requerimento, exigibilidade e juros de mora das contribuições, aplicam-se as disposições vigentes no âmbito do regime geral de segurança social dos trabalhadores por conta de outrem e as contidas no Decreto--Lei nº 89/95, de 6 de maio, que não sejam desadequadas à especificidade deste diploma.

2 – Não é aplicável subsidiariamente o disposto no artigo 7º do Decreto-Lei nº 89/95, de 6 de maio.

ARTIGO 19º
Acompanhamento e avaliação

O acompanhamento e a avaliação da execução da medida constante do presente diploma serão realizados por uma entidade independente em termos a definir em articulação com os parceiros sociais.

ARTIGO 20º
Revogação

São revogados os nºs 10º, 11º e 12º da Portaria nº 247/95, de 29 de março.

ARTIGO 21º
Entrada em vigor

O presente diploma entra em vigor 30 dias após a sua publicação.

Visto e aprovado em Conselho de Ministros de 23 de dezembro de 1998. – *António Manuel de Oliveira Guterres – Eduardo Luís Barreto Ferro Rodrigues.*

Promulgado em 10 de fevereiro de 1999.

Publique-se.

O Presidente da República, JORGE SAMPAIO.

Referendado em 11 de fevereiro de 1999.

O Primeiro-Ministro, *António Manuel de Oliveira Guterres.*

Regime de Reparação de Acidentes de Trabalho e de Doenças Profissionais

Lei nº 98/2009, de 4 de Setembro

Regulamenta o regime de reparação de acidentes de trabalho e de doenças profissionais, incluindo a reabilitação e reintegração profissionais, nos termos do Artigo 284º do Código do Trabalho, aprovado pela Lei nº 7/2009, de 12 de Fevereiro

A Assembleia da República decreta, nos termos da alínea *c*) do artigo 161º da Constituição, o seguinte:

CAPÍTULO I
Objecto e âmbito

ARTIGO 1º
Objecto da lei

1 – A presente lei regulamenta o regime de reparação de acidentes de trabalho e de doenças profissionais, incluindo a reabilitação e reintegração profissionais, nos termos do artigo 284º do Código do Trabalho, aprovado pela Lei nº 7/2009, de 12 de Fevereiro.

2 – Sem prejuízo do disposto no capítulo III, às doenças profissionais aplicam-se, com as devidas adaptações, as normas relativas aos acidentes de trabalho constantes da presente lei e, subsidiariamente, o regime geral da segurança social.

ARTIGO 2º
Beneficiários

O trabalhador e os seus familiares têm direito à reparação dos danos emergentes dos acidentes de trabalho e doenças profissionais nos termos previstos na presente lei.

REGIME DE REPARAÇÃO DE ACIDENTES DE TRABALHO E DE DOENÇAS PROFISSIONAIS

CAPÍTULO II
Acidentes de trabalho

SECÇÃO I
Disposições gerais

ARTIGO 3º
Trabalhador abrangido

1 – O regime previsto na presente lei abrange o trabalhador por conta de outrem de qualquer actividade, seja ou não explorada com fins lucrativos.

2 – Quando a presente lei não impuser entendimento diferente, presume-se que o trabalhador está na dependência económica da pessoa em proveito da qual presta serviços.

3 – Para além da situação do praticante, aprendiz e estagiário, considera-se situação de formação profissional a que tem por finalidade a preparação, promoção e actualização profissional do trabalhador, necessária ao desempenho de funções inerentes à actividade do empregador.

ARTIGO 4º
Exploração lucrativa

Para os efeitos da presente lei, não se considera lucrativa a actividade cuja produção se destine exclusivamente ao consumo ou utilização do agregado familiar do empregador.

ARTIGO 5º
Trabalhador estrangeiro

1 – O trabalhador estrangeiro que exerça actividade em Portugal é, para efeitos da presente lei, equiparado ao trabalhador português.

2 – Os familiares do trabalhador estrangeiro referido no número anterior beneficiam igualmente da protecção estabelecida relativamente aos familiares do sinistrado.

3 – O trabalhador estrangeiro sinistrado em acidente de trabalho em Portugal ao serviço de empresa estrangeira, sua agência, sucursal, representante ou filial pode ficar excluído do âmbito da presente lei desde que exerça uma actividade temporária ou intermitente e, por acordo entre Estados, se tenha convencionado a aplicação da legislação relativa à protecção do sinistrado em acidente de trabalho em vigor no Estado de origem.

ARTIGO 6º
Trabalhador no estrangeiro

1 – O trabalhador português e o trabalhador estrangeiro residente em Portugal sinistrados em acidente de trabalho no estrangeiro ao serviço de empresa portu-

guesa têm direito às prestações previstas na presente lei, salvo se a legislação do Estado onde ocorreu o acidente lhes reconhecer direito à reparação, caso em que o trabalhador pode optar por qualquer dos regimes.

2 – A lei portuguesa aplica-se na ausência de opção expressa do trabalhador sinistrado em acidente de trabalho no estrangeiro ao serviço de empresa portuguesa, salvo se a do Estado onde ocorreu o acidente for mais favorável.

ARTIGO 7º
Responsabilidade

É responsável pela reparação e demais encargos decorrentes de acidente de trabalho, bem como pela manutenção no posto de trabalho, nos termos previstos na presente lei, a pessoa singular ou colectiva de direito privado ou de direito público não abrangida por legislação especial, relativamente ao trabalhador ao seu serviço.

SECÇÃO II
Delimitação do acidente de trabalho

ARTIGO 8º
Conceito

1 – É acidente de trabalho aquele que se verifique no local e no tempo de trabalho e produza directa ou indirectamente lesão corporal, perturbação funcional ou doença de que resulte redução na capacidade de trabalho ou de ganho ou a morte.

2 – Para efeitos do presente capítulo, entende-se por:

a) «Local de trabalho» todo o lugar em que o trabalhador se encontra ou deva dirigir-se em virtude do seu trabalho e em que esteja, directa ou indirectamente, sujeito ao controlo do empregador;

b) «Tempo de trabalho além do período normal de trabalho» o que precede o seu início, em actos de preparação ou com ele relacionados, e o que se lhe segue, em actos também com ele relacionados, e ainda as interrupções normais ou forçosas de trabalho.

ARTIGO 9º
Extensão do conceito

1 – Considera-se também acidente de trabalho o ocorrido:

a) No trajecto de ida para o local de trabalho ou de regresso deste, nos termos referidos no número seguinte;

b) Na execução de serviços espontaneamente prestados e de que possa resultar proveito económico para o empregador;

c) No local de trabalho e fora deste, quando no exercício do direito de reunião ou de actividade de representante dos trabalhadores, nos termos previstos no Código do Trabalho;

d) No local de trabalho, quando em frequência de curso de formação profissional ou, fora do local de trabalho, quando exista autorização expressa do empregador para tal frequência;

e) No local de pagamento da retribuição, enquanto o trabalhador aí permanecer para tal efeito;

f) No local onde o trabalhador deva receber qualquer forma de assistência ou tratamento em virtude de anterior acidente e enquanto aí permanecer para esse efeito;

g) Em actividade de procura de emprego durante o crédito de horas para tal concedido por lei aos trabalhadores com processo de cessação do contrato de trabalho em curso;

h) Fora do local ou tempo de trabalho, quando verificado na execução de serviços determinados pelo empregador ou por ele consentidos.

2 – A alínea *a*) do número anterior compreende o acidente de trabalho que se verifique nos trajectos normalmente utilizados e durante o período de tempo habitualmente gasto pelo trabalhador:

a) Entre qualquer dos seus locais de trabalho, no caso de ter mais de um emprego;

b) Entre a sua residência habitual ou ocasional e as instalações que constituem o seu local de trabalho;

c) Entre qualquer dos locais referidos na alínea precedente e o local do pagamento da retribuição;

d) Entre qualquer dos locais referidos na alínea *b*) e o local onde ao trabalhador deva ser prestada qualquer forma de assistência ou tratamento por virtude de anterior acidente;

e) Entre o local de trabalho e o local da refeição;

f) Entre o local onde por determinação do empregador presta qualquer serviço relacionado com o seu trabalho e as instalações que constituem o seu local de trabalho habitual ou a sua residência habitual ou ocasional.

3 – Não deixa de se considerar acidente de trabalho o que ocorrer quando o trajecto normal tenha sofrido interrupções ou desvios determinados pela satisfação de necessidades atendíveis do trabalhador, bem como por motivo de força maior ou por caso fortuito.

4 – No caso previsto na alínea *a*) do nº 2, é responsável pelo acidente o empregador para cujo local de trabalho o trabalhador se dirige.

ARTIGO 10º
Prova da origem da lesão

1 – A lesão constatada no local e no tempo de trabalho ou nas circunstâncias previstas no artigo anterior presume-se consequência de acidente de trabalho.

2 – Se a lesão não tiver manifestação imediatamente a seguir ao acidente, compete ao sinistrado ou aos beneficiários legais provar que foi consequência dele.

ARTIGO 11º
Predisposição patológica e incapacidade

1 – A predisposição patológica do sinistrado num acidente não exclui o direito à reparação integral, salvo quando tiver sido ocultada.

2 – Quando a lesão ou doença consecutiva ao acidente for agravada por lesão ou doença anterior, ou quando esta for agravada pelo acidente, a incapacidade avaliar-se-á como se tudo dele resultasse, a não ser que pela lesão ou doença anterior o sinistrado já esteja a receber pensão ou tenha recebido um capital de remição nos termos da presente lei.

3 – No caso de o sinistrado estar afectado de incapacidade permanente anterior ao acidente, a reparação é apenas a correspondente à diferença entre a incapacidade anterior e a que for calculada como se tudo fosse imputado ao acidente.

4 – Sem prejuízo do disposto no número anterior, quando do acidente resulte a inutilização ou danificação das ajudas técnicas de que o sinistrado já era portador, o mesmo tem direito à sua reparação ou substituição.

5 – Confere também direito à reparação a lesão ou doença que se manifeste durante o tratamento subsequente a um acidente de trabalho e que seja consequência de tal tratamento.

SECÇÃO III
Exclusão e redução da responsabilidade

ARTIGO 12º
Nulidade

1 – É nula a convenção contrária aos direitos ou garantias conferidos na presente lei ou com eles incompatível.

2 – São igualmente nulos os actos e contratos que visem a renúncia aos direitos conferidos na presente lei.

3 – Para efeitos do disposto do nº 1, presume-se realizado com o fim de impedir a satisfação dos créditos provenientes do direito à reparação prevista na lei todo o acto do devedor, praticado após a data do acidente ou do diagnóstico inequívoco da doença profissional, que envolva diminuição da garantia patrimonial desses créditos.

ARTIGO 13º
Proibição de descontos na retribuição

O empregador não pode descontar qualquer quantia na retribuição do trabalhador ao seu serviço a título de compensação pelos encargos resultantes do regime estabelecido na presente lei, sendo nulos os acordos realizados com esse objectivo.

ARTIGO 14º
Descaracterização do acidente

1 – O empregador não tem de reparar os danos decorrentes do acidente que:

a) For dolosamente provocado pelo sinistrado ou provier de seu acto ou omissão, que importe violação, sem causa justificativa, das condições de segurança estabelecidas pelo empregador ou previstas na lei;
b) Provier exclusivamente de negligência grosseira do sinistrado;
c) Resultar da privação permanente ou acidental do uso da razão do sinistrado, nos termos do Código Civil, salvo se tal privação derivar da própria prestação do trabalho, for independente da vontade do sinistrado ou se o empregador ou o seu representante, conhecendo o estado do sinistrado, consentir na prestação.

2 – Para efeitos do disposto na alínea *a)* do número anterior, considera-se que existe causa justificativa da violação das condições de segurança se o acidente de trabalho resultar de incumprimento de norma legal ou estabelecida pelo empregador da qual o trabalhador, face ao seu grau de instrução ou de acesso à informação, dificilmente teria conhecimento ou, tendo-o, lhe fosse manifestamente difícil entendê-la.

3 – Entende-se por negligência grosseira o comportamento temerário em alto e relevante grau, que não se consubstancie em acto ou omissão resultante da habitualidade ao perigo do trabalho executado, da confiança na experiência profissional ou dos usos da profissão.

ARTIGO 15º
Força maior

1 – O empregador não tem de reparar o acidente que provier de motivo de força maior.

2 – Só se considera motivo de força maior o que, sendo devido a forças inevitáveis da natureza, independentes de intervenção humana, não constitua risco criado pelas condições de trabalho nem se produza ao executar serviço expressamente ordenado pelo empregador em condições de perigo evidente.

ARTIGO 16º
Situações especiais

1 – Não há igualmente obrigação de reparar o acidente ocorrido na prestação de serviços eventuais ou ocasionais, de curta duração, a pessoas singulares em actividades que não tenham por objecto exploração lucrativa.

2 – As exclusões previstas no número anterior não abrangem o acidente que resulte da utilização de máquinas e de outros equipamentos de especial perigosidade.

LEI Nº 98/2009, DE 4 DE SETEMBRO

ARTIGO 17º
Acidente causado por outro trabalhador ou por terceiro

1 – Quando o acidente for causado por outro trabalhador ou por terceiro, o direito à reparação devida pelo empregador não prejudica o direito de acção contra aqueles, nos termos gerais.

2 – Se o sinistrado em acidente receber de outro trabalhador ou de terceiro indemnização superior à devida pelo empregador, este considera-se desonerado da respectiva obrigação e tem direito a ser reembolsado pelo sinistrado das quantias que tiver pago ou despendido.

3 – Se a indemnização arbitrada ao sinistrado ou aos seus representantes for de montante inferior ao dos benefícios conferidos em consequência do acidente, a exclusão da responsabilidade é limitada àquele montante.

4 – O empregador ou a sua seguradora que houver pago a indemnização pelo acidente pode sub-rogar-se no direito do lesado contra os responsáveis referidos no nº 1 se o sinistrado não lhes tiver exigido judicialmente a indemnização no prazo de um ano a contar da data do acidente.

5 – O empregador e a sua seguradora também são titulares do direito de intervir como parte principal no processo em que o sinistrado exigir aos responsáveis a indemnização pelo acidente a que se refere este artigo.

SECÇÃO IV
Agravamento da responsabilidade

ARTIGO 18º
Actuação culposa do empregador

1 – Quando o acidente tiver sido provocado pelo empregador, seu representante ou entidade por aquele contratada e por empresa utilizadora de mão-de-obra, ou resultar de falta de observação, por aqueles, das regras sobre segurança e saúde no trabalho, a responsabilidade individual ou solidária pela indemnização abrange a totalidade dos prejuízos, patrimoniais e não patrimoniais, sofridos pelo trabalhador e seus familiares, nos termos gerais.

2 – O disposto no número anterior não prejudica a responsabilidade criminal em que os responsáveis aí previstos tenham incorrido.

3 – Se, nas condições previstas neste artigo, o acidente tiver sido provocado pelo representante do empregador, este terá direito de regresso contra aquele.

4 – No caso previsto no presente artigo, e sem prejuízo do ressarcimento dos prejuízos patrimoniais e dos prejuízos não patrimoniais, bem como das demais prestações devidas por actuação não culposa, é devida uma pensão anual ou indemnização diária, destinada a reparar a redução na capacidade de trabalho ou de ganho ou a morte, fixada segundo as regras seguintes:

a) Nos casos de incapacidade permanente absoluta para todo e qualquer trabalho, ou incapacidade temporária absoluta, e de morte, igual à retribuição;

REGIME DE REPARAÇÃO DE ACIDENTES DE TRABALHO E DE DOENÇAS PROFISSIONAIS

b) Nos casos de incapacidade permanente absoluta para o trabalho habitual, compreendida entre 70% e 100% da retribuição, conforme a maior ou menor capacidade funcional residual para o exercício de outra profissão compatível;

c) Nos casos de incapacidade parcial, permanente ou temporária, tendo por base a redução da capacidade resultante do acidente.

5 – No caso de morte, a pensão prevista no número anterior é repartida pelos beneficiários do sinistrado, de acordo com as proporções previstas nos artigos 59º a 61º

6 – No caso de se verificar uma alteração na situação dos beneficiários, a pensão é modificada, de acordo com as regras previstas no número anterior.

SECÇÃO V
Natureza, determinação e graduação da incapacidade

ARTIGO 19º
Natureza da incapacidade

1 – O acidente de trabalho pode determinar incapacidade temporária ou permanente para o trabalho.

2 – A incapacidade temporária pode ser parcial ou absoluta.

3 – A incapacidade permanente pode ser parcial, absoluta para o trabalho habitual ou absoluta para todo e qualquer trabalho.

ARTIGO 20º
Determinação da incapacidade

A determinação da incapacidade é efectuada de acordo com a tabela nacional de incapacidades por acidentes de trabalho e doenças profissionais, elaborada e actualizada por uma comissão nacional, cuja composição, competência e modo de funcionamento são fixados em diploma próprio.

ARTIGO 21º
Avaliação e graduação da incapacidade

1 – O grau de incapacidade resultante do acidente define-se, em todos os casos, por coeficientes expressos em percentagens e determinados em função da natureza e da gravidade da lesão, do estado geral do sinistrado, da sua idade e profissão, bem como da maior ou menor capacidade funcional residual para o exercício de outra profissão compatível e das demais circunstâncias que possam influir na sua capacidade de trabalho ou de ganho.

2 – O grau de incapacidade é expresso pela unidade quando se verifique disfunção total com incapacidade permanente absoluta para todo e qualquer trabalho.

3 – O coeficiente de incapacidade é fixado por aplicação das regras definidas na tabela nacional de incapacidades por acidentes de trabalho e doenças profissionais, em vigor à data do acidente.

LEI Nº 98/2009, DE 4 DE SETEMBRO

4 – Sempre que haja lugar à aplicação do disposto na alínea *b*) do nº 3 do artigo 48º e no artigo 53º, o juiz pode requisitar parecer prévio de peritos especializados, designadamente dos serviços competentes do ministério responsável pela área laboral.

ARTIGO 22º
Conversão da incapacidade temporária em permanente

1 – A incapacidade temporária converte-se em permanente decorridos 18 meses consecutivos, devendo o perito médico do tribunal reavaliar o respectivo grau de incapacidade.

2 – Verificando-se que ao sinistrado está a ser prestado o tratamento clínico necessário, o Ministério Público pode prorrogar o prazo fixado no número anterior, até ao máximo de 30 meses, a requerimento da entidade responsável e ou do sinistrado.

SECÇÃO VI
Reparação

SUBSECÇÃO I
Disposições gerais

ARTIGO 23º
Princípio geral

O direito à reparação compreende as seguintes prestações:

a) Em espécie – prestações de natureza médica, cirúrgica, farmacêutica, hospitalar e quaisquer outras, seja qual for a sua forma, desde que necessárias e adequadas ao restabelecimento do estado de saúde e da capacidade de trabalho ou de ganho do sinistrado e à sua recuperação para a vida activa;

b) Em dinheiro – indemnizações, pensões, prestações e subsídios previstos na presente lei.

ARTIGO 24º
Recidiva ou agravamento

1 – Nos casos de recidiva ou agravamento, o direito às prestações previstas na alínea *a*) do artigo anterior mantém-se após a alta, seja qual for a situação nesta definida, e abrange as doenças relacionadas com as consequências do acidente.

2 – O direito à indemnização por incapacidade temporária absoluta ou parcial para o trabalho, previsto na alínea *b*) do artigo anterior, em caso de recidiva ou agravamento, mantém-se:

a) Após a atribuição ao sinistrado de nova baixa;

b) Entre a data da alta e a da nova baixa seguinte, se esta última vier a ser dada no prazo de oito dias.

REGIME DE REPARAÇÃO DE ACIDENTES DE TRABALHO E DE DOENÇAS PROFISSIONAIS

3 – Para efeitos do disposto no número anterior, é considerado o valor da retribuição à data do acidente actualizado pelo aumento percentual da retribuição mínima mensal garantida.

SUBSECÇÃO II
Prestações em espécie

ARTIGO 25º
Modalidades das prestações

1 – As prestações em espécie previstas na alínea *a*) do artigo 23º compreendem:

a) A assistência médica e cirúrgica, geral ou especializada, incluindo todos os elementos de diagnóstico e de tratamento que forem necessários, bem como as visitas domiciliárias;

b) A assistência medicamentosa e farmacêutica;

c) Os cuidados de enfermagem;

d) A hospitalização e os tratamentos termais;

e) A hospedagem;

f) Os transportes para observação, tratamento ou comparência a actos judiciais;

g) O fornecimento de ajudas técnicas e outros dispositivos técnicos de compensação das limitações funcionais, bem como a sua renovação e reparação;

h) Os serviços de reabilitação e reintegração profissional e social, incluindo a adaptação do posto do trabalho;

i) Os serviços de reabilitação médica ou funcional para a vida activa;

j) Apoio psicoterapêutico, sempre que necessário, à família do sinistrado.

2 – A assistência a que se referem as alíneas *a*) e *j*) do número anterior inclui a assistência psicológica e psiquiátrica, quando reconhecida como necessária pelo médico assistente.

ARTIGO 26º
Primeiros socorros

1 – A verificação das circunstâncias previstas nos artigos 15º e 16º não dispensa o empregador da prestação dos primeiros socorros ao trabalhador e do seu transporte para o local onde possa ser clinicamente socorrido.

2 – O empregador ou quem o represente na direcção ou fiscalização do trabalho deve, logo que tenha conhecimento do acidente, assegurar os imediatos e indispensáveis socorros médicos e farmacêuticos ao sinistrado, bem como o transporte mais adequado para tais efeitos.

3 – O transporte e socorros referidos no número anterior são prestados independentemente de qualquer apreciação das condições legais da reparação.

ARTIGO 27º
Lugar de prestação da assistência clínica

1 – A assistência clínica deve ser prestada na localidade onde o sinistrado reside ou na sua própria habitação, se tal for indispensável.

2 – Essa assistência pode, no entanto, ser prestada em qualquer outro local por determinação do médico assistente ou mediante acordo entre o sinistrado e a entidade responsável.

ARTIGO 28º
Médico assistente

1 – A entidade responsável tem o direito de designar o médico assistente do sinistrado.

2 – O sinistrado pode recorrer a qualquer médico nos seguintes casos:

a) Se o empregador ou quem o represente não se encontrar no local do acidente e houver urgência nos socorros;

b) Se a entidade responsável não nomear médico assistente ou enquanto o não fizer;

c) Se a entidade responsável renunciar ao direito de escolher o médico assistente;

d) Se lhe for dada alta sem estar curado, devendo, neste caso, requerer exame pelo perito do tribunal.

3 – Enquanto não houver médico assistente designado, é como tal considerado, para todos os efeitos legais, o médico que tratar o sinistrado.

ARTIGO 29º
Dever de assistência clínica

Nenhum médico pode negar-se a prestar assistência clínica a sinistrado do trabalho, quando solicitada pela entidade responsável ou pelo próprio sinistrado, no caso em que lhe é permitida a escolha do médico assistente.

ARTIGO 30º
Observância de prescrições clínicas e cirúrgicas

1 – O sinistrado em acidente deve submeter-se ao tratamento e observar as prescrições clínicas e cirúrgicas do médico designado pela entidade responsável, necessárias à cura da lesão ou doença e à recuperação da capacidade de trabalho, sem prejuízo do direito a solicitar o exame pericial do tribunal.

2 – Sendo a incapacidade ou o agravamento do dano consequência de injustificada recusa ou falta de observância das prescrições clínicas ou cirúrgicas, a indemnização pode ser reduzida ou excluída nos termos gerais.

3 – Considera-se sempre justificada a recusa de intervenção cirúrgica quando, pela sua natureza ou pelo estado do sinistrado, ponha em risco a vida deste.

ARTIGO 31º
Substituição legal do médico assistente

1 – Durante o internamento em hospital, o médico assistente é substituído nas suas funções pelos médicos do mesmo hospital, embora com o direito de acompanhar o tratamento do sinistrado, conforme os respectivos regulamentos internos ou, na falta ou insuficiência destes, segundo as determinações do director clínico.

2 – O direito de acompanhar o tratamento do sinistrado contempla, nomeadamente, a faculdade de o médico assistente ter acesso a toda a documentação clínica respeitante ao sinistrado em poder do estabelecimento hospitalar.

ARTIGO 32º
Escolha do médico cirurgião

Nos casos em que deva ser submetido a intervenção cirúrgica de alto risco e naqueles em que, como consequência da intervenção cirúrgica, possa correr risco de vida, o sinistrado tem direito a escolher o médico cirurgião.

ARTIGO 33º
Contestação das resoluções do médico assistente

O sinistrado ou a entidade responsável, mediante consulta prévia ao sinistrado, têm o direito de não se conformar com as resoluções do médico assistente ou de quem legalmente o substituir.

ARTIGO 34º
Solução de divergências

1 – Qualquer divergência sobre as matérias reguladas nos artigos 31º, 32º e 33º, ou outra de natureza clínica, pode ser resolvida por simples conferência de médicos, da iniciativa do sinistrado, da entidade responsável ou do médico assistente, bem como do substituto legal deste.

2 – Se a divergência não for resolvida nos termos do número anterior, é solucionada:

a) Havendo internamento hospitalar, pelo respectivo director clínico ou pelo médico que o deva substituir, se ele for o médico assistente;

b) Não havendo internamento hospitalar, pelo perito médico do tribunal do trabalho da área onde o sinistrado se encontra, por determinação do Ministério Público, a solicitação de qualquer dos interessados.

3 – As resoluções dos médicos referidos nas alíneas do número anterior ficam a constar de documento escrito e o interessado pode delas reclamar, mediante requerimento fundamentado, para o juiz do tribunal do trabalho da área onde o sinistrado se encontra, que decide definitivamente.

4 – Nos casos previstos na alínea *b)* do nº 2 e no nº 3, se vier a ter lugar processo emergente de acidente de trabalho, o processado é apenso a este.

ARTIGO 35º
Boletins de exame e alta

1 – No começo do tratamento do sinistrado, o médico assistente emite um boletim de exame, em que descreve as doenças ou lesões que lhe encontrar e a sintomatologia apresentada com descrição pormenorizada das lesões referidas pelo mesmo como resultantes do acidente.

2 – No final do tratamento do sinistrado, quer por este se encontrar curado ou em condições de trabalhar quer por qualquer outro motivo, o médico assistente emite um boletim de alta clínica, em que declare a causa da cessação do tratamento e o grau de incapacidade permanente ou temporária, bem como as razões justificativas das suas conclusões.

3 – Entende-se por alta clínica a situação em que a lesão desapareceu totalmente ou se apresenta como insusceptível de modificação com terapêutica adequada.

4 – O boletim de exame é emitido em triplicado e o de alta em duplicado.

5 – No prazo de 30 dias após a realização dos actos é entregue um exemplar do boletim ao sinistrado e outro remetido ao tribunal, se for caso disso, bem como enviado o terceiro exemplar do boletim de exame à entidade responsável.

6 – Tratando-se de sinistrado a cargo de seguradora, da administração central, regional, local ou de outra entidade dispensada de transferir a responsabilidade por acidente de trabalho, o boletim apenas é remetido a juízo quando haja de se proceder a exame médico, quando o tribunal o requisite ou tenha de acompanhar a participação do acidente.

7 – Imediatamente após a realização dos actos, a seguradora entrega ao sinistrado um documento informativo que indique os períodos de incapacidade temporária e respectivo grau, bem como, se for o caso, a data da alta e a causa da cessação do tratamento.

ARTIGO 36º
Informação clínica ao sinistrado

O sinistrado tem direito a receber, em qualquer momento, a seu requerimento, cópia de todos os documentos respeitantes ao seu processo, designadamente o boletim de alta e os exames complementares de diagnóstico em poder da seguradora.

ARTIGO 37º
Requisição pelo tribunal

A entidade responsável, os estabelecimentos hospitalares, os serviços competentes da segurança social e os médicos são obrigados a fornecer aos tribunais do trabalho todos os esclarecimentos e documentos que lhes sejam requisitados relativamente a observações e tratamentos feitos a sinistrados ou, por qualquer outro modo, relacionados com o acidente.

REGIME DE REPARAÇÃO DE ACIDENTES DE TRABALHO E DE DOENÇAS PROFISSIONAIS

ARTIGO 38º
Estabelecimento de saúde

1 – O internamento e os tratamentos previstos na alínea *a*) do artigo 23º devem ser feitos em estabelecimento de saúde adequado ao restabelecimento e reabilitação do sinistrado.

2 – O recurso, quando necessário, a estabelecimento de saúde fora do território nacional será feito após parecer de junta médica comprovando a impossibilidade de tratamento em hospital no território nacional.

3 – A entidade responsável deve assinar termo de responsabilidade para garantia do pagamento das despesas com o internamento e os tratamentos previstos na alínea *a*) do artigo 23º

4 – Se aquela entidade se recusar a assinar o termo de responsabilidade, não pode, com esse fundamento, ser negado o tratamento ou o internamento do sinistrado sempre que a gravidade do seu estado o imponha.

5 – No caso previsto no número anterior, o estabelecimento de saúde deve juntar ao respectivo processo a nota das despesas efectuadas para efeito de pagamento.

6 – O estabelecimento de saúde que, injustificadamente, deixar de cumprir as obrigações do tratamento ou do internamento urgente referidos no nº 4 é responsável pelo agravamento das lesões do sinistrado, reconhecido judicialmente como consequência de tais factos.

7 – Entende-se por estabelecimento de saúde o hospital, casa de saúde, casa de repouso ou de convalescença.

ARTIGO 39º
Transporte e estada

1 – O sinistrado tem direito ao fornecimento ou ao pagamento de transporte e estada, que devem obedecer às condições de comodidade impostas pela natureza da lesão ou da doença.

2 – O fornecimento ou o pagamento referidos no número anterior abrangem as deslocações e permanência necessárias à observação e tratamento e as exigidas pela comparência a actos judiciais, salvo, quanto a estas, se for consequência de pedido do sinistrado que venha a ser julgado improcedente.

3 – O sinistrado utiliza os transportes colectivos, salvo não os havendo ou se outro for mais indicado pela urgência do tratamento, por determinação do médico assistente ou por outras razões ponderosas atendíveis.

4 – Quando o sinistrado for menor de 16 anos ou quando a natureza da lesão ou da doença ou outras circunstâncias especiais o exigirem, o direito a transporte e estada é extensivo à pessoa que o acompanhar.

5 – As categorias e classe da estada devem ajustar-se às prescrições do médico assistente ou dos clínicos que em tribunal derem parecer.

6 – O pagamento de transporte é, igualmente, extensivo ao beneficiário legal do sinistrado sempre que for exigida a sua comparência em tribunal e em exames necessários à determinação da sua incapacidade.

572

ARTIGO 40º
Responsabilidade pelo transporte e estada

1 – Sem prejuízo do disposto no artigo anterior, a entidade responsável só é obrigada a despender o menor custo das prestações de transporte e estada que obedeçam às condições de comodidade impostas pela natureza da lesão.

2 – A entidade responsável deve assumir previamente, perante os fornecedores de transporte e estada, a responsabilidade pelo pagamento das despesas ou adiantar a sua importância.

ARTIGO 41º
Ajudas técnicas em geral

1 – As ajudas técnicas e outros dispositivos técnicos de compensação das limitações funcionais devem ser, em cada caso, os considerados adequados ao fim a que se destinam pelo médico assistente, preferencialmente aqueles que correspondam ao estado mais avançado da ciência e da técnica por forma a proporcionar as melhores condições ao sinistrado, independentemente do seu custo.

2 – O direito às ajudas técnicas e outros dispositivos técnicos de compensação das limitações funcionais abrange ainda os destinados à correcção ou compensação visual, auditiva ou outra, bem como a prótese dentária.

3 – Quando houver divergências sobre a natureza, qualidade ou adequação das ajudas técnicas e outros dispositivos técnicos de compensação das limitações funcionais ou sobre a obrigatoriedade ou necessidade da sua renovação ou reparação, o Ministério Público, por sua iniciativa ou a pedido do sinistrado, solicita parecer ao perito médico do tribunal de trabalho da área de residência do sinistrado.

ARTIGO 42º
Opção do sinistrado

1 – O sinistrado pode optar pela importância correspondente ao valor das ajudas técnicas e outros dispositivos técnicos de compensação das limitações funcionais indicados pelo médico assistente ou pelo tribunal quando pretenda adquirir ajudas técnicas de custo superior.

2 – No caso previsto no número anterior, a entidade responsável deposita a referida importância à ordem do tribunal, no prazo que este fixar, para ser paga à entidade fornecedora depois de verificada a aplicação da ajuda técnica.

ARTIGO 43º
Reparação e renovação das ajudas técnicas em geral

1 – Sempre que um acidente de trabalho inutilize ou danifique ajudas técnicas e outros dispositivos técnicos de compensação das limitações funcionais de que o sinistrado já era portador:

a) Ficam a cargo da entidade responsável por aquele acidente as despesas necessárias à renovação ou reparação das mencionadas ajudas técnicas;

REGIME DE REPARAÇÃO DE ACIDENTES DE TRABALHO E DE DOENÇAS PROFISSIONAIS

b) Há lugar, se for caso disso, ao pagamento de indemnização correspondente à incapacidade daí resultante.

2 – Tratando-se de renovação, o respectivo encargo não pode ser superior ao custo de ajuda técnica igual à inutilizada, salvo se existir outra ajuda técnica mais adequada.

3 – As despesas de reparação ou renovação de ajudas técnicas e outros dispositivos técnicos de compensação das limitações funcionais usados por força de acidente de trabalho e deteriorados em consequência de uso ou desgaste normal ficam a cargo da entidade responsável pelo acidente que determinou a respectiva utilização.

4 – Durante o período de reparação ou renovação das ajudas técnicas e outros dispositivos técnicos, a entidade responsável deve, sempre que possível, assegurar ao sinistrado a substituição dos mesmos.

ARTIGO 44º
Reabilitação profissional e adaptação do posto de trabalho

1 – O empregador deve assegurar a reabilitação profissional do trabalhador e a adaptação do posto de trabalho que sejam necessárias ao exercício das funções.

2 – A reabilitação profissional a que se refere o número anterior deve ser assegurada pelo empregador sem prejuízo do número mínimo de horas anuais de formação certificada a que o trabalhador tem direito.

ARTIGO 45º
Notificação judicial e execução

1 – Se a entidade responsável, injustificadamente, recusar ou protelar o fornecimento, renovação ou reparação das ajudas técnicas e outros dispositivos técnicos de compensação das limitações funcionais ou não efectuar o depósito referido no nº 2 do artigo 42º, o juiz profere decisão, ordenando a notificação daquela entidade para, no prazo de 10 dias, depositar à sua ordem a importância que for devida.

2 – O responsável que não cumpra a decisão é executado para o pagamento do valor de depósito, seguindo-se os termos da execução baseada em sentença de condenação em quantia certa.

3 – Pelo produto da execução, o tribunal paga as despesas das ajudas técnicas e outros dispositivos técnicos de compensação das limitações funcionais à entidade que os forneceu ou reparou, depois de verificada a sua correcta aplicação.

ARTIGO 46º
Perda do direito a renovação ou reparação

O sinistrado perde o direito à renovação ou reparação das ajudas técnicas e outros dispositivos técnicos de compensação das limitações funcionais que se deteriorem ou inutilizem devido a negligência grosseira da sua parte.

LEI Nº 98/2009, DE 4 DE SETEMBRO

SUBSECÇÃO III
Prestações em dinheiro

DIVISÃO I
Modalidades das prestações

ARTIGO 47º
Modalidades

1 – As prestações em dinheiro previstas na alínea *b*) do artigo 23º compreendem:

a) A indemnização por incapacidade temporária para o trabalho;
b) A pensão provisória;
c) A indemnização em capital e pensão por incapacidade permanente para o trabalho;
d) O subsídio por situação de elevada incapacidade permanente;
e) O subsídio por morte;
f) O subsídio por despesas de funeral;
g) A pensão por morte;
h) A prestação suplementar para assistência de terceira pessoa;
i) O subsídio para readaptação de habitação;
j) O subsídio para a frequência de acções no âmbito da reabilitação profissional necessárias e adequadas à reintegração do sinistrado no mercado de trabalho.

2 – O subsídio previsto na alínea *j*) é cumulável com as prestações referidas nas alíneas *a*), *b*), *c*) e *i*) do número anterior, não podendo no seu conjunto ultrapassar, mensalmente, o montante equivalente a seis vezes o valor de 1,1 do indexante de apoios sociais (IAS).

3 – A indemnização em capital, o subsídio por situação de elevada incapacidade permanente, os subsídios por morte e despesas de funeral e o subsídio para readaptação de habitação são prestações de atribuição única, sendo de atribuição continuada ou periódica todas as restantes prestações previstas no nº 1.

DIVISÃO II
Prestações por incapacidade

ARTIGO 48º
Prestações

1 – A indemnização por incapacidade temporária para o trabalho destina-se a compensar o sinistrado, durante um período de tempo limitado, pela perda ou redução da capacidade de trabalho ou de ganho resultante de acidente de trabalho.

2 – A indemnização em capital e a pensão por incapacidade permanente e o subsídio de elevada incapacidade permanente são prestações destinadas a compensar o

REGIME DE REPARAÇÃO DE ACIDENTES DE TRABALHO E DE DOENÇAS PROFISSIONAIS

sinistrado pela perda ou redução permanente da sua capacidade de trabalho ou de ganho resultante de acidente de trabalho.

3 – Se do acidente resultar redução na capacidade de trabalho ou de ganho do sinistrado, este tem direito às seguintes prestações:

a) Por incapacidade permanente absoluta para todo e qualquer trabalho – pensão anual e vitalícia igual a 80% da retribuição, acrescida de 10% desta por cada pessoa a cargo, até ao limite da retribuição;

b) Por incapacidade permanente absoluta para o trabalho habitual – pensão anual e vitalícia compreendida entre 50% e 70% da retribuição, conforme a maior ou menor capacidade funcional residual para o exercício de outra profissão compatível;

c) Por incapacidade permanente parcial – pensão anual e vitalícia correspondente a 70% da redução sofrida na capacidade geral de ganho ou capital de remição da pensão nos termos previstos no artigo 75º;

d) Por incapacidade temporária absoluta – indemnização diária igual a 70% da retribuição nos primeiros 12 meses e de 75% no período subsequente;

e) Por incapacidade temporária parcial – indemnização diária igual a 70% da redução sofrida na capacidade geral de ganho.

4 – A indemnização por incapacidade temporária é devida enquanto o sinistrado estiver em regime de tratamento ambulatório ou de reabilitação profissional.

ARTIGO 49º
Pessoa a cargo

1 – Para efeitos do disposto na alínea *a)* do nº 3 do artigo anterior, considera-se pessoa a cargo do sinistrado:

a) Pessoa que com ele viva em comunhão de mesa e habitação com rendimentos mensais inferiores ao valor da pensão social;

b) Cônjuge ou pessoa que com ele viva em união de facto com rendimentos mensais inferiores ao valor da pensão social;

c) Descendente nos termos previstos no nº 1 do artigo 60º;

d) Ascendente com rendimentos individuais de valor mensal inferior ao valor da pensão social ou que conjuntamente com os do seu cônjuge ou de pessoa que com ele viva em união de facto não exceda o dobro deste valor.

2 – É equiparado a descendente do sinistrado, para efeitos do disposto no número anterior:

a) Enteado;

b) Tutelado;

c) Adoptado;

d) Menor que, mediante confiança judicial ou administrativa, se encontre a seu cargo com vista a futura adopção;

LEI N° 98/2009, DE 4 DE SETEMBRO

e) Menor que lhe esteja confiado por decisão do tribunal ou de entidade ou serviço legalmente competente para o efeito.

3 – É equiparado a ascendente do sinistrado, para efeitos do disposto no n° 1:

a) Padrasto e madrasta;
b) Adoptante;
c) Afim compreendido na linha recta ascendente.

4 – A pedido da entidade responsável, o beneficiário deve fazer prova anual da manutenção dos requisitos que lhes conferem o direito à pensão, sob pena de o respectivo pagamento ser suspenso 60 dias após a data do pedido, sendo admitidos os tipos de prova regulamentados por norma do Instituto de Seguros de Portugal cujos custos, caso existam, são suportados pela entidade responsável.

ARTIGO 50°
Modo de fixação da incapacidade temporária e permanente

1 – A indemnização por incapacidade temporária é paga em relação a todos os dias, incluindo os de descanso e feriados, e começa a vencer-se no dia seguinte ao do acidente.

2 – A pensão por incapacidade permanente é fixada em montante anual e começa a vencer-se no dia seguinte ao da alta do sinistrado.

3 – Na incapacidade temporária superior a 30 dias é paga a parte proporcional correspondente aos subsídios de férias e de Natal, determinada em função da percentagem da prestação prevista nas alíneas *d)* e *e)* do n° 3 do artigo 48°

ARTIGO 51°
Suspensão ou redução da pensão

1 – A pensão por incapacidade permanente não pode ser suspensa ou reduzida mesmo que o sinistrado venha a auferir retribuição superior à que tinha antes do acidente, salvo em consequência de revisão da pensão.

2 – A pensão por incapacidade permanente é cumulável com qualquer outra.

ARTIGO 52°
Pensão provisória

1 – Sem prejuízo do disposto no Código de Processo do Trabalho, é estabelecida uma pensão provisória por incapacidade permanente entre o dia seguinte ao da alta e o momento de fixação da pensão definitiva.

2 – A pensão provisória destina-se a garantir uma protecção atempada e adequada nos casos de incapacidade permanente sempre que haja razões determinantes do retardamento da atribuição das prestações.

3 – A pensão provisória por incapacidade permanente inferior a 30% é atribuída pela entidade responsável e calculada nos termos da alínea *c)* do n° 3 do artigo 48°, com base na desvalorização definida pelo médico assistente e na retribuição garantida.

REGIME DE REPARAÇÃO DE ACIDENTES DE TRABALHO E DE DOENÇAS PROFISSIONAIS

4 – A pensão provisória por incapacidade permanente igual ou superior a 30% é atribuída pela entidade responsável, sendo de montante igual ao valor mensal da indemnização prevista na alínea *e*) do nº 3 do artigo 48º, tendo por base a desvalorização definida pelo médico assistente e a retribuição garantida.

5 – Os montantes pagos nos termos dos números anteriores são considerados aquando da fixação final dos respectivos direitos.

ARTIGO 53º
Prestação suplementar para assistência a terceira pessoa

1 – A prestação suplementar da pensão destina-se a compensar os encargos com assistência de terceira pessoa em face da situação de dependência em que se encontre ou venha a encontrar o sinistrado por incapacidade permanente para o trabalho, em consequência de lesão resultante de acidente.

2 – A atribuição da prestação suplementar depende de o sinistrado não poder, por si só, prover à satisfação das suas necessidades básicas diárias, carecendo de assistência permanente de terceira pessoa.

3 – O familiar do sinistrado que lhe preste assistência permanente é equiparado a terceira pessoa.

4 – Não pode ser considerada terceira pessoa quem se encontre igualmente carecido de autonomia para a realização dos actos básicos da vida diária.

5 – Para efeitos do nº 2, são considerados, nomeadamente, os actos relativos a cuidados de higiene pessoal, alimentação e locomoção.

6 – A assistência pode ser assegurada através da participação sucessiva e conjugada de várias pessoas, incluindo a prestação no âmbito do apoio domiciliário, durante o período mínimo de seis horas diárias.

ARTIGO 54º
Montante da prestação suplementar para assistência a terceira pessoa

1 – A prestação suplementar da pensão prevista no artigo anterior é fixada em montante mensal e tem como limite máximo o valor de 1,1 IAS.

2 – Quando o médico assistente entender que o sinistrado não pode dispensar a assistência de uma terceira pessoa, deve ser-lhe atribuída, a partir do dia seguinte ao da alta e até ao momento da fixação da pensão definitiva, uma prestação suplementar provisória equivalente ao montante previsto no número anterior.

3 – Os montantes pagos nos termos do número anterior são considerados aquando da fixação final dos respectivos direitos.

4 – A prestação suplementar é anualmente actualizável na mesma percentagem em que o for o IAS.

ARTIGO 55º
Suspensão da prestação suplementar para assistência de terceira pessoa

A prestação suplementar da pensão suspende-se sempre que se verifique o internamento do sinistrado em hospital, ou estabelecimento similar, por período de

LEI Nº 98/2009, DE 4 DE SETEMBRO

tempo superior a 30 dias e durante o tempo em que os custos corram por conta da entidade responsável.

DIVISÃO III
Prestações por morte

ARTIGO 56º
Modo de fixação da pensão

1 – A pensão por morte é fixada em montante anual.

2 – A pensão por morte, incluindo a devida a nascituro, vence-se a partir do dia seguinte ao do falecimento do sinistrado e cumula-se com quaisquer outras.

ARTIGO 57º
Titulares do direito à pensão por morte

1 – Em caso de morte, a pensão é devida aos seguintes familiares e equiparados do sinistrado:

a) Cônjuge ou pessoa que com ele vivia em união de facto;

b) Ex-cônjuge ou cônjuge judicialmente separado à data da morte do sinistrado e com direito a alimentos;

c) Filhos, ainda que nascituros, e os adoptados, à data da morte do sinistrado, se estiverem nas condições previstas no nº 1 do artigo 60º;

d) Ascendentes que, à data da morte do sinistrado, se encontrem nas condições previstas na alínea *d)* do nº 1 do artigo 49º;

e) Outros parentes sucessíveis que, à data da morte do sinistrado, com ele vivam em comunhão de mesa e habitação e se encontrem nas condições previstas no nº 1 do artigo 60º

2 – Para efeitos de reconhecimento do direito, é equiparado a filho o enteado do sinistrado desde que este estivesse obrigado à prestação de alimentos.

3 – É considerada pessoa que vivia em união de facto a que preencha os requisitos do artigo 2020º do Código Civil.

4 – A pedido da entidade responsável, os familiares e equiparados referidos no nº 1 devem fazer prova anual da manutenção dos requisitos que lhes conferem o direito à pensão, nos termos e para os efeitos previstos no nº 4 do artigo 49º

ARTIGO 58º
Situações de nulidade, anulabilidade, indignidade e deserdação

1 – Em caso de casamento declarado nulo ou anulado, tem direito às prestações por morte a pessoa que tenha celebrado o casamento de boa fé com o sinistrado e, à data da sua morte, receba pensão de alimentos decretada ou homologada judicialmente, ou quando esta não lhe tiver sido atribuída pelo tribunal por falta de capacidade económica do falecido para a prestar.

REGIME DE REPARAÇÃO DE ACIDENTES DE TRABALHO E DE DOENÇAS PROFISSIONAIS

2 – Não tem direito às prestações por morte a pessoa que careça de capacidade sucessória por motivo de indignidade, salvo se tiver sido reabilitada pelo sinistrado, ou de deserdação.

ARTIGO 59º
Pensão ao cônjuge, ex-cônjuge e pessoa que vivia em união de facto com o sinistrado

1 – Se do acidente resultar a morte do sinistrado, a pensão é a seguinte:

a) Ao cônjuge ou a pessoa que com ele vivia em união de facto – 30% da retribuição do sinistrado até perfazer a idade de reforma por velhice e 40% a partir daquela idade ou da verificação de deficiência ou doença crónica que afecte sensivelmente a sua capacidade para o trabalho;

b) Ao ex-cônjuge ou cônjuge judicialmente separado e com direito a alimentos – a pensão estabelecida na alínea anterior e nos mesmos termos, até ao limite do montante dos alimentos fixados judicialmente.

2 – Se por morte do sinistrado houver concorrência entre os beneficiários referidos no número anterior, a pensão é repartida na proporção dos respectivos direitos.

3 – Qualquer das pessoas referidas no nº 1 que contraia casamento ou passe a viver em união de facto recebe, por uma só vez, o triplo do valor da pensão anual, excepto se já tiver ocorrido a remição total da pensão.

ARTIGO 60º
Pensão aos filhos

1 – Se do acidente resultar a morte, têm direito à pensão os filhos que se encontrem nas seguintes condições:

a) Idade inferior a 18 anos;

b) Entre os 18 e os 22 anos, enquanto frequentarem o ensino secundário ou curso equiparado;

c) Entre os 18 e os 25 anos, enquanto frequentarem curso de nível superior ou equiparado;

d) Sem limite de idade, quando afectados por deficiência ou doença crónica que afecte sensivelmente a sua capacidade para o trabalho.

2 – O montante da pensão dos filhos é o de 20% da retribuição do sinistrado se for apenas um, 40% se forem dois, 50% se forem três ou mais, recebendo o dobro destes montantes, até ao limite de 80% da retribuição do sinistrado, se forem órfãos de pai e mãe.

ARTIGO 61º
Pensão aos ascendentes e outros parentes sucessíveis

1 – Se do acidente resultar a morte do sinistrado, o montante da pensão dos ascendentes e quaisquer parentes sucessíveis é, para cada, de 10% da retribuição do sinistrado, não podendo o total das pensões exceder 30% desta.

LEI Nº 98/2009, DE 4 DE SETEMBRO

2 – Na ausência de titulares referidos nas alíneas *a*) a *c*) do nº 1 do artigo 57º, os beneficiários referidos no número anterior recebem, cada um, 15% da retribuição do sinistrado, até perfazerem a idade de reforma por velhice, e 20% a partir desta idade ou no caso de deficiência ou doença crónica que afecte sensivelmente a sua capacidade para o trabalho.

3 – O total das pensões previstas no número anterior não pode exceder 80% da retribuição do sinistrado, procedendo-se a rateio, se necessário.

ARTIGO 62º
Deficiência ou doença crónica do beneficiário legal

1 – Para os fins previstos nos artigos 59º, 60º e 61º, considera-se com capacidade para o trabalho sensivelmente afectada o beneficiário legal do sinistrado que sofra de deficiência ou doença crónica que lhe reduza definitivamente a sua capacidade geral de ganho em mais de 75%.

2 – Tem-se por definitiva a incapacidade de ganho mencionada no número anterior quando seja de presumir que a doença não terá evolução favorável nos três anos subsequentes à data do seu reconhecimento.

3 – Surgindo dúvidas sobre a incapacidade referida nos números anteriores, esta é fixada pelo tribunal.

ARTIGO 63º
Ausência de beneficiários

Se não houver beneficiários com direito a pensão, reverte para o Fundo de Acidentes de Trabalho uma importância igual ao triplo da retribuição anual.

ARTIGO 64º
Acumulação e rateio da pensão por morte

1 – As pensões por morte são cumuláveis, mas o seu total não pode exceder 80% da retribuição do sinistrado.

2 – Se as pensões referidas nos artigos 59º a 61º excederem 80% da retribuição do sinistrado, são sujeitas a rateio, enquanto esse montante se mostrar excedido.

3 – Se durante o período em que a pensão for devida aos filhos qualquer um deles ficar órfão de pai e mãe, a respectiva pensão é aumentada para o dobro, até ao limite máximo de 80% da retribuição do sinistrado.

4 – As pensões dos filhos do sinistrado são, em cada mês, as correspondentes ao número dos que têm direito a pensão nesse mês.

REGIME DE REPARAÇÃO DE ACIDENTES DE TRABALHO E DE DOENÇAS PROFISSIONAIS

DIVISÃO IV
Subsídios

ARTIGO 65º
Subsídio por morte

1 – O subsídio por morte destina-se a compensar os encargos decorrentes do falecimento do sinistrado.

2 – O subsídio por morte é igual a 12 vezes o valor de 1,1 IAS à data da morte, sendo atribuído:

a) Metade ao cônjuge, ex-cônjuge, cônjuge separado judicialmente ou à pessoa que com o sinistrado vivia em união de facto e metade aos filhos que tiverem direito a pensão;

b) Por inteiro ao cônjuge, ex-cônjuge, cônjuge separado judicialmente ou à pessoa que com o sinistrado vivia em união de facto ou aos filhos previstos na alínea anterior quando concorrerem isoladamente.

3 – O subsídio a atribuir ao ex-cônjuge e ao cônjuge separado judicialmente depende de este ter direito a alimentos do sinistrado, não podendo exceder 12 vezes a pensão mensal que estiver a receber.

4 – O subsídio por morte não é devido se o sinistrado não deixar beneficiários referidos no nº 2.

ARTIGO 66º
Subsídio por despesas de funeral

1 – O subsídio por despesas de funeral destina-se a compensar as despesas efectuadas com o funeral do sinistrado.

2 – O subsídio por despesas de funeral é igual ao montante das despesas efectuadas com o mesmo, com o limite de quatro vezes o valor de 1,1 IAS, aumentado para o dobro se houver trasladação.

3 – O direito ao subsídio por despesas de funeral pode ser reconhecido a pessoas distintas dos familiares e equiparados do sinistrado.

4 – Tem direito ao subsídio por despesas de funeral quem comprovadamente tiver efectuado o pagamento destas.

5 – O prazo para requerer o subsídio por despesas de funeral é de um ano a partir da realização da respectiva despesa.

ARTIGO 67º
Subsídio por situações de elevada incapacidade permanente

1 – O subsídio por situações de elevada incapacidade permanente destina-se a compensar o sinistrado, com incapacidade permanente absoluta ou incapacidade permanente parcial igual ou superior a 70%, pela perda ou elevada redução permanente da sua capacidade de trabalho ou de ganho resultante de acidente de trabalho.

2 – A incapacidade permanente absoluta para todo e qualquer trabalho confere ao sinistrado o direito a um subsídio igual a 12 vezes o valor de 1,1 IAS.

3 – A incapacidade permanente absoluta para o trabalho habitual confere ao beneficiário direito a um subsídio fixado entre 70% e 100% de 12 vezes o valor de 1,1 IAS, tendo em conta a capacidade funcional residual para o exercício de outra profissão compatível.

4 – A incapacidade permanente parcial igual ou superior a 70% confere ao beneficiário o direito a um subsídio correspondente ao produto entre 12 vezes o valor de 1,1 IAS e o grau de incapacidade fixado.

5 – O valor IAS previsto nos números anteriores corresponde ao que estiver em vigor à data do acidente.

6 – Nos casos em que se verifique cumulação de incapacidades, serve de base à ponderação o grau de incapacidade global fixado nos termos legais.

ARTIGO 68º
Subsídio para readaptação de habitação

1 – O subsídio para readaptação de habitação destina-se ao pagamento de despesas com a readaptação da habitação do sinistrado por incapacidade permanente para o trabalho que dela necessite, em função da sua incapacidade.

2 – No caso previsto no número anterior, o sinistrado tem direito ao pagamento das despesas suportadas com a readaptação de habitação, até ao limite de 12 vezes o valor de 1,1 IAS à data do acidente.

ARTIGO 69º
Subsídio para frequência de acções no âmbito da reabilitação profissional

1 – O subsídio para frequência de acções no âmbito da reabilitação profissional destina-se ao pagamento de despesas com acções que tenham por objectivo restabelecer as aptidões e capacidades profissionais do sinistrado sempre que a gravidade das lesões ou outras circunstâncias especiais o justifiquem.

2 – A atribuição do subsídio para a frequência de acções no âmbito da reabilitação profissional depende de o sinistrado reunir, cumulativamente, as seguintes condições:

a) Ter capacidade remanescente adequada ao desempenho da profissão a que se referem as acções de reabilitação profissional;

b) Ter direito a indemnização ou pensão por incapacidade resultante do acidente de trabalho ou doença profissional;

c) Ter requerido a frequência de acção ou curso ou aceite proposta do Instituto do Emprego e Formação Profissional ou de outra instituição por este certificada;

d) Obter parecer favorável do perito médico responsável pela avaliação e determinação da incapacidade.

3 – O montante do subsídio para a frequência de acções no âmbito da reabilitação profissional corresponde ao montante das despesas efectuadas com a frequência

do mesmo, sem prejuízo, caso se trate de acção ou curso organizado por entidade diversa do Instituto do Emprego e Formação Profissional, do limite do valor mensal correspondente ao valor de 1,1 IAS.

4 – O subsídio para frequência de acções no âmbito da reabilitação profissional é devido a partir da data do início efectivo da frequência das mesmas, não podendo a sua duração, seguida ou interpolada, ser superior a 36 meses, salvo em situações excepcionais devidamente fundamentadas.

DIVISÃO V
Revisão das prestações

ARTIGO 70º
Revisão

1 – Quando se verifique uma modificação na capacidade de trabalho ou de ganho do sinistrado proveniente de agravamento, recidiva, recaída ou melhoria da lesão ou doença que deu origem à reparação, ou de intervenção clínica ou aplicação de ajudas técnicas e outros dispositivos técnicos de compensação das limitações funcionais ou ainda de reabilitação e reintegração profissional e readaptação ao trabalho, a prestação pode ser alterada ou extinta, de harmonia com a modificação verificada.

2 – A revisão pode ser efectuada a requerimento do sinistrado ou do responsável pelo pagamento.

3 – A revisão pode ser requerida uma vez em cada ano civil.

DIVISÃO VI
Cálculo e pagamento das prestações

ARTIGO 71º
Cálculo

1 – A indemnização por incapacidade temporária e a pensão por morte e por incapacidade permanente, absoluta ou parcial, são calculadas com base na retribuição anual ilíquida normalmente devida ao sinistrado, à data do acidente.

2 – Entende-se por retribuição mensal todas as prestações recebidas com carácter de regularidade que não se destinem a compensar o sinistrado por custos aleatórios.

3 – Entende-se por retribuição anual o produto de 12 vezes a retribuição mensal acrescida dos subsídios de Natal e de férias e outras prestações anuais a que o sinistrado tenha direito com carácter de regularidade.

4 – Se a retribuição correspondente ao dia do acidente for diferente da retribuição normal, esta é calculada pela média dos dias de trabalho e a respectiva retribuição auferida pelo sinistrado no período de um ano anterior ao acidente.

5 – Na falta dos elementos indicados nos números anteriores, o cálculo faz-se segundo o prudente arbítrio do juiz, tendo em atenção a natureza dos serviços prestados, a categoria profissional do sinistrado e os usos.

6 – A retribuição correspondente ao dia do acidente é paga pelo empregador.

7 – Se o sinistrado for praticante, aprendiz ou estagiário, ou nas demais situações que devam considerar-se de formação profissional, a indemnização é calculada com base na retribuição anual média ilíquida de um trabalhador da mesma empresa ou empresa similar e que exerça actividade correspondente à formação, aprendizagem ou estágio.

8 – O disposto nos n.ºs 4 e 5 é aplicável ao trabalho não regular e ao trabalhador a tempo parcial vinculado a mais de um empregador.

9 – O cálculo das prestações para trabalhadores a tempo parcial tem como base a retribuição que aufeririam se trabalhassem a tempo inteiro.

10 – A ausência ao trabalho para efectuar quaisquer exames com o fim de caracterizar o acidente ou a doença, ou para o seu tratamento, ou ainda para a aquisição, substituição ou arranjo de ajudas técnicas e outros dispositivos técnicos de compensação das limitações funcionais, não determina perda de retribuição.

11 – Em nenhum caso a retribuição pode ser inferior à que resulte da lei ou de instrumento de regulamentação colectiva de trabalho.

ARTIGO 72º
Pagamento da indemnização, da pensão e da prestação suplementar

1 – A pensão anual por incapacidade permanente ou morte é paga, adiantada e mensalmente, até ao 3º dia de cada mês, correspondendo cada prestação a 1/14 da pensão anual.

2 – Os subsídios de férias e de Natal, cada um no valor de 1/14 da pensão anual, são, respectivamente, pagos nos meses de Junho e Novembro.

3 – A indemnização por incapacidade temporária é paga mensalmente.

4 – O pagamento da prestação suplementar para assistência de terceira pessoa acompanha o pagamento mensal da pensão anual e dos subsídios de férias e de Natal.

5 – Os interessados podem acordar que o pagamento seja efectuado com periodicidade diferente da indicada nos números anteriores.

ARTIGO 73º
Lugar do pagamento das prestações

1 – O pagamento das prestações previstas na alínea b) do artigo 23º é efectuado no lugar da residência do sinistrado ou dos seus familiares se outro não for acordado.

2 – Se o credor das prestações se ausentar para o estrangeiro, o pagamento é efectuado no local acordado, sem prejuízo do disposto em convenções internacionais ou acordos de reciprocidade.

REGIME DE REPARAÇÃO DE ACIDENTES DE TRABALHO E DE DOENÇAS PROFISSIONAIS

ARTIGO 74º
Dedução do acréscimo de despesas

1 – Quando seja acordado, a pedido do sinistrado ou do beneficiário legal, para o pagamento das prestações, lugar diferente do da residência daqueles, a entidade responsável pode deduzir no montante das mesmas o acréscimo das despesas daí resultantes.

2 – O acordo sobre o lugar ou periodicidade do pagamento só é válido se revestir a forma escrita.

SECÇÃO VII
Remição de pensões

ARTIGO 75º
Condições de remição

1 – É obrigatoriamente remida a pensão anual vitalícia devida a sinistrado com incapacidade permanente parcial inferior a 30% e a pensão anual vitalícia devida a beneficiário legal desde que, em qualquer dos casos, o valor da pensão anual não seja superior a seis vezes o valor da retribuição mínima mensal garantida, em vigor no dia seguinte à data da alta ou da morte.

2 – Pode ser parcialmente remida, a requerimento do sinistrado ou do beneficiário legal, a pensão anual vitalícia correspondente a incapacidade igual ou superior a 30% ou a pensão anual vitalícia de beneficiário legal desde que, cumulativamente, respeite os seguintes limites:

a) A pensão anual sobrante não pode ser inferior a seis vezes o valor da retribuição mínima mensal garantida em vigor à data da autorização da remição;

b) O capital da remição não pode ser superior ao que resultaria de uma pensão calculada com base numa incapacidade de 30%.

3 – Em caso de acidente de trabalho sofrido por trabalhador estrangeiro, do qual resulte incapacidade permanente ou morte, a pensão anual vitalícia pode ser remida em capital, por acordo entre a entidade responsável e o beneficiário da pensão, se este optar por deixar definitivamente Portugal.

4 – Exclui-se da aplicação do disposto nos números anteriores o beneficiário legal de pensão anual vitalícia que sofra de deficiência ou doença crónica que lhe reduza definitivamente a sua capacidade geral de ganho em mais de 75%.

5 – No caso de o sinistrado sofrer vários acidentes, a pensão a remir é a global.

ARTIGO 76º
Cálculo do capital

1 – A indemnização em capital é calculada por aplicação das bases técnicas do capital da remição, bem como das respectivas tabelas práticas.

2 – As bases técnicas e as tabelas práticas referidas no número anterior são aprovadas por decreto-lei do Governo.

ARTIGO 77º
Direitos não afectados pela remição

A remição não prejudica:

a) O direito às prestações em espécie;
b) O direito de o sinistrado requerer a revisão da prestação;
c) Os direitos atribuídos aos beneficiários legais do sinistrado, se este vier a falecer em consequência do acidente;
d) A actualização da pensão remanescente no caso de remição parcial ou resultante de revisão de pensão.

SECÇÃO VIII
Garantia de cumprimento

ARTIGO 78º
Inalienabilidade, impenhorabilidade, irrenunciabilidade dos créditos e garantias

Os créditos provenientes do direito à reparação estabelecida na presente lei são inalienáveis, impenhoráveis e irrenunciáveis e gozam das garantias consignadas no Código do Trabalho.

ARTIGO 79º
Sistema e unidade de seguro

1 – O empregador é obrigado a transferir a responsabilidade pela reparação prevista na presente lei para entidades legalmente autorizadas a realizar este seguro.

2 – A obrigação prevista no número anterior vale igualmente em relação ao empregador que contrate trabalhadores exclusivamente para prestar trabalho noutras empresas.

3 – Verificando-se alguma das situações referidas no artigo 18º, a seguradora do responsável satisfaz o pagamento das prestações que seriam devidas caso não houvesse actuação culposa, sem prejuízo do direito de regresso.

4 – Quando a retribuição declarada para efeito do prémio de seguro for inferior à real, a seguradora só é responsável em relação àquela retribuição, que não pode ser inferior à retribuição mínima mensal garantida.

5 – No caso previsto no número anterior, o empregador responde pela diferença relativa às indemnizações por incapacidade temporária e pensões devidas, bem como pelas despesas efectuadas com a hospitalização e assistência clínica, na respectiva proporção.

REGIME DE REPARAÇÃO DE ACIDENTES DE TRABALHO E DE DOENÇAS PROFISSIONAIS

ARTIGO 80º
Dispensa de transferência de responsabilidade

As obrigações impostas pelo artigo anterior não abrangem a administração central, regional e local e as demais entidades, na medida em que os respectivos funcionários e agentes sejam abrangidos pelo regime de acidentes em serviço ou outro regime legal com o mesmo âmbito.

ARTIGO 81º
Apólice uniforme

1 – A apólice uniforme do seguro de acidentes de trabalho adequada às diferentes profissões e actividades, de harmonia com os princípios estabelecidos na presente lei e respectiva legislação regulamentar, é aprovada por portaria conjunta dos ministros responsáveis pelas áreas das finanças e laboral, sob proposta do Instituto de Seguros de Portugal, ouvidas as associações representativas das empresas de seguros e mediante parecer prévio do Conselho Económico e Social.

2 – A apólice uniforme obedece ao princípio da graduação dos prémios de seguro em função do grau de risco do acidente, tidas em conta a natureza da actividade e as condições de prevenção implantadas nos locais de trabalho.

3 – Deve ser prevista na apólice uniforme a revisão do valor do prémio, por iniciativa da seguradora ou a pedido do empregador, com base na modificação efectiva das condições de prevenção de acidentes nos locais de trabalho.

4 – São nulas as cláusulas adicionais que contrariem os direitos ou garantias estabelecidos na apólice uniforme prevista neste artigo.

ARTIGO 82º
Garantia e actualização de pensões

1 – A garantia do pagamento das pensões estabelecidas na presente lei que não possam ser pagas pela entidade responsável, nomeadamente por motivo de incapacidade económica, é assumida e suportada pelo Fundo de Acidentes de Trabalho, nos termos regulamentados em legislação especial.

2 – São igualmente da responsabilidade do Fundo referido no número anterior as actualizações do valor das pensões devidas por incapacidade permanente igual ou superior a 30% ou por morte e outras responsabilidades nos termos regulamentados em legislação especial.

3 – O Fundo referido nos números anteriores constitui-se credor da entidade economicamente incapaz, ou da respectiva massa falida, cabendo aos seus créditos, caso a entidade incapaz seja uma empresa de seguros, graduação idêntica à dos credores específicos de seguros.

4 – Se no âmbito de um processo de recuperação de empresa esta se encontrar impossibilitada de pagar os prémios dos seguros de acidentes de trabalho dos respectivos trabalhadores, o gestor da empresa deve comunicar tal impossibilidade ao Fundo referido nos números anteriores 60 dias antes do vencimento do contrato,

por forma a que o Fundo, querendo, possa substituir-se à empresa nesse pagamento, sendo neste caso aplicável o disposto no nº 3.

ARTIGO 83º
Riscos recusados

1 – O Instituto de Seguros de Portugal estabelece por norma regulamentar as disposições relativas à colocação dos riscos recusados pelas seguradoras.

2 – O Instituto de Seguros de Portugal pode ressegurar e retroceder os riscos recusados.

3 – Relativamente aos riscos recusados, o Instituto de Seguros de Portugal pode requerer, às entidades competentes, certificados de conformidade com as regras de segurança em vigor.

ARTIGO 84º
Obrigação de caucionamento

1 – O empregador é obrigado a caucionar o pagamento de pensões por acidente de trabalho em que tenha sido condenado, ou a que se tenha obrigado por acordo homologado, quando não haja ou seja insuficiente o seguro, salvo se celebrar com uma seguradora um contrato específico de seguro de pensões.

2 – A caução pode ser feita por depósito de numerário, títulos da dívida pública, afectação ou hipoteca de imóveis ou garantia bancária.

3 – O caucionamento é feito à ordem do juiz do tribunal do trabalho respectivo, ou a seu favor, no prazo que ele designar.

4 – Os títulos da dívida pública são avaliados, para efeitos de caucionamento, pela última cotação na bolsa e os imóveis e empréstimos hipotecários pelo valor matricial corrigido dos respectivos prédios, competindo ao Ministério Público apreciar e dar parecer sobre a idoneidade do caucionamento.

5 – Os imóveis sujeitos a este risco são obrigatoriamente seguros contra incêndio.

6 – O caucionamento deve ser reforçado sempre que se verifique que é insuficiente, aplicando-se, com as devidas adaptações, o disposto nos números anteriores.

7 – Verificado o incumprimento, que se prolongue por período superior a 15 dias, deve o pagamento das pensões em dívida iniciar-se pelas importâncias caucionadas, sem necessidade de execução.

ARTIGO 85º
Instituto de Seguros de Portugal

1 – Compete ao Instituto de Seguros de Portugal determinar o valor do caucionamento das pensões, quando não exista ou seja insuficiente o seguro das responsabilidades do empregador.

2 – Compete igualmente ao Instituto de Seguros de Portugal dar parecer sobre a transferência de responsabilidade das pensões por acidentes de trabalho para as seguradoras.

REGIME DE REPARAÇÃO DE ACIDENTES DE TRABALHO E DE DOENÇAS PROFISSIONAIS

3 – Os valores de caucionamento das pensões são calculados de acordo com as tabelas práticas a que se refere o artigo 76º, acrescidas de 10%.

SECÇÃO IX
Participação de acidente de trabalho

ARTIGO 86º
Sinistrado e beneficiários legais

1 – O sinistrado ou os beneficiários legais, em caso de morte, devem participar o acidente de trabalho, verbalmente ou por escrito, nas 48 horas seguintes, ao empregador, salvo se este o tiver presenciado ou dele vier a ter conhecimento no mesmo período.

2 – Se o estado do sinistrado ou outra circunstância, devidamente comprovada, não permitir o cumprimento do disposto no número anterior, o prazo neste fixado conta-se a partir da cessação do impedimento.

3 – Se a lesão se revelar ou for reconhecida em data posterior à do acidente, o prazo conta-se a partir da data da revelação ou do reconhecimento.

4 – Quando o sinistrado não participar o acidente tempestivamente e por tal motivo tiver sido impossível ao empregador ou a quem o represente na direcção do trabalho prestar-lhe a assistência necessária, a incapacidade judicialmente reconhecida como consequência daquela falta não confere direito às prestações estabelecidas na lei, na medida em que dela tenha resultado.

ARTIGO 87º
Empregador com responsabilidade transferida

1 – O empregador que tenha transferido a responsabilidade deve, sob pena de responder por perdas e danos, participar à seguradora a ocorrência do acidente, no prazo de vinte e quatro horas, a partir da data do conhecimento.

2 – A participação deve ser remetida à seguradora por meio informático, nomeadamente em suporte digital ou correio electrónico, salvo o disposto no número seguinte.

3 – No caso de microempresa, o empregador pode remeter a participação em suporte de papel.

ARTIGO 88º
Empregador sem responsabilidade transferida

1 – O empregador cuja responsabilidade não esteja transferida deve participar o acidente ao tribunal competente, por escrito, independentemente de qualquer apreciação das condições legais da reparação.

2 – O prazo para a participação é de oito dias a partir da data do acidente ou do seu conhecimento.

3 – No caso de morte, o acidente é participado de imediato ao tribunal competente, por correio electrónico ou por telecópia, sem prejuízo do disposto nos números anteriores.

ARTIGO 89º
Trabalho a bordo

1 – Sendo o sinistrado inscrito marítimo, a participação é feita ao órgão local do sistema de autoridade marítima do porto do território nacional onde o acidente ocorreu, sem prejuízo de outras notificações previstas em legislação especial.

2 – Se o acidente ocorrer a bordo de navio português, no alto mar ou no estrangeiro, a participação é feita ao órgão local do sistema de autoridade marítima do primeiro porto nacional escalado após o acidente.

3 – As participações previstas nos números anteriores devem ser efectuadas no prazo de dois dias a contar da data do acidente ou da chegada do navio e remetidas imediatamente ao tribunal competente pelo órgão local do sistema de autoridade marítima, se a responsabilidade não estiver transferida ou se do acidente tiver resultado a morte, e à seguradora nos restantes casos.

ARTIGO 90º
Seguradora

1 – A seguradora participa ao tribunal competente, por escrito, no prazo de oito dias a contar da alta clínica, o acidente de que tenha resultado incapacidade permanente e, imediatamente após o seu conhecimento, por correio electrónico, telecópia ou outra via com o mesmo efeito de registo escrito de mensagens, o acidente de que tenha resultado a morte.

2 – A participação por correio electrónico, telecópia ou outra via com o mesmo efeito de registo de mensagens não dispensa a participação formal, que deve ser feita no prazo de oito dias contados do falecimento ou do seu conhecimento.

3 – A seguradora participa ainda ao tribunal competente, por escrito, no prazo de oito dias a contar da sua verificação, todos os casos de incapacidade temporária que, consecutiva ou conjuntamente, ultrapassem 12 meses.

ARTIGO 91º
Comunicação obrigatória em caso de morte

1 – O director de estabelecimento hospitalar, assistencial ou prisional comunica de imediato ao tribunal competente e à entidade responsável, por telecópia ou outra via com o mesmo efeito de registo de mensagens, o falecimento, em consequência de acidente, de trabalhador ali internado.

2 – Igual obrigação tem qualquer outra pessoa ou entidade a cujo cuidado o sinistrado estiver.

ARTIGO 92º
Faculdade de participação a tribunal

A participação do acidente ao tribunal competente pode ser feita:

a) Pelo sinistrado, directamente ou por interposta pessoa;
b) Pelo familiar ou equiparado do sinistrado;
c) Por qualquer entidade com direito a receber o valor de prestações;
d) Pela autoridade policial ou administrativa que tenha tomado conhecimento do acidente;
e) Pelo director do estabelecimento hospitalar, assistencial ou prisional onde o sinistrado esteja internado, tendo o acidente ocorrido ao serviço de outra entidade.

CAPÍTULO III
Doenças profissionais

SECÇÃO I
Protecção nas doenças profissionais

SUBSECÇÃO I
Protecção da eventualidade

ARTIGO 93º
Âmbito

1 – A protecção da eventualidade de doenças profissionais integra-se no âmbito material do regime geral de segurança social dos trabalhadores vinculados por contrato de trabalho e dos trabalhadores independentes e dos que sendo apenas cobertos por algumas eventualidades efectuem descontos nas respectivas contribuições com vista a serem protegidos pelo regime das doenças profissionais.

2 – Podem, ainda, ser abrangidos pelo regime previsto no presente capítulo os trabalhadores aos quais, sendo apenas cobertos por algumas eventualidades, a taxa contributiva que lhes é aplicável integre o custo da protecção nas doenças profissionais.

ARTIGO 94º
Lista das doenças profissionais

1 – A elaboração e actualização da lista das doenças profissionais prevista no nº 2 do artigo 283º do Código do Trabalho é realizada por uma comissão nacional, cuja composição, competência e funcionamento são fixados em legislação especial.

2 – A lesão corporal, a perturbação funcional ou a doença não incluídas na lista a que se refere o número anterior são indemnizáveis desde que se prove serem consequência necessária e directa da actividade exercida e não representem normal desgaste do organismo.

ARTIGO 95º
Direito à reparação

O direito à reparação emergente de doenças profissionais previstas no nº 1 do artigo anterior pressupõe que, cumulativamente, se verifiquem as seguintes condições:

a) Estar o trabalhador afectado pela correspondente doença profissional;
b) Ter estado o trabalhador exposto ao respectivo risco pela natureza da indústria, actividade ou condições, ambiente e técnicas do trabalho habitual.

ARTIGO 96º
Avaliação, graduação e reparação das doenças profissionais

A avaliação, graduação e reparação das doenças profissionais diagnosticadas é da exclusiva responsabilidade do serviço com competências na área da protecção contra os riscos profissionais.

ARTIGO 97º
Natureza da incapacidade

1 – A doença profissional pode determinar incapacidade temporária ou permanente para o trabalho, nos termos definidos no artigo 19º

2 – A incapacidade temporária de duração superior a 18 meses considera-se como permanente, devendo ser fixado o respectivo grau de incapacidade, salvo parecer clínico em contrário, não podendo, no entanto, aquela incapacidade ultrapassar os 30 meses.

3 – O parecer clínico referido no número anterior pode propor a continuidade da incapacidade temporária ou a atribuição de pensão provisória.

ARTIGO 98º
Protecção da eventualidade

1 – A protecção nas doenças profissionais é assegurada pelo desenvolvimento articulado e sistemático das actuações no campo da prevenção, pela atribuição de prestações pecuniárias e em espécie tendo em vista, em conjunto com as intervenções de reabilitação e reintegração profissional, a adaptação ao trabalho e a reparação dos danos emergentes da eventualidade.

2 – As prestações em espécie revestem, com as devidas adaptações, as modalidades referidas no capítulo anterior, bem como as previstas no artigo seguinte.

3 – As prestações pecuniárias revestem, com as devidas adaptações, as modalidades referidas no capítulo anterior.

ARTIGO 99º
Modalidades das prestações em espécie

Constituem ainda prestações em espécie o reembolso das despesas de deslocação, de alimentação e de alojamento indispensáveis à concretização das prestações previs tas no artigo 25º, bem como quaisquer outras, seja qual for a forma que revistam, desde que necessárias e adequadas ao restabelecimento do estado de saúde e da capa cidade de trabalho ou de ganho do trabalhador e à sua recuperação para a vida activa.

SUBSECÇÃO II
Titularidade dos direitos

ARTIGO 100º
Titulares do direito às prestações por doença profissional

1 – O direito às prestações é reconhecido ao beneficiário que seja portador de doença profissional.

2 – O direito às prestações por morte de beneficiário que seja portador de doença profissional é reconhecido aos familiares ou pessoas equiparadas, previstos no artigo 57º

ARTIGO 101º
Familiar a cargo

O conceito de familiar a cargo, para efeito de titularidade ou montante das prestações reguladas no presente capítulo, corresponde ao previsto no regime geral de segurança social para a protecção da eventualidade morte.

SECÇÃO II
Prestações

SUBSECÇÃO I
Prestações pecuniárias

ARTIGO 102º
Pensão e subsídios por morte e por despesas de funeral

1 – Para efeitos de atribuição da pensão por morte, dos subsídios por morte e por despesas de funeral, considera-se o falecimento que decorra de doença profissional.

2 – A atribuição das prestações referidas no número anterior, em caso de falecimento por causa natural do beneficiário portador de doença profissional, depende de os seus familiares ou terceiros não terem direito a prestações equivalentes concedidas por qualquer outro regime de protecção social obrigatório.

ARTIGO 103º
Prestações adicionais

Nos meses de Junho e Novembro de cada ano, os titulares de pensões têm direito a receber, além da prestação mensal que lhes corresponda, um montante adicional de igual valor.

LEI Nº 98/2009, DE 4 DE SETEMBRO

SUBSECÇÃO II
Prestações em espécie

ARTIGO 104º
Prestações em espécie

1 – As prestações em espécie são asseguradas, em regra, através de reembolsos das respectivas despesas, nos termos dos números seguintes.

2 – Os reembolsos das despesas com cuidados de saúde destinam-se a compensar, na totalidade, os gastos efectuados pelo beneficiário com assistência médica, cirúrgica, de enfermagem, medicamentosa e farmacêutica, decorrentes de doença profissional.

3 – Os reembolsos das despesas com deslocações destinam-se a compensar, nos termos prescritos, as despesas de deslocação efectuadas pelo beneficiário, resultantes de recurso a cuidados de saúde, a exames de avaliação de incapacidade e a serviços de reabilitação e reintegração profissional, bem como de frequência de cursos de formação profissional.

4 – Os reembolsos das despesas com alojamento e alimentação destinam-se a compensar, nos termos prescritos, os gastos efectuados pelo beneficiário decorrentes do recurso a prestações em espécie que impliquem deslocação do local da residência.

SECÇÃO III
Condições de atribuição de prestação

SUBSECÇÃO I
Condições gerais

ARTIGO 105º
Condições relativas à doença profissional

1 – Para efeitos da alínea *b*) do artigo 95º são tomadas em conta, na medida do necessário, as actividades susceptíveis de provocarem o risco em causa, exercidas nos termos da legislação de outro Estado, se tal estiver previsto em instrumento internacional de segurança social a que Portugal se encontre vinculado.

2 – Se o interessado tiver estado exposto ao mesmo risco nos termos do regime geral e da legislação de outro Estado ao qual Portugal se encontre vinculado por instrumento internacional, as prestações são concedidas de acordo com o disposto neste instrumento.

ARTIGO 106º
Prazo de garantia

As prestações são atribuídas independentemente da verificação de qualquer prazo de garantia.

595

REGIME DE REPARAÇÃO DE ACIDENTES DE TRABALHO E DE DOENÇAS PROFISSIONAIS

SUBSECÇÃO II
Condições especiais

ARTIGO 107º
Pensão provisória

1 – A atribuição da pensão provisória por incapacidade permanente depende de parecer clínico, nos casos previstos pelos nºs 2 e 3 do artigo 97º

2 – A atribuição da pensão provisória por morte depende ainda de não se considerar caracterizada a causa da morte, bem como de os respectivos interessados reunirem os condicionalismos legalmente previstos para o reconhecimento do respectivo direito e não se encontrarem em qualquer das seguintes situações:

a) Exercício de actividade profissional remunerada;
b) Pré-reforma;
c) Pensionista de qualquer sistema de protecção social.

3 – Pode ser atribuído um montante provisório de pensão por incapacidade permanente ou morte sempre que, verificadas as condições determinantes do direito, por razões de ordem administrativa ou técnica, não imputáveis aos beneficiários, seja inviável a atribuição de pensão definitiva no prazo de três meses a partir da data de entrada do requerimento.

ARTIGO 108º
Subsídio para frequência de acções no âmbito da reabilitação profissional

A atribuição do subsídio para a frequência de acções no âmbito da reabilitação profissional depende de o beneficiário reunir, cumulativamente, os condicionalismos previstos nas alíneas *a)* e *b)* do nº 2 do artigo 69º, bem como os seguintes:

a) Ter requerido a frequência de acção ou curso ou aceite proposta do serviço com competências na área da protecção contra os riscos profissionais;
b) Obter parecer favorável dos serviços médicos responsáveis pela avaliação das incapacidades por doenças profissionais.

ARTIGO 109º
Prestações em espécie

1 – O reembolso das despesas com prestações em espécie, previsto no artigo 104º, depende, conforme o caso:

a) De prova da impossibilidade de recurso aos serviços oficiais e de autorização do serviço com competências na área da protecção contra os riscos profissionais para acesso a serviços privados;
b) Da necessidade de deslocação e permanência fora do local habitual da residência do beneficiário;
c) De parecer de junta médica, quanto à necessidade de cuidados de saúde e da sua impossibilidade de tratamento no território nacional.

LEI Nº 98/2009, DE 4 DE SETEMBRO

2 – O reembolso, quando devido, deve ser efectuado pelo serviço com competência na área de protecção dos riscos profissionais, no prazo máximo de 30 dias a partir da data da entrega pelo beneficiário de documento comprovativo da despesa.

SECÇÃO IV
Montante da prestação

SUBSECÇÃO I
Determinação dos montantes

ARTIGO 110º
Disposição geral

1 – O montante das prestações referidas nas alíneas *a*) a *c*) e *g*) do nº 1 do artigo 47º é determinado pela aplicação da percentagem legalmente fixada à retribuição de referência.

2 – O montante das demais prestações referidas no nº 1 do artigo 47º é determinado em função das despesas realizadas ou por indexação a determinados valores.

ARTIGO 111º
Determinação da retribuição de referência

1 – Na reparação de doença profissional, a retribuição de referência a considerar no cálculo das indemnizações e pensões corresponde à retribuição anual ilíquida devida ao beneficiário nos 12 meses anteriores à cessação da exposição ao risco, ou à data da certificação da doença que determine incapacidade, se esta a preceder.

2 – No caso de trabalho não regular e trabalho a tempo parcial com vinculação a mais de um empregador, bem como nos demais casos em que não seja aplicável o nº 1, a retribuição de referência é calculada pela média dos dias de trabalho e correspondentes retribuições auferidas pelo beneficiário no período de um ano anterior à certificação da doença profissional, ou no período em que houve efectiva prestação de trabalho.

3 – Na falta dos elementos referidos no número anterior, e tendo em atenção a natureza dos serviços prestados, a categoria profissional do beneficiário e os usos, a retribuição é definida pelo serviço com competências na área da protecção contra os riscos profis sionais.

4 – Para a determinação da retribuição de referência considera-se como:

a) Retribuição anual as 12 retribuições mensais ilíquidas acrescidas dos subsídios de Natal e de férias e outras retribuições anuais a que o trabalhador tenha direito com carácter de regularidade, nos 12 meses anteriores à cessação da exposição ao risco, ou à data da certificação da doença que determine incapacidade, se esta a preceder;

b) Retribuição diária a que se obtém pela divisão da retribuição anual pelo número de dias com registo de retribuições.

ARTIGO 112º
Retribuição convencional

Quando a base de incidência contributiva tiver em conta retribuição convencional, a retribuição de referência corresponde ao valor que serve de base à incidência contributiva, sem prejuízo do disposto no artigo anterior.

ARTIGO 113º
Retribuição de referência no caso de alteração de grau de incapacidade

1 – No caso de o beneficiário, ao contrair uma doença profissional, estar já afectado de incapacidade permanente resultante de acidente de trabalho ou outra doença profissional, a reparação é apenas a correspondente à diferença entre a incapacidade anterior e a que for calculada como se toda a incapacidade fosse imputada à última doença profissional.

2 – São tomadas em conta para efeitos do número anterior as incapacidades profissionais anteriores verificadas nos termos da legislação de outro Estado ao qual Portugal se encontre vinculado por instrumento internacional de segurança social.

3 – Na reparação prevista nos termos do nº 1 é considerada a retribuição correspondente à última doença profissional, salvo se a anterior incapacidade igualmente decorrer de doença profissional e a correspondente prestação tiver por base retribuição superior, caso em que é esta a considerada.

4 – Para efeitos de aplicação deste artigo e nos casos de incapacidade permanente absoluta para o trabalho habitual deve ser determinado um grau de incapacidade.

5 – O disposto no nº 3 aplica-se também aos casos de revisão em que haja agravamento de incapacidade.

SUBSECÇÃO II
Prestações por incapacidade

DIVISÃO I
Indemnização por incapacidade temporária

ARTIGO 114º
Indemnização por pneumoconiose associada à tuberculose

1 – O montante diário da indemnização por incapacidade temporária do beneficiário portador de pneumoconioses associadas à tuberculose é igual a 80% da

LEI Nº 98/2009, DE 4 DE SETEMBRO

retribuição de referência acrescida de 10% desta por cada pessoa a cargo, até ao limite da retribuição.

2 – O disposto no número anterior é aplicável independentemente das datas de diagnóstico da pneumoconiose e da tuberculose.

3 – Após a alta por tuberculose, o beneficiário é sujeito a exame médico para efeitos de determinação do grau de incapacidade por doença profissional.

DIVISÃO II
Prestações por incapacidade permanente

ARTIGO 115º
Pensão por incapacidade permanente absoluta para o trabalho habitual

Na incapacidade permanente absoluta para o trabalho habitual, o montante da pen são mensal é fixado entre 50% e 70% da retribuição de referência, conforme a maior ou menor capacidade funcional residual para o exercício de outra profissão compatível.

ARTIGO 116º
Bonificação da pensão por incapacidade permanente

1 – A pensão por incapacidade permanente é bonificada em 20% do seu valor relativamente a pensionista que, cessando a sua actividade profissional, se encontre afectado por:

a) Pneumoconiose com grau de incapacidade permanente não inferior a 50%, e em que o coeficiente de desvalorização referido nos elementos radiográficos seja 10%, quando completar 50 anos de idade;

b) Doença profissional com um grau de incapacidade permanente não inferior a 70%, quando completar 50 anos de idade;

c) Doença profissional com um grau de incapacidade permanente não inferior a 80%, independentemente da sua idade.

2 – O montante da pensão bonificada não pode exceder o valor da retribuição de referência que serve de base ao cálculo da pensão.

ARTIGO 117º
Subsídios por elevada incapacidade permanente e para readaptação de habitação

O valor a ter em conta para a atribuição dos subsídios por elevada incapacidade permanente e para a readaptação de habitação, previstos nos artigos 67º e 68º, é o que estiver em vigor à data da certificação da incapacidade.

REGIME DE REPARAÇÃO DE ACIDENTES DE TRABALHO E DE DOENÇAS PROFISSIONAIS

SUBSECÇÃO III
Prestações por morte

DIVISÃO I
Pensão provisória

ARTIGO 118º
Pensão provisória por morte

1 – O montante da pensão provisória por morte é igual ao que resulta da aplicação das percentagens de cálculo da pensão por morte ao valor definido no nº 1 do artigo 111º

2 – Atribuída a pensão definitiva, há lugar ao acerto de contas entre esta e o montante provisório de pensão.

DIVISÃO II
Subsídio por morte

ARTIGO 119º
Subsídio

1 – Ao subsídio por morte, é aplicável o disposto no artigo 65º

2 – Na falta de qualquer dos titulares previstos no artigo 65º, o montante reverte para o fundo de assistência do serviço com competências na área da protecção contra os riscos profissionais.

SUBSECÇÃO IV
Montante das prestações comuns às pensões

ARTIGO 120º
Prestação suplementar da pensão para assistência a terceira pessoa

1 – O montante da prestação prevista no artigo 54º corresponde ao valor da retribuição paga à pessoa que presta assistência, com o limite aí fixado.

2 – Na falta de prova da retribuição, o montante da prestação corresponde ao valor estabelecido para prestação idêntica, no âmbito do regime geral e, no caso de haver vários, ao mais elevado.

ARTIGO 121º
Prestações adicionais

As prestações adicionais são de montante igual ao das pensões respeitantes aos meses de Junho e Novembro, respectivamente, incluindo o valor da prestação suplementar para assistência de terceira pessoa, quando a esta haja lugar.

ARTIGO 122º
Montante provisório de pensões

1 – A pensão provisória mensal por incapacidade permanente e o montante provisório da mesma são iguais ao valor mensal da indemnização por incapacidade temporária absoluta que estava a ser atribuída ou seria atribuível.

2 – Atribuída a pensão definitiva, há lugar ao acerto de contas entre esta e o montante provisório de pensão.

SUBSECÇÃO V
Montante das prestações em espécie

ARTIGO 123º
Reembolsos

1 – Os reembolsos relativos às despesas de cuidados de saúde a que haja lugar correspondem à totalidade das mesmas.

2 – Os reembolsos relativos às despesas de deslocação, alojamento e alimentação efectuados pelo beneficiário e seus acompanhantes que impliquem deslocação do local da residência são efectuados, mediante documento comprovativo, nos seguintes termos:

a) Pelo montante integral correspondente à utilização de transporte colectivo público ou o custo decorrente do recurso a outro meio de transporte, quando aquele não exista ou não seja adequado ao estado de saúde do beneficiário, desde que devidamente comprovado por declaração médica ou por outras razões ponderosas atendíveis;

b) Até ao limite do menor valor de ajudas de custo para os funcionários e agentes da Administração Pública, e nos respectivos termos.

3 – O pagamento das despesas do acompanhante do beneficiário depende de o estado de saúde do beneficiário o exigir, devidamente comprovado por declaração médica.

SUBSECÇÃO VI
Garantia e actualização das pensões

ARTIGO 124º
Actualização

Os valores das pensões reguladas neste capítulo são periodicamente actualizados nos termos fixados no diploma de actualização das demais pensões do regime geral.

REGIME DE REPARAÇÃO DE ACIDENTES DE TRABALHO E DE DOENÇAS PROFISSIONAIS

ARTIGO 125º
Garantia do pagamento

1 – O pagamento das pensões por incapacidade permanente ou morte e das indemnizações por incapacidade temporária que não possam ser pagas pela entidade legalmente autorizada a não transferir a responsabilidade da cobertura do risco por motivo de incapacidade económica objectivamente caracterizada em processo de insolvência e recuperação de empresas ou por motivo de ausência, desaparecimento ou impossibilidade de identificação, é suportado pelo serviço com competências na área da protecção contra os riscos profissionais.

2 – O serviço com competências na área da protecção contra os riscos profissionais fica constituído credor da entidade economicamente incapaz ou da respectiva massa insolvente, cabendo aos seus créditos, caso a entidade incapaz seja uma seguradora, graduação idêntica à dos credores específicos de seguros.

SECÇÃO V
Duração das prestações

SUBSECÇÃO I
Início das prestações

ARTIGO 126º
Início da indemnização por incapacidade temporária

1 – A indemnização por incapacidade temporária absoluta é devida a partir do primeiro dia de incapacidade sem prestação de trabalho.

2 – A indemnização por incapacidade temporária parcial é devida a partir da data da redução do trabalho e da correspondente certificação.

ARTIGO 127º
Início da pensão provisória

1 – A pensão provisória é devida a partir do dia seguinte àquele em que deixou de haver lugar à indemnização por incapacidade temporária.

2 – O montante provisório da pensão é devido a partir da data do requerimento, da participação obrigatória ou da morte do beneficiário, conforme o caso.

ARTIGO 128º
Pensão por incapacidade permanente

1 – A pensão por incapacidade permanente é devida a partir da data a que se reporta a certificação da respectiva situação, não podendo ser anterior à data do requerimento ou da participação obrigatória, salvo se, comprovadamente, se confirmar que a doença se reporta a data anterior.

LEI Nº 98/2009, DE 4 DE SETEMBRO

2 – A pensão por incapacidade permanente é devida a partir do mês seguinte ao do requerimento, nos seguintes casos:

a) Na impossibilidade de a certificação médica reportar a incapacidade a essa data, caso em que a mesma se considera presumida;

b) Se o beneficiário não instruiu o processo com o respectivo requerimento para avaliação de incapacidade permanente por doença profissional no prazo de um ano a contar da data da comunicação do serviço com competências na área da protecção contra os riscos profissionais, para esse mesmo efeito.

3 – No caso da alínea *a*) do número anterior, a incapacidade é considerada a partir da data da participação obrigatória, se anterior ao requerimento.

4 – A pensão por incapacidade permanente absoluta para todo e qualquer trabalho sequencial à incapacidade temporária sem prestação de trabalho é devida a partir do 1º dia em relação ao qual a mesma é certificada, não podendo, contudo, ser anterior ao 1º dia de incapacidade temporária.

5 – Tratando-se de pensão bonificada, a bonificação é devida a partir do mês seguinte ao da apresentação da documentação exigida para o efeito.

6 – O subsídio por situações de elevada incapacidade permanente é devido a partir da data da fixação da incapacidade.

ARTIGO 129º
Pensão por morte

1 – A pensão por morte é devida a partir do mês seguinte ao do falecimento do beneficiário no caso de ser requerida nos 12 meses imediatos ou a partir do mês seguinte ao do requerimento, em caso contrário.

2 – A alteração dos montantes das pensões resultante da modificação do número de titulares tem lugar no mês seguinte ao da verificação do facto que a determinou.

ARTIGO 130º
Prestação suplementar para assistência a terceira pessoa

A prestação suplementar para assistência a terceira pessoa reporta-se à data do respectivo requerimento, se for feita prova de que o requerente já necessitava de assistência de terceira pessoa e dela dispunha ou, caso contrário, à data em que se verificar esse condicionalismo.

SUBSECÇÃO II
Suspensão das prestações

ARTIGO 131º
Suspensão da bonificação das pensões

A bonificação da pensão é suspensa enquanto o pensionista exercer actividade sujeita ao risco da doença ou doenças profissionais em relação às quais é pensionista.

REGIME DE REPARAÇÃO DE ACIDENTES DE TRABALHO E DE DOENÇAS PROFISSIONAIS

SUBSECÇÃO III
Cessação das prestações

ARTIGO 132º
Cessação do direito à indemnização por incapacidade temporária

O direito à indemnização por incapacidade temporária cessa com a alta clínica do beneficiário ou com a certificação da incapacidade permanente.

ARTIGO 133º
Cessação da pensão provisória

1 – A pensão provisória cessa na data da fixação definitiva da pensão ou da não verificação dos condicionalismos da atribuição desta prestação.

2 – A não verificação dos condicionalismos de atribuição da pensão não dá lugar à restituição das pensões provisórias pagas.

ARTIGO 134º
Cessação do direito à pensão

1 – O direito à pensão cessa nos termos gerais de cessação das correspondentes pensões do regime geral.

2 – O direito à pensão por morte cessa, em especial, com:

a) O casamento ou a união de facto do cônjuge sobrevivo, do ex-cônjuge do beneficiário falecido ou da pessoa que vivia com o beneficiário em união de facto;

b) O trânsito em julgado de sentença de condenação do pensionista como autor, cúmplice ou encobridor do crime de homicídio voluntário, ainda que não consumado, na pessoa do beneficiário ou de outrem que concorra na respectiva pensão de sobrevivência, salvo se o ofendido o tiver reabilitado nos termos da lei civil;

c) A declaração judicial de indignidade do pensionista, salvo se o beneficiário o tiver reabilitado e no caso de deserdação por parte do beneficiário, salvo se o pensionista for reabilitado, mediante acção de impugnação da deserdação.

ARTIGO 135º
Remição

1 – Pode ser remida, mediante requerimento do interessado ou por decisão judicial, a pensão devida por doença profissional sem carácter evolutivo, correspondente a incapacidade permanente parcial inferior a 30%.

2 – Pode ser parcialmente remida, mediante requerimento ou por decisão judicial, a pensão devida por doença profissional sem carácter evolutivo, correspondente a incapacidade permanente parcial igual ou superior a 30%, desde que a pensão sobrante seja igual ou superior a 50% do valor de 1,1 IAS.

3 – O capital de remição é calculado nos termos do disposto em legislação especial.

SECÇÃO VI
Acumulação e coordenação de prestações

ARTIGO 136º
Acumulação das prestações com rendimentos de trabalho

Não são acumuláveis com a retribuição resultante de actividade profissional as seguintes prestações:

a) A indemnização por incapacidade temporária absoluta;

b) A bonificação da pensão, caso se verifique a situação prevista no artigo 131º;

c) A pensão por incapacidade permanente absoluta para todo e qualquer trabalho e a pensão por incapacidade permanente absoluta para o trabalho habitual, desde que, quanto a esta, a retribuição decorra do exercício do mesmo trabalho ou actividade sujeita ao risco da doença profissional em relação à qual é pensionista.

ARTIGO 137º
Acumulação de pensão por doença profissional com outras pensões

A pensão por incapacidade permanente por doença profissional é acumulável com a pensão atribuída por invalidez ou velhice, no âmbito de regimes de protecção social obrigatória, sem prejuízo das regras de acumulação próprias destes regimes.

SECÇÃO VII
Certificação das incapacidades

ARTIGO 138º
Princípios gerais

1 – A certificação das incapacidades abrange o diagnóstico da doença, a sua caracterização como doença profissional e a graduação da incapacidade, bem como, se for o caso, a declaração da necessidade de assistência permanente de terceira pessoa para efeitos de prestação suplementar.

2 – A caracterização da doença profissional e graduação da incapacidade permanente pode ser revista pelo serviço com competências na área da protecção contra os riscos profissionais, oficiosamente ou a requerimento do beneficiário, independentemente da entidade que a tenha fixado.

3 – A certificação e a revisão das incapacidades é da exclusiva responsabilidade do serviço com competências na área da protecção contra os riscos profissionais, sem prejuízo do diagnóstico presuntivo pelos médicos dos serviços de saúde, para efeitos da atribuição da indemnização por incapacidade temporária.

REGIME DE REPARAÇÃO DE ACIDENTES DE TRABALHO E DE DOENÇAS PROFISSIONAIS

ARTIGO 139º
Equiparação da qualidade de pensionista

A qualidade de pensionista por doença profissional com grau de incapacidade permanente igual ou superior a 50% é equiparada à qualidade de pensionista por invalidez do regime geral.

SECÇÃO VIII
Administração

SUBSECÇÃO I
Gestão do regime

ARTIGO 140º
Aplicação do regime

1 – A aplicação do regime previsto no presente capítulo compete aos serviços com competências na área da protecção contra os riscos profissionais.

2 – As demais instituições de segurança social, no âmbito das respectivas funções, colaboram com o serviço com competências na área da protecção contra os riscos profissionais no desenvolvimento da competência prevista no número anterior.

ARTIGO 141º
Articulação entre instituições e serviços

1 – O serviço com competências na área da protecção contra os riscos profissionais deve estabelecer normas de articulação adequadas com outros serviços, designadamente instituições de segurança social, serviços de saúde, emprego e formação profissional, relações laborais e tutela das várias áreas de actividade, tendo em vista assegurar a máxima eficiência e eficácia na prevenção e reparação das doenças profissionais.

2 – As medidas de reconversão profissional e reabilitação que se mostrem convenientes podem ser asseguradas pelos serviços competentes de emprego e formação profissional, mediante a celebração de acordos de cooperação, nos termos e condições prescritos no capítulo IV.

ARTIGO 142º
Participação obrigatória

1 – O médico participa ao serviço com competências na área da protecção contra os riscos profissionais todos os casos clínicos em que seja de presumir a existência de doença profissional.

2 – O diagnóstico presuntivo de doença profissional pelos serviços a que se refere o nº 3 do artigo 138º e o eventual reconhecimento de incapacidade temporária por

doença profissional não dispensam os médicos dos respectivos serviços da participação obrigatória prevista no presente artigo.

3 – A participação deve ser remetida no prazo de oito dias a contar da data do diagnóstico ou de presunção da existência de doença profissional.

4 – O modelo de participação referida neste artigo é aprovado por despacho conjunto dos ministros responsáveis pelas áreas laboral e da segurança social.

ARTIGO 143º
Comunicação obrigatória

1 – O serviço com competências na área da protecção contra os riscos profissionais comunica os casos confirmados de doença profissional ao serviço competente em matéria de prevenção da segurança e saúde no trabalho e fiscalização das condições de trabalho, à Direcção-Geral da Saúde e ao empregador, bem como, consoante o local onde, presumivelmente, se tenha originado ou agravado a doença, aos serviços regionais de saúde e aos centros regionais de segurança social.

2 – A comunicação a que se refere o número anterior deve ser antecipada, a fim de poder determinar as correspondentes medidas de prevenção, nos casos em que concorram indícios inequívocos de especial gravidade da situação laboral.

SUBSECÇÃO II
Organização dos processos

ARTIGO 144º
Requerimento das prestações

1 – As prestações pecuniárias previstas no presente capítulo são objecto de requerimento, salvo no que se refere às prestações previstas nas alíneas *a*) e *i*) do nº 1 do artigo 47º

2 – As prestações em espécie que dêem lugar a reembolso são igualmente requeridas.

3 – Os requerimentos previstos nos números anteriores são dirigidos ao serviço com competências na área da protecção contra os riscos profissionais.

ARTIGO 145º
Requerentes

1 – As prestações são requeridas pelo interessado ou seus representantes legais.

2 – A prestação por morte a favor de menor ou incapaz pode ainda ser requerida pela pessoa que prove tê-lo a seu cargo ou que aguarde decisão judicial de suprimento da incapacidade.

REGIME DE REPARAÇÃO DE ACIDENTES DE TRABALHO E DE DOENÇAS PROFISSIONAIS

ARTIGO 146º
Instrução do requerimento da pensão

1 – A pensão por incapacidade permanente é requerida em modelo próprio, entregue no serviço com competências na área da protecção contra os riscos profissionais ou nos serviços competentes da segurança social.

2 – O requerimento deve ser acompanhado de informação médica, designadamente dos serviços oficiais de saúde e do médico do serviço de medicina do trabalho do respectivo empregador.

3 – No caso de impossibilidade de o requerente dispor dos elementos comprovativos, os exames médicos devem ser efectuados no serviço com competências na área da protecção contra os riscos profissionais ou requisitados por este à entidade competente.

ARTIGO 147º
Instrução do requerimento de pensão bonificada

A bonificação da pensão depende de requerimento do beneficiário instruído com declaração de cessação do exercício da actividade ou actividades profissionais determinantes da incapacidade permanente.

ARTIGO 148º
Instrução do requerimento das prestações por morte

1 – As prestações por morte são atribuídas a requerimento do interessado ou dos seus representantes legais, o qual deve ser instruído com os documentos comprovativos dos factos condicionantes da sua atribuição.

2 – No caso de união de facto, o requerimento da pensão deve ser instruído com certidão de sentença judicial proferida em acção de alimentos interposta contra a herança do falecido ou em acção declarativa contra a instituição de segurança social, da qual resulte o reconhecimento de que o requerente reúne as condições de facto legalmente exigidas para a atribuição dos alimentos.

ARTIGO 149º
Instrução do requerimento do subsídio por despesas de funeral

O requerimento do subsídio por despesas de funeral é instruído com documento comprovativo de o requerente ter efectuado o respectivo pagamento.

ARTIGO 150º
Requerimento da prestação suplementar de terceira pessoa

1 – A prestação suplementar é requerida pelo beneficiário, sendo o processo instruído com os seguintes documentos:

a) Declaração do requerente da qual conste a existência da pessoa que presta ou se dispõe a prestar assistência, com especificação das condições em que a mesma é ou vai ser prestada;

LEI Nº 98/2009, DE 4 DE SETEMBRO

b) Parecer dos serviços médicos do serviço com competências na área da protecção contra os riscos profissionais que ateste a situação de dependência.

2 – O serviço com competências na área da protecção contra os riscos profissionais pode desencadear os procedimentos que julgue adequados à comprovação da veracidade da declaração referida na alínea *a*) do número anterior, directamente ou através de outras instituições.

ARTIGO 151º
Prazo de requerimento

1 – O prazo para requerer o subsídio por despesas de funeral e as prestações em espécie, na forma de reembolso, é de um ano a partir da realização da respectiva despesa.

2 – O prazo para requerer a pensão e o subsídio por morte é de cinco anos a partir da data do falecimento do beneficiário.

ARTIGO 152º
Contagem do prazo de prescrição

Para efeitos de prescrição do direito às prestações, a contagem do respectivo prazo inicia-se no dia seguinte àquele em que a prestação foi posta a pagamento, com conhecimento do credor.

ARTIGO 153º
Deveres

1 – O titular de pensão bonificada que exerça actividade sujeita ao risco de doença ou doenças profissionais determinantes da sua situação de pensionista é obrigado a dar, do facto, conhecimento ao serviço com competências na área da protecção contra os riscos profissionais, no prazo de 10 dias subsequentes ao respectivo início.

2 – O pensionista por morte que celebre casamento ou inicie união de facto é obrigado a dar conhecimento ao serviço com competências na área da protecção contra os riscos profissionais, nos 30 dias subsequentes à respectiva verificação.

3 – Os familiares são obrigados a comunicar o óbito do beneficiário ao serviço com competência na área da protecção contra os riscos profissionais, no prazo de 60 dias, após a ocorrência.

CAPÍTULO IV
Reabilitação e reintegração profissional

SECÇÃO I
Âmbito

ARTIGO 154º
Âmbito

O presente capítulo regula o regime relativo à reabilitação e reintegração profissional de trabalhador sinistrado por acidente de trabalho ou afectado por doença profissional de que tenha resultado incapacidade temporária parcial, ou incapacidade permanente, parcial ou absoluta para o trabalho habitual.

SECÇÃO II
Reabilitação e reintegração profissional

ARTIGO 155º
Ocupação e reabilitação

1 – O empregador é obrigado a ocupar o trabalhador que, ao seu serviço, ainda que a título de contrato a termo, sofreu acidente de trabalho ou contraiu doença profissional de que tenha resultado qualquer das incapacidades previstas no artigo anterior, em funções e condições de trabalho compatíveis com o respectivo estado, nos termos previstos na presente lei.

2 – Ao trabalhador referido no número anterior é assegurada, pelo empregador, a formação profissional, a adaptação do posto de trabalho, o trabalho a tempo parcial e a licença para formação ou novo emprego, nos termos previstos na presente lei.

3 – O Governo deve criar serviços de adaptação ou readaptação profissionais e de colocação, garantindo a coordenação entre esses serviços e os já existentes, quer do Estado, quer das instituições, quer dos empregadores e seguradoras, e utilizando esses serviços tanto quanto possível.

ARTIGO 156º
Ocupação obrigatória

1 – A obrigação prevista no nº 1 do artigo anterior cessa se, injustificadamente, o trabalhador não se apresentar ao empregador no prazo de 10 dias após a comunicação da incapacidade fixada.

2 – O empregador que não cumprir a obrigação de ocupação efectiva, e sem prejuízo de outras prestações devidas por lei ou por instrumento de regulamentação colectiva, tem de pagar ao trabalhador a retribuição prevista no nº 2 do artigo seguinte, salvo se, entretanto, o contrato tiver cessado nos termos legais.

LEI Nº 98/2009, DE 4 DE SETEMBRO

ARTIGO 157º
Condições especiais de trabalho

1 – O trabalhador com capacidade de trabalho reduzida resultante de acidente de trabalho ou de doença profissional, a quem o empregador, ao serviço do qual ocorreu o acidente ou a doença foi contraída, assegure ocupação em funções compatíveis, durante o período de incapacidade, tem direito a dispensa de horários de trabalho com adaptabilidade, de trabalho suplementar e de trabalho no período nocturno.

2 – A retribuição devida ao trabalhador sinistrado por acidente de trabalho ou afectado por doença profissional ocupado em funções compatíveis tem por base a do dia do acidente, excepto se entretanto a retribuição da categoria correspondente tiver sido objecto de alteração, caso em que é esta a considerada.

3 – A retribuição a que alude o número anterior nunca é inferior à devida pela capacidade restante.

4 – O despedimento sem justa causa de trabalhador temporariamente incapacitado em resultado de acidente de trabalho ou de doença profissional confere àquele, sem prejuízo de outros direitos consagrados no Código do Trabalho, caso não opte pela reintegração, o direito a uma indemnização igual ao dobro da que lhe competiria por despedimento ilícito.

ARTIGO 158º
Trabalho a tempo parcial e licença para formação ou novo emprego

1 – O trabalhador que exerça funções compatíveis de acordo com a sua incapacidade permanente, tem direito a trabalhar a tempo parcial e a licença para formação ou novo emprego, nos termos dos números seguintes.

2 – Salvo acordo em contrário, o período normal de trabalho a tempo parcial corresponde a metade do praticado a tempo completo numa situação comparável, e é prestado diariamente, de manhã ou de tarde, ou em três dias por semana, conforme o pedido do trabalhador.

3 – A licença para formação pode ser concedida para frequência de curso de formação ministrado sob responsabilidade de uma instituição de ensino ou de formação profissional ou no âmbito de programa específico aprovado por autoridade competente e executado sob o seu controlo pedagógico, ou para frequência de curso ministrado em estabelecimento de ensino.

4 – A licença para novo emprego pode ser concedida a trabalhador que pretenda celebrar contrato de trabalho com outro empregador, por período corresponde à duração do período experimental.

5 – A concessão da licença para formação ou novo emprego determina a suspensão do contrato de trabalho, com os efeitos previstos no nº 4 do artigo 317º do Código do Trabalho.

6 – O trabalhador deve solicitar ao empregador a passagem à prestação de trabalho a tempo parcial ou a licença para formação ou novo emprego, com a antecedência de 30 dias relativamente ao seu início, por escrito e com as seguintes indicações:

REGIME DE REPARAÇÃO DE ACIDENTES DE TRABALHO E DE DOENÇAS PROFISSIONAIS

a) No caso da prestação de trabalho a tempo parcial, o respectivo período de duração e a repartição semanal do período normal de trabalho pretendidos;

b) No caso de licença para formação, o curso que pretende frequentar e a sua duração;

c) No caso de licença para novo emprego, a duração do período experimental correspondente.

7 – O empregador apenas pode recusar qualquer dos pedidos referidos no número anterior com fundamento em razões imperiosas e objectivas ligadas ao funcionamento da empresa ou serviço, ou à impossibilidade de substituir o trabalhador caso este seja indispensável.

ARTIGO 159º
Avaliação

1 – Quando for considerado necessário o esclarecimento de dúvidas sobre as incapacidades referidas no artigo 154º ou sobre o emprego do trabalhador incapacitado em funções compatíveis com o seu estado, pode ser solicitado o parecer de peritos do serviço público competente na área do emprego e formação profissional.

2 – Quando o empregador assegure a ocupação compatível com o estado do trabalhador, pode requerer ao serviço público competente na área do emprego e formação profissional a avaliação da situação do trabalhador, tendo em vista a adaptação do seu posto de trabalho e disponibilização de formação profissional adequada à ocupação e função a desempenhar.

3 – O serviço público competente na área do emprego e formação profissional, através do centro de emprego da área geográfica do local de trabalho, procede à avaliação da situação do trabalhador e à promoção de eventuais adaptações necessárias à ocupação do respectivo posto de trabalho mediante a disponibilização de intervenções técnicas consideradas necessárias, recorrendo, nomeadamente, à sua rede de centros de recursos especializados.

4 – Por acordo entre o empregador e o trabalhador pode, igualmente, ser requerida a avaliação a que se refere o nº 2, nos casos em que a ocupação compatível com o respectivo estado seja assegurada por um outro empregador.

ARTIGO 160º
Apoios técnicos e financeiros

1 – Além do apoio técnico necessário para a adaptação do posto de trabalho às necessidades do trabalhador sinistrado ou afectado por doença profissional, o empregador que assegure ocupação compatível, nos termos referidos no nº 1 do artigo 155º e no nº 2 do artigo anterior, pode beneficiar do apoio técnico e financeiro concedido pelo serviço público competente na área do emprego e formação profissional a programas relativos à reabilitação profissional de pessoas com deficiência, desde que reúna os respectivos requisitos.

LEI Nº 98/2009, DE 4 DE SETEMBRO

2 – O empregador que promova a reabilitação profissional do trabalhador também pode beneficiar dos apoios técnicos e financeiros previstos no número anterior.

ARTIGO 161º
Impossibilidade de assegurar ocupação compatível

1 – Quando o empregador declare a impossibilidade de assegurar ocupação e função compatível com o estado do trabalhador, a situação deve ser avaliada e confirmada pelo serviço público competente na área do emprego e formação profissional nos termos previstos no presente capítulo.

2 – Se o serviço público competente na área do emprego e formação profissional concluir pela viabilidade da ocupação de um posto de trabalho na empresa ao serviço da qual ocorreu o acidente de trabalho ou foi contraída a doença profissional, o empregador deve colocar o trabalhador em ocupação e função compatíveis, sugerindo-lhe, se for caso disso, que solicite ao centro de emprego da área geográfica do local de trabalho os apoios previstos no artigo anterior.

3 – Caso o serviço público competente na área do emprego e formação profissional conclua pela impossibilidade da ocupação de um posto de trabalho na empresa ao serviço da qual ocorreu o acidente de trabalho ou foi contraída a doença profissional, solicita a intervenção do centro de emprego da área geográfica da residência do trabalhador, no sentido de o apoiar a encontrar soluções alternativas com vista à sua reabilitação e reintegração profissional.

ARTIGO 162º
Plano de reintegração profissional

1 – No âmbito do apoio preconizado nos nºs 1 e 2 do artigo 160º e nos nºs 2 e 3 do artigo anterior, o serviço público competente na área do emprego e formação profissional, através do centro de emprego competente e recorrendo à sua rede de centros de recursos especializados, define um plano de intervenção visando a reintegração profissional do trabalhador sinistrado ou afectado por doença profissional, equacionando os meios que devem ser disponibilizados.

2 – O plano de intervenção a que se refere o número anterior é definido conjuntamente com o trabalhador e consensualizado com:

a) O empregador que assegurar ocupação e função compatível;

b) Os demais serviços intervenientes na concretização do plano, se for caso disso.

3 – A intervenção do serviço público competente na área do emprego e formação profissional realiza-se a partir do momento em que o processo de reabilitação clínica permita o início do processo de reintegração profissional.

4 – Sempre que o serviço público competente na área do emprego e formação profissional verifique, no âmbito da sua intervenção, que não possui respostas ade-

REGIME DE REPARAÇÃO DE ACIDENTES DE TRABALHO E DE DOENÇAS PROFISSIONAIS

quadas para a reintegração do trabalhador, pode propor o recurso a outras entidades com competência para o efeito.

5 – O serviço público competente na área do emprego e formação profissional assegura o acompanhamento do processo de reintegração profissional.

ARTIGO 163º
Encargos com reintegração profissional

1 – Os encargos com a reintegração profissional, no âmbito do disposto no nº 2 do artigo 155º, são assumidos pelo empregador nas situações em que o trabalhador se mantenha na empresa ao serviço da qual sofreu o acidente ou contraiu a doença profissional, sem prejuízo dos nºs 1 e 2 do artigo 161º

2 – Os encargos com a reintegração profissional de trabalhadores a quem o empregador não tenha podido assegurar ocupação compatível são assumidos por este e pelo serviço público competente na área do emprego e formação profissional, no caso de acidente de trabalho, ou pelo empregador e pelo serviço com competências na área da protecção contra os riscos profissionais, no caso de doença profissional.

3 – Os encargos assumidos pelo empregador, previstos no número anterior, são assegurados até valor igual ao dobro da indemnização que lhe competiria por despedimento ilícito.

4 – Em situações excepcionais, devidamente fundamentadas e documentadas, o serviço público competente na área do emprego e formação profissional ou os serviços com competências na área da protecção contra os riscos profissionais, conforme se trate de acidente de trabalho ou de doença profissional, podem participar no financiamento de 50% dos encargos referidos nos números anteriores até ao valor limite correspondente:

a) A 12 vezes o valor de 1,1 IAS, na aquisição de bens;
b) Ao valor de 1,1 IAS, na aquisição de serviços de pagamento periódico.

5 – Os encargos com a reintegração profissional são calculados com base em valor unitário por hora de intervenção, a estabelecer por acordo de cooperação entre o empregador ou os serviços com competências na área da protecção contra os riscos profissionais, conforme se trate de acidente de trabalho ou de doença profissional, e o serviço público competente na área do emprego e formação profissional.

6 – Os encargos assumidos pelo empregador ou pelos serviços com competências na área da protecção contra os riscos profissionais, conforme se trate de acidente de trabalho ou de doença profissional, são assegurados, através de prestações em espécie, no âmbito do disposto na alínea *h*) do nº 1 do artigo 25º

7 – As despesas de deslocação, alimentação e alojamento a que se refere o artigo 99º são pagas de acordo com o estabelecido no nº 2 do artigo 123º

8 – Os encargos do empregador referidos no presente artigo, atinentes a sinistrados de acidentes de trabalho, enquadram-se no âmbito da responsabilidade transferida do empregador para a seguradora.

LEI Nº 98/2009, DE 4 DE SETEMBRO

ARTIGO 164º
Acordos de cooperação

1 – Os serviços com competências na área da protecção contra os riscos profissionais podem celebrar acordos de cooperação com o serviço público competente na área do emprego e formação profissional e outras entidades, públicas ou privadas, com vista à reintegração profissional dos trabalhadores afectados por doença profissional.

2 – O serviço público competente na área do emprego e formação profissional pode celebrar acordos de cooperação com o empregador, a respectiva seguradora ou outras entidades, públicas ou privadas, com vista à reintegração profissional do sinistrado de acidente de trabalho.

3 – Os acordos de cooperação devem conter, designadamente:

a) Descrição e finalidades da intervenção;
b) Tipologia das acções a desenvolver;
c) Meios técnicos, humanos e financeiros a disponibilizar;
d) Competências das entidades intervenientes;
e) Período de vigência.

4 – Os acordos têm a duração máxima de dois anos, com possibilidade de renovação.

5 – A execução do acordo é objecto de um relatório anual de avaliação, elaborado conjuntamente pelas entidades intervenientes.

SECÇÃO III
Garantia de ocupação e exercício de funções compatíveis com a capacidade do trabalhador

ARTIGO 165º
Competências

O serviço público competente na área do emprego e formação profissional, assegura:

a) A verificação da possibilidade de o empregador, ao serviço do qual ocorreu o acidente de trabalho ou foi contraída a doença, assegurar a ocupação e função compatíveis com a capacidade do trabalhador, nos termos dos artigos 155º e 156º;

b) A intermediação entre o trabalhador, o empregador e os serviços de emprego e de formação profissional;

c) O encaminhamento das situações decorrentes da reintegração do trabalhador no mesmo ou num novo posto de trabalho.

ARTIGO 166º
Procedimento

1 – O serviço público competente na área do emprego e formação profissional, ouvidos os serviços competentes para a protecção contra os riscos profissionais e

REGIME DE REPARAÇÃO DE ACIDENTES DE TRABALHO E DE DOENÇAS PROFISSIONAIS

para a reabilitação e integração das pessoas com deficiência, aprecia a situação, elaborando parecer fundamentado e indicando se o empregador tem possibilidade de assegurar ocupação e função compatíveis com o estado do trabalhador.

2 – O parecer referido no número anterior avalia também a possibilidade de o empregador assegurar o processo de reintegração profissional, designadamente, a formação profissional para adaptação ao posto de trabalho, por si ou em colaboração com entidades públicas ou privadas, indicando, quando for o caso, as entidades públicas com competência para intervir.

3 – Quer o empregador quer o trabalhador podem indicar um representante de associação patronal ou sindical do sector, consoante os casos, para ser ouvido no âmbito do nº 1.

4 – O parecer referido no nº 1 tem natureza vinculativa, sendo comunicado ao empregador e ao trabalhador no prazo máximo de 30 dias após a declaração referida no artigo 147º

CAPÍTULO V
Responsabilidade contra-ordenacional

SECÇÃO I
Regime geral

ARTIGO 167º
Regime geral

O regime geral previsto nos artigos 548º a 565º do Código do Trabalho aplica-se às infracções decorrentes da violação dos artigos previstos na presente lei.

ARTIGO 168º
Competência para o procedimento e aplicação das coimas

1 – Sem prejuízo do disposto no número seguinte, o procedimento das contra-ordenações previstas nesta lei, bem como a aplicação das respectivas coimas, compete ao serviço com competência para a fiscalização das condições de trabalho.

2 – O procedimento das contra-ordenações e a aplicação das correspondentes coimas competem ao Instituto de Seguros de Portugal, no caso de o agente da infracção ser uma entidade sujeita à sua supervisão.

ARTIGO 169º
Produto das coimas

1 – O produto das coimas resultante de violação das normas de acidente de trabalho reverte em 60% para os cofres do Estado e em 40% para o Fundo de Acidentes de Trabalho.

2 – Aplica-se o disposto no artigo 566º do Código do Trabalho ao produto das restantes coimas aplicadas.

ARTIGO 170º
Cumulação de responsabilidades

A responsabilidade contra-ordenacional não prejudica a eventual responsabilidade civil ou criminal.

SECÇÃO II
Contra-ordenações em especial

ARTIGO 171º
Acidente de trabalho

1 – Constitui contra-ordenação muito grave a violação do disposto no artigo 26º e nos nºs 1 e 2 do artigo 79º

2 – Constitui contra-ordenação grave:

a) A omissão ou insuficiências nas declarações quanto ao pessoal e às retribuições com vista ao não cumprimento do disposto no artigo 79º;

b) Fazer tratar ou internar um sinistrado sem declarar a situação deste, para efeitos de se eximir ao pagamento das respectivas despesas;

c) A prática dos actos referidos nos artigos 13º e 18º

3 – Constitui ainda contra-ordenação grave, a infracção ao disposto no artigo 30º, nos nºs 3 e 4 do artigo 38º, no nº 1 do artigo 39º, no nº 1 do artigo 84º, nos artigos 87º a 90º e no artigo 177º

4 – Constitui contra-ordenação leve a infracção ao disposto no nº 5 do artigo 35º

ARTIGO 172º
Doença profissional

Constitui contra-ordenação grave o incumprimento dos deveres previstos no nº 3 do artigo 142º e no artigo 153º, as falsas declarações e a utilização de qualquer outro meio de que resulte concessão indevida de prestações ou do respectivo montante.

ARTIGO 173º
Ocupação compatível

Constitui contra-ordenação grave a violação do disposto no nº 1 do artigo 155º, no nº 1 do artigo 156º e no nº 1 do artigo 158º

CAPÍTULO VI
Disposições finais

ARTIGO 174º
Modelos oficiais e apólices uniformes

A entrada em vigor da presente lei não prejudica a validade de:

a) Modelos de declarações, participações e mapas anteriormente existentes;
b) Apólices uniformes anteriormente em vigor.

ARTIGO 175º
Formulários obrigatórios

1 – As participações, os boletins de exame e alta e os outros formulários referidos nesta lei, que podem ser impressos por meios informáticos, obedecem aos modelos aprovados oficialmente.

2 – O não cumprimento do disposto no número anterior equivale à falta de tais documentos, podendo ainda o tribunal ordenar a sua substituição.

3 – Os centros de saúde remetem aos serviços competentes da segurança social os certificados de incapacidade temporária (CIT), por via electrónica, nos termos a definir em portaria conjunta dos membros do Governo responsáveis pelas áreas da segurança social e da saúde, deixando a sua entrega de ser exigível aos utentes.

ARTIGO 176º
Isenções

1 – Está isento de emolumentos, custas e taxas todo o documento necessário ao cumprimento das normas relativas aos acidentes de trabalho e doenças profissionais, independentemente da respectiva natureza e da repartição por onde haja passado ou haja de transitar para a sua legalização, salvo o disposto no Regulamento Emolumentar dos Registos e do Notariado.

2 – As isenções compreendidas no número anterior não abrangem a constituição de mandatário judicial.

ARTIGO 177º
Afixação e informação obrigatórias

1 – A empresa deve afixar, nos respectivos estabelecimentos e em lugar bem visível, as disposições do Código do Trabalho e da presente lei referentes aos direitos e obrigações do sinistrado e dos responsáveis.

2 – Os recibos de retribuição devem identificar a seguradora para a qual o risco se encontra transferido à data da sua emissão.

ARTIGO 178º
Estatísticas

Sem prejuízo do regime previsto para a informação estatística sobre acidentes de trabalho e doenças profissionais, o Instituto de Seguros de Portugal pode estabelecer estatísticas específicas destinadas ao controlo e supervisão dos riscos profissionais.

ARTIGO 179º
Caducidade e prescrição

1 – O direito de acção respeitante às prestações fixadas na presente lei caduca no prazo de um ano a contar da data da alta clínica formalmente comunicada ao sinistrado ou, se do evento resultar a morte, a contar desta.

2 – As prestações estabelecidas por decisão judicial ou pelo serviço com competências na área da protecção contra os riscos profissionais, prescrevem no prazo de cinco anos a partir da data do seu vencimento.

3 – O prazo de prescrição não começa a correr enquanto os beneficiários não tiverem conhecimento pessoal da fixação das prestações.

ARTIGO 180º
Contagem de prazos

Os prazos fixados para as normas relativas aos acidentes de trabalho contam-se nos termos previstos no Código de Processo Civil e os previstos para as doenças profissionais são contados nos termos do Código do Procedimento Administrativo.

ARTIGO 181º
Norma remissiva

As remissões de normas contidas em diplomas legislativos para a legislação revogada com a entrada em vigor da presente lei consideram-se referidas às disposições correspondentes do Código do Trabalho e da presente lei.

ARTIGO 182º
Cartão de pensionista

O modelo do cartão para uso dos pensionistas do serviço com competências na área da protecção contra os riscos profissionais é aprovado por portaria do membro do Governo responsável pelas áreas laboral e da segurança social.

ARTIGO 183º
Actualização das pensões unificadas

As pensões unificadas atribuídas ao abrigo da Portaria nº 642/83, de 1 de Junho, são actualizadas no diploma que proceda à actualização das demais pensões do regime geral de segurança social.

ARTIGO 184º
Trabalhadores independentes

A regulamentação relativa ao regime do seguro obrigatório de acidentes de trabalho dos trabalhadores independentes consta de diploma próprio.

ARTIGO 185º
Regiões Autónomas

Na aplicação da presente lei às Regiões Autónomas são tidas em conta as competências legais atribuídas aos respectivos órgãos e serviços regionais.

ARTIGO 186º
Norma revogatória

Sem prejuízo do disposto no artigo seguinte, com a entrada em vigor da presente lei são revogados os seguintes diplomas:

a) Lei nº 100/97, de 13 de Setembro (aprova o novo regime jurídico dos acidentes de trabalho e das doenças profissionais);

b) Decreto-Lei nº 143/99, de 30 de Abril (regulamenta a Lei nº 100/97, de 13 de Setembro, no que respeita à reparação de danos emergentes de acidentes de trabalho);

c) Decreto-Lei nº 248/99, de 2 de Julho (procede à reformulação e aperfeiçoamento global da regulamentação das doenças profissionais em conformidade com o novo regime jurídico aprovado pela Lei nº 100/97, de 13 de Setembro, e no desenvolvimento do regime previsto na Lei nº 28/84, de 14 de Agosto).

ARTIGO 187º
Norma de aplicação no tempo

1 – O disposto no capítulo II aplica-se a acidentes de trabalho ocorridos após a entrada em vigor da presente lei.

2 – O disposto no capítulo III aplica-se a doenças profissionais cujo diagnóstico final seja posterior à entrada em vigor da presente lei, bem como a alteração da graduação de incapacidade relativamente a doença profissional já diagnosticada.

ARTIGO 188º
Entrada em vigor

Sem prejuízo do referido no artigo anterior, a presente lei entra em vigor no dia 1 de Janeiro de 2010.

Aprovada em 23 de Julho de 2009.

O Presidente da Assembleia da República, *Jaime Gama.*

Promulgada em 26 de Agosto de 2009.

Publique-se.

O Presidente da República, Aníbal Cavaco Silva.

Referendada em 26 de Agosto de 2009.

O Primeiro-Ministro, *José Sócrates Carvalho Pinto de Sousa.*

Regime Jurídico das Contraordenações Laborais e da Segurança Social

Lei nº 107/2009, de 14 de setembro

Aprova o regime processual aplicável às contraordenações laborais e de segurança social

A Assembleia da República decreta, nos termos da alínea *c*) do artigo 161º da Constituição, o seguinte:

CAPÍTULO I
Objeto, âmbito e competência

ARTIGO 1º
Objeto e âmbito

A presente lei estabelece o regime jurídico do procedimento aplicável às contraordenações laborais e de segurança social.

ARTIGO 2º
Competência para o procedimento de contraordenações

1 – O procedimento das contraordenações abrangidas pelo âmbito de aplicação da presente lei compete às seguintes autoridades administrativas:

a) À Autoridade para as Condições do Trabalho (ACT), quando estejam em causa contraordenações por violação de norma que consagre direitos ou imponha deveres a qualquer sujeito no âmbito de relação laboral e que seja punível com coima;

REGIME JURÍDICO DAS CONTRAORDENAÇÕES LABORAIS E DA SEGURANÇA SOCIAL

b) Ao Instituto da Segurança Social, I. P. (ISS, I. P.), quando estejam em causa contraordenações praticadas no âmbito do sistema de segurança social.

2 – Sempre que se verifique uma situação de prestação de atividade, por forma aparentemente autónoma, em condições características de contrato de trabalho, que possa causar prejuízo ao trabalhador ou ao Estado ou a falta de comunicação de admissão do trabalhador na segurança social, qualquer uma das autoridades administrativas referidas no número anterior é competente para o procedimento das contraordenações por esse facto.

3 – A ACT é igualmente competente e deve instaurar o procedimento previsto no artigo 15º-A da presente lei, sempre que se verifique uma situação de prestação de atividade, aparentemente autónoma, que indicie características de contrato de trabalho, nos termos previstos no nº 1 do artigo 12º do Código do Trabalho, aprovado pela Lei nº 7/2009, de 12 de fevereiro.

O nº 3 foi aditado pelo art. 2º da Lei nº 63/2013, de 27 de agosto com entrada em vigor no dia 28 de agosto de 2013 (art. 6º).

ARTIGO 3º
Competência para a decisão

1 – A decisão dos processos de contraordenação compete:

a) Ao inspetor-geral do Trabalho (IGT), no caso de contraordenações laborais;
b) Ao conselho diretivo do ISS, I. P., no caso de contraordenações praticadas no âmbito do sistema de segurança social.

2 – Nos termos do nº 2 do artigo anterior a decisão dos processos de contraordenação compete ao inspetor-geral do Trabalho quando o respetivo procedimento tiver sido realizado pela ACT e ao conselho diretivo do ISS, I. P., quando tiver sido realizado pelo ISS, I. P.

3 – As competências a que se refere o presente artigo podem ser delegadas nos termos do Código do Procedimento Administrativo (CPA).

ARTIGO 4º
Competência territorial

São territorialmente competentes para o procedimento das contraordenações, no âmbito das respetivas áreas geográficas de atuação de acordo com as competências previstas nas correspondentes leis orgânicas:

a) Os serviços desconcentrados da ACT em cuja área se haja verificado a contraordenação;
b) Os serviços do ISS, I. P., em cuja área se haja verificado a contraordenação.

LEI Nº 107/2009, DE 14 DE SETEMBRO

CAPÍTULO II
Atos processuais na fase administrativa

ARTIGO 5º
Forma dos atos processuais

1 – No âmbito do procedimento administrativo, os atos processuais podem ser praticados em suporte informático com aposição de assinatura eletrónica qualificada.

2 – Os atos processuais e documentos assinados nos termos do número anterior substituem e dispensam para quaisquer efeitos a assinatura autógrafa no processo em suporte de papel.

3 – Para os efeitos previstos nos números anteriores, apenas pode ser utilizada assinatura eletrónica qualificada de acordo com os requisitos legais e regulamentares exigíveis pelo sistema de certificação eletrónica do Estado.

4 – A tramitação processual no âmbito do procedimento administrativo pode ser efetuada informaticamente.

ARTIGO 6º
Contagem dos prazos

1 – À contagem dos prazos para a prática de atos processuais previstos na presente lei são aplicáveis as disposições constantes da lei do processo penal.

2 – A contagem referida no número anterior não se suspende durante as férias judiciais.

ARTIGO 7º
Notificações

1 – As notificações são dirigidas para a sede ou para o domicílio dos destinatários.

2 – Os interessados que intervenham em quaisquer procedimentos levados a cabo pela autoridade administrativa competente, devem comunicar, no prazo de 10 dias, qualquer alteração da sua sede ou domicílio.

3 – Se do incumprimento do disposto no número anterior resultar a falta de recebimento pelos interessados de notificação, esta considera-se efetuada para todos os efeitos legais, sem prejuízo do disposto no artigo seguinte.

ARTIGO 8º
Notificação por carta registada

1 – As notificações em processo de contraordenação são efetuadas por carta registada, com aviso de receção, sempre que se notifique o arguido do auto de notícia, da participação e da decisão da autoridade administrativa que lhe aplique coima, sanção acessória ou admoestação.

2 – Sempre que o notificando se recusar a receber ou assinar a notificação, o distribuidor do serviço postal certifica a recusa, considerando-se efetuada a notificação.

REGIME JURÍDICO DAS CONTRAORDENAÇÕES LABORAIS E DA SEGURANÇA SOCIAL

3 – A notificação por carta registada considera-se efetuada na data em que seja assinado o aviso de receção ou no 3º dia útil após essa data, quando o aviso seja assinado por pessoa diversa do notificando.

ARTIGO 9º
Notificação na pendência de processo

1 – As notificações efetuadas na pendência do processo não referidas no nº 1 do artigo anterior são efetuadas por meio de carta simples.

2 – Quando a notificação seja efetuada por carta simples deve ficar expressamente registada no processo a data da respetiva expedição e a morada para a qual foi enviada, considerando-se a notificação efetuada no 5º dia posterior à data ali indicada, devendo esta cominação constar do ato de notificação.

3 – Sempre que exista o consentimento expresso e informado do arguido ou este se encontre representado por defensor constituído, as notificações referidas no número anterior podem ser efetuadas por telefax ou via correio eletrónico.

4 – Para efeitos do disposto no número anterior, considera-se consentimento expresso e informado a utilização de telefax ou correio eletrónico pelo arguido como meio de contactar a autoridade administrativa competente.

5 – Quando a notificação seja efetuada por telefax ou via correio eletrónico, presume-se que foi feita na data da emissão, servindo de prova, respetivamente, a cópia do aviso onde conste a menção de que a mensagem foi enviada com sucesso, bem como a data, hora e número de telefax do recetor ou extrato da mensagem efetuada, o qual será junto aos autos.

6 – Sempre que o arguido se encontre representado por defensor legal as notificações são a este efetuadas.

CAPÍTULO III
Da ação inspetiva

ARTIGO 10º
Procedimentos inspetivos

1 – No exercício das suas funções profissionais o inspetor do trabalho efetua, sem prejuízo do disposto em legislação específica, os seguintes procedimentos:

a) Requisitar, com efeitos imediatos ou para apresentação nos serviços desconcentrados do serviço com competência inspetiva do ministério responsável pela área laboral, examinar e copiar documentos e outros registos que interessem para o esclarecimento das relações de trabalho e das condições de trabalho;

b) Notificar o empregador para adotar medidas de prevenção no domínio da avaliação dos riscos profissionais, designadamente promover, através de organismos especializados, medições, testes ou peritagens incidentes sobre os componentes materiais de trabalho;

c) Notificar para que sejam adotadas medidas imediatamente executórias, incluindo a suspensão de trabalhos em curso, em caso de risco grave ou probabilidade séria da verificação de lesão da vida, integridade física ou saúde dos trabalhadores;

d) Levantar autos de notícia e participações, relativamente a infrações constatadas no exercício das respetivas competências, podendo ainda levantar autos de advertência em caso de infrações classificadas como leves e das quais ainda não tenha resultado prejuízo grave para os trabalhadores, para a administração do trabalho ou para a segurança social.

2 – No exercício das suas funções profissionais o inspetor da segurança social efetua, sem prejuízo dos previstos em legislação específica, os seguintes procedimentos:

a) Requisitar e copiar, com efeitos imediatos, para exame, consulta e junção aos autos, livros, documentos, registos, arquivos e outros elementos pertinentes em poder das entidades cuja atividade seja objeto da sua ação e que interessem à averiguação dos factos objeto da ação inspetiva;

b) Levantar autos de notícia e participações, relativamente a infrações constatadas no exercício das respetivas competências, podendo ainda levantar autos de advertência em caso de infrações classificadas como leves e das quais ainda não tenha resultado prejuízo grave para a segurança social;

c) Notificar trabalhadores, beneficiários ou não, bem como entidades empregadoras, que sejam encontrados em situação de infração, podendo igualmente proceder à notificação de outros cidadãos, com vista à sua inquirição como testemunhas e ou declarantes, com a faculdade de reduzir a escrito os respetivos depoimentos;

d) Direito de acesso livre-trânsito, nos termos da lei, pelo tempo e horário necessários ao desempenho das suas funções, nas instalações das entidades sujeitas ao exercício das suas atribuições;

e) Obter, das entidades fiscalizadas para apoio nas ações de fiscalização, a cedência de instalações adequadas, material e equipamento próprio, bem como a colaboração de pessoal que se mostre indispensável;

f) Trocar correspondência, em serviço, com todas as entidades públicas ou privadas sobre assuntos de serviço da sua competência;

g) Requisitar a colaboração necessária das autoridades policiais e administrativas, para o exercício das suas funções.

3 – O inspetor do trabalho ou da segurança social, consoante os casos, pode, caso assim o entenda, notificar ou entregar imediatamente ao infrator os instrumentos referidos nos nºs 1 e 2.

4 – A notificação ou a entrega deve ser feita com a indicação da contra-ordenação verificada, das medidas recomendadas ao infrator e do prazo para o seu cumprimento, avisando-o de que o incumprimento das medidas recomendadas influi na determinação da medida da coima.

ARTIGO 11º
Notificação no âmbito de procedimentos inspetivos

No caso de entrega imediata, a notificação considera-se feita na pessoa do infrator quando seja efetuada em qualquer pessoa que na altura o represente, ou na sua falta, em qualquer trabalhador que se encontre a exercer funções no local.

ARTIGO 12º
Modo e lugar do cumprimento

1 – Se o cumprimento da norma a que respeita a contraordenação for comprovável por documentos, o sujeito responsável exibe ou envia a título devolutivo os documentos comprovativos do cumprimento no serviço territorialmente competente da respetiva autoridade administrativa, dentro do prazo fixado.

2 – No caso de contraordenação não abrangida pelo disposto no número anterior, o inspetor pode ordenar ao sujeito responsável pela contraordenação que, dentro do prazo fixado, comunique ao serviço territorialmente competente que tomou as medidas necessárias para cumprir a norma.

CAPÍTULO IV
Tramitação processual

SECÇÃO I
Da fase administrativa

ARTIGO 13º
Auto de notícia e participação

1 – O auto de notícia e a participação são elaborados pelos inspetores do trabalho ou da segurança social, consoante a natureza das contraordenações em causa.

2 – Sem prejuízo do disposto em legislação especial, há lugar a auto de notícia quando, no exercício das suas funções o inspetor do trabalho ou da segurança social, verificar ou comprovar, pessoal e diretamente, ainda que por forma não imediata, qualquer infração a normas sujeitas à fiscalização da respetiva autoridade administrativa sancionada com coima.

3 – Consideram-se provados os factos materiais constantes do auto de notícia levantado nos termos do número anterior enquanto a autenticidade do documento ou a veracidade do seu conteúdo não forem fundamente postas em causa.

4 – Relativamente às infrações de natureza contraordenacional cuja verificação não tenha sido comprovada pessoalmente pelo inspetor do trabalho ou da segurança social, há lugar à elaboração de participação instruída com os elementos de prova disponíveis e a indicação de, pelo menos, duas testemunhas e o máximo de cinco, independentemente do número de contraordenações em causa.

ARTIGO 14º
Auto de infração

1 – O auto de infração é levantado por qualquer técnico da segurança social.

2 – Há lugar a auto de infração quando seja verificada por qualquer técnico no exercício das suas funções infração correspondente a contraordenação da segurança social.

3 – Consideram-se provados os factos materiais constantes do auto levantado nos termos do número anterior enquanto a autenticidade do documento ou a veracidade do seu conteúdo não forem fundadamente postas em causa.

ARTIGO 15º
Elementos do auto de notícia, da participação e do auto de infração

1 – O auto de notícia, a participação e o auto de infração referidos nos artigos anteriores mencionam especificadamente os factos que constituem a contra-orde-nação, o dia, a hora, o local e as circunstâncias em que foram cometidos e o que puder ser averiguado acerca da identificação e residência do arguido, o nome e categoria do autuante ou participante e, ainda, relativamente à participação, a identificação e a residência das testemunhas.

2 – Quando o responsável pela contraordenação seja uma pessoa coletiva ou equiparada, indica-se, sempre que possível, a sede da pessoa coletiva e a identificação e a residência dos respetivos gerentes, administradores ou diretores.

3 – No caso de subcontrato, indica-se, sempre que possível, a identificação e a residência do subcontratante e do contratante principal.

ARTIGO 15º-A
Procedimento a adotar em caso de utilização indevida do contrato de prestação de serviços

1 – Caso o inspetor do trabalho verifique a existência de indícios de uma situação de prestação de atividade, aparentemente autónoma, em condições análogas ao contrato de trabalho, nos termos descritos no artigo 12º do Código do Trabalho, aprovado pela Lei nº 7/2009, de 12 de fevereiro, lavra um auto e notifica o empregador para, no prazo de 10 dias, regularizar a situação, ou se pronunciar dizendo o que tiver por conveniente.

2 – O procedimento é imediatamente arquivado no caso em que o empregador faça prova da regularização da situação do trabalhador, designadamente mediante a apresentação do contrato de trabalho ou de documento comprovativo da existência do mesmo, reportada à data do início da relação laboral.

3 – Findo o prazo referido no nº 1 sem que a situação do trabalhador em causa se mostre devidamente regularizada, a ACT remete, em cinco dias, participação dos factos para os serviços do Ministério Público da área de residência do trabalhador, acompanhada de todos os elementos de prova recolhidos, para fins de instauração de ação de reconhecimento da existência de contrato de trabalho.

REGIME JURÍDICO DAS CONTRAORDENAÇÕES LABORAIS E DA SEGURANÇA SOCIAL

4 – A ação referida no número anterior suspende até ao trânsito em julgado da decisão o procedimento contraordenacional ou a execução com ela relacionada.

O presente artigo foi aditado pelo art. 4º da Lei nº 63/2013, de 27 de agosto com entrada em vigor no dia 28 de agosto de 2013 (art. 6º).

ARTIGO 16º
Impedimentos

O autuante ou o participante não podem exercer funções instrutórias no mesmo processo.

ARTIGO 17º
Notificação ao arguido das infrações laborais

1 – O auto de notícia, a participação e o auto de infração são notificados ao arguido, para, no prazo de 15 dias, proceder ao pagamento voluntário da coima.

2 – Dentro do prazo referido no número anterior, pode o arguido, em alternativa, apresentar resposta escrita ou comparecer pessoalmente para apresentar resposta, devendo juntar os documentos probatórios de que disponha e arrolar ou apresentar testemunhas, até ao máximo de duas por cada infração.

3 – Quando tiver praticado três ou mais contraordenações a que seja aplicável uma coima única, o arguido pode arrolar até ao máximo de cinco testemunhas por todas as infrações.

ARTIGO 18º
Notificação ao arguido das infrações de segurança social

1 – O arguido é notificado dos factos que lhe são imputados para, no prazo de 15 dias, proceder ao pagamento voluntário da coima, ou para contestar, querendo, devendo apresentar os documentos probatórios de que disponha e arrolar testemunhas, até ao máximo de duas por cada infração.

2 – Quando tiver praticado três ou mais contraordenações a que seja aplicável uma coima única, o arguido pode arrolar até ao máximo de cinco testemunhas por todas as infrações.

ARTIGO 19º
Pagamento voluntário da coima

1 – Em qualquer altura do processo, mas sempre antes da decisão da autoridade administrativa competente, nos casos em que a infração seja qualificada como leve, grave ou muito grave praticada com negligência, o arguido pode proceder ao pagamento voluntário da coima, nos termos seguintes:

a) Em caso de pagamento voluntário da coima efetuado no prazo de 15 dias estabelecido no nº 1 dos artigos 17º e 18º, a coima é liquidada pelo valor mínimo que corresponda à contraordenação praticada com negligência, devendo ter em conta o agravamento a título de reincidência, sem custas processuais;

LEI Nº 107/2009, DE 14 DE SETEMBRO

b) Em caso de pagamento voluntário da coima efetuado posteriormente ao decurso do prazo previsto na alínea anterior, mas antes da decisão da autoridade administrativa competente, a coima é liquidada pelo valor mínimo que corresponda à contraordenação praticada com negligência, devendo ter em conta o agravamento a título de reincidência, acrescido das devidas custas processuais.

2 – Se a contraordenação consistir na falta de entrega de mapas, relatórios ou outros documentos ou na omissão de comunicações obrigatórias, o pagamento voluntário da coima só é possível se o arguido sanar a falta no mesmo prazo.

3 – O pagamento voluntário da coima, nos termos do nº 1, equivale a condenação e determina o arquivamento do processo, não podendo o mesmo ser reaberto, e não podendo os factos voltar a ser apreciados como contraordenação, salvo se à contraordenação for aplicável sanção acessória, caso em que prossegue restrito à aplicação da mesma.

4 – Se o infrator agir com desrespeito das medidas recomendadas no auto de advertência, a coima pode ser elevada até ao valor mínimo do grau que corresponda à infração praticada com dolo.

ARTIGO 20º
Responsabilidade solidária pelo pagamento da coima

O disposto nos artigos 17º, 18º e 19º é aplicável, com as necessárias adaptações, ao sujeito solidariamente responsável pelo pagamento da coima.

ARTIGO 21º
Testemunhas

1 – As testemunhas indicadas pelo arguido na resposta escrita devem por ele ser apresentadas na data, na hora e no local indicados pela entidade instrutora do processo.

2 – Os depoimentos prestados nos termos do número anterior podem ser documentados em meios técnicos áudio-visuais.

3 – Os depoimentos ou esclarecimentos recolhidos nos termos do número anterior não são reduzidos a escrito, nem é necessária a sua transcrição para efeitos de recurso, devendo ser junta ao processo cópia das gravações.

ARTIGO 22º
Adiamento da diligência de inquirição de testemunhas

1 – A diligência de inquirição de testemunhas apenas pode ser adiada uma única vez, ainda que a falta à primeira marcação tenha sido considerada justificada.

2 – Considera-se justificada a falta motivada por facto não imputável ao faltoso que o impeça de comparecer no ato processual.

3 – A impossibilidade de comparecimento deve ser comunicada com cinco dias de antecedência, se for previsível, e no dia e hora designados para a prática do ato ou no prazo de vinte e quatro horas em caso de manifesta impossibilidade, se for

REGIME JURÍDICO DAS CONTRAORDENAÇÕES LABORAIS E DA SEGURANÇA SOCIAL

imprevisível, constando da comunicação a indicação do respetivo motivo e da duração previsível do impedimento, sob pena de não justificação da falta.

4 – Os elementos de prova da impossibilidade de comparecimento devem ser apresentados com a comunicação referida no número anterior.

ARTIGO 23º
Legitimidade das associações sindicais como assistentes

1 – Nos processos instaurados no âmbito da presente secção, podem constituir-se assistentes as associações sindicais representativas dos trabalhadores relativamente aos quais se verifique a contraordenação.

2 – À constituição de assistente são aplicáveis, com as necessárias adaptações, as disposições do Código de Processo Penal.

3 – Pela constituição de assistente não são devidas quaisquer taxas.

ARTIGO 24º
Prazo para a instrução

1 – O prazo para a conclusão da instrução é de 60 dias.

2 – O prazo referido no número anterior pode ser sucessivamente prorrogado por iguais períodos em casos devidamente fundamentados.

3 – Para efeitos do nº 1, a contagem do prazo inicia-se com a distribuição do processo ao respetivo instrutor.

ARTIGO 25º
Decisão condenatória

1 – A decisão que aplica a coima e ou as sanções acessórias contém:

a) A identificação dos sujeitos responsáveis pela infração;

b) A descrição dos factos imputados, com indicação das provas obtidas;

c) A indicação das normas segundo as quais se pune e a fundamentação da decisão;

d) A coima e as sanções acessórias.

2 – Da decisão consta também a informação de que:

a) A condenação se torna definitiva e exequível se não for judicialmente impugnada nos termos dos artigos 32º a 35º;

b) Em caso de impugnação judicial, o tribunal pode decidir mediante audiência ou, caso os sujeitos responsáveis pela infração, o Ministério Público e o assistente, quando exista, não se oponham, mediante simples despacho.

3 – A decisão contém ainda a ordem de pagamento da coima no prazo máximo de 10 dias após o caráter definitivo ou o trânsito em julgado da decisão.

4 – Não tendo o arguido exercido o direito de defesa nos termos do nº 2 do artigo 17º e do nº 1 do artigo 18º, a descrição dos factos imputados, das provas, e das circuns-

tâncias relevantes para a decisão é feita por simples remissão para o auto de notícia, para a participação ou para o auto de infração.

5 – A fundamentação da decisão pode consistir em mera declaração de concordância com fundamentos de anteriores pareceres, informações ou propostas de decisão elaborados no âmbito do respetivo processo de contra-ordenação.

ARTIGO 26º
Natureza de título executivo

A decisão condenatória de aplicação de coima que não se mostre liquidada no prazo legal tem a natureza de título executivo.

ARTIGO 27º
Pagamento da coima em prestações

1 – Excecionalmente, quando o arguido o requeira e desde que a sua situação económica o justifique, pode a autoridade administrativa competente, após decisão condenatória, autorizar o pagamento da coima em prestações, não podendo a última delas ir além de um ano subsequente ao caráter definitivo da decisão.

2 – A falta de pagamento de uma prestação implica o vencimento de todas as outras.

3 – Para efeitos de apreciação do pedido do pagamento da coima em prestações, o arguido tem de fazer prova da impossibilidade de pagamento imediato da coima.

4 – Nos casos em que seja autorizado o pagamento da coima em prestações, são pagos com a primeira prestação e pela seguinte ordem:

a) Créditos laborais em que o empregador tenha sido condenado;
b) Dívidas à segurança social e respetivas custas.

SUBSECÇÃO I
Processo especial

ARTIGO 28º
Âmbito

1 – A infração classificada como leve ou grave, com valor mínimo legal inferior ou igual ao valor de 10 UC, segue a forma de processo especial.

2 – O processo especial não é aplicável quando o infrator já tenha sido condenado por infração anterior, sobre a qual ainda não decorreu um prazo superior ao da prescrição da respetiva coima, contado a partir da data da decisão condenatória.

ARTIGO 29º
Procedimento

1 – A autoridade administrativa competente, antes da acusação, notifica o infrator da descrição sumária dos factos imputados, com menção das disposições legais violadas e indicação do valor da coima calculada.

REGIME JURÍDICO DAS CONTRAORDENAÇÕES LABORAIS E DA SEGURANÇA SOCIAL

2 – Na mesma notificação o infrator é informado da possibilidade de pagamento da coima, no prazo de cinco dias, com a redução prevista nos termos do artigo seguinte, desde que proceda simultaneamente ao cumprimento da obrigação devida.

3 – A ausência de resposta do infrator, recusa de pagamento no prazo referido no nº 2 ou o não cumprimento da obrigação devida, determina o imediato prosseguimento do processo de acordo com as regras previstas nos artigos 17º a 27º, com as seguintes adaptações:

a) O prazo previsto no nº 1 dos artigos 17º e 18º é reduzido para 10 dias;
b) O prazo previsto no nº 1 do artigo 19º é reduzido para 10 dias;
c) O prazo previsto no nº 1 do artigo 24º é reduzido para 30 dias.

ARTIGO 30º
Redução da coima

O valor da coima, calculado para os efeitos do nº 2 do artigo anterior, corresponde a 75% do montante mínimo legal aplicável.

ARTIGO 31º
Efeitos do cumprimento

O cumprimento da obrigação devida e o respetivo pagamento da coima nos termos do nº 2 do artigo 28º equivale a decisão condenatória definitiva, não podendo o facto voltar a ser apreciado como contraordenação, nem o infrator impugnar judicialmente aquela decisão.

SECÇÃO II
Fase judicial

ARTIGO 32º
Impugnação judicial das decisões de aplicação
das coimas

A decisão da autoridade administrativa de aplicação de coima é suscetível de impugnação judicial.

ARTIGO 33º
Forma e prazo

1 – A impugnação judicial é dirigida ao tribunal de trabalho competente e deve conter alegações, conclusões e indicação dos meios de prova a produzir.

2 – A impugnação judicial é apresentada na autoridade administrativa que tenha proferido a decisão de aplicação da coima, no prazo de 20 dias após a sua notificação.

LEI Nº 107/2009, DE 14 DE SETEMBRO

ARTIGO 34º
Tribunal competente

É competente para conhecer da impugnação judicial o tribunal de trabalho em cuja área territorial se tiver verificado a contraordenação.

ARTIGO 35º
Efeitos da impugnação judicial

1 – A impugnação judicial tem efeito meramente devolutivo.

2 – A impugnação judicial tem efeito suspensivo se o recorrente depositar o valor da coima e das custas do processo, no prazo referido no nº 2 do artigo 33º, em instituição bancária aderente, a favor da autoridade administrativa competente que proferiu a decisão de aplicação da coima.

3 – O depósito referido no número anterior pode ser substituído por garantia bancária, na modalidade «à primeira solicitação».

ARTIGO 36º
Envio dos autos ao Ministério Público

1 – Recebida a impugnação judicial e, sendo caso disso, efetuado o depósito referido no artigo anterior, a autoridade administrativa competente envia os autos ao Ministério Público no prazo de 10 dias, podendo, caso o entenda, apresentar alegações.

2 – Até ao envio dos autos, pode a autoridade administrativa competente revogar, total ou parcialmente, a decisão de aplicação da coima ou sanção acessória.

ARTIGO 37º
Apresentação dos autos ao juiz

O Ministério Público torna sempre presentes os autos ao juiz, com indicação dos respetivos elementos de prova, valendo este ato como acusação.

ARTIGO 38º
Não aceitação da impugnação judicial

1 – O juiz rejeita, por meio de despacho, a impugnação judicial feita fora do prazo ou sem respeito pelas exigências de forma.

2 – Deste despacho há recurso, que sobe imediatamente.

ARTIGO 39º
Decisão judicial

1 – O juiz decide do caso mediante audiência de julgamento ou através de simples despacho.

2 – O juiz decide por despacho quando não considere necessária a audiência de julgamento e o arguido ou o Ministério Público não se oponham.

REGIME JURÍDICO DAS CONTRAORDENAÇÕES LABORAIS E DA SEGURANÇA SOCIAL

3 – O despacho pode ordenar o arquivamento do processo, absolver o arguido ou manter ou alterar a condenação.

4 – O juiz fundamenta a sua decisão, tanto no que respeita aos factos como no que respeita ao direito aplicado e às circunstâncias que determinaram a medida da sanção, podendo basear-se em mera declaração de concordância com a decisão condenatória da autoridade administrativa.

5 – Em caso de absolvição, o juiz indica porque não considera provados os factos ou porque não constituem uma contraordenação.

ARTIGO 40º
Marcação da audiência

Ao aceitar a impugnação judicial o juiz marca a audiência, salvo no caso referido no nº 2 do artigo anterior.

ARTIGO 41º
Retirada da acusação

A todo o tempo, e até à sentença em primeira instância ou até ser proferido o despacho previsto no nº 2 do artigo 39º, pode o Ministério Público, com o acordo do arguido e da autoridade administrativa, retirar a acusação.

ARTIGO 42º
Participação do arguido na audiência

1 – O arguido não é obrigado a comparecer à audiência, salvo se o juiz considerar a sua presença como necessária ao esclarecimento dos factos.

2 – O arguido pode sempre fazer-se representar por defensor legal.

3 – Nos casos em que o juiz não ordenou a presença do arguido a audiência prossegue sem a presença deste.

ARTIGO 43º
Ausência do arguido

Nos casos em que o arguido não comparece nem se faz representar por advogado, tomam-se em conta as declarações que tenham sido colhidas no âmbito do processo de contraordenação que correu termos na autoridade administrativa competente ou regista-se que ele nunca se pronunciou sobre a matéria dos autos, apesar de lhe ter sido concedida a oportunidade para o fazer, e procede-se a julgamento.

ARTIGO 44º
Participação do Ministério Público

O Ministério Público está presente na audiência de julgamento.

LEI Nº 107/2009, DE 14 DE SETEMBRO

ARTIGO 45º
Participação da autoridade administrativa competente

1 – O tribunal comunica à autoridade administrativa competente a data da audiência para, querendo, esta poder participar na audiência.

2 – O Ministério Público, após notificação da decisão de arquivamento do processo, absolvição ou alteração da condenação, solicita a pronúncia por escrito da autoridade administrativa competente, no prazo de cinco dias, a fim de ser equacionado um eventual recurso no processo.

3 – O tribunal comunica à autoridade administrativa competente, de imediato e antes do trânsito em julgado, a sentença, bem como as demais decisões finais.

ARTIGO 46º
Retirada da impugnação judicial

1 – A impugnação judicial pode ser retirada pelo arguido até à sentença em primeira instância ou até ser proferido o despacho previsto no nº 2 do artigo 39º

2 – Depois do início da audiência de julgamento, a impugnação judicial só pode ser retirada mediante o acordo do Ministério Público.

ARTIGO 47º
Prova

1 – Compete ao Ministério Público promover a prova de todos os factos que considere relevantes para a decisão.

2 – Compete ao juiz determinar o âmbito da prova a produzir.

3 – O Ministério Público e o arguido podem arrolar até ao máximo de duas testemunhas por cada infração.

4 – Quando se trate de três ou mais contraordenações a que seja aplicável uma coima única, o Ministério Público e o arguido podem arrolar até ao máximo de cinco testemunhas por todas as infrações.

ARTIGO 48º
Admoestação judicial

Excecionalmente, se a infração consistir em contraordenação classificada como leve e a reduzida culpa do arguido o justifique, pode o juiz proferir uma admoestação.

ARTIGO 49º
Decisões judiciais que admitem recurso

1 – Admite-se recurso para o Tribunal da Relação da sentença ou do despacho judicial proferidos nos termos do artigo 39º, quando:

a) For aplicada ao arguido uma coima superior a 25 UC ou valor equivalente;
b) A condenação do arguido abranger sanções acessórias;

REGIME JURÍDICO DAS CONTRAORDENAÇÕES LABORAIS E DA SEGURANÇA SOCIAL

c) O arguido for absolvido ou o processo for arquivado em casos em que a autoridade administrativa competente tenha aplicado uma coima superior a 25 UC ou valor equivalente, ou em que tal coima tenha sido reclamada pelo Ministério Público;

d) A impugnação judicial for rejeitada;

e) O tribunal decidir através de despacho não obstante o recorrente se ter oposto nos termos do disposto no nº 2 do artigo 39º

2 – Para além dos casos enunciados no número anterior, pode o Tribunal da Relação, a requerimento do arguido ou do Ministério Público, aceitar o recurso da decisão quando tal se afigure manifestamente necessário à melhoria da aplicação do direito ou à promoção da uniformidade da jurisprudência.

3 – Se a sentença ou o despacho recorrido são relativos a várias infrações ou a vários arguidos e se apenas quanto a alguma das infrações ou a algum dos arguidos se verificam os pressupostos necessários, o recurso sobe com esses limites.

ARTIGO 50º
Regime do recurso

1 – O recurso é interposto no prazo de 20 dias a partir da sentença ou do despacho, ou da sua notificação ao arguido, caso a decisão tenha sido proferida sem a presença deste.

2 – Nos casos previstos no nº 2 do artigo anterior, o requerimento segue junto ao recurso, antecedendo-o.

3 – Nestes casos, a decisão sobre o requerimento constitui questão prévia, que é resolvida por despacho fundamentado do tribunal, equivalendo o seu indeferimento à retirada do recurso.

4 – O recurso segue a tramitação do recurso em processo penal, tendo em conta as especialidades que resultem desta lei.

ARTIGO 51º
Âmbito e efeitos do recurso

1 – Se o contrário não resultar da presente lei, a segunda instância apenas conhece da matéria de direito, não cabendo recurso das suas decisões.

2 – A decisão do recurso pode:

a) Alterar a decisão do tribunal recorrido sem qualquer vinculação aos termos e ao sentido da decisão recorrida;

b) Anulá-la e devolver o processo ao tribunal recorrido.

LEI Nº 107/2009, DE 14 DE SETEMBRO

CAPÍTULO V
Prescrição

ARTIGO 52º
Prescrição do procedimento

Sem prejuízo das causas de suspensão e interrupção da prescrição previstas no regime geral das contraordenações, o procedimento extingue-se por efeito da prescrição logo que sobre a prática da contraordenação hajam decorrido cinco anos.

ARTIGO 53º
Suspensão da prescrição

1 – A prescrição do procedimento por contraordenação suspende-se, para além dos casos especialmente previstos na lei, durante o tempo em que o procedimento:

a) Não possa legalmente iniciar-se ou continuar por falta de autorização legal;

b) Não possa prosseguir por inviabilidade de notificar o arguido por carta registada com aviso de receção;

c) Esteja pendente a partir do envio do processo ao Ministério Público até à sua devolução à autoridade administrativa competente, nos termos previstos no regime geral das contraordenações.

d) Esteja pendente a partir da notificação do despacho que procede ao exame preliminar do recurso da decisão da autoridade administrativa competente, até à decisão final do recurso.

2 – Nos casos previstos nas alíneas *b)*, *c)* e *d)* do número anterior, a suspensão não pode ultrapassar seis meses.

ARTIGO 54º
Interrupção da prescrição

1 – A prescrição do procedimento por contraordenação interrompe-se:

a) Com a comunicação ao arguido dos despachos, decisões ou medidas contra ele tomados ou com qualquer notificação;

b) Com a realização de quaisquer diligências de prova, designadamente exames e buscas, ou com o pedido de auxílio às autoridades policiais ou a qualquer autoridade administrativa;

c) Com a notificação ao arguido para exercício do direito de audição ou com as declarações por ele prestadas no exercício desse direito;

d) Com a decisão da autoridade administrativa competente que procede à aplicação da coima.

2 – Nos casos de concurso de infrações, a interrupção da prescrição do procedimento criminal determina a interrupção da prescrição do procedimento por contraordenação.

REGIME JURÍDICO DAS CONTRAORDENAÇÕES LABORAIS E DA SEGURANÇA SOCIAL

3 – A prescrição do procedimento tem sempre lugar quando, desde o seu início e ressalvado o tempo de suspensão, tenha decorrido o prazo da prescrição acrescido de metade.

ARTIGO 55º
Prescrição da coima

Sem prejuízo das causas de suspensão e interrupção da prescrição previstas no regime geral das contraordenações, as coimas prescrevem no prazo de cinco anos, a partir do caráter definitivo ou do trânsito em julgado da decisão condenatória.

ARTIGO 56º
Suspensão da prescrição da coima

A prescrição da coima suspende-se durante o tempo em que:

a) Por força da lei, a execução não pode começar ou não pode continuar a ter lugar;
b) A execução está interrompida;
c) Esteja em curso plano de pagamento em prestações.

ARTIGO 57º
Interrupção da prescrição da coima

1 – A prescrição da coima interrompe-se com a sua execução.
2 – A prescrição da coima ocorre quando, desde o seu início e ressalvado o tempo de suspensão, tenha decorrido o prazo normal da prescrição acrescido de metade.

ARTIGO 58º
Prescrição das sanções acessórias

Aplica-se às sanções acessórias o regime previsto nos artigos anteriores para a prescrição da coima.

CAPÍTULO VI
Custas

ARTIGO 59º
Custas processuais

Sempre que o contrário não resulte da presente lei, são aplicáveis, com as devidas adaptações, as disposições do regulamento das custas processuais.

CAPÍTULO VII
Disposições finais

ARTIGO 60º
Direito subsidiário

Sempre que o contrário não resulte da presente lei, são aplicáveis, com as devidas adaptações, os preceitos reguladores do processo de contraordenação previstos no regime geral das contraordenações.

ARTIGO 61º
Cumprimento da obrigação devida

O pagamento da coima não dispensa o infrator do cumprimento da obrigação, se este ainda for possível.

ARTIGO 62º
Comunicações entre autoridades administrativas competentes

1 – Para efeitos do disposto no nº 2 do artigo 2º, as autoridades administrativas competentes comunicam entre si, trimestralmente, os procedimentos de contraordenação em curso e as coimas aplicadas.

2 – As autoridades administrativas competentes devem comunicar entre si, no prazo de 10 dias, a verificação de infração a que corresponda uma contra-ordenação laboral ou de segurança social que não seja da sua competência.

ARTIGO 63º
Regiões Autónomas

Na aplicação da presente lei às Regiões Autónomas são tidas em conta as competências legais atribuídas aos respetivos órgãos e serviços regionais.

ARTIGO 64º
Norma revogatória

São revogados os artigos 14º a 32º do Decreto-Lei nº 64/89, de 25 de fevereiro.

ARTIGO 65º
Entrada em vigor

1 – A presente lei entra em vigor no 1º dia do mês seguinte ao da sua publicação.

2 – As disposições da presente lei referentes aos meios áudio-visuais e informáticos só entram em vigor na data da sua implementação pelos competentes serviços do ministério responsável pela área laboral.

Aprovada em 23 de julho de 2009.

O Presidente da Assembleia da República, *Jaime Gama*.

Promulgada em 31 de agosto de 2009.

Publique-se.

O Presidente da República, Aníbal Cavaco Silva.

Referendada em 31 de agosto de 2009.

O Primeiro-Ministro, *José Sócrates Carvalho Pinto de Sousa*.

Procede à primeira alteração ao Decreto-Lei nº 260/2009, de 25 de setembro, simplificando o regime de acesso e exercício da atividade das agências privadas de colocação de candidatos a empregos

Lei nº 5/2014, de 12 de fevereiro

A Assembleia da República decreta, nos termos da alínea *c*) do artigo 161º da Constituição, o seguinte:

ARTIGO 1º
Objeto

A presente lei altera o Decreto-Lei nº 260/2009, de 25 de setembro, procedendo à simplificação do regime jurídico do exercício e licenciamento das agências privadas de colocação e das empresas de trabalho temporário e conformando este regime com o disposto no Decreto-Lei nº 92/2010, de 26 de julho, que transpôs a Diretiva nº 2006/123/CE, do Parlamento Europeu e do Conselho, de 12 de dezembro de 2006.

ARTIGO 2º
Alteração ao Decreto-Lei nº 260/2009, de 25 de setembro

Os artigos 1º, 7º, 10º, 14º, 16º, 18º, 19º, 22º, 23º, 24º, 25º, 26º, 27º, 28º, 30º, 31º e 34º do Decreto-Lei nº 260/2009, de 25 de setembro, passam a ter a seguinte redação:

Alterações inseridas no local próprio.

NOVO REGIME DAS AGÊNCIAS PRIVADAS DE COLOCAÇÃO DE CANDIDATOS A EMPREGOS

ARTIGO 3º
Aditamento ao Decreto-Lei nº 260/2009, de 26 de julho

São aditados ao Decreto-Lei nº 260/2009, de 26 de julho, os artigos 28º-A, 30º-A, 30º-B e 30º-C, com a seguinte redação:

Alterações inseridas no local próprio.

ARTIGO 4º
Alterações sistemáticas

1 – O capítulo III passa a denominar-se «Do acesso e exercício à atividade de agência».

2 – A secção II do capítulo III passa a denominar-se «Do acesso à atividade de agência».

ARTIGO 5º
Regime transitório

1 – As alterações introduzidas pela presente lei aplicam-se, a partir da sua entrada em vigor, às agências que se encontrem, nessa data, licenciadas para o exercício da atividade privada de colocação de candidatos a emprego, salvo no que diz respeito à obrigação de mera comunicação prévia referida no artigo 16º do Decreto-Lei nº 260/2009, de 25 de setembro, na redação na redação atual.

2 – No ano de 2014 e no que respeita às empresas de trabalho temporário que se encontrem, nessa data, em atividade:

a) As comunicações previstas nos nºs 5 e 9 do artigo 7º, na redação conferida pela presente lei, devem ser efetuadas até 30 dias após a sua entrada em vigor;

b) A atualização da caução prevista no nº 4 do artigo 7º, na redação conferida pela presente lei, deve ser efetuada até 60 dias após a comunicação referida na alínea anterior ou até 60 dias após a publicação do diploma que determine a alteração à retribuição mínima mensal garantida, se posterior;

c) O reforço da caução previsto no nº 8 do artigo 7º, na redação conferida pela presente lei, deve ser efetuado até 90 dias após a entrada em vigor da mesma.

3 – Constitui contraordenação grave a violação do disposto no número anterior.

ARTIGO 6º
Norma revogatória

São revogados os artigos 15º e 17º, o nº 8 do artigo 18º, os nºs 1 e 4 do artigo 19º, os artigos 20º e 21º, o nº 6 do artigo 24º e o nº 2 do artigo 26º do Decreto-Lei nº 260/2009, de 25 de setembro.

ARTIGO 7º
Republicação

É republicado, em anexo à presente lei, da qual faz parte integrante, o Decreto--Lei nº 260/2009, de 25 de setembro, com a redação atual.

Aprovada em 20 de dezembro de 2013.

A Presidente da Assembleia da República, *Maria da Assunção A. Esteves.*

Promulgada em 3 de fevereiro de 2014.

Publique-se.

O Presidente da República, ANÍBAL CAVACO SILVA.

Referendada em 4 de fevereiro de 2014.

O Primeiro-Ministro, *Pedro Passos Coelho.*

ANEXO

Republicação do Decreto-Lei nº 260/2009, de 25 de setembro

CAPÍTULO I
Disposições gerais

ARTIGO 1º
Objeto e âmbito de aplicação

1 – O presente decreto-lei regula o exercício e licenciamento da atividade da empresa de trabalho temporário.

2 – O presente decreto-lei regula, ainda, o acesso e exercício da atividade da agência privada de colocação de candidatos a emprego, adiante designada por agência.

3 – São excluídas do âmbito de aplicação do presente decreto-lei as atividades de colocação de candidatos a emprego relativas a trabalhadores marítimos.

ARTIGO 2º
Conceitos

Para efeitos do presente decreto-lei entende-se por:

a) «Agência» a pessoa, singular ou coletiva, não integrada na Administração Pública, que, fazendo a intermediação entre a oferta e a procura de emprego, promove a colocação de candidatos a emprego, sem fazer parte das relações de trabalho que daí decorram, desenvolvendo pelo menos um dos serviços referidos no artigo 14º;

b) «Candidato a emprego» a pessoa que procura emprego e que reúne os requisitos legais para exercer uma atividade por conta de outrem;

645

NOVO REGIME DAS AGÊNCIAS PRIVADAS DE COLOCAÇÃO DE CANDIDATOS A EMPREGOS

c) «Colocação de candidato a emprego» a promoção do preenchimento de um posto de trabalho na dependência do beneficiário de uma dada atividade económica;

d) «Empresa de trabalho temporário» a pessoa singular ou coletiva cuja atividade consiste na cedência temporária a utilizadores da atividade de trabalhadores que, para esse efeito, admite e retribui;

e) «Entidade contratante» a pessoa singular ou coletiva, com ou sem fins lucrativos, que contrata, sob a sua autoridade e direção, candidatos a emprego colocados por uma agência;

f) «Local de trabalho» o local contratualmente definido para o exercício das funções para as quais o candidato a emprego foi contratado ou a que deva ter acesso no desempenho das suas funções;

g) «Trabalhador temporário» a pessoa que celebra com uma empresa de trabalho temporário um contrato de trabalho temporário ou um contrato de trabalho por tempo indeterminado para cedência temporária;

h) «Utilizador» a pessoa singular ou coletiva, com ou sem fins lucrativos, que ocupa, sob a sua autoridade e direção, trabalhadores cedidos por uma empresa de trabalho temporário.

CAPÍTULO II
Do exercício e licenciamento da atividade de empresa de trabalho temporário

SECÇÃO I
Do exercício da atividade de empresa de trabalho temporário

ARTIGO 3º
Objeto da empresa de trabalho temporário

A empresa de trabalho temporário tem por objeto a atividade de cedência temporária de trabalhadores para ocupação por utilizadores, podendo, ainda, desenvolver atividades de seleção, orientação e formação profissional, consultadoria e gestão de recursos humanos.

ARTIGO 4º
Contratos a celebrar pela empresa de trabalho temporário

1 – O exercício de trabalho temporário depende da celebração pela empresa de trabalho temporário dos seguintes contratos:

a) Contrato de utilização de trabalho temporário com o utilizador;

b) Contrato de trabalho temporário com o trabalhador temporário;

c) Contrato de trabalho por tempo indeterminado para cedência temporária.

LEI Nº 5/2014, DE 12 DE FEVEREIRO

2 – É proibido à empresa de trabalho temporário cobrar ao candidato a emprego temporário, direta ou indiretamente, quaisquer importâncias em numerário ou espécie.

3 – Constitui contraordenação grave a violação do disposto no número anterior.

SECÇÃO II
Da licença

ARTIGO 5º
Licença para o exercício da atividade
de empresa de trabalho temporário

1 – O exercício da atividade de cedência temporária de trabalhadores para ocupação por utilizadores encontra-se sujeito a licença, dependendo a sua concessão da verificação dos seguintes requisitos cumulativos:

a) Idoneidade;
b) Estrutura organizativa adequada;
c) Situação contributiva regularizada perante a administração tributária e a segurança social;
d) Denominação social de pessoa singular ou coletiva com a designação «trabalho temporário»;
e) Constituição de caução, nos termos do disposto no artigo 7º

2 – Considera-se verificado o requisito de idoneidade referido na alínea *a)* do número anterior quando a empresa:

a) Tiver capacidade para a prática de atos de comércios;
b) Não esteja abrangida pela suspensão ou proibição do exercício da atividade aplicada nos termos do artigo 66º ou 67º do Código Penal;
c) Não esteja suspensa ou interdita do exercício da atividade como medida de segurança ou sanção acessória de contraordenação;
d) Não faça ou tenha feito parte, enquanto sócio, gerente, diretor ou administrador, de pessoa coletiva ou singular em período relativamente ao qual existam dívidas aos trabalhadores, administração tributária ou segurança social resultante do exercício de atividades anteriores.

3 – A idoneidade é exigida a todos os sócios, gerentes, diretores ou administradores da empresa de trabalho temporário ou aos empresários em nome individual, no caso de pessoas singulares.

4 – Considera-se verificado o requisito de estrutura organizativa adequada quando a empresa reúna os seguintes requisitos:

a) Existência de um diretor técnico contratado pela empresa, com habilitações e experiência adequadas na área dos recursos humanos, que preste as suas funções diariamente na empresa ou estabelecimento;

647

NOVO REGIME DAS AGÊNCIAS PRIVADAS DE COLOCAÇÃO DE CANDIDATOS A EMPREGOS

b) Existência de instalações adequadas e devidamente equipadas para o exercício da atividade.

5 – Para efeitos da alínea *a)* do número anterior, consideram-se habilitações e experiências adequadas, cumulativamente:

a) A conclusão com aproveitamento do ensino secundário ou equivalente;

b) Três anos de experiência em atividades desenvolvidas no âmbito do suporte administrativo e organizacional à gestão de recursos humanos ou dois anos de experiência profissional em funções de responsabilidade na área de gestão de recursos humanos ou um ano de experiência na área de gestão de recursos humanos, no caso de licenciados em áreas cujos planos curriculares integrem disciplinas relativas à gestão de recursos humanos.

6 – Constitui contraordenação muito grave a violação do disposto no nº 4.

ARTIGO 6º
Procedimento de concessão da licença para o exercício da atividade de empresa de trabalho temporário

1 – O interessado apresenta o requerimento de licença para o exercício da atividade de cedência temporária de trabalhadores para ocupação por utilizadores, nomeadamente por via eletrónica, em qualquer unidade orgânica local do serviço público de emprego, com indicação das atividades a exercer e instruído com os seguintes documentos:

a) Declaração na qual o requerente indique o seu nome, o número fiscal de contribuinte, o número do bilhete de identidade ou número de identificação civil, e o domicílio ou, no caso de ser pessoa coletiva, a denominação, a sede, o número de pessoa coletiva, o registo comercial atualizado de constituição e de alteração do contrato de sociedade, os nomes dos titulares dos corpos sociais e, em ambos os casos, a localização dos estabelecimentos em que exerça a atividade;

b) Documentos emitidos pelas autoridades competentes comprovativos da idoneidade do requerente e, se for pessoa coletiva, dos sócios, gerentes, diretores ou administradores;

c) Certidão comprovativa de que não se encontra abrangido por suspensão ou interdição do exercício de atividade como sanção acessória de contraordenação, emitida pelo serviço com competência inspetiva do ministério responsável pela área laboral e pelo serviço com competência inspetiva do ministério responsável pela área da economia;

d) Cópia do contrato de sociedade, sendo pessoa coletiva;

e) Comprovação dos requisitos da estrutura organizativa adequada para o exercício da atividade ou declaração sob compromisso de honra dos requisitos que satisfaz se a licença for concedida;

f) Declaração em como constituiu caução nos termos do artigo 7º, se a licença for concedida.

LEI Nº 5/2014, DE 12 DE FEVEREIRO

2 – Para comprovar a situação regularizada perante a administração fiscal e a segurança social, relativamente ao exercício de atividades anteriores, independentemente de estas se encontrarem ou não cessadas, o requerente deve prestar consentimento para a consulta pelo serviço público de emprego, nos termos previsto no Decreto-Lei nº 114/2007, de 19 de abril, ou na sua falta, apresentação de certidão de situação tributária ou contributiva regularizada.

3 – O requerimento é apreciado pelo serviço público de emprego, que deve elaborar o relatório e formular a proposta de decisão no prazo máximo de 30 dias.

4 – O requerimento é decidido pelo membro do Governo responsável pela área laboral, com faculdade de delegação de competências.

5 – Após a assinatura do despacho para a emissão da licença, o serviço público de emprego notifica o requerente para, no prazo de 30 dias, fazer prova da constituição da caução e existência de estrutura organizativa e instalações adequadas para o exercício da atividade que se tenha comprometido satisfazer.

6 – A licença só é emitida e notificada ao requerente depois da apresentação da prova referida no número anterior.

ARTIGO 7º
Caução para o exercício da atividade de trabalho temporário

1 – O requerente constitui, a favor do serviço público de emprego, uma caução para o exercício da atividade de trabalho temporário, de valor correspondente a 100 meses da retribuição mínima mensal garantida, acrescida do montante da taxa social única incidente sobre aquele valor.

2 – A caução deve ser anualmente atualizada por referência ao montante da retribuição mínima mensal garantida fixado para cada ano e à dimensão da empresa de trabalho temporário.

3 – Para efeitos do disposto no nº 2, a dimensão da empresa de trabalho temporário é definida em função do número médio de trabalhadores temporários ao serviço no ano anterior, de acordo com os seguintes escalões:

a) Até 100 trabalhadores, a caução corresponde ao valor equivalente a 100 meses da retribuição mínima mensal garantida, acrescida do montante da taxa social única incidente sobre aquele valor;

b) De 101 a 200 trabalhadores, a caução corresponde ao valor equivalente a 150 meses da retribuição mínima mensal garantida, acrescida do montante da taxa social única incidente sobre aquele valor;

c) De 201 a 300 trabalhadores, a caução corresponde ao valor equivalente a 200 meses da retribuição mínima mensal garantida, acrescida do montante da taxa social única incidente sobre aquele valor;

d) Mais de 300 trabalhadores, a caução corresponde ao valor equivalente a 250 meses da retribuição mínima mensal garantida, acrescida do montante da taxa social única incidente sobre aquele valor.

NOVO REGIME DAS AGÊNCIAS PRIVADAS DE COLOCAÇÃO DE CANDIDATOS A EMPREGOS

4 – A atualização referida no nº 2 deve ser efetuada até ao final do primeiro trimestre de cada ano ou até 30 dias após a publicação do diploma que determine alteração ao valor da retribuição mínima mensal garantida, se posterior.

5 – Para os efeitos previstos nos nºs 2 e 4, a empresa de trabalho temporário comunica, por escrito, ao serviço público de emprego, até 31 de janeiro de cada ano, o número médio de trabalhadores temporários ao serviço no ano anterior.

6 – Caso a empresa de trabalho temporário não proceda à comunicação referida no número anterior, o serviço público de emprego reposiciona a empresa no escalão correspondente, com base nas declarações de remunerações da segurança social.

7 – Sem prejuízo do disposto no artigo 190º do Código do Trabalho, se no ano anterior se verificarem pagamentos de créditos a trabalhadores através da caução, deve a mesma ser reforçada para o valor correspondente a pelo menos 15 % da massa salarial anual relativa a trabalhadores em cedência temporária naquele ano.

8 – O reforço da caução previsto no número anterior deve ser efetuado por iniciativa da empresa de trabalho temporário até ao final do primeiro trimestre de cada ano.

9 – Para os efeitos previstos nos nºs 7 e 8, a empresa de trabalho temporário comunica, por escrito, ao serviço público de emprego, até 31 de janeiro de cada ano, o valor da massa salarial anual relativa a trabalhadores em cedência temporária naquele ano.

10 – Sempre que se verifiquem pagamentos por conta da caução, o serviço público de emprego notifica a empresa de trabalho temporário para, no prazo de 30 dias, fazer prova da sua reconstituição.

11 – A empresa responsável pelo depósito, garantia bancária na modalidade à primeira solicitação ou contrato de seguro só pode proceder à redução ou cessação da garantia prestada mediante autorização prévia expressa do serviço público de emprego.

12 – Provando a empresa de trabalho temporário, mediante declaração comprovativa, a liquidação dos créditos reclamados previstos no nº 1 do artigo 191º do Código do Trabalho e demais encargos com os trabalhadores, cessam os efeitos da caução e esta é devolvida pelo serviço público de emprego.

13 – Para efeitos do presente artigo, o número médio de trabalhadores temporários ao serviço resulta do somatório do número de trabalhadores temporários ao serviço em cada mês dividido por 12 meses.

14 – Para efeitos do número anterior, o número de trabalhadores temporários ao serviço em cada mês corresponde ao somatório do número de trabalhadores temporários ao serviço no início do mês com o número de trabalhadores temporários contratados no decurso do mês.

15 – Constitui contraordenação muito grave a violação do disposto no nº 1, e contraordenação grave a violação do disposto nos nºs 2, 4, 5 e 7 a 10.

LEI Nº 5/2014, DE 12 DE FEVEREIRO

ARTIGO 8º
Licença e registo para o exercício da atividade de empresa de trabalho temporário

1 – O exercício da atividade de empresa de trabalho temporário está sujeito à emissão de licença, que deve constar de alvará numerado.

2 – O serviço público de emprego mantém atualizado e disponibiliza por via eletrónica para acesso público o registo nacional das empresas de trabalho temporário, o qual identifica as empresas licenciadas e aquelas em que ocorra a suspensão da atividade, caducidade ou cessação da licença ou aplicação de sanção acessória, com indicação, face a cada uma, da sua denominação completa, domicílio ou sede social e número de alvará.

3 – O registo referido no número anterior tem caráter público, podendo qualquer interessado pedir certidão das inscrições nele constantes.

4 – Constitui contraordenação muito grave a violação do disposto no nº 1.

ARTIGO 9º
Deveres da empresa de trabalho temporário

1 – A empresa de trabalho temporário deve comunicar, no prazo de 15 dias, ao serviço público de emprego, através da unidade orgânica local competente, as alterações respeitantes a:

a) Domicílio ou sede e localização dos estabelecimentos de exercício da atividade;

b) Identificação dos administradores, sócios, gerentes ou membros da direção;

c) Objeto da respetiva atividade, bem como a sua suspensão ou cessação por iniciativa própria.

2 – A empresa de trabalho temporário deve ainda:

a) Incluir em todos os contratos, correspondência, publicações, anúncios e de modo geral em toda a sua atividade externa o número e a data do alvará de licença para o exercício da respetiva atividade;

b) Comunicar à unidade orgânica local competente do serviço público de emprego, por via eletrónica, até aos dias 15 de janeiro e 15 de julho, a relação completa dos trabalhadores, quer nacionais quer estrangeiros, cedidos no semestre anterior, com indicação do nome, sexo, idade, número do bilhete de identidade ou número de identificação civil ou passaporte, número de beneficiário da segurança social, início e duração do contrato, local de trabalho, atividade contratada, retribuição base e classificação da atividade económica (CAE) do utilizador e respetivo código postal;

c) Comunicar ao serviço competente pelos assuntos consulares e comunidades portuguesas do ministério responsável pela área dos negócios estrangeiros, por via eletrónica, até aos dias 15 de janeiro e 15 de julho, a relação dos trabalhadores cedidos para prestar serviço no estrangeiro no semestre anterior, com indicação do nome, sexo, idade, número de beneficiário da segurança social, início e duração do contrato, local de trabalho, atividade de trabalho, atividade contratada, retribuição base, datas de saída e entrada no território nacional, bem como identificação, classificação da atividade económica (CAE) e localidade e país de execução do contrato.

3 – O serviço público de emprego semestralmente envia, por via eletrónica, ao serviço competente do ministério responsável pela área da economia a informação relevante para as suas atribuições obtida nos termos da alínea *b*) do número anterior.

4 – Constitui contraordenação grave a violação do disposto no nº 1 e nas alíneas *b*) e *c*) do nº 2 e contraordenação leve a violação do disposto na alínea *a*) do nº 2.

ARTIGO 10º
Deveres para utilização de trabalhadores no estrangeiro

1 – Sem prejuízo da prestação de caução referida no nº 1 do artigo 7º, a empresa de trabalho temporário que celebra contratos para utilização de trabalhadores no estrangeiro deve:

a) Constituir, a favor do serviço público de emprego, uma caução específica no valor de 10 % das retribuições correspondentes à duração previsível dos contratos e no mínimo de dois meses de retribuição ou no valor das retribuições, se o contrato durar menos de dois meses, acrescido do custo das viagens de repatriamento;

b) Garantir aos trabalhadores prestações médicas, medicamentosas e hospitalares sempre que aqueles não beneficiem das mesmas prestações no país de acolhimento, através de seguro que garanta o pagamento de despesas de valor pelo menos igual a seis meses de retribuição;

c) Assegurar o repatriamento dos trabalhadores, findo o trabalho objeto do contrato, verificando-se a cessação do contrato de trabalho ou, ainda, no caso de falta de pagamento pontual da retribuição.

2 – A caução prevista na alínea *a*) do número anterior não é exigível se, nos 36 meses anteriores ou, relativamente a empresas de trabalho temporário constituídas há menos tempo, desde o início da sua atividade, não tiver havido pagamentos de créditos a trabalhadores através da caução referida no nº 1 do artigo 7º

3 – A empresa de trabalho temporário deve, ainda, comunicar com cinco dias de antecedência ao serviço com competência inspetiva do ministério responsável pela área laboral a identidade dos trabalhadores a ceder para o estrangeiro, o utilizador, o local de trabalho, o início e o termo previsíveis da deslocação, bem como a constituição da caução e a garantia das prestações, nos termos das alíneas *a*) e *b*) do nº 1.

4 – O disposto nos nºs 10 a 12 do artigo 7º, bem como no artigo 190º e no nº 1 do artigo 191º do Código do Trabalho é aplicável à caução referida na alínea *a*) do nº 1.

5 – Se a empresa de trabalho temporário não assegurar o repatriamento nas situações referidas na alínea *c*) do nº 1, a pedido dos trabalhadores, o serviço público de emprego procede ao pagamento das despesas de repatriamento por conta da caução.

6 – O disposto no artigo 191º do Código do Trabalho é aplicável à caução referida na alínea *a*) do nº 1 sempre que estejam em causa pagamentos de retribuição.

7 – A empresa de trabalho temporário tem direito de regresso contra o trabalhador relativamente às despesas de repatriamento se ocorrer despedimento por facto imputável ao trabalhador, denúncia sem aviso prévio ou abandono do trabalho.

8 – O serviço com competência inspetiva do ministério responsável pela área laboral deve comunicar imediatamente ao serviço público de emprego a informação obtida nos termos do disposto no nº 3.

9 – Constitui contraordenação grave a violação do disposto no nº 1 e contraordenação leve a violação do disposto no nº 3.

ARTIGO 11º
Verificação da manutenção dos requisitos para o exercício da atividade de empresa de trabalho temporário

1 – A empresa de trabalho temporário deve fazer prova junto do serviço público de emprego, até ao final do 1º trimestre de cada ano, do cumprimento dos requisitos previstos no artigo 5º, relativamente ao ano anterior.

2 – Para efeitos da verificação da existência de uma estrutura organizativa adequada, a empresa de trabalho temporário tem de ter um número de trabalhadores a tempo completo que corresponda, no mínimo, a 1 % do número médio de trabalhadores temporários contratados no ano anterior ou, quando este número for superior a 5000, 50 trabalhadores a tempo completo.

3 – Caso o serviço público de emprego não notifique a empresa de trabalho temporário, no prazo previsto no nº 1, consideram-se cumpridos os requisitos previstos no artigo 5º

4 – Constitui contraordenação grave a violação do disposto nos nºs 1 e 2.

ARTIGO 12º
Suspensão ou cessação da licença

1 – O serviço público de emprego suspende, durante dois meses, a licença de exercício de atividade de cedência temporária de trabalhadores para utilização de terceiros utilizadores sempre que se verifique o incumprimento do previsto no nº 1 do artigo anterior.

2 – A empresa de trabalho temporário é equiparada, em caso de exercício de atividade durante o período de suspensão da licença, a empresa não licenciada.

3 – A suspensão referida no número anterior termina se a empresa de trabalho temporário, antes de decorrido o prazo previsto no nº 1, fizer prova do cumprimento dos requisitos em falta.

4 – O membro do Governo responsável pela área laboral revoga, sob proposta do serviço público de emprego, a licença de exercício de atividade da empresa de trabalho temporário, sempre que não seja feita prova, durante o prazo previsto no nº 1, dos requisitos cuja ausência originou a suspensão.

5 – A licença caduca se a empresa de trabalho temporário suspender o exercício da atividade durante 12 meses, por motivo diverso da proibição ou interdição do exercício da atividade.

NOVO REGIME DAS AGÊNCIAS PRIVADAS DE COLOCAÇÃO DE CANDIDATOS A EMPREGOS

6 – O titular da licença está obrigado à devolução do respetivo alvará ao serviço público de emprego, sempre que haja lugar a alteração do seu termo ou a mesma cesse.

ARTIGO 13º
Segurança social e seguro de acidente de trabalho

1 – Os trabalhadores temporários são abrangidos pelo regime geral da segurança social dos trabalhadores por conta de outrem, competindo à empresa de trabalho temporário o cumprimento das respetivas obrigações legais.

2 – Nas situações a que se refere o artigo 10º deve ser entregue pela empresa de trabalho temporário uma cópia do contrato de trabalho temporário no serviço competente do ministério responsável pela área da segurança social.

3 – A empresa de trabalho temporário é obrigada a transferir a responsabilidade pela indemnização devida por acidente de trabalho para empresas legalmente autorizadas a realizar este seguro.

4 – Constitui contraordenação muito grave a violação do disposto no nº 3 e contraordenação leve a violação do disposto no nº 2.

5 – O utilizador, bem como os respetivos gerentes, administradores ou diretores, assim como as sociedades que com aquele se encontrem em relação de participações recíprocas, de domínio ou de grupo, são solidariamente responsáveis pelo incumprimento, por parte da empresa de trabalho temporário, dos encargos e obrigações legais relativas aos trabalhadores, bem como pelo pagamento das respetivas coimas.

O nº 5 tem a redação que lhe foi conferida pela Lei nº 28/2016, de 23 de agosto, que procedeu à décima primeira alteração ao Código do Trabalho.

CAPÍTULO III
Do acesso e exercício à atividade de agência

SECÇÃO I
Do exercício da atividade de agência

ARTIGO 14º
Objeto da agência

1 – Para efeitos do presente decreto-lei, a agência tem por objeto um ou mais dos seguintes serviços:

a) Receção das ofertas de emprego;

b) Inscrição de candidatos a emprego;

c) Colocação de candidatos a emprego;

d) Seleção, orientação ou formação profissional, desde que desenvolvida com vista à colocação do candidato a emprego.

2 – A agência pode ainda promover a empregabilidade de candidatos a emprego através do apoio à procura ativa de emprego ou autoemprego.

LEI Nº 5/2014, DE 12 DE FEVEREIRO

3 – Para efeitos do disposto nos números anteriores, deve a agência realizar por si os serviços que constituem o seu objeto, sem recorrer a subcontratação de terceiros.

4 – A violação do disposto no número anterior constitui contraordenação muito grave, punível com coima de € 2800 a € 6000 ou € 12 000, consoante se trate de pessoa singular ou pessoa coletiva.

ARTIGO 15º
(Revogado.)

SECÇÃO II
Do acesso à atividade de agência

ARTIGO 16º
Mera comunicação prévia

1 – O exercício da atividade de agência está sujeito a mera comunicação prévia perante o serviço público de emprego, tal como definida na alínea *b*) do nº 2 do artigo 8º do Decreto-Lei nº 92/2010, de 26 de julho, com indicação do nome ou denominação social, domicílio ou sede e estabelecimento principal em território nacional, número de identificação fiscal ou número de identificação de pessoa coletiva e número de registo comercial ou indicação do código de acesso a certidão permanente de registo comercial, caso existam.

2 – Sem prejuízo do disposto na alínea *d*) do artigo 5º do Decreto-Lei nº 92//2010, de 26 de julho, a agência estabelecida em território nacional deve juntar à mera comunicação prévia documentos que comprovem:

a) A idoneidade, nos termos dos nºs 2 e 3 do artigo 5º;

b) A situação contributiva regularizada perante a administração tributária e a segurança social; e

c) A constituição da caução destinada a garantir a responsabilidade da agência pelo repatriamento do candidato a emprego, em caso de incumprimento do contrato de trabalho ou da promessa de contrato de trabalho, nos termos do nº 3 do artigo 27º, caso tenha optado por constituí-la, nos termos do artigo 18º

3 – A comunicação prévia de agência não estabelecida em território nacional que neste preste serviços ocasionais e esporádicos nos termos do nº 3 do artigo 4º do Decreto-Lei nº 92/2010, de 26 de julho, deve ser acompanhada de documento que comprove a existência de garantia financeira equivalente à referida na alínea *c*) do número anterior, caso a agência dela disponha.

4 – As agências que prestem serviços nos termos referidos no número anterior ficam sujeitas ao disposto no nº 3 do artigo 14º e nos artigos 23º a 28º-A.

5 – A comunicação referida nos nºs 1 a 3 é efetuada ao serviço público de emprego através do balcão único eletrónico dos serviços e é válida para todo o território nacional.

NOVO REGIME DAS AGÊNCIAS PRIVADAS DE COLOCAÇÃO DE CANDIDATOS A EMPREGOS

6 – Constitui contraordenação muito grave a não apresentação da comunicação nos termos dos nºs 1 a 3, punível com coima de € 2800 a € 6000 ou € 12 000, consoante se trate de pessoa singular ou pessoa coletiva.

7 – Constitui contraordenação muito grave a prestação de serviços em território nacional de colocação de candidatos a emprego por agências que não possuam idoneidade e não tenham a situação contributiva regularizada perante a administração tributária e a segurança social nacionais ou, no caso das agências não estabelecidas em Portugal, segundo a legislação do Estado membro de origem, punível com coima de € 2800, a € 6000 ou € 12 000, consoante se trate de pessoa singular ou pessoa coletiva.

8 – A condenação no pagamento da coima prevista no número anterior por ausência de situação contributiva regularizada perante a administração tributária ou a segurança social nacionais não pode ter lugar na pendência do processo de autorização do pagamento em prestações da dívida em causa.

ARTIGO 17º
(Revogado.)

ARTIGO 18º
Caução para o exercício da atividade de agência

1 – A agência estabelecida em território nacional pode constituir, a favor do serviço público de emprego, uma caução para o exercício da atividade, de valor mínimo correspondente a 13 vezes o valor da retribuição mínima mensal garantida, a qual pode ser prestada por depósito, garantia bancária na modalidade à primeira solicitação ou contrato de seguro.

2 – A constituição da caução referida no número anterior destina-se a garantir a responsabilidade da agência pelo repatriamento do candidato a emprego, nos termos previstos no nº 3 do artigo 27º

3 – A caução deve ser anualmente atualizada por referência ao valor da retribuição mínima mensal garantida fixado para cada ano.

4 – Sempre que se verifiquem pagamentos por conta da caução, aplica-se o disposto no nº 10 do artigo 7º

5 – A atualização referida no nº 3 deve ser efetuada até 31 de janeiro de cada ano ou até 30 dias após a publicação do diploma de revisão da retribuição mínima mensal garantida, se posterior.

6 – Por solicitação da agência, o serviço público de emprego liberta o valor da caução, deduzido o que tenha pago por sua conta.

7 – A agência não estabelecida em Portugal que aqui preste serviços ocasionais e esporádicos, em regime de livre prestação de serviços, pode constituir garantia financeira da sua responsabilidade pelo repatriamento do candidato a emprego, em conformidade com o disposto no nº 3 do artigo 27º, através da prestação de caução prevista no presente artigo, ou por seguro, garantia ou instrumento financeiro equivalente, nos termos do disposto nos nºs 2 e 3 do artigo 13º do Decreto-Lei nº 92/2010, de 26 de julho.

8 – *(Revogado.)*

LEI Nº 5/2014, DE 12 DE FEVEREIRO

ARTIGO 19º
Informação sobre o exercício de atividade de agência

1 – *(Revogado.)*

2 – O serviço público de emprego mantém atualizado e disponibiliza por via eletrónica para acesso público o registo nacional das agências, o qual contém a identificação das agências privadas de colocação de candidatos a emprego, estabelecidas em território nacional ou não estabelecidas em território nacional que nele prestem serviços ocasionais e esporádicos, incluindo o número de identificação fiscal ou número de identificação de pessoa coletiva, o domicílio, sede ou estabelecimento principal, a indicação de eventual suspensão, interdição ou cessação de atividade e, caso seja aplicável, informação sobre a constituição de caução para o repatriamento de candidato a emprego, ou de instrumento financeiro equivalente, no caso de agências não estabelecidas.

3 – O registo referido no número anterior tem caráter público, podendo qualquer interessado pedir certidão das inscrições nele constantes.

4 – *(Revogado.)*

ARTIGO 20º
(Revogado.)

ARTIGO 21º
(Revogado.)

ARTIGO 22º
Exercício ilegal e interdição temporária da atividade

1 – O serviço com competência inspetiva do ministério responsável pela área laboral interdita temporariamente, nos termos do regime geral do ilícito de mera ordenação social, constante do Decreto-Lei nº 433/82, de 27 de outubro, alterado pelos Decretos-Leis nºs 356/89, de 17 de outubro, 244/95, de 14 de setembro, e 323/2001, de 17 de dezembro, e pela Lei nº 109/2001, de 24 de dezembro, o exercício de atividade da agência sempre que se verifique a sua ilegalidade por violação do disposto no nº 3 do artigo 14º, no nº 7 do artigo 16º, na alínea *f*) do nº 1 do artigo 23º, no nº 1 do artigo 26º e no nº 1 do artigo 28º

2 – A condenação na sanção acessória prevista no número anterior por ausência de situação contributiva regularizada perante a administração tributária ou a segurança social nacionais não pode ter lugar na pendência do processo de autorização do pagamento em prestações da dívida em causa.

3 – A interdição é comunicada ao serviço público de emprego no prazo de 10 dias a contar da decisão final de aplicação da sanção.

SECÇÃO III
Da relação da intermediação laboral

ARTIGO 23º
Requisitos gerais

1 – No âmbito da sua atividade, a agência deve:

a) Sempre que fizer uso de oferta de emprego publicitada pelos serviços públicos de emprego, informar desse facto a entidade contratante e o candidato a emprego interessados;

b) Atuar segundo o princípio da igualdade de oportunidades no acesso ao emprego, não podendo praticar qualquer discriminação, direta ou indireta, baseada, nomeadamente, na ascendência, idade, sexo, orientação sexual, maternidade, paternidade, estado civil, situação familiar, património genético, capacidade de trabalho reduzida, deficiência ou doença crónica, nacionalidade, origem étnica, religião, convicções políticas, religiosas ou filiação sindical;

c) Atuar segundo o princípio da proporcionalidade entre as informações pedidas aos candidatos a emprego e as necessidades e características da relação laboral oferecida;

d) Assegurar a proteção de dados pessoais dos candidatos a emprego, de acordo com a legislação aplicável;

e) Assegurar que a relação laboral oferecida consiste no exercício de funções ou tarefas suscetíveis de poderem ser desempenhadas pelo candidato a emprego, atendendo nomeadamente às suas aptidões físicas, habilitações escolares e formação profissional;

f) Assegurar a gratuitidade dos serviços prestados ao candidato a emprego, não lhe cobrando, direta ou indiretamente, quaisquer importâncias em numerário ou em espécie;

g) Respeitar as normas sobre idade mínima de admissão para prestar trabalho e escolaridade obrigatória na inscrição e colocação de candidatos a emprego.

2 – Constitui contraordenação muito grave a violação do disposto nas alíneas *b)* e *g)* do número anterior, punível com coima de € 2800 a € 6000 ou € 12 000, consoante se trate de pessoa singular ou pessoa coletiva.

3 – Constitui contraordenação grave a violação do disposto nas alíneas *a)*, *e)* e *f)* do nº 1, punível com coima de € 1200 a € 2600 ou € 4000, consoante se trate de pessoa singular ou pessoa coletiva.

4 – Constitui contraordenação leve a violação do disposto nas alíneas *c)* e *d)* do nº 1, punível com coima de € 300 a € 600 ou € 1200, consoante se trate de pessoa singular ou pessoa coletiva.

LEI Nº 5/2014, DE 12 DE FEVEREIRO

ARTIGO 24º
Deveres da agência

1 – A agência deve comunicar ao serviço público de emprego, através do balcão único eletrónico dos serviços, as seguintes informações:

a) A alteração do domicílio, sede ou estabelecimento principal em Portugal, no prazo de 15 dias;

b) A cessação da atividade em território nacional, quando neste estabelecida, ou no Estado membro de origem, quando opere a essa data em território nacional nos termos do nº 3 do artigo 4º do Decreto-Lei nº 92/2010, de 26 de julho, no prazo de 15 dias;

c) As listagens com dados sobre a atividade desenvolvida no ano anterior, com a indicação do número de candidatos a emprego inscritos, das ofertas de emprego recebidas e das colocações efetuadas, por profissões e setores de atividade económica, até ao dia 15 de janeiro;

d) A constituição e a extinção da caução ou do instrumento financeiro equivalente, previstos no artigo 18º

2 – A agência deve ainda comunicar, por via eletrónica, ao serviço competente pelos assuntos consulares e comunidades portuguesas do ministério responsável pela área dos negócios estrangeiros, no caso de colocação no estrangeiro, no prazo mínimo de 15 dias antes da saída do território nacional:

a) A identificação do candidato a emprego;

b) A identificação da entidade contratante;

c) O local de trabalho;

d) O início e termo previsíveis da colocação.

3 – O serviço competente pelos assuntos consulares e comunidades portuguesas do ministério responsável pela área dos negócios estrangeiros envia ao serviço com competência inspetiva do ministério responsável pela área laboral e ao serviço público de emprego a informação obtida nos termos do número anterior.

4 – A agência deve acautelar que o cidadão nacional de país terceiro candidato a emprego em território nacional é detentor de título de autorização de residência em Portugal, ou outro título que lhe permita o exercício de atividade laboral, nos termos definidos na legislação aplicável.

5 – Constitui contraordenação grave a violação do disposto nos nºs 1, 2 e 4, punível com coima de € 1200 a € 2600 ou € 4000, consoante se trate de pessoa singular ou pessoa coletiva.

6 – *(Revogado.)*

ARTIGO 25º
Direitos e deveres do candidato

1 – O candidato a emprego tem o direito de ser informado, por escrito, sobre:

a) Os métodos e técnicas de recrutamento aos quais se deve submeter e as regras relativas à confidencialidade dos resultados obtidos;

NOVO REGIME DAS AGÊNCIAS PRIVADAS DE COLOCAÇÃO DE CANDIDATOS A EMPREGOS

b) O caráter obrigatório ou facultativo das respostas aos testes ou questionários, bem como das consequências da falta de resposta;

c) As pessoas ou empresas destinatárias das informações prestadas, no termo dos processos de recrutamento, mediante pedido do candidato a emprego;

d) Receber informação sobre a negociação coletiva aplicável ao setor da entidade contratante.

2 – O candidato a emprego tem ainda o direito de:

a) Ser informado por escrito pela agência sobre os direitos que tem no âmbito do presente decreto-lei, assim como no âmbito da relação laboral oferecida;

b) Aceder e retificar as informações prestadas nos processos de colocação;

c) Recusar responder a questionários ou testes que não se relacionem com as aptidões profissionais ou que se relacionem com a sua vida privada;

d) Receber um documento comprovativo da sua inscrição como candidato a emprego na agência;

e) Ser informado sobre a eventual existência de caução ou de instrumento financeiro equivalente, previstos no artigo 18º, com a finalidade de garantir o repatriamento referido no nº 3 do artigo 27º

3 – O candidato a emprego está obrigado a responder e a prestar informações de acordo com o princípio da boa fé.

4 – Constitui contraordenação grave a violação do disposto no nº 2, punível com coima de € 1200 a € 2600 ou € 4000, consoante se trate de pessoa singular ou pessoa coletiva.

5 – Constitui contraordenação leve a violação do disposto no nº 1, punível com coima de € 300 a € 600 ou € 1200, consoante se trate de pessoa singular ou pessoa coletiva.

ARTIGO 26º
Ofertas de emprego

1 – O conteúdo dos anúncios e outras formas de publicitação de ofertas de emprego emitidos pela agência devem:

a) Respeitar o princípio da veracidade, não deformando os elementos que caracterizam a relação laboral oferecida;

b) Ser redigido ou formulado em português;

c) Respeitar os requisitos gerais enunciados no artigo 23º;

d) Identificar a agência emitente nos termos definidos no presente decreto-lei;

e) Referir a eventual existência de caução ou de instrumento financeiro equivalente, previstos no artigo 18º, com a finalidade de garantir o repatriamento referido no nº 3 do artigo 27º

2 – *(Revogado.)*

3 – A entidade responsável pelo meio de comunicação que publicita as ofertas de emprego tem o dever de exigir e publicar a identificação do anunciante.

LEI Nº 5/2014, DE 12 DE FEVEREIRO

4 – No caso de as ofertas de emprego serem difundidas sem identificação do emitente, o serviço com competência inspetiva do ministério responsável pela área laboral pode obter, mediante notificação simples dirigida à entidade responsável pelo meio de comunicação que veicula o anúncio, a sua identificação.

5 – No contrato, a celebrar por escrito entre a agência e a entidade contratante, sujeito à lei portuguesa, deve ser feita expressa menção aos elementos que caracterizam a relação laboral oferecida por esta entidade, nomeadamente a categoria profissional, a remuneração mensal, o período normal de trabalho, o horário de trabalho, o local de trabalho, as condições de alojamento e o acesso a cuidados de saúde, bem como a outras condições de trabalho divulgadas na oferta de emprego.

6 – Constitui contraordenação grave a violação do disposto no nº 1, punível com coima de € 1200 a € 2600 ou € 4000, consoante se trate de pessoa singular ou pessoa coletiva.

ARTIGO 27º
Colocação de candidatos

1 – No exercício da atividade de colocação deve a agência atuar de acordo com o princípio da boa fé, abstendo-se de efetuar colocações que não garantam boas condições de trabalho, tanto do ponto de vista físico como moral, assegurando nomeadamente que a entidade contratante:

a) Cumpra as prescrições legais e convencionais vigentes relativas à segurança e saúde no trabalho;

b) Tenha a situação contributiva regularizada perante a segurança social e administração tributária;

c) Respeite os direitos de liberdade sindical e de negociação coletiva;

d) Proponha ao candidato a emprego as condições de trabalho divulgadas na oferta de emprego.

2 – Sem prejuízo do disposto no número anterior, na atividade de colocação de candidato a emprego fora do território nacional, deve a agência acautelar que o candidato a emprego tenha, no país de destino:

a) Acesso a prestações médicas, medicamentosas e hospitalares, nas mesmas condições que teria no território nacional;

b) Alojamento adequado.

3 – Em caso de incumprimento do contrato de trabalho ou promessa de contrato de trabalho por causa não imputável ao candidato a emprego, deve a agência assegurar, nas colocações de candidato a emprego fora do território nacional, o seu repatriamento, até seis meses após a colocação.

4 – Na situação prevista no número anterior, a entidade que, em substituição da agência, suportar as despesas associadas ao repatriamento do trabalhador goza de direito de regresso sobre aquela.

NOVO REGIME DAS AGÊNCIAS PRIVADAS DE COLOCAÇÃO DE CANDIDATOS A EMPREGOS

5 – Constitui contraordenação muito grave a violação do disposto no nº 1 do presente artigo, punível com coima de € 2800 a € 6000 ou € 12 000, consoante se trate de pessoa singular ou pessoa coletiva.

ARTIGO 28º
Dever de informação

1 – Sem prejuízo do disposto no artigo 20º do Decreto-Lei nº 92/2010, de 26 de julho, a agência tem o dever de informar por escrito o candidato a emprego sobre os aspetos relevantes da colocação, designadamente sobre os direitos que decorrem do presente decreto-lei e, bem assim, informação relevante sobre a relação laboral oferecida, esclarecendo expressamente, no caso de colocações no estrangeiro:

a) As condições de acesso, no país de destino, a prestações médicas, medicamentosas e hospitalares e a alojamento adequado, referindo se a entidade contratante garante esse acesso, no âmbito do contrato de trabalho ou promessa de contrato de trabalho;

b) A aplicabilidade e o processo de repatriamento da responsabilidade da agência;

c) A existência de caução ou de instrumento financeiro equivalente para o cumprimento da obrigação referida na alínea anterior.

2 – O disposto no número anterior aplica-se a todas agências a operar em território nacional, independentemente do direito escolhido pelas partes para reger os contratos em causa.

3 – Constitui contraordenação grave a violação do disposto no presente artigo, punível com coima de € 1200 a € 2600 ou € 4000, consoante se trate de pessoa singular ou pessoa coletiva.

ARTIGO 28º-A
Responsabilidade penal e civil por não repatriamento

1 – Quem promover a colocação de candidato a emprego no estrangeiro e estando legalmente obrigado a assegurar o repatriamento daquele o não faça, sujeitando-o a perigo para a vida, a perigo de grave ofensa para o corpo ou a saúde ou a situação desumana ou degradante, é punido com pena de prisão de 1 a 5 anos.

2 – Se os perigos ou as situações previstos no número anterior forem criados por negligência o agente é punido com pena de prisão até 3 anos.

3 – Se dos factos previstos nos números anteriores resultar ofensa à integridade física grave o agente é punido:

a) Com pena de prisão de 2 a 8 anos no caso do nº 1;
b) Com pena de prisão de 1 a 5 anos no caso do nº 2.

4 – Se dos factos previstos nos nºs 1 e 2 resultar a morte o agente é punido:

a) Com pena de prisão de 3 a 10 anos no caso do nº 1;
b) Com pena de prisão de 2 a 8 anos no caso do nº 2.

LEI Nº 5/2014, DE 12 DE FEVEREIRO

5 – À responsabilidade criminal pela prática do crime previsto nos números anteriores acresce a responsabilidade civil pelo pagamento de todas as despesas inerentes à estada em país estrangeiro e repatriamento do candidato a emprego.

6 – As pessoas coletivas e entidades equiparadas são responsáveis, nos termos gerais, pelo crime previsto no presente artigo.

CAPÍTULO IV
Do controlo do exercício da atividade

ARTIGO 29º
Competência para inspeção

1 – A fiscalização do cumprimento do disposto no presente decreto-lei e a instrução dos respetivos processos contraordenacionais competem:

a) Ao serviço com competência inspetiva do ministério responsável pela área laboral no âmbito do exercício da atividade das agências e empresas de trabalho temporário e, quanto a estas, no âmbito das relações de trabalho e condições de trabalho;

b) Ao serviço com competência inspetiva do ministério responsável pela área da economia relativamente à violação de regras da concorrência.

2 – Para efeitos da alínea *b)* do número anterior, o serviço público de emprego e o serviço com competência inspetiva do ministério responsável pela área laboral devem comunicar ao serviço com competência inspetiva do ministério responsável pela área da economia todas as situações de que tenham conhecimento que evidenciem violação das regras da concorrência.

CAPÍTULO V
Disposições complementares, transitórias e finais

ARTIGO 30º
Eliminação de certidões

O serviço público de emprego deve tomar as medidas necessárias à eliminação da exigência de entrega das certidões previstas no presente decreto-lei, de modo a substituí-la pela consulta direta à informação pretendida junto das respetivas entidades e, sempre que necessário, mediante prévio consentimento do seu titular.

ARTIGO 30º-A
Reconhecimento mútuo

Nos termos da alínea *a)* do nº 1 do artigo 11º do Decreto-Lei nº 92/2010, de 26 de julho, não pode haver duplicação entre as condições exigíveis para o cumprimento dos procedimentos previstos neste diploma e os requisitos e os controlos

NOVO REGIME DAS AGÊNCIAS PRIVADAS DE COLOCAÇÃO DE CANDIDATOS A EMPREGOS

equivalentes, ou comparáveis quanto à finalidade, a que o requerente já tenha sido submetido em Portugal ou noutro Estado membro da União Europeia ou do Espaço Económico Europeu.

ARTIGO 30º-B
Balcão único eletrónico dos serviços

1 – Todas as comunicações e notificações, ou em geral quaisquer declarações relacionadas com a atividade das agências e realizadas no âmbito de procedimentos regulados no presente decreto-lei, devem ser efetuadas através do balcão único eletrónico dos serviços, acessível através do sítio na Internet do serviço público de emprego.

2 – Quando, por motivos de indisponibilidade das plataformas eletrónicas, não for possível o cumprimento do disposto no número anterior, a transmissão da informação em apreço pode ser feita por remessa pelo correio, sob registo e com aviso de receção, por telecópia ou por mensagem de correio eletrónico.

ARTIGO 30º-C
Cooperação administrativa

As autoridades competentes nos termos do presente diploma participam na cooperação administrativa, no âmbito dos procedimentos relativos a serviços de agências cujos prestadores sejam provenientes de outro Estado membro, nos termos do capítulo VI do Decreto-Lei nº 92/2010, de 26 de julho, nomeadamente através do Sistema de Informação do Mercado Interno (IMI).

ARTIGO 31º
Regime das contraordenações

1 – O regime geral das contraordenações laborais previsto nos artigos 548º a 566º do Código do Trabalho, aprovado pela Lei nº 7/2009, de 12 de fevereiro, aplica-se às infrações por violação do presente decreto-lei, com exceção das infrações por violação dos requisitos de acesso e exercício da atividade de agência, às quais se aplica o regime geral do ilícito de mera ordenação social, constante do Decreto-Lei nº 433/82, de 27 de outubro, alterado pelos Decretos-Leis nºs 356/89, de 17 de outubro, 244/95, de 14 de setembro, e 323/2001, de 17 de dezembro, e pela Lei nº 109/2001, de 24 de dezembro.

2 – O processamento das contraordenações laborais segue o regime processual aplicável às contraordenações laborais e de segurança social, aprovado pela Lei nº 107/2009, de 14 de setembro.

3 – A tentativa e a negligência são puníveis, sendo, nesse caso, reduzido para metade os limites mínimos e máximos.

LEI Nº 5/2014, DE 12 DE FEVEREIRO

ARTIGO 32º
Sanções acessórias

1 – Para além das sanções acessórias previstas no Código do Trabalho, o exercício da atividade de cedência de trabalhadores temporários a utilizadores sem licença ou com licença suspensa é ainda punível com ordem de encerramento do estabelecimento onde a atividade é exercida até à regularização da situação, juntamente com a coima.

2 – As sanções acessórias referidas no número anterior são averbadas no registo referido no artigo 8º

ARTIGO 33º
Regime transitório de regularização

1 – As agências que se encontrem já a exercer a atividade privada de colocação devem adaptar-se às disposições previstas no presente decreto-lei, no prazo máximo de 90 dias, a contar da data da sua entrada em vigor.

2 – O incumprimento do disposto no número anterior determina a cessação da atividade.

ARTIGO 34º
Regiões Autónomas

1 – O presente decreto-lei aplica-se às Regiões Autónomas dos Açores e da Madeira, com as devidas adaptações, nos termos da respetiva autonomia político-administrativa, cabendo a sua execução administrativa aos serviços e organismos das respetivas administrações regionais autónomas com atribuições e competências no âmbito do presente decreto-lei, sem prejuízo das atribuições das entidades de âmbito nacional.

2 – As meras comunicações prévias referidas no artigo 16º são válidas para todo o território nacional independentemente de serem dirigidas ao serviço público de emprego do continente ou aos serviços e organismos competentes de uma região autónoma.

ARTIGO 35º
Norma revogatória

São revogados o Decreto-Lei nº 124/89, de 14 de abril, e a Lei nº 19/2007, de 22 de maio, na parte não revogada pela Lei nº 7/2009, de 12 de fevereiro, que aprovou o novo Código do Trabalho.

ARTIGO 36º
Entrada em vigor

O presente decreto-lei entra em vigor 30 dias após a data da sua publicação.

ÍNDICE ANALÍTICO DO CÓDIGO DO TRABALHO

A

Arbitragem

Arbitragem necessária, arts. 510º e ss
Arbitragem obrigatória, arts. 508º e ss
Arbitragem voluntária, arts. 506º e ss

Associações de empregadores

Aquisição da qualidade, art. 448º
Aquisição de personalidade, art. 447º
Autonomia, art. 446º
Auto-regulamentação, art. 445º
Constituição, art. 447º
Direito de associação, art. 440º
Direitos, art. 443º
Extinção, art. 456º
Impenhorabilidade de bens, art. 453º
Independência, art. 446º
Liberdade de inscrição, art. 444º
Perda da qualidade, art. 448º
Princípios da organização e da gestão
democráticas, art. 451º
Regime disciplinar, art. 452º
Regime subsidiário, art. 441º

Associações sindicais

Aquisição de personalidade, art. 447º
Autonomia, art. 446º
Auto-regulamentação, art. 445º
Constituição, art. 447º

Direito a actividade sindical na empresa,
art. 460º
Direito de associação, art. 440º
Direitos, art. 443º
Extinção, art. 456º
Independência, art. 446º
Impenhorabilidade de bens, art. 453º
Liberdade de inscrição, art. 444º
Participação na elaboração de legislação
laboral, art. 470º
Princípios da organização e da gestão
democráticas, art. 451º
Quotização sindical, art. 457º
Regime disciplinar, art. 452º
Regime subsidiário, art. 441º
Registo, art. 447º
Representação dos trabalhadores em greve,
art. 532º

C

Caducidade do contrato de trabalho

A termo certo, art. 344º
A termo incerto, art. 345º
Causas, art. 343º
No caso da reforma por velhice, art. 348º
Por encerramento total e definitivo de
empresa, art. 346º
Por extinção de pessoa colectiva emprega-
dora, art. 346º

CÓDIGO DO TRABALHO

Por morte do empregador, art. 346º

Cessação do contrato de trabalho
Devolução de instrumentos de trabalho, art. 342º
Documentos a entregar ao trabalhador, art. 341º
Efeito no direito a formação, art. 134º
Imperatividade do regime, art. 339º
Modalidades, art. 340º
Por acordo, art. 349º
Proibição de despedimento sem justa causa, art. 338º

Comissão de serviço, arts. 161º e ss

Comissões de trabalhadores
Apoio do empregador, art. 421º
Aprovação dos estatutos, art. 430º
Conteúdo dos estatutos, art. 434º
Constituição, art. 430º
Controlo de gestão, art. 426º
Convocação de reuniões gerais de trabalhadores, art. 419º
Créditos de horas dos membros, art. 422º
Direito a informação, art. 424º
Direito de participação nos processos de reestruturação da empresa, art. 429º
Direitos, art. 423º
Duração do mandato, art. 418º
Número de membros, art. 417º
Obrigatoriedade de consulta, art. 425º
Participação na elaboração de legislação laboral, art. 470º
Personalidade jurídica, art. 416º

Conflitos colectivos de trabalho
Arbitragem, art. 529º
Boa fé, art. 522º
Conciliação, arts. 523º e ss
Mediação, arts. 526º e ss
Contra-ordenação laboral
Critérios especiais de medida da coima, art. 556º

Destino, art. 566º
Determinação da medida da coima, art. 559º
Dispensa de coima, art. 560º
Dolo, art. 557º
Escalões de gravidade, art. 553º
Noção, art. 548º
Pluralidade, art. 558º
Punibilidade da negligência, art. 550º
Regime, art. 549º
Registo individual, art. 565º
Reincidência, art. 561º
Sanções acessórias, art. 562º
Sujeito responsável, art. 551º
Valores das coimas, art. 554º

Contrato de trabalho
Caducidade (v. Caducidade do contrato de trabalho)
Capacidade para celebração, art. 13º
Cessação (v. Cessação do contrato de trabalho)
Cláusulas contratuais gerais, art. 105º
Com pluralidade de empregadores, art. 101º
Com regime especial, art. 9º
Com trabalhador estrangeiro ou apátrida, art. 5º
Convalidação, art. 125º
Culpa na formação, art. 102º
De adesão, art. 104º
De muita curta duração, art. 142º
Denúncia (v. Denúncia do contrato de trabalho)
Em comissão de serviço, art. 162º
Forma, art. 110º
Invalidade parcial, art. 121º
Limitação da liberdade de trabalho, art. 138º
Noção, art. 11º
Normas legais reguladoras, art. 3º
Pacto de não concorrência, art. 136º
Pacto de permanência, art. 137º
Por tempo indeterminado para cedência temporária, art.183º
Presunção, art. 12º

668

Promessa de, art. 103º

Resolução (v. Resolução do contrato de trabalho)

Revogação, art. 349º

Sem termo, art. 147º

Suspensão por facto respeitante a trabalhador, art. 296º

Temporário, art. 180º

Termo certo, art. 148º

Termo resolutivo, arts. 139 e ss

Convenção colectiva

Acordo de adesão, art. 504º

Alteração, art. 495º

Aplicação em caso de transmissão de empresa, art. 498º

Caducidade, art. 501º

Celebração, art. 491º

Conteúdo, art. 492º

Denúncia, art. 500º

Depósito, art. 494º

Portaria de extensão, art. 514º

Princípio da filiação, art. 496º

Promoção da contratação colectiva, art. 485º

Proposta de negociação, art. 486º

Regulamentação da greve, art. 542º

Renovação, art. 499º

Representantes das entidades celebrantes, art. 491º

Sobrevigência, art. 501º

Sucessão, art. 503º

Vigência, art. 499º

D

Denúncia do contrato de trabalho

Abandono do trabalho, art. 403º

Com aviso prévio, art. 400º

Pelo menor, art. 71º

Revogação, art. 402º

Sem aviso prévio, art. 401º

Descanso

Compensatório de trabalho suplementar, art. 229º

Cumulação com o descanso diário, art. 233º

Diário, art. 214º

Intervalo de, art. 213º

Semanal, art. 323º

Despedimento

Apreciação judicial, art. 387º

Colectivo (v. Despedimento colectivo)

Ilicitude (v. Ilicitude de despedimento)

Justa causa, art. 351º

Por extinção de posto de trabalho (v. Despedimento por extinção de posto de trabalho)

Por facto imputável ao trabalhador (v. Despedimento por facto imputável ao trabalhador)

Por inadaptação (v. Despedimento por inadaptação)

Protecção de trabalhadora grávida, puérpera ou lactante, art. 63º

Sem justa causa, art. 338º

Despedimento colectivo

Compensação, art. 366º

Comunicações, art. 360º

Crédito de horas durante o aviso prévio, art. 364º

Decisão, art. 363º

Denúncia do contrato pelo trabalhador durante o aviso prévio, art. 365º

Ilicitude, art. 383º

Informações, art. 361º

Intervenção do Ministério responsável pela área laboral, art. 362º

Negociação, art. 361º

Noção, art. 359º

Despedimento por extinção de posto de trabalho

Comunicações, art. 369º

Consultas, art. 370º

Decisão, art. 371º

Direitos do trabalhador, art. 372º

Ilicitude, art. 384º

CÓDIGO DO TRABALHO

Noção, art. 367º
Requisitos, art. 368º

Despedimento por facto imputável ao trabalhador
Decisão, art. 357º
Em caso de microempresa, art. 358º
Ilicitude, art. 382º
Inquérito prévio, art. 352º
Instrução, art. 356º
Justa causa, art. 351º
Nota de culpa, arts. 353º e 355º
Suspensão preventiva de trabalhador, art. 354º

Despedimento por inadaptação
Comunicações, art. 376º
Consultas, art. 377º
Decisão, art. 378º
Direitos do trabalhador, art. 379º
Ilicitude, art. 385º
Manutenção do nível de emprego, art. 380º
Noção, art. 373º
Requisitos, art. 375º
Situações de inadaptação, art. 374º

Direitos de personalidade, arts. 13º e ss

E
Empregador
Cobrança e entrega de quotas sindicais, art. 458º
Dados biométricos, art. 18º
Dever de informação, art. 106º
Deveres, art. 127º
Deveres gerais, art. 126º
Deveres no período de redução ou suspensão, art. 303º
Direito à reserva da intimidade da vida privada, art. 16º
Efeitos da falta de pagamento pontual da retribuição, art. 324º
Garantias do trabalhador, art. 129º
Integridade física e moral, art. 15º

Poder disciplinar, arts. 98º e 328º
Poder de direcção, art. 97º
Proibição de discriminação, art. 25º
Protecção de dados pessoais, art. 17º
Testes e exames escritos, art. 19º
Registo de sanções disciplinares, art. 332º
Testes e exames médicos, art. 19º
Utilização de meios de vigilância à distância, art. 21º

Empresa
Direito a actividade sindical, art. 460º
Efeitos de transmissão, art. 285º
Encerramento e diminuição temporários de actividade, arts. 309º e ss
Encerramento para férias, art. 242º
Informação e consulta de representantes dos trabalhadores, art. 286º
Insolvência e recuperação, art. 347º
Liberdade de expressão e de opinião, art. 14º
Regulamento interno, art. 99º
Tipos, art. 100º

F
Faltas
Comunicação de ausência, art. 253º
De representantes dos trabalhadores, art. 409º
Imperatividade, art. 250º
Noção, art. 248º
Para assistência a filho, art. 49º
Para assistência a membro do agregado familiar, art. 252º
Para assistência a neto, art. 50º
Para prestação de provas de avaliação, art. 91º
Por motivo de falecimento de cônjuge, parente ou afim, art. 251º
Prova de motivo justificativo, art. 254º
Substituição da perda de retribuição, art. 257º
Tipos, art. 249º

Feriados, arts. 234º e ss

ÍNDICE ANALÍTICO DO CÓDIGO DO TRABALHO

Férias
Alteração, art. 243º
Casos especiais, art. 239º
De trabalhador-estudante, art. 92º
Direito, art. 237º
Duração, art. 238º
Efeitos da cessação do contrato de trabalho, art. 245º
Efeitos da redução do período normal de trabalho ou suspensão de contrato de trabalho, art. 306º
Encerramento, art. 242º
Exercício de outra actividade, art. 247º
Gozo, art. 240º
Marcação, art. 240º
Violação, art. 246º

Formação profissional
Âmbito da formação contínua, art. 131º
Conteúdo da formação contínua, art. 133º
Créditos de horas, art. 132º
De trabalhador temporário, art. 187º
Durante a redução do período normal de trabalho ou suspensão de contrato de trabalho, art. 302º
Efeito da cessação do contrato de trabalho, art. 134º
Objectivos, art. 130º
Para reinserção profissional, art. 61º
Subsídio, art. 132º

G

Greve
Aviso prévio, art. 534º
Competência para declarar, art. 531º
Direito à, art. 530º
Efeitos, art. 536º
Lock out, art. 544º
Obrigação de prestação de serviços, arts. 537º e 538º
Piquete, art. 533º
Proibição de coacção, prejuízo ou discriminação de trabalhador, art. 540º

Proibição de substituição de grevistas, art. 535º
Regulamentação por convenção colectiva, art. 542º
Representação dos trabalhadores, art. 532º
Responsabilidade penal, art. 543º
Termo, art. 540º

H

Horário de trabalho
Afixação, art. 216º
Alteração, art. 217º
Concentrado, art. 209º
Condições de isenção, art. 218º
Descanso diário, art. 214º
Elaboração, art. 212º
Envio, art. 216º
Flexível de trabalhador com responsabilidades familiares, art. 56º
Intervalo de descanso, art. 213º
Mapa, art. 215º
Noção, art. 200º
Tempo de trabalho (v. Tempo de trabalho)

I

Igualdade e não discriminação
Conceitos, art. 23º
Direito à igualdade no acesso a emprego e no trabalho, art. 24º
Em função do sexo, art. 30º
Igualdade de condições de trabalho, art. 31º
Indemnização por acto discriminatório, art. 28º
Medida de acção positiva, art. 27º
Proibição de assédio, art. 29º
Proibição de discriminação, art. 25º

Ilicitude de despedimento
Apreciação judicial, arts. 387º e 388º
Colectivo, art. 383º
Compensação, art. 390º
Efeitos, art. 389º
Fundamentos gerais, art. 381º

Indemnização em substituição de reintegração, arts. 391º e 392º

Por extinção do posto de trabalho, art. 384º

Por facto imputável ao trabalhador, art. 382º

Por inadaptação, art. 385º

Suspensão, art. 386º

Instrumentos de regulamentação colectiva de trabalho

Adaptabilidade do período normal de trabalho, art. 204º

Aplicação, art. 520º

Apreciação relativa à igualdade e não discriminação, art. 479º

Concorrência de, arts. 481º e ss

Entrada em vigor, art. 519º

Forma, art. 477º

Limites do conteúdo, art. 478º

Princípio do tratamento mais favorável, art. 476º

Publicidade, art. 519º

Regras contrárias ao princípio da igualdade e não discriminação, art. 26º

Violação de disposição de, art. 521º

Invalidade do contrato de trabalho

Com objecto ou fim contrário à lei ou à ordem pública, art. 124º

Convalidação, art. 125º

Cessação, art. 123º

Efeitos, art. 122º

Invalidade, art. 123º

Parcial, art. 121º

L

Local de trabalho, art. 193º

Lock-out, art. 544º

P

Parentalidade

Articulação com regime de protecção social, art. 34º

Conceitos, art. 36º

Dispensa para amamentação ou aleitação, art. 47º

Dispensa para avaliação para a adopção, art. 45º

Dispensa para consulta pré-natal, art. 46º

Extensão de direitos atribuídos a progenitores, art. 64º

Falta para assistência a filho, art. 49º

Falta para assistência a neto, art. 50º

Licença em situação de risco clínico durante a gravidez, art. 37º

Licença para assistência a filho, art. 52º

Licença para assistência a filho com deficiência ou doença crónica, art. 53º

Licença parental inicial, art. 40º

Licença parental complementar, art. 51º

Licença parental exclusiva do pai, art. 43º

Licença por adopção, art. 44º

Licença por interrupção da gravidez, art. 38º

Modalidades de licença parental, art. 39º

Protecção, art. 35º

Período experimental

Contagem, art. 113º

Denúncia do contrato durante, art. 114º

Duração, art. 112º

Noção, art. 111º

Período normal de trabalho

Adaptabilidade individual, art. 205º

Adaptabilidade grupal, art. 206º

Adaptabilidade por regulamentação colectiva, art. 204º

Banco de horas, art. 208º

Excepções aos limites máximos, art. 210º

Horário concentrado, art. 209º

Horário de trabalho, art. 200º

No trabalho de menores, art. 73º

Noção, art. 198º

Limites máximos, art. 203º

Redução, art. 294º

Pré-reforma

Acordo, art. 319º
Cessação, art. 322º
Direitos do trabalhador em situação de, art. 321º
Noção, art. 318º
Prestação, art. 320º

R

Representantes dos trabalhadores

Crédito de horas, art. 408º
Direitos durante a redução do período normal de trabalho ou suspensão de contrato de trabalho, art. 308º
Faltas, art. 409º
Informação e consulta em caso de transmissão de empresa, art. 286º
Protecção em caso de procedimento disciplinar, art. 410º

Resolução do contrato de trabalho

Ilícita, art. 399º
Impugnação, art. 398º
Indemnização, art. 396º
Justa causa, art. 394º
Procedimento, art. 395º
Revogação, art. 397º
Responsabilidade do trabalhador em caso de resolução ilícita, art. 399º

Retribuição

Cálculo de prestação complementar ou acessória, art. 262º
Cessão, art. 280º
Critérios de determinação, art. 270º
Compensações e descontos art. 279º
Determinação judicial do valor da, art. 272º
Do período de férias, art. 264º
Durante o encerramento e diminuição temporários de actividade, art. 309º
Efeitos para o empregador da falta de pagamento pontual, art. 324º
Em espécie, art. 259º
Forma de cumprimento, art. 276º

Horária, art. 271º
Licença sem, art. 317º
Lugar do cumprimento, art. 277º
Mínima mensal garantida, arts. 273º e ss
Modalidades, art. 261º
No trabalho nocturno, art. 266º
No trabalho suplementar, art. 268º
Por exercício de funções afins, art. 267º
Por isenção de horário de trabalho, art. 265º
Prestação complementar ou acessória, art. 262º
Prestações incluídas ou excluídas, art. 260º
Prestações relativas a dia de feriado, art. 269º
Princípios gerais, art. 258º
Subsídio de, art. 264º
Subsídio de Natal, art. 263º
Suspensão do contrato por não pagamento pontual da, arts. 325º e ss
Tempo do cumprimento, art. 278º

S

Salário (v. Retribuição)
Segurança e saúde no trabalho Acidentes de trabalho, art. 283º
Informação e consulta dos trabalhadores, art. 282º
Princípios gerais, art. 281º
Protecção de menor, art. 72º
Protecção de trabalhador nocturno, art. 225º
Protecção de trabalhador por turnos, art. 222º
Protecção de trabalhadora grávida, puérpera ou lactante, art. 62º
Temporário, art. 186º

Sindicatos (v. Associações sindicais)

T

Teletrabalho

Em regime de contrato para prestação subordinada de trabalho, art. 166º

Igualdade de tratamento de trabalhador, art. 169º

Instrumentos de trabalho em prestação subordinada, art. 168º

Noção, art. 165º

Participação e representação colectivas de trabalhador, art. 171º

Privacidade de trabalhador, art. 170º

Tempo de trabalho

Banco de horas, art. 208º

Horário concentrado, art. 209º

Horário de trabalho, art. 200º

Noção, art. 197º

Período de descanso, art. 199º

Período de funcionamento, art. 201º

Período normal de trabalho, art. 198º

Trabalhador

Autonomia técnica, art. 116º

Cedência ocasional, arts. 288º e ss

Com capacidade de trabalho reduzida, art. 84º

Com deficiência ou doença crónica, arts. 85º e ss

Descanso semanal, art. 232º

Destacado (v. Trabalhador destacado)

Determinação da actividade, art. 115º

Dever de informação, art. 106º

Deveres, art. 128º

Deveres no período de redução ou suspensão, art. 304º

Deveres gerais, art. 126º

Direito à igualdade no acesso a emprego e no trabalho, art. 24º

Direito à reserva da intimidade da vida privada, art. 16º

Direito de confidencialidade de mensagens e de acesso a informação, art. 22º

Direitos no período de redução ou suspensão, art. 305º

Efeitos de falta de título profissional, art. 117º

Estudante (v. Trabalhador-estudante)

Formação profissional, art. 130º

Funções desempenhadas, art. 118º

Garantias, art. 129º

Garantias de créditos, art. 333º

Igualdade de condições de trabalho, art. 31º

Integridade física e moral, art. 15º

Mobilidade funcional, art. 120º

Mudança para categoria inferior, art. 119º

Protecção de dados pessoais, art. 17º

Temporário (v. Trabalhador temporário)

Testes e exames médicos, art. 19º

Transferência, art. 195º

Utilização de meios de vigilância à distância, art. 21º

Trabalhador com capacidade de trabalho reduzida, art. 84º

Trabalhador com deficiência ou doença crónica, arts. 85º e ss

Trabalhador destacado

Condições de trabalho, art. 7º

Destacamento em território português, art. 6º

Destacamento para outro Estado, art. 8º

Igualdade de tratamento, art. 4º

Trabalhador-estudante

Cessação de direitos, art. 95º

Concessão do estatuto, art. 94º

Faltas para prestação de provas de avaliação, art. 91º

Férias e licenças, art. 92º

Noção, art. 89º

Organização do tempo de trabalho, art. 90º

Procedimento para exercício de direitos, art. 96º

Promoção profissional, art. 93º

Renovação de direitos, art. 95º

Trabalhador temporário

Cedência ilícita de, art. 173º

ÍNDICE ANALÍTICO DO CÓDIGO DO TRABALHO

Conceitos específicos, art. 172º
Condições de trabalho, art. 185º
Formação profissional, art. 187º
Enquadramento, art. 189º
Prestação de trabalho em período sem cedência temporária, art. 184º
Reclamação de créditos, art. 191º
Segurança e saúde, art. 186º
Substituição, art. 188º

Trabalho
A tempo parcial (v. Trabalho a tempo parcial)
Abandono, art. 403º
De menores (v. Trabalho de menores)
Horário de, (v. Horário de trabalho)
Intermitente (v. Trabalho intermitente)
Legislação do, art. 469º
Local de, art. 193º
Nocturno (v. Trabalho nocturno)
Período normal de (v. Período normal de trabalho)
Por turnos, art. 221º
Registos de tempos de, art. 202º
Suplementar (v. Trabalho suplementar)
Tempo de (v. Tempo de trabalho)
Temporário (v. Trabalho temporário)

Trabalho a tempo parcial
Alteração da duração, art. 155º
Autorização de, art. 57º
Condições, art. 154º
Conteúdo, art. 153º
De trabalhador com responsabilidades familiares, art. 55º
Deveres do empregador, art. 156º
Forma, art. 153º
Liberdade de celebração de contrato de, art. 151º
Noção, art. 150º
Preferência na admissão para, art. 152º

Trabalho de menores
Admissão, arts. 68º e 69º

Capacidade para celebração de contrato de trabalho, art. 70º
Denúncia de contrato, art. 71º
Descanso diário, art. 78º
Descanso semanal, art. 79º
Formação profissional, art. 67º
Intervalo de descanso, art. 77º
No período nocturno, art. 76º
Participação em espectáculo ou outra actividade, art. 81º
Período normal de trabalho, art. 73º
Princípios gerais, art. 66º
Protecção da segurança e saúde, art. 72º
Suplementar, art. 75º

Trabalho intermitente
Admissibilidade, art. 157º
Conteúdo, art. 158º
Direitos do trabalhador, art. 160º
Forma, art. 158º
Período de prestação de trabalho, art. 159º

Trabalho nocturno
Dispensa de prestação de, art. 60º
Duração, art. 224º
Noção, art. 223º
Pagamento, art. 266º
Protecção de trabalhador nocturno, art. 225º

Trabalho suplementar
Condições de prestação de, art. 227º
De trabalhador com deficiência ou doença crónica, art. 88º
Descanso compensatório, art. 229º
Dispensa de prestação de, art. 59º
Limites de duração do, art. 228º
Noção, art. 226º
Pagamento, art. 268º
Regimes especiais, art. 230º
Registo, art. 231º

Trabalho temporário
Conceitos específicos, art. 172º

CÓDIGO DO TRABALHO

Contrato de trabalho temporário, art. 180º

Contrato de trabalho por tempo indeterminado para cedência temporária, art. 183º

Contrato de utilização de trabalho temporário, art. 175º

Prestações garantidas pela caução para exercício da actividade, art. 190º

Sanções acessórias, art. 192º

Segurança e saúde, art. 186º

Trabalhador temporário (v. Trabalhador temporário)

ÍNDICE-SUMÁRIO

LEI Nº 120/2015, DE 1 DE SETEMBRO	5
LEI Nº 55/2014, DE 25 DE AGOSTO	7
LEI Nº 76/2013, DE 7 DE NOVEMBRO	11
QUINTA ALTERAÇÃO AO CÓDIGO DO TRABALHO, APROVADO PELA LEI Nº 7/2009, DE 12 DE FEVEREIRO, AJUSTANDO O VALOR DA COMPENSAÇÃO DEVIDA PELA CESSAÇÃO DO CONTRATO DE TRABALHO Lei nº 69/2013, de 30 de agosto	13
PROCEDE À TERCEIRA ALTERAÇÃO AO CÓDIGO DO TRABALHO, APROVADO PELA LEI Nº 7/2009, DE 12 DE FEVEREIRO Lei nº 23/2012, de 25 de junho	19
REGIME DE RENOVAÇÃO EXTRAORDINÁRIA DOS CONTRATOS DE TRABALHO A TERMO CERTO Lei nº 3/2012, de 10 de janeiro	23
EXPOSIÇÃO DE MOTIVOS	25
LEI Nº 7/2009, DE 12 DE FEVEREIRO Aprova o Código do Trabalho	45
CÓDIGO DO TRABALHO	55
LIVRO I Parte geral	55
TÍTULO I Fontes e aplicação do direito do trabalho	55
CAPÍTULO I Fontes do direito do trabalho	55
CAPÍTULO II Aplicação do direito do trabalho	57
TÍTULO II Contrato de trabalho	60

CÓDIGO DO TRABALHO

CAPÍTULO I Disposições gerais 60
SECÇÃO I Contrato de trabalho 60
SECÇÃO II Sujeitos 61
SUBSECÇÃO I Capacidade 61
SUBSECÇÃO II Direitos de personalidade 61
SUBSECÇÃO III Igualdade e não discriminação 65
DIVISÃO I Disposições gerais sobre igualdade e não discriminação 65
DIVISÃO II Proibição de assédio 68
DIVISÃO III Igualdade e não discriminação em função do sexo 68
SUBSECÇÃO IV Parentalidade 70
SUBSECÇÃO V Trabalho de menores 89
SUBSECÇÃO VI Trabalhador com capacidade de trabalho reduzida 96
SUBSECÇÃO VII Trabalhador com deficiência ou doença crónica 97
SUBSECÇÃO VIII Trabalhador-estudante 98
SUBSECÇÃO IX O empregador e a empresa 102
SECÇÃO III Formação do contrato 104
SUBSECÇÃO I Negociação 104
SUBSECÇÃO II Promessa de contrato de trabalho 104
SUBSECÇÃO III Contrato de adesão 104
SUBSECÇÃO IV Informação sobre aspetos relevantes na prestação de trabalho 105
SUBSECÇÃO V Forma de contrato de trabalho 107
SECÇÃO IV Período experimental 107
SECÇÃO V Atividade do trabalhador 109
SECÇÃO VI Invalidade do contrato de trabalho 111
SECÇÃO VII Direitos, deveres e garantias das partes 112
SUBSECÇÃO I Disposições gerais 112
SUBSECÇÃO II Formação profissional 115
SECÇÃO VIII Cláusulas acessórias 118
SUBSECÇÃO I Condição e termo 118
SUBSECÇÃO II Cláusulas de limitação da liberdade de trabalho 118
SECÇÃO IX Modalidades de contrato de trabalho 119
SUBSECÇÃO I Contrato a termo resolutivo 119
SUBSECÇÃO II Trabalho a tempo parcial 124
SUBSECÇÃO III Trabalho intermitente 127
SUBSECÇÃO IV Comissão de serviço 128
SUBSECÇÃO V Teletrabalho 130
SUBSECÇÃO VI Trabalho temporário 133
DIVISÃO I Disposições gerais relativas a trabalho temporário 133

678

ÍNDICE-SUMÁRIO

DIVISÃO II Contrato de utilização de trabalho temporário 134
DIVISÃO III Contrato de trabalho temporário 137
DIVISÃO IV Contrato de trabalho por tempo
indeterminado para cedência temporária 139
DIVISÃO V Regime de prestação de trabalho
de trabalhador temporário 140
CAPÍTULO II Prestação do trabalho 145
SECÇÃO I Local de trabalho 145
SECÇÃO II Duração e organização do tempo de trabalho 147
SUBSECÇÃO I Noções e princípios gerais sobre duração
e organização do tempo de trabalho 147
SUBSECÇÃO II Limites da duração do trabalho 149
SUBSECÇÃO III Horário de trabalho 155
SUBSECÇÃO IV Isenção de horário de trabalho 158
SUBSECÇÃO V Trabalho por turnos 159
SUBSECÇÃO VI Trabalho noturno 160
SUBSECÇÃO VII Trabalho suplementar 162
SUBSECÇÃO VIII Descanso semanal 165
SUBSECÇÃO IX Feriados 166
SUBSECÇÃO X Férias 167
SUBSECÇÃO XI Faltas 172
CAPÍTULO III Retribuição e outras prestações patrimoniais 176
SECÇÃO I Disposições gerais sobre retribuição 176
SECÇÃO II Determinação do valor da retribuição 181
SECÇÃO III Retribuição mínima mensal garantida 182
SECÇÃO IV Cumprimento de obrigação de retribuição 183
CAPÍTULO IV Prevenção e reparação de acidentes de trabalho
e doenças profissionais 185
CAPÍTULO V Vicissitudes contratuais 187
SECÇÃO I Transmissão de empresa ou estabelecimento 187
SECÇÃO II Cedência ocasional de trabalhador 189
SECÇÃO III Redução da atividade e suspensão de contrato
de trabalho 191
SUBSECÇÃO I Disposições gerais sobre a redução e suspensão 191
SUBSECÇÃO II Suspensão de contrato de trabalho por facto
respeitante a trabalhador 192
SUBSECÇÃO III Redução temporária do período normal
de trabalho ou suspensão do contrato de trabalho por facto
respeitante ao empregador 193
DIVISÃO I Situação de crise empresarial 193
DIVISÃO II Encerramento e diminuição temporários
de atividade 199
SUBSECÇÃO IV Licença sem retribuição 202
SUBSECÇÃO V Pré-reforma 203

679

CÓDIGO DO TRABALHO

CAPÍTULO VI Incumprimento do contrato	204
SECÇÃO I Disposições gerais	204
SECÇÃO II Suspensão de contrato de trabalho por não pagamento pontual da retribuição	205
SECÇÃO III Poder disciplinar	206
SECÇÃO IV Garantias de créditos do trabalhador	208
SECÇÃO V Prescrição e prova	209
CAPÍTULO VII Cessação de contrato de trabalho	210
SECÇÃO I Disposições gerais sobre cessação de contrato de trabalho	210
SECÇÃO II Caducidade de contrato de trabalho	211
SECÇÃO III Revogação de contrato de trabalho	214
SECÇÃO IV Despedimento por iniciativa do empregador	215
SUBSECÇÃO I Modalidades de despedimento	215
DIVISÃO I Despedimento por facto imputável ao trabalhador	215
DIVISÃO II Despedimento coletivo	219
DIVISÃO III Despedimento por extinção de posto de trabalho	224
DIVISÃO IV Despedimento por inadaptação	227
SUBSECÇÃO II Ilicitude de despedimento	231
SUBSECÇÃO III Despedimento por iniciativa do empregador em caso de contrato a termo	236
SECÇÃO V Cessação de contrato de trabalho por iniciativa do trabalhador	236
SUBSECÇÃO I Resolução de contrato de trabalho pelo trabalhador	236
SUBSECÇÃO II Denúncia de contrato de trabalho pelo trabalhador	238
TÍTULO III Direito coletivo	240
SUBTÍTULO I Sujeitos	240
CAPÍTULO I Estruturas de representação coletiva dos trabalhadores	240
SECÇÃO I Disposições gerais sobre estruturas de representação coletiva dos trabalhadores	240
SECÇÃO II Comissões de trabalhadores	244
SUBSECÇÃO I Disposições gerais sobre comissões de trabalhadores	244
SUBSECÇÃO II Informação e consulta	247
SUBSECÇÃO III Controlo de gestão da empresa	248
SUBSECÇÃO IV Participação em processo de reestruturação da empresa	250
SUBSECÇÃO V Constituição, estatutos e eleição	251
SECÇÃO III Associações sindicais e associações de empregadores	256

ÍNDICE-SUMÁRIO

SUBSECÇÃO I Disposições preliminares 256
SUBSECÇÃO II Constituição e organização das associações 258
SUBSECÇÃO III Quotização sindical 263
SUBSECÇÃO IV Atividade sindical na empresa 264
SUBSECÇÃO V Membro de direção de associação sindical 267
CAPÍTULO II Participação na elaboração de legislação do trabalho 268
SUBTÍTULO II Instrumentos de regulamentação coletiva de trabalho 270
CAPÍTULO I Princípios gerais relativos a instrumentos de regulamentação coletiva de trabalho 270
SECÇÃO I Disposições gerais sobre instrumentos de regulamentação coletiva de trabalho 270
SECÇÃO II Concorrência de instrumentos de regulamentação coletiva de trabalho 272
CAPÍTULO II Convenção coletiva 274
SECÇÃO I Contratação coletiva 274
SECÇÃO II Celebração e conteúdo 276
SECÇÃO III Depósito de convenção coletiva 278
SECÇÃO IV Âmbito pessoal de convenção coletiva 279
SECÇÃO V Âmbito temporal de convenção coletiva 280
CAPÍTULO III Acordo de adesão 282
CAPÍTULO IV Arbitragem 283
SECÇÃO I Disposições comuns sobre arbitragem 283
SECÇÃO II Arbitragem voluntária 283
SECÇÃO III Arbitragem obrigatória 284
SECÇÃO IV Arbitragem necessária 285
SECÇÃO V Disposições comuns à arbitragem obrigatória e à arbitragem necessária 285
CAPÍTULO V Portaria de extensão 286
CAPÍTULO VI Portaria de condições de trabalho 287
CAPÍTULO VII Publicação, entrada em vigor e aplicação 287
SUBTÍTULO III Conflitos coletivos de trabalho 288
CAPÍTULO I Resolução de conflitos coletivos de trabalho 288
SECÇÃO I Princípio de boa fé 288
SECÇÃO II Conciliação 289
SECÇÃO III Mediação 290
SECÇÃO IV Arbitragem 291
CAPÍTULO II Greve e proibição de lock-out 292
SECÇÃO I Greve 292
SECÇÃO II Lock-out 296
LIVRO I Responsabilidades penal e contraordenacional 297
CAPÍTULO I Responsabilidade penal 297
CAPÍTULO II Responsabilidade contraordenacional 297

CÓDIGO DO TRABALHO

LEI DA PARENTALIDADE (MATERNIDADE E PATERNIDADE)

Decreto-Lei nº 91/2009, de 9 de abril — 305

CAPÍTULO I Disposições gerais — 307
CAPÍTULO II Proteção no âmbito do sistema previdencial — 308
SECÇÃO I Âmbito, caracterização dos subsídios e registo
de remunerações por equivalência — 308
SUBSECÇÃO I Âmbito pessoal e material — 308
SUBSECÇÃO II Caracterização dos subsídios — 310
SUBSECÇÃO III Registo de remunerações por equivalência — 315
SECÇÃO II Condições de atribuição — 315
SECÇÃO III Montantes dos subsídios — 317
SECÇÃO IV Duração e acumulação dos subsídios — 319
SUBSECÇÃO I Início e duração dos subsídios — 319
SUBSECÇÃO II Acumulação dos subsídios — 320
CAPÍTULO III Proteção no âmbito do subsistema de solidariedade — 321
SECÇÃO I Âmbito e caracterização dos subsídios sociais — 321
SUBSECÇÃO I Âmbito pessoal e material — 321
SUBSECÇÃO II Caracterização dos subsídios sociais — 322
SECÇÃO II Condições de atribuição — 322
SECÇÃO III Montantes dos subsídios sociais — 325
SECÇÃO IV Duração e acumulação dos subsídios sociais — 326
SUBSECÇÃO I Início e duração dos subsídios sociais — 326
SUBSECÇÃO II Acumulação dos subsídios sociais — 326
CAPÍTULO IV Deveres dos beneficiários — 327
CAPÍTULO V Disposições complementares — 327
SECÇÃO I Regime sancionatório — 327
SECÇÃO II Gestão e organização dos processos — 327
SECÇÃO III Instrução do processo — 329
SECÇÃO IV Pagamento dos subsídios — 332
CAPÍTULO VI Disposições transitórias e finais — 333

REGULAMENTO DO CÓDIGO DO TRABALHO

Lei nº 105/2009, de 14 de setembro — 335

CAPÍTULO I Objeto e âmbito — 335
CAPÍTULO II Participação de menor em atividade de natureza
cultural, artística ou publicitária — 336
CAPÍTULO III Trabalhador-estudante — 342
CAPÍTULO IV Formação profissional — 342
CAPÍTULO V Período de funcionamento — 343
CAPÍTULO VI Verificação da situação de doença — 344
CAPÍTULO VII Proteção do trabalhador em caso de não
pagamento pontual da retribuição — 347
CAPÍTULO VIII Informação sobre a atividade social da empresa — 349
CAPÍTULO IX Disposições finais e transitórias — 350

ÍNDICE-SUMÁRIO

LEGISLAÇÃO COMPLEMENTAR — 353

MINISTÉRIO DA SOLIDARIEDADE, EMPREGO
E SEGURANÇA SOCIAL
Decreto-Lei nº 37/2015, de 10 de março — 355
   CAPÍTULO I Disposições gerais — 357
   CAPÍTULO II Acesso e exercício de profissões ou atividades
   profissionais — 359
   CAPÍTULO III Acompanhamento dos regimes de acesso e exercício
   de profissões ou atividades profissionais — 361
   CAPÍTULO IV Disposições complementares, transitórias e finais — 363

REGIME JURÍDICO DA PROMOÇÃO DA SEGURANÇA
E SAÚDE NO TRABALHO
Lei nº 102/2009, de 10 de setembro — 367
   CAPÍTULO I Disposições gerais — 369
     SECÇÃO I Objeto, âmbito e conceitos — 369
     SECÇÃO II Princípios gerais e sistema de prevenção de riscos
     profissionais — 372
   CAPÍTULO II Obrigações gerais do empregador e do trabalhador — 377
   CAPÍTULO III Consulta, informação e formação dos trabalhadores — 381
   CAPÍTULO IV Representantes dos trabalhadores para a segurança
   e saúde no trabalho — 383
     SECÇÃO I Representantes dos trabalhadores — 383
     SECÇÃO II Eleição dos representantes dos trabalhadores
     para a segurança e a saúde no trabalho — 385
   CAPÍTULO V Proteção do património genético — 390
   CAPÍTULO VI Atividades proibidas ou condicionadas em geral — 394
   CAPÍTULO VII Atividades proibidas ou condicionadas
   a trabalhadoras grávidas, puérperas ou lactantes — 395
     SECÇÃO I Atividades proibidas a trabalhadora grávida e lactante — 396
     SECÇÃO II Atividades condicionadas — 397
   CAPÍTULO VIII Atividades proibidas ou condicionadas a menor — 399
     SECÇÃO I Atividades, agentes, processos e condições
     de trabalho proibidos a menor — 399
     SECÇÃO II Trabalho condicionado a menor com idade igual
     ou superior a 16 anos — 402
   CAPÍTULO IX Serviços da segurança e da saúde no trabalho — 405
     SECÇÃO I Organização dos serviços da segurança e da saúde
     no trabalho — 405
     SECÇÃO II Serviço interno — 409
     SECÇÃO III Serviço comum — 413
     SECÇÃO IV Serviço externo — 413
       SUBSECÇÃO I Disposições gerais — 413

CÓDIGO DO TRABALHO

SUBSECÇÃO II Autorização de serviço externo 414
SUBSECÇÃO III Acompanhamento e auditorias 421
SECÇÃO V Funcionamento do serviço de segurança e de saúde
no trabalho 423
SECÇÃO VI Serviço de segurança no trabalho 423
SECÇÃO VII Serviço de saúde no trabalho 424
CAPÍTULO X Disposições complementares, finais e transitórias 427

PRESCRIÇÕES DE SEGURANÇA E SAÚDE RELATIVAS À UTILIZAÇÃO DE EQUIPAMENTOS DE TRABALHO
Decreto-Lei nº 50/2005, de 25 de fevereiro 431
CAPÍTULO I Disposições gerais 432
CAPÍTULO II Requisitos mínimos de segurança dos
equipamentos de trabalho 435
SECÇÃO I Princípios gerais 435
SECÇÃO II Requisitos mínimos gerais aplicáveis
a equipamentos de trabalho 435
SECÇÃO III Requisitos complementares dos equipamentos
móveis 439
SECÇÃO IV Requisitos complementares dos equipamentos
de elevação de cargas 440
CAPÍTULO III Regras de utilização dos equipamentos de trabalho 441
SECÇÃO I Utilização dos equipamentos de trabalho em geral 441
SECÇÃO II Utilização dos equipamentos de trabalho destinados
a trabalhos em altura 444
CAPÍTULO IV Disposições finais 448

CONDUÇÃO DE VEÍCULOS DE EMPRESA POR TRABALHADORES E OUTROS
Portaria nº 983/2007, de 27 de agosto 449

REGIME JURÍDICO DO TRABALHO NO DOMICÍLIO
Lei nº 101/2009, de 8 de setembro 457

REGIME JURÍDICO DA ARBITRAGEM OBRIGATÓRIA, NECESSÁRIA E SERVIÇOS MÍNIMOS
Decreto-Lei nº 259/2009, de 25 de setembro 463
CAPÍTULO I Âmbito 465
CAPÍTULO II Listas de árbitros 466
CAPÍTULO III Constituição e funcionamento do tribunal arbitral
em arbitragem obrigatória e arbitragem necessária 467
SECÇÃO I Constituição do tribunal arbitral 467
SECÇÃO II Funcionamento do tribunal arbitral 470
CAPÍTULO IV Arbitragem sobre serviços mínimos durante a greve 473
CAPÍTULO V Disposições finais e transitórias 475

LEI DA RETRIBUIÇÃO MÍNIMA MENSAL GARANTIDA (SALÁRIO MÍNIMO NACIONAL)
Decreto-Lei nº 86-B/2016, de 29 de dezembro 477

PROCEDE À PRIMEIRA ALTERAÇÃO À LEI Nº 70/2013, DE 30 DE AGOSTO, QUE ESTABELECE OS REGIMES JURÍDICOS DO FUNDO DE COMPENSAÇÃO DO TRABALHO E DO FUNDO DE GARANTIA DE COMPENSAÇÃO DO TRABALHO
Decreto-Lei nº 210/2015, de 25 de setembro 483

FUNDO DE COMPENSAÇÃO SALARIAL E GARANTIA DE COMPENSAÇÃO DO TRABALHO
Lei nº 70/2013, de 30 de agosto 485
    CAPÍTULO I Disposições iniciais 485
    CAPÍTULO II Disposições gerais 486
    CAPÍTULO III Fundo de Compensação do Trabalho 494
    CAPÍTULO IV Mecanismo equivalente 500
    CAPÍTULO V Fundo de Garantia de Compensação do Trabalho 501
    CAPÍTULO VI Regularização da dívida ao Fundo de Compensação do Trabalho e ao Fundo de Garantia de Compensação do Trabalho 506
    CAPÍTULO VII Responsabilidade criminal e contraordenacional 507
    CAPÍTULO VIII Disposições finais 508

MINISTÉRIO DAS FINANÇAS E DA SOLIDARIEDADE, EMPREGO E SEGURANÇA SOCIAL
Portaria nº 294-A/2013, de 30 de setembro 511

ESTATUTOS DO FUNDO DE GARANTIA SALARIAL
Decreto-Lei nº 139/2001, de 24 de abril 519

NOVO REGULAMENTO DAS PROFISSÕES, CATEGORIAS PROFISSIONAIS E REMUNERAÇÕES
Portaria nº 736/2006, de 26 de julho 531

FORMAÇÃO DOS TRABALHADORES
Decreto-Lei nº 51/99, de 20 de fevereiro 551

REGIME DE REPARAÇÃO DE ACIDENTES DE TRABALHO E DE DOENÇAS PROFISSIONAIS
Lei nº 98/2009, de 4 de Setembro 559
    CAPÍTULO I Objecto e âmbito 559
    CAPÍTULO II Acidentes de trabalho 560
    SECÇÃO I Disposições gerais 560

CÓDIGO DO TRABALHO

SECÇÃO II Delimitação do acidente de trabalho — 561
SECÇÃO III Exclusão e redução da responsabilidade — 563
SECÇÃO IV Agravamento da responsabilidade — 565
SECÇÃO V Natureza, determinação e graduação da incapacidade — 566
SECÇÃO VI Reparação — 567
  SUBSECÇÃO I Disposições gerais — 567
  SUBSECÇÃO II Prestações em espécie — 568
  SUBSECÇÃO III Prestações em dinheiro — 575
    DIVISÃO I Modalidades das prestações — 575
    DIVISÃO II Prestações por incapacidade — 575
    DIVISÃO III Prestações por morte — 579
    DIVISÃO IV Subsídios — 582
    DIVISÃO V Revisão das prestações — 584
    DIVISÃO VI Cálculo e pagamento das prestações — 584
SECÇÃO VII Remição de pensões — 586
SECÇÃO VIII Garantia de cumprimento — 587
SECÇÃO IX Participação de acidente de trabalho — 590
CAPÍTULO III Doenças profissionais — 592
SECÇÃO I Protecção nas doenças profissionais — 592
  SUBSECÇÃO I Protecção da eventualidade — 592
  SUBSECÇÃO II Titularidade dos direitos — 594
SECÇÃO II Prestações — 594
  SUBSECÇÃO I Prestações pecuniárias — 594
  SUBSECÇÃO II Prestações em espécie — 595
SECÇÃO III Condições de atribuição de prestação — 595
  SUBSECÇÃO I Condições gerais — 595
  SUBSECÇÃO II Condições especiais — 596
SECÇÃO IV Montante da prestação — 597
  SUBSECÇÃO I Determinação dos montantes — 597
  SUBSECÇÃO II Prestações por incapacidade — 598
    DIVISÃO I Indemnização por incapacidade temporária — 598
    DIVISÃO II Prestações por incapacidade permanente — 599
  SUBSECÇÃO III Prestações por morte — 600
    DIVISÃO I Pensão provisória — 600
    DIVISÃO II Subsídio por morte — 600
  SUBSECÇÃO IV Montante das prestações comuns às pensões — 600
  SUBSECÇÃO V Montante das prestações em espécie — 601
  SUBSECÇÃO VI Garantia e actualização das pensões — 601
SECÇÃO V Duração das prestações — 602
  SUBSECÇÃO I Início das prestações — 602
  SUBSECÇÃO II Suspensão das prestações — 603
  SUBSECÇÃO III Cessação das prestações — 604
SECÇÃO VI Acumulação e coordenação de prestações — 605
SECÇÃO VII Certificação das incapacidades — 605

SECÇÃO VIII Administração 606
SUBSECÇÃO I Gestão do regime 606
SUBSECÇÃO II Organização dos processos 607
CAPÍTULO IV Reabilitação e reintegração profissional 610
SECÇÃO I Âmbito 610
SECÇÃO II Reabilitação e reintegração profissional 610
SECÇÃO III Garantia de ocupação e exercício de funções
compatíveis com a capacidade do trabalhador 615
CAPÍTULO V Responsabilidade contra-ordenacional 616
SECÇÃO I Regime geral 616
SECÇÃO II Contra-ordenações em especial 617
CAPÍTULO VI Disposições finais 617

REGIME JURÍDICO DAS CONTRAORDENAÇÕES LABORAIS E DA SEGURANÇA SOCIAL

Lei nº 107/2009, de 14 de setembro 621
CAPÍTULO I Objeto, âmbito e competência 621
CAPÍTULO II Atos processuais na fase administrativa 623
CAPÍTULO III Da ação inspetiva 624
CAPÍTULO IV Tramitação processual 626
SECÇÃO I Da fase administrativa 626
SUBSECÇÃO I Processo especial 631
SECÇÃO III Fase judicial 632
CAPÍTULO V Prescrição 637
CAPÍTULO VI Custas 638
CAPÍTULO VII Disposições finais 639

PROCEDE À PRIMEIRA ALTERAÇÃO AO DECRETO-LEI Nº 260/2009, DE 25 DE SETEMBRO, SIMPLIFICANDO O REGIME DE ACESSO E EXERCÍCIO DA ATIVIDADE DAS AGÊNCIAS PRIVADAS DE COLOCAÇÃO DE CANDIDATOS A EMPREGOS

Lei nº 5/2014, de 12 de fevereiro 641
CAPÍTULO I Disposições gerais 645
CAPÍTULO II Do exercício e licenciamento da atividade
de empresa de trabalho temporário 646
SECÇÃO I Do exercício da atividade de empresa de trabalho
temporário 646
SECÇÃO III Da licença 647
CAPÍTULO III Do acesso e exercício à atividade de agência 654
SECÇÃO I Do exercício da atividade de agência 654
SECÇÃO II Do acesso à atividade de agência 655
SECÇÃO III Da relação da intermediação laboral 658
CAPÍTULO IV Do controlo do exercício da atividade 663
CAPÍTULO V Disposições complementares, transitórias e finais 663

SUMÁRIO

LEI Nº 120/2015, DE 1 DE SETEMBRO   5

LEI Nº 55/2014, DE 25 DE AGOSTO   7

LEI Nº 76/2013, DE 7 DE NOVEMBRO   11

QUINTA ALTERAÇÃO AO CÓDIGO DO TRABALHO,
APROVADO PELA LEI Nº 7/2009, DE 12 DE FEVEREIRO,
AJUSTANDO O VALOR DA COMPENSAÇÃO DEVIDA PELA
CESSAÇÃO DO CONTRATO DE TRABALHO
Lei nº 69/2013, de 30 de agosto   13

PROCEDE À TERCEIRA ALTERAÇÃO AO CÓDIGO DO TRABALHO,
APROVADO PELA LEI Nº 7/2009, DE 12 DE FEVEREIRO
Lei nº 23/2012, de 25 de junho   19

REGIME DE RENOVAÇÃO EXTRAORDINÁRIA DOS CONTRATOS
DE TRABALHO A TERMO CERTO
Lei nº 3/2012, de 10 de janeiro   23

EXPOSIÇÃO DE MOTIVOS   25

LEI Nº 7/2009, DE 12 DE FEVEREIRO
Aprova o Código do Trabalho   45

CÓDIGO DO TRABALHO   55

LEI DA PARENTALIDADE (MATERNIDADE E PATERNIDADE)
Decreto-Lei nº 91/2009, de 9 de abril   305
REGULAMENTO DO CÓDIGO DO TRABALHO
Lei nº 105/2009, de 14 de setembro   335

CÓDIGO DO TRABALHO

LEGISLAÇÃO COMPLEMENTAR 353

MINISTÉRIO DA SOLIDARIEDADE, EMPREGO
E SEGURANÇA SOCIAL
Decreto-Lei nº 37/2015, de 10 de março 355

REGIME JURÍDICO DA PROMOÇÃO DA SEGURANÇA
E SAÚDE NO TRABALHO
Lei nº 102/2009, de 10 de setembro 367

PRESCRIÇÕES DE SEGURANÇA E SAÚDE RELATIVAS
À UTILIZAÇÃO DE EQUIPAMENTOS DE TRABALHO
Decreto-Lei nº 50/2005, de 25 de fevereiro 431

CONDUÇÃO DE VEÍCULOS DE EMPRESA
POR TRABALHADORES E OUTROS
Portaria nº 983/2007, de 27 de agosto 449

REGIME JURÍDICO DO TRABALHO NO DOMICÍLIO
Lei nº 101/2009, de 8 de setembro 457

REGIME JURÍDICO DA ARBITRAGEM OBRIGATÓRIA,
NECESSÁRIA E SERVIÇOS MÍNIMOS
Decreto-Lei nº 259/2009, de 25 de setembro 463

LEI DA RETRIBUIÇÃO MÍNIMA MENSAL GARANTIDA
(SALÁRIO MÍNIMO NACIONAL)
Decreto-Lei nº 86-B/2016, de 29 de dezembro 477

PROCEDE À PRIMEIRA ALTERAÇÃO À LEI Nº 70/2013,
DE 30 DE AGOSTO, QUE ESTABELECE OS REGIMES JURÍDICOS
DO FUNDO DE COMPENSAÇÃO DO TRABALHO E DO FUNDO
DE GARANTIA DE COMPENSAÇÃO DO TRABALHO
Decreto-Lei nº 210/2015, de 25 de setembro 483

FUNDO DE COMPENSAÇÃO SALARIAL E GARANTIA
DE COMPENSAÇÃO DO TRABALHO
Lei nº 70/2013, de 30 de agosto 485

MINISTÉRIO DAS FINANÇAS E DA SOLIDARIEDADE,
EMPREGO E SEGURANÇA SOCIAL
Portaria nº 294-A/2013, de 30 de setembro 511

ESTATUTOS DO FUNDO DE GARANTIA SALARIAL
Decreto-Lei nº 139/2001, de 24 de abril 519

SUMÁRIO

NOVO REGULAMENTO DAS PROFISSÕES,
CATEGORIAS PROFISSIONAIS E REMUNERAÇÕES
Portaria nº 736/2006, de 26 de julho 531

FORMAÇÃO DOS TRABALHADORES
Decreto-Lei nº 51/99, de 20 de fevereiro 551

REGIME DE REPARAÇÃO DE ACIDENTES DE TRABALHO
E DE DOENÇAS PROFISSIONAIS
Lei nº 98/2009, de 4 de Setembro 559

REGIME JURÍDICO DAS CONTRAORDENAÇÕES LABORAIS
E DA SEGURANÇA SOCIAL
Lei nº 107/2009, de 14 de setembro 621

PROCEDE À PRIMEIRA ALTERAÇÃO AO DECRETO-LEI Nº 260/2009,
DE 25 DE SETEMBRO, SIMPLIFICANDO O REGIME DE ACESSO
E EXERCÍCIO DA ATIVIDADE DAS AGÊNCIAS PRIVADAS
DE COLOCAÇÃO DE CANDIDATOS A EMPREGOS
Lei nº 5/2014, de 12 de fevereiro 641

ÍNDICE ANALÍTICO DO CÓDIGO DO TRABALHO 667

ÍNDICE-SUMÁRIO 677

SUMÁRIO 689